全国乡村特色文化艺术典型案例汇编

农业农村部农村社会事业促进司 编

中国农业出版社

北京

序言

"十里不同俗，百里不同风。"我国悠久、灿烂的农耕文明孕育出了丰富多彩、绚丽多姿的乡村特色文化艺术，是中华优秀传统文化的典型代表。通过深入挖掘、传承保护和创新发展，古老的乡村特色文化艺术正逐渐焕发出新的时代光彩，成为服务乡村全面振兴的宝贵资源。

习近平总书记强调，要把保护传承和开发利用有机结合起来，把我国农耕文明优秀遗产和现代文明要素结合起来，赋予新的时代内涵，让中华优秀传统文化生生不息，让我国历史悠久的农耕文明在新时代展现其魅力和风采。2022年以来，农业农村部（国家乡村振兴局）连续组织开展了全国乡村特色文化艺术典型案例征集遴选，委托中国文化艺术发展促进会组织专家，秉持好中选优、优中选特的基本原则，以联农带农作用明显、传承保护效果突出、文化艺术与乡村产业融合充分、文化创新品牌美誉度高为导向，通过评审、公示等环节，按照创意创新、文艺演出、工艺美术、数字产业、文旅融合等类别，共评选出200多个典型案例。

这些典型案例鲜活生动、内容丰富，覆盖面广、代表性强，反映了各地依托农耕特质、民族特色、地域特点等多种乡村文化资源，通过传承发展、创新转化助推乡村全面振兴的实践探索和经验启示。有的案例通过培育农事节气活动，推动发展创意农业、特色农业，创造宜居宜业宜乐宜游环境；有的案例通过传承乡村音乐、舞蹈、戏剧、曲艺、游艺、杂技等文艺形式，扶持传统文艺演出团体、民俗演出机构，培育中小型、惠民性、特色类演出项目，打造地域文化品牌；有的案例通过引导非遗工艺与乡村产业联动，打造集"非遗保护、工艺创新、销售体验"等功能于一体的产业链集群；有的案例通过发展研学、康养、体验等文旅融合业态，促进文化消费，带动农民增收。

现予结集出版，供各地学习借鉴。希望各地将典型案例的好经验好做法，运用到当地发展实践中，深入挖掘当地乡村文化资源优势，探索符合当地实际、具有本土特色的发展路径，在保护传承优秀农耕文化的同时，丰富农民群众精神文化生活，促进乡村文化产业创新发展，为乡村全面振兴增添动力。

本书编写组

2024 年 11 月

目录 ◆ Contents

二
文
艺
演
出
类

三
工
艺
美
术
类

四 数字产业类

一

创意
创新类

北京市通州区

宋庄艺术创意小镇：
艺术迸发无限创意打造副中心文化新名片

一、基本情况

宋庄艺术创意小镇（即小堡艺术区）位于通州区宋庄镇，居于北京城市副中心北部，总面积约6.8千米^2。小镇被定位为"原真艺术生态小镇"，是城市副中心首批重点打造的特色小镇，也是北京城市副中心推进全国文化中心建设重要组成部分，还是构建城市副中心大文旅格局的重要一环。

小堡文化广场

小镇特色资源主要以原创艺术为代表。经过30年的聚集与发展，小镇已集聚艺术家7 000人，艺术场馆69家，市级类博物馆及民营博物馆5家，区级文化产业园区5家，文化企业262家，艺术直播企业52家，艺术培训机构31家，是全球规模最大、艺术家最多、民营美术馆最多的艺术区。"中国·宋庄"品牌知名度高，每年组织超过1 000场展演交流活动，已成功举办了4届中国艺术品产业博览会（国家级）和13届宋庄文化艺术节（镇级），年接待游客约50万人次。

二、发展历程

2018年9月18日，时任北京市委书记蔡奇同志专程调研宋庄，为其谋划确定了艺术创意小镇的定位。宋庄镇在城市副中心率先开展镇域国土空间规划的编制工作，曾获得北京市优秀城乡规划奖总体规划类一等奖，是一等奖中唯一的乡镇国土空间规划。2021年11月，经市级部门联审、市政府审定通过后，宋庄艺术创意小镇被纳入了北京市首批特色小镇清单。自2023年以来，随着全镇拆迁腾退工作的深入推进和全区集体产业用地利用政策的试行，小镇加大了特色产业招商对接力度，为小镇品牌赋能、产业补链。已有多个项目进入实施阶段。一是已开工建设项目1个：首开印象街及周边区域提升改造项目，将打造艺术特色文化商业综合体。二是已启动实施项目8个：青年艺术家工坊、中康禾园（中国艺术研究院工笔画院、工笔画美术馆）、全球音乐教育联盟总部、汽车艺术创意港等项目符合产业特色，发展潜力大，宋庄镇正在全力推动前期工作，力争2024年全面开工建设。三是储备项目4个：中国陶瓷文化传承创新产业园、宋庄艺培产业园、宋庄艺术与科技产业园等项目正在对接合作意向，进一步做大艺术创意产业"蓄水池"。

青年艺术家工坊

小镇紧紧围绕"吃、住、行、游、购、娱"这六大元素，盘活艺术特色空间，以优质的艺术体验吸引人们前来，带动餐饮、书店、咖啡店、民宿等业态持续发展。目前，小堡文化广场、小堡南街步行街、国防艺术区等特色片区商业化水平高，艺术餐厅、艺术书店、艺术咖啡店等遍地开花，是副中心夜间经济的人气热点。2023年8月，艺术市集正式开业，为艺术家们提供免费摊位200余个，建成艺术家工作室400多个。9月28日至10月6日，第13届中国·宋庄文化艺术节顺利召开，展出面积约50 000米^2，涵盖23个展馆，300家工作室、画廊，展出包括绘画、书法、雕塑、非遗、音乐、舞蹈等多个艺术门类。12月，小堡南街步行街在重新规划了交通流线，新建了口袋公园、停车场、体育公园后，又开通了免费接驳小火车，方便游客体验小堡南街片区各种创意商店、精品餐饮。同期，宋庄艺创产业资源平台正式亮相，其拥有线下展厅，包含了对本地文化产业进行展示、宣传、孵化等一系列功能，并研发设计首批"宋庄礼物"，逐步探索艺术创作向创意产业转化模式。

三、典型做法与成效

（一）标本兼治，夯实发展空间本底

《北京城市副中心控制性详细规划（街区层面）（2016—2035年）》批复以来，宋庄镇大力推进"疏整促""创无"、集体产业"拆五还一"等工作，通过"拆—治—用"不断夯实高质量发展空间本底。通过制定精细化治理方案，结合刚性管控、规划非建设空间治理等，提出"重点监管""计划拆除""完善手续"三种精准化实施路径。同步推进拆后利用，立足激发拆违腾退土地资源利用的最大化社会效益，小堡地区拆除腾退图斑多数已纳入片区整治提升项目范围内，同时也作为重大产业项目的引入空间，为产业项目快速引入实施提供了先决条件。

（二）规划引领，引入高质量产业要素

近年来，艺术创意小镇建设步伐加快，但也面临一些长期存在的瓶颈问题。在镇党委、政府的带领下，小镇详细调研了制约发展的瓶颈问题和多方诉求，在学习借鉴景德镇陶溪川、深圳大芬村发展经验的基础上，通过实地调研和比较分析，制定了小镇"1+4+3"产业发展体系，明确以保护和壮大艺术原创资源为核心，瞄准艺术教育、艺术交易、艺术文旅、艺术科技四大产业方向，强化活动、品牌、环境三大支撑的高质量发展路线，多措并举加速推进艺术创意小镇提质升级和高质量发展，努力打造具有国际影响的艺术创意小镇。同时，市、区各级领导部门对小镇发展也高度重视，其中副中心管委会产业促进处联合宋庄镇人民政府编制《宋庄艺术创意小镇高质量发展三年行动计划（2024—2026年）》，为激活项目建设引擎，推动小镇"艺术+"多元融合，先行先试打造"宋庄模式"提供了重要支撑。

（三）强化内核，提升产业集聚效应

一是宋庄镇根据现有产业发展特点，发起成立了三个社会组织：艺术培训协会、艺术品直播协会、新国潮艺术家联合会，通过规范引导，实现"政府服务、企业纳税"的有序发展。二是积极融入北京建设"全国文化中心"大局，打造"美术馆群"和"博物馆小镇"2张文化名片。以现有69家艺术场馆为基础，积极引入北

京美术馆、工笔画美术馆、中国工笔画学会、李可染画院宋庄院、全球音乐教育联盟等顶级机构，建设多元化、高水平美术馆集群。对声音艺术博物馆等3家市级类博物馆，大戚收音机博物馆等多家民间艺术博物馆提供支持，增加区域文旅特色、亮点。

（四）活动引爆，丰富文旅活动的内容要素

结合小镇优势资源，小镇尝试采用"大活动引爆、小活动持续暖场"的活动策略，取得了吸引人气的良好效果。全年以第13届中国·宋庄文化艺术节为节点性爆点活动，结合"City Walk"等时下热点，推出"宋庄艺术探访之旅"文旅动线，对主动开放的工作室进行重点推荐，形成50家精选工作室推荐名录。根据展览动态及浏览人群特色细化9条线路，并特别推出"宋庄咖啡手绘地图"，打造小镇消费体验新场景。

（五）联农带农，文化艺术促进乡村发展

汲取小堡村在小堡南街、小堡文化广场、国防艺术区等环境提升的经验，推进"ARTBOX点亮宋庄"橱窗计划，在重点片区，通过绘画、涂鸦、光影等方式，提倡艺术家、艺培学生等在地居民参与，展示宋庄艺术创意小镇深厚的艺术积淀和崭新的形象面貌。同时扩大实施范围，以喇嘛庄村、内军庄村为试点，探索推进"艺术赋能 乡村振兴"项目，组织艺术家参与公共空间设计，在乡村开展手绘优秀墙绘作品创作，提升了村域环境提升和特色乡村品牌建设。

四、经验与启示

（一）求真务实，坚持高质量发展原则

特色小镇是"长"出来的，不是"盖"出来的。近年来，镇党委、政府思想统一，利用沉浸式、解剖式等调研方法，高规格编制小镇高质量发展三年行动计划，明确小镇发展动力应来自产业驱动，制定了"1+4+3"产业发展体系，至此艺术创意小镇建设方向清晰、路径明确。

（二）先破后立，试点项目带动全面发展

2019年12月起，为加快改善、提升副中心北部地区环境品质，同时探索集体土地改造利用创新模式，尽快展示小堡艺术区改造示范作用，按区领导指示精神，先期启动小堡艺术区"两点一线"项目的改造提升工作。目前，小堡文化广场、小堡南街的改造提升项目已完工并面向公众开放，亮相以来均获得各级领导、艺术家、周边居民的一致好评。首开印象街项目已正式开工建设，是北京市"三个一百"重点工程，开创了由市属国企、地方政府、村集体三方合作实施的创新模式。

（三）尊重人才，发挥创意做强原创资源

艺术创意离不开艺术家个人的创造，镇党委、政府一直关切本地艺术家及艺术机构生存环境，坚持党建引领，坚持以服务留人，以政策留人，以项目引人，以大师育人，从"人才规模"和"人才质量"两方面入手，不断发展壮大艺术人才资源。

内蒙古自治区呼伦贝尔市鄂温克族自治旗

民族文化产业创业园：
传承民族手工艺　激活沉睡金饭碗

一、基本情况

内蒙古自治区鄂温克族自治旗民族文化产业创业园于2016年3月正式启动建设，总投资2.5亿元。园区内设众创公共服务大厅、非遗展示区、民族文化产品展示区、民族文化体验区、科技企业孵化区、电商平台区六大服务功能区和"民族文化广场""创业集市"和"创业大街"三大特色主题街区，总建筑面积3万米^2。自2016年以来，园区累计入驻企业295家，现有非遗企业13家，非遗传承人21人，非遗项目26个；技能大师工作室7家，其中国家级1家、自治区级1家、市级6家。

二、发展历程

鄂温克族自治旗民族文化产业创业园是内蒙古自治区首家具有北方少数民族特色的创业园，集合了民族服装服饰、手工艺品、特色农畜产品、特色美食、电子商务、旅游消费等多类型产业，在这里，鄂温克族、达斡尔族、蒙古族、朝鲜族、俄罗斯族、回族、满族等多民族的文化得到有效传承、保护和发展。创业园深入践行"大众创业、万众创新"理念，为创业者提供优质的孵化服务，先后获得自治区级示范性创业园、自治区众创众扶支撑平台、内蒙古自治区高层次人才创新创业基地、呼伦贝尔市少数民族工艺品创新基地等荣誉称号。2020年被文化和旅游部评为国家AA级旅游景区。

三、典型做法与成效

（一）坚持以文化繁荣为定位

鄂温克族自治旗民族文化产业创业园将民族非遗项目作为弘扬民族传统文化、发展地方民族经济的重要载体，坚持保护与开发并重，不断拓展非遗文化产业的发展空间，对民族故事、民族习俗、民族手工艺等进行宣传传承，不遗余力地挖掘传统民族文化中宝贵的财富，助力民族企业发展壮大。同时，园区企业致力于通过传承民族文化打造呼伦贝尔的民族特色文化企业孵化平台，以民族品牌效应带动地区产业发展。

（二）坚持以政策支持为保障

创业园为每个入园企业提供2年免房租、免网络服务费的服务，同时免费提供创业培训、创业指导，优先办理创业担保贷款等一系列优惠政策。为了企业做大做强，每年支持企业去发达地区进行项目推广和产品推介，不断探索创新、拓展市场。每个月为企业开展相关政策解析及交流座谈，2022年至今共举办各类政策解析、技能提升、知识产权等培训活动30余场，并进行专家问诊、一对一答疑等，尽力解决企业在经营过程中所遇到的疑难问题，助力企业健康发展。

（三）坚持以创业就业为基础

近年来，创业园鼓励企业以创业带动就业，孵化了一批成熟的、有社会责任感的民族企业。这些企业主动作为，积极响应国家政策，吸纳牧区富余劳动力转移就业，特别是将民族手工艺品制作工艺主动传授给残疾人、贫困户、妇女等就业困难群体。同时，为进一步做好创业指导与服务工作，提高创业技能和综合素质，每年邀请著名导师开设各类创业培训班，有效解决低收入人群的就业问题，促进农牧民收入持续提高。2022年底，创业园直接带动就业1 052人，间接带动6 708人，全年销售额达4 100余万元。

（四）坚持以品牌塑造为引擎

园区聘请专业第三方团队负责运营管理，同时，政府投资对园区内部设施进行改造提升。通过举办"盛夏狂欢节·缤纷创业集"等特色品牌活动，为入园游客提供民族特色沉浸式体验服务。园区内销售的鄂温克族传统手工艺品太阳花、各类民族传统服饰成为游客必买的网红产品，各类灯光秀、民族歌舞表演使游客全方位体

鄂温克族自治旗民族文化产业创业园鸟瞰图

验民族文化的魅力。园区连续多年带领企业前往北京、上海、西安、成都等地参加各类展览展会活动，吸收创新思维，激活创意灵感。

四、经验与启示

（一）政府引导是保障

坚持政府引导，统筹谋划，发挥示范引领作用，制定行之有效的扶持政策，通过借力发展和本土培育相结合，加大资源整合力度，促进产业发展。

（二）文化传承是关键

创业园坚持守正创新，带动企业将优秀传统文化技艺代代相传，举办研学体验、实地参观、文化交流等一系列活动。这些活动不仅扩大了企业的宣传范围，提高了企业的知名度，也在传承的过程中为企业发展开拓了新思路，催生了企业发展的"新模式"。

（三）市场需求是动力

通过外出交流与学习，找到彼此文化共同点，开发大众喜闻乐见的、兼具民族特色与实用性的产品，吸引更多市场主体参与其中，从而提高文化知名度，进一步传承与保护民族文化。

（四）创新创意是核心

创业园鼓励企业勇于创新，敢于实践，让民族文化相互碰撞出新的火花。实践证明，没有创意的文化是重复的，没有文化的创意是单薄的，只有将文化与创意结合，才能保持民族文化产业持续迸发新鲜活力。

鄂温克族自治旗民族文化产业创业园全景

吉林省延边朝鲜族自治州龙井市

百种节：
利用传统文化名片　增加品牌内涵

一、基本情况

　　百种节又称"长工节""农夫节""中元节"等，是朝鲜族农民为了感恩神灵、祈求五谷丰登，于每年农历七月十五日举行的传统节日。内容包括祈丰祭、表彰农夫状元、洗锄宴、百种集市、农乐舞比赛等，是集祭祀神灵、歌舞竞技于一体的综合性民俗节庆活动，涵盖了民间信仰、音乐舞蹈、衣食住行、集市交易等朝鲜族传统文化的方方面面。朝鲜族百种节以"农者天下之大本"为理念，体现了农耕人的勤劳与豪放，表达了人们祈求丰衣足食、平安如意的朴素愿望，是典型的反映传统农耕文化的民俗节庆活动。

　　在中国，早在周代就有百种节的相关记载。《礼记·郊特牲礼》："百种，司百谷之种之神也。"在朝鲜半岛，18世纪末出版的《京都杂志》记载："七月十五日，俗称百种节，都人盛设馔，登山歌舞为乐。"

二、发展历程

　　19世纪中叶，朝鲜族移民初期，百种节作为朝鲜族重要传统节日，广泛分布在鸭绿江北岸和图们江北岸的朝鲜族聚居区，其分布的核心区为现今的延边朝鲜族自治州。一直到20世纪40年代，规模较大的朝鲜族村落大多如期举办百种节。此后，因种种原因百种节逐渐没落。

　　改革开放后，在龙井市一些村屯，民间自发举办百种节活动。随着人民生活水平的提高，传统文化越来越得到人们的关注，百种节习俗在延边地区得到迅速发展，影响越来越大，延边地区已经成为我国朝鲜族百种节的辐射中心区域。因该活动属跨境民俗活动，故而已引起了韩国、朝鲜民俗学者的关注。

　　2007年，在朝鲜族百种节省级代表性传承人吴正默的倡导下，龙井市开山屯镇光昭村将百种节正式指定为本村的传统节日，第一次以地方文化节的形式举办。十几年来，每年投入丰厚资金资助举办节庆活动，先后为光昭村建设百种节广场、御粮田纪念碑、祈丰祭祭台等相关基础设施，而且持续培养项目传承骨干，为百种节的传承发展作出了巨大贡献。在吴正默的努力下，朝鲜族百种节越办越大，已经成为延边各族人民喜闻乐见的最具代表性传统节庆之一。

2009年，因其影响范围广泛、传承基础牢固，百种节成功入选吉林省非物质文化遗产代表性项目名录。同时，展演中的朝鲜族"农乐舞"被列入世界非物质文化遗产名录。吉林省非物质文化遗产专家组组长曹保明表示，农乐舞填补了中国在世界非物质文化遗产中农耕文化的空白。

2021年，朝鲜族百种节经国务院批准被列入第五批国家级非物质文化遗产代表性项目名录。开山屯镇2021年被文化和旅游部命名为2021—2023年度"中国民间文化艺术之乡"。

百种节中祈丰祭活动现场

三、典型做法与成效

（一）加大资金投入，提高基础设施建设

龙井多次举办高质量的传承人培训班，培养出众多优秀人才。2009年，朝鲜族百种节被列入吉林省非物质文化遗产代表性项目名录，龙井市开山屯镇光昭村被指定为传承基地。龙井市政府加大保护力度，投入大量资金，建设百种节广场、御粮田纪念碑、祈丰祭祭台等相关基础设施。民众参与度得到提高，影响力逐年提升，百种节已成为延边朝鲜族民俗风情的一张特色名片。

（二）做好传统文化传承人培养，推动传统文化的发展

为百种节的存续发展，开山屯镇在光昭村建设了一座朝鲜族百种节传习所，

组建了一支由40人组成的农乐舞和洗锄舞表演队。培养了8名年轻的农神祭祭官，使百种节传承后继有人。建立了百种节资料中心，组建了一支由馆员、教授、民间学者共同参与的调研队伍，完善百种节相关的资料和文献，并出版百种节《口述历史资料集》和《研究论文集》各一部。通过进校园、进社区、进乡镇进行教学指导，在全市范围普及和推广，加大百种节举办规模，扩大品牌影响力。

（三）政府推广扶持"百种节"，拓宽传统文化续存空间

从2016年开始，龙井市政府大力扶持百种节，让百种节走出光昭村，在全市范围内大规模举办，将原有的流头节、辣白菜节、梨花节等朝鲜族传统民俗节庆活动全部纳入百种节系列活动中，活动场所由原来的光昭村，扩展到东盛涌镇东明村海兰江生态园、维新村梨花民俗广场、龙井市琵岩山风景区等，其影响力和社会效果得到逐年提升。百种节的成功举办，吸引了源源不断的外地游客，2018年，仅龙井市一地，就接待国内外游客300万人次。

（四）利用好传统文化名片，挖掘好当地农特产品和文化的关系

百种节与光昭村的"御粮田"大米有着千丝万缕的联系，延续举办百种节也是拓宽"御粮田"大米销量和提高品牌知名度的好手段。为提升品牌的文化内涵，光昭村"御粮田"依托朝鲜族"农夫节"，传承民俗文化，从而扩大品牌影响。在州委宣传部、州文联、州广电局及龙井市委宣传部的大力支持下，光昭村成功举办了几届"农夫节"，在国内外产生了积极广泛的影响。在延边人的持续努力下，"农夫节"已经成为带动延边民俗旅游、生态旅游、农业观光旅游，提升"御粮田"大米知名度的重要活动。

（五）依托传统文化优势，开展丰富多彩的研学、旅游活动

传统文化节日活动不一定要在指定的日子里开展，为了让更多人体验传统文化与农耕文化，开山屯镇光昭村联合镇政府及镇区的"兴边富民研学基地"合作开展了诸多稻田活动。例如，让城里人亲自体验下农田播种水稻、博物馆宣讲、农特产品加工制作等，诸多活动的开展不仅加强了对传统文化的宣传，同时也为聚集当地人气、宣传农特产品品牌及提高农产品销量提供了很好的帮助。

四、经验与启示

传统文化源远流长，博大精深，我们有责任让传统文化传承下去。同时，做好传统文化存续，挖掘好文化与产业的关联，对一个地方的人气聚集、经济发展、人民幸福感提升都有很大帮助。

（一）做好文化传承人培养工作

传统文化想要做好延续，传承人的培养不可或缺。可以通过成立传承人培养基地、开展培训等手段，做好传统文化传承人的培养工作。

（二）加大基础设施及传统文化宣传的资金投入

只有基础设施建设得好，传统文化的开展和宣传才能达到好的效果。而这项工作离不开当地政府和相关工作人员积极争取上级资金。

（三）挖掘传统文化经济价值，做好资源紧密衔接

传统文化的经济价值不可估量。因此，利用好传统文化名片，结合本地特色农产品、手工产品等，开展旅游、研学等活动，有利于拓宽经济收入的途径，提升经济发展的速度。掌握好这张名片，挖掘和研究自身资源与传统文化的联系，对于当地的经济文化发展都将有很大的帮助。

（四）"自下而上"地开展传统文化活动

拓宽传统文化的宣传覆盖面，不仅需要村、乡镇的保护及宣传，而且也需要市级、省级、国家级的层层支持。只有通过各级积极开展传统文化活动，才能将渐渐脱离老百姓视线的传统文化，重新回到老百姓眼中，让此项工作延续下去。

上海市浦东新区

"妇女+非遗"土布：
非遗重焕生命力　乡村振兴赋予新动能

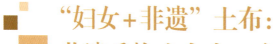

一、基本情况

上海市浦东新区新场镇的"妇女+非遗"土布文创项目，是新场镇探索文化赋能乡村振兴的有效路径。结合乡村振兴示范村创建，新场镇开展"土布非遗+居家就业"项目，打造"乡创de小布—土布小院"，建立浦东非遗"土布乡创基地"。经过实践和探索，采用"设计师+村民"的模式，让年轻人发掘土布之美、运用土布之魂、创造土布之新，用开阔的视野为土布注入新鲜元素，将土布的传统与时尚相结合，以世界眼光让土布走向国际化，形成了浦东土布纺织、设计、展销的全流程产业链，带动农村妇女实现家门口的居家就业增收，实现了文化创新助力非遗的活态传承和乡村产业振兴，成为新场镇"古镇+乡村"文旅产业的重要内容。土布文创案例入选"长三角古镇文化遗产活化利用优秀案例"，土布产品《布韵琵琶》入选2023上海礼物，土布银饰获"中国品牌日"活动（国家发改委会同有关部门和地方政府组织开展）之中国品牌设计大赛三等奖，10件土布新品入选"2023长三角地区非遗文创产品展"。

二、发展历程

2011年，由浦东新区新场镇申报的传统技艺"浦东土布纺织技艺"被列入第三批浦东新区非物质文化遗产名录。2019年起，新场镇结合乡村振兴示范村创建，在新南村打造土布小院。通过引进青年设计师来乡村，先后有东华大学服装学院以及王赟、沈婕等业界知名设计师参与土布乡创产品研发。这不仅让土布这一非遗文化得到弘扬与传承，同时也让村民们学到一技之长。此外，新场镇聚焦浦东土布活态展示及产业融合，开展土布线上线下展销及宣传，将文创产品不断推向上海，甚至推向世界。经过多年的努力，土布从村民家中压箱底的宝贝成为时尚单品，变得越来越年轻化，被大众认可。土布正以更加年轻的姿态，更加开阔的胸怀包容和接纳四方来客。

妇女家门口创业

三、典型做法与成效

（一）凝聚各方资源，共助非遗传承利用

以土布产品和"之丫之丫"品牌为基础，与东华、上大等设计院校合作，探索土布跨界产品更多的可能性，探索"非遗＋"，让土布与绒绣、木器、银饰乃至戏曲文化进行合作，助力非遗活态传承。连续举办"土布不土"浦东土布设计师大赛，通过征集招募，与高校、社会组织、个人合作，推陈出新各类土布产品，也让更多年轻人加入非遗传承的队伍。三年来，共征集作品200多款，其中落地批量生产产品5款，总计件次近千件。目前，土布文创产品涵盖服饰、帽饰、家居类、办公用品类等七大类。

（二）聚焦文化赋能，助力乡村产业振兴

在乡村设立的土布小院，是集非遗土布文化展览展示、土布文创产品研发销

售、土布纺织技艺传承研习、土布创意手作体验等功能于一体的美学空间，通过创新创意设计，为非遗注入时尚元素，将研发出的土布文创产品融入当代生活，使之成为人民群众喜闻乐见的文化消费热点和实用文娱产品。将非遗资源打造成文化IP，拓展消费市场，提升文化软实力，在非遗保护、传承、发扬创新的同时，带动就业，促进消费，迸发"土布"的新生活力。通过带动一个村30名以上妇女的居家就业，实现人均10 000多元的居家就业增收，土布小院也成了村里的"网红"景点，每年接待游客参观10 000多人次，参加各类土布手作培训近4 000人次，在陆家嘴、金桥、静安等商圈参加线下设摊活动30多次。

浦东土布

（三）加大宣传推广，提升浦东土布市场影响力

土布文创产品先后在浙江义乌博览会、嘉定汽车城、浦东世博地区、临港地区开展各类展示销售活动，实现了"土布不土　新场更新"文创产品在"精品城区、现代城镇、美丽乡村"三大圈层的全域覆盖。同时，携带土布文创产品先后参与长三角古镇一体化大会、长三角文旅创客大会、长三角女企业家论坛、全国妇女创新创业大会、上海市手造博览会、浦东农民丰收节等活动，进一步提升了土布文创产品的影响力。

四、经验与启示

（一）挖掘文化内涵，增强文化自信

"妇女＋非遗"土布文创项目通过培养女性带头人，以展览展示、亲子体验、居家就业辅导等形式，吸引并组织妇女参与土布的制作和文创产品的设计。让基层妇女了解和感受传统文化魅力，提升自我修养，传递和分享文创思想。妇女们在掌握技艺的同时，增强了对本土文化的认同感，并将其转化为可持续发展的动力，激发了她们参与乡村振兴的积极性。在"授人以鱼不如授人以渔"的过程中，村民们从自助到助人，走出农村，走上讲台，教授更多白领、学生、社区居民土布制作技艺。这不仅增加了村民们的自信，还提升了他们的自我价值。

（二）坚持产业振兴，带动农民增收

成功注册浦东土布原创品牌"之丫之丫"，并建立浦东土布产学研基地。通过专业力量的引入，共同探索产学研一体化、创新传承方式、注重成果转化、提供发展平台、抓好人才培育。进一步整合创新力量、集聚社会资源，在将土布做成产品的同时，更将其转化为商品，通过展会、市集、文创空间售卖等打开市场，形成闭环产业链，增强土布文创产业自主创新能力和市场竞争力，助推"美丽经济"融合发展。

（三）古镇乡村联动，文旅融合发展

依托新场古镇正在申报"江南水乡古镇"世界文化遗产项目的契机，借助上海市桃花节、古镇文化体验季等各类活动，"妇女＋非遗"土布文创项目的示范引领作用越来越突出。土布创客们实现了从"一个工位"到"一个小院"的创业梦想，为非遗传承创新提供了一个可复制、可推广的模式。新场镇共有非遗资源80多项，其中，国家级2项、市级3项、区级6项，后续将通过构建越来越丰富的"古镇＋文创＋乡旅"特色产业链、价值链和创新链，让非遗在传承创新和活化利用的同时成为乡村振兴的新动能和新血液。

江苏省淮安市洪泽区

岔河稻米文化节：
"小稻米"铺就乡村振兴路

一、基本情况

江苏省淮安市洪泽区岔河镇地处江苏省十大淡水湖之一的白马湖畔，是一座有着悠久人文历史的千年古镇。这里地肥水美、物产丰饶，水稻种植面积达16万亩[①]，历史上就享有"淮扬粮仓、鱼米之乡"的美誉。岔河大米孕育于白马湖畔富含多种有机质的土壤，因其绝佳的品质而畅销大江南北，禾采、岔东两大系列先后荣获全国"金奖大米"和"江苏好大米·金奖"等荣誉称号。岔河镇立足自身特色资源，围绕水乡、古镇、农耕等地方文化特色，在每年重要节假日期间多次举办乡村旅游文化节活动，旨在通过举办一系列精彩纷呈、融合互动、相得益彰的田间趣味赛事活动，进一步展示岔河本地稻米文化、农耕文化、水乡文化、民俗文化和历史文化。同时，整合优质大米资源，联合有实力的商家，大力开发以岔河大米为主、其他农产品为辅的特色旅游产品，实现了农文旅的有机融合发展。

二、发展历程

2016年，江苏省淮安市洪泽区岔河镇明确以"味稻岔河·大米小镇"为主题，建设特色小镇。2016年5月，岔河镇人民政府联合当地龙头企业，在风景秀丽的白马湖畔成功举办"水乡缘"杯第一届禾采插秧节，参与首届插秧节活动的农民和游客超过500人，其中报名参加插秧比赛的农民和游客就达100多人，此外，还有30多名中小学生参与体验。2017年，特色小镇建设全面启动，同年5月入选江苏农业特色小镇名录，10月成功举办首届"味稻岔河·大米小镇"乡村旅游文化节，搭建传承中华传统农耕文化的平台，让游客亲身体验农事耕作，感受田园生活，进一步提升了"味稻岔河·大米小镇"和岔河大米的品牌形象，推动了休闲农业和乡村旅游高质量发展。

自2019年起，淮安市洪泽区决定将岔河全年旅游文化活动正式定名为"岔河稻米文化节"。2022年下半年举行了首届稻田迷你马拉松作为稻米文化节的子活动，吸引跑友500余人。通过不断整合资源、总结经验、优化提升，岔河稻米文化节现

---

① 亩为非法定计量单位，1亩 ≈ 666.7 米²。——编者注

已打造成为淮安及周边地区乃至江苏省具有影响力的文化旅游品牌节庆之一。

三、典型做法与成效

岔河稻米文化节是以"岔河大米"品牌为核心，结合岔河本地稻米文化、农耕文化、水乡文化、民俗文化和历史文化，精心策划打造的节庆品牌。2019年首届稻米文化节成功举办，取得了良好的社会效应，之后每年的稻米文化节更是创意十足，精心策划的十多项活动亮点纷呈，彻底改变了往年以官方为主、游客为辅的"自娱自乐"的办节方式，凸显了趣味性、参与性、互动性等特点，给广大游客送上不一样的岔河稻米文化。

2021年岔河大米荣获国家农产品地理标志产品认证，2022年岔河大米入选江苏农业品牌目录名单，岔河镇滨河片区入选全省首批高标准农田示范项目，淮安市洪泽岔东绿色食品有限公司（稻米）入选江苏省现代农业全产业链标准化基地，岔东大米获得苏北首个碳标签认证。

岔河稻米文化节活动——在稻田里抓鸭子

岔河稻米文化节取得的主要成果：一是促提升，旅游开发成效显著。自稻米文化节正式确定并实施以来，岔河镇加强乡村旅游点建设，投入约4 000万元资金，不断提升王骆殿岛、李庄度假区、岔河老街等的基础设施。二是促管理，长效机制逐渐建立。岔河镇建立健全一系列长效管理机制，针对白马湖沿线、稻米基地、岔河老街等旅游点加强环卫管理、绿化养护等，保障制度、人员、经费到位，提升岔河乡村旅游品质。三是促发展，乡村振兴稳步实施。稻米文化节以岔河大米为媒介，通过举办一系列精彩纷呈、融合互动、相得益彰的田间趣味赛事活动，让更多的朋友了解岔河大米、认识岔河大米，进一步扩大岔河大米的市场影响力，实现稻米产业高质量发展，助力全镇乡村振兴战略的实施。四是促品质，节庆品牌价值初显。往届的岔河文旅活动一直采取以传统财政资金为主、其他社会资金为辅的运营模式。随着岔河稻米文化节品牌价值的不断提升，自2020年起，知名酒业作为赞助商进行独家冠名，助力提升岔河稻米文化节的品牌价值，打造出具有岔河品牌的示范家庭农场，该家庭农场荣获省级家庭农场称号。

四、经验与启示

洪泽区岔河镇牢牢把握广阔的滨湖腹地空间和优质的水乡发展空间这一优势，按照"全域化布局、全产业联动、全链条服务"思路，依托"米、湖、岛、老街、红色资源、佛学文化"等核心旅游资源，融合精彩绝伦的民俗风情、特色鲜明的非遗技艺，通过举办岔河稻米文化节，逐步形成全域化岔河大旅游格局。一是保留传统插秧体验。搭建传承中华传统农耕文化的平台，让游客亲身体验农事耕作，感受田园生活，在机械化作业全面推广的同时留住乡愁。二是把握亲子游和研学风潮。开展针对中小学生的农耕文化主题研学和亲子抓鸭、插秧、摸鱼等体验活动，吸引周边家庭参加活动。三是注重联合社会各界资源。依托本地农业龙头企业生产基地优势，邀请新四军后代、大专院校科研院所和各级农业领域相关领导共同参与，不断扩大活动规模和影响力。

岔河稻米文化节活动——在稻田里抓鱼

岔河稻米文化节通过不断挖掘传统文化资源，深度挖掘、提炼、创新地方稻米文化，"以米扬名，搭台唱戏"，把岔河大米文化特色优势进一步放大，做足唱响稻米品牌的特色文章，对以传统农业为主的同类型乡镇乡村振兴战略的实施有着一定的参考价值。

画外桐坞：
艺农融合赋能乡村振兴

一、基本情况

外桐坞村，坐落于杭州市西湖区转塘街道东北面，毗邻中国美术学院象山校区、浙江音乐学院两所艺术高校，村域面积2 000亩，林地1 200亩，茶地520亩，是西湖龙井主产区中心区块。近年来，外桐坞村紧抓"千村示范、万村整治"契机，依托"西湖龙井"独特资源禀赋，邀请中国美术学院共同策划打造画外桐坞艺术村落，村内聚集了国际知名画家闵庚灿、中国美术协会秘书长刘健、中国美术学院副院长王赞等40多位名家、艺术大师的工作室，该村被列入了杭州市首批"艺术风情小镇"名单，获得全国文明村、全国先进基层党组织、全国美丽乡村示范村、中国美丽乡村生态宜居十强村、全国民主法治示范村等荣誉称号。

二、发展历程

1 300多年前，诗仙李白云游至此，见桐花茂盛，留下了"朝涉外桐坞，暂与世人疏，村庄佳景色，画茶闲情抒"的感叹。明孝宗年间（1487—1505年），仇氏先祖为躲避战乱从宁波迁徙至此，繁衍生息至今就有了现在的外桐坞村。村庄一直以传统茶叶产业为主要经济支柱，1954—1966年，朱德同志曾先后四次造访外桐坞村，视察和调研茶叶生产和茶农生活，指导茶产业发展。2006年，因中国美术学院师生到村内写生，外桐坞村开始与中国美院结缘。秀丽的山水、苍翠的茶园、清新的空气、淳朴的民风，吸引了越来越多的艺术家前来开办艺术工作室和画廊。外桐坞村经历了从写生基地到艺术家村落再到休闲旅游村的几次转变。目前，村内每个农户都有房屋出租给艺术家或者文创企业，全村已经有油画、国画、雕塑、玻璃、陶瓷、漆器等八大艺术场馆，形成了一个集艺术旅游、休闲养生、艺术品展示拍卖、名家学术交流于一体的"江南艺术旅游第一村"，也开启了"茶+艺术"融合发展之路。

三、典型做法与成效

（一）基础设施完善，筑牢振兴根基

外桐坞村始终践行"绿水青山就是金山银山"的发展理念，锚定"绿富美"

的工作目标，外增颜值，内增气质，以整治村庄人居环境为切入口，通过"风情小镇建设""龙坞茶镇建设""党建＋艺术"三次提升改造，使村容旧貌换新颜。通过建立物业管理制度，对村民、艺术工作室、游客、车辆和村庄卫生进行封闭化区域管理。通过发动"1＋3＋N"的力量，带头开展美丽庭院创建专项行动，建立文化礼堂、朱德纪念室、元帅茶展示中心、艺术会展中心、健康小屋等场所，增强村民、艺术家、游客之间的交流与联系，为艺术村落建设打下稳固基础。

（二）产业升级融合，铺就振兴道路

外桐坞村以"未来乡村"建设为抓手，立足"西湖龙井＋中国美院"资源优势，发展"一家一位艺术家老师"的艺术人才入驻模式，形成了国画、雕刻、油画、陶瓷、音乐5大文创区块，2022年带动村集体经济总收入达680万元。同时，依托艺术家推介、直播带货等方式，精心培育元帅茶园，打响元帅茶品牌，拓展茶叶销路，2022年实现茶叶收入1 345万元，村民人均收入达7.3万元。探索乡村文旅融合新业态，打造农夫市集、年糕节、画外乡村艺术节等品牌活动，2022年吸引游客突破15万人次，辐射带动农户增收135.4万元，村民的生活品质显著提升。

（三）艺农互动连心，奏响振兴乐章

外桐坞村以精神文明建设为核心，以红色文化为引领，因地制宜，积极发展村庄茶乡文化、艺术文化和传统文化。鼓励艺术老师入住农户家，双方进行互动，带动农民生活习惯转变。开设村民书画班，鼓励村民写字画画，艺术家和村民教学相长，营造出浓浓的艺术氛围。在共生融合的艺术乡建模式下，全村乡风文明得到极大提升，艺术主题突出鲜明，村民安居乐业幸福美满。目前，村庄90%的房屋皆已出

外桐坞村美术文化活动

租，聚集了223名艺术家，开设工作室130余家，已成为一个充满艺术家气息的文化创意园。

四、经验与启示

（一）抓班子带队伍，团队建设是保障

有效团队是组织获得成功的切实保障。外桐坞村从班子的主观能动教育出发，树立为村庄谋发展、为村民谋幸福的工作理念，提升班子工作集体荣誉感，培养年轻后备干部积极领办民生实事，引导党员干部融入村内各个新生创业群体，"零距离"服务群众。

（二）抓经济促增收，产业融合是关键

产业要持续，融合发展是关键。外桐坞村合理布局产业，清退"散乱污"企业，鼓励村民出租闲置房屋，大力发展物业经济。引进艺术家驻村打造工作室，形成立足农户的文创产业园区，打造景区型村庄，带动文旅产业及茶产业，突破传统以农家乐为主导的乡村旅游模式，拓宽了村集体、村民增收渠道，激发了乡村内生真正动力。

（三）抓整治强民生，乡风文明是核心

乡风文明是实现乡村全面振兴的核心和灵魂。外桐坞村整合入驻艺术家资源，组建国画、书法等兴趣小组，举办各类文化活动、艺术展览，实现村民的文娱活动"从一张棋牌桌到一张书桌的转变"。引进"文化管家"，打造红领巾e站，开展暑期"五彩"公益课堂、复兴少年宫等活动，实现"小有所学、老有所乐"的精神文化生活。

（四）抓党建优服务，共建共享是基础

构建共建共治共享治理体系是发展的内在要求。外桐坞村立足红色文化底蕴打造朱德纪念室、元帅亭等红色标地，举办"红色书房"读书会、红色文化行等主题活动，组建西湖区首支"红领巾"宣讲团、"五老"宣讲团，形成"红色领航、多元参与、共治共享"的基层治理新格局。

外桐坞村文化墙

安徽省池州市青阳县

杜村乡沙画艺术：
以"沙"为媒　助力乡村文化振兴

一、基本情况

　　沙画是一种与舞台艺术相结合的表演形式，是以天然沙粒为材料，通过艺人的巧妙手法，将沙粒与绘画、雕塑等艺术形式相结合，创作出富有内涵和美感的作品。近年来，青阳县杜村乡把沙画艺术作为该乡打造乡村振兴"醉美杜村"品牌的重要内容，从品牌培育、人才培育、活动培育入手，以杜村乡中心小学师生为主要对象，大力传承沙画技艺。截至目前，杜村乡沙画艺术工作室设在杜村乡五阳村的杜村中心小学内，沙画从业人员3人、沙画工作者9人、沙画爱好者30余人，有10台专业沙画机、投影仪、摄像机等装备。该工作室创作的沙画作品《守一道门 护一座城》曾在中央电视台《今日说法》栏目播出。多部沙画作品在安徽之声、安徽先锋网、安青网、安徽电视台等媒体展播。

二、发展历程

特色课程——沙画

杜村乡沙画艺术的发展历程主要体现在沙画名师王勇老师的求学、钻研历程中。2013年，王勇老师考入杜村乡中心小学，担任小学美术教师。2016年，王勇老师在网络上看到了沙画艺术的表现形式，觉得很神奇，就买了沙画台自学。为提升沙画水平，2017年暑假，他前往北京拜师学习沙画。学成归来后，王勇老师将沙画艺术与日常教学有机融合，深受学生欢迎。在王勇老师的引导下，又有2名杜村乡中心小学老师苦研沙画技艺。学校社团在每周三到周五下午最后一节课开展沙画教学活动，一、二年级以中国古诗词为入门内容，三、四年级以中国传统节日为载体开展教学，五、六年级以时事热点、乡村振兴等方面的有关内容以"画"演教。

三、典型做法与成效

（一）强化品牌培育

青阳县杜村乡将沙画艺术作为"醉美杜村"品牌建设的重要内容，组建专业团队，成立沙画艺术工作室，配足器材道具，围绕中华优秀传统文化、社会主义核心价值观及社会热点问题，在特定时间节点推出沙画作品，寓教于乐，弘扬主旋律，传播正能量。

（二）强化人才培育

青阳县杜村乡将沙画艺术人才培育作为"醉美杜村"品牌建设的首要工作，通过名师带徒工程，发挥沙画传承人作用，举办沙画艺术培训班，每年组织人员赴北京、四川等地学习沙画技法和电脑剪辑技术，每年在寒、暑假及周末、传统节日期间开设公开课，在广场展示展演沙画艺术，培植更多沙画艺术爱好者。截至目前，杜村乡沙画艺术工作室目前有沙画从业人员3人、沙画工作者9人、沙画爱好者30余人。

（三）强化活动培育

青阳县杜村乡将沙画展演展示作为沙画艺术传承发展的重要抓手，通过活动引领、生活融入，培植沙画艺术强大生命力。近年来，杜村乡通过沙画的独特艺术形式，将党史学习教育与沙画课程有机融合，以"画"学党史的形式向人民群众传递红色基因、民族精神、家国情怀。同时，在杜村中心小学组建学校沙画社团，在传统沙画的基础上，将沙画艺术融入学生教材的古诗词中，开设古诗词沙画教学，"画一幅沙画，学一首古诗"，让学生用沙画绘出古诗词的意境，感悟"诗中有画，画中有情"，提升了学习效果。在春节、元宵节、清明节等中华传统节日，带领学生们一起创作，挖掘传统节日的文化精神内涵，帮助学生建立对中华优秀传统文化的认同感，树立文化自信。

四、经验与启示

（一）挖掘和传承传统文化，强化文化底蕴

乡村文化艺术的振兴，离不开对传统文化的挖掘和传承，必须深入挖掘乡村的

文化资源，将传统文化与现代艺术相结合，打造具有乡村特色的文化品牌。

（二）培育乡村人才，增强内生动力

乡村文化艺术的振兴，需要人才的支撑，必须加大对乡村人才的培养力度，提高乡村群众的艺术素养，激发乡村文化艺术的创新活力。

（三）丰富乡村文化生活，提升乡村文化品质

乡村文化艺术的振兴，要注重丰富文化生活，提高乡村文化品质，必须要举办各类文化活动，满足乡村群众的文化需求，增强乡村文化的凝聚力。

（四）促进乡村产业发展，实现文化经济双赢

乡村文化艺术的振兴，要与乡村产业发展相结合，必须发挥文化产业的经济效益，推动乡村文化艺术的产业化发展，实现文化经济双赢。

安徽省亳州市利辛县

九曲黄河阵文化园：
传承非遗文化　赋能乡村振兴

一、基本情况

利辛县位于安徽省西北部，现辖23个乡镇、1个经开区、361个村（居）。近年来，县委、县政府通过挖掘九曲黄河阵优秀传统文化元素发展文化产业，建成九曲黄河阵文化园，辐射带动1 600户农户增收，人均增收超过3 000元。

二、发展历程

《封神榜》写道："九曲黄河阵内按三才，包藏天地玄妙、生死机关；外按九宫八卦出入门户、连环进退，井井有条。灯阵占地数亩，由兵阵演变而来，以灯代兵列阵，匠心独具。"据历史资料记载，元末明初，利辛县展沟镇地处洺河之湾，因此连年水灾不断。有一年发水时，从北方漂来三尊铜塑神像，当地人捞起发现是《封神演义》中的三霄娘娘神像。在三霄娘娘的腹腔中，竟得九曲黄河阵图，依据阵图所示，按照九宫八卦的方位，将战阵改为灯阵。此举可谓化干戈为玉帛，绘祥云以消戾气，去暴虐以庆升平。就这样，花灯九曲黄河阵遂演化而成，从此该地区风调雨顺。同时，传承人还到周边各地插灯，这一传统也逐渐成为群众谋生手段之一。

九曲黄河阵过去以竹竿、草秸扎阵；今以布幔、丝网围成。阵内彩灯365盏，对应一年365天，同时串联上下五千年神话故事、历史人物。彩灯形形色色，烘托着整个灯阵，制艺精美，设计新奇，造型各异，有天上飞的、地上走的、水中游的，云蒸霞蔚，五彩缤纷，璀璨夺目，令人百看不厌。因九曲黄河灯阵具有较多文化创意产品，得到了大众的广泛认可。2008年，九曲黄河阵被列入安徽省省级非物质文化遗产名录。

九曲黄河阵文化园是以安徽省非物质文化遗产"九曲黄河阵"为核心，依托泰山宫等文化设施和西洺河故道、柳下惠传说等自然人文元素建设而成，是集传统文化宣传、旅游观光、物资贸易、休闲娱乐于一体的文化项目，占地约600亩，依托西洺河故道原始地形，复建古庙宇建筑，将传统"布阵插灯"的临时性灯阵设施建成长久设施，将每年庙会期间开展的传统文化活动，打造成了一个长期的文化项目，成为当地及周边群众休闲游玩的好去处。

三、典型做法与成效

（一）政府推动深度挖掘

坚持以文化遗产发掘保护为支点，夯实传承中华优秀传统文化的工作基础，坚持以重大活动、重大项目为牵引，推动优秀传统文化保护传承走深走细走实。县政府依托阵园布置传统文化宣传活动，采用绿植隔离布置八卦迷魂阵，采用固定艺术灯架，可以随时插灯，把一个春会才有的布阵插灯习俗，打造成了一个长期的文化展演活动，成为整个文化园的核心内容。

（二）培育品牌做强产业

九曲黄河阵是展沟人内心的图腾象征，是他们祈盼平安、丰收、幸福的心灵依托。非遗传承人发扬传承，在每年农历二月十五举办展沟泰山宫庙会，展示九曲黄河灯阵，形成了九曲黄河阵品牌。远在异乡的游子、附近百里的客商都会聚集在这里开展一系列文化旅游、商贸等活动。同时，展沟镇人民政府联合泰山宫理事会制定了投资规划、谋划了产业布局，并开展了卓有成效的招商引资活动，目前取得了很好的效果。

（三）加大投入培育人才

县政府依托九曲黄河阵、柳下惠传说两个省级非遗项目和泰山宫庙会、十八番锣鼓两个市级非遗项目，开展了传承人培育、园区建设管理人才培育工作。目前这几个项目共有省级非遗传承人4人、市级非遗传承人5人、园区管理高级人才8人。与此同时申报了九曲黄河阵市级非遗传习基地，在展沟村街道开展传承人培训工作，新培养传承人58人，已基本能够完成扎灯、布阵等基础工作。

利辛县文物保护单位——泰山宫大殿

四、经验与启示

（一）党政主导，资金支持是保障

党委、政府强化引导，加大扶持力度，发挥服务职能，在优秀传统文化、保护传承、创新发展等方面，制定政策措施，有效调动市场主体积极性，促进资源要素更多向乡村流动，增强非遗文化发展活力。

（二）挖掘内涵，文化振兴是核心

没有内涵的文化就没有发展，非遗文化也不例外。只有让非遗文化回归大众视野，才能让其焕发出更加夺目的光彩和更为强大的生命力。通过策划引导群众积极参与的非遗活动、开发出更多文化价值和实用价值相统一的文化创意产品，吸引更多市场主体参与，大力推动非遗文化走进生活、走进大众，是对非遗文化最好的传承和推广。

（三）培育人才，产业融合是关键

乡村振兴，人才是关键。充分发挥能人的示范带动作用，加强对乡村本土文化人才的培育，不断调动农民的积极性、主动性、创造性，增强农业农村发展活力。

（四）树立品牌，满足需求是根本

利辛县始终注重文化提升。文化旅游消费是一种很好的保护方式，打造传统文化品牌，既是对传统文化的继承和发扬，也是对传统文化最好的保护。通过文化品牌的市场化运作，可以开发出更多有市场需求的创意文化产品，大力推动非遗文化走进生活、走进大众，引导群众广泛参与。这在丰富人民群众精神生活的同时，也拓宽了群众增收渠道。

九曲黄河阵于农历二月十五泰山宫庙会时期布景

福建省福州市长乐区

夜渡龙舟：
三溪夜赛龙舟破浪前行

一、基本情况

福州市长乐区江田镇三溪村因潼溪、南溪、北溪汇集于此而得名。背倚屏山、面向东海的三溪村，风景优美，人文景观颇具特色，是福建首批省级5个历史文化名村之一，其所在的长乐区之地，更有超1 400年的建县历史。

"自古龙舟日竞渡，独有三溪夜赛航。"夜渡龙舟是福州长乐区三溪村当地传统且独特的风俗，已经沿袭600多年。多年来，三溪村一直保留着龙舟竞渡的传统，坚守着这份龙舟文化传承，"夜渡龙舟"现在逐渐成为村民和各地游客的"端午狂欢"。恰逢端午佳节之际，三溪村都会举办龙舟文化节，全村老少聚集在沿溪两岸，观看龙舟的"下水仪式"，当地村中男女以划龙舟、赛龙舟为乐，并借此祈盼风调雨顺，平安健康。时至今日，三溪的龙舟夜渡更加红火，更具文化气息，以其独有的乡土风情，吸引着八方游客。

三溪"夜渡龙舟"不只注重竞技，更像是一场全民狂欢。三溪村的龙舟队多由校友、亲朋等人员组成，与校友会、同学会等情谊结合，参与游客也可以同乐，呈现出浓厚欢快的乡风，人们通过夜渡龙舟，拉近了彼此的距离。三溪"夜渡龙舟"文化影响力不断扩大，截至目前，江田镇各村民间自发组建了专业性质俱乐部约4队，民间同学会龙舟队约21队。

二、发展历程

"门前三溪水，不改唐时波。"长乐江田镇三溪村自古就是鱼米之乡，商贸繁华。据《长乐县志》记载，唐朝初期即有乡人在三溪居住，廖、董二姓是当时的主要姓氏。唐中期迁入了陈姓和潘姓，如今，共有十八姓人家在这里和谐相处。

三溪北溪的古桥桥下，为夜渡龙舟的全域。据《三溪村志》记载："三溪夜渡龙舟已历史悠久，历年村民积极举办龙舟竞渡，既能强身健体，又增加节日氛围。"

所谓"夜渡"的传统，也是顺应天时与人和的产物，从20世纪80年代开始，村里的人白天忙于农事生计，外出劳作而赶不上龙舟赛，傍晚一收工，他们就趁着暮色挑灯竞渡，逐渐形成了日落之后的夜赛传统。

三溪村夜渡龙舟全景

赛龙舟现场

三溪龙舟文化传承如同历史长河中的一条明亮的红线，将过去、现在与未来紧密串联，传承不断。1996年，三溪村首开女子登舟先例，组建"凤舟队"（女子龙舟队）。1998年，福建省妇联在此举办首届全省妇联龙舟赛，来自省、市十支妇女龙舟队伍300多人展开一场竞赛，场面蔚为壮观。2014年，三溪村召集数十位年过七旬的划桨者举办"千岁龙舟"。2019年，新华社、CCTV等中央媒体陆续开始对三溪村夜渡龙舟进行电视和网络直播。2022年，"三溪夜渡龙舟文化习俗"成功入选福州市第七批非物质文化遗产代表性项目名录。2023年，为参加一年一度的"夜渡龙舟"活动，三溪侨民从世界各地奔赴家乡，一同挑灯夜航，据统计，在端午节期间吸引游客数量超10万人；2023年，"龙头所向是家乡"——福建长乐三溪夜赛龙舟全球特别直播，全网观看量超656万次，点赞、评论、转发、社群互动量超21.6万次，此次直播还针对国内外观众阅读习惯差异，同时进行国内中文、海外英文、VR视角等三场差异化直播报道。

三、典型做法与成效

近年来，为进一步弘扬三溪"夜渡龙舟"文化，市县乡村四级专注于打基础、强提升、广宣传。

（一）改善河道生态，优化"夜渡龙舟"基础条件

紧紧围绕"水清、河畅、岸绿、景美、产业优"总体要求，以"生态治水"为理念，投入400多万元打造示范河道，对河道进行清淤疏浚，增强防洪、排涝能力，不断优化"夜渡龙舟"立地条件。目前，该流域常年水质稳定在Ⅲ类标准，部分时

段水质可达到Ⅱ类标准。同时，三溪村村两委大力推动全村污水管网改造，村干部挨家挨户宣传，得到村民大力支持，污水管网经过改造，全部接入污水处理厂，从源头上保障了三溪水清岸绿。

2014年三溪女子龙舟队庆祝成立18周年划龙舟情景

（二）美化人居环境，提升"夜渡龙舟"直观感受

建立镇领导亲自抓、部门具体抓、村抓具体的推进体系。以深入践行"两个专项行动"（"护河爱水、清洁家园"行动、长乐区主干道环境综合整治专项检查行动）为契机，以"三个抓手"（村庄清洁"六清一改"、乡村建设"五个美丽"、农村人居环境整治积分制）系统推进人居环境提升工作。2023年累计完成整改87个问题，进一步推动人居环境持续改善。先后获得福州市乡村振兴四星级村、省级高级版"绿盈乡村"等荣誉称号，"夜渡龙舟"周边环境显著提升，游客感受更为舒适。

（三）加强设施建设，完善"夜渡龙舟"基础配套

以加强基础设施建设、狠抓乡村精细管理为重点，大力提升基础设施，持续完善集镇设施，凸显夜色三溪水域优势。2020年投入100多万元沿溪建设夜景灯光工程，打造穿心溪独特的声控夜景灯光，用多彩灯光扮靓三溪夜色。近年来，相继完成了杆线规整、玄南路与希贤路道路提升、穿心溪周边美化景观改造、公厕改造等工程，丰富了居民文娱生活，为加快推进三溪村文旅基础设施建设奠定了基础。通过逐步完善游客吃住行游购娱要素配置，不断夯实文旅产业融合发展根基。

（四）推动文化创新，传播"夜渡龙舟"特色品牌

以"夜渡龙舟"活动为契机，成功举办第二届中国·长乐三溪乡村摄影文化节，通过"摄影＋乡村振兴"服务功能，以摄影润乡，用摄影精品兴村。并借助数字平台开展全球特别直播，海内平台同步宣发，打响三溪"夜渡龙舟"文化品牌。同时，实施"文化＋"行动，以文创赋能文化，区文投公司创作"夜渡龙舟"文创作品——夜渡龙舟积木，唤醒沉睡文化资源，构建文化产业新业态。

四、经验与启示

长乐区江田镇三溪村从自身优势资源出发，努力克服劳动力流失的发展障碍，全力在"产业兴旺、生态宜居、乡风文明、治理有效、生活富裕"等方面下功夫，加快建设宜居宜业和美乡村。

（一）加强文化保护是基础

一是在村内积极打造龙舟文化壁画及夜渡龙舟文化墙，有效提升了村庄的艺术美感和空间氛围，进一步扩大夜渡龙舟故事流传度；二是成功将"三溪夜渡龙舟文化习俗"推荐入选福州市第七批非物质文化遗产代表性项目名录，使"夜渡龙舟"成为一张闪亮的名片；三是深入挖掘推广龙舟文化，打造明星队伍，赋能"研学＋"模式，培育龙舟传承人，积极举办龙舟赛事和庆典活动。

（二）推进文明乡风是重点

一是年轻人以同学会、青年会等名义结社组队，集资购龙舟，并参与赛龙舟活动。例如，2023年，为纪念毕业20年，长乐三溪中学2003届的同学会自发建造了一艘龙舟。二是三溪女子龙舟队于2023年正式成立，从民办到公办，三溪村专门为她们制作了一条新船，这更是一种文化传统的延续，一种坚韧和团结的象征。三是每逢端午佳节，三溪村海外侨胞都会怀着对家乡的怀念纷纷返乡竞渡，赛龙舟逐渐演变为守护乡村记忆、留住美丽乡愁、培育乡风文明，传承优秀文化的载体。

（三）落实乡村规划是关键

一是持续完善"总体规划＋村庄规划＋乡村设计＋农房设计"联动机制，加强村庄规划编制的实效性、可操作性和执行约束力。二是加强村庄风貌管控，持续改善农村人居环境，进一步健全农村生活垃圾、污水、厕所管理机制。三是重塑农房建设管理体系，以夜渡龙舟航道为中心，对两岸原有构筑物进行全面梳理，进行分片区改造活化利用，规划出村民生活区、夜渡龙舟观赛区、乡村振兴产业运营区等。

福建省泉州市晋江市

围头村海峡两岸七夕返亲节和闽台乡村旅游文化节：以家国情怀织就两岸情缘桥梁

一、基本情况

晋江市金井镇围头村地处福建省泉州市东南沿海围头半岛突出部，是祖国大陆距离金门岛最近的渔村。拥有独特的自然人文景观、丰富的战地文化、滨海文化、渔村文化、侨台文化和海丝文化。作为1958年"炮击金门"的主战场，围头村昔日是福建海防的最前线，今日是两岸交流的最前沿。目前共有148对两岸夫妻，演绎了"冤家变亲家·两岸一家亲"的海峡传奇故事，因此，围头村被誉为"两岸通婚第一村"和"海峡第一村"。

近年来，围头村依托其独特的地理位置和深厚的文化底蕴，成功打造了"海峡两岸七夕返亲节"和"闽台乡村旅游文化节"两大对台节庆活动。积极推进乡村文化艺术的繁荣发展，实现了文化传承、产业培育与乡村振兴的有机结合，吸引了大量游客前来观光旅游，有效带动了当地经济的发展。与此同时，围头村还注重保护传统村落风貌，传承闽台文化精髓，使乡村文化艺术在现代化进程中焕发出新的生机与活力。

围头村第七届海峡两岸七夕返亲节活动现场

由此，围头村荣获全国文明村、全国休闲农业与乡村旅游示范点、中国传统村落、中国乡村旅游重点村、全国乡村特色产业产值超亿元村等28个"国字号"荣誉以及福建省基层对台交流示范点、闽台乡村旅游试验基地、2024年闽台乡建乡创合作样板村等多项对台殊荣。

二、发展历程

2007年，围头村制定了"振兴围头·二次创业"的方向标、路线图和时间表，开启了"一年一台阶，五年一跨越，十年初步实现宜居宜业宜游，二十年全力打造海峡名村"的新征程。2008年"凝望海峡·唱响和平"首届滨海旅游文化节成功举办，成为促进两岸民间交流和提升围头新农村建设的新动力。随着对台民间交流的不断深入，2011年举办的第二届旅游文化节正式更名为"闽台（晋江·围头）乡村旅游文化节"，至今已成功举办八届。

围头村第八届闽台乡村旅游文化节活动现场

2010年，为了让"围头新娘"回娘家看看家乡变化，与家人叙旧，第一届海峡两岸（围头）七夕返亲节在围头村永平广场成功举办，引起两岸媒体的关注和社会各界的积极反响。于是，以"围头新娘"为主角，每隔一年举办一次的海峡两岸（晋江·围头）七夕返亲节就这么被当作重要节日活动延续下来。2024年农历七月初七，围头村举办了第八届海峡两岸（围头）七夕返亲节。经过十多年的精心打造，这两个节庆已经成为泉州晋江乃至整个福建省的乡村特色文化艺术名片，吸引了越来越多的两岸民众参与和游客前来观光旅游。2022年，围头村成功入选文旅部与中央电视台联合推出的，迎接党的二十大重点节目《山水间的家》的全国24个和美乡村，也是福建省唯一入选的村庄。

三、典型做法与成效

（一）深入挖掘文化资源

围头村通过对当地闽台文化资源的梳理和挖掘，提炼出独具特色的围头元素，如"围头新娘"七夕返亲习俗、"五色围头"等，并将其融入节庆活动和乡村旅游中。由两年一届的"海峡两岸七夕返亲节"和"闽台乡村旅游文化节"两大对台节庆，催生出"围头新娘跨海过三八"等对台民间交流"六大活动"，使两岸民众能够深刻感受到闽台乡村文化艺术的独特魅力。

（二）注重文化传承创新

围头村在举办节庆活动时，注重创新活动形式和内容，通过举办文艺演出、民俗展示、品闽台美食等丰富多彩的活动，吸引游客的参与和关注。同时，还结合现代科技手段，如互联网直播、短视频等，扩大活动的影响力和传播范围，凸显"文、旅、渔"融合发展，推动渔村经济多元化发展。值得一提的是，围头元素现代高甲戏《围头新娘》将亮相国家大剧院2024年新年戏曲晚会。

（三）加强两岸艺术交流

围头村积极与宝岛台湾开展基层文化交流合作，邀请台湾艺术家来村表演、交流创作经验，推动两岸文化艺术的深度融合。这种交流合作不仅增进了两岸同胞的感情，也为围头村的文化艺术发展注入了新的活力。国台办新闻局发言人马晓光、新党主席吴成典、新党前主席郁慕明、台防务部门前负责人孙震及其夫人、金门县县长杨镇浯、台湾中国文化大学教授邱毅等两岸政要特地前来参加围头村海峡两岸（晋江金井·围头）七夕返亲节和闽台（晋江金井·围头）乡村旅游文化节。2023年1月28日，中共中央台办、国务院台办主任宋涛一行调研围头村两岸基层对台交流情况。宋主任对围头村开展的"两大节庆、五大活动"给予充分肯定，他希望围头村继续扩大两岸基层民间交流，深化两岸乡村融合发展，吸引台湾同胞特别是台湾青年来大陆追梦、筑梦、圆梦，扮演好"围头新娘"和平使者的角色，争当两岸基层交流的排头兵，为推进两岸早日统一发挥应有的作用。

如今，围头村已成为闽台乡村旅游人气最旺的目的地之一。海峡两岸（晋江·围头）七夕返亲节被列入国台办对台重点交流项目和重点宣传项目、闽台乡村旅游文化节被列入文旅部全国乡村文化和旅游能人支持项目等多项荣誉。这两大节庆活动，已成为乡村特色文化艺术的典型案例，受到两岸各大主流媒体的持续关注。

围头村第八届闽台乡村旅游文化节活动现场

四、经验与启示

（一）要深入挖掘和整合乡村文化资源，打造具有乡村特色的文化品牌

每个村庄都有其独特的历史文化和自然景观，只有深入挖掘和整合这些资源，激发村子内生动力，才能推动乡村高质量全面振兴。

（二）要注重文化传承与创新相结合，推动乡村文化艺术的繁荣发展

传统文化是乡村文化艺术的根基，也需要与时俱进，结合现代文化，才能焕发出新的生机与活力。因此，在推进乡村文化艺术发展的过程中，既要注重传统文化的传承与保护，也要积极引进现代文化元素，推动乡村文化艺术的创新发展。

（三）要巧用互联网思维，线上线下齐宣传

酒香也怕巷子深。围头村通过微信公众号和视频号，广泛推介、宣传"围头海峡第一村"，"线上宣传＋线下引流"双管齐下，把人引进来，把货卖出去，探索出一条围头特色的"互联网＋节庆活动、乡村旅游、渔业生产、特色产品"多元融合发展"新路"，线上"带货、带景、带故事"，线下"带人、带游、带美食"。

河南省周口市沈丘县

玉文化产业：
以玉润城　助力文化振兴

一、基本情况

沈丘玉文化产业园是沈丘县委、县政府招商引资重点项目，是周口市政府重点扶持项目工程之一。项目坐落于沈丘县城行政新区，与国家AAA级旅游景区中华槐园相邻，北临宁洛高速、高铁站，南临和谐路，交通十分便利。项目于2013年开始兴建，总投资5.2亿元，总占地面积203亩，总建筑面积20万米²，主营珠宝玉器、古玩字画、奇石、文物、茶艺茶道等，文化氛围浓厚、清静文雅。产业园里有集儿童文化、教育、休闲娱乐等于一体的商业中心，它以互动融合带动循环消费，带来了多元化商机。2022年，沈丘玉文化产业园被列入第三批河南省夜间文旅消费集聚区名单。

二、发展历程

自2014年至今，沈丘玉文化产业园结合当地经济特点，有效组织经营玉器、古玩、字画、花鸟等的散户进行集中规范经营。投入大量人力、物力、财力，持续做好周六古玩市场运营工作，吸纳周边散户300余户、外地客商200余人，日营业额逾百万元。产业园受到业内人士和消费者的广泛关注，成为当地文化、服务产业的新名片。产业园举办了五届国家级"中原玉博杯"精品玉器博览会、三届字画展、两次拍卖会、三届免费鉴宝活动、一次工艺美术精品展评销会等活动，活动期间商家云集，全国各地古玩、字画、玉器爱好者、收藏者纷纷前来交流，参观欣赏的群众络绎不绝，成交额屡破新高，在弘扬传统文化、推动县域经济发展方面作出了重大贡献。

三、典型做法与成效

（一）坚定不移打赢思想变革硬仗，更大力度聚人心鼓干劲

坚持"以文促旅，以旅彰文，文旅深度融合发展"的发展理念，将玉文化产业纳入全县文旅产业发展范畴，通过抖音、公众号等新媒体平台宣传玉文化。组织开展"中国·沈丘精品玉器博览会""沈丘县首届奇石玉器博览会"等，吸引玉文化

爱好者来沈交流，做大玉石产业，做强文旅经济。

（二）坚定不移打赢文化建设硬仗，更大力度拓内涵树品牌

成立沈丘玉器商业联合会，积极参与玉雕相关活动，不断交流学习玉雕知识。"中国沈丘·海峡两岸文化交流"暨释广元长老捐赠书画等活动，为文物收藏爱好者提供了学习交流的平台；邀请河南电视台文物宝库频道《华豫之门》节目专家团来到沈丘玉文化产业园，共同举办大型鉴宝活动，普及文物保护和收藏知识，丰富群众文化生活，促进文化交流和文化产业繁荣。

（三）坚定不移打赢队伍建设硬仗，更大力度强素质转作风

树立人才是第一资源思想，实施玉文化产业人才带动战略，制定文化产业中长期人才引进、培育规划。研究出台具体的文化产业人才引进优惠政策，建立玉文化产业人才库，实施分类管理。同时，以沈丘本土高级人才为引领，促进人才的引进、培养和汇集，为玉文化产业发展提供智力保障。

四、经验与启示

（一）强化创新驱动，深入挖掘内涵，打造文化和非遗"双引擎"

沈丘县认真学习贯彻上级文化部门关于非物质文化遗产保护工作的重要部署和会议精神，立足独特乡村资源优势，深入挖掘民间文化内涵，举办"非遗文化和自然物宣传"活动。同时，通过发动各公共文化机构、自然和文化遗产保护机构及各类文艺表演团体，举办各类文化遗产展演展示、论坛讲座等文化传播活动，宣传文化遗产保护成就，提升社会公众的文化遗产保护意识和自主参与能力，推动乡村特色产业快速发展，为乡村振兴注入动能。

玉石雕刻交流会

周六古玩市场

（二）把握发展大势，突破路径依赖，做强传承和创新"两条线"

开展丰富活动，加强与省内外收藏家协会、玉雕家协会、玉器公司、珠宝首饰协会等组织协作交流，通过艺术展示、现场制作、艺术交流等方式，诠释传统工艺美术丰富内涵，展示宣传传统工艺美术优秀作品和传统艺术传承保护成果，促进非遗文化与艺术、现代审美深度融合，推动优秀传统艺术创新性发展，提高文化品牌影响力；学习借鉴别人的长处，携手研讨玉雕技艺，积极与全国各地奋战在玉雕事业一线的高手和精英交流，共同展望玉雕事业的发展前景，提升沈丘玉雕从业人员的自身竞技水平和行业知名度，让更多人了解沈丘玉石雕刻文化。

（三）立足当前基础，规划长远发展，做好开局和布局"两件事"

着力构建现代玉文化产业体系，实施"玉＋"战略，即"玉＋文化创意"引领产业发展、"玉＋智能制造"助推产业提档升级、"玉＋时尚珠宝"带动产品结构转型、"玉＋电子商务"促进营销模式创新、"玉＋健康养生"催生新业态模式、"玉＋现代金融"构建产业金融体系、"玉＋特色旅游"推动产业转型，为全县玉文化产业发展提供有力支撑。

湖南省长沙市湘江新区

白箬铺镇：
红色文化惠润民生

一、基本情况

白箬铺镇位于长沙市西南部，处于长沙市"半小时经济圈"，镇域面积106千米^2，辖10个行政村、1个农村社区，总人口4.6万余人。全镇红色文化底蕴深厚，毛泽东1917年游学、1959年调研农业均到访白箬铺镇。湖湘文化源远流长，李肖聃、李淑一等名人故居，厚生会计讲习所旧址、幼幼学校旧址均坐落于此。此外，白箬铺镇的休闲文旅资源也极为丰富，光明大观园、飞鸟乐园、松鼠谷等景点游人如织。白箬铺镇曾获评第十一批全国"一村一品"示范村镇（休闲旅游）、湖南省农村产业融合发展示范园、长沙市乡村文化与产业融合发展先进单位等称号。

二、发展历程

2022年起，白箬铺镇通过走访老同志、召开座谈会、查阅馆藏资料等方式，组织党史专家、高校教授，收集整理青年毛泽东1917年游学路线、1959年毛泽东调研农业生产、李淑一生平事迹等相关史料。2023年，按照"重走一条路，品味一个馆，体验一座园，重温一个报告"的思路，完成1917青年毛泽东游学路线建设。围绕"红色文化＋休闲旅游＋儿童友好"主题，将李淑一珍藏馆、幼幼学校旧址等本土文化资源与光明大观园农文旅产业集群、美丽宜居村庄集群连点串线，全面唱响独具特色的红色旅游乡村文旅品牌。

三、典型做法与成效

一是坚持"红色路线＋美丽乡村"协同打造。让红色路线与美丽乡村同频共振，把1917青年毛泽东游学路线、李淑一珍藏馆、宜家坡党群服务中心等点状的红色资源与文旅服务串联打通，联动国家AAAA级旅游景区光明大观园中的1家省级中小学生研学实践教育基地、3家市级研学实践基地、4家市级四星级以上乡村旅游点以及3家市级四星级以上农庄，打造"赏花季""避暑季""农耕季"等系列线路。以红色路线为核心举办"万花争妍、白箬春欢"、湘江新区"夏季村晚"等系列活动，邀请"汉服奶奶""花鼓戏一东"等网络红人打卡宣传。2023年共接待游客近

65 万人次，旅游收入超 3 800 万元。

二是坚持"红色研学＋自然教育"互联共创。构建"红色＋自然＋美育＋文化"有机融合的儿童研学模式，持续扩大红色研学影响力和吸引力。引导全国优秀教师光明小学杨伊组建了美育实验室，为本地 100 多名妇女开展 100 余场次的指导培训，孵化出白箬之光青年志愿团和以本地妈妈为主体的白箬之光儿童友好自然讲师团。联动 100 余名乡村创客提供具备红色内涵的自然教育、充满自然特色的红色课程。高标准打造出"红色润初心、金色强党性、绿色促实干"三条红色教育路线及"水稻科普进校园""做一粒好种子"等一系列白箬本土的自然教育研学课程，为乡村孩子提供红色研学、自然科普等活动 500 余场，服务青年儿童万余人次。该项目荣获 2023 年长沙市儿童友好城市建设优秀案例。白箬之光志愿服务项目入选全国学雷锋志愿服务"四个 100"先进典型候选名单。

三是坚持"红色产品＋金色产业"聚势共进。聚焦红色旅游对农副产品需求，丰富延伸金色产业链条。白箬铺镇全年完成粮食生产面积 5.8 万亩，实现粮食总产量 2.8 万吨。积极探索发展途径，盘活村集体闲置资源发展现代农业产业，发展淑一村黄桃、龙唐村瓜蒌等"白箬的礼物"特色农副产品，建立由"村集体抱团＋合作社承包"的经营模式，建设育秧工厂、米粉厂项目，规划布局大米加工厂、仓储物流配送中心，构建农产品全流程生产链，丰富红色旅游体验。

四、经验与启示

一是以红色文化铸魂育人，统领基层党建"白箬红"。坚持以文化人、以文育人，用好红色资源搭建三类人才培养架构。选拔青年镇村干部、青年党员、青年村居民代表组建"青训营"开展常态化学习，开设"能力训练营"为镇村干部提供业务特训，组织各级党组织书记与青年面对面座谈会 12 场等。持续抓实"白箬之光"乡村振兴人才培养，升级乡创服务中心，组织创客人才外出马来西亚、北京等地开展专训，与高校合作搭建青年参与乡村振兴平台，吸引 800 余名大学生投身乡村振兴。

二是以红色文化凝心聚力，统领基层治理现代化。以红色文化为现代化治理"铸魂"，构建群众认识红色历史的精神家园，引领共商共治共享的乡村治理体系。依托红色底蕴和本土传统文化，着力重塑乡村文化空间，开发红色微党课、举办"书香白箬"、村歌计划等活动，最大范围凝聚社会治理红色力量。以培树"白箬红人"为基准，建立镇村干部常态化屋场会制度，全年开展 422 场屋场会；广泛开展"最美邻长""最美庭院"评选，横向推进睦邻友好、邻里和谐，实现了政策宣讲在一线、矛盾化解在一线、民情联系在一线。

三是以红色文化驱动产业，统领集体经济快发展。以红色乡村旅游品牌带动一二三产融合发展，做实产业和就业两项帮扶，持续巩固拓展脱贫攻坚成果同乡村振兴有效衔接，2023年脱贫群众人均收入近1.91万元。以打造白鹤山市级美丽宜居村庄示范区为契机，与本地企业达成合作协议，建立了"企业＋村集体＋农户"的利益联结机制，推出红色主题党校研学品牌，村集体通过入股分红共享发展成果。2023年11个村（社区）集体经济收入全面迈入50万元以上的新台阶，4个村突破100万元，全镇总收入达1 041万元。

四是以红色文化惠润民生，统领基础设施大提升。运用"家门口"的红色文化沁润民心，将美丽屋场建设成为党史教育的红色学堂、为民办实事的红色阵地，如白箬铺社区以毛泽东1959年调研农业为原型打造幸福大坵美丽屋场，"幸福是奋斗出来的"在屋场群众中口口相传。依托红色文化引领，发挥基层党组织的战斗力和凝聚力，提升乡村建设主人翁意识扎实推进基础设施建设，2023年8个美丽宜居村庄建设累计筹款近200万元。以红色文化助推基础设施常态管护，如光明村将幼幼学校旧址打造成初心广场，成功带动村民长期、主动参与每周五"爱村日"活动。

白箬铺镇丰收场景

广西壮族自治区河池市环江毛南族自治县

毛南民族文化：
隐匿于深山亦绚烂多彩

一、基本情况

毛南族是全国较少人口的少数民族之一，人口总数约10万。环江县是全国唯一的毛南族自治县，是毛南族的发祥地和主要聚居地，全国70%的毛南族集中居住在这里。全县有72个毛南族聚居村、6.45万毛南族人口。毛南族是一个历史悠久、文化底蕴深厚的民族，有着独特的语言、风俗习惯和艺术形式，是一个能歌善舞的民族，在长期的生产、生活实践中，经过长期的历史积淀，形成了其独特的民俗民风，创造了如毛南族传统手工艺、民间音乐、民间舞蹈及民间戏剧等绚丽多彩的文化艺术。县文化馆和非遗中心组建"毛南音韵"艺术团，成员由文化馆、非遗中心及爱好者组成，该艺术团所精心编排的以毛南族歌舞秀《艾南》、毛南戏《将心比心》《老吹》等为代表的文化艺术，将毛南族特色文化艺术推向全国并走向世界。

二、发展历程

毛南族特色文化的发展历程可以追溯到古代，其起源可以追溯到中国的西南地区，具体时间难以确定。毛南族特色文化是在长期的历史中形成的，包括了毛南族的传统手工艺、民间音乐、民间舞蹈、民间戏剧等多个方面。这些文化形式在毛南族人民的生活中扮演着重要的角色，也是他们与外界交流和展示民族文化的重要窗口。近年来，在当地党委、政府的大力支持下，毛南族特色文化得到了广泛的传承和发展。毛南族人民通过家庭传承、学校教育、民间艺术团体的形式，将毛南族特色文化传承给下一代，并不断进行创新和发展。随着社会的发展和变迁，毛南族特色文化面临着许多挑战和机遇，为了保护和传承毛南族特色文化，当地党委、政府采取了许多措施，如建立民族文化博物馆、保护传统建筑、传承非物质文化遗产等。同时，毛南族人民也积极寻求与其他民族文化的交流与合作，共同推动毛南族特色文化的传承与发展。毛南族特色文化不仅丰富了当地人民的生活，也推动了当地旅游业的发展，许多游客慕名而来。同时，毛南族文化也为当地经济的发展带来了新的机遇，促进了当地旅游、文化、手工业等相关产业的发展。进入新时代，毛南族文化将会得到更多的关注和保护。毛南族人民将会继续传承和创新自己的文化，并与更多的人分享自己的文化和传统。同时，我们也期待着毛南族特色文化能够在全球范围内得到更广泛的传播和认可，为推动人类文化多样性的发展以及乡村全面振兴做出更大的贡献。

三、典型做法与成效

通过乡村文化艺术促进乡村振兴是一项长期而艰巨的任务，需要政府、社会各界及毛南族群众的共同努力。近年来，环江不断探索和创新，加强乡村文化宣传推广，打造乡村文化产业链，为乡村振兴注入新的动力。同时，注重可持续发展，确保乡村文化的传承和发展与乡村振兴战略相协调。

毛南民族特色舞蹈

（一）加强乡村文化基础设施建设

通过组织开展各类乡村文化艺术活动，如文艺演出、农民画展、民间艺术展示等，激发村民的文化热情，提高他们的文化素养。同时建设文化活动中心、文化广场、农家书屋等，为村民提供丰富的文化活动场所。

（二）培养毛南文化艺术传承人才

通过举办各类培训班，如开展花竹帽编织、傩面雕刻、毛南戏及毛南歌曲编排等培训活动。这些培训涵盖了毛南文化的核心知识和艺术技能，旨在帮助参训人员深入理解毛南文化的内涵，并掌握相关的艺术表现形式。这些培训班，让更多的人不仅能够学习到毛南族的传统歌舞及传统技艺，还能够更深入地了解毛南族的历史背景、文化特色和生活习俗。

花竹帽编织技术培训

（三）组建毛南文化艺术团队

每年投入100万元左右资金支持由县文化馆和非遗中心组建的"毛南音韵"艺术团，团队由对毛南文化有浓厚兴趣和一定基础的人员组成。通过定期排练和表演，团队不断提升自身的艺术水平，同时也为当地群众提供了丰富的文化享受。这不仅为毛南文化艺术的传播和发展注入了新的活力，也为毛南文化艺术的传承和发展奠定了坚实的基础，确保这一宝贵文化遗产能够得到有效保护并持续发扬光大。

（四）打造特色商旅小镇展示民俗文化

环江全县有壮族、毛南族等12个民族杂居，经过民族间的交往交流交融，形成了具有鲜明的多元化地域特色和民族特色的民族文化。打造"柳浪咧"小镇以"传统＋现代"的方式举行多样化的民俗活动，打造"世界自然遗产地""环江五香"等名片，成为备受青睐的网红打卡地。

通过以上举措，把毛南民俗文化与乡村旅游进行有机结合，开发出具有乡村特色的旅游产品，着力打造具有乡土特色的文化品牌，进而提高乡村文化的知名度和美誉度，吸引更多的投资者关注，最终促进乡村经济发展。

四、经验与启示

一是政府应当发挥主导作用，制定相应的政策措施，为乡村文化的振兴提供必要的资金支持和政策环境。同时，政府还应当加强对乡村文化的宣传推广，通过各种媒体和活动，提高公众对乡村文化价值的认识和尊重。

二是社会各界，包括企业、非政府组织、教育机构等，也应当积极参与到乡村文化的保护和传承中来，通过资助项目、提供技术支持、开展文化交流等方式，保护和利用好乡村的自然资源和文化资源。

三是创新产业发展模式对于乡村文化的振兴同样至关重要。依托毛南族自身的文化特色，发展特色文化产业，如乡村旅游、传统手工艺、地方美食等。这些产业都能够成为促进当地经济发展的新动力。民族文化的传承是乡村文化振兴的核心内容，应当重视对传统文化的保护和传承，鼓励并支持民间艺术家和文化工作者，使他们成为民族文化传播的重要力量。

四是艺术人才的培养不容忽视。应当建立并完善艺术人才培养体系，为乡村文化的发展输送新鲜血液。团队建设也是乡村文化振兴不可忽视的一环，通过建立专业的文化团队，集合各方面的力量，可以更有效地推进乡村文化的保护、传承和创新发展。

综上所述，乡村文化的振兴是一个系统工程，需要政府、社会各界和群众的共同努力。只有通过多方面的合作与支持，才能使乡村文化焕发新的活力，实现可持续的繁荣发展。

贵州省遵义市桐梓县

羊磴艺术乡场：
"乡土而新奇"点亮乡村重拾乡愁

一、基本情况

羊磴镇地处贵州省遵义市桐梓县北部，曾为国家一类扶贫乡镇。2012年冬，四川美术学院的师生来到羊磴镇，与羊磴镇政府深度交流，探讨乡村发展，决定组织本地的木匠、村镇居民成立"羊磴艺术合作社"，共同开展植根于真实生活的艺术创新，以艺术带动乡村发展。羊磴艺术合作社将艺术嵌入当地居民的社会生活空间之中，强调"艺术协商"之下的"各取所需"，在人与人的关系互动之中，重建艺术和生活的连续性。十多年来，合作社艺术群体开展了一系列与乡镇社区、乡村社会充分对话的实践活动，其存在和影响已经成为羊磴日常的一部分。

二、发展历程

2012年羊磴艺术合作社成立后，十多年间，来自羊磴当地的艺术家、桐梓的乡村艺术创作者、四川美术学院的艺术家以及海外的艺术家们纷纷积极参与羊磴镇的乡村艺术创作。这些"乡土而新奇"的乡村艺人创作出了同样"乡土而新奇"的艺术作品，以乡村特有的幽默和风趣不断探索着"乡土而新奇"的艺术模式，充分彰显出对新奇未来的渴望。艺术家的创作空间散布于全镇各处近20个场所，既有沿街门面改造的"乡愁馆"，也有豆花馆、蛋糕店、照相馆、草药铺等，还有当地人家的后院。各种现场的艺术活动、当地的"赶场"以及各种丰富而生动的民间艺术文化活动完美融为一体。

2021年12月15日，羊磴乡土艺术首次在遵义美术馆举办"感知乡土"国际乡村公共艺术作品与文献展。2023年初，羊磴艺术协会成立。2023年6月22日（端午节），由桐梓县人民政府、四川美术学院、羊磴镇人民政府联合举办了首届"乡土而新奇"羊磴艺术乡场。四川美术学院的研究生、艺术家团队与桐梓文联的相关艺术家，以及羊磴镇政府和村民共同负责现场所有的创作、设计和展陈。其展陈项目主要分为五个类型：合作社12年来所有艺术项目的恢复及文献展陈；艺术家和村民根据羊磴现场所在地进行作品创作；创新出学院艺术家与民间乡土艺术家的联名款创作模式，作品在展览中交换出售；与赶场集会相关的体验式、参与式作品创作；

与文旅相关的机车骑行活动。除根据羊磴镇自身特点进行全域的形象设计外，还先后改造了拥有8间临河门面的羊磴艺术馆、两幢羊磴镇老街的三层复式废弃木楼；复原了冯豆花美术馆、西饼屋美术馆，重新布置了快乐哈姆中药铺、羊磴老政府闲置楼。另外，桐梓县文联的10个协会还组织了老街旧文化广场的各种文化活动。

三、典型做法与成效

一是持续优化艺术展内容。县乡党委、政府在开展首届"乡土而新奇"艺术乡场后，决定将每年举办一届艺术乡场，并根据时代发展不断优化内容，扩大品牌影响力。目前，正在筹备第二届"乡土而新奇"羊磴艺术乡场的相关工作，不仅在收集老物件方面加大力度和拓宽面积，更是在培育新一届艺苗和老人艺术家方面下大功夫，全力打造"羊磴艺术小镇"，组织画家在羊磴集镇及周边进行"乡土而新奇"的涂鸦创作，营造"艺术小镇"的浓厚氛围。

二是创新艺术发展模式。乡场通过乡土艺术家与知名艺术家打造的联名款，打破既有的"艺术家-画廊-收藏家"传统收藏模式，创造了"土而奇"的艺术发展新模式。这种模式既扎根于村镇，又具有极高的艺术水准，来源生活又丰富了生活。

三是将文化发展与旅游业发展相结合。乡场将全镇大街小巷作为活动现场，拉动羊磴镇的经济发展。乡场还吸引世界的目光，聚集世界各地知名艺术家、乡村艺术爱好者、社会各界的学者，让他们了解羊磴、关注羊磴、驻留羊磴，从而撬动当地及周边的乡村旅游发展，形成艺术带动乡村旅游发展的新途径。乡场以"吸人气、育人才、润乡风"丰富居民的精神文化生活，写出农文旅融合新篇章，以"艺"赋能，全面助力乡村振兴。

四是以艺术赋能乡村振兴。羊磴艺术合作社、羊磴艺术协会及羊磴艺术乡场的出现，开启了一场乡村参与式艺术创作，点燃了一场羊磴与艺术的不解情缘，推进传统乡村孕育艺术之美。这让边陲小镇的群众坚定了文化自信，踏上了一条"乡土而新奇"的文化振兴路。他们立足本土风俗和自然资源，为艺术赋能乡村振兴提供了"羊磴模式"。

四、经验与启示

在四川美术学院，县乡党委、政府和广大群众的全力支持和配合下，合作社在羊磴深耕12年，无论从经济、社会还是文化方面，都给羊磴镇及其周边村寨带来了深远的影响，点燃了"以艺赋农、以艺兴乡"的新局面。

一是围绕乡村开展文艺创作。合作社实践范围遍及羊磴镇9个行政村，社员与当地村民开展参与式、协商式艺术创作，既丰富了群众文化生活，又打开了村民的艺术之窗，为当地的文化艺术及和谐社会建设作出了积极贡献。

二是提升乡村艺术形象。羊磴镇以前是一个偏远、贫困的落后乡镇，住宿、餐饮等服务业极为落后。随着羊磴艺术合作社的成立及乡场的举办，艺术创作逐渐改变了集镇形象，使之从名不见经传的乡镇成为国际知名的"艺术乡镇"。

三是丰富乡村文化内容。羊磴艺术合作社的艺术项目在乡场上成为公共艺术项目，重现数十个消失的艺术作品，成为羊磴乡场的亮点。乡场举办后，又新增了羊磴老照相馆、老电影院、快乐哈姆、8个临街羊磴艺术馆、一百年的照相机等艺术项目，为没有旅游景点的羊磴镇增添了参观游览的景点，成功吸引国内外艺术家慕名而来。

四是推动乡风文明进步。羊磴艺术乡场面向国内外，不间断地吸引社会各界学者、艺术家驻留羊磴。整治提升羊磴人居环境成为摆在当地党委、政府面前的迫切问题，组织由党员干部带头、群众自觉参与、艺术家指导的每周五全民卫生清扫行动，用艺术的视角美化、优化、亮化农村人居环境，在乡村创造一个个干净整洁而又充满艺术气息的人居环境。同时，为减少吸烟对群众身体的伤害，镇党委、政府将当地村民在街道上拾得的烟头以10元/斤[①]的价格收购，再由羊磴镇艺术协会加工成艺术展品，既减少村民吸烟，又增加群众收入。用艺术化的方式整治提升了羊磴人居环境，塑造了当地乡风文明。

五是刺激地方经济发展。为了促进羊磴经济发展，羊磴艺术合作社自2021年起举办了苦楝社区"黄桃艺术节"。两年来，苦楝社区的黄桃供不应求。2023年举办的艺术乡场，为当地带来了庞大的人流，推动当地餐饮、住宿、土特产品销售的发展，让群众尝到了艺术带来的甜头，推动了乡村旅游产业发展，增加了群众收入，实现了"艺术赋能"引领乡村文化振兴，以"艺术赋能"引导"乡村文化"发展，破解了"农文旅"和"乡村振兴"的"幸福密码"。

---

① 斤为非法定计量单位，1斤＝0.5千克。——编者注

陕西省渭南市合阳县

诗经·芳香合阳：
芳香产业与农旅农科农创融合发展

一、基本情况

陕西钰凝香农业开发有限公司位于陕西省渭南市合阳县城关镇东庄子村，主要从事芳香植物的种苗培育、种植、加工、产品销售等业务。目前，公司种植有玫瑰、鼠尾草、薰衣草等50多个品种。近年来，公司积极开发健康安全的芳香、观光以及养生产品，着力打造香草香药养生观光园，将诗经文化融入产品，打造"闻香识合阳"的农旅名片。目前，公司形成了"公司＋基地＋农户"的经营模式，带动合阳县玫瑰种植面积达500亩，薰衣草种植面积达1 000亩，带动附近700多人就业，亩均收入达4 500～6 000元。

二、发展历程

香料的历史悠久，早在炎帝神农氏时代，就有将树皮、草根作为医药用品驱疫避秽的记载，后逐渐用于饮食、装饰和美容方面。合阳芳香产业从2016年开始发展种植，2017年开始发展深加工业务，2018年开始发展芳香游学项目，经过近8年的发展，形成了从种植、加工到客户深度体验芳香、游学芳香、学习芳香科普知识的产业链，其中，钰凝香农业开发有限公司开发的"闻香识合阳"系列古法护肤品、传统合香、芳香茶饮、非遗制香等一系列产品，在国内一线城市非常畅销。

三、典型做法与成效

（一）做好"政企合力"文章

县委、县政府高度重视芳香产业发展，推动远志、黄芩、玫瑰、薰衣草、香蜂草、武帝冰菊等品种种植面积不断增加。不仅如此，"药香制作技艺"还被认定为合阳县非物质文化遗产项目。同时，陕西钰凝香农业开发有限公司被合阳县文旅局评为"优秀文创企业"，其生产的产品在渭南市第一届文创产品推介暨云展销活动中被评为"优秀产品"。

（二）做好"模式带动"文章

采用"公司＋基地＋农户"1＋N模式，发展订单农业，进行保底收购，带动60

多户脱贫户从事玫瑰的种植，带动红星股份经济合作社种植薰衣草400亩，亩均收入5 500元左右。通过种植用工、园区务工和土地流转，带动52户脱贫户就业，提高脱贫户收入。

（三）做好"文化赋能"文章

公司将传统文化与文化创意转化为现代芳香产业的核心动力，让芳香产业内涵更加丰富，让传统与时尚、高端完美结合，助力芳香产业发展。目前，产品在北京、上海等一线城市广受欢迎。

（四）做好"全产业链"文章

公司业务集种植、加工、销售、科普于一体，涉及米、面、粮、油、茶、护肤品等多个行业。通过对芳香产业的延伸、拓展，解决产业发展后顾之忧，形成完整的产业循环发展链条。

（五）做好"品牌建设"文章

公司生产的玫瑰纯露、远志纯露、玫瑰精油、花椒精油等产品，远销北京、上海等地，同时被美国中医协会推荐使用，公司品牌建设效果日益凸显。2020年9月，公司品牌在晋陕豫黄河金三角（曲沃）国际果蔬博览会上获得农产品加工类铜奖；2020年11月，在渭南市第一届文创产品推介暨云展销活动中被评为优秀产品；2022年12月，"香遇合阳"产品在义乌中国旅游商品大赛中获得健康主题类铜奖。

四、经验与启示

（一）绿色发展是核心

为全面贯彻落实习近平生态文明思想，践行"绿水青山就是金山银山"理念，积极发展绿色技术和绿色产品，把绿色发展、循环发展、低碳发展作为基本发展途

陕西渭南合阳钰凝香农业开发公司玫瑰园游客留念

径，持续选优品种、优化技术、科学管理，建设生态园区。芳香产业在响应国家号召、坚持绿色发展的同时，带头利用林坡地和果园套种香草香药，提高了土地资源利用效益，有效防治水土流失，改良了土壤质量，同时减少了农药的使用量及农药残留。目前，合阳县除了种有1 000亩玫瑰、400亩薰衣草，近年来共辐射带动周边村民种植了几十万亩的远志、黄芩、金银花等芳香植物，且以林坡地和果园居多，从而进一步助推农村产业发展和乡村振兴。

（二）营商环境是保障

优化营商环境是新时代稳增长、调结构、惠民生的现实需要，也是有效提升产业竞争力以及持续高质量发展的关键所在。合阳县委、县政府近年来全力优化营商环境，解决了企业发展面临的问题和困难，为芳香产业的发展提供了坚强的保障。

（三）文化赋能是亮点

合阳县地处黄河岸边，有洽川处女泉的自然风光，也有武帝仙山的美丽传说，更有关中平原秦风秦韵的滋养，留下了众多关于香草香药的历史故事。现在供奉的药王庙、药王殿，均有药王在合阳采药行医的典故。因此，发展芳香产业既能展示合阳的芳香文化、草药历史，也能对民风民俗起到传承和保护的作用，更为芳香产业赋予了浓厚的历史和文化底蕴。

（四）坚持创新是动能

自主创新是企业的生命，是企业爬坡过坎、发展壮大的根本。公司在培养自己技术人员的同时，依托中国工商联化妆品分会、西北农林科技大学、秦岭植物园等，不断创新研发芳香全产业链的技术及新产品。截至目前，已经申请了"一种精油皂切块装置""一种香膏原料加工清洗装置"等6项实用新型专利。另有若干发明和实用新型专利正在申报。通过技术和产品的创新，持续为芳香产业发展提供新的

陕西渭南合阳钰凝香农业开发公司薰衣草种植基地

动能支撑。

（五）融合发展是方向

坚持芳香产业、文化、农业、旅游融合发展的方向。以香草香药种植基地、药用植物园为核心，开发田园风情、诗经文化体验、香草香药展览、香草药膳饮食、芳香汤浴、芳香疗法等项目，将合阳众多乡镇的芳香植物基地结合起来，综合布局，分块打造，全面建设"诗经·芳香合阳"。

二
文艺
演出类

北京市海淀区

苏家坨迎夏习俗：挖掘传统京味文化元素打造乡韵文化活动金字招牌

一、基本情况

北京市海淀区苏家坨镇位于海淀区西北部，总面积84.57千米^2，约占全区面积的1/5，是海淀区面积最大的镇。苏家坨立夏习俗作为海淀区苏家坨镇历史气息浓厚、地区特色鲜明的文化活动，是地区影响力最广泛、参与人数最多、最能展现地区特点的文化品牌项目之一。该活动以海淀区非物质文化遗产项目"苏家坨立夏习俗"为依托，以喝立夏粥、佩戴疰夏袋等习俗为特色，结合各地立夏这天的特色习俗，形成集中展示中国传统立夏习俗的民俗体验，同时也是地区类非物质文化遗产项目展演及传统文体展示的平台。

二、发展历程

海淀区苏家坨立夏熬粥的风俗兴起于明末清初，至今已有数百年历史。老人们说，在立夏这一天吃立夏粥，图的就是保一年粮食丰收，人们平平安安、无病无灾。每年立夏这天，苏家坨地区的老百姓就在村头巷尾挖坑坐锅、点火起灶，由村中长者挨家挨户取来各种米和豆（俗称"敛米"），用百家米豆熬煮成粥，随后全村老少携碗筷来索取一碗立夏粥。老人或长者给小孩衣服上缝疰夏袋，村里男女欢聚歌舞，整个村子都沉浸在"粥香情浓"的氛围之中，邻里之间的矛盾也得以化解。

2009年，"苏家坨迎夏习俗"被评选为海淀区非物质文化遗产项目，同年举办了首届苏家坨迎夏习俗活动。活动举办至今，内容、形式不断丰富，为弘扬地区优秀传统文化，推动非物质文化遗产的传承、保护和发展，提升地区精神文明建设水平，促进邻里和谐，作出了重大贡献，受到包括新闻联播、北京电视台、北京日报、北京晚报、海淀融媒等各级新闻媒体的持续关注。

三、典型做法与成效

（一）重传承、促发展，延续地区特色文化项目

2009年5月5日，首届苏家坨迎夏习俗活动在苏家坨镇西小营村隆重开幕，拉开了苏家坨地区深入挖掘地区文化资源、着力打造特色文化品牌的公共文化探索帷

北京市海淀区苏家坨立夏习俗活动主会场
展示非遗进校园培训的非物质文化遗产项目成果——苏家坨太平鼓表演

幕。"保护和传承好非遗项目最传统的形式"和"融汇创新，打造百姓喜闻乐见的文化品牌项目"是苏家坨立夏习俗活动的两条重要思路，以此为核心，建立了苏家坨立夏习俗活动"一主多分"（即西小营村一处主会场，全镇各村居多处分会场）的活动形式。其中，主会场注重项目融合创新，吸引更多游客和年轻人参与活动，感受传统文化和现代文化碰撞的魅力；部分分会场则保留了敛米、祭祀、缝制传统痊夏袋、传统花会表演等重要的非遗习俗，展现了原汁原味的"苏家坨立夏习俗"非遗风采，让人们能够感受到"原汁原味"的非遗魅力。

（二）抓特色、促创新，打造地区非遗文化品牌

一是以"立夏"为题，汇集各地传统习俗。在以"熬煮立夏粥""佩戴痊夏袋"为主要内容的基础上，将"斗蛋""称人""饮茶""尝新"等其他地区的立夏习俗加入活动体验项目中来，让参与者一次性体验东西南北不同的立夏风俗。二是以"非遗"为题，搭建传统文化展示平台。以立夏习俗活动为契机，集中展示包括海淀扑蝴蝶、苏家坨太平鼓、南安河武松打店棍会、苏一二单槌大鼓等在内的特色非遗项目，以及舞龙、舞狮、高跷、威风锣鼓等传统文化项目。三是以"特色"为题，融入旅游资源展示。活动现场制作并展示创意糕点，供群众和游客免费品尝，并将苏家坨镇金仙庵的山泉水、柳林村的水稻、稻香湖的莲子等食材加入立夏粥中，使立夏粥香更具苏家坨气息。现场还设立了四香书画院老师赠送字画等项目，展现了地区浓厚的文化氛围。同时，在立夏习俗活动中宣传本地区旅游景点，展示苏家坨镇"山水林田湖"齐备的旅游资源。四是以"创新"为题，探索公共文化发展新思路。2010年，苏家坨镇与北京嘉和一品餐饮管理有限公司合作举办庚寅年立

夏习俗活动，这是首次由社会企业参与立夏习俗活动的筹办。此后，立夏粥结合养生知识，先后推出立夏养生粥、立夏健脾粥、立夏祛湿粥等不同品类的养生粥。自2020年以来，通过线上普及熬煮立夏粥、画蛋、缝制疰夏袋等立夏习俗知识，结合线下发放立夏粥食材包、免费向地区老人送粥、向镇域内部分学校推广立夏习俗等形式，进一步推动了立夏习俗的传承。

四、经验与启示

（一）强责任，党委、政府筑牢文化根基

坚持党建引领，不断强化服务意识，完善公共文体设施，丰富文化服务供给，扩大服务群体，提高服务地区群众的能力和水平，完善地区公共文化、体育服务体系建设，集中展现地区特色文化资源，打造具有地区特色的文化品牌。

（二）聚人气，地区百姓传承非遗风采

传统文化的传承离不开地区百姓的参与和支持，要紧紧依托地区百姓宣传普及传统文化，充分调动广大群众参与活动的积极性、主动性。同时，鼓励群众自发组织开展相关传承活动，更全面、更立体地传承非遗风采。

（三）抓亮点，融汇创新促进非遗发展

坚持以"在发掘中保护，在利用中传承"为核心，通过深入挖掘地区文化资源亮点，传承"原汁原味"的非遗魅力。同时通过数字文化赋能等方式融汇创新，不断增加人民群众的文化参与感、获得感和认同感，使地区特色文化项目成为乡韵文化活动的金字招牌。

北京市海淀区苏家坨立夏习俗：分食立夏粥

河北省石家庄市深泽县

深泽坠子戏：
推动非遗文化传承　活跃农村文化生活

一、基本情况

深泽坠子戏是河北省稀有地方剧种之一，也是全国稀有的地方剧种之一。广泛流传于河北省中南部、山西省东部地区。深泽县是坠子戏的发源地和发展的中心。坠子戏唱腔独特，以真声唱字，口齿清楚，通俗易懂，优美动听，具有传统戏曲的特征，是融歌、舞、剧于一体的综合性艺术。

深泽坠子戏于2006年被列入石家庄市市级非物质文化遗产名录，2007年7月被列入河北省省级非物质文化遗产名录，2008年6月被列入第二批国家级非物质文化遗产名录。近年来，依托现有优势，深泽县党委、政府着力推动非遗文化发展，非常重视坠子戏的传承保护工作，每年拨付一定经费用于坠子戏的保护传承，不断丰富广大群众的精神生活。坠子戏发展史是一部草根艺人的奋斗史，它是为农民所掌握的一种民间戏曲艺术，具有极强的人民性。坠子戏艺术丰富多彩，创造性突出且影响广泛，在地方剧种中占有较高地位。

二、发展历程

深泽坠子戏起源于20世纪30年代，由古老的"道情书"和"三弦铰子书"结合而成的坠子说唱艺术衍变而来。舞台表演时，说书艺人为引起广大观众的兴趣，穿戴戏剧服饰，化简易妆上场，分角色表演坠子书，逐步形成戏曲表演形式。20世纪50—60年代是坠子戏的鼎盛时期，广泛流传于河北中南部、西北部和山西东部、京津等地，广大群众观赏坠子戏达到了痴迷地步，在当地广泛流传着"卖了被子，看坠子"的说法。

坠子戏的剧目共有100余部，大部分为本剧种的传统剧目，主要特点为以传统连台本戏为主，辅以现代戏、当代小戏、表演唱等，形成坠子戏丰富多彩的表演形式。先后排演了《海公案》《回龙传》《乌龙驹》等连台本戏以及《十五贯》《秦香莲》《杨门女将》等多部传统剧目。同时，编演过《朝阳沟》《李双双》《春风送暖》等大批现代剧目。1997年以来，配合县党委、政府重点工作，创作了以反映当地先进人物先进事迹为主题的现代戏《故乡情》《春暖人间》《任长霞》等。2015—2023

年，在国家项目资金支持下，对《王清明投亲》《包公出世》《少侠传奇》等传统剧目进行了抢救性复拍，留下了宝贵资料；与县文化馆合作创作了《跑驴》《初心》《曹大傻卖羊》《春耕》《拆迁》《一个也不能少》《实践报告》等坠子小戏。

深泽坠子戏《大宋金鸠记》

2002年，中央电视台戏曲频道《名家名段》栏目将坠子剧团4名演员的唱段录制成3集专题片进行展播；2013年，小品《讨薪》获第十届中国艺术节群星奖；2014年，坠子小戏《跑驴》获第十一届燕赵群星奖；2018年，坠子小戏《初心》获第十二届燕赵群星奖；坠子小戏《曹大傻卖羊》被列入文化部"国家戏曲剧本孵化计划扶持项目"；2022年8月，坠子小戏《一个也不能少》参加了第十九届群星奖戏曲展演。

三、典型做法与成效

（一）活跃农村文化生活，扩大坠子戏影响力

深泽坠子戏剧团，每年通过下乡巡演、公益性演出等方式活跃农村文化生活，2023年累计线下演出258余场。同时，利用微信公众号、剧团文工团演职员快手号等平台，做好线上文艺作品和文化活动展示展演活动，共上传活动81次，浏览（点赞）数3.7万人。另外，光明日报客户端、人民日报客户端、央视频、石家庄日报客户端、河北新闻网等中央和地方媒体对坠子戏也进行了传播宣传。

（二）推动非遗文化传承，培养传承接班人

推动"戏曲进校园"活动大力开展。2023年6月"文化和自然遗产日"期间，到马里中心学校开展戏曲进校园展示活动，受众学生800多人，让广大的少年儿童更加热爱自己的家乡戏。组织演职员下乡辅导，到营里中学、铁杆镇马铺村、后马里村农村坠子剧社、中央村戏迷协会等，为其培训演唱、乐器、化妆等专业人才21次，并尽力为其配置演出器材、演出场地和相关曲本录音。

（三）推进传统戏曲创新，创作编排新剧目

在传统坠子戏基础上进行创新创作，老戏新唱、老调新唱，创作编排坠子小戏《实践报告》《一个也不能少》，坠子表演唱《伟大旗帜》《乡情》《燕赵山海—公益检察》等，参加"美丽省会亮起来""非遗会客厅""放飞冀艺"等省市文化演出，完成"非遗进景区""大地欢歌四季村晚"等示范性文化演出活动。

四、经验与启示

（一）聚焦文化传承

一是深泽县文工团与深泽县坠子剧团有限公司实行"一套人马、两块牌子"。政府出台了扶持坠子剧团发展的政策，做好发现、招收、培养新学员工作，让坠子戏薪火相传。在政府的积极推动下，深泽县坠子剧团有限公司积极吸收有活力的民间剧团，开展对农村坠子戏曲爱好者、农村业余文艺团体创作表演的培训辅导工作，呈现出良好的发展态势。二是坠子剧团创作与时俱进。为了紧跟时代发展需求，2010年以来，剧团排演了反映良好社会风尚的现代坠子戏《女儿情》《人间真情》《好大一棵树》《春暖人间》等剧目，演出受到大众的好评，使其发展迎来了新的生机。

（二）聚焦文化宣传

坠子戏这类非物质文化艺术，保留了中华优秀传统文化的各类要素形态，又具有浓郁的乡土文化气息，代表了人民群众对美好生活的追求。为了更好地传承和弘扬坠子戏这一非遗文化，推动乡村振兴，可从以下两方面着手。一是继续做好"非遗巡演""送文化下乡"戏曲惠民展演活动，高质量完成各类演出和公益活动；二是继续利用线上平台将近年来创排的优秀传统剧目、现代剧目、小戏、表演唱等集中展播，让坠子戏走进更多老百姓的生活中，弘扬正能量，丰富群众精神文化生活，以乡村文化的蓬勃发展为乡村振兴注入强大动力。

河北省张家口市蔚县

打树花表演：
创新传承非遗民俗　打出农村崭新生活

　　打树花是河北省蔚县暖泉古镇的传统民俗文化活动，历史悠久、场面壮观、传延至今。近年来，县委、县政府依托独特优势，坚持政府主导、招商引资、社会捐助相结合，建设提升树花广场，精编大型实景表演，联动融入特色元素，拓展提升文旅内涵，力促打树花民俗表演成为助推当地文旅产业发展的牵引产业，走出了一条依托非遗保护传承惠及人民群众、牵引产业发展、赋能乡村振兴的有效路径。

一、基本情况

　　蔚县打树花起源于明代，至今已有500余年历史。打树花需在夜间进行表演，由"掌炉"和"掌勺"分工负责，掌炉者负责冶炼、抬送铁水，掌勺者负责表演。掌炉者将生铁熔化成1 600℃高温的铁水，再用特制的耐火煲将铁水抬至古堡门前。掌勺者以"穿羊皮袄、头戴毡皮帽、手拿柳木勺"的艺术形象出现。表演时，掌勺者将铁水奋力地泼洒在古堡上，高温的铁水遇到冰冷的城墙，刹那间迸溅出朵朵火树金花。因其形状犹如枝繁叶茂的树冠而被称为"树花"，其壮观程度绝不亚于燃放烟花。著名作家冯骥才撰写的《蔚县民俗打树花》一文写道："中国人过灯节的风俗成百上千，河北蔚县暖泉镇北官堡的打树花却独一无二。"

二、发展历程

　　蔚县是历史上的军事重地，因冶炼兵器、农器具需要，致使当地冶炼铸造业发达，打树花在这样的历史背景下产生。据说每逢过节，铁匠们把熔化的铁水泼洒到古堡城墙上，好似朵朵烟花盛开，便有了每逢过年"富人放烟花、老百姓打树花"的民间习俗。为更好地传承此项民俗活动，专门新修了"天下第一堡树花广场"，并将打树花民俗表演联动融入舞活龙、牛斗虎、跑旱船、祭炉神等民俗风情和威风锣鼓表演，打造出大型实景民俗表演——"火树金花"，成为"京西蔚州"生态民俗旅游的亮丽名片。2007年入选河北省第二批省级非物质文化遗产名录，2011年获得"大世界吉尼斯之最"，2021年入选第五批国家级非遗项目名录。

打树花表演

三、典型做法与成效

（一）坚持政府主导、培育品牌

一是按照"壮大文化产业、传承民俗文化"的思路，通过政府主导、社会捐助，进一步完善提升树花广场软硬件设施。二是积极组建了打树花表演团队，重新组合现存和失传的民俗，成立了民俗表演队，进一步丰富了民俗表演活动内容。三是依托法律保护传承非遗民俗，注册商标、申请专利，推动打树花民俗表演走上了可持续发展的文化产业之路，成为京津冀晋最具影响力的文化品牌。

（二）坚持优势挖潜、创新特色

坚持在保护中传承、在传承中创新。立足打树花资源优势，结合融入具有地方特色的民俗表演，整体提升节目内容和硬件设施，打造出高水准大型实景民俗演出《火树金花》。在特色创新上，融入蔚县非遗秧歌剧表演，将当地民俗和打树花表演深度组合，创新出实景演出的节目内容和形式；在设施提升上，四次提升完善剧场坡度、座位布局、票务中心以及智能化售检票系统，极大地提升了服务游客的质量和效率；在品牌发展与传播推广上，成功注册"暖泉树花"品牌，成立了旅游公司，让打树花走上市场化、品牌化运营道路，中央电视台、天津卫视、河北卫视春晚等多次进行现场直播。

（三）坚持保护传承、培养人才

专门制定了"五年保护计划"和相应"保障措施"。一是成立了"打树花协会"，引导资金向打树花文化保护性生产倾斜，将打树花每年的经营性收入全部用于树花广场建设、树花节目改造提升、基础设施设备维护、传承人工资发放和举办培训班；二是由县文化馆牵头组建了专门从事树花研究和理论工作的团队，负责打树花的保护传承、传播工作；三是设立暖泉树花文化艺术节，以节为媒全面提升树花文化的认知度和影响力；四是成立蔚县秧歌演艺公司，不断提升《火树金花》大型实景民俗演出水平；五是增加表演场次和培训班次数，培养打树花传承人。

（四）坚持联农带农、助力振兴

"打树花"习俗延续至今，已然成为蔚县文化产业的引领，极大地带动了酒店、民宿、客栈、餐饮、传统手工业、特色农产品等相关产业业态的发展，在壮大集体经济的同时，也带动了老百姓脱贫致富，让非遗保护成果惠及全县人民群众，为乡村振兴奠定了坚实的产业基础。截至目前，已累计演出接待游客100余万人次，社会经济效益达1.5亿元。带动脱贫群众持续稳定增收，以2023年国庆黄金周为例，暖泉镇累计接待游客8万人次，旅游综合收入达2 400万元。

四、经验与启示

蔚县充分发挥党建引领作用，挖掘文化优势，坚持在文化传承上做文章，在文化发展中得效益。

（一）坚持党建引领，打下坚实政治基础

2023年6月2日，习近平总书记在文化传承发展座谈会上强调，要坚定文化自信、担当使命、奋发有为，共同努力创造属于我们这个时代的新文化，建设中华民族现代文明。蔚县坚决贯彻习近平总书记的重要论述，坚持党建引领传承中华优秀传统文化，统筹文化繁荣融入全县工作，真正发挥了文化赋能乡村振兴的核心作用和外溢效应。

（二）注重因地制宜，充分发挥自身优势

蔚县拥有丰富和独具特色的古堡乡土文化、非遗文化、农耕文化、红色文化等古香古韵。同时，发挥京津冀经济圈的地理优势，充分展现独特的饮食文化、民俗文化、文旅民宿等现代元素。通过充分融合古堡、剪纸、打树花和休闲旅游等古今元素，避免了文化元素多而杂、文化价值难显现等困境，走出了一条独特的文化发展路径，真正实现了传统与现代相结合，达成了文化的创造性传承与蔚县文脉的创新性延续。

（三）做好文化产业，激发文化发展活力

独特的文化资源是根基，丰富的文化产业是命脉。文化因时因地而具有独特性，具备发展特色文化产业的基因。蔚县在不断丰富拓展传统与现代文化特色的基础上，融入农文旅多元化发展路径，实现了文化资源的精神价值、经济价值和社会价值同步发展。只有在满足不同层面、不同主体的独特需求的过程中，才能真正激发出文化赋能乡村振兴的内生动力和活力。

河北省沧州市吴桥县

吴桥杂技：
文化赋能　让非遗文化"活"起来

吴桥杂技历史悠久，在社会历史的发展进程不断壮大，最终成为一门独立而完整的艺术体系。随着吴桥杂技的历史传承和发展延伸，杂技文化内涵不断丰富和愈发深邃，形成了丰富独特、具有丰厚文化内涵的地域民俗文化现象。当地建设了世界唯一的杂技主题公园——杂技大世界；建成了华北地区最大的杂技表演场馆——江湖大剧院，还建成了吴桥云瑧金陵杂技酒店及2个杂技小院和14个传习所，为吴桥杂技的传承和发展奠定了基础。

一、基本情况

吴桥县曾多次荣获"中国民间文化艺术之乡"和"河北省民间文化艺术之乡"称号。第十七届中国吴桥国际杂技艺术节在吴桥县成功举办了分会场活动，实现了以吴桥命名的中国吴桥国际杂技艺术节成功"回家"。第十九届中国吴桥国际杂技艺术节闭幕式首次回到"杂技之乡"吴桥举办。同时，2023年10月24—25日，"中国民间文化艺术之乡"示范性交流活动在吴桥县隆重举办。北方十省（区市）40余个优秀民间文化艺术手工艺项目和最具代表性的14个优秀民间文化艺术节目先后亮相，齐聚吴桥杂技大世界，进行静态展示和活态呈现。

二、发展历程

吴桥杂技由"角抵"萌芽，历经多个时期不断发展演变。汉代以后得到发展，至唐代，杂技兴盛，成为统治阶级娱乐的主要形式。到宋代，开始走向民间，出现了"勾栏""瓦舍"的演出形式。并随着社会形式和演出环境的不断变化，杂技艺人族群有了崇拜和信仰，完善了行业规章和禁忌，并创造了独立的行业语言"唇典"。明代，"撂地""抹杆"成了杂技艺人的主要演出形式，进而形成了从信奉信仰、行规禁忌、行业语言、技艺传承、杂技经营、"口""锣歌"等在内的系统而完整的文化体系。清代至中华民国时期，吴桥杂技进入兴盛和杂技文化繁荣阶段，文化流传、门派传承、节目的文化包装及杂技行业文化受到艺人高度重视。在清末民初，吴桥曾涌现出众多驰名中外的杂技团（班）和杂技世家，如"世界杂技之父"孙福有和他创建的"中华国术大马戏团"、孙凤山的"北京班""四大金刚"、张献树父子等，他们的足迹遍及世界各大洲，为中国与世界的杂技文化艺术交流作出了卓越贡献，对中国乃至世界杂技的发展产生了重大影响。特别是近现代至今，吴桥杂技更是进入发展繁荣时期。

新中国成立后，吴桥杂技艺人纷纷充实到国内各大杂技团（班），他们凭借精湛的技艺和丰富的经验，并成为中坚骨干力量，有力支撑着中国杂技的持续发展。"没有吴桥人不成杂技班"是对吴桥杂技艺人在国内杂技界地位和影响的最好诠释。

第十九届中国吴桥国际杂技艺术节杂技表演

三、典型做法与成效

近年来，吴桥杂技在县委、县政府的正确决策和领导下，在国家、省、市领导和各级相关部门的大力支持下，呈现出前所未有的发展态势，吴桥杂技已经成为享誉中外的金字招牌。吴桥杂技艺术不断创新，技艺日益精湛，精品节目数量不断增多，多次参加国家级及国际性大型杂技赛事，并屡屡获奖。吴桥杂技产业已有一定规模，形成了以杂技旅游、杂技教育、杂技演出、杂技道具服装开发、杂技影视出版五大架构的产业主体，经济和社会效益逐渐加强。吴桥杂技的抢救保护工作取得一定进展，保护力度不断加强，吴桥杂技分别被列入国家级和省级首批非物质文化遗产代表性名录。以吴桥命名的中国吴桥国际杂技艺术节，目前已成功举办了19

届。该杂技艺术节成为与法国巴黎"明日"与"未来"杂技艺术节、摩纳哥蒙特卡罗国际马戏节齐名的世界杂技三大赛场之一，被誉为东方杂技大赛场。每届都吸引来自世界20多个国家的300多名国际一流杂技精英前来参赛。成功承办了第十七届中国吴桥国际杂技艺术节分会场和第十九届中国吴桥国际杂技艺术节闭幕式。大型杂技情景剧《江湖》《运河印象》《江湖秀》等为吴桥杂技的传承发展注入了新鲜血液，给人一种强烈的精神震撼，是一场集知识性、娱乐性、艺术性于一体的杂技文化盛宴。

四、经验与启示

深入挖掘吴桥县深厚底蕴和灿烂文化，以文化赋魂、艺术赋美、产业赋能，推动"文化＋旅游"深度融合发展，充分发挥文化大县优势，让非遗文化"活"起来。

一是推进"旅游＋文化"。把杂技文化、运河文化元素贯穿于旅游产业发展全过程，重点打造一批特色文化旅游精品。深挖历史文化内涵，在文化"保护"的基础上做大"利用"文章，推动非遗文化的保护和传承，重点推进孙福有故居、澜阳书院创建国家AAA级旅游景区工作。二是推进"旅游＋农业"。结合乡村振兴战略，以赵家茶棚为中心，辐射东何、西何等7个自然村联村共建农村新兴社区，加快大运河、曹洼等现代农业园区建设，打造一批旅游专业村和杂技专业村，完善村庄旅游服务功能，引导农民把"种农田"变为"卖风光"，把"美丽风景"变为"美丽经济"。三是推进"旅游＋工业"。围绕金鼎古籍、丰耀魔术道具、宏艺宫面等一批特色企业，大力发展科普观光、生产体验等旅游新业态，开发一批具有高附加值和吴桥特色的旅游产品，培育旅游业发展新的增长点。四是推进大运河文化保护传承。增强杂技文化软实力的重要内容，深入实施"杂技兴县"战略，加快推进大运河自然生态和文化生态保护传承利用工作，通过文化遗产保护、文旅项目建设、河道治理管护及生态环境修复等方式，不断擦亮杂技之乡的"金字招牌"。

山西省长治市平顺县

独辕四景车赛会：让"民俗文化奇葩"再放时代光芒

山西省长治市平顺县北社村独有的国家级非物质文化遗产"独辕四景车赛会"是一种独具特色又影响较大的传统民俗社火活动，是当地民俗文化的盛宴，也是当地社会稳定、团结干群、振兴乡村发展、凝聚乡情民意的一张靓丽的地方名片。

一、基本情况

独辕四景车赛会历史悠久，其产生与当地的九天圣母庙颇有渊源。九天圣母庙位于北社乡东河村，属宋代建筑，距今已有904年，是国家级重点文物保护单位。据有关专家考证，九天圣母庙庙会是九天圣母的祭祀大典，而四景车则是祭祀活动中的仪仗车。九天圣母庙在当地影响很大，特别是每年三月举办的规模盛大的古庙会尤其令人关注，是当地百姓最乐于参与的一次盛会。会上的民间社火门类繁多，其中就有四景车、扛妆、踩高跷、威风锣鼓、晃杠、彩童、旗牌、八音会、扭秧歌等，而在这些社火当中，四景车是最引人注目的盛景。

独辕四景车造型精美、华丽壮观，通体木质架构，平面方形，总高约13米，宽1.7米。所谓"四景"，并不是说车有四种景致，而是车本身的结构有四处巧妙的设计。"一景"独木成辕为1根独木辕套2头大犍牛；"二景"辕首三棋为1根牛角杆和3个木具环环相套承驾辕头；"三景"四柱平立为车的第二节主木构架不用卯，不开榫，直立在底平板上，仅用麻绳上下捆扎紧固，却异常平稳；"四景"麻绳相接为车身第二节主木构架上端和第三节主木构架下端的相接，不用卯和榫，只靠4条麻绳上下捆扎固定。四景车巧妙地利用了独木巨辕重心稳定和麻绳柔韧、易拆装的特点。据一些老人讲，在他们的记忆中从没有发生过倾倒翻车事故。四景车承载着千百年来当地劳动人民的聪明才智，蕴涵了丰富的传统文化创造成果，是百姓欢庆太平盛世、风调雨顺、五谷丰登的喜庆艺术产物。

二、发展历程

独辕四景车赛会起源年代已不可考，有关专家根据四景车的构架设计、车体造型酷似北京故宫的角楼，推断其创始于明代。据现存碑文记载，独辕四景车赛会至宋代已达到相当规模，后因战争原因，一年一度的赛会被迫中断。直到改革开放后，北社村老支书王佳驹召集一些能工巧匠，对四景车进行抢救性恢复。1984年，一辆比例为3∶1的四景车模型被制作出来。工匠们一边仿制一边改进，经过不懈努力，2005年农历四月初四，中断了66年的独辕四景车赛会复会，再次与世人见面。2011年，独辕四景车赛会入选国务院批准文化和旅游部确定的第三批国家级非物质文化遗产名录。

中央电视台春节《一年又一年》《走遍中国》等节目先后对赛会进行专题报道。此外，赛会还吸引了山西日报、山西晚报、中国非物质文化遗产网、黄河新闻网、搜狐网、百度、知乎等媒体和平台前来宣传报道。

三、典型做法与成效

（一）以"传承"为核心，让文化代代可赓续

为了保护和传承文化瑰宝，北社乡坚持每年举办独辕四景车赛会。一方面，对赛会情况进行资料收集，并支持平顺县文化学者赵伟平、牛福泰、宋惠群及山西大学历史系研究生史艳生等对赛会进行研究。目前，关于赛会的资料有官方视频3部，图片400余张，画册2本，论文3篇，版面6幅，完整记录了整个四景车的制作工艺和演出流程。另一方面，将北社小学作为传承实践基地，通过创客工作室，让学生学习了解四景车，参与四景车赛会，让非遗文化得到良好的传承和推广。

（二）以"创新"为驱动，让文化处处有活力

北社乡当地村民十分热衷文化活动。北社乡通过举办耕读文化节、北社村晚、农民丰收节、农民趣味运动会等多种形式的文化活动，丰富村民生活。特别是在2022年，结合北社村2名学生考取清华北大、16名学生考取其他国内一流学府的骄人成绩，成功举行了优秀学子表彰"夸学"活动，并就此延伸出北社耕读文化节。农民日报就此活动做了专题报道，这一活动成为推进乡村振兴的内在动力和精神源泉。

（三）以"产业"为载体，让文化村村可致富

北社乡坚持以群众需求为导向，从乡村文化入手，从产业振兴出发，探索文化产业与乡村振兴的深度融合，大力发展"庭院、文创、商演、电商、民宿"五大产业板块，持续推进村民和集体增收。一是庭院特色化。北社村创新庭院经济新模式，打造了20套扛妆表演道具并将其分给脱贫户，让他们通过外出商演、出租的方式增收致富。二是文创地域化。借助"夸学"活动推出了"中华状元郎"盲盒、书签、状元笔、四景神车乐高积木、小夜灯等一系列文创产品，拓展集体增收渠道。三是电商普遍化。北社乡乘着全县推进电商助农工作的东风，积极探索"村村有直播"电商发展新模式。目前，辖区内18个行政村结合特色全部开通抖音电商直播，其中，"美丽北社"直播间场均观看人数达到6 000人、粉丝量突破2.5万人。四是商演品牌化。北社村集体创立了文化传媒公司，自2023年起，该公司多次赴屯留区、潞城区、潞州区等地进行演出。2024年1月，公司与太行欢乐谷签订合作协议，

在春节期间进行了为期20天的民俗表演，实现盈利55万元，成为集体经济增收的重要来源。五是民宿一体化。2023年，北社村推出夏日"状元烧烤节"和全年"全羊宴"，成立了以扛妆为主的民俗体验馆，着力打造酒坊街民宿。这些举措使得酒坊街民宿成为北社文化产业的又一张亮丽名片。

四、经验与启示

活化利用，推进文旅融合。北社乡始终秉承"保护为主、抢救第一、合理利用、传承发展"的非遗工作方针，正确处理好保护与利用、继承与发展、经济利益和长远利益的关系，统筹规划，合理开发利用，把文化作为旅游的内涵和灵魂，把旅游作为弘扬和传承文化的载体，大力发展"非遗＋旅游""非遗＋乡村振兴"，切实推进文旅融合发展。

充分开发，拓宽产业链条。依托独辕四景车和北社传统民俗文化的资源优势，不断延伸外出商演、庭院经济、电商直播、民俗农家乐、文创产品等产业链条，用文化建设赋能产业振兴，盘活乡村现有的文化资源，将乡土文化作为独特的产业资源和新型生产要素，打造多元化文化产业，进而转化为经济优势和发展优势。

宣传推介，打造文化名片。近年来，北社以耕读树村风，以文旅促发展，"高头大马，夸学文化""状元郎、上扛妆"成为北社的名片和标签，状元文化成为北社耕读文化的重要组成部分。北社已然成为远近闻名的"才子之乡""状元之乡"，走出了一条文化兴村的发展之路。

下一步，北社乡将继续深入开展非物质文化遗产的传承与保护工作，努力开创非物质文化遗产的传承保护与经济社会建设相互促进、协调发展的新局面，推动文旅融合发展，形成一二三产业集聚效应。

独辕四景车赛会盛况

山西省运城市闻喜县

裴氏优良家风：
弘扬中华优秀传统文化　传承裴氏优良家风

一、基本情况

发源于山西运城闻喜，号称"公侯一门秀，天下无二裴"的裴氏家族，始于周秦，显于汉魏，盛于隋唐，延及明清，迄今余芳。裴氏家族自秦汉至今，在两千余年的历史中，以59位宰相、59位将军、600余位历史名人名冠天下。一代代裴氏族人追崇先辈强学立身的远大志向、推诚为先的入世态度、敬宗睦族的道德之源、清正廉洁的为政之道，世代相传，源远流长，逐渐形成并传承了"重教守训、崇文尚武、德业并举、廉洁自重"的良好家风，这一家风与社会主义核心价值观既一脉相承又独具特色。在推进社会主义现代化文化强国的今天，仍然发挥着其强大的精神动力和独特的文化魅力。毛泽东主席曾与山西省委第一书记陶鲁笳谈及山西优秀传统文化时，盛赞"裴氏家族是历史上出宰相最多的家族，千年荣显"。优秀的裴氏文化因其丰富的内涵且与社会主义核心价值观高度契合，已成为我们自觉践行"两个维护"，保护和传承中华优秀传统文化的一项重要内容。

在校学生参与研学活动，在裴氏文化馆聆听家风家教文化

"新时代　家国情" 2019 中国（闻喜）家风家教文化系列活动闭幕式

二、发展历程

裴氏文化博大精深，蕴含了中华文明的核心与精髓，涵盖道德、教育、人才、廉政等内容。自 1993 年始，闻喜县深挖裴氏文化内涵，积极探索创造性转化、创新性发展之路。成立了"河东闻喜裴氏研究会"，建立了"裴氏家族文化陈列馆"，点校、重版了嘉庆版《裴氏世谱》，出版了《闻喜宰相谱》等 10 余部书籍，创办了《裴氏研究》刊物，在《人民日报》等报刊刊载各类文章 200 余篇，拍摄《家国千秋》等专题片 10 余部。开展了"学宰相家训，用文化兴家"活动，启动了"家国情怀，世代传承"（中国·闻喜）家风家教系列活动，尤其是在北京召开的"齐家治国，传承致远——从裴氏家族看家风家训的当代社会价值"座谈会影响深远，全面助推了裴氏文化的品牌发展和对外交流。

三、典型做法与成效

（一）以举办裴氏文化节为载体，持续强化裴氏文化影响力

自 2018 年以来，闻喜县每年在农历三月初三（裴晋公诞辰日）举办裴氏文化节，吸引来自韩国、新加坡和全国 20 余个省市的 1 000 多名裴氏后裔回乡寻根问祖，传承家风，筛选 10 个裴氏后裔文化产品和 10 个闻喜地方文化产品进行集中展示，裴氏家规家训台历、瓷盘画、草编、花馍、煮饼等深受游客的喜爱，推动当地文创产品走出闻喜、走出山西、走向世界，不断拓展裴氏优秀家风文化的传播渠道，提升其文化影响力。

（二）以党风廉政教育为核心，推动全面从严治党走深走实

在全县党员干部中深入开展"廉洁闻喜、我在践行"党员干部家风建设"十个

一"活动，结合工作实际撰写一条家规家训，讲述一个家风故事，开展一次廉政家访，举行一次公开倡议，进行一场签名承诺，讲授一堂专题党课，展播一条家风文化微视频，书写一封感情真挚的家书，参与一次优秀家规家训吟诵，开展一次干部家属警示教育，教育、引导广大党员干部从自身做起、从家庭做起，以良好家风转作风、树新风。

（三）以提升人民群众的幸福感为目的，持续推动乡村全面振兴

深入开展"我爱我的家，我爱我的国"家风主题剧目展演活动，组织编排并演出情景剧《风在传承》、戏曲《三灯教子》、大型新编蒲剧历史剧《晋国公裴度》等群众喜闻乐见的节目，并在全县农村巡回演出，宣传裴氏文化中的德孝文化精髓，不断加强文明乡风、良好家风、淳朴民风建设，以文化振兴推动乡村全面振兴。

四、经验与启示

（一）有效激活乡村治理新动能

党的十八大以来，闻喜县坚持把优良家风文化融入村级发展治理工作，将"家风家教"与红色教育、廉政教育相结合，通过开展"支部话家风，三议正党风、党员践家风，三亮展作风、群众学家风，三进树新风"活动，组织全县党员干部定期到裴氏廉政教育基地接受廉政教育和家风家教学习，在全县中小学创设并推广家训广播操、家训练字帖、家风黑板报等以涵养家风文化，在农村广泛开展"星级文明户""好媳妇、好婆婆"等评选活动，激发广大党员干部担当作为的积极性和廉洁从政的自觉性，推动农村移风易俗和文化建设再上台阶，确保全县经济社会长期保持和谐稳定。

（二）不断开辟廉政宣传新阵地

闻喜县委、县政府高标准高起点谋划部署，按照"一体两翼"的思路，以中华裴氏家风家教馆为载体，深入挖掘传承以裴氏优良家风文化为内核的宰相文化、尬城文化、廉政文化、诗词楹联文化、碑刻文化、谱系文化等裴氏传统文化内涵，从物质文化层、制度文化层、行为文化层、心态文化层对裴氏文化，特别是裴氏优良家风文化进行研究分析，提炼裴氏家族"千年荣显"背后的文化密钥，着力推进"不敢腐、不能腐、不想腐"的党风廉政体系建设，通过专业策划、全方位展示，将其打造成为全县党员干部开展廉政教育的新基地。

（三）持续打造旅游文化新亮点

闻喜县委、县政府始终坚持以文塑旅、以旅彰文，推动文旅融合高质量发展的理念，始终保持高站位推进、高标准谋划、高效率落实、高质量施工，持续加快中华宰相村景区整体规划和裴氏家风家教馆重点项目建设，不断加快文旅融合建设步伐，将中华宰相村景区打造成集文化特色、廉政教育、旅游观光于一体的实用工程，使之成为闻喜县乃至山西对外开放的又一张人文旅游新名片。

内蒙古自治区呼和浩特市土左旗

肩膀上的舞蹈——脑阁：
让传统村落绽放文化活力

　　脑阁是内蒙古自治区呼和浩特市群众喜爱的一种民间社火，是一种集戏剧、杂技、美术、舞蹈、音乐、扮演、装饰于一体的综合造型艺术和装扮型广场游艺表演艺术。

一、基本情况

　　内蒙古脑阁系清代中期由晋北地区传入，已历经300多年的发展演变。脑阁的"脑"是山西、陕西、内蒙古等部分地区的方言，意为将东西举起扛在肩上，构成要素为色脚、色芯、铁架。脑阁一般由成人和儿童组合表演，下面的成人上身套上铁架子，称为"色脚"，素颜出场；铁架上面是被"脑"的儿童（一般4～8岁），

肩膀上的舞蹈——脑阁现场表演

称为"色芯"，该儿童穿上色彩鲜艳的服装扮成各种历史或戏曲人物，再以花草彩云装饰，由成人"脑"起后，头和胳膊随着铿锵的锣鼓节奏自然舞动，活泼可爱、真切动人。按照民间说法，凡是上过脑阁的孩子一生都会健康幸福、平安吉祥。脑阁采用"联三挎五"式鼓点，表演时，演出组走"单夹篱笆""双龙出水"等队形，边唱边舞，一般"一架脑阁一台戏"。内蒙古地区的脑阁以土默特左旗毕克齐镇为代表。毕克齐镇腊铺村脑阁从创建到发展，从最初的几架发展到如今的六十多架，年平均参演人次达300人左右，现已成为国家级非物质文化遗产。目前，毕克齐镇脑阁项目有国家级非物质文化遗产项目代表性传承人1人（胡连刚），自治区级非遗代表性项目传承人3人，市级非遗代表性项目传承人1人。

二、发展历程

脑阁（南方称"飘色"）最早可以追溯到唐代，在黄河流域的中原地区兴起，后传至大江南北，形成了不同风格、不同流派。据史料记载，从明朝末年开始，晋北、榆林、张家口地区的汉族农民"走西口"来到绥远地区，将脑阁等晋文化带到了内蒙古中西部地区，与当地的游牧文化融合，形成富有活力的多元文化。据传，毕克齐抬阁最初是土默特王爷从山西引进，为迎接康熙皇帝御驾西征凯旋的表演，后逐渐发展为脑阁。1921年，毕克齐镇突起瘟疫，腊铺村的村民李喇嘛和范岐山牵头，用脑阁祈福祭礼驱除瘟疫。新中国成立前，乡亲们集资去北京置办脑阁行头，并将腊铺村的脑阁命名为"兴旺社脑阁"，将木头架子改成铁架子，由一个色芯增加至三个色芯。从此以"兴旺社脑阁"为基础的"腊铺脑阁"逐渐丰富发展起来，几十年经久不衰。1992年，腊铺村脑阁队受邀到深圳中华民俗文化村为邓小平、杨尚昆等国家领导人表演，并获得锦绣中华"中国民俗文化村弘扬民族文化"优秀奖。2006年，参加第八届中国民间文艺山花奖暨中国首届民间飘色（抬阁）艺术展演，获得中国民俗类文艺最高奖"山花奖"，参演节目《吉祥草原》被大会评为脑阁表演一等奖。2008年，脑阁被列入第二批国家级非物质文化遗产名录；2013年，获全国社火表演金奖。

三、典型做法与成效

（一）加强宣传引导，增强文化传承内生动力

毕克齐镇腊脯村以"文化传承"为引导，以"良好家风"为示范，以"志愿服务"为纽带，用精彩纷呈的艺术表演体现脑阁丰富的文化内涵。2010年，腊脯村成立了内蒙古艺馨脑阁演艺有限责任公司，组织化规范化发展脑阁艺术，每逢呼和浩特市、土默特左旗有重大节庆活动，都会安排脑阁表演，不断加强正面引导和公益宣传，让脑阁技艺传承成为文化文艺发展的内生动力，推动非遗文化传承内化于心、外化于行。

（二）普及民俗文化，激发文化传承新生命力

2016年，腊铺村建起了民俗文化馆。2021年专设了脑阁展厅，对脑阁发展历程、组成要素、硅胶模型、演出服饰、道具等进行集中展览展示。呼和浩特市非物质文化遗产保护中心在腊铺村兴建了"国家级非物质文化遗产项目土默特左旗脑阁传习所"，编著了《国家级非物质文化遗产项目脑阁传习讲义》。2019年，土左旗文化馆组织了以"传承非遗文化培育时代新人"为主题的非遗进校园活动，胡连刚等非遗传承人走进学校，对脑阁文化进行宣传，吸引了众多年轻人的关注。

（三）注重人才培养，提升文化传承创新能力

非遗的传承和发展离不开人才培养。国家级非遗传承人胡连刚，祖孙四代传承脑阁。他们通过精彩的表演、深入的宣传讲解和悉心指导，培养出了一批脑阁艺术年轻爱好者，为脑阁民俗艺术的传承和发展作出了卓越贡献。进入新时代，脑阁艺术也在积极创新，在选材上融入时代发展的新文化和新元素。土左旗脑阁不断挖掘民族团结进步题材，通过参加《大盛魁》《长城》《七路军》等影视剧拍摄，参与民委组织的"铸牢中华民族共同体意识"主题活动和二连浩特市茶马古道表演，推动铸牢中华民族共同体意识入脑入心、化风成俗。

四、经验与启示

脑阁艺术已成为内蒙古各族人民喜爱的民间艺术之一，受到政府的重视和扶持，被列入建设民族文化大区规划。为进一步推动脑阁艺术发展，我们要不断结合文化、社会发展趋势探索新的发展路径。

一要效仿新榜样，推进区域联合发展。学习借鉴哈尔滨的成功经验，寻求周边区域特色产业支持，发展"文化＋采摘"模式，沿兵州亥区域、110国道沿线，形成采摘专车路线，在阿勒坦公司采摘草莓、葡萄等，在北园村体验长山药，在大旗村采摘香瓜、大紫李等，在游学与采摘中弘扬与展现脑阁技艺，发放脑阁小像，卡片介绍等；发展"文化＋露营"模式，持续深化小里堡村火车露营地举办农田消夏夜文化节系列活动，在进行烧烤、烟火表演的同时，将脑阁技艺搬上舞台，以文乐民、以文育民、以文富民，不断解锁文旅融合新模式。

二要接轨新媒体，联动民间宣传力量。在春节、元宵节、非遗日等民俗节日举办脑阁活动，通过抖音、快手等公众平台，动员新媒体力量广泛宣传脑阁文化，满足民众祈福等美好心愿，吸引全国各地人流量。

三要打造新产业，开发当地特色产品。凭借脑阁非物质文化遗产的宣传带动作用，深挖旅游资源，打造主题旅游专线，通过开发泥塑、绘画、服饰、道具等脑阁文旅产品，与喇嘛洞金銮殿景点、土特产品（大葱、大蒜、大紫李、长山药等）、毕克齐烩菜、林果设施采摘等融合发展，互帮互带，推动周边产业发展壮大。

内蒙古自治区通辽市库伦旗

安代舞：
传承百年　律动草原

一、基本情况

安代舞是蒙古族一种原生态舞蹈，发源于库伦旗，已流传300多年。传说有30余种安代舞。较为典型的说法是，安代舞最初是用来医治妇女相思病的舞蹈，含有祈求神灵保佑、消灾祛病的意思。旧时，在库伦地区流行的安代舞有"阿达安代""乌日嘎安代"等12种。安代舞有强烈的自娱性、鲜明的民族特色和浓郁的生活气息，舞姿简单易学，唱词随编随唱，富有感染力。表演安代舞的方法简单，无须化妆，不用伴奏，男女老少皆可入场欢跳，没有时间地点限制。安代舞的音乐曲调既别具一格又十分丰富，其唱词除开场和收场部分因仪式需要大体固定之外，中间部分全无固定唱词。跳安代舞通常在农事间歇时进行，少则7天，多则40天。

二、发展历程

1956年，安代舞在全旗首届群众业余文化会演中首次登上舞台。1958年，民间老艺人额尔敦巴拉在北京表演安代舞引起了社会的强烈反响。1996年，库伦旗被文化部命名为"中国安代舞艺术之乡"。2003年，由那沁双合尔撰写的《安代文化研究（蒙文）》获内蒙古自治区"五个一工程"奖、第七届内蒙古自治区艺术"萨日纳"奖。2006年，"蒙古族安代舞"被国务院批准列入首批国家级非物质文化遗产名录。2015年，库伦旗乌兰牧骑在蒙古国首都乌兰巴中央文化宫表演的《说唱安代》《岩舞》《萨吾尔登》《欢乐安代》得到了我国国家级、自治区级媒体及蒙古国5大媒体的大力宣传。库伦旗因安代舞曾六次被文化和旅游部命名为"中国民间文化艺术之乡"。

三、典型做法与成效

（一）保护和发展并重，开展文化项目保护工作

政府对处于濒危边缘，与安代舞文化生态密切相关的非物质文化遗产项目，或仅存于个别地区、个别家庭或个人的、不可再生的文化项目进行了抢救性保护，重点抢救安代舞、安代舞服饰、蒙古族传统刺绣等，同时开展安代舞文化记忆工程，通过文献查阅、田野调查等方式深入挖掘其文化内涵和传承脉络。

（二）以人为本，完善活态传承机制

贯彻落实国家、自治区、市传承人保护有关条例和法规。建立代表性传承人认定标准、传承机制，公正客观地评选安代舞代表性传承人，并鼓励其开展多种形式的传承活动；建立安代舞代表性传承人淘汰机制，对因各种原因导致无法进行传承活动的传承人，取消其传承人荣誉称号，并遴选新的传承人，保持传承人队伍的活力。库伦旗现有国家级代表性传承人1人，自治区级代表性传承人5人，市级代表性传承人3人，旗级代表性传承人29人。**开展非物质文化遗产传承人传承活动。**鼓励安代舞代表性传承人收徒、授徒，鼓励团体传承的项目组织开展传承人选拔与培养工作，鼓励集体传承的项目开展传承性展演活动；对参与国家级和自治区级、市级非物质文化遗产代表性传承人传承学习活动的个人给予一定的学艺补贴，调动其从事传承活动的积极性。**不断提高安代舞传承人传承能力。**每年都会定期举办安代舞传承工作培训班，分别对基层文化工作骨干和代表性传承人进行培训，并推荐安代舞传承人参加内蒙古自治区、通辽市安代舞展演等活动。

（三）夯实传承基础，传承基地建设扎实推进

全面推进安代舞"四进"活动，促进安代舞普及和保护。组织安代舞代表性传承人和安代舞专家在社区、村屯开办"安代讲堂"，在学校开办"安代学堂"，教授安代舞技艺、讲解安代舞相关知识，并鼓励安代舞家庭式传承方式，评选安代舞传承户。在全旗各中小学全面普及安代操。目前，库伦旗已有安代舞传习学校17所，其中"安代"传承示范学校5所。学校还开展了安代进校园"四个一"工程。目前库伦旗已有安代传习基地13处，其中市级安代传习基地1处。**建设并完善与安代舞相关的文化遗产保护基础设施。**按照修旧如旧的原则，修复国家历史文化名镇库伦

珠日河草原第六届内蒙古国际马术节开幕式演出

安代队参加"敖包相会的地方－阿古拉草原文化旅游节"开幕式

镇的历史文化古建筑、历史文化街区、古民居等，使其成为展示传统文化的重要场所。同时，不断建设、修缮安代舞文化展演的活动场所，为库伦庙会、千盏香灯节、祭敖包、祭火以及各种民间信仰活动等安代舞文化展演提供保障。

四、经验与启示

（一）保护为主

整体保护安代文化艺术之乡范围内的以安代为龙头的各类文化遗产，维护文化的多样性。重点保护安代舞这一非物质文化遗产项目，保护物质文化遗产，保护其他文化事项，实现文化资源的丰富性与完整性。

（二）活态传承

安代文化是库伦人民的独特文化生活方式的体现，是库伦人民的生命组成部分，活态传承是安代文化艺术之乡建设的根本。实施传承人保护，延续非物质文化遗产的生命力；实施生产性保护，促进非物质文化遗产文化功能的恢复、发展与增强；实施文化环境保护，保障非物质文化遗产传承发展的自然条件与人文条件。

（三）协调发展

正确处理文化遗产保护与利用的关系，在整体性保护、真实性保护和系统性保护的基础上，积极协调文化生态保护与经济发展、文化产业发展、文化旅游业发展和社会发展的关系，促进库伦经济社会健康、和谐、可持续发展。

内蒙古自治区锡林郭勒盟镶黄旗

阿斯尔音乐：
古老艺术展现新魅力

一、基本情况

"阿斯尔"是察哈尔草原上流传的一种古老音乐的统称，其源自蒙古族宫廷音乐传统。经过长时间的演变，阿斯尔音乐在察哈尔草原民间得以广泛传播，成为民族文化瑰宝中的重要组成部分。阿斯尔是一种独特的音乐形式，融合了声乐与器乐的表现手法。其乐曲结构紧凑而精致，转调自然流畅，风格尽显高雅。阿斯尔的旋律既庄重又欢快，能够充分展现宴庆欢娱的热烈氛围。

阿都沁阿斯尔及察哈尔草原上流传的其他阿斯尔音乐，60%以上传承保留在镶黄旗，反映了察哈尔蒙古族独特的民俗风情。

阿斯尔音乐主题广场

镶黄旗是清朝察哈尔八旗之一，始建于1653年，素有"皇家牧场"美誉，自然和文化资源深厚，有着"中国阿斯尔音乐之乡""中国火不思传承基地""中国蒙古文丹珠尔经收藏圣地""中国塞北石材之乡""内蒙古自治区喜塔尔之乡""内蒙古传统察干伊德文化之乡"等美誉。

阿斯尔演奏乐器主要有马尾潮尔、高（中、低）音四胡、雅托克、三弦、火不思、马头琴、竹笛等蒙古族民间乐器。2006年，镶黄旗政府成立民族民间文化遗产保护领导小组，在全旗开展非物质文化遗产田野普查工作，建立四级非遗保护名录体系，并于2014年成功申报国家级非遗代表性项目——阿斯尔音乐。镶黄旗现有阿斯尔国家级代表性传承人1人、自治区级传承人2人、盟级传承人5人、旗级传承人13人。

镶黄旗国家级非物质文化遗产项目阿斯尔展馆

二、发展历程

"阿斯尔"蒙古语意为"崇高""颂赞"，源于古老的游牧生活，承继元朝时期雅乐中的燕（宴）乐形式。据史料记载，阿斯尔艺术源自蒙古族宫廷音乐《可汗的白马群之歌》的传承与发展。在元代，元世祖忽必烈常年在慧温河附近的上都度过夏季，品尝马奶、聆听宴曲。为了供应上等马奶，上都饲养了上千匹白马。因此，献马奶时演唱的《可汗的白马群之歌》逐渐成为宫廷宴曲之一。

清朝时期，阿斯尔作为一种融合声乐与器乐的音乐套曲形式，在内蒙古原察哈尔地区及东北三省的蒙古族聚居地广为流传。在历史的长河中，阿斯尔经历了多次变迁，逐渐散落于民间，面临失传的危机。然而，在新中国成立后，阿斯尔得到了新的发展机遇。在社会主义精神文明的引领下，经过几代阿斯尔沁的不懈努力，阿斯尔传统音乐得以挖掘、整理、保护和传承，焕发出新的生机与活力。如今，阿斯尔已经成为传统音乐中的瑰宝，传承着蒙古族文化的精髓。

2008年，经过中国民间艺术家协会的严格评选，镶黄旗被授予"中国阿斯尔音乐之乡"的荣誉称号。这一称号不仅彰显了镶黄旗在阿斯尔音乐传承与发扬上的卓越贡献，也反映了其在民间艺术领域的重要地位。2014年，镶黄旗申报的《阿斯尔》项目经过国家级评审，成功列入第四批国家级非物质文化遗产名录，这标志着阿斯尔音乐正式成为国家级非物质文化遗产，受到国家的重点保护。为了进一步推动阿斯尔音乐的传承与发展，2019年，"镶黄旗文化馆"被正式确认为国家级非物质文化遗产代表性项目的保护单位，承担起保护、传承和推广阿斯尔音乐的重要责任。

为了进一步推广阿斯尔音乐文化，2023年初，镶黄旗创立了"阿斯尔工作室"和"阿斯尔展厅"。阿斯尔工作室主要负责阿斯尔音乐的综合办公、档案资料的存储以及日常的排练工作，为阿斯尔音乐的传承与发展提供了坚实的组织保障。而阿斯尔展厅则以展示阿斯尔音乐相关历史印迹、活动照片、乐器展览等为主要内容，为公众提供了一个直观了解阿斯尔音乐文化的平台。目前，这两项工作正在有序进行中，我们期待它们能为阿斯尔音乐的传承与发展注入新的活力。

三、典型做法与成效

（一）特色文化艺术发展优势

镶黄旗始终坚持"挖掘是基础、传承是关键、创新是发展"的工作理念，进一步完善扶持政策、健全配套服务、落实奖励补助，加大对阿斯尔音乐的研究与推广力度，充分发挥阿斯尔音乐艺术底蕴深厚的优势，全力打造"锦绣草原镶黄旗·中国阿斯尔音乐之乡"文化旅游品牌，通过成立"镶黄旗阿斯尔研究发展中心""阿斯尔名家工作室""阿斯尔"展厅，积极申报自治区级文化生态保护区——阿斯尔音乐文化生态保护区，举办"镶黄旗阿斯尔草原音乐节"、镶黄旗"阿斯尔神韵"新春音乐晚会、"阿斯尔艺术研讨会"、蒙古族歌舞乐《金帐宴歌》及《阿斯尔》专场演出等大型活动，编辑出版阿斯尔音乐书籍与音像制品《阿斯尔》等，加大对阿斯尔音乐的保护传承力度。

（二）文化艺术品牌培育情况

利用新兴媒体，大力推广宣传阿斯尔音乐，在CCTV9《千里江山万里歌》栏目、中央广播电视台民族之声蒙古语广播、内蒙古电视台等媒体上大力宣传阿斯尔专题片，不断扩大阿斯尔音乐的影响力；大力推进阿斯尔音乐进校园活动，将富有民族特色的传统文化引进校园，推介宣传给青少年，以增强青少年对本土民间文化的认同感。新建的"镶黄旗阿斯尔音乐生态风情园"，以阿斯尔音乐为基调。同时，在阿斯尔文化的感染和熏陶下，镶黄旗将阿斯尔音乐融入城市建设当中，在主要街道、广场公园，到处可见阿斯尔音乐符号，使阿斯尔音乐这一中华民族优秀文化瑰宝在其故乡源远流长、生生不息、大放异彩。

镶黄旗阿斯尔先后参加了亚洲雅乐展演、"亚洲文明巡游、亚洲美食节"开幕式、"全国少数民族非物质文化遗产项目调演""北京传统音乐节""全区非物质文化遗产展演""内蒙古草原文化节"等全国大型文化交流活动，与著名的马头琴大师李波老师同台演出。同时，深入韩国和北京、新疆、厦门、广州、呼和浩特以及区内各盟市、旗县开展"阿斯尔"音乐巡回演出，普及阿斯尔音乐，深受各地观众的喜爱和好评。

（三）文化艺术人才建设情况

大力开展阿斯尔音乐传承和推广工作。连续两年举办了阿斯尔演奏示范培训班，来自新疆、鄂尔多斯、乌兰察布市以及锡林郭勒盟各旗县的音乐老师、民间艺术家、阿斯尔爱好者等100余人参加培训；2019年，国家级非物质文化遗产阿斯尔的传承人艾日布老师在内蒙古艺术剧院开展阿斯尔音乐培训交流活动；自2006年起，阿斯尔音乐被列入了镶黄旗蒙古族中小学音乐教学课程中；乌兰牧骑、阿斯尔艺术团、阿斯尔工作室、阿斯尔协会、阿斯尔合唱团、民间艺术团等各文艺演出团体常年开展"阿斯尔音乐"进校园、进社区、进牧区文化演出活动，并参加区内外各类文艺表演和对外文化交流活动。

（四）获得荣誉奖励情况

2007年，内蒙古民间文艺家协会命名镶黄旗为"内蒙古自治区阿斯尔摇篮"；2008年，中国民间文艺家协会命名镶黄旗为"中国蒙古族阿斯尔音乐之乡"；2014年，阿斯尔被列入第四批国家级非物质文化遗产代表性项目名录；2018年6月，镶黄旗被自治区文化和旅游厅命名为"2018—2020年度全区民间文化艺术之乡——阿斯尔音乐之乡"荣誉称号；2019年1月，被文化和旅游部命名为2018—2020年度"中国民间文化艺术之乡"荣誉称号；2021年被自治区文化和旅游厅命名为"2021—2023年度全区民间文化艺术之乡——阿斯尔音乐之乡"荣誉称号。

四、经验与启示

（一）充分发挥乌兰牧骑"草原文化轻骑兵"的作用

每年开展惠民演出活动100余场。加大农村牧区题材文艺创作，持续推动乌兰牧骑深入基层和学校开展文艺辅导活动，不断提高乌兰牧骑文艺创作水平和业务指导力度。每年推出声乐、器乐、舞蹈、小戏小品及其他艺术类作品30余部。

（二）不断深化图书下乡

坚持"全民阅读"和文化惠民工程，深入开展图书进校园、进社区、进牧区、进军营、进企业、进机关等活动，每年累计开展阅读推广活动90余次，累计送出图书5 000余册，相应地建立了12个图书流动服务点。镶黄旗图书馆成为全区首家、全盟唯一的内蒙古图书馆分馆。

（三）不断推进非遗传承、发展和保护

深入开展"非遗进校园""非遗进社区"以及非遗展示展演活动，常年组织开展阿斯尔、火不思、奶食品制作等培训，积极培育乡土人才，拓展农牧民增收渠道。

（四）加强旅游资源挖掘和宣传工作

重点打造"锦绣草原镶黄旗　中国阿斯尔音乐之乡"文化品牌，深入挖掘"万里茶道"驿站文化旅游资源，加强区域合作，与张家口市文旅企业成功达成合作共识。将文化旅游产业化发展同畜牧业、生态建设、乡村振兴相结合，加大重点项目、重点区域协同建设力度，推动协同发展，规范草原旅游行业。同时，加强"牧人之家"标准化建设和提档升级工程。

内蒙古自治区锡林郭勒盟苏尼特右旗

乌兰牧骑：
永远做草原上的红色文艺轻骑兵

一、基本情况

苏尼特右旗位于内蒙古自治区中部，总面积2.23万千米^2，常住人口6.2万人，是牧业边境旗。乌兰牧骑是一支具有重要意义和影响力的文艺队伍。1957年6月17日，中国第一支乌兰牧骑诞生。现有在职演职人员42人，每年在基层开展演出、宣传、辅导、服务等工作100多场次。建队60多年以来，乌兰牧骑始终坚持面向基层、服务基层、扎根基层，以演出、宣传、辅导、服务、创作、创新、传承、对外交流为己任，丰富广大农牧民群众的业余文化生活，挖掘传承民族优秀文化艺术，促进民族地区文化事业的繁荣和经济建设的发展。

二、发展历程

苏尼特右旗乌兰牧骑最初是一支仅有9人、两辆勒勒车、四件乐器的小队伍。他们演出不受场地、舞台、布景等限制，随时随地可演，自行创作节目。60多年来，乌兰牧骑深度挖掘、发展民族文化艺术，紧跟时代步伐，创作出各类文艺作品3 000多部，其中300多部作品获奖。代表作品有《乌兰牧骑之歌》《接羔舞》《银白色的骆驼》《蒙古莎特尔》《牧人情》《希日德格》《苏尼特·布斯贵》《绣队旗》《珍贵的回信》《夏之韵》《四峰之乡》《心中的歌》等，还编创民族歌舞剧《生命之树》、蒙古戏《朱日和情》，出版了《草原明珠——赛汉塔拉》《苏尼特民歌集》等文艺作品书籍。

三、典型做法与成效

（一）健全组织架构和工作体系，为打造乡村特色文化提供重要保障

明确构建"1456710"组织架构。"1"即构建旗委、苏木镇党委、嘎查村三级党组织"一把手"工程。"4"即明确了旗新时代文明实践中心、苏木镇新时代实践所、嘎查村新时代文明实践站、党员中心户新时代文明实践点四级设置体系。目前，全旗建立旗文明实践中心1个、文明实践所7个、文明实践站87个、文明实践点21个。"5"即跨领域、跨行业、跨部门盘活现有活动阵地和在线学习软件等各类

线上线下资源，统筹理论宣讲、教育服务、文化服务、科技科普、体育健身等5大服务平台162个子平台，统一由旗文明实践中心调配使用。"6"即突出学习实践科学理论、宣传宣讲党的政策、培育践行主流价值、丰富活跃文化生活、持续深入移风易俗、深化文明创建活动六个方面工作内容。"7"即规范"七有标准"，具体为有组织架构、有学习阵地、有工作队伍、有实践活动、有规章制度、有工作记录、有经费保障。"10"即以草原文艺轻骑兵志愿服务队为引领，组建新时代理论宣讲、科普、法律、生态卫士、全民健康、健身体育、党员先锋、烛光志愿、爱心企业、民俗文化等10支专业志愿服务队。

（二）弘扬地域文化和人文精神，为打造乡村特色文化注入内生动力

乌兰牧骑采取集中演出与分散演出相结合、流动演出与阵地演出相结合等方式，积极组织开展"弘扬乌兰牧骑精神，到人民中间去"草原综合服务活动和乌兰牧骑"六进"惠民下乡演出宣传等文化惠民活动，先后创编了舞台剧《一支轻骑兵从这里出发》《朱日和情》，好来宝《乘爱启程》《兵民携手谋幸福》，舞蹈《总书记的回信》《源·根》《最美奋斗者》等一批深受农牧民喜爱且贴近实际、贴近生活的文艺作品。

（三）创新"乌兰牧骑+"服务模式，为打造乡村特色文化探索新的途径

立足牧区地广人稀、居住分散的旗情，构建"乌兰牧骑+"服务体系，形成具有牧区特色的流动创建模式，打通农牧区服务信息传送渠道，打造乌兰牧骑"+理论政策宣传""+乡村振兴""+乡风文明建设"等一批综合惠民项目。打造"四线五圈"，四线主要呈现基层文旅融合助推牧民增收、边境牧民守望相助、军警民融合发展、工牧共建模式；五圈即以旗新时代文明实践中心为支撑，整合所有资源，形成文体服务圈、教育服务圈、综合教育基地服务圈、产业引领服务圈、便民服务

开展党的二十大精神在基层"百团千场"下基层演出服务活动

圈。**打造流动服务模式**，抓住基层举办那达慕、文化节等有利时机，从"教、学、帮、带"四个方面，帮助基层文化站开展好农牧民演出，通过文化培训服务、文艺演出策划、上网辅导服务、非遗体验、互动传习等传承优秀的民族文化，满足群众所需。组建草原综合志愿服务轻骑兵，整合乌兰牧骑流动舞台车、图书馆流动图书车、科普大篷车等更多资源，针对性地确定服务重点，开展精准服务。积极培育符合地域特色的"乌兰牧骑+"流动的综合服务品牌，以乌兰牧骑式警队为先锋志愿服务队，以军警民共建、蒙古剧《朱日和情》等系列体现民拥军、军爱民的事迹为载体，以"草原文艺轻骑兵志愿服务队+业余乌兰牧骑+小小乌兰牧骑"为文艺志愿主力，讲好民族团结故事，让军警民共守祖国美丽家园、共筑祖国北疆国防安全的故事在草原上广为传颂。

四、经验与启示

（一）以需求为导向

根据农牧民、城镇居民、学生、部队指战员、厂矿工人等演出对象的不同特点、不同需求，精准确定节目内容、形式和队员构成，提供更为精细的文艺演出服务。

（二）以优势打造品牌

以地域特色为基础深度挖掘发展民族文化艺术，进一步发扬优良传统、突出文化特色、体现地域特点、紧跟时代步伐，创作出各类文艺作品，体现当地风俗习惯，增加草原上的艺术感染力和生活气息。

（三）以创新推动发展

结合乌兰牧骑特点优势丰富创作，不断推出思想精深、艺术精美、短小精悍、传得开、留得下的优秀作品，推动文艺创新，为新时代乌兰牧骑事业发展注入强大动力。

2018年情景舞蹈《总书记的回信》剧照

辽宁省朝阳市凌源市

皮影戏：
灯影承雅韵　盛世谱华歌

一、基本情况

凌源市隶属辽宁省朝阳市，地处辽、冀、蒙三省（区）交界，是牛河梁红山文化遗址的发掘之地，历史文化积淀深厚，"凌源皮影戏"就是在这片文化沃土上绽放出来的。凌源皮影戏属中国北方皮影戏的重要支脉，因影人用驴皮雕制，故又有"驴皮影"之称。凌源皮影戏吸收运用了民间音乐、民间小调、叫卖调、哭丧调、民歌，又借鉴了兄弟剧种的声腔音乐，最终形成现在十分完美的板腔体声腔音乐，具有浓郁的乡土气息。

二、发展历程

据考证，凌源皮影戏属滦州皮影派系，源于宋代，盛行于明清，距今已有千余年的历史。凌源市从1996年起多次被文化部命名为"中国民间文化艺术之乡"；2006年凌源皮影戏被列入首批国家级非物质文化遗产名录；2011年经过联合申报，包括凌源皮影戏在内的中国皮影戏被列入联合国教科文组织人类非物质文化遗产代表作名录；2022年龙凤皮影团被列入第九届全国服务农民、服务基层文化建设先进集体表彰名单。凌源皮影戏现有国家级代表性传承人1人，省级代表性传承人5人，市级代表性传承人4人，县级代表性传承人29人；有11个皮影艺术团，从业艺人200余人。

三、典型做法与成效

（一）强化规划引领与协会助力

研究制定凌源市皮影中长期保护和发展规划，建立皮影保护、咨询、评审相关机构，完善考核、评审、推荐、申报等相关工作制度。组建凌源市皮影家协会，将行政资源向协会延伸，充分发挥协会的作用，组织开展评选、竞赛、学习等活动，制定皮影业行规，以提高皮影行业自律和自我管理能力。

（二）强化抢救保护与继承发展

2004年，凌源皮影戏被文化部批准为"中国民族民间文化保护工程"试点项目，之后，凌源市全面完成凌源皮影戏"中国非物质文化遗产数字化保护工程"项目一期、二期试点任务。2008年成立全省首家县级非物质文化遗产保护中心，在政府层面出台了相关保护政策，对皮影项目和重点艺人开展全面普查，形成较为完备的纸质、电子、照片、音像、实物档案。每年组织优秀皮影艺人排练录制一两部传统大戏，春节期间在市电视台播放，现已完成18部。为30多名重点骨干艺人录制了唱段辑和个人专辑。除当年老馆长编纂出版了《凌源皮影音乐简介》《凌源皮影唱腔选》等专著外，业界人士历时六年编写了100余万字的《凌源皮影志》。

（三）强化场所建设与影卷收藏

规划专属空间，建立皮影收藏室、陈列室、表演室和录播室，以及国家级非遗传承人工作室、皮影传习基地，传习基地已拥有设施设备较为完备的"一厅、一苑、一棚、四室、一长廊"，总建筑面积1 048.2米^2。不断丰富传统及现代影卷，凌源现已收藏中国北方皮影戏影卷300余部、400多卷、3 000多万字，其数量为全国之最。

（四）强化人才培育与班团演出

实施民间艺术人才发展战略，鼓励皮影老艺人采取以师带徒的形式培养传承人，激励年轻人从事学习皮影演唱和雕刻艺术，积极组织皮影传习活动，连续多年举办演唱、伴奏、操纵、雕刻培训班，全力造就一支业务水平高、素质强的艺术人才队伍。组织皮影班团在"榆州之春"系列文化活动、"凌源之夏"群众文化艺术节等活动现场进行皮影戏演出，多年来累计演出几千场。同时，积极开展"送戏下乡"活动，组织皮影班社奔赴各个乡镇、村屯演出皮影戏，每年演150场左右。

（五）强化改革创新与文创产品研发

积极开拓皮影文化产业，从现代人的欣赏习惯出发，全面完成中国首部4K皮影电影《烽火映山红》拍摄工作，将皮影与现代技术相结合，使皮影焕发新活力。

皮影戏

大力推进影雕等非遗文创产品发展。2019年4月，凌源皮影戏及振声影雕被确定为辽宁省外宣精品项目，成为一张靓丽的文化名片，现在从事影雕工作的有30余人，年创利润100余万元，有效地在乡村振兴发展中发挥着文化促振兴的推动作用。

四、经验与启示

（一）必须坚持党委、政府领导

党委、政府要不断强化引导、扶持和服务职能，统筹推进传统文化保护传承和创新发展，制定落实有效政策措施，调动市场主体积极性，促进资源要素集聚，增强地域特色文化发展活力。

（二）必须加强民间艺人培育

充分发挥老艺人引领示范带动作用，加强对喜欢、热爱皮影艺术人才的挖掘与培育，有目标、有计划地培养传承人，不断调动喜欢、热爱皮影艺术人才的积极性、主动性、创造性。

（三）必须持续改革创新发展

从现代人欣赏习惯出发，结合现代信息技术及文化传播特点，勇于迈出创新实践的步伐，支持皮影新剧目、皮影动漫开发及皮影艺术创新，让皮影戏回归大众视野，焕发出更加夺目的光彩和更为强大的生命力。

（四）必须全力推进保护与发展

大力推进皮影资料挖掘整理工程，积极推进影箱子救活工程，支持民间皮影班社开展公益性演出，有计划地表彰凌源市民间艺术家、功勋传承师、非遗新秀。积极推进皮影产业化发展，推进凌源影雕产业做大做强，推进皮影进景区，借力旅游业为皮影保护传承和发展振兴注入新的活力。同时，积极组织凌源皮影戏参加各类展示展演活动，不断扩大凌源皮影的对外影响力。

凌源皮影戏演出前的摆场——文武官案前听令

吉林省延边朝鲜族自治州珲春市

密江朝鲜族洞箫文化：
中国传统乐器中的抒情之声

一、基本情况

洞箫是朝鲜族的传统乐器。密江乡朝鲜族传承基地始建于1992年，建设图们江文化长廊时，翻建于2010年，基地有以洞箫雕像为主题的绿化园，有集演绎、培训、会议等功能于一体的多功能大厅及民俗展览室等。

密江乡洞箫协会成立于1999年8月，2011年在密江乡乡政府的倡议和指导下，密江、珲春新安街、马川子等三个洞箫协会合并，成立了珲春市洞箫协会，洞箫力量得到了加强。协会组织机构齐全，管理严谨，经常组织活动。目前有会员50名，洞箫50多支，圆鼓20多个，长鼓10个，电子琴、手风琴、锣等乐器，演出服装100套。有州级非物质文化遗产传承人1人，省级非物质文化遗产传承人1人，申报了一名国家级非物质文化遗产传承人。

二、发展历程

自14世纪以来，洞箫便成为朝鲜族的传统乐器，堪称朝鲜族民俗艺术中的一块

洞箫表演

瑰宝。1997年，密江乡被延边州文化局命名为"洞箫之乡"，密江洞箫逐步发展成为延边朝鲜族自治州民族文化艺术品牌。1999年8月，正式成立了珲春市密江乡洞箫协会，洞箫协会有组织、有领导、有骨干，有章程。2008年6月，密江朝鲜族洞箫音乐被国务院、文化部列为第二批国家级非物质文化遗产；2008年12月被文化部授予"中国民间文化艺术之乡"称号；2009年4月被中国民间文艺家协会命名为"中国朝鲜族洞箫艺术之乡"。为了使团队更加规范，提高社会知名度，2018年8月向市文体局、市行政审批局递交了注册申请，并于2018年12月3日被批准成立密江乡洞箫协会，协会会员从最开始的7个人，发展到现在的30人。密江乡洞箫协会自成立以来参加了大大小小几百场活动。

第四代传承人李吉松老师演奏洞箫

三、典型做法与成效

为加大非遗文化朝鲜族洞箫发展传承力度，密江乡按照保护、传承、发展"三步走"方法，担起密江洞箫文化发展的使命。密江乡村干部学校潜心研究，终于研制出适合大众演奏的洞箫，该洞箫外形短小，音律可和朝鲜族洞箫媲美。为了方便初学者吹奏，还拍摄了教学视频，通过扫描二维码就可以"零基础"入门自学。为拓宽传承渠道，密江乡与市第一实验小学合作，建立洞箫传承基地，编排洞箫舞蹈，让学生们在近距离了解民族文化的同时，传承洞箫艺术。为全力推广洞箫品牌，积极参加第二届"长白山礼物"旅游商品征集大赛，"庆丰收·感觉恩"2021首届珲春农民丰收节活动、2022中国·珲春国际东北虎豹节之虎豹文化节等活动，推动密江朝鲜族洞箫进入延边特色旅游商品行列，让非遗文化绽放迷人光彩。

密江乡以洞箫这一民族文化遗产为依托，自始至终紧紧围绕市委、市政府的工作重心，为传承和发展民族文化，繁荣密江市文化发展而开展工作和活动。密江乡洞箫协会自成立以来参加了"观赏中国新世纪第一缕曙光""中国延边风景旅游活动周""吉林省八景宣传""中国图们江国际旅游贸易交易会开幕式""吉林省首届农民艺术会演""中国少数民族非物质文化遗产展演"等活动，接待了文化和旅游部、文化艺术界联合会、民间艺术家协会、省州市领导，接受了中央电视台、北京电视台、浙江电视台、福建电视台、韩国电视台和天津晚报等国内外许多报社的采访，进一步提高了知名度。

密江乡洞箫协会自2006年8月以来成功举办了三届珲春密江洞箫文化艺术节，与韩国洞箫研究会共同举办了第二届"中韩洞箫理论研讨及交流活动"，2012年被邀请参加韩国民俗节，促进了文化交流，洞箫音乐得到了进一步的继承和发扬。

近8年来，参加各项活动60多场次，其中国家级2次、省级1次、州级5次。获"中国延边朝鲜族民俗文化旅游博览会第三届洞箫艺术节"集体一等奖、个人优秀表演奖，"吉林省首届农民文艺汇演"金奖，"中国少数民族非遗展演"金奖，"吉林省农村文化大院建设活动示范点"、州非遗工作先进个人等荣誉。

密江乡将洞箫文化、乡村文化、社区文化紧密联系，与新安街道开展联建共建活动，组织文艺爱好者学习吹奏洞箫。与延吉市民族乐器研究所加强合作，定制一批音色准、品质佳的洞箫。积极在扩大传承人队伍、拓宽传承渠道等方面下功夫，在乡党委、政府和密江洞箫协会多次邀请下，第三代传承人李吉松回国担任密江洞箫协会会长，同时加紧培养第四代传承人。目前洞箫协会在李吉松的带领下每周二、周三下午加紧排练节目。

四、经验与启示

文化传承：重视洞箫文化的传承，通过传统艺人的传授、培训活动等方式，培养更多的洞箫爱好者和传承人，确保文化的延续。

教育推广：与珲春市第一实验小学合作，将洞箫文化纳入学校的文化课程中，培养学生对洞箫的兴趣和爱好，促进文化的传承与发展。

艺术表演：组织密江乡洞箫协会成员举办文化活动等，展示洞箫音乐的魅力，吸引更多人参与和欣赏。

文化旅游：结合乡镇的旅游资源，将洞箫文化与旅游相结合，开发特色文化旅游项目，吸引游客，促进经济发展。

社区参与：与新安街合作鼓励社区居民积极参与洞箫文化活动，形成浓厚的文化氛围，增强社区的凝聚力和认同感。

创新发展：在传承的基础上，鼓励创新和发展，将洞箫音乐与现代音乐元素相结合，推出新颖的作品，吸引更多年轻人的关注。

吉林省延边朝鲜族自治州汪清县

汪清镇象帽舞：
中国朝鲜族农乐舞　助力乡村文化振兴

一、基本情况

　　汪清县位于吉林省延边朝鲜族自治州东北部，辖区面积9 016千米²，素有"千年部落百年县"的美誉，是人类非物质文化遗产——象帽舞（中国朝鲜族农乐舞）的发祥地，被文化部命名为"象帽舞之乡"。中国朝鲜族农乐舞（象帽舞）是汪清县最具代表性的少数民族文化之一。农乐舞（象帽舞）是在岁时仪式和节庆活动中展现的一种舞蹈表演艺术，是朝鲜族人民在长期劳动和生活中创造出来的宝贵文化财富，是综合性民间艺术形式。其中，汪清县汪清镇的象帽舞更是在继承传统的同时不断融入现代元素，呈现出勃勃生机。象帽舞作为中国朝鲜族农乐舞当中的最高表演形式，其自带的神秘感与荣誉感使其兼具审美价值和观赏性。象帽舞经历了几十年的沉淀，形成了鲜明的特点，同时在现代社会中具有很高的研究价值和艺术鉴赏价值。如今汪清县已经成为农乐舞（象帽舞）非遗项目的国家级保护责任单位和该项目世界级保护和传承的重要基地。汪清县又以中国朝鲜族农乐舞（象帽舞）项目为特色，成功申报"中国民间文化艺术之乡"，这是汪清县继"中国朝鲜族农乐舞（象帽舞）之乡"之后，又一国字号文化品牌。

二、发展历程

　　1949年，汪清县就组建象帽舞表演队，由象帽舞第一代传人梁泰荣传授象帽舞技艺，每逢节日、婚礼、农闲及竞技活动之时，传承人就组织表演活动。1954年，经过众多演艺家的辛勤付出，作为朝鲜族具有代表性的群众文化艺术——象帽舞登上了舞台，并以崭新的面貌展现在世人面前。2006年，象帽舞被列入首批国家级非物质文化遗产名录。2009年，象帽舞被列入联合国教科文组织人类非物质文化遗产代表作名录。在国家和省市县大力支持下，汪清镇象帽舞日益蓬勃发展。汪清镇相继建成特色展示馆和培训基地，并将文化传承与教育相结合，先后成立校园少儿培训基地、老年农乐舞团，使象帽舞成为汪清县朝鲜族民俗文化的突出代表，和汪清县民族文化事业发展的品牌。创作的以象帽舞为主题的舞蹈曾获得"荷花奖""群星杯""金穗奖"等十余项国家级大奖，被选派前往美国、俄罗斯、意大利、韩国等地进行文化交流。

象帽舞表演

三、典型做法与成效

（一）聚焦文化传承，筹建象帽舞展示馆

自2006年以来，国家每年拨付20万元象帽舞专项保护资金。自2007年起，国家每年下拨1万元给国家级传承人作为补助经费。2012年，国家级传承人补助经费提高至2万元，为传承人开展传帮带活动提供了保障，促进了象帽舞的传承和发展。2015年，汪清县总投资3 101.64万元新建了象帽舞展示馆，展馆总建筑面积达3 200米^2。

（二）建设汪清镇汪清村象帽舞培训基地

创建300米^{2}象帽舞活动场地，设有音响室、道具库和排练厅，有多媒体设备1套，农乐舞服装、道具100余件，有演出人员50人、专业舞蹈老师2人，创编假面舞、小鼓舞、长鼓舞、象帽舞等舞蹈作品10余个，全年培训及排演时间近1 000小时。

（三）创建汪清县第二实验小学象帽舞少儿培训基地

培训基地排练厅占地100米^2，有象帽100余顶、长鼓30个、手鼓40个、服装200套，通过每周象帽舞第二课堂活动，吸引对象帽舞感兴趣的学生前来学习，对其进行初步培养，从中挑选优秀学生40余名进行重点培养，表现优异的组建象帽舞舞蹈队。

（四）成立汪清县老年农乐舞艺术团

在县文广旅局的大力支持下，通过招募爱好者，组建成立汪清县老年象帽舞艺术团，在县文化馆二楼排练厅设立固定排练地点，现有演员28人，平均年龄66岁，该艺术团编排了《移民乐》《丰收乐》《庆丰收》等多个原生态象帽舞作品。

坚决打赢扫黑除恶攻坚战乡村活动之象帽舞表演

四、经验与启示

（一）特色村镇建设助力乡村振兴

汪清镇充分挖掘和利用朝鲜族民俗文化资源，围绕"非遗＋旅游"的工作思路，将象帽舞、朝鲜族大酱等为代表的非遗物质文化遗产与旅游、乡愁记忆相结合，打造特色村落，大力推进乡村旅游业发展。

（二）丰富人民群众精神文化生活

汪清镇建设文化广场大院，建立农家书屋，并以象帽舞为特色定期组织各村开展专场演出。积极推进三条示范带建设。在城外村推进生态乡村建设，发挥生态乡村建设专班作用，根据各村历史特点和人文特色进行亮点打造。

（三）培养非遗文化接班人做好文化传承

为了让下一代传承者真正领会象帽舞舞动的精髓，做到形神合一，象帽舞传承人通过梳理象帽甩法、带领年轻弟子们深入朝鲜族村屯去拜访老艺人等方式，培养技艺精湛、神韵兼备的接班人。

江苏省南京市溧水区

骆山大龙：百年传承不忘初心
发展创新强村富民

一、基本情况

骆山大龙发源于南京市溧水区骆山村，龙头宽2.2米、高2.3米，重约200斤；龙身巨大，长近百米，不扎龙尾，一共24节，每节长2.8米。舞龙时参与者多达500人，表演阵式有"巨龙摆尾""一字长龙阵""盘旋阵"等。跳云是其区别于其他舞龙的特色之一，分为图阵和字阵两种，图阵有"双龙出水""满天星"，字阵有"天下太平""人口平安"等，以表达美好的愿望和祝福。舞龙活动一般从头年的腊月二十四开始，至来年正月十八结束。骆山村邻近石臼湖，冬季为枯水季节，宽阔的湖滩就成了舞龙的最好场所。2007年骆山大龙成功申报省级非物质文化遗产，2008年被列入国家级非物质文化遗产名录。

二、发展历程

骆山大龙起源于明代，至今已有400多年历史。据说，明万历年间，该村考取了一名进士名叫杨培庵，曾先后出任过漳州知府、江西省和河南省按察使、布政使，为官清廉，颇有威望。传说杨培庵在避雨庙中，遇见一条正在受到惩罚的小白龙，杨培庵见其可怜，向执法的张天师求情，张天师放过了小白龙，于是杨培庵将小白龙带回了骆山村，让其行云播雨，造福百姓。从此，骆山村便有了舞龙习俗。抗战胜利后，骆山村村民杨裕发、杨裕才自发组织舞龙，表达对新生活的憧憬。改革开放后，骆山村村民自发组织舞龙，展示在党的富民政策下农民对幸福生活的向往，一直延续至今。2014年，骆山村新建400米^{2}大龙展示厅。2018年，在村口新建了28亩舞龙广场。

三、典型做法与成效

（一）传承保护特色文化

健全组织机构。骆山村村民们自发组织成立骆山大龙协会（简称"龙会"），会员由村里德高望重的老人和愿意出力的壮年组成，下设统筹、制作、训练、动员、对外洽谈等机构，建立了一支骆山大龙管理和演出队伍，为做好骆山大龙的传承和保护工作起到了关键作用。**强化记录工作**。长期以来骆山大龙的舞龙习俗都是口耳相传，鲜有文字记载。2005年以来，在国家非遗保护传承的政策驱使下，骆山大龙开始有较详细的文字和影像记录。先后拍摄了骆山大龙专题宣传片、专题纪录片，完成了对国家级非物质文化遗产代表性传承人杨木海（龙舞·骆山大龙）的抢救性记录工作，根据杨木海老人口述整理出版《骆山大龙·杨木海》。**加大政策扶持**。2015年以来，溧水区通过非遗项目补助、以奖代补、文艺赛事等形式，加大对骆山大龙的补助力度，有效解决了大龙扎制、服装道具购置、演员培训排练、交通食宿等的费用。建设400多米²的排练展演厅（当地称龙王庙），翻新改造原村小学作为骆山大龙展示厅，新建舞龙广场用于排练和表演。**拓展传播途径**。2005年起，骆山大龙走出村域范围，参与了溧水梅花节、草莓节、广场文化宣传月、民间文化艺术节、南京市国际梅花节等许多重大节庆表演活动，逐步扩大了影响，提高了知名度。如今，骆山大龙已成为当地家喻户晓的民俗活动，成为溧水靓丽的文化名片。

（二）培育特色文旅产业

在南京市、溧水区政府大力扶持下，借助骆山大龙特色文化优势，充分利用紧邻石臼湖、凤栖山的资源禀赋，骆山村大力发展乡村旅游、特色民宿等新兴产业，目前已初显成效。立足舞龙广场，占地40亩的骆山花火露营公园已正式投入运营。2023年春节期间，首届"骆山大龙文化节暨首届溧水石臼湖烟花节"启动，涵盖非遗传承、炫彩烟火、潮流露营、围炉煮茶等活动，吸引游客8万人次，创收近40万元。骆山花火露营网红项目入选南京市商务局唯一推荐城市度假场景项目，该露营地被评为南京市首批规范化营地之一。同时，骆山村3家农家乐、2家民宿已陆续营业，"骆山大龙""骆山大白龙"等商标也已被当地企业先后注册。有效带动了骆山村三产融合发展，延伸了产业生产链，增加了产品附加值，促进了村集体收入增加、村民致富。2022年，骆山村村级经营性收入159.8万元，同比增长7.25%，带动农户人均增收1 100元。

绽放烟花欢庆民

（三）培养传统文化人才

骆山大龙作为非物质文化，其最大的特点就是不脱离群众的特殊生活生产方式，以声音、形象和技艺为表现手段，通过行动和语言进行活态传授。长期以来，在人才培养方面，分工合理、梯次培养，得以代代相传、兴盛不衰。2010年，杨木海老人被认定为国家级非遗代表性传承人；2017年，为做好年轻传承人培养工作，骆山龙会推选村民杨月康成功申报了骆山大龙区级传承人；2019年，杨白海、杨海洲等4位同志成功申报了骆山大龙区级传承人，5位传承人平均年龄50岁。今后，骆山龙会计划再培养45岁左右的年轻人，融入骆山大龙的保护队伍之中，从事传承工作。

四、经验与启示

（一）保护传统文化

通过表演等多种形式，使乡村文化更为直观地展现，也让乡村文化拥有更好的载体，促进乡村传统文化的保护与延续。

（二）增强文化自信

乡村传统文化作为地域特色的重要体现，在全球化的浪潮下，面临着同化和消失的危机。因此，要振兴乡村需要增强文化自信，弘扬乡村传统文化，有利于提高村民认同感和归属感。

（三）突出文化特色

不同地区在诸多方面都存在差异，乡村特色文化在展现地区差异方面具有先天的优势，要重视挖掘、保护和弘扬乡村文化，打造出独具特色的乡村形象。

（四）繁荣文化产业

乡村振兴需要引进各类新型产业，而文化产业是其中一个非常重要的部分。乡村的文化资源是文化产业的基础，文化在其中扮演了非常重要的角色。

骆山大龙在东方

江苏省苏州市吴江区

七都镇昆曲木偶：
非遗昆曲木偶的坚守、传承和创新

一、基本情况

苏州市吴江区七都镇，地处太湖之滨、吴越交界，属于长三角生态绿色一体化发展示范区，交通便捷、区位优越。近年来，七都镇一直致力于非遗昆曲木偶的坚守、传承和创新，弘扬民族文化。

昆曲木偶又叫七都提线木偶，它是昆曲表演的一种延伸，是一门以木偶来表演昆曲的独特戏剧形式。昆曲木偶高约60厘米，重约3千克。昆曲木偶不仅四肢关节可随线而动，其口、眼、舌等亦能活动，一牵线，眼舌连动，妙趣横生。昆曲作为中国的"百戏之祖"，采取人偶同台表演，演员一边演唱昆曲，一边操纵木偶跟随内容表演故事情节，歌、舞、介、白等表演手段高度综合在这种表演形式中。昆曲木偶演员不仅要学习昆曲的台步、唱念等技法，还要学习控制木偶的提、拔、勾、挑、扭、抢、摇等指法，自古享有"双手提活生旦净丑千般态，一口唱妙喜怒哀乐百样声"的极高赞誉。

二、发展历程

昆曲木偶表演团体起源于七都镇孙堡村（现吴越村）姚氏创建的"公记保和堂"戏班，始建于清道光年间（1821—1850年），流传至今已有近两百多年历史，它是全国唯一一家木偶唱昆曲的祖传戏班。1955年，该戏团更名为"吴江洪福木偶昆剧团"。2005年，昆曲木偶被列入首批苏州市非物质文化遗产保护项目名录，使昆曲木偶进一步得到了政策性的保护；2007年，被列入第一批吴江市非物质文化遗产名录；2016年，被列入江苏第四批省级非物质文化遗产保护项目名录。2021年，孙菁、施锦芳、施晓明同时被评为该项目的苏州市级非遗代表性传承人。

三、典型做法与成效

（一）聚力文化传承，推动昆曲木偶的挖掘研究

昆曲木偶是人们世代相传的活态文化实践，存活于传承人的记忆与技艺中。传承人是昆曲木偶的继承者、创造者和传授者，是昆曲木偶存在的核心。为了保护和

传承昆曲木偶这一民间艺术瑰宝，七都镇政府实施抢救方案，以抢救、保护、传承昆曲木偶这一濒危民间文化遗产。2004年七都镇把保护、传承昆曲木偶列入政府10件实事工程之一，重建七都木偶昆剧团，由此昆曲木偶的项目传承工作正式启动。2004年七都镇政府出资与苏州艺术学校联合招收了5位七都籍的应届初中毕业生，对其进行五年的专业培养，学习昆曲木偶。同年第28届世界遗产大会在苏州召开期间，在苏州博物馆隆重举行了老艺人姚五宝的收徒仪式，为昆曲木偶正式招收了传承人，保证了文化的延续性。

（二）聚力阵地建设，推动昆曲木偶的创新发展

七都镇积极推动公众参与昆曲木偶的传承和保护，丰富保护的内涵和形式，形成强有力的文化阵地。传承人多年来努力推动昆曲木偶进机关、进社区、进校园、出国演出，实现"活态传承"，如不定期开展非遗展演送戏至吴江区各中小学；在中小学中开设非遗文化进课堂；不定期赴敬老院进行慰问演出；参加长三角一体化、吴江区域文化联动互动场和七都专场的演出，多次出访韩国、菲律宾、法国、毛里求斯、沙特阿拉伯等进行文化交流演出，赢得了众多参观游览者的一致赞誉。剧团成立至今共计演出1 000多场次，观看人数达20万余人。昆曲木偶不仅丰富了当地群众的生活，还成为当地的文化名片。

四、经验与启示

（一）坚持以老带新，新老结对激发活力

非遗要活态化传承，还得依托于非遗传承人的可持续发展。通过引进高层次文化人才，制定"传帮带""师徒结对"的人才培养计划，不断壮大文化人才队伍，

《牡丹亭·惊梦》演出剧照

2019年社区假日学校昆曲木偶进课堂活动

为非遗传承注入新鲜血液，为昆曲木偶传承注入青春力量，使非遗获得新活力和新发展。

（二）坚持以点及面，点面结合逐步外延

青少年无疑是文化传承的最优群体，因此，在昆曲木偶的发展过程中，势必要关注其在青少年群体中的传播。我们可以推动昆曲木偶走进课堂，采用以点及面、逐步外延的方式，在学校开设教学课程，让青少年充分认识到昆曲木偶作为本地区的文化代表具有极高的艺术价值，不断调动青少年传播家乡文化的积极性、主动性、自觉性，扩大非遗文化的影响力，培养学生的文化自信。

（三）坚持以文塑旅，文旅融合创新发展

不断创新传播形式和内容，创新亲民的非遗文化传播方式。积极运用"非遗＋演出""非遗＋体验"等形式，真实、"接地气"地将优秀乡村文化展示给游客，推动资本要素向乡村文化产业流动，打造系列物美价廉的文创产品，形成集非遗文创、旅游住宿、特色餐饮于一体的旅游供给，增强乡村文化的"造血"功能，以文化建设为抓手促进乡村经济发展，以产业兴旺反哺乡村文化振兴。

昆山千灯昆曲艺术：
融合文化丰富曲艺内涵

一、基本情况

千灯镇位于昆山市南部，东依上海青浦，区域面积78.5千米^2。千灯拥有2 500多年的悠久历史，文脉源远流长。"昆曲鼻祖"顾坚从这里走出，千灯因此成为京剧大师梅葆玖先生亲题的"昆曲发源地"，也是著名作家白先勇挥墨写下的"昆曲仙乡"。同时，千灯镇还获评江苏省首个镇级"中国曲艺之乡"。近年来，千灯镇围绕顾炎武、昆曲两张文化"金名片"，坚持硬件投入、平台搭建、精品创作和培育传承，积极传承和弘扬昆曲文化，举办曲艺精品和大型曲艺活动，不断提升昆曲源头美誉度和影响力。同时，加大昆曲人才挖掘培养力度，努力打响少儿昆曲品牌，累计培养出37朵戏曲"小梅花"，3位学员获"国戏杯"金奖，12个集体节目获全国小梅花金奖。

昆曲表演

二、发展历程

昆曲起源于元朝末年，流行于昆山地区，经顾坚等人加以整理改进，形成了雏形"昆山腔"。明嘉靖年间魏良辅对昆山腔的音律和唱法进行改革创新，吸取南、北曲的唱腔特点，运用北曲的演唱和伴奏方法，造就了集南北曲优点于一体的"水磨调"，通称昆曲。2001年，昆曲被列入"人类口头和非物质遗产代表作名录"。为传承昆曲艺术，"昆曲奶奶"徐允同60岁自学昆曲，于2004年在千灯小学义务开设小昆班，2007年小昆班开始在全国各大戏曲赛事崭露头角。2008年，千灯承办第十二届中国少儿戏曲小梅花荟萃，台湾作家白先勇先生到千灯寻根，欣然挥笔"昆曲仙乡"及"千灯小昆班，真的不一般"。2011年起，千灯镇举办两年一度的"秦峰曲会"，邀请海内外曲友现场吟咏较艺，京剧大师梅葆玖莅临亲题"昆曲发源地"。2018年，秦峰少儿昆剧团挂牌成立，自成立以来，培养了一批优秀昆曲人才。

三、典型做法与成效

（一）完善服务载体，助力昆曲传承

以项目品牌化、运作市场化、服务专业化为方向，不断打造文化新业态，构造千灯独特文化肌理，释放文化艺术产业活力。以千灯古镇为核心，累计投入约1 000万元用于翻新提升顾坚纪念馆，新建昆剧古琴研究基地，打造一批昆曲历史传承、昆曲元素展示、昆曲文化普及的阵地载体，融入全域旅游发展规划和精品旅游路线，年服务本地居民及游客2 500万人次。依托古戏台以及千灯、石浦2个影剧院，因地制宜设置江南小剧场，与当代昆剧院等专业剧团合作，每年举办昆曲演出150场次。打造"徐允同工作室"，利用25个村社区活动中心等百姓身边载体，为广大群众、昆曲票友提供互动交流的阵地。

（二）融合先贤文化，丰富曲艺内涵

千灯镇诞生了先贤顾炎武、"昆曲鼻祖"顾坚等对后世影响深远的文化巨擘，为新时代曲艺事业的发展提供了得天独厚的文化优势。依托丰富的先贤文化资源，主要创编了中篇苏州弹词《顾炎武》、短篇苏州弹词《傲骨柔肠》、评弹女生小组唱《贵廉赋》等特色曲艺精品，其中《顾炎武》获第十一届中国曲艺牡丹奖提名奖，《贵廉赋》荣登中纪委视频网站宣传推广。同时，以传统评弹为艺术载体，以江苏省道德模范、"希望老人"周火生为原型，创编评弹情景喜剧《希望老人》，荣获第二届苏州曲艺"光裕"奖、"缤纷长三角·浦东北蔡杯"曲艺邀请赛铜奖，让优秀传统文化焕发新时代风采。

（三）注重人才培育，赓续传承力量

持续擦亮少儿昆曲文化"金名片"，积极探索昆曲传承与发展的长效机制，挂

牌成立秦峰少儿昆剧团，每年投入近200万元，全力支持少昆团运营，统一培养昆曲后备人才，累计培养昆曲学员超600人。秦峰少儿昆剧团积极与上海戏剧学院等专业院校合作。上海戏剧学院组建了12人的教师团队，每周两次来千授课，开设唱腔、声段、武戏、折子戏等课程。学员的专业水平得到有效提升，涌现出昆曲职业演员于星悦、"国戏"昆曲专业昆山第一人杨优等优秀人才。秦峰少儿昆剧团也先后亮相维也纳金色大厅、北京恭王府和鸟巢。

昆曲奶奶现场教学

（四）搭建交流平台，探索传播新路

连续举办七届"秦峰曲会"，每届活动有300多名专家学者现场互动交流，梅葆玖、白先勇、侯北人、田青等业界大咖先后莅临千灯推介昆曲，"秦峰曲会"成为千灯弘扬昆曲文化的重要媒介。依托古镇"千灯·秀"工程项目，通过全息影像技术呈现昆曲元素场景，将昆曲文化融入古镇夜经济。与网易集团联合制作昆曲版《忘川风华录》，利用VR技术，构建昆曲文化的元宇宙体验场景，自平台上线以来，累计阅读量超7.3亿、互动超2 000万人次。

四、经验与启示

千灯镇坚持以文化为乡村振兴铸魂，聚力擦亮昆曲文化"金名片"，努力让文化"软实力"成为推动乡村全面振兴的"硬支撑"。

（一）强化要素保障

镇党委、政府高度重视文化艺术事业发展，先后出台《千灯镇文化体育奖励政策实施意见》《千灯镇文体团队建设奖励机制的实施办法》《关于对重点文艺会员出版、展览、演出进行经费扶助的规定》《千灯镇文化体育及艺术作品奖励实施方案》等扶持政策，实施《千灯镇文化产业发展倍增计划》，安排昆曲发展资金，大力支持昆曲人才挖掘培养、曲艺精品创作和曲艺活动举办。

（二）坚持以文兴产

积极探索文化赋能乡村振兴，充分挖掘昆曲文化价值，以产业化、市场化运营思路，打造千灯特色曲艺品牌。将昆曲有机融入江南油菜花节、长三角曲艺联盟论坛、群众文化艺术节等大型品牌活动，不断推进昆曲演出业态高质量发展，实现戏曲演出与乡村旅游深度融合，推动农文旅融合发展。

（三）筑牢惠民底色

从先贤文化、群众身边的榜样事迹中捕捉创作灵感，形成一批具有乡土气息、群众喜闻乐见的优秀曲艺作品，生动展示乡村形象，向广大群众传播传统文化精髓和时代正能量。通过举办秦峰曲会、长三角曲艺联盟展演等曲艺惠民活动，吸引更多乡村票友参与其中，让广大农民群众在丰富的文化生活中获得精神滋养，为乡村振兴增添精神动力和创造力。

浙江省绍兴市嵊州市

嵊州越剧：
嵊山剡水越有戏　文旅融合乡村兴

一、基本情况

嵊州市地处浙江省东部，四面环山、五江汇聚，其悠远的人文历史可凝练为一句"万年文化小黄山，千年剡溪唐诗路，百年越剧诞生地"。近年来，嵊州市积极贯彻落实习近平总书记指示精神，充分发挥百年越剧诞生地资源优势，持续擦亮越剧文化金名片，塑造嵊州城市品牌形象，以越剧文化先行推动共同富裕建设，不断提升群众文化获得感和幸福感。

二、发展历程

1860年前后，流行于嵊州市剡溪两岸的"田头歌唱"演变成了"沿门唱书"，随后又进入茶馆酒楼变成了"走台书"，越剧史上统称"落地唱书"（越剧的前身）。1906年3月27日，嵊州市甘霖乡东王村的农民将门板铺在稻桶上，搭成简易戏台，说唱艺人登上戏台，精彩地演绎了小戏《十件头》《倪凤煽茶》和大戏《双金花》（后半本）。这一具有开创性的举动，正式标志着越剧的诞生，当时取名为"小歌班"。之后，越剧经历了"的笃班"、绍兴文戏、女子越剧等几个阶段，逐渐从嵊州走向绍兴、宁波、杭州和上海等地，后盛行于全国，于2006年入选第一批国家级非物质文化遗产名录。

三、典型做法与成效

（一）统筹施策稳增长，着力增强内生动力

嵊州市党委、政府先后出台《关于加快文化建设发展的若干政策意见》《关于进一步加强越乡文化名市建设的实施意见》《关于进一步加快越剧事业发展的实施意见》《关于加快嵊州越剧艺术学校建设和发展的意见》《关于强化改革创新推进越剧事业传承发展的意见（暂行）》等一系列扶持政策，积极打造浙江越剧文化圈核心区，走好新时代传承弘扬越剧文化之路。

（二）创新驱动增活力，着力厚植振兴优势

推进传统工艺传承，把传统工艺工作站建设等作为抓手，积极推动项目融合、

110

产业融合、市场融合。举办非遗文创设计大赛，推出联合设计机制，开发越剧系列文创产品，打造"越越""迷迷""剡剡""溪溪"越剧卡通形象代言人，开发微信表情包、美妆等11种系列文创产品；开通"越剧诞生地嵊州更有戏"冠名高铁专列；与"王者荣耀"手游合作上线越剧游戏皮肤。发展越剧演艺产业，全市100多家民营越剧团克服疫情困难，进行演出创收，民营越剧团产业化建设被文化和旅游部和省文旅厅作为典型推广，100多家剧团常年辗转于省内外，年均演出30 000场左右，戏剧服装道具产业形成规模，相关从业近8 000人，成为助力乡村振兴、实现共同富裕的越剧力量。

（三）盘活资源引流量，着力推动文旅融合

嵊州市立足越剧博物馆、袁雪芬故居、傅全香故居等本地资源，推动乡村休闲旅游与农业产业交叉融合、互促互融。携手浙江卫视推出《中国好声音》越剧特别季，让越剧再一次现象级出圈。依托中国越剧戏迷网，在全球建设225个"爱越小站"，不断扩展越剧朋友圈，实现全域化传承的新跨越。高品质打造了集现代农业、休闲旅游、文化创意、生态人居于一体的越剧小镇，配套建设寻根古戏台、风情体验街等文商旅设施，并推出"越韵菊香"抖音大赛、"五一"躺平音乐节、国庆"越传统　越传奇"戏剧节等节日活动，该小镇被评为省示范级文化和旅游IP。

（四）践行宗旨惠民生，着力共享文艺成果

做好越剧"天天演"文章，推动越剧文化进礼堂，进一步加强剧场建设，形成市区核心、小镇重心、乡镇支点的全市越剧演出网络，制定演出计划，有序推进越剧"天天演"活动。积极组织带动群众性越剧活动，举办"相约越乡"全国越剧票友擂台赛、全国越剧戏迷大会、中国民间越剧节等活动，凝聚越剧发展力量。推出"弘扬二十大精神"嵊州市越剧惠民大展演活动，演出共计40场；陆续推出"富乐嵊州·村村有戏""富乐嵊州·天天有戏"百姓大舞台，面向城镇全方位推广越剧，

越唱越有戏文艺活动

为广大越剧爱好者提供演出的舞台，也为市民提供观赏越剧的平台；2023年7月，成功举办《中国好声音》越剧特别季嵊州专区选拔赛暨"富乐嵊州，村村有星"嵊州市首届"村越"好声音活动。据统计，全网总媒体浏览量超过3 900万人次（不含自媒体），浙江卫视还专题播报了"村越"好声音活动，在国内产生了一定影响。

四、经验与启示

（一）加大政府扶持"芯引力"

政府对人文资源保护开发的重视，将助推地方文化品牌的建立和旅游吸引力的提升。嵊州市坚持党委、政府引导作用，从实际出发，成立相关工作领导小组，推动形成共建联动工作格局；设立专项资金，进行统筹规划，保障各项工作顺利推进。

（二）紧抓地方特色"兴产业"

发展特色产业是实现乡村振兴的一条重要途径。一方水土一方俗，文化赋能乡村振兴，更要充分挖掘当地资源，突出地域特色，因地制宜发挥独特优势，立足本地特色做好"土特产"文章。

（三）打通人才培养"新脉络"

人才是第一资源，乡村繁荣，人才必先行。务必要以识才的慧眼、聚才的良策、用才的巧方让更多人才愿意来、留下来、干起来，形成人才繁荣与乡村繁荣之间双向的良性互动关系。

（四）推广越剧之乡"星品牌"

品牌塑造差异化，品牌带来辨识度和关注度，嵊州市积极实施越剧之乡品牌战略，全面推进传承弘扬越剧文化"十个一"工程，增强越剧文化传播力，扩大越剧文化品牌影响力，增强越剧文化产业竞争力，实现产业发展与精神共富双丰收。

《中国好声音》越剧特别季

陶村草昆：
草昆绕梁余音袅袅　文化赋能生活添彩

一、基本情况

陶村昆曲（也称草昆）采用金华官腔加中州韵加宣平语言，表演时口腔节奏快，自然流畅，动作粗犷，音乐气氛浓烈，场面热闹非凡。其吹奏乐和打击乐较多，动作简洁，舞台性强。武义昆班会在演出前进行"祭新台""耍五猖"等仪式，这些仪式在正昆昆班中很少见，它们多和神鬼、祭祀有关，对民间信仰的研究有重要意义。

陶村草昆艺术所在地陶村位于武义县南部，成立的陶村昆剧团目前有40余名团员，这些民间老艺人秉承陶村祖辈对昆曲艺术的坚持和热爱，以传承保护、抢救发展昆曲为己任，不计报酬在农闲时间开展坐唱、学习、排演活动。还有业余老艺人、新秀们苦练昆曲技艺，保留昆剧的古韵古风，不断有作品参加全县乃至省级展演。

二、发展历程

陶村草昆始于清宣统元年的陶村"儒琴堂"昆剧坐唱班，被列入浙江省第二批非物质文化遗产名录。2016年，武义县人民政府与浙江昆剧团合作共建"世界非遗·幽兰芳圃·浙江昆曲武义养育基地"。剧团历年获得过中国戏曲学会汤显祖研究分会、浙江昆剧团举办的"牡丹亭"杯首届昆曲曲友大赛优秀奖；昆曲《争娘》获得第四届浙江省曲艺新作会演铜奖；昆曲《浪街》获武义县百花会金奖、昆曲《光辉历程六十年》获武义县十七届熟水之韵百花会金奖。中央电视台、浙江电视台、香港阳光卫视等单位纷纷到陶村进行采访取景，相关素材被《中国影像方志》《戏曲采风》等栏目采用。目前，昆曲展陈馆已完成建设并对外开放。武义昆曲已形成省、市、县、乡四级联动机制，传习所、戏曲家协会、兰香艺校、陶村昆曲延艺社、小学等多方发力，通过传承、养育、交流、提升等举措推动武义昆曲发展，呈现出多面开花的良好态势。

三、典型做法与成效

（一）助力发展

多年来，武义县文广旅体局、桃溪镇党委、政府、陶村村民委员会十分重视陶

陶村昆曲现场演奏

村草昆的传承与发展工作：出台帮扶政策、设立帮扶资金；提供专业指导培训；在桃溪小学设立昆曲传承基地，培育优秀传承对象；举办昆曲展演、建设昆曲展陈馆扩大昆曲影响力；探索短而精表演形式，扶持对接商演激发剧团造血功能等；设立昆曲抢救专项资金，用于陶村昆曲的保护与发展并推动昆曲延艺社由乡村业余表演队向独立民营剧团转变。

（二）抢救保护

陶村昆剧团老团员自20世纪70年代开始从昆曲老艺人的口唱中记录、整理昆曲唱谱，抢救誊写出《牡丹亭》《琵琶记》《十五贯》《翻天印》《金棋盘》等40余出剧目曲谱。近年来，剧团积极开展各种演出活动，举办了多场昆曲专场汇报演出，开展送戏下乡，参加周边县市交流，参加武义纳凉晚会、温泉节等展演，熏陶培育了一批昆曲戏迷，业内外对昆曲的抢救保护成果认可度不断提升。

（三）艺术传承

与桃溪中心小学合作建立昆曲传承基地，并开展昆剧社团活动。学校聘用了9位专业老师，从每个班级挑选出有一定艺术修养和兴趣爱好的学生，参加二胡、板鼓、扬琴、笛子、昆曲表演等课程学习。每年组织学生们参加镇百花会进行汇报演出，参加交流展演活动，传承效果初显，深受各界好评。

四、经验与启示

（一）强化党委、政府引领力

党委、政府加强对非遗文化的引导、扶持和服务，统筹发展非遗文化，制定政策，保障服务，积极调动社会、市场的主体意识，吸引市场资源向乡村文化、乡村

陶村昆曲在文化艺术村活动上展演

旅游投资，增强非遗文化生命力，促进非遗文化的高效发展。

（二）增强创新核心竞争力

非遗文化的发展需要具备迎合当下社会需求的竞争力，需要具有与时俱进的创新能力，并开展创新实践，让非遗回归大众视野。陶村草昆在每年"壶山之夏"艺术节中安排昆剧专场演出，与浙江各路昆曲交流展演，与各团同台演出以展示武义昆曲的风采，从而让非遗文化焕发出更加夺目的光彩和更为强大的生命力。

（三）加强非遗文化推广力

为充分迎合当下文化消费市场"小而精"的消费习惯和需求，陶村昆剧团通过改编昆剧表现形式，创作出10～30分钟的精品短剧，精简表演队伍，探索餐厅特色驻演、昆曲展陈馆、小剧场等体验式表演模式，打造"昆曲消费升级版"引导群众积极参与非遗表演活动，开发出更多文化价值和实用价值相统一的创意产品，吸引更多市场主体参与，大力推动非遗文化走进生活、走进大众，以此传承和推广非遗文化。

陶村草昆起源于农村，后流传进城里。其在城里的表演吸引了游客来到农村，以此推动农文旅的三者融合，赋予了陶村草昆生生不息的生命力，促进其更好地发展。

安徽省黄山市黄山区

轩辕车会：
乡村振兴传文脉　轩辕车会展新颜

一、基本情况

黄山区仙源镇的轩辕车会是祭祀轩辕黄帝的大型民俗活动，入选了安徽省非物质文化遗产名录，是黄山黄帝文化根植于民间的基石，是丰富黄山太平湖旅游的不可或缺的文化内涵，更是撬动以文促旅、以旅富民的支点。

二、发展历程

老仙源南门外原有一座忠烈祠，俗称车公庙，庙中供奉唐代名将张巡、许远、南霁云和雷万春四人神位，人们称之为车公菩萨。那么为什么会与车子联系在一起呢？

传说一：轩辕黄帝在黄汉流域的一次大战中用名为火轮车的武器战胜了蚩尤，为纪念其战功，称此车为轩辕车。

传说二：唐肃宗年间，淮阳守将张巡等在与安禄山叛军的战斗中被困，想到黄帝用过火轮车，于是造此车用来击败叛军。举办轩辕车会便是为了纪念他们。

传说三：某年仙源城区发生瘟疫，南门外却平安无事。某天深夜有人听见两个瘟神对话，得知是车公菩萨显灵拦住瘟神去路，才护得南边平安，于是人们便滚动火轮车驱鬼以平定疫情。此后大家每年开展车会，以保平安。这种滚车习俗，全国各地唯仙源独有，已被列入国家级非物质文化遗产名录。

三、典型做法与成效

（一）典型做法

政府引领促发展。 黄山区政府成立"轩辕车会"保护开发领导小组，研定保护措施，每年投入资金约8万元。成立"黄山黄帝文化研究会"，举办学术研讨，聘请专家和老艺人对"轩辕车会"的保护和传承工作进行指导，制定科学的技术手册和保护规程。建立传承人评审机构，有序推进传承队伍建设。制定"社会合作保护"指导方针，规范保护措施。引进中国文物保护基金会参与"古城仙源"文物保护修缮，合作建设"传统民居研学基地"，促进文物活化利用。

基地建设促提升。 2014年政府投资200万元建成滚车传习基地——车公殿并投入使用。对标《安徽省非物质文化遗产传承基地认定与管理办法》等要求，利用现有阵地开展非物质文化遗产保护传承活动，积极对上申报，2015年创建两个省级非物质文化遗产传习基地——仙源镇综合文化站、仙源中心学校。整合当地特色文化资源，建成越山村史馆、水东村史馆及王子洲支教事迹展览馆。在弘扬历史文化遗产保护的基础上，打造轩辕文化品牌，开展多元化品牌推广活动，彰显车公文化魅力。自各场馆建成以来，开展民俗文化培训100余次，培养学生数达1 000余人。

　　文旅融合促推广。依托仙源镇深厚的文化底蕴和丰富的自然资源，坚持"文旅结合"，邀请网红拍摄轩辕滚车展演，通过短视频增加曝光率，让轩辕车会重焕生机。开通仙源镇抖音号，将滚车艺术与仙源的自然风光相结合，形成人文游与生态游相结合的旅游路线，让更多的人来此旅游了解仙源镇和滚车技艺。

（二）工作成效

　　民间文化传承渐佳。轩辕车会原拥有表演服装2套，辅助设备10余个，发展至今拥有火轮车8个，表演服装4套，旗幡和打击乐等辅助设备20余个；项目所属的龙山村也成立了农民表演队伍，滚车队伍由22人增长至稳定的30人，包括16位滚车手，4位鼓手，10位预备人员。通过开设培训班等方式新增了学生滚车队和社区滚车队，学生参加人数达1 000余人次。车会队伍不断壮大，民俗活力不断增强，文化传承初具成效。

　　民俗文化传播更广。轩辕车会民俗特征明显，集观赏性、趣味性、参与性于一体，兼具体育、庙会、娱乐功能，于2006年被列入安徽省非物质文化遗产代表作名录。仙源镇于2021年入选了安徽省文化和旅游厅公示的2021—2023年度"安徽省民间文化艺术之乡"名单。近年来，轩辕车会先后参加了"宣传十九大·喜迎中国年""传承徽州文化　建设美丽乡村""民俗闹新春"、第四届中国非物质文化遗产传统技艺大展、"非遗过大年　文化进万家"、澳门"中国春节习俗展"等活动。2021年10月，轩

2018年轩辕车会参加"传承徽州文化　建设美丽乡村"庆祝改革开放四十周年文艺展演

2019年轩辕车会参加第十六届中国黄山国际旅游节暨文化节

辕滚车参演录制了CCTV-4《欢乐城市派》节目，引起各地群众关注，逐步成为主客共享的文化产品，促使区域内其他民俗文化的重视度得到提升，全区目前已创建16支徽州民间文艺展演队伍。

群众文化获得感更强。轩辕车会的展示让群众深入了解了本地的历史文化，使群众由服务受众变为参与者，实现"送文化"向"种文化"的转变。近几年轩辕车会开展文艺汇演超20余次，线上线下受益群众达数万人。当地还开办技法培训班，激发青少年学习兴趣，培养主动学习、续力传承的文化接班人。

四、经验与启示

仙源镇党委、政府通过五大措施狠抓轩辕车会。**一是**筹措资金恢复古建筑车公殿，建立轩辕黄帝文化展示馆及滚车表演场所；**二是**将轩辕车会大型民俗活动编创成文艺节目并搬上舞台；**三是**挖掘轩辕车会的体育竞技内涵，制作小滚车，利用学校体育课普及推广；**四是**轩辕车会进景区，以特色民俗文化丰富旅游内涵，给黄山、太平湖增添活态传统文化；**五是**借助轩辕车会的影响力，申请注册了商标，设计了仙源古城的主题图标。投资600万元建设2 000米²的轩辕文化广场，目前已经完成车公殿主殿建设，两侧副殿主体已竣工，并修缮了忠烈祠、文庙等古建筑；编制黄山轩辕黄帝文化项目，吸引有识之士加盟，共同推动轩辕车会。

仙源镇党委、政府高度重视民间文化艺术传承，制定文化强镇发展战略，保障文化专项资金，以文化引领旅游发展，以旅游发展拉动经济增长，持续巩固脱贫攻坚成果，大力实施乡村振兴战略。

安徽省六安市金寨县

大湾"村晚"：
奏响乡村振兴"幸福曲"

一、基本情况

花石乡大湾村位于天马国家级自然保护区脚下，总面积25.6千米^2，辖18个居民组，1 022户3 665人，曾是金寨县71个重点贫困村之一。2016年4月24日，习近平总书记深入大湾村视察，强调"全面建成小康社会，一个不能少，特别是不能忘了老区"。2018年大湾村顺利实现"村出列"，2021年大湾村荣获"全国脱贫攻坚楷模"荣誉称号，2022年获评省级"乡村振兴示范村"。2023年，大湾村被确定为全省首批创建和美乡村精品示范村。

为推进乡村文化振兴，打造宜居宜业和美乡村，大湾村将"村晚"活动与乡村文化振兴有机结合，围绕乡村文化振兴这个主题，牢牢把握"红色、乡土、文明、自主"四个关键词，从民俗传说、人文积淀、资源禀赋、村史传承等方面综合考虑，把节日文化作为一台大村晚来规划，致力于满足群众精神文化需求，创新乡村精神文明建设平台载体，不断提高人民群众获得感、幸福感。

二、发展历程

2018年，大湾村打赢脱贫攻坚战，顺利实现"村出列"。为欢庆这一历史性时刻，2019年2月1日，在县文广新局的指导下，大湾村村民自发组织了主题为"点赞新时代，追梦新征程"的全县首届村晚演出。首届村晚共演出15个节目，共有90余人参演。

自2019年以来，截至目前大湾村已连续举办6届"村晚"，共计自主创作、演出文化节目70余个，吸引现场观众2 000余人次。其中，2023年大湾"村晚"入选市、县"十佳村晚"，2024年入选国家及省级"村晚"示范展示点，移动客户端在线直播观看均达到20万人次。

三、典型做法与成效

（一）坚持"红"字优先，传承红色基因

大湾村有着深厚的红色文化底蕴，革命战争年代有60余名革命烈士壮烈牺牲。

位于大湾村的汪家祖宅，曾是六安六区十四乡苏维埃政府所在地。1930年，六安六区十四乡苏维埃政府在大湾成立，这座300多年的老宅见证了中国共产党革命历史的那段峥嵘岁月。大湾村深入挖掘红色资源及内涵，对旧址进行修缮和红色布展，整治提升周边环境，并依托旧址搭建村晚舞台，建设追梦路上的大湾村展馆、习近平总书记座谈会会址等红色教育场所，打造红色文化传承基地。同时，组织"乡村名嘴"、红色文艺轻骑兵带领群众开展红歌传唱、红色经典诵读，组织群众自编自演红色戏剧小品、地方戏曲，先后编排舞蹈《红星歌》、花棍舞《八月桂花遍地开》、歌曲《将军吟》等红色文艺节目登上村晚舞台，营造新时代讲好红色故事的浓厚氛围。

（二）坚持"土"字当头，留住乡愁乡音

2019年以来大湾村坚持在每年春节前夕举办村晚，已形成具有地方特色的乡村文化活动品牌，深受当地村民和外地游客喜爱。大湾村牢牢把握"土"字，从节目内容、演员、道具等各方面都尽量做到"土"气，接近群众生活，将"土"字与年味相结合，与村晚的戏里戏外相结合，与大湾村的文化传统相结合。如围绕农村生产生活、乡村振兴以及文明乡风等主题先后创作并演出了《农耕秀》《乡村振兴谱新篇》等一批具有乡村气息的文艺节目。其中，《农耕秀》节目以新潮的走秀形式，将传统的农业生产用具以戏剧化的方式展现给观众，在现代与传统的交融中突出了大湾村群众勤劳致富、矢志奋斗的精神面貌。该节目分别在2021年中国安徽农产品交易会和2022年中国农民丰收节安徽主场活动中展演，受到各界一致好评。

（三）坚持"美"字映照，引领文明风尚

村晚是乡村美的闪光点，大湾村倾心打造"美"系列节目，通过"标准比对、村民打分、村委点评"相结合的方式评选出一批有代表性的"最美典型"。2019年以来，共开展"红黑榜"评比近50次，评选出红榜近2 000人，黑榜近50人。评选文明家庭30余户、文明村庄（自然村庄）8个，开展好媳妇、好儿女、好公婆等评选表彰20余次，累计近百人。大湾村以先进典型为基础，将改编创作的《追梦路上的大湾村》节目搬上村晚舞台，使之成为广大村民可信可学的榜样，进一步发挥"最美典型"的示范带动作用。结合学习贯彻党的二十大精神、乡风文明建设、非遗民俗传承、政策法规宣传、道德模范表彰等主题内容，传播了新时代乡村农民美德，呈现了农民的美好生活，彰显了村晚的最美标签。

（四）坚持"乐"字贯穿，干群共同参与

在组织村晚编排过程中，注重"乐"字元素，把"好看、好听、好玩"的村民愿望贯穿于各类节目中，鼓励和引导群众自主组织、自主编排、自主参与。6年来，先后紧扣"牢记嘱托 感恩奋进""启航新征程 幸福中国年"等主题组织村晚，参与演职人员达500余人，参演节目有《舞龙舞狮》《旱船》等。村晚由部分村民客串到以本村村民为主，从主持人全部外请到由村干部群众担任，从依靠县文化馆全程

指导到本土文化特派员独立编排演出。在村晚示范带动下，大湾村组建了文艺演出队，成立了文化艺术演出协会，现有文化管理员1名，文化特派员1名，文化志愿者25人，共开展大小演出30余场。举办了"情牵大湾村、梦回马鬃岭"人文风光摄影大赛、"来皖知好味、桃醉花石乡"桃园采摘节暨民俗风味美食大赛等文旅活动，打造了"一堂红色党课，一台乡村振兴戏，一首大湾村歌，一次红色体验"文化旅游项目。村晚品牌效应持续彰显，村委带着村民"玩"，演员演给家人看，大家为自己的幸福生活来点赞。2020年大湾村入选中国美丽休闲乡村、全国乡村旅游重点村，2021年获批国家AAA级旅游景区，2023年接待游客50余万人次，实现旅游经济收入超7000万元。

四、经验与启示

（一）引导群众参与"热情高"

大湾村村民连续6年自导自演组织"村晚"演出，现已形成具有地方特色、深受当地村民和外地游客喜爱的乡村文化品牌活动。以2024年大湾春季"村晚"为例，参演群众达到60余人，涵盖了从5岁到70岁各年龄阶段。其中，村民刘适秀一家祖孙三代同台演出成为佳话。40岁以下的青年参演占比超过60%，节目主持人连续两年由大湾村在读青年大学生和村党总支第一书记共同担任，展现了"村晚"对青年群体逐步增强的吸引力，助推了本地青年的返乡创业和留乡就业。

2024年大湾"村晚"，当地村民表演自创的节目《农耕秀》

（二）坚持文艺节目"原创性"

2024年"村晚"共包含11个原创艺术表演节目，既有表现大湾村群众如今幸福生活的集体舞《幸福大湾村》，也有展现大湾群众良好精神风貌的原创歌曲《情怀大湾》，还有真实再现基层乡村干部工作场景的小品《开会》、黄梅戏经典片段，以及由大湾村的孩子们表演的儿童舞蹈《灯笼红红闹新春》等节目。对于部分不具备表演天赋、文艺基础薄弱又渴望登上舞台的群众，则是对其加以引导，邀请县文化馆精心指导，结合村民实际量身打造原创节目，如陈泽申参演的《农耕秀》，通过节目，一方面展现了大别山区农耕文化，另一方面表现出村民丰收的喜悦。演出围绕"大地欢歌迎新春 五谷丰登庆丰年"这一主题，以歌曲、舞蹈、小品、戏曲以及快板等为主要表演形式，展现了大湾村百姓安居乐业、幸福安康、产业兴旺的乡村振兴新图景。

2024年大湾"村晚"，大湾村的村干部和村民联合表演小品《开会》

（三）紧密依托文化"特派员"

以举办大湾"村晚"为抓手，充分发挥花石乡现有2名乡村文化特派员作用，大力加强乡村文化人才队伍建设，由文化特派员指导组织村文化骨干开展节目创作、组织人员排练等，提升文化队伍的综合素质和整体能力。近年来，大湾村在各级各部门的大力支持下，在资金投入、文化辅导、集中培训、文体器材配送等方面得到有效保障，依托文化"特派员"制度和"村晚"平台，深入挖掘农村文化能人，培养社会文体骨干。

2024年大湾"村晚"，孩子们表演儿童舞蹈《灯笼红红闹新春》

（四）突出示范引领"树典型"

大湾"村晚"在活动中增设"出彩大湾人"采访互动以及乡风文明先进人物表彰等环节。在"出彩大湾人"环节，主持人通过现场互动和视频互动的方式，对大湾村优秀青年学子代表、优秀现役军人代表、优秀慈善企业家代表以及"大湾好人"代表进行了采访交流，并通过他们的讲述展现了大湾村近年来在产业、人才等各方面的成果。此外，每年"村晚"还对美丽庭院、好媳妇、好婆婆、好邻居等乡风文明先进人物进行表彰，积极引导群众遵良俗、去低俗、除恶俗。

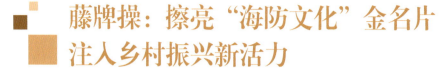

福建省平潭综合实验区

藤牌操：擦亮"海防文化"金名片
注入乡村振兴新活力

一、基本情况

藤牌操源于戚继光抗倭战术"鸳鸯阵"，与海防历史息息相关。明代抗倭名将戚继光曾以藤牌操训练士兵，后衍变为舞，在民间广为流传。藤牌操也称"藤牌舞"，于459年传入平潭，表演形式为两军对垒，一方左手持藤制盾牌，右手执短刀，与执兵器另一方对战，在民乐伴奏下，攻防节奏严谨，气势威武雄壮。藤牌操见证了抗倭历史，承载着海坛儿女"不畏强暴、英勇抗倭、保家卫国、奋发有为"的民族爱国精神，是珍贵的文化遗产。

二、发展历程

据《平潭县体育志》载，藤牌操源于阵前战术。明嘉靖年间，明代名将戚继光受命来到平潭，为剿逐倭寇向乡勇传授"鸳鸯阵"，自此藤牌操传入平潭。明末，郑成功及其部属藤牌兵入驻平潭，推动了藤牌操的普及与发展。乾隆年间，温州总兵、平潭人詹殿擢继承并创新了藤牌操阵法，使其更具实战性和观赏性。武略骑尉、水师教习陈锦和，字大锦，与平潭名士蒋远松在侯俊均区南炮台、福兴寺天后宫前厅等处设馆收徒，促进了藤牌操在霞浦县大路顶村、中楼乡中广村、流水镇山门前村等地的传承。

新中国成立以来，平潭藤牌操数十次参加国家、省、市、县的各类演出，还曾接受中央电视台、福建电视台等媒体的多次采访。改革开放后，藤牌操重新焕发生机，已拥有传承人员80余人。

三、典型做法与成效

（一）注重传承支撑

当地党工委和管委会高度重视藤牌操的保护与传承，积极推动民间组织建设并强化活动场所设施保障。在当地党工委和管委会的支持下，2012年12月，平潭藤牌操协会成立；2018年7月，集训练、培训、表演、展览功能于一体的平潭藤牌操传承基地建成，从此，藤牌操的传承与发展进入新阶段。

（二）创新传承形式

在历届传承领头人的带领下，藤牌操协会积极推动藤牌操的传承改革，一方面积极改良服装道具、表演内容、伴奏等表演元素，提升表演力；另一方面大胆破除"传男不传女、传内不传外"旧门规，招收28名男学员将其培训成为第五代传人，又招收15名男学员和46名女学员将其培训为第六代传人，同时，先后为平潭陆军、海军、武警、消防、民警和社会青年等数百名学员培训藤牌操。

（三）注入传承生命力

当地教育部门积极推行藤牌操走进校园，多年来为当地中小学数千名师生开展传承培训，宣传藤牌操历史文化，传授藤牌操技艺，积极扩大藤牌操的本土基础，在为藤牌操的传承注入新生活力的同时，也推动了本土优秀传统文化创新性发展。在大力发展文旅经济的背景下，当地文旅部门积极组织表演队伍参加各类公益演出和商业演出，如政府庆典、社区民俗节庆、节庆展演、体育赛事表演、剧场商演等，为藤牌操的传承注入新动力，不断赋予其新的时代内涵，释放乡村文化内在魅力，丰富农民精神文化生活，引领爱国情怀的乡村风尚，使乡村振兴内生动力更加强劲。

四、经验与启示

（一）保障是基础

优秀传统乡土文化保护传承和创新发展依赖于一定的组织基础和物质基础。党委、政府立足引导、扶持和服务职能，强化必要的组织保障和物质保障，增强非遗文化发展活力的基础。

平潭县藤牌操表演

（二）人才是关键

优秀传统乡土文化的保护传承和创新发展，人才是关键。充分发挥能人的示范带动作用，加强对乡村本土文化人才的培育。

（三）创新是重点

创新是文化传承发展的内生动力核心。围绕如何增强优秀传统乡土文化感染力，不断创新实践，让传统乡土文化融入大众生活，重焕生命力。

（四）市场是动力

消费是最好的保护，使用是最好的传承。通过策划引导群众积极参与的优秀传统乡土文化传承发展活动、开发出更多文化价值和实用价值相统一的创意产品，吸引更多市场主体参与，是对优秀传统乡土文化最好的传承和推广。

庐山西河戏：
传承戏韵　共谱盛华章

一、基本情况

西河戏是江西省庐山市的传统戏曲剧种，形成于清咸丰年间，流行于江西北部。因有西河水流经庐山市，1982年被定名为"西河戏"。西河戏在当地有着广泛的群众基础，逢年过节，"村村搭台，人人唱戏"已成为约定俗成的传统，是当地人民宝贵的文化创造和精神财富。庐山市现有西河戏表演团体20余支，西河戏国家级代表性传承人1人、省级2人、市级41人、县级7人。

二、发展历程

庐山市西河戏兴起于清乾隆中晚年至光绪中期。经过几百年的锤炼，其内容和形态日臻完善。清道光年间，汤大乐与其兄汤大荣一道组建汤家戏班，排演弹腔戏。清道光咸丰年间，汤大乐到庐山汤姓村庄教戏，并成立了星子第一个弹腔戏班。庐山市西河戏是江西唯一的只唱皮黄的弹腔，为研究江西乃至中国的戏曲形态与演变提供了鲜活的史料。2011年5月23日，西河戏被列入第三批国家级非物质文化遗产名录。2018—2020年、2021—2023年，庐山市蛟塘镇蝉联"中国民间文化艺术之乡"称号。

三、典型做法与成效

近年来，庐山市依托本土戏曲文化优势，紧扣地区群众精神文化需要，将西河戏的传承、拓展和融合发展作为推动乡村振兴的重要抓手，推动西河戏融入美丽乡村建设，赋能乡村治理，探索走出了一条以"西河戏"为媒介，以"人才"为核心，以"创新"为支撑，促进乡村振兴、涵养文明乡风、带动文旅融合、丰富公共文化服务内涵的发展路。

（一）以需求融合为基，"精细化"定制演出内容，唱响时代主旋律

庐山市不断创新西河戏的演出内容将党的创新理论、文明乡风建设等内容与老百姓喜闻乐见的表现形式"连通"起来，变"单调枯燥"为"有滋有味"，让群众坐得住、听得懂、用得上。一是融理论宣政策。为抗疫新编《众志成城抗病毒》

等；为宣传政策新编《古曲唱新词，讴歌新时代》等；二是推移风促振兴。为推进移风易俗新编《移风易俗谱新篇》，为促进乡村振兴新编《生旦净末丑 振兴新乡村》等；三是普知识倡新风。为普法反诈新编《家庭普法小分队》等，为弘扬优良作风新编《清风古韵》等。

西河戏表演

（二）以宣传推广为要，"多元化"开展戏曲演出，多点开花拓渠道

为扩大西河戏影响力，满足群众对文化生活的高质量需求，确保"精准供给"，庐山市大力实施与西河戏相关的"文化进万家"活动，不断提升供给能力，多点开花拓展戏曲宣传渠道，让文化发展成果最大程度惠及人民群众。一是西河戏进乡村，文艺助力乡村振兴。从2010年开始，每年开展100余场送戏下乡活动，盘活了一批村里的老戏台，让村民在家门口就能过足"戏瘾"，共惠及20万人次。二是西河戏进社区，提升居民幸福指数。在社区积极开展西河戏演出活动，增强文化自信，引导大众共同关注本地非遗，共享保护成果，将文化惠民落到实处。三是西河戏进景区，文旅融合助推发展。常态化组织传承人进景区表演非遗西河戏，积极在"村晚"等活动亮相，让游客"赏美景、品非遗、看大戏"，推进文旅深度融合发展，形成景区旅游新亮点，为文化建设和旅游发展提供新引擎、新动力。四是西河戏进校园，种文化之种融美育发展。近年来，已开展进校园活动200余场次，让1.1万人次师生领略非遗魅力。在市文化馆设立非遗展厅，西河戏传承人现场授课，让

同学们现场体验表演课程，感受传统文化的温度与深度。

西河戏传承人教学

（三）以活态传承为本，"全面化"培育戏曲人才，筑牢筑稳人才链

西河戏的发展关键在人。庐山市通过发掘、培育、扶持等有力措施，壮大西河戏文化传承队伍，给予必要的政策扶持，为传承活动创造良好的社会环境。一是延伸人才链，扩大人才队伍建设。一方面挖掘新生代人才，通过开展西河戏进校园、小小传承人等活动，为西河戏长足发展储备后继力量；另一方面培育青壮年人才，鼓励支持各村成立西河戏团队，邀请知名戏曲演员指导授课，帮助当地演员提高表演水平，每年传教西河戏一百多场，教授学员近万人。二是做强人才链，以赛促演造"金字招牌"。对外积极参加比赛活动，取得丰硕成果。近年来，西河戏相关节目多次获得市级、省级、国家级奖项，打造了西河戏的"金字招牌"。对内积极举办西河戏大赛，给本地爱好者提供展示平台，造就了一批本地西河戏"明星"。三是稳固人才链，政府扶持保稳固。资金扶持一批，市财政按照每年濒危剧种50万元，送戏下乡16万～27万元的标准予以扶持，政府"输血"保障传承人生存土壤；申报稳固一批，帮助符合条件的西河戏演员们申报市级、省级、国家级非遗传承人，让他们积极发挥"传、帮、带"作用；培训加强一批，与九江学院联合开设"中国非物质文化遗产（西河戏）传承人研修班"，提升传承人戏曲知识水平。

四、经验与启示

庐山市以"西河戏"为媒介，以"人才"为核心，以"创新"为支撑，运用优秀传统文化实现了赋能乡村文化振兴。

（一）坚持树立非遗品牌，促进文旅融合

庐山市常态化开展西河戏进景区活动。全市各景区遍布传承人的足迹，协助蛟塘镇成功申报2届"中国民间文化艺术之乡"。在庐山市"村晚""冰雪嘉年华"等大型活动上积极亮相，打响西河戏品牌，扩大影响力。以美丽乡村建设为契机，打造戏曲艺术文化小镇，催生服务于西河戏的特色文化产业，形成产业发展链。

（二）坚持剧本守正创新，焕发新生命力

重视西河戏编排工作，在保留西河戏传统文化韵味的基础上，创新剧本内容，融入现代民生元素。近年来，创排了一系列西河戏新作，全面覆盖了包括红色、廉政、扫黑除恶、普法、抗疫、反诈等领域，建立西河戏剧目资源池，丰富内容库存，让传统艺术在现代社会中焕发出新的生命力。

（三）坚持人才队伍建设，推动可持续传承

积极鼓励和支持西河戏传承人带徒授艺、口传心授，确保人才的代际衔接和技术衔接。编写"西河戏志"及民间艺术乡土教材、开设民间艺术课程等形式，推动人才传承逐步走向系统化、规范化。坚持优化软硬发展环境，打造集聚西河戏人才的庐山乐土。

江西省抚州市南丰县

南丰傩舞：
中国古代民间舞蹈活化石

一、基本情况

南丰县位于江西省东南部，赣闽两省交界处，低山丘陵地区，西境军峰山是赣东最高峰，海拔1 761米。南丰古属扬州，春秋战国时，先后为吴、越、楚之属地，兼受吴越文化和楚文化影响，厚重的历史与文化造就了南丰傩舞良好的生长土壤，历经2 000余年久盛不衰。近年来，南丰坚持创造性转化、创新性发展，深挖南丰傩舞价值，找到传统文化和现代生活的连接点，促进乡村产业振兴。2015年，南丰傩舞获得第十二届中国民间文艺山花奖。2016年，由南丰县石邮村傩班、北京舞蹈学院青年舞团联合主演的非物质文化遗产研创作品《傩·情》登上中国最高艺术殿堂——国家大剧院，并赴"一带一路"国家演出，反响热烈。

二、发展历程

傩舞是多元民俗文化和艺术文化的融合体，它的起源与先民的自然崇拜、图腾崇拜有关。南丰"跳傩"有两千多年历史。汉唐是南丰傩舞的传播期，南丰县紫霄镇黄砂村《金砂余氏重修族谱》中记载："辉尝考宋时邑志旧本载：汉代吴芮将军封军山王者……驻扎军山，对丰人语曰：'此地不数十年，必有刀兵……必须祖周公之制，传傩以靖妖氛。'"吴芮是越人领袖，曾率百越部族反秦。南丰为越人居住区，所传之傩受到乡民的重视，并对后来南丰民间乡傩的发展产生重要影响。唐承汉制，傩礼盛行，对南丰乡傩的传播起了促进作用。

两宋是南丰傩舞的发展期。南丰曾肇《军山庙碑》曰："自唐末丧乱，中原五易其姓，而此邦恬然，兵火莫及。"为避战乱，许多外地人口迁入南丰，同时将京都的歌舞、说唱、杂剧艺术融入南丰傩舞，促进了南丰傩戏的诞生和戏曲的传播。明清是南丰傩舞的繁荣期。明初南丰"跳傩"兴盛，"跳八仙"在石浒、中和一带传播，南堡、罗家堡等一些村庄也相继组建有特色的傩舞班。清末民初，各地戏曲演出非常活跃，受其影响，南丰"跳傩"进一步娱乐化。

新中国是南丰傩舞的鼎盛期。新中国成立后，南丰"跳傩"得到政府的支持。20世纪50年代，《文王访贤》《和合》《钟馗醉酒》等节目先后参加江西省、中南区和全国民间音乐舞蹈会演，2006年南丰傩舞被列入首批国家级非物质文化遗产名录。

三、典型做法与成效

一是在政策上支持。按照《江西省非物质文化遗产条例》要求，加大对南丰傩舞的保护和发掘力度。制定保护规划，将非物质文化遗产保护、保存工作纳入了国民经济和社会发展规划。组织对南丰傩舞的普查，撰写普查资料20余万字，收集相关图片2000余幅，保存录音、录像资料0.5T，建立了档案和数据库。积极开展南丰傩舞活动，让南丰傩舞在活动中传承和保护，每年组织傩班参加国内外民间艺术交流活动达20余次。研究、印发《南丰县县级非物质文化遗产项目代表性传承人认定与管理暂行办法》等一系列政策性文件，依法认定南丰傩舞非遗传承人，支持开展传承、传播活动，有序推动了南丰傩舞传承保护工作的开展。

二是在保护中发展。强化南丰傩舞文旅产业融合，鼓励采取与经贸、旅游相结合等方式，对南丰傩舞进行合理开发利用，推动南丰傩舞融入当代社会、融入民众、融入生活。南丰傩舞现有116个傩班、120多种不同类型傩面具、2000多名傩舞艺人，针对从业人员多等特点，南丰县积极做好傩文化振兴文章，南丰年均开展傩舞进社区、进景区、对外展演、民俗演出3000余场，通过举办演出和展览、开发非遗文创产品等方式，带动传承人、相关脱贫人口增收。

三是在宣传上发力。为弘扬优秀传统文化，引领社会风尚、凝聚社会共识，南丰县积极推进南丰傩舞进校园、进课堂、进教材活动，使南丰傩舞成为对青少年进行传统文化教育和爱国主义教育的重要载体。如在南丰县桔都小学设立少年傩舞培训基地，让南丰傩舞进入中小学校体育课堂，定期邀请张宜祥等傩面具雕刻艺人到县职业技术学校开展雕刻知识讲座等。

蜜橘节傩舞采街

南丰傩舞参加江西省传统表演活动

四是在合作中传承。近年来，南丰县深入挖掘地区历史文化内涵，积极推进非遗文化的保护、传承与发展，让其更好地融入现代生活，与北京舞蹈学院、中国传媒大学、上海戏剧学院、南昌师范学院等多所高等院校建立"校地共建"合作机制，成立南昌师范学院的傩文化研究基地、北京舞蹈学院的研学基地等。

四、经验与启示

（一）政策上要大力支持

完善南丰傩舞保护规划，将南丰傩舞保护经费列入政府财政预算。完善非遗保护工作部门间协调合作机制，加强对南丰傩舞保护工作的保障力度。

（二）传承上要主动作为

通过为传承人提供必要的传承场所，资助其开展授徒、传艺、交流和传统节庆表演等活动，帮助其做好传承与传播工作。同时将具有本地特色的非遗知识编入地方教材，对符合科研课题立项的项目予以支持。文化、卫生主管部门为代表性传承人建立健康档案。

（三）传播上要不断发力

在职业学校建立非遗教学、研究基地，设置相关专业和课程，培养非遗保护、传承等专业人才，特别是青年人才。把一些特色文化资源与新媒体结合，使之成为传播文化的载体。

（四）融合上要不断深入

结合乡村振兴战略，推进地方特色文化进村入户，将"文旅""农旅"有机融合，因地制宜发展出一批农业休闲和乡村旅游产业，打造出一批与旅游相结合的体验观光园，进而推动旅游、文化、服务等产业不断发展壮大，带动更多的村民共同增收致富，助力乡村全面振兴。

山东省济南市章丘区

青野五音戏：
古道明珠　璀璨青野

一、基本情况

山东省济南市章丘区青野村位于文祖街道南部山区，历史文化厚重，是国家级非物质文化遗产之一的五音戏的发祥地。青野村发挥中国五音戏之乡优势，借势美丽乡村建设，打造五音戏文化一条街，建设五音戏古戏台和五音戏博物馆，打响了五音戏文化品牌。游客来青野看戏、到博物馆观看展览、到田间参加农事体验、到五音食府就餐住宿的一条龙服务配套完善，游人络绎不绝，有效促进了乡村旅游的发展。

二、发展历程

青野五音戏兴起于清道光、咸丰年间。经过几百年的锤炼，艺人的演技日臻完善。1935年，青野村周姑子戏科班第五代传人靳成章的徒弟邓洪山（鲜樱桃）等人，去上海灌制唱片，被百代公司赠送"五音泰斗"锦旗，一时名震四方。20世纪80年代以来，青野村为传承五音戏，两度立科班，培养学员达60人之多，聘请杨书云、鲜樱桃等著名艺术家前来执教，成立青野五音剧团，该剧团走遍了全市城镇、乡村，辐射邻近的淄博、邹平等地，成为章丘十大庄户剧团之一。2008年，青野五音戏被列入山东省非物质文化遗产名录。

三、典型做法与成效

（一）依托非遗建设文旅设施

青野村为打响中国五音戏之乡特色名号，建设了五音戏古戏台和五音戏博物馆，优化提升五音戏传习所，打造五音戏文化长廊一条街，展示五音戏发展历程，从而宣传推广五音戏。

（二）传统艺术传承与创新并行

五音戏剧团利用农闲季节，对演员进行培训，参加每年春节、元宵节期间的演出和下乡巡回演出活动，覆盖全区城镇、乡村，辐射淄博、邹平、济南等地，直接受益群众达50万人以上。五音戏剧团创新剧目，将党的二十大精神、移风易俗、抗击疫情等内容融入其中，使剧目更加贴近生活、贴近现实、接地气且充满正能量，深受广大群众欢迎。青野五音戏剧团在大寨小学、章丘实验中学等学校开展五音戏教学工作，推动五音戏传统文化进校园，培养传承人80余人。

（三）拓展文化推广新路径

青野村注重发挥非遗作用，积极参与文化旅游活动。青野五音戏剧团积极配合锦屏山首届"力与美"争霸赛文旅活动，展演《王小赶脚》剧目段落，赢得了来自济南和外县区广大游客的阵阵喝彩，提高了五音戏在文化旅游中的知名度，展示出中国五音戏之乡的风采。

四、经验与启示

（一）坚持将组织领导贯穿始终

文祖街道高度重视非遗项目保护传承工作，将青野村五音戏传承作为工作重中之重，建立健全非遗保护工作领导小组，由领导干部亲自部署，联合旅游办、文化站等部门制定非遗保护传承创新发展的具体规划，落实具体措施，形成凝聚共建共创的强大合力。

（二）坚持将品牌建设贯穿始终

注重将非遗传承同乡村振兴结合，非遗资源与旅游业态相结合，打造"诗画文祖""青野五音戏"文旅品牌，助推乡村振兴。以美丽乡村建设为契机，打造五音戏文化一条街，建设五音戏古戏台、五音戏博物馆和五音食府，打响五音戏非遗文化知名度；以乡村旅游活动为依托，组织青野五音戏剧团参与锦屏山首届"力与美"争霸赛，在历届齐长城文化艺术节、农民丰收节、书画展、流苏节等活动中参

青野村五音戏大舞台上演传统剧目《彩楼记》

青野村五音戏大舞台上演传统剧目《双凤诰》

与展览，扩大五音戏影响力；以传承人队伍建设为重点，开展五音戏传统文化进校园活动，让五音戏在传承的基础上，不断创新发展，打响五音戏品牌。

（三）坚持将培育文化生态贯穿始终

突出文化生态培育，立足资源禀赋，健全完善文保工作制度，明确文化生态保护工作制度、办法和规划，确保文化生态保护工作有序进行。同时，注重挖掘整理民间传统文化，相继出版了《三德范庄志》《大寨村志》《分水岭村志》《守望文祖》《中国五音戏》《文祖史话》等较为系统的文史资料，保护弘扬了非遗文化，为新时代乡村振兴注入源源不断的文化动力。

山东省淄博市临淄区

齐都流星铁花：
延续最美"繁花"

一、基本情况

"流星铁花"又名抢花，是临淄区齐都镇大夫观村独有的民间技艺，距今已有百年历史，它是经过一代代民间艺人不断探索、创新，对材质、器具、方法的不断改进，演绎发展出的具有临淄特色的"抢铁花"技艺。"烘炉入夜熔并铁，飞焰照山光明来"，这是清代诗人张晋对这一民间技艺的描述；"东风夜放花千树，更吹落，星如雨"，更是将这一表演的极致中式浪漫体现得淋漓尽致。流星铁花表演的原理是将铁粉装在特制的铁笼里点燃，通过转动铁笼，靠惯性将高温的铁水甩出，形成一种流星飞瀑的视觉效果。流星铁花具有浓厚的艺术气息，在当地具有较高的影响力，经过几代艺人的传承、创新和研发，表演已达到很高的艺术水平，具有非常震撼的视觉冲击和观赏效果。

2019年元宵节临淄区太公湖流星铁花表演

流星铁花现在的"老字辈儿"传承人骆林峰，是齐都镇大夫观村村民，从事"流星铁花"技艺三十余年。他组织成立了1支表演队伍，该队伍成员有12人。每到春节、元宵节等重大节庆活动，齐都流星铁花表演队都会应邀进行表演，表演内容丰富，包括"火树迎春""孔雀开屏""丹凤朝阳""龙飞凤舞""五谷丰登"等项目，表演现场"繁花似锦"、流星飞瀑、高潮迭起，观众人山人海，叫好不断。表演队目前正在研究制作彩色流星铁花，丰富表演内容，试验成功之后将面向市场，承接大型烟火庆典，助力乡村振兴。

2010年，齐都流星铁花被列入淄博市第三批非物质文化遗产。2011年3月，齐都流星铁花表演团队被山东省文化厅授予"山东省农村优秀文化团队"。2023年，被省农业农村厅评为山东省乡村特色文化艺术（文艺演出类）典型案例。

二、发展历程

流星铁花起源于清朝末年，当时的人们在吃过晚饭后没有娱乐活动，于是有人用铁丝把几个玉米芯捆起来，点燃后用手在头上方旋转，形成了一个光圈，当玉米芯越烧越旺，把铁丝熔断后，就有一朵小铁花甩在地上，很是好看。后来人们就琢磨着用烧火做饭剩下的木炭加上破铝铁片装在铁笼子里点燃，用手转、甩出铁花，这就是流星铁花的雏形。

铁花表演工具

.

起初的工具是一根老槐木棍，用绳子绑上铁暖水瓶皮。因为原来的暖水瓶皮是镂空的，正好用来甩铁花。起初的燃烧物也比较简单，是将生铁锅砸碎后，用碎生铁皮儿再加上木炭。生铁皮儿熔化需要 10～20 分钟，耗时比较长，出花也比较慢。后来艺人们将原来的槐木棍变成了铁棍，槐木棍上的铁环变成了轴承，铁皮磨成碎屑儿。虽有进步，但与之前工艺相差不大。

后来，在传承人骆林峰等艺人的不断研究下，流星铁花的发展有了新的突破。是燃烧物。选取更易点燃的生铁粉和用柳木烧制的精制木炭。对配方也做了改进，将生铁粉和木炭按层次混合，浇上油，研发出了"抢铁花"用的"药包"。同时将之前的铁棍换成焊接的铁架，老式的铁暖水瓶皮换成钢丝网笼，轴承也换成了变向器，手柄移到铁架的侧面，手柄摇一圈，上面的铁棍可以转四圈半，操作表演更简单更省力，也取得了更好的表演效果。

原本需要四五个把式才能转起来的轮轴，已被更容易控制的电动机所替代，达到了更理想的表演效果，使得画面流星如瀑，气势恢宏，单场铁花表演辐射直径可达 60 米，非常壮观。表演项目也更加丰富，"火雨打伞""龙飞凤舞""孔雀开屏"等，光听名字就让人遐想不已。

三、典型做法与成效

（一）传承创新，改革传统技艺

传承人骆林峰从事流星铁花技艺三十余年，凭着对这项传统技艺的热爱，他潜心研究技艺，在沿用老传统模式的同时不断改革创新，使得流星铁花表演不断推陈出新。于是就有了今天的现代化表演水平和震撼的演出效果。

（二）成立团队，表演扩大影响

齐都镇大夫观村专门成立流星铁花表演团队，每到春节或重大节庆活动，表演队都会应邀在区内及外省市进行铁花表演，曾在第七届、第八届齐文化旅游节期间进行表演，惊艳无数人。在 2019 年齐都花海表演时，观看人数更是达到了 5 万余人，反响热烈，引起了轰动，为乡村文化建设增添了火树银花般的美丽场景，也为乡村振兴注入了源源不断的活力。2007 年以来，齐都流星铁花先后被中央一台、中央四台、中央十三台以及省、市、区电视台报道；2023 年，临淄区以"乡村文化振兴·村村有好戏"为专题进行报道。

（三）定期培训，注重人才培养

为让这一项民间技艺传承下去并发扬光大，齐都镇大夫观村于 2023 年建成流星铁花展览馆和传承基地，对流星铁花有关的资料、原料、表演工具进行陈列展出。重视人才培养和技艺传承，定期组织新学员进行培训和技术研讨。下一步，临淄区将积极推动流星铁花申报省级非物质文化遗产和国家级非物质文化遗产，让更多的人了解流星铁花，让传统技艺焕发新活力。

四、经验与启示

作为优秀传统民间技艺，流星铁花表演丰富了中华民族的民间艺术宝库，发挥着重要作用：一是它寄托了人们祈求来年风调雨顺、家业兴旺红火，镇宅辟邪、增祥瑞、保平安的良好愿望；二是利用"花"与"发"的谐音，取"打花打花，越打越发"之意，希望生意红火、事业兴旺，讨个吉利；三是展示生铁冶炼行业的景象，在愉悦民众的同时，将这一民间技艺传承发扬光大。

铁花飞溅、流星飞瀑，春节、元宵节期间精彩的铁花表演为游客打造了一场场视觉盛宴，让年味更浓，让节日更靓，更让景区、村庄圈粉无数，很多游客两次甚至三次专程打卡观赏。有人气就能聚财气，流星铁花表演既可以融入乡村文化旅游节，又可以让大家在感受年俗、体味乡情的同时，激发消费热情。齐都流星铁花，以演引客、以节促旅、以旅兴农，为淄博的乡村旅游注入了新的动力，为全省的乡村振兴注入新的文化活力。

山东省日照市五莲县

五莲茂腔：
"两创"发展　助力乡村振兴战略实施

一、基本情况

五莲县地处山东半岛南部、日照市北端，具有深厚的人文底蕴和古老悠久的历史文化。近年来，五莲县坚持运用习近平总书记关于"两创"工作的重要论述指引五莲茂腔发展，并在五莲县茂腔剧团、五莲县新时代茂腔艺术团、五莲县高泽茂腔剧团的带动下，使五莲茂腔得到了创新性发展。

二、发展历程

五莲茂腔起源于明末清初的民间秧歌，由"肘鼓子"戏演变而来，目前已经有近300年的历史，是五莲境内流传最广、群众喜闻乐见的传统剧种，素有"胶东之花"的美誉，深受广大群众喜爱。2012年以来，五莲茂腔在五莲县茂腔剧团的保护传承下，得到了创新性发展，在全县的"山城之夏"文艺展演、"戏曲进乡村""戏曲进校园"等重大活动中，均充当了主力军的作用，使群众文化生活满意度得到大幅提升。2015年以来，每年下乡巡回演出630余场，深受广大人民群众欢迎和喜爱，让全县老百姓真正享受到了公益惠民演出的文化大餐。

2013年，五莲县茂腔剧团入选第五届全国服务农民服务基层文化建设先进集体名单；2016年，五莲茂腔入选省政府公布的第四批省级非物质文化遗产代表性项目名录；2017年，小戏曲《大老实发飙》入选文化部2017年度戏曲剧本孵化计划项目，是山东省唯一入选的剧目；2022年五莲茂腔首次在全国元宵晚会亮相。

三、典型做法与成效

（一）详细了解群众需求

为了让农村群众看到称心如意的戏曲节目，县文化和旅游局成立工作专班，抽调专门人员，深入社区、村庄、农户开展调查研究，并采取问卷调查、直接访问、网上征求意见等方式，了解农民群众实际需求。在调查研究的基础上，确定了以传统茂腔戏为主、茂腔现代戏和部分歌舞曲艺为辅的节目内容。

（二）立足特色非遗文化，加快传承主体培育

依托省、市、县级非遗传承人，积极引导社会力量创办茂腔剧团，推动五莲茂腔市场化发展，先后成立五莲县茂腔剧团、五莲县新时代茂腔艺术剧团、五莲县高泽茂腔剧团等3家茂腔剧团，这些剧团在"送戏下乡"、曲艺创作、文旅融合发展方面起到了举足轻重的作用。

（三）支持推广茂腔创作

近年来，在县文化和旅游局鼓励、支持下，县内茂腔剧团复排了《姊妹易嫁》《墙头记》《罗衫记》等一批经典传统剧目，同时创作排演了《体彩情》《姻缘天成》《爱的呼唤》《本色》《公仪休拒鱼》等反映时代精神的现代茂腔戏，充分发挥了戏曲在传承中国优秀传统文化、丰富群众精神文化生活、提升基层公共文化服务水平中的积极作用。

（四）积极融入社会发展，打造特色文化品牌

五莲茂腔剧团积极发挥基层文化堡垒作用，主动融入服务大众实践。一是开展"戏曲进乡村"活动。自2015年开始，五莲茂腔剧团主要承担全县农村公益"一年一村一场戏"送戏下乡任务，每年下乡巡回演出620余场，并在全县91个贫困村及各乡镇新时代文明实践站村，送戏下乡演出200余场，深受广大人民群众欢迎和喜爱。二是开展"戏曲艺术进校园"活动。2017年开始实施"一校一年一场戏"工程，与日照市科技学校合作开设茂腔培训班，在实验小学成立茂腔社团，并选派专业人员辅导培训。三是开展"戏曲进景区"活动。每年在五莲山步行街"好客山东贺年会"、驼石沟杏花节、中至桃花节、汪湖海棠花节、于里民俗文化庙会等活动中连续多场演出，促进和推动了当地旅游业的发展。

抗击新冠疫情大型茂腔现代戏《紧急出征》

推动文旅融合发展茂腔音乐剧《九仙从这里开始》

四、经验与启示

（一）强化政策保障和资金支持

坚持问题导向，着眼抓重点、破难点、补短板，深入研究政策措施，为剧团振兴创造良好环境和条件。加强财政保障，持续加大投入力度，创新财政资金投入方式，提高资金使用效率。引导、鼓励社会力量投资剧团，加强金融服务和产品创新，加大金融对剧团振兴的支持力度。

（二）实施文化人才提升工程

举办基层文化大讲堂，加大地方特色传统戏曲及民间歌舞、民间音乐高层次人才培养基地建设。积极推进专业院校、专业学生融入茂腔发展建设，增强发展后劲和活力。从省、市、县各级文化部门选派优秀专业人员，不定期对剧团演员进行专业指导，提高演出水平和演出质量。

（三）实现创作演出良性发展

坚持非遗的创造性转化和创新性发展，依托"乡村文化大集"平台，积极引导建立演出阵地，定期举办群众喜闻乐见的剧目。同时，利用新媒体平台，试行直播、录播，引导全社会关注、支持、推动五莲茂腔发展。

宝丰魔术：
文化搭台　推动产业融合发展

一、基本情况

宝丰县赵庄镇地处汝州、宝丰、郏县一市两县交界处，总面积44.63千米^2，辖22个行政村，总户数12 584户，户籍总人口44 130人，是河南省第一批"美丽小镇"。近年来，宝丰县赵庄镇把民间艺术与市场经济有机结合、走出了一条"农民创造文化，文化造福农民"的致富道路，也成为非物质文化遗产保护和发展方式的一个创新案例，通过"魔术文化＋电商"带动全链条产业蓬勃发展。

二、发展历程

宝丰魔术传于春秋，兴于唐宋，繁衍于明清，昌盛于当今，有"汝水做带，虎狼为壁，山清水秀，老幼竞艺"的美誉。宝丰县赵庄镇魔冢营村保存有盛唐时期的"云水寺"，大殿前卷棚的东西山墙上至今仍有"吃火吐旗杆""吃针引线""口吐五彩"等魔术杂耍图案。从明万历二十五年（1597年）起，赵庄镇周营村每年农历四月初八举办魔术大会，除"文革"期间没举办外，其他年份从未间断，一直延续至今。2002年魔术大会更名为"河南·宝丰魔术大会"，由赵庄镇承办。近年来，赵庄镇借助"文化引领，非遗搭台，经济唱戏"模式，从魔术＋1.0（摆摊卖艺），到魔术＋2.0（门票经济），到魔术＋3.0（面包车经济），再到如今的魔术＋4.0（电商销售），实现从"围起场地卖门票"向"以商养艺""以艺促商"的转变，逐渐形成现有的"魔术＋"文化经济，内容包括图书批发销售，窗帘、相框、渔具等小商品加工制造，小商品批发销售等，文化和旅游部将这一现象称为"宝丰现象"。

三、典型做法与成效

（一）放大产业发展优势

宝丰县委、县政府高度重视魔术文化产业发展，制定了定位准确的"魔术小镇"发展规划。近年来，宝丰县逐步推进"魔术＋"产业发展壮大，初步形成了集魔术演艺馆、研学基地、乡村振兴培训中心、曲艺杂谈、民俗大院、木偶之家、魔术传习所等于一体的"魔术小镇"，衍生辐射出魔术演艺、道具研发、灯光音响销售、电子商务、物流运输、餐饮服务等一批小项目，带动旅游商贸成为当地服务业的一个新增长点，使周边万户农民增收致富，进一步促进魔术文化经济发展。

（二）不断拓展"魔术+"产业链

赵庄镇完善魔术文化产业链，逐渐将其延伸至艺术表演、魔术道具制造销售、艺术教育培训、文化旅游、商品加工销售等关联性较强的产业。多次组织、带领"有才艺、能表演"的群众到浙江义乌尤其是北下朱村考察学习，回来后结合镇上各类成熟的市场发展电商产业。现有电商企业92家，主要销售渔具、文玩、化妆品、小商品和图书等产品，直播间120余个，电商服务点19个，电商培训基地2个，带货主播180余人，单场销售额达到125万元，带动就业岗位5 000多个，整体电商销售额突破亿元。

（三）不断强化文化艺术人才建设

在通过外出表演完成资本原始积累之后，农民魔术师开始将目光转向教育培训领域。赵庄镇农民韩艳伟兴办星光艺术学校，开设魔术演员培训班、歌舞表演班、器乐表演班等艺术专业班。周营村魔术师刘顺创办的魔幻培训基地，年培训学员500余人。魔术培训机构在保证宝丰魔术文化产业后继有人的同时提高了从业人员的表演水平和文化素质，为宝丰魔术文化可持续发展奠定了坚实的人才基础。

四、经验与启示

（一）坚持"魔术+党建"同步推进，壮大红色实力

充分发挥党委把方向、管大局主体作用，构建"主要领导牵头干，包区领导具体抓，支部书记见成效"的责任闭环；强化党建指导员、政企联络员研讨交流、难题共答等"帮扶"作用，为企业发展"把脉问诊""开方拿药"；探索搭建政企"连

宝丰第三届图书博览会大黄会场

2022年河南宝丰魔术大会

心桥"，近距离、无障碍服务企业、协调工作；探索"党建+"工作模式，充分发挥党建引领作用，激发基层党建工作活力，实现基层党建与产业发展同频共振、互融共促，同时，借助"文化引领，非遗搭台，经济唱戏"模式，不断延伸演艺演出、农村图书批发市场、小商品加工批发市场、电子商务和"面包车销售"等"魔术+"商贸经济链条，壮大魔术文旅产业，推进魔术休闲小镇建设，让更多经济实体、乡村能人，了解非遗、认识非遗、参与非遗，以文化产业融合发展，促进全镇经济高质量发展。

（二）坚持"魔术+产业"同步提升，迸发创新活力

通过开展魔术研学、打造魔术品牌、推广创新魔术秀、与旅游景区合作等方式，重新整合现有的魔术文化市场，打造魔术文化产业新业态；充分利用互联网、新媒体的优化和集成作用，将魔术生产、传播和接收方式进行大幅度的整合和构建，通过抖音直播等新的销售思路，培育优质的魔术道具品牌，将赵庄魔术文化、魔术产品用新的方式推介出去，带动魔术经济的二次发展。

（三）坚持"魔术+人才"同步促进，增强造血功能

广发英雄帖，读好育才经，通过给人才搭桥、铺路、送梯，实现人才、企业"双向奔赴"；发挥魔术协会的作用，规范魔术表演团体，推广团队培训，打造一批群众喜闻乐见的精品魔术节目；举办全国魔术高级表演人才研修班、宝丰魔术发展高端论坛、魔术进校园活动，把农村魔术师逐步培养成为创作型、创新型人才，不断推出魔术艺术精品，让具有悠久历史的魔术活态传承下去。

陈贵镇龙狮运动：
以龙狮之名增添文化产业动能

一、基本情况

陈贵镇有着悠久灿烂的龙狮文化，逢年过节都要举行舞龙舞狮表演活动，代代相传，鼎盛不衰。历经千年的传承和发展，陈贵舞龙舞狮从一种自发性、娱乐性、随意性的传统文体娱乐活动逐渐发展为民间文化艺术，有着"群体传承，制作工艺奇特；史籍久远，文化底蕴深厚；构想怪异，彰显地区风情"的三大特色。2004年，陈贵镇获评"中国龙狮运动之乡"称号。2013年，"陈贵舞龙"被列入省级非物质文化遗产。龙狮运动的磅礴发展，为陈贵这个"荆楚矿业第一镇"转型发展增添了文化动能。

二、发展历程

龙狮运动起源于汉唐。在民间，龙狮都是祥瑞之兽，象征吉祥，在农民群众的眼中，舞龙舞狮能带来好运、带来五谷丰登、带来国泰民安。在大冶市陈贵镇，舞龙舞狮习俗沿袭至今已有一百余年历史。自古以来，陈贵镇逢年过节，当地村组就会自发组织青壮年到邻近村庄表演舞龙舞狮，深受当地农民群众的喜爱。2000年，经过四年矿业整顿后，陈贵镇镇域经济开始复苏，舞龙舞狮、威风锣鼓、灯会等民俗文化在乡村兴起，尤以舞龙舞狮最为抢眼。2002年，陈贵镇组建龙狮队，自此以后舞龙舞狮由传统表演升华为竞技运动，陈贵镇龙狮队也走上了规范化、科学化、竞技化、国际化的发展轨道，在国内外各级竞技赛事和民俗文化表演中屡获殊荣，有力促进了乡风文明和传统民俗文化的发扬，展现了新时代农民群众的精神风貌。

三、典型做法与成效

（一）强根基，护传承，塑造陈贵龙狮"金名片"

陈贵镇不断完善龙狮运动发展理念，致力打造高水平人才队伍，激活龙狮运动生命力。首先，明确发展理念。陈贵镇注重立足长远，持续推进"五个一"工程的理念传承发展龙狮运动，即创办一所龙狮学校、建设一个龙狮运动场馆、各学校每周上一节龙狮专业课、每村组织一支龙狮队，每年举办一次大型龙狮比赛。其次，推动队伍传承。龙狮队教练郭松林被评为省级非物质文化遗产代表性传承人，这为龙狮运动的传承树立了榜样。陈贵镇用活用好奖补政策，加大宣传报道，发布传承人相关报道10余篇提高了龙狮运动的知名度和影响力。每年列支专项资金10万元扶持龙狮产业发展，让更多新生力量喜欢龙狮运动并加入队伍为龙狮运动注入新活力。创新表演形式。创新龙狮运动技术，编排亮眼合理套路，研制站腿站肩、站体螺旋跳、一字劈叉等陈贵龙狮经典招牌动作，提升了表演的难度和观赏性。同时，创新服化道，打造大气新颖造型，进一步增强了舞龙舞狮观赏性，使龙狮运动更具吸引力。

（二）引进来，走出去，舞动陈贵龙狮"金招牌"

近年来，陈贵镇政府坚持推动龙狮运动引进来、走出去，强化双向赋能，向全国、全世界展现龙狮文化新光彩。首先，引入市场机制。为解决经费来源单一、与市场脱节、造血不足等问题，2016年，陈贵龙狮队搭上矿业集团改革的顺风车，确定走股份合作、商业化运营之路，完全走向市场。打破"铁饭碗"，告别"大锅饭"，以市场竞争激发主动性。其次，走向世界舞台。加大龙狮文化传播力度，鼓励陈贵龙狮文化主动"走出去"，不断扩大影响力。2009年，陈贵龙狮队在中央电视台春节戏曲晚会的表演，吸引了全国观众的目光。龙狮队还先后赴马来西亚、泰国等国交流，在世界舞台上展示风采魅力。最后，打响龙狮品牌。积极参加专业赛事，不断提升龙狮运动规范化、科学化、竞技化、国际化水平，以灵活多变、造型独特的表演风格，2次荣获世界全能冠军，4次荣获世界单项冠军，6次荣获中国全能冠军，16次荣获全国单项冠军。

（三）抓融合，促发展，走好陈贵龙狮"新征程"

自组建专业龙狮队以来，陈贵镇不断推进文旅融合，促进龙狮文化传承发展，为转型发展增添文化动能。首先，坚持文旅融合，推动龙狮文化带动经济发展。将龙狮运动与旅游节、采摘节、丰收节、音乐潮等活动结合，带火消费活力，促进乡村经济产业发展。2019年陈贵镇举办了大冶市首届龙虾文化旅游节，通过推介陈贵龙狮文化、打造陈贵小龙虾品牌，吸引游客7万人次，实现旅游收入2 000余万元。同时，在小雷山、大泉沟、天台山三大核心景区融入龙狮元素，使"文"与"旅"相得益彰。其次，坚持以文塑镇，推动龙狮文化提升乡镇格调。大力整合资源，将龙狮文化与乡镇文化建设结合起来，让龙狮运动与传统节日、百姓民俗有机交融。近年来，陈贵龙狮队在重点主题文艺汇演、项目签约仪式、大型文旅活动等现场共计表演50余次，龙狮运动已成为陈贵镇重要的地方文化品牌。最后，坚持以文化人，推动龙狮文化融入群众生活。大力推进龙狮文化发展，将龙狮文化融入镇中小学教学内容、村湾村规民约，弘扬奋发有为、拼搏进取的龙狮精神，推动基层治理共建共治共享。

四、经验与启示

一是要坚持传承发展。强化政府的引导作用，加大对龙狮运动的扶持力度，用好用活各项政策，做大做强龙狮产业。加强龙狮人才培育，强化宣传引导，充分激发群众参与龙狮运动的热情和动力。

二是要坚持改革创新。通过改革运行机制，支持市场化商演，大力拓展商业化运营，形成可持续经营发展模式。同时，创新表演形式、内容，增强龙狮运动趣味性和观赏性。

三是要坚持交流推广。通过加强交流竞技，拓宽表演渠道，提升陈贵龙狮运动的国际化水平，推动龙狮运动更好更快发展，弘扬龙狮文化，将中华优秀传统文化传扬四方。

四是要坚持文旅融合。陈贵镇自组建专业龙狮队以来，不断推进文旅融合，促进龙狮文化传承发展，带动乡村经济产业发展，激发消费新动能。

五是要坚持文化弘扬。通过办节日、办活动、办盛会，让龙狮运动走进千家万户，让群众都能参与到龙狮运动中来，感受龙狮运动的文化魅力，让陈贵龙狮文化动起来、活起来、火起来。

大冶街头的舞狮表演

土家摆手舞：
活态传承　一片乡愁"舞"春秋

来凤县自2021—2023年获评"中国民间文化艺术之乡"以来，坚持以习近平新时代中国特色社会主义思想为指导，以保护、传承和弘扬原生态摆手舞为重点，不断加大文化基础设施建设力度，开展丰富多彩的文化惠民活动，营造有利于民间文化艺术可持续发展的良好社会氛围。

一、基本情况

摆手舞是流传于鄂、湘、渝边区酉水流域土家族的一种传统祭祀舞蹈，以湖北恩施州的来凤、湖南湘西州的龙山、永顺及渝东的酉阳县为主要传承地。

从百福司镇舍米湖村走出来的来凤原生态摆手舞，于2008年6月被成功列入国家级非物质文化遗产名录。2023年2月21日，在由文化和旅游部非遗司指导、光明日报社主办、光明网承办的2022"中国非遗年度人物"推选宣传活动中，来凤土家族摆手舞国家级代表性传承人彭承金入围30强；9月2日，来凤土家摆手舞入选文旅部"中国民间文化艺术之乡"建设典型案例名单。

二、发展历程

关于摆手舞的起源，民间有多种传说。一说是土家族为纪念抵御外敌的三位英雄，让土家后人世代不忘他们的丰功伟绩，每年正月都在摆手堂举行祭祀活动，跳摆手舞纪念他们。一说为唐朝安史之乱时期，唐明皇为战功显赫的八峒酋长（土家人称"八部大王"）广修庙宇，使之永享土民供奉。每年正月，土家人都成群结队来到庙前，以摆手歌舞来祭祀八部大神。

摆手舞在来凤源远流长也有大量实物佐证。仅百福司镇就有两个保存完好的摆手堂、六个摆手堂遗址。1956年，卯洞民族文化馆干部陆训忠、李逢贵到河东舍米湖村采风，发现了一座叫"神堂"的古建筑，经确认其为跳摆手的"廊场"。后来，文化馆就请当地三位老人为师，组成七人摆手舞队。1957年1月15日，著名民族学家潘光旦受中央委托，第二次到川湘鄂边区调研，在来凤观看了摆手舞。此次调研证实，当时摆手舞在土家族绝大部分地区已经绝迹，而在来凤县舍米湖村得以幸存。

三、典型做法和成效

（一）加强制度建设，巩固品牌效应

一是加强制度建设。来凤县积极利用武陵山区（鄂西南）文化生态保护实验区契机，出台了《来凤县民族文化传承保护专项资金管理办法（试行）》《来凤县建设管理办法》《来凤县非物质文化遗产保护条例》，不断培育适宜民间非遗文化（摆手舞）传承与发展的土壤。二是加强公共文化服务阵地建设。来凤县坚持以高标准、高规格推进公共文化阵地建设，逐步形成了"四馆三场两中心"公共文化服务设施网络体系，打通公共文化服务"最后一千米"。三是认真做好原生态摆手舞的普及培训工作。建立百福司镇舍米湖村、百福司镇民族小学、来凤县实验小学三个土家族摆手舞传习基地，实现摆手舞"六进"全覆盖。以国家级非遗传承人（土家摆手舞）彭承金为带头人，以县文化馆培训辅导为基础，组建摆手舞教学队伍，与党政机关、企业、学校、医院、村（社区）、旅游景区等建立结对关系。编辑《非遗文化进校园》图文书籍，并在中小学校开设土家摆手舞、土家语等民族优秀非遗文化课程，创编少儿摆手操、成人健身摆手操，积极在学校和社会进行推广。

（二）加大资金投入，完善基地建设

一是继续命名摆手舞传承人，对有突出贡献的摆手舞艺人给予一定的传承补贴。目前，全县有国家级传承人1人（补贴20 000元/年），省级传承人1人（补贴10 000元/年），州级传承人4人（补贴5 000元/年），县级传承人45人。其中，2021年开展的第四批县级非物质文化遗产项目代表性传承人申报工作，新增县级摆手舞传承人12人。二是成立以本土摆手舞大师彭大波为会长的摆手舞协会和工作专班，全力推进文化艺术村落建设。三是进一步完善原生态摆手舞发祥地百福司镇民族文化研究中心、摆手舞文化广场、百福司镇文体广场全民健身示范工程等基础设施，完成了全镇24个行政村（社区）综合文化服务中心的提档升级工程。同时，对省级文物保护单位茶堰坪摆手堂进行了保护性修缮。此外，百福司镇还吸引了中央民族大学、华中科技大学、华中师范大学等高校的教授、学者、师生前来采风考察和实地研学，通过"土家文化（摆手舞）+研学+旅游"的方式，加强对原生态摆手舞的保护与传承研究，为繁荣土家文化提供理论支撑。

四、经验与启示

（一）扩大对外交流，提高县域影响力

来凤摆手舞多次在诸如首届恩施州"凉交会"来凤县专场推介会、第七届世界硒都（恩施）硒产品博览交易会、山东青岛举办的第十三届中国民间艺术节等大型活动上亮相，扩大了来凤知名度和影响力。

（二）促进文旅融合，提高产业振兴带动力

通过对景区景点的摆手舞植入，为来凤县获得中国美丽休闲乡村、湖北旅游强县、湖北旅游名镇、湖北旅游名村等荣誉称号，吸引了更多的外地游客前来，为老百姓带来实实在在的实惠，为乡村振兴增光添彩。

（三）开展文艺展演，丰富乡村文化生活

近三年，来凤县积极创编以摆手舞为元素的文艺节目，积极融入"荆楚红色文艺轻骑兵"、送戏下乡、"我们的中国梦 文化进万家"等文化品牌活动，共开展文化活动500余场次，丰富了老百姓的文化生活，提高了村民综合素养。

湖北省潜江市

花鼓戏：
传统戏曲助力乡村文化建设

一、基本情况

党的十八大以来，随着党的文化惠民政策不断深入，文化下乡措施不断跟进，位于江汉平原的七个荆州花鼓戏专业院团抓住机遇，积极响应。仅湖北省花鼓戏艺术研究院送戏下乡就达2 000余场，观众累计达300万人次。频繁的乡村基层演出，让荆州花鼓戏扩大了展示的空间，获取了动力与养分，激发了院团发展的潜能，提升了队伍的艺术水平。广大观众，尤其是农村群众在欣赏荆州花鼓戏艺术的过程中，其生活质量和幸福指数得到提升，从而使得送戏下乡成为当地农村文化需求的"爆款"。

二、发展历程

荆州花鼓戏是湖北省的主要地方剧种之一，源于江汉平原一带的高跷、渔鼓、三棒鼓及薅草歌等民间歌舞说唱，是泥土里孕育出的艺术，"三里五台""听了花鼓子哟喂哟，害病不吃药"都生动地说明了它深厚的群众基础，曾风行全国的歌剧《洪湖赤卫队》的唱腔音乐就是用花鼓戏的腔调音乐改创而成的。2006年，荆州花鼓戏经潜江市申报，被列入首批国家级非物质文化遗产名录，湖北省花鼓戏艺术研究院是项目保护责任单位。党的十八大以来，荆州花鼓戏便显得格外明亮耀眼，从剧目创作到人才培养以及演出营运等，均呈现出蒸蒸日上的局面。潜江市率先挂牌成立湖北省花鼓戏艺术研究院后，天门、仙桃、荆门、监利等市县均成立了荆州花鼓戏非遗传承中心，剧种呈现出生态链较齐整的良性发展格局。

三、典型做法与成效

（一）扎根农村演"好故事"

地方剧种是各地最有代表性的文化资源，特别是发源于乡村的地方剧种，更具有得天独厚的优势。荆州花鼓戏在江汉平原农村拥有深厚的群众基础，在这样的土壤上，花鼓剧院在国家级非遗专项经费、省级艺术创作经费等的支持下，坚持每年创排一到两部古装戏，《站花墙》《秦香莲》等能下乡演出的大型花鼓戏剧目达到30

余台，满足了群众的"点戏"需求。同时，在送戏下乡的舞台上加入了"党的十九大精神""党的二十大精神""廉政主题"等内容，编排出的党的"好声音"和"泥土性"十足的小戏小品，受到群众欢迎。

（二）用心用情讲好"农村故事"

花鼓剧院创作的现代花鼓戏《河西村的故事》讲述了青年返乡创业，依托小龙虾特色产业脱贫致富的奋斗故事，获文化和旅游部第十六届中国文华大奖提名剧目，入选"庆祝中国共产党成立100周年舞台艺术精品创作工程"，在全国各地和江汉平原城乡巡展演近100场，切实增强了农村群众的文化获得感，为乡村振兴提供了强有力的精神力量。

（三）"送种结合"激活乡村文化富矿

梅花奖获得者胡新中、李春华和文华表演奖获得者孙世安等花鼓戏名家是江汉平原家喻户晓的明星。花鼓剧院通过争取政府返聘，将他们请回来下乡演出，让农村群众过足"追星瘾"。在送戏过程中，对当地的民间花鼓戏班进行帮扶，让群众既当观众又当主角。还通过戏曲进校园，在各地中小学开办戏曲兴趣班，培养娃娃戏迷。在"送文化"中加入"种文化"，不仅扩展了观众的年龄结构，还利于激活乡村文化这一富矿，引导各方面聚焦本土文化、培养本土文化人才。

四、经验与启示

（一）戏曲演出要建立健全"双效统一"的体制机制

坚持以社会效益为首，经济效益次之，以社会效益带动经济效益发展。花鼓剧

花鼓戏下乡演出场景

花鼓戏经典剧目《站花墙》剧照

院数十年如一日坚持在农村基层送戏，演出了品牌与口碑，2020年，被中宣部、文旅部授予全国服务农民、服务基层文化建设先进集体称号，送戏下乡被潜江市选为"政府十佳实事"之一，政府补贴也从最初的几十万元提升至每年100万元，还应邀到仙桃、天门、监利、洪湖等周边县市进行商演，实现了社会效益与经济效益的双丰收。

（二）戏曲创作应守正创新

作为源于民间的草根艺术，荆州花鼓戏既要崇尚脱俗，又要原味保鲜；既要关注时代主题，又要注重当下生活。2023年，花鼓剧院将花鼓戏《河西村的故事》改编成戏曲电影《河西村的故事》搬上银幕后，对潜江市打造本土文化名片、推介地方特色产品、促进农文旅融合、打造地方知名IP、进一步扩大其"水乡园林、龙虾之乡"的对外知名度和影响力具有深远的意义。

（三）戏曲传播须与时代共舞

戏曲创作要时刻感受时代的脉搏，坚持做好"传统文化的现代表达"。将精品文化供给到线上，开启戏曲演出的线上模式，搭建互动场景，能够为戏曲带来数量级的传播力和影响力。

湖南省张家界市桑植县

桑植民歌：
唱响主旋律　赋能乡村振兴

一、基本情况

桑植县地处湖南西北边陲，总面积3 475千米^2，总人口48万，有土家族、白族、苗族、汉族、蒙古族等28个民族，少数民族占总人口的93%。是红二方面军的诞生地和长征出发地。桑植民歌是桑植人民劳动和智慧的结晶，至今保留着较多反映民族文化的歌谣（如傩腔、薅草锣鼓），是中国历史上延续时间最长、内容最复杂的文化之一。在桑植县委、县政府的大力支持下，桑植民歌知名度不断提升，民歌文化产业逐步繁荣，在助力巩固拓展脱贫攻坚成果同乡村振兴有效衔接和全面推进乡村振兴中，充分展现了文化力量。

二、发展历程

桑植民歌是中华民族古老歌谣的延续和发展，它起源于原始农耕时期，桑植先人们在长期的劳动中，用歌声倾诉自己的情感，调节自己的情绪，后又吸收了楚巫时代祭祀活动中演唱的一些音乐元素，并一代代口耳相传，加之位置偏远，交通闭塞，形成了独立的文化生存空间，并完整无缺地延续至今。

桑植民歌经历两次大融合、大发展时期。一是春秋战国时期，战乱频繁，外人迁徙至桑，桑植民歌出现第一次大融合大发展。二是大革命时期，桑植成为湘鄂边、湘鄂西、湘鄂川黔革命根据地的摇篮，外省红军来到桑植，并带来各地民歌，与桑植民歌相互融合，形成第二次大融合大发展。改革开放后，桑植民歌得到有力挖掘、传承、保护和发展，逐渐走出"山门"。著名歌唱家宋祖英在维也纳金色大厅演唱的一曲《马桑树儿搭灯台》让世界感受到了桑植民歌独特的魅力。2006年，桑植民歌被列入首批国家级非物质文化遗产名录。2008年，桑植县被中国文联民间文艺家协会命名为"中国民歌之乡"。2011年，桑植县被评为"湖南省非遗保护十强县"，桑植民歌被评为"湖南省十大最具魅力的非物质文化遗产项目"。2021年11月，五道水镇被文化和旅游部授予2021—2023年度"中国民间文化艺术之乡"称号。

桑植民歌"五进一回"活动启动仪式暨桑植民歌大合唱活动

三、典型做法与成效

（一）打好"传承＋保护"组合拳

一是拓展民歌阵地。修建桑植民歌广场，搭建百姓舞台，建立桑植民歌寨、红歌寨、桑植民歌传习所、桑植民歌传承保护基地。先后成功举办6届桑植民歌节。23个乡镇文化场地达到"七个一"标准。确保文化设施建设到位、文化阵地管理到位、文化活动丰富到位的良好局面。二是壮大民歌队伍。成立县非物质文化遗产保护中心，组建桑植民歌非遗传承人队伍，建立健全民歌非遗传承人档案；持续做好桑植民歌非遗传承人认定申报工作。县文旅广体局每年组织对全县文化站站长进行集中培训，安排《桑植民歌艺术特征赏析》等理论课和桑植民歌教唱课程；组织人员编写课程教材，在全县中小学校教授桑植民歌。县委党校中青班和科干班将桑植民歌纳入必修课程，聘请专家授课。三是加快民歌传播。开展桑植民歌"五进一回"活动（进机关、进校园、进社区、进企业、进景区、回农村），营造"无人不歌、无时不歌、无处不歌"的浓厚文化氛围。

（二）做好"示范＋带动"先手棋

一是与高校联姻促进校地合作。先后与湖南师范大学、吉首大学、中央音乐学院等签署合作协议，将桑植列为实践教学采风基地，开办桑植民歌传承班。并选派桑植民歌传承人到高校教唱桑植民歌。举办桑植民歌艺术节、民歌王选拔等活动；邀请非遗传承人、非遗保护工作者和民间艺术家授课讲座；开展对外文化交流，为非遗传承人提供技艺展示、产品销售渠道和平台。特别是在吉首大学开设"中国非遗传承人研修培训计划"——桑植民歌传承人培训班，培养后备力量。二是办好系列示范活动。

《桑植共识》发布仪式暨2022年桑植民歌节开幕式

策划举办桑植民歌节、桑植民歌歌手邀请赛、五道水镇民间文化艺术节等活动，全力宣传推介桑植民歌文化品牌。三是建设文旅融合示范点。着重打造桑植民歌寨、桑植民歌传承保护基地，将红色教育和桑植民歌深度融合，传承红色基因，繁荣优秀文化。

四、经验与启示

（一）强化组织保障

成立县非物质文化遗产保护工作办公室、非遗保护中心、桑植民歌传承中心及桑植民歌协会，建立非遗保护联席会。持续开展桑植民歌曲目资料整理收集工作，建立完整档案，对桑植民歌进行全面、真实、系统的记录。切实加大资金投入，确保桑植民歌传承、保护、研究推进有序。

（二）注重传承发展

高标准开展四级代表性传承人年度考核工作，对传承工作进行全面监督管理。筹措专项资金，按时发放代表性传承人经费。特别要注重对传承人的保护，每年安排9万元，对全县代表性传承人进行免费体检。

（三）加强品牌建设

加大对五道水镇"中国民间文化艺术之乡"宣传力度，利用"三月街""白族游神"等民俗节庆活动和"文化和自然遗产日"，搭建传唱平台，邀请桑植民歌代表性传承人献唱。推动"文化+"融合，打造桑植民歌系列文创产品，唱响"唱桑植民歌，品桑植白茶"宣传口号。出版《守望精神家园：走近桑植非物质文化遗产》《唱个山歌甩过来：桑植民歌精粹》，发行《桑植民歌经典第一辑》MTV。组织参加各种展示展演活动，高频次宣传桑植民歌，扩大桑植民歌在国内外的影响力，打造桑植民歌文化品牌，助力乡村振兴。

湖南省永州市道县

道州调子戏：
小戏曲大作用

一、基本情况

道县，古称道州。道州调子戏是湖南传统戏曲剧种之一，是一种戏味浓厚、音乐性强的传统戏剧，具有鲜明的地方特色，有着广泛深厚的群众基础，深受广大民众喜爱、流传。2012年，道州调子戏被列入湖南省非物质文化遗产名录。目前，道州调子戏传承基地由道县文化馆归口管理，基地本部（芒头寨村）有调子戏团1支，基地外有戏团6支，从业人员120余人，外围爱好者1 000余人；全县配备有"调子戏"舞台1个（700米²）、戏服120套、道具40种。道县全域仍保留春节调子戏班从大年初二开台唱戏到初七的习俗，老百姓寿庆、婚丧嫁娶都要请调子戏班开台唱戏，每年演出500场次以上，年均观看调子戏表演群众超过10万人次。

二、发展历程

（一）最初起源形成

"道州调子戏"起源于明末崇祯年间，至今已有300余年历史，属民间传统戏剧，素有"北有二人转，南有调子戏"的说法。据查，1896年，李恩祥在上追塘办"学字馆"收徒10名。1897年，缺婆子（佚名王姓）在县城桥背街创办"清字馆"，都以唱道州调子戏为主。1917年，老人丑学在上追塘又主办了老人丑班。1927年，廖有崽在石洞村创办"廖有崽"班。1928年，蒋学庭在县城湾里街主办"六和班"。1943年，杨盛吉、何玉清在上追塘主办"何玉清班"，寿佛闹子唐家杨彩组成"道州调子戏"班子，以谋生方式外出广西等地演出，并在演出过程中收徒传艺。道州调子戏的主要传统剧目有神话、三国等方面的内容，如《宝莲灯》《梁山伯与祝英台》等200余个。

（二）草台戏时期

道州调子戏在这一阶段形成，从歌舞型的演唱形式，逐渐过渡到说唱型的戏曲形式。此时主要在临时扎的草台上演出，参加演出人员有所增多，剧目仍以反映劳动生产、爱情生活为主要内容，剧中人物大多是农民、艺匠、商贩、教书先生以及家庭妇女。逐步增加了小生行当，由"二小戏"发展为"三小戏"。声腔也有所发展，增加了走场调、川调、小调等各类曲调。表演的各种程式、身段，也逐渐从家务劳动、田野耕作等日常生活中加工、提炼，同时吸取了武术、杂技等传统民间艺术，充实和丰富了表演艺术手段。后又借鉴了祁剧的表演艺术，吸收了祁剧的锣鼓牌子、伴奏曲，以及高、昆、弹等音乐素材，促进了道州调子戏的发展。

（三）城镇剧场时期

道州调子戏流行于湖南永州市、邵阳市和衡阳市等地，以及广东、广西、江西、贵州等省的部分地区。在悠久的发展过程中，曾与邵阳花鼓戏、广西桂林彩调戏、连县采茶戏、赣南采茶戏等戏曲剧种，有过艺术交流和相互借鉴。

三、典型做法与成效

（一）精统筹强保障，实现小层级大格局

县委、县政府坚持把道州调子戏作为传承保护优秀传统文化、全面推进乡村振兴的一项重大工程来抓，在人财物方面大力支持，如定期举办道州调子戏大赛展演，出版发行剧本专集《月岩情——道州调子戏剧本选》等。

（二）扬新风促和谐，实现小平台大引领

调子戏一般由"族长""家长"主持，在表演前宣布重大事件或组织议事决策。而今，主持人换成各级党组织或村民议事会的负责人，议事范围也逐渐拓展至公益事业、产业发展等乡村振兴事务，很多共识都在调子戏上演的过程中形成，很多矛盾都在调子戏的歌声中化解。如今调子戏内容与时俱进，编排了多个弘扬主旋律、讴歌新时代、批判陈规陋习的新曲目，创新融入红色故事、党的政策、社会主义核心价值观等，在丰富群众的精神生活的同时，弘扬正能量，提升文明度。

（三）联三农促振兴，实现小戏曲大作用

一是带动群众增收。送戏下乡时，通过租赁场地、消费等，直接促进演出地群众增收。调子戏团与10余名脱贫人口有稳定合作关系，通过参与演出、提供劳务、出售产品等形式，实现人均年增收3 000元以上。创作《招工》等剧目，在农村大力宣传务工政策，鼓励群众到园区务工增收。二是提升乡村治理能力。在曲艺中传递"乡村振兴好声音"，让群众在观赏中品味文明乡风，在娱乐中凝聚乡村治理力量。三是促进乡村文化建设。县委、县政府先后投入500余万元，用于建设群众舞台及配套文体设施，既推进了调子戏发展，又促进了乡村文化建设，满足了群众精神文化需求。

四、经验与启示

（一）培土护根，传承非遗文化经典

道州调子戏代表性传承人何聪清，曾获"优秀民间艺人"称号，带出徒弟20余人，是县非物质文化遗产保护中心送戏进农村、进景区、进校园的主力。他主编及

整理了《道州调子戏剧本》《道州调子戏曲调本》等。道州调子戏传承基地常态化开设调子戏培训班，培养调子戏艺人100余人。

（二）流动展影，培育特色文化品牌

道州调子戏剧团盛行时期每年演出2 000场次以上，覆盖湘粤桂3省17县，享誉一方。近年来，县委、县政府致力扩大道州调子戏影响力，组织开展非遗进社区、进农村、进校园等"六进"主题展演活动，并把调子戏作为全县文艺晚会必备节目。

（三）戏曲下乡，丰富群众文化生活

道州调子戏是湖南传统戏曲剧种之一，有传统剧目200余个，曲牌多达324种。调子戏表演上较生活化，大多展示基层平民的喜怒哀乐，语言与唱词都运用地方方言，通俗易懂，贴近平民的生活，受众广泛，深受群众喜爱。

道州调子戏展演

普宁英歌：
深挖文化内涵　擦亮文化名片

一、基本情况

普宁市位于潮汕平原西部，有29个乡镇场街道，总人口约250万，是闻名遐迩的民间文化艺术之乡。其中，普宁英歌是揭阳市广为流传的一种传统民俗舞蹈样式，迄今已有300多年的历史，它被认为是扬正压邪、吉祥平安的象征，异彩纷呈，深受群众喜爱和推崇。

普宁英歌近年来不断创新发展，具有广泛的群众基础和社会基础，成为普宁最为亮丽的一张文化名片。据不完全统计，揭阳市现有121支普宁英歌表演队伍，分布在25个乡镇（街道、单位）。普宁英歌分为快、中、慢板三个流派，风格刚劲威猛、粗犷豪迈，动作洒脱、干净利落，情感表达热烈奔放，舞姿英武威风，是广东汉民族民间男子群体舞蹈的代表，也是我国传统民间艺术一朵瑰丽之花。英歌完整的表演程序一般分为"前棚""中棚""后棚"三部分，也有的把"中棚""后棚"连在一起，统称为"后棚"。

二、发展历程

英歌广泛流传于潮汕民间，其渊源众说纷纭，广为人知的说法主要有两种。一说普宁英歌脱胎于武术，早年潮汕百姓积极习武抗击倭寇，后官府禁武，村民便以拳术为基础，以练舞之名掩人耳目，创造了英歌舞；二说英歌起源于300年前外江戏班来普宁演出《攻打大名府》，农民喜而戏之，广为练习传播，俗称唱英歌。

1989年10月，广东省首届英歌学术研讨会暨观摩演出在普宁举行，影响深远；1953年，以南山、涂坑、咸寮主要艺人组成的普宁英歌代表队，被省选派进京参加全国首届民间音乐舞蹈汇演，誉满京华。北京舞蹈学院、海政歌舞团等中央艺术院校、团体纷至沓来，莅普宁采风；1958年，参加汕头专区群众业余文艺汇演，首次把英歌舞搬上舞台，并用潮州方言歌伴唱，夺得优秀节目一等奖；1992年，应邀参加在天津举行的"南开杯"全国民间广场艺术邀请赛，一举夺得编、导、演三项优秀奖，同时获得广东省文化厅嘉奖；2007年入选文化部第十四届群星奖决赛，同年又入选参加大型民族民间组舞《岭南之舞》排练活动并于广州白云国际会议中心为出席广东省第十次党代会代表作汇报演出；2008年应北京奥组委和文化部的邀请，于8月2日在天安门广场向全国、全世界人民展示广东文化实力的风采；2010年应邀参加上海世博会展演；2011年入选广东省第八届少儿艺术花会比赛获金奖；2013年参加广东全省非物质文化遗产传统舞蹈类汇演比赛，获成年组金奖；2020年参加"岭南春来早"——2020广东卫视春节晚会，同年参加第十五届民间文艺优秀表演比赛，荣获"山花奖"；2023年参与中央广播电视总台《奔跑的青春——2023五四青年节特别节目》录制；2024年春节受中国驻英大使馆、伦敦华埠商会邀请，普宁英歌首次登陆欧洲，前往英国伦敦参加"欢乐春节"活动。

1996年和2004年普宁市被命名为"广东省民族民间艺术（英歌）之乡"。2006年6月，"普宁英歌"被国务院批准公布为第一批国家级非物质文化遗产名录。2016年起普宁市多次被命名为"广东省民间文化艺术之乡"。2008—2023年四次被命名为"中国民间文化艺术之乡"。

三、典型做法与成效

（一）呼应传统节庆，擦亮文化名片

从20世纪50年代初至今，普宁市春节期间举行的大型民间文艺活动都必有英歌表演。结合"非遗过大年""文化进万家"等主题，抓住传统节日重要时间节点，在近年的春节期间大放异彩，引得万人空巷。2023、2024年成功举办春节市区文艺巡游及"迎新春"系列活动，扩大了普宁优秀传统文化的知名度，提升了城市品位和对外形象。普宁英歌伴随着其慷慨激昂的舞姿和动人心魄的鼓乐火遍网络，与英歌相关的短视频"霸屏"各大社交平台，收获数亿次点击量，吸引了中央、省级主流媒体和《环球时报》等海外报刊纷纷聚焦普宁，让普宁英歌火遍世界，进一步擦亮普宁文化名片，增强了城市的美誉度和吸引力。

（二）突出人物典型，强化示范引领

2004年，普宁泥沟英歌队教练张伯琪被广东省文化厅授予广东省首批民间艺术师称号；同年，被广东省文化厅命名为广东省第一批省级非物质文化遗产代表性传承人。2008年，普宁南山英歌队总教练陈来发被文化部命名为第二批国家级非物质文化遗产代表性传承人。2017年，普宁新坛英歌队陈进勇、富美青年英歌队教练李俊浩被命名为揭阳市第四批市级非物质文化遗产代表性传承人。2023年，陈锦瑞、陈扬波、张仲炳、张乔、陈泽凡、陈鸿合等被评为普宁市第四批县级非物质文化遗产代表性传承人。2024年，陈锦瑞被命名为揭阳市第六批市级非物质文化遗产代表性传承人。

（三）赓续英歌血脉，传承文化遗产

近年来，揭阳市积极推动"普宁英歌进校园"活动，倡导"从少儿抓起，在社区铺开"的传承方式。普宁英歌代表性传承人们，为培养英歌苗子，无私地传授自

己的英歌技艺，坚持从娃娃抓起，从小培养孩子们对英歌艺术的兴趣，推动村校结合。其中，流沙西街道南山小学、泥沟街道泥沟中学、普宁职校将英歌舞纳入第二课堂兴趣活动的必选内容，积极倡导将普宁英歌保护传承常态化、大众化。目前，全市共有6 000多名学生会跳英歌舞，极大改善原来英歌队伍青黄不接的现象。

四、经验与启示

普宁英歌通过去芜存菁、博采众长、薪火相传，在新时代焕发出远胜往日的辉煌与荣光，不仅增强了人民群众对优秀传统文化的认同感与自豪感，更是潜移默化地提高了群众对文化遗产的关注与保护，为乡村文化振兴不断注入活力。

广东省湛江市遂溪县

遂溪醒狮:
醒狮献瑞　魅力遂溪

一、基本情况

遂溪县位于广东省西南部，雷州半岛中北部，下辖1个街道、15个镇，总面积2 131.6千米^2。遂溪县有着悠久的舞狮、扎狮的历史文化。近年来，遂溪县通过"政府搭台＋群众参与"的方式，积极推广民间醒狮文化艺术，打造"醒狮之乡"品牌，推动遂溪醒狮文化艺术事业高质量发展，赋能乡村振兴。至今，全县拥有民间醒狮团队360个，高桩队伍38个，地狮258个，参加表演人员1万多人，醒狮文化事业传承活力不断增强。

二、发展历程

据相关文献记载，遂溪舞狮起源于汉朝，盛行于明、清时代，传统民俗认为舞狮可以驱邪避鬼，故每逢春节、元宵节等传统节日和开业、庆典等重大活动必有舞狮。遂溪扎狮起于清代、盛于清代，是广东省非物质文化遗产名录项目，曾被央视春晚、第四届丝绸之路国际电影节等20多场大型活动选用，成为传统文化艺术市场的焦点及创新发展风向标。2006年，遂溪醒狮被国务院和广东省人民政府分别列入首批国家级非物质文化遗产名录和省级非物质文化遗产保护名录，进入联合国教科文组织数据库，成为全球性的醒狮品牌；2008年，成功参加北京奥运会开幕式，让全世界领略到遂溪醒狮的独特魅力；2009年，遂溪县旅游局在中国工商总局成功注册商标"醒狮之乡"。

三、典型做法与成效

（一）厚植文化优势

遂溪县委、县政府高度重视舞狮和扎狮的挖掘、保护、传承和发展，充分发挥政府资源整合、平台搭建的作用，鼓励支持民间艺术团队走向全国、走向世界，推动遂溪醒狮特色文化艺术事业不断发展壮大。遂溪舞狮凭借扑跃翻腾，矫健如风的身姿和集武术、杂技、舞蹈于一体的表演技艺，每年代表中国出访世界各国，弘扬醒狮文化，让全世界领略遂溪醒狮的独特魅力。

（二）扩大品牌影响

遂溪遵循"积极保护、合理开发、有效利用、鼓励竞争"的原则，推动"遂溪醒狮"文化品牌与现代生活连接。通过举办2023年广东省龙狮锦标赛文艺晚会、2023年海峡两岸醒狮文化交流启动仪式等系列大型活动，应邀参加成都国际非物质文化遗产节开幕式、第四届丝绸之路国际电影节闭幕式、亚洲文化旅游展等200多场大型表演，进一步拓宽国内国际醒狮交流、合作渠道，扩大"遂溪醒狮"品牌影响力，助力遂溪醒狮文化繁荣发展。

（三）深化产业发展

遂溪县承借"遂溪醒狮"品牌东风，创新特色文化产业新业态。一是传承创新狮具制作工艺。注重狮头、彩龙等彩扎制作，每年创收500多万元，推动制作厂发展，精美成品"荧光狮头"获全国民间文艺最高奖"山花奖"灯彩大赛银奖、广东省第二届花灯文化节金奖等多个奖项。二是推动醒狮艺术市场化经营。遂溪县成立醒狮艺术委员会，指导醒狮表演团队不断提高艺术水平，鼓励其积极参加国内外商业性演出、培训等活动，引导结合产业发展，实现经济效益增长。醒狮表演团队将部分收益捐赠于美丽乡村建设，助力乡村文化振兴。三是实现农文旅融合发展。遂溪县围绕醒狮文化主题，有机结合农业、加工业、休闲旅游、电商平台、美丽乡村等资源优势，打造特色鲜明、示范带动能力强的乡村振兴示范样板，推动遂溪旅游经济发展。

（四）加强人才建设

遂溪县举办"中国醒狮之乡国家级非遗——遂溪醒狮传承与发展研讨会"，非遗醒狮进校园、进社区、进乡村等公益宣传活动，组织学生醒狮团到各地参加公益性展演活动，拓展宣传渠道。成立遂溪文化艺术学校醒狮基地、遂溪龙湾广东省舞狮传承基地等狮艺培训基地，通过开展遂溪醒狮传承与发展培训活动，加大非遗人才培养力度。利用寒暑假，开设中小学生的狮舞培训班，培训传承狮舞技艺，推动遂溪醒狮事业发展壮大，助力"遂溪醒狮"品牌走出一条民俗传承、艺术创新、道具产销、人才培养的振兴道路。

遂溪高桩狮凌空飞跃展英姿

遂溪传统狮舞——狮贺丰收

四、经验与启示

（一）文化自信是保护和传承的根本

立足实际，坚持人民群众文化传承的主体地位，党委、政府发挥引导职能，制定有效的宣传教育措施，引导群众坚持文化立场，树立高度的文化自觉和文化自信，尊重传统优秀的特色文化，培育好发展好非遗文化，打好文化传承的坚实"地基"。

（二）转化创新是传承和发展的关键

传承是发展的前提，发展是传承的要求，而不断推陈出新、革故鼎新才是传承和发展的关键。文化发展要紧跟时代步伐，按照新时代新要求对非遗文化的内涵加以补充、拓展、完善，增强其影响力和号召力，既要批判地继承，更要创新地发展，按照时代特点，赋予非遗文化新的时代内涵和表达形式，才能激活和延续其生命力。

（三）人才培养是发展和繁荣的核心

文化发展，人才为本；文化繁荣，人才为先。党委、政府坚持党管人才原则，加大政策扶持，加快培养德才兼备、锐意创新、结构合理的文化人才队伍，既要培养高层次领军人物，也要培养技术强、素质高的专业人才队伍，同时积极发动群众参与，让群众成为文化保护、传承和发展的重要力量。通过文化发展赋能乡村振兴，丰富群众精神文化生活，拓宽富民兴村新路径。

花朝戏：
传承发展非遗　助力乡村振兴

一、基本情况

紫金县是客家人聚居地。客家人素有吃苦耐劳、崇尚文化的品格，以信奉佛教、道教为主，他们在落后闭塞的山区勤劳耕作，繁衍生息，并创造了丰富的农耕文化。山野劳作唱山歌，新春醮会舞春牛、纸马，婚丧喜庆吹八音、唱歌册，酬神祈福做神朝，是民间常见的风俗，此外，龙、狮、象、凤、麒麟、花灯、花船等民间歌舞也广为流行。正是在这种文化环境中，逐渐孕育形成了最具代表性的戏种——花朝戏。

二、发展历程

花朝戏是在"神朝"基础上，吸收民间歌舞和说唱音乐发展起来的地方小戏种，用客家方言演唱，形成于广东省紫金县，流行于广东省中东部客家地区，至今已有一百多年历史。1963年，现代花朝戏《苏丹》作为参演节目在广州参加会演，剧团主要演员受到周恩来总理亲切接见。1988年，中国戏剧家协会主席曹禺为剧团亲笔题赠"山沟里的山茶花"。2006年，花朝戏被列入首批国家级非物质文化遗产名录。

紫金县花朝戏剧团组建于1958年，2012年，按国有文艺院团体制改革要求和剧团的实际，设立"紫金县花朝戏传承发展中心"，将花朝戏剧团职责划入，同时保留"紫金县花朝戏剧团"牌子，核定编制45人，属公益一类事业单位，履行相关传承保护职责。目前，花朝戏代表性传承人共有5人，其中，国家级传承人1人，省级传承人1人，市级传承人3人。

三、典型做法与成效

（一）常态化开展传承普及推广活动

县委、县政府高度重视花朝戏传承与保护工作，先后成立"紫金县非物质文化遗产保护工作领导小组"，制定《紫金县花朝戏保护方案》，印发《关于在全县中小学推广普及花朝戏艺术的通知》等文件。2018年，花朝戏剧团建团60周年之际，县

2022年花朝戏送戏下乡展演活动

委、县政府印发《紫金县花朝戏传承发展五年计划（2019—2023年）》，出台详细保护措施。截至目前，花朝戏推广普及示范单位27个，组织业务骨干开展常态化教学，平均每年培训中小学生近300人。此外，每年暑假期间，花朝戏传承发展中心都会开展一次公益性花朝戏少儿培训班。

（二）采用"请进来、送出去"人才培养模式

"请进来"，是聘请戏曲院校老师到花朝戏传承发展中心培训演艺人员；"送出去"，是借助中国剧协艺术培训中心、省艺术研究所、"戏曲艺术人才培养'千人计划'"等平台，支持创作人员赴省级以上艺术院校培训。邀请教师来花朝戏传承发展中心培训一次，选送1～2名编创人员外出学习。2022年，在县委、县政府的支持下，中心委托梅州市艺术学校培养16名三年制戏曲中专生，增强花朝戏传承发展中心的人才储备力量。

（三）做好送戏下乡活动

紫金县花朝戏传承发展中心积极贯彻落实《广东省建设文化强省规划纲要（2011—2020年）》和《广东省精神文化民生工程实施方案》精神，结合县委、县政府要求，把优秀传统文化和乡村振兴建设结合起来，通过开展"送戏进校园、进乡村、进社区"活动，真正把中华优秀传统文化送到老百姓家门口，让大家在增强文化自信的同时，更真切地感受"幸福就在身边"，从而为实现乡村振兴战略营造文明、健康、欢乐、和谐的浓厚文化氛围。

（四）开展特色传承活动

一是举办戏迷擂台赛。2018年以来，举办多期"花朝戏戏迷擂台赛"，赛区扩大到苏区、中坝、九和、凤安、蓝塘等镇，基层群众广泛参与，深受群众欢迎，获

传统花朝戏《三看亲》

得群众的一致好评。二是举办花朝戏融湾活动。2018年，在市委宣传部的指导下，县委、县政府主办河源市首届花朝戏剧文化艺术周暨紫金融入粤港澳大湾区戏剧艺术交流活动，邀请湾区城市多个剧种同台展演。2019—2021年，中心积极加强与深圳花朝联谊会的沟通，每年在紫金县城举办紫惠深港花朝戏联谊融湾活动。三是协助有关部门创排宣传节目。中心围绕红色革命题材、乡村振兴、脱贫攻坚、廉政文化、社会主义核心价值观、扫黑除恶等主题，积极配合有关部门排演税务宣传小戏《相儿媳》、司法宣传小戏《保典》《砍树风波》等节目。

四、经验与启示

（一）党委、政府支持是保障

近年来，县委、县政府高度重视花朝戏的传承与保护工作，在政策文件颁布、经费、场馆等方面给予保障，先后成立了"紫金县非物质文化遗产保护工作领导小组"，制定《紫金县花朝戏保护方案》，印发《关于在全县中小学推广普及花朝戏艺术的通知》等文件，促进了花朝戏的传承与发展。

（二）戏曲人才培养是关键

人才是戏曲事业发展的第一要素，是戏曲艺术薪火相传、持续发展的根本所在。近年来，中心采取多种方法促进花朝戏艺术人才及传承人的培养。

（三）为民服务是根本

花朝戏送戏下乡活动是一项重要的文化惠民工程，是党和政府为民服务、关爱民生的具体举措。通过开展一系列文化惠民活动，有效促进乡村建设发展。

广西壮族自治区梧州市岑溪市

牛娘戏：
牛娘文化激活乡村发展新动能

一、基本情况

岑溪牛娘戏是广西岑溪市一种起源于"舞春牛"农事娱神活动的地方戏曲，因其用岑溪话演唱、以岑溪民间传统曲调为主、主要的流行区域为岑溪而得名。岑溪市充分挖掘岑溪牛娘戏潜能，将"非遗传承+"做实做细，搭建好平台，激发编剧创作人的动力与灵感，创作出适应社会和市场需求的新内容及新表现形式，实现牛娘戏非遗文化传承与戏剧作品经济价值创造的深度融合，全力助推乡村文化振兴。

二、发展历程

岑溪牛娘戏主要以唱为主，唱腔优美动听，唱词比兴有韵、诙谐风趣、通俗易懂，"爆肚"（即没有完整的剧本，唱词和道白随口而出）是牛娘戏的一大特色。牛娘戏经历了原始时代至秦汉时期民间在劳动生产和生活中敬牛舞牛习俗和崇尚龙母的孕育起源期，汉代至元末明初是"唱春牛""爆肚戏"的萌芽转型期，明代至民国是从爆肚戏到有完整剧本、器乐伴奏和表演程式的形成成熟期，新中国成立至今是螺旋形的发展振兴期。

2007年，岑溪牛娘戏被列入广西第一批自治区级非物质文化遗产名录。2008年、2011年、2018年岑溪三次以牛娘戏为主要特色被文化部命名为"中国民间文化艺术之乡"。截至目前，岑溪市已组建100多支牛娘戏业余团队，创造新剧目100多部，年均演出2 000多场次，人均增收5 500多元。

三、典型做法与成效

（一）搭建"平台"，牛娘戏传承"兴"起来

该市成立牛娘戏协会、民间艺术家协会，以牛娘戏基地为中心，活用镇级综合文化站、村级公共服务中心戏台，开展戏曲进乡村、进校园等活动。近5年，共打造牛娘戏基地8处，110多支业余团队深入290个行政村（社区）演出1万多场次，观众达200多万人次，实现戏曲进乡村全覆盖。此外，开设牛娘戏培训班84期（次），

累计发展业余文艺（牛娘戏）团队100多支，团队成员数量累计超过1 150人。

（二）融合"中心"，牛娘戏创作"新"起来

岑溪市巧用"牛娘戏+"赋能，推动产业发展、党史学习教育等中心工作更有新意、更见成效。聚焦"牛娘戏+古典鸡产业"，创作《鸡环》《鸡笼》等现代剧目品牌。围绕"牛娘戏+党史"，在全市举办庆祝中国共产党成立100周年"感党恩跟党走""百年百队千场万人牛娘颂党恩"活动1 300多场，受益群众达35万人次。

（三）打造"精品"，牛娘戏品牌"响"起来

岑溪市坚持在守正创新中推动牛娘戏传承和发展，在持续唱响350多个传统剧目和250多个现代剧目的基础上，打造了80多个牛娘戏剧目品牌，推选《鸡环》《戏缘》《抢父亲》《山村逸事》《柑桔缘》等牛娘戏精品参加全区基层群众文艺会演、全区小戏小品剧展、全区农民文艺会演等大型赛事。据统计，牛娘戏10次参加自治区基层文艺汇演，9次获奖。牛娘戏精品6次在中央电视台、文化部牵头举办的相关活动等平台进行展示。2022年2月10日，"欢乐过大年·喜迎冬奥会——我们的美好生活"岑溪市糯垌镇绿云村"村晚"在国家公共文化云、广西文化和旅游厅平台等同步直播，向全国各地观众展示了广西新农村、新气象、新面貌，彰显生机勃勃的广西群众文化新活力。

（四）多向"传播"，牛娘戏致富"带"起来

牛娘戏不仅丰富了群众的精神文化生活，也使群众实现了增收致富。110多支业余团队每年通过受邀参加寿宴、庙会等表演，年可创收超过640万元。同时，越来越多的业余牛娘戏团队在抖音、快手等短视频平台开展直播演出，既传播了牛娘

2021年6月，"百年百队千场万人牛娘颂党恩"走进大业镇新村

2022年5月，牛娘戏歌《阿哥阿妹唱山歌》亮相央视戏曲频道《一鸣惊人》栏目

戏，又通过短视频流量变现实现了创收。

四、经验与启示

（一）党委、政府引导与社会参与相结合，形成传承振兴合力

文化振兴是一个涵盖多方面工作的系统工程，需要党委、政府的引导支持以及广大群众和社会各界的共同参与，才能实现文化振兴的目标。岑溪市党委、政府高度重视牛娘戏的传承与发展，工作上指导、业务上引导、人才上集聚、政策资金上扶持牛娘戏的创作、演出等工作，为牛娘戏的持续创新发展创造良好的工作条件和工作环境，确保牛娘戏得以持续稳定发展。

（二）基层综合文化中心与公共文化资源相结合，探索传承振兴新路径

岑溪市共有1个图书馆、1个群众艺术馆、1个博物馆、14个乡镇综合文化站、244个村级公共服务中心戏台、7个牛娘剧场，这些基层村级综合性文化服务设施为戏曲进乡村提供了展演的阵地，也为深入推进文化进万家演出、戏曲进乡村进校园、公益培训、文化艺术展览等惠民工程提供了基础保障，助推了乡村文化的繁荣发展。

（三）以文铸魂、以文化人，为文化振兴强基铸魂

尊重和保护文化的多样性，既不能盲目跟风西化，也不能固守旧有的传统观念。岑溪市坚持以文铸魂、以文化人、以文兴业，积极守正创新，充分发挥文化助推乡村振兴强基铸魂作用，为乡村振兴提供了强大的精神动力。

（四）强化队伍，优化人才，为文化振兴凝聚传承力量

岑溪市利用牛娘戏协会和民间文艺家协会两个平台，通过传、帮、带完成了新旧蜕变，组成了一支支创编能力较强、演出效果较好且深受广大群众喜爱的牛娘戏业余文艺团队，促进了牛娘戏文化活动的开展与交流，推动牛娘戏的挖掘和保护。

广西壮族自治区百色市田林县

北路壮剧：
小舞台唱出文化振兴大戏

一、基本情况

田林县位于广西壮族自治区西北部，地处滇桂黔三省（区）交界，居住着壮族、汉族、瑶族、苗族、彝族等5个世居民族，面积5 577千米^2，总人口27万。国家非遗项目——北路壮剧是田林县壮族人民创造的一种戏剧形式，属于操着北路壮话方言的地方戏曲，具有独特的唱腔和表演程式。近几年来，经过县委、县人民政府多年的传承和发展，北路壮剧已成为全县汉族、壮族、瑶族、苗族等共同的民族文化瑰宝，构成了田林县乡村振兴"灵魂"的一个重要符号。

二、发展历程

北路壮剧发展至今已有300多年的历史。据史料记载，公元1765年，旧州镇那度村杨六练组建"龙城班"，在旧州街上搭建木台演戏，采用北路壮话曲调进行演出。北路半剧从八音坐唱起步，经历板凳戏、门口戏、游院戏、平地戏、搭台戏等阶段。咸丰到光绪末年达到全盛期，有戏班25个、剧目180个、曲调52个，角色分为生、旦、武、丑四大行当，囊括24个小行当。

目前，成立了田林县国家级非物质文化遗产保护传承展演中心，这是一个专业的北路壮剧团。全县各村屯共有120个业余北路壮剧团，演员约4 000人，平均67人中就有一名业余壮剧演员。以田林县为中心，北路壮剧广泛流传于广西百色市的右江区、凌云县、隆林各族自治县、西林县，以及云南省、贵州省部分地区，深受桂、滇、黔三省区壮族、布依族群众喜爱。田林县至今已经举办了14届壮剧艺术节，深入开展保护、推介和繁荣工作，擦亮"中国壮剧之乡"这一文化品牌。北路壮剧被列入第一批国家级非物质文化遗产保护名录；田林县被文化部授予"中国民间文化艺术之乡（壮剧）"的称号。

三、典型做法与成效

（一）以村为载体，实现保护传承发展

按照"保护为主、抢救第一、合理利用、传承发展"方针，推进北路壮剧创新

发展。**搭建平台**。政府投入资金建设一批农村戏台，确保"哪里有剧团就在哪里建舞台"，并配套灯光、音响等设备，全县165个村（社区）实现了一村一戏台，总数量超过180个。**保障经费**。设立剧团发展扶持基金：2016年起每年向正常活动的剧团提供1万元扶持基金，保障在道具、乐器、服装上的基本支出。2017年起每年安排10万元剧本创作扶持专项资金，对壮剧剧本创作者给予扶持。**培训辅导**。采取集中培训和分散辅导结合方式，培训内容包括化妆、表演、导演、编剧、乐器等。**打造精品**。打造了《一双布鞋》《九品官办宴》《和谐家庭》等壮剧小戏，分别在国家级、自治区级大赛中获奖。**理论研究**。邀请中央民族大学梁庭望教授等全国知名民族艺术学者到田林县探讨壮剧文化，出版《壮剧艺术与非物质文化遗产保护》《北路壮剧概论》《广西北路壮剧教程》等著作。**培育新人**。部分中小学校把壮剧作为办学特色，打造良好的校园文化，如县第一小学开设了"壮剧班"和"壮剧操"课程，田林县田林中学、田林县初级中学、田林县乐里镇中心校等开设了"花扇舞"课程。

（二）以群众为主体，实现"演戏自由"

田林县坚持群众主导原则，放手让群众自编自演，以自娱自乐方式，满足群众对文化的需求，实现"演戏自由"，提升群众生活幸福感。**村村寨寨唱戏**。每年各村的"村晚""祭瑶王""销正月"等节庆和民俗活动，都以北路壮剧为主干，各民族群众载歌载舞，共享太平盛世，推动各民族文化枝繁叶茂，促成"瑶族铜鼓舞""祭瑶娘""抛沙包"等民俗入围国家级、自治区级非物质文化遗产名录。**戏曲进乡村演剧**。每次戏曲进乡村，都要求村里出两个以上的壮剧节目参演，实现壮剧"每月一场戏"。**民族团结"大合唱"**。在北路壮剧这一群众喜闻乐见的艺术形式中，融入乡风文明、民族团结等内容，编排成壮剧节目。如潞城瑶族乡丰防村瑶族群众通过"度戒""山歌"等，破除"三野四乱"和烦琐婚俗陋习；利周瑶族乡福祥村挖掘壮

2023年田林县北路壮剧艺术节开幕式

戏文化，建设村级"综合文化展馆"，展示壮戏及农耕等文化，以文育村、以德树人，2021年被认定为"全国乡村治理示范村"。

（三）以壮剧艺术节为平台，实现文旅融合

田林县通过举办壮剧艺术节、扶持民俗活动，让群众成为表演的主角，100多个村先后举行"吼敢""回娘家""祭瑶娘"等民俗活动，北路壮剧都是表演重头戏。从2007年开始，田林县已经成功举办14届壮剧艺术节，每一届都有品美食、展服饰、招商等活动，吸引县内外游客前来，有效促进文旅融合。2023年田林壮剧艺术节，仅招商推介会就成功签约项目总投资30.2亿元。

四、经验与启示

（一）党委、政府的正确引导

县委、县人民政府把北路壮剧作为文化发展的重要任务，在内容、形式、艺术等方面，指明了方向；在人财物方面提供保障，解决了壮剧发展中的困难和问题。

（二）深厚广泛的群众基础

北路壮剧能够延续300多年，群众的喜爱有增无减，主要原因是人民群众的积极参与。田林县坚持壮民族语言特征，由群众组织剧团，自编自演。

（三）打造艺术精品品牌

在传承发展北路壮剧过程中，田林县着重打造艺术品牌，培育"看点"，创作了一系列艺术精品，使"草根"壮剧具有时代性，走向国家舞台。

（四）注重多元融合发展

通过举办艺术节，把北路壮剧与各民族文化融合发展，打造出"爱善村现代农庄"等一二三产业融合发展的农文旅项目。

田林县北路壮剧展演

重庆市铜梁区

高楼火龙：
"龙舞之首" 助力增收

一、基本情况

高楼镇位于铜梁区西北部，距铜梁城区33千米，辖区面积26.47千米^2，因旧时场镇一戏楼匾题"楼高百尺"而得名，是"铜梁龙"文化的发祥地。"铜梁龙"作为重庆十大文化符号之一，被誉为"中华第一龙"，是中华优秀传统文化的代表。2006年，铜梁龙舞入选首批国家级非物质文化遗产名录；2021年，铜梁龙灯彩扎入选第五批国家级非物质文化遗产代表性项目名录扩展项目名录。近年来，铜梁区深入学习贯彻习近平总书记关于弘扬中华优秀传统文化的重要论述，深入挖掘铜梁龙文化内涵，精心打造铜梁龙文化品牌，发展壮大龙文化产业，着力推动铜梁龙文化创造性转化、创新性发展。

二、发展历程

远自巴国时代，现铜梁区高楼镇一带就有"祭龙求雨"的龙文化活动，后来逐渐形成水上划龙舟、岸上舞龙灯的民俗文化。高楼火龙作为铜梁地方文化的缩影，具有鲜明独特的符号象征意义和区域文化特质。2006年5月，"中华第一龙舞"铜梁龙舞入选第一批国家级非物质文化遗产名录，起源并发展于铜梁高楼镇的"火龙龙舞"被冠为"龙舞"之首，铜梁火龙龙舞队作为国家体育总局命名的第一支"国家舞龙队"，多次受文化部派遣参加中外文化交流，在海内外享有盛誉。

三、典型做法与成效

（一）加强传承与保护

成立龙文化发展研究中心、中国群众文化学会龙灯龙舞委员会，举行铜梁龙·中华龙渊源研究学术交流会，开展龙灯龙舞文化理论研究、传承发展、对外交流等讨论，激活铜梁龙文化基因。建设龙文化演艺中心、龙舞艺术传承实验基地，形成《铜梁龙舞艺术普查汇总本》，建成"铜梁龙舞"基础档案并实现数字化。成立国家竞技舞龙队、铜梁龙艺术团，制定《铜梁龙舞规范》《铜梁龙舞道具制作规范》两项重庆市地方标准，编撰出版《龙舞基础与教程》并在全区各中小学校推广。充

春节期间在商圈中心进行火龙表演

分发挥非遗传承人作用，着力挖掘培养龙灯龙舞非遗传承人和接班人，截至目前，涉及龙舞艺术方面的非物质文化遗产有31个，龙舞艺术方面的传承人达58人。大力推动龙舞艺术进校园、进课堂、进教材，全区每所中小学校均组建舞龙队，定期组织学生举行龙舞展演活动和龙舞艺术节活动，进一步拓宽发现人才、挖掘人才渠道。

（二）加强文化传播与推广

每年春节在城区组织火龙表演、举办龙灯会，每年元宵节举办一镇一品龙文化特色文艺精品创作展演，在安居古城、玄天湖、奇彩梦园等景区常年组织开展龙舞民俗文化表演活动，形成了春舞竹邦龙、夏舞荷花龙、秋舞稻草龙、冬舞火龙的浓厚龙文化氛围。组织龙文化演艺公司，积极参与国内各个省市和各大城市的龙舞演出活动。铜梁龙舞曾先后参加庆祝新中国成立35周年、50周年、60周年、70周年的国庆群众联欢演出和2008年北京奥运会开幕表演，特别是在2019年，新中国成立70周年庆典上，铜梁龙以"世界一流、历史最好"的雄姿舞出了堂堂华夏之风、泱泱大国之势。此外，还参演了上海世博会，连续三年受邀到中国台湾巡演。大力实施龙文化走出去战略，铜梁龙连续两年参加美国纽约时报广场新年倒计时盛典，先后远赴30多个国家和地区开展300余场文化交流，备受海内外人士的广泛赞誉。2019年元宵节期间，境外300余家媒体对铜梁龙文化进行推介，外国民众通过欣赏龙舞艺术深化了对中国的认识。

（三）做大做强产业链

设立5 000万元龙文化企业孵化专项资金，制定完善扶持政策，建立科学扶持评估机制，重点资助扶持与铜梁龙文化相关联的文化企业。成立龙文化传播公司，引进小微文化企业，重点发展龙灯彩扎、销售和龙舞培训、表演等企业，力争做强龙文化产业，助推优秀传统文化从长远上得以传承弘扬。建成国家级龙灯彩扎基地，采取"公司＋农户"经营模式，开发龙灯主题系列产品120余种。加强与高等院校合作，设计制作龙形雕塑、龙绣、竹（藤）编龙等以龙文化为主题的文创产品，形成完整的龙文化产品开发、制造、销售产业链条。2019年，首届重庆铜梁中华龙灯艺术节吸引海内外71家主流媒体宣传推介，超过300万网民关注并参与直播活动，吸引400余万外地游客来铜梁观看龙灯龙舞，实现旅游收入12.5亿元，也实现了"办好一个节会、传承一批技艺、壮大一个产业、富裕一方百姓"的目标。

四、经验与启示

（一）形成文化共识是基础

舞龙文化是中华民族的文化瑰宝之一，它蕴含着丰富的文化内涵和深刻的人文精神。要在实践中最大限度地争取人民群众对中华优秀传统文化的认同，筑牢中华优秀传统文化的根和魂，增强文化自信。

（二）强化品牌价值是支撑

文化产业的发展离不开文化品牌的建设，传统文化产业更是如此。要用精益求精的文化品牌来支撑和展现中华优秀传统文化，让文化通过文化品牌传承弘扬开来。

（三）文化传承保护是关键

传承非物质文化遗传，人才是关键。后继有人，才有发展活力。要充分发挥能人巧匠的示范带动作用，加强对乡村本土文化人才的培育，促进文化消费，扩大就业，不断调动农民的主动性、创造性，增强农业农村发展活力。

（四）共享文化生活是目的

铜梁龙舞发源于民间，是古代巴民族龙蛇信仰在现代的遗存，具有巴渝文化特色。文化发展要以满足人民精神文化需要为出发点和落脚点，不断丰富群众的文化生活，增强人民的精神力量。

节假日期间在玄天湖广场进行火龙表演

四川省乐山市沐川县

沐川草龙：
让一把稻草"脱胎换骨 腾云驾雾"

一、基本情况

沐川县位于四川盆地西南边缘小凉山余脉五指山北麓、乌蒙山区西北部，地处岷江、大渡河、金沙江的腹心地带，辖区面积 1 408 千米²，辖 13 个乡镇，户籍人口 25 万人，森林覆盖率达 77.34%，享有"中国天然氧吧""绿色明珠"等美誉。沐川草龙又称黄龙，是由稻秆编扎而成的一种杂耍龙灯，每逢春节，当地居民便舞草龙庆祝，是农耕文化、民俗文化的代表性展现。

二、发展历程

相传在唐朝开国之初，李世民率军征伐各地割据势力，因过度劳累，倚大草堆入梦。梦中，身着黄袍，乘驾草龙，由四周灵兽保驾，巡行神州各地。后来，李世民成为唐太宗，应了梦境。为了答谢草龙给他的瑞兆，在贞观二年（628年），他下令全国各地举行舞草龙比赛。于是，全国各地纷纷扎制草龙，进京参赛。开赛那天，在众多飞舞的草龙中，有一条草龙灵动矫健、翻腾飞舞且灵性十足，一下引起了唐太宗的注意。经查，那条草龙由西蜀剑南道嘉州玉津县（今沐川县）进献，唐太宗在重奖之余，御封玉津县为"草龙之乡"。从此，每逢春节，沐川百姓便编扎、舞耍草龙，举行"二月龙抬头""拜年批红祈福""拜年取红摘福"等民间风俗活动，祈求风调雨顺、五谷丰登。

近年来，以陈焕彬为代表的非遗传承人，积极对沐川草龙编扎技艺进行改进，带领沐川草龙走向更宽广的舞台，让草龙编扎舞耍成为民间民俗文化中一抹绚烂的色彩。2008年6月，沐川草龙入选国家级非物质文化遗产名录；2011年3月，荣获国家市场监督管理总局授予的"沐川草龙地理标志集体商标"；2018年，成立沐川草龙工作室，工作室拥有专职编扎技工10余人，年制作草龙产值100余万元，销售收入50余万元，开展草龙演出150余场，表演队伍曾多次亮相国家、省各类展演，先后参与了中央电视台、湖南卫视等电视台节目的录制，受到四海宾朋高度赞扬和喜爱，成为宣传、展示沐川的一张靓丽文化名片。

沐川草龙表演庆祝春节

三、典型做法与成效

（一）扩大草龙品牌影响力

沐川县在传承保护民间传统文化的同时，积极主动地将沐川草龙推向市场，除了参加各种博览会，还成立了沐川草龙协会，推动市场化发展，不断加强草龙品牌的打造。2003年12月，草龙传承人编制总长度200.8米（象征2008年的北京奥运会）的草龙，成功申报吉尼斯世界纪录，被评为世界上最长的草编龙。沐川县积极组建"沐川草龙"编扎舞耍传承培训基地，成立"沐川草龙"艺术团、"沐川草龙"威风锣鼓表演队等民间文艺队伍，到各地开展交流展演活动，多次亮相国家、省、市、县的各类展演，先后参与了中央电视台《乡土》、湖南卫视《天天向上》等节目的录制，沐川草龙这条来自民间的"草根"，逐渐舞向了世界。

（二）培养草龙艺术传承人

沐川草龙积极通过社会教育和学校教育等途径，主动传授草龙编扎舞耍技艺，一是向子女、侄辈传授技艺，使沐川草龙编扎后继有人；二是在沐川县职业学校组建了"沐川草龙编扎舞耍基地"，使编扎技艺和舞耍技巧得到了进一步的传承与发展。2021年沐川县第二实验小学开设了一门全新的课程——国家非遗传承·沐川草龙文化，受到学生们的喜爱。学生们在草龙非遗传承人的指导下，掌握了基本的草龙编扎技艺和舞耍技巧，提高了对非遗文化的认识和了解，推动了传统技艺的传承和发展。

（三）开拓沐川草龙文化市场

沐川草龙农村手艺文化历史悠久，发展农村文化产业空间广阔、潜力巨大。通过将以沐川草龙民间手工艺为代表的农村文化产业，与发展农村特色产业、建设生

沐川实景剧《乌蒙沐歌》草龙表演

态文明乡村结合起来，充分发挥文化在促进农民增收、培育高素质农民、建设社会主义新农村中的重要作用。沐川草龙传承人成立沐川草龙工作室，吸纳附近农民工10余人，年工资性支出30余万元，其中脱贫人口2人，年助农增收6余万元，工作室年制作草龙产值100余万元。

四、经验与启示

（一）党委、政府引导是保障

党委、政府加强政策引导，制定有效的政策措施，保护优秀传统文化，让传统优秀文化得到传承与发展。加强监督考核，实行发展评选，激励传承创新，结合市场发展规律，充分调动市场积极性，实现资源的有效配置，增强非遗文化的发展活力与竞争力。

（二）乡村工匠培育是关键

乡村振兴离不开人才的引领驱动，培育"乡村工匠"是实现乡村振兴的关键。把人力资源开发放在首要位置，强化乡村振兴人才支撑，充分发挥人才振兴与乡村振兴之间双向互惠机制的作用，让更多优秀人才愿意来、留得住、干得好。

（三）加强保护传承是路径

乡村特色文化，既是乡村的名片，也是乡村的灵魂。加强乡村特色文化保护、传承，着力推进乡村文化振兴，激发乡村振兴内生动力，让"居民望得见山、看得见水、记得住乡愁"。沐川草龙以独特的方式，代表沐川乡土艺术文化振兴乡村，充分彰显了乡村作为乡土艺术载体的重要意义。采用"老瓶装新酒""新瓶装老酒"的创新理念，将草龙文化的保护与传承纳入县域经济社会发展规划，修建沐川草龙专项展馆，培育草龙传承人，制作宣传片，组织参加各类活动，使乡土艺术得以传承和发展。

四川省巴中市平昌县

翻山饺子：
饺韵传真情　共筑振兴路

一、基本情况

平昌县位于四川东北部，辖区面积2 229千米²，总人口101万，下辖1个省级经开区、3个街道、28个镇、393个村，全国文化先进县、中国民间文化艺术之乡、全国休闲农业与乡村旅游示范县、省级乡村振兴重点帮扶县。近年来，平昌县以政策引领、传承创新、文旅融合、品牌培育为抓手，持续擦亮红色文化、民俗文化（国家级非物质文化遗产"翻山饺子"）、茶文化"金字招牌"，形成文旅、茶旅、农旅融合发展模式，走出了一条弘扬传统文化、繁荣公共文化、振兴乡村文化、助推县域经济高质量发展之路。

二、发展历程

翻山饺子与巴渝舞同出一脉，由"公傩戏"演变而来，原为古巴蜀人祭祀时一种挥舞和击打铜质小镲"饺子"的男性舞蹈。它起源于清咸丰七年（1857年），

传统翻山饺子特色文化表演

距今已有一百六十多年历史，主要流传于四川平昌一带，为民间艺人冯白仁首创。"铰子"本是巫师跳神驱鬼所使用的法器，当地居民遇到灾病，便会邀请巫师击打铰子，以或风趣或优美的动作愉悦鬼神，使之不再为害。清代末年在婚嫁、寿诞等各种喜事场合得到广泛应用，逐步形成舞蹈样式。新中国成立后，翻山铰子的娱乐功能得到充分发挥，逐步发展成为"跳喜不跳丧"的特定形式，"离了和尚不念经，离了铰子不送亲"的说法在民间广为流传。在新中国成立初期的"土改"中，翻山铰子抒发了农民无比强烈的翻身感，曾被称为"翻身铰子"。百余年发展，翻山铰子已成为极具巴人文化特色和地域特点的民族民间舞蹈，被誉为巴渝文化的活化石，至今已发展"吴、郭、谭、岳"四大派系，其创新衍生的高台铰子、平地铰子、异形铰子等表演形式深受群众喜爱。2007年代表四川省参加第十四届广场舞比赛，获群星奖，2008年被列入第二批国家级非物质文化遗产名录。

三、典型做法与成效

（一）政策支撑，赋能发展新起点

出台《平昌县"翻山铰子"保护传承办法》《平昌县非遗传承人保护办法》，编制《平昌县"翻山铰子舞"发展规划》，县级财政每年拨付预算经费30万元，专项用于"中国民间文化艺术之乡"建设，重点围绕传统舞蹈翻山铰子补齐发展要素，实现镇镇有一支翻山铰子队伍，有一批翻山铰子骨干，有一台翻山铰子特色文艺节目，每月开展一次活动，把平昌县建设成为享誉国内的"翻山铰子之乡"。

（二）传承创新，注入时代新活力

全县现有国家级、省市级非遗传承人5人，培养本土非遗传承人38人，组建"翻山铰子服务队"等民间文艺队伍3支，发展表演骨干100余人、文艺志愿者60余人。将非遗传承与学校教育职能、学生素质拓展相结合，把翻山铰子引入全县100余所中小学。融入现代舞蹈元素，衍生创作出少儿、老年、广场、高台等多种翻山铰子表演形式，增添其时代感和观赏性。

（三）文旅融合，打造增收新引擎

以传承弘扬翻山铰子为契机，将非遗开发利用与景区建设相结合，投资4 000余万元，在皇家山建成占地10 000余米^{2}的翻山铰子文化园，配套建设雕塑、小品、文化柱和木栈道，依托发展文旅、茶旅、农旅、研旅产业，年接待游客30余万人次，实现年旅游综合收入近1.7亿元，带动周边群众年人均增收3 200元。以翻山铰子为元素，创新创编4部文艺作品，其中，《追梦》获第二届中国（武汉）文化旅游博览会"全国音乐大擂台"比赛一等奖。

（四）品牌培育，发掘非遗新价值

利用翻山铰子非遗文化，开发20余套文旅创意产品，以翻山铰子为元素设计茶盒、婚嫁首饰，分别获2019年成都国际创意周三等奖、巴中市2020年文旅产品创

新版翻山铰子在第十届巴人文化艺术节开幕式表演

意大赛金奖；以翻山铰子国家非物质文化为IP，升级设计"蛟龙出海"茶具、"欢喜铰子"船袜礼盒等，入围天府旅游名品创建名单，促成与浪莎袜业合作批量生产并上市销售，年产值达500万元以上。

四、经验与启示

（一）政策保障和机制建设是根基

面对现代化进程的加快和经济全球化浪潮的冲击，许多民间优秀传统文化的保护与传承面临严峻挑战，对非物质文化遗产的抢救、保护工作必须采取系统科学、切实有效的举措。因地制宜出台传承保护办法、适度开发利用等有关政策支持，探索构建惠当前利长远的常态长效机制，形成政府、社会、群众多方参与格局。

（二）传承开发和价值拓展是核心

地域文化开发利用，必须尊重本土文化传统特质，同时把传统文化与现代文化有机结合，深挖丰富内涵，赋能现代价值，拓宽应用空间，开发具有地域特色的手工艺产品、文创产品，推动优秀传统文化在创新性转化、创造性发展方面取得实效，实现传承利用、价值提升"双促进"。

（三）文旅融合和品牌培育是关键

文旅融合发展是旅游产业迭代升级的主要方向，要立足当地自然景色、人文景观、资源禀赋、特色产业，做好做活多元业态，打造具有流量性、吸引游客参与的地方性特色文旅项目。文化品牌是文化实力和市场竞争力的重要体现，要通过文化品牌化建设，提高地域文化的知名度，以文化引领发展，塑造地域形象。

四川省雅安市宝兴县

硗碛藏族乡：
上九节和多声部民歌　增添乡村文旅新热度

一、基本情况

宝兴县硗碛藏族乡地处宝兴县北部，四川盆地西部边缘、夹金山南麓。距县城59千米，距成都264千米，北与阿坝州小金县接壤，东邻阿坝藏族羌族自治州汶川县。地势北高南低，是青衣江的发源地，也是宝兴县唯一的少数民族乡。全乡面积937千米^2，辖咎落、夹金山、夹拉、嘎日4个村、15个村民小组，人口5 400余人。境内居住着汉族、藏族、羌族等民族，其中藏族人口占98%以上。

硗碛多声部民歌是氐羌文化与吐蕃文化融合的产物。它以二声部为主，采用"一人领，众人穿"的声部组成基本形式。领唱者为男性，常在中音声部，由领唱把握旋律先行领唱，穿唱声部随后进入。两声部的唱词、节奏以及曲调进行方向基本相同，属支声型和声结构，其和声特点为四、五度音程重叠。硗碛多声部民歌是我国多声部音乐的重要组成部分，2008年被列入第一批国家级非物质文化遗产扩展名录。

硗碛上九节是硗碛藏族的传统佳节，每年农历正月初九，藏族同胞要在夹金山下举行各种灯会，表演舞狮、舞龙等传统节目。节日当天，人们从四面八方的山沟里赶来，沿途走一路、跳一路。除了跳锅庄舞之外，还会表演龙灯、牛灯和狮灯，以及类似杂技的节目，如"狮过独木""空中取宝""二郎担山赶太阳""天鹅孵蛋"等。上九节还融入了硗碛多声部民歌、民族歌舞表演等新内容，使上九节发展成为硗碛藏族同胞展示民族文化的舞台。2009年，上九节被正式列入四川省省级非物质文化遗产名录。

二、发展历程

硗碛嘉绒藏族最早为北方迁徙而来的游牧民族。公元前384年，居住在我国河湟一带的"邛部羌人"大规模南迁，多以羌或氐羌合称其族。公元7世纪，吐蕃逐渐兼并了四川西部的少数民族，从此，川西北氐羌族部落开始解体，四川藏族地区变为吐蕃属地。随着藏传佛教和西藏民族民间音乐舞蹈的传入，传统羌氐文化与吐蕃文化逐渐融合。一方面，受藏文化影响，藏传佛教、外来锅庄"绒巴切勒"以及部分民间歌曲都与藏文化有着密不可分的联系；另一方面，传统羌氏文化的遗迹仍然存在。阿坝藏羌地区和硗碛仅一山之隔，都有多声部音乐，传统文化和主体文化形成了交融，也就形成了硗碛独特的多声部民歌。

传说盘古开天地，农历正月开始创造万物：初一造鸡、初二造狗……初九造天。人们认为万事万物是天帝对人间的恩赐，天在藏胞的心目中极其神圣且至高无上。为表达对天的敬仰，硗碛藏家便把农历正月初九称为"上九"，并将其作为自己的节日。上九节的重要性等同于汉族农历大年三十的除夕夜。每年这个日子，硗碛藏乡的男女老幼都会按照传统习俗，穿上量身定做的民族服饰，佩戴上具有民族特色的首饰，聚集一堂，共度"新年"。上九节作为硗碛乡重大节日，承载着藏族民众深厚的情感和文化内涵。在这个盛大日子里，藏族民众以歌舞的形式尽情展现他们对社会的认识和新生事物的态度。

三、典型做法与成效

近年来硗碛乡再度发掘非物质文化遗产底蕴，深入挖掘和传承嘉绒藏族优秀传统文化，结合夹金山冰雪旅游节系列活动，举办硗碛上九节、抬菩萨节等民俗文化活动，开展多声部民歌、天鹅抱蛋等国家、省级非物质文化遗产展演，拓宽了群众增收渠道，群众户均增收2万余元。

（一）发挥非遗美育价值助力人才振兴

硗碛乡嘉绒藏族文化还涌现了许多其他非物质文化遗产，如传统的捻线技艺、花腰带制作、嘉绒藏族服饰等。硗碛乡以其丰富的艺术资源与精彩的工艺实践，将民族文化精神培育融入乡村生活。将现有的文化资源与旅游业、手工产业相结合，实现文化资源向文化产品的价值转换，诸如此类的举动更加塑造了全乡上下传承、保护、利用非物质文化遗产的浓厚氛围，培育出更多的文化手艺人，发挥了民间艺人活态传承的主观能动性，更为乡村振兴提供人才支撑。

（二）转化非遗经济价值助力产业振兴

硗碛乡探索依托资源禀赋优势，以"生态＋文化＋旅游"发展模式，在全域范围内推进旅游经济发展。成立夹金山泽根文化旅游服务艺术团和宝兴县硗碛藏族乡咎落文旅公司，积极承接对外展演活动，带动村集体经济发展。借助硗碛境内丰富的红色文化资源，承接四川长征干部学院雅安夹金山分院激情教学课程，借助上九节等传统民俗文艺节持续发展全域旅游，鼓励老百姓开办嘉绒民宿。截至目前，共承接研学班200余场次、培训学员5万余人，村集体经济增收30万元/年。

（三）传承非遗历史价值助力文化振兴

积极探索非遗进景区、非遗进学校等多种创新模式，让非遗焕发新光彩，也为乡村文化振兴注入源头活水。创作《夹金山下放牧忙》及硗碛多声部民歌非遗绘本《和声的故事》等文艺作品，扩充招募夹金山艺术团成员20余人，改编、编

国家级非物质文化遗产"硗碛多声部民歌"表演

上九节日当天活动主会场五寨园

排《嘉绒四季·春》等节目，常态化开展"多声部民歌"等非遗节目进景区宣传展演活动，吸引更多游客群众来到硗碛体会灿烂多彩、历史悠久的非物质文化遗产。将硗碛嘉绒藏族优秀的传统文化，如多声部民歌、锅庄、刺绣、编织等引进校园，切实做好非物质文化遗产的传承与保护，讲好嘉绒文化故事，打响"嘉绒文化"品牌。

四、经验与启示

（一）"思想引领，筑牢根基"，探索民族特色发展之路

硗碛乡深入学习运用"千万工程"经验，以"11347"工作思路为引领，确立"一个目标"——建设嘉绒第一乡，突出"一个定位"——醉美藏乡、诗画硗碛，抢抓"三大机遇"——大熊猫国家公园建设、长征国家文化公园建设、全国民族团结示范县创建，打响"四大品牌"——红色教育、生态旅游、有机农业、嘉绒文化，抓实七项重点工作——安全稳定、基层治理、生态环保、集体经济、旅游发展、文化传承、民生保障。积极探索"民族特色＋农文旅"融合发展新路径，推进中华优秀传统文化传承发展。

（二）"红色铸魂，文化助力"，推动文旅融合高质量发展

整合文旅资源，以两大旅游景区为平台，以生态美景、嘉绒文化、红色资源为内容，开发"红色＋生态＋研学"等多种业态形式。充分发挥辖区内山川美景、传统村落、非物质文化遗产、红色遗址、传统节日等优势资源作用，打响"川西嘉绒文化体验区"旅游品牌。

（三）"薪火相传，聚力赋能"，推动民族文化传承保护与价值转换

围绕加快打造"川西嘉绒文化体验区"目标，始终坚持抓好民族文化传承保护与价值转换工作。一是动态性传承保护。通过举办藏历新年上九节和牦牛文化节等民俗文化活动，以会节活动为载体，以现场展演为形式，提升年轻人对民族文化的自豪感和认同感，唤醒民族文化传承基因。以非遗进学校、进课堂、老传承人带新传承人等方式逐渐构建起传承人培养体系。目前，硗碛乡共有21名登记在册的非遗传承人。二是多样化弘扬展示。通过组建夹金山艺术团，打造云上村寨、数字化展馆，常态化开展非遗进景区等方式，向外界讲好嘉绒文化故事，打响"嘉绒文化"品牌。三是创新性价值转换。通过特色村寨保护项目建设、能卡曼手工作坊打告、特色民宿开发以及传统美食（藏式炊壶、酥油茶）推广等方式，将现有的文化资源与旅游业、手工产业相结合，实现文化资源向文化产品的价值转换。

189

贵州省铜仁市万山区

侗族鼟锣：
铸魂乡村振兴

一、基本情况

鼟锣来源于贵州省铜仁市万山区黄道乡的打锣活动。锣与鼓在很早以前就被黄道侗族同胞广泛运用于社会生活。在民族相互融合的过程中，当地文化慢慢融入中原农耕文化，中原农耕文化也对这些原始文化产生重大影响。1991年，中央电视台到黄道侗族乡对"鼟锣"做专题采访报道。1994年黄道侗族乡被贵州省文化厅授予"鼟锣艺术之乡"。2005年12月25日鼟锣被贵州省人民政府列入第一批省级非物质文化遗产代表作名录。2006年，黄道侗族乡被文化部授予"中国民间文化艺术之乡"。2012年9月，成立鼟锣文化传习基地。从2002年开始，鼟锣被搬上文艺演出舞台，以其震撼人心的锣声，展现出其独特的民族民间文化魅力，一鸣惊人，受到社会各界的广泛赞誉。之后，"鼟锣"成了铜仁地区打开门户、对外交往、招商引资等必不可少的一张文化名片。

二、发展历程

鼟锣是万山区黄道等侗族同胞中最为独特、古老，保存最为完整的民族文化艺术，也是宝贵的非物质文化遗产。它巧妙地融合了音乐舞蹈动作，将侗族人民憨厚朴实、威猛彪悍而又开朗的性格表现得淋漓尽致，深得人们的喜爱和赞赏。

鼟锣在三姓中渐成习惯，并广为流传。鼟锣的发展和传承历史就是黄道侗族同胞的生存和发展历史，鼟锣反映了黄道侗族同胞民间大量的文化生活内容，包含黄道侗族同胞对自然、社会、历史、人生的认识，是侗族传统文化的集中表现。在中国民间以锣鼓乐器为主体的表演艺术形式中，鼟锣独特的艺术魅力与威风锣鼓相比，更加突出锣声震山动地的视听效果，体现了中华民族民间文化的丰富和多样性。

三、典型做法与成效

（一）以鼟锣文化艺术促进乡村振兴

将传统鼟锣文化展室打造为传播移风易俗新风尚的阵地。通过在鼟锣文化展室内讲解、对比旧物件旧照片与新时代移风易俗所展现的新风貌，让大家切身感受到良好的村风、民风。组织移风易俗主题宣讲，发放移风易俗宣传材料，设置体现新时代要求的移风易俗宣传展板，开展"一约四会"宣传活动等，让村民们在参观的同时，潜移默化地感受到移风易俗的意义。在矻锣文化展室内开展星级文明户、文明家庭创建、"好媳妇""好婆婆"等评选活动，用榜样力量引领村民崇德向善。把中华民族传统美德和文化艺术深度融合，以传承矻锣文化资源为载体，培育了文明乡风、良好家风、淳朴民风，焕发出乡村文明新气象。

（二）以矻锣文化艺术激发文化新活力

充分利用自然资源和文化资源优势，将矻锣文化元素融入日常生活、学生特色文化课中。邀请全区拥有矻锣文化的村寨到黄道侗族乡开展"矻锣"系列主题活动，为矻锣艺术增添新的内容。在矻锣演出的热烈氛围中，表演者身着盛装，默契配合，个个精神抖擞。通过这样的方式，矻锣文化成功地将传统文化融入人民群众的生活，让人们在欢乐祥和的气氛中感受到矻锣文化的魅力和价值。

（三）以矻锣文化艺术打造特色文旅风情

以"旅游＋文化"为抓手，积极促进乡村文化旅游发展形成了特色乡村休闲旅游品牌，为乡村旅游发展打下坚实基础。通过注入传统产业发展新动能，充分利用矻锣风情文化资源，精心打造具备游客互动性和体验性的"矻锣农家乐"等特色乡村休闲旅游项目。逐步形成以"矻锣人家"为主题，结合香柚休闲采摘的乡村休闲旅游特色品牌，大力发展农家乐餐饮和乡村旅游业，走出了一条以民俗促产业的新路子，推动产业发展取得新成效。

四、经验与启示

一是要优化矻锣文化保护与传承。首先针对矻锣文化，深入挖掘传统文化渊源，制定符合本地实际情况的文化保护和传承策略。出台更加完善的法律法规和政策措施，为矻锣文化保护和传承提供更加有力的保障和支持。其次，利用现在新媒体的力量为矻锣文化保护和传承提供新的途径和方式，激发人们对矻锣文化的兴趣和热爱，让更多的人了解和欣赏矻锣文化，组建专业团队对矻锣文化进行创新性开发，赋予传统文化新的时代内涵。

二是要融矻锣文化于现代社会发展之中。结合乡村振兴的实际需求，将传矻锣文化与现代社会相结合，推动乡村治理的创造性转化和现代化发展。与旅游业等产业相结合，创造出独具特色的农业观光、乡村旅游等产业。这样既能满足现代人对乡村生活方式的追求，又能激发乡村本土人发挥专长和才能，实现自身价值。矻锣文化作为重要乡村文化资源，为乡村发展注入活力，推动乡村经济的繁荣和可持续发展。

三是要重视矻锣文化传承和发展。加大对矻锣传承人的政策鼓励和资金支持，强化人才支撑，促进文旅融合，推动非物质文化遗产融入乡村旅游，服务于乡村振兴，形成非遗传承的长效机制。通过政府引导、政策支持，吸引更多的人员参与其中，切实达到文化振兴的目的。通过引领创新业态，激发鼟锣创造活力，将乡村产业、文化、人才、生态、社会等融入鼟锣，赋予鼟锣新内涵，让鼟锣文化焕发新生机，为乡村振兴赋能。

黄道乡侗族同胞展示鼟锣

贵州省铜仁市玉屏侗族自治县

玉屏箫笛：
侗乡 一根竹 神州箫笛韵

一、基本情况

玉屏侗族自治县地处贵州省东部，辖区面积523.78千米^2，辖1乡3镇4街道，总人口20万，享有"中国箫笛之乡"的美誉。近年来，玉屏侗族自治县紧紧围绕高位推动、建强队伍、加大宣传关键环节，通过抓实基地建设、抓紧人才培养、抓好营销推广等举措，持续推动玉屏箫笛文化传承与保护工作高质量发展。2022年，箫笛产业直接经济效益达2 000余万元，持续在全县18所中小学开设箫笛课，教授1.2万余名学生学习箫笛。

二、发展历程

玉屏箫笛，又称平箫玉笛，也称龙笛凤箫，是我国著名的传统竹管乐器，也是高雅的工艺品，以音色清越优美、雕刻精致而著称，与茅台酒、大方漆器并称为"贵州三宝"。

玉屏箫笛集中展示

早在公元一世纪，玉屏所在地——平溪，就有箫笛流传。玉屏箫，正式文史记载则始于明代末期万历年间（1573—1619年），时玉屏名"平溪"，故称"平箫"。玉屏笛始制于清雍正五年（1727年）。郑家在制作箫的基础上试制成功笛，以玉屏之"玉"为名，故称"玉笛"，与箫配对，合称"平箫玉笛"。玉屏箫笛制作工艺历史悠久，制作工序繁多复杂，且均采用手工制作，是传统手工箫笛的典型代表，至今已有400多年历史。1930—1932年，平箫在南京、重庆、桂林、贵阳等地巡演，获得不少奖章、奖状。1989年，玉屏箫笛厂在全国轻工业系统第四届民族用品优质产品评比会上获优质产品奖；1988年，玉屏箫笛厂荣获轻工业部、国家民委会颁发的"全国少数民族用品先进企业"奖；1991年，玉屏箫笛厂浮雕、微刻箫笛获"第二届北京国际展览会"银奖。最高年产量50余万支，产值百余万元。2006年6月，玉屏箫笛制作技艺被列入首批国家级非物质文化遗产名录。

三、典型做法与成效

（一）高位推动，抓实基地建设

制定玉屏侗族自治县箫笛文化保护传承与产业发展实施方案、箫笛竹林基地建设行动实施方案，成立以县委、县政府主要领导为双组长的箫笛文化产业发展工作专班，突出把箫笛基地建设作为加快推进文化传承保护和促进群众增收致富的重要抓手，通过明确专人办公，组织召开专题会议研究，通过实地走访调研等方式，推动基地建成集研发生产、成品展示、技术交流于一体的箫笛文化产业发展中心。目前，投入建设资金1 200余万元，改（扩）建箫笛基地4 000余亩。

（二）建强队伍，抓紧人才培养

出台《玉屏侗族自治县箫笛演奏、制作拔尖人才评选奖励办法》，通过定期举办箫笛制作工匠暨箫笛演奏人才评选活动，邀请传承人面对面向大众分享心得、传授技艺等方式，不断为箫笛文化产业和传承发展储备人才。同时，积极组织行业专家参与地方教材《箫笛》的编撰工作，并从小学三年级开设专门教学课程，《箫笛》课程覆盖学生3万余名，使箫笛文化内涵得到进一步丰富和传承。2022年，举办评选活动4场，选拔箫笛制作和演奏人才70余人，参与活动10余万人（次）。

（三）加大宣传，抓好营销推广

以玉屏箫笛及其历史文化、起源传说及奇闻轶事为主线，通过引进全国文创企业设计箫笛Logo、工艺品，创作《平箫玉笛》音乐剧、征编《平箫玉笛慰乡愁》文史书籍，参加全国箫笛名家乐友联谊会、民族乐器展等方式，升级打造"箫笛名都·侗听玉屏"品牌形象。开展"线上+线下"箫笛销售模式，借助东西部协作展销，以及京东、淘宝、拼多多等线上销售渠道，把民族文化资源优势转化为经济发展新优势。2022年2月10日，玉屏箫笛亮相北京冬奥会中国工艺美术馆、中国非物质文化遗产馆，同年9月，玉屏箫笛作为贵州唯一文化信物亮相中国国际服务贸易交

紫竹箫笛微雕套装

易会。自2022年以来，玉屏侗族自治县引进了7家文创设计企业，成功打造设计了12款玉屏箫笛文化元素文创工艺品，并在线上线下带动了超过1 500万元的交易额。

四、经验与启示

（一）党委、政府重视，守护历史文脉

一是坚持专班机制，强化组织领导，配足人员力量，压实工作责任。完善体制机制，细化工作任务，严格督促考核，形成齐抓共管工作格局，狠抓落实专人专管、常态长效的工作要求。二是建立全省首个非物质文化遗产（玉屏箫笛制作技艺）司法保护工作站，为玉屏箫笛非遗及文创产业保护提供有力司法保障。

（二）传承引领，筑牢发展根基

一是坚持规划引领，积极争取少数民族发展资金，深入推进侗族特色村寨项目建设，稳步有序推进"一村一园"规划建设，挖掘培养更多箫笛文化传承人，提高传承利用水平，让非物质文化遗产活起来，更好发挥文化价值、经济价值。二是坚持专业引领，进一步优化箫笛协会组织构成，充分激发协会、学会、社团等人才队伍内生动力，持续壮大箫笛演奏人才队伍，不断提升箫笛文化人才的社会地位和职业地位。

（三）合作驱动，助力品牌增效

一是坚持高端合作，加强与上海音乐学院等国内知名专业院校全方位合作，着力在文艺作品创作展演、箫笛乐理考级基地建设、文化品牌塑造等方面下功夫、做文章。二是坚持市场导向，成立箫笛文化产业发展公司，统筹推进箫笛城市景观、培训中心、展销馆等各项工作，稳步提升箫笛文化产品市场话语权和主导权，实现文化效益、经济效益与社会效益的高度统一。

贵州省黔西南布依族苗族自治州册亨县

高台舞狮：
少数民族特色村寨的文化标志

一、基本情况

大寨村位于贵州省黔西南布依族苗族自治州册亨县冗渡镇西北面，全村共11个村民小组，总人口478户2 085人，90%以上居民为少数民族，是一个拥有浓厚民俗文化的传统村落。高台舞狮作为大寨村乡村文化艺术的重要组成部分，承载着丰富的历史文化内涵，是当地群众喜闻乐见的传统表演之一。在现代社会，高台舞狮不仅是一种文化传统的延续，更是乡村振兴的重要载体和抓手。作为独特的非遗文化遗产，高台舞狮正以其深厚的历史底蕴和独特的艺术魅力，为当地乡村振兴注入新的活力。大寨村的高台舞狮于2015年成功申报省级非物质文化遗产，之后大寨村相继获得中国少数民族特色村寨、贵州省农民文化家园、贵州50个最具魅力村寨等荣誉。

二、发展历程

高台舞狮起源于册亨县的农耕社会。在民间，狮子被视为力量和正义的象征，是吉祥福瑞的体现，因此舞狮之风经久不衰，备受人们喜爱。舞狮者要有强健的体魄和一定的武术功底，动作敏捷灵活，首尾舞者要配合默契，因此舞狮是一种融合了舞蹈、音乐和戏剧元素的传统民间艺术形式。表演者通过表演狮子跳跃、嬉戏、腾挪等动作，展现出狮子的神态和力量，寓意着带来好运和祥瑞。

大寨村的高台舞狮，角色主要取于《西游记》里面的唐僧师徒四人。老百姓历来认为王包赛在世时如同妖魔鬼怪，夫妇俩被烧死后，亡魂在人间飘荡，为防止其继续祸害人间，村民通过扮演唐僧师徒送王包赛亡魂归西，高台舞狮由此诞生。高台舞狮最为惊险和刺激，也最具观赏性。舞狮队通常由15人左右的男性青壮年组成，常常在春节和元宵节在选定的时辰演出。演出前，首先祭祀先师及土地神，再用四方桌拼装搭建5～7米的高台。高台分两种：一种为"一炷香"：用5～7张大方桌往上依次重叠而成，最顶端桌子四条腿朝天；另一种为"品字型"：第一层4张桌，第二层3张，第三层2张，第四至七层用1张依次重叠而成，最顶端桌子四条腿朝天。搭台时要在每张四方桌脚下垫纸钱和咒符，然后以《西游记》中"三打白骨精""三借芭蕉扇""真假美猴王"等故事做剧情戴面具舞狮，最后狮子爬上高台做高难度的翻转、跳跃、跨越踩桩等表演，拜祭东南西北中诸神，祈求村寨一年四季风调雨顺、人畜平安吉祥。其表演情节险象环生，扣人心弦。

三、典型做法与成效

近年来，冗渡镇将高台舞狮传统文化与乡村振兴战略紧密结合，打造高台舞狮文化产业基地。通过将文化与旅游、康养等产业深度融合，形成了集观光、体验、休闲于一体的产业链，为乡村经济发展带来了新的增长点。

在推动高台舞狮发展的过程中，冗渡镇采取了一系列行之有效的措施。一方面，加强对高台舞狮的保护和传承，通过培养传承人、举办活动等方式，确保这一非遗文化的薪火相传；另一方面，积极开展文化旅游活动，将高台舞狮表演纳入旅游内容，让游客亲身感受这一独特的文化魅力。这些举措不仅促进了高台舞狮文化的传承，还推动了当地经济的发展，为农民提供了更多的就业机会，同时也增强了当地居民对自身文化的认同感和自豪感。

四、经验与启示

一是选准带头人，塑造一支精干的表演队伍。大寨村高台舞狮表演队以村支书韦坤秋为带头人，从群众中挑选14名热爱舞狮、身强体壮、身体灵活的表演者组成，带头人韦坤秋是高台舞狮第十代传承人。在韦坤秋的带领下，村民积极参与高台舞狮、布依转场舞等文化活动。2023年以来，已出演100余场演出。

二是注重文化传承，培育青少年乡村文化兴趣。文化振兴离不开人才支撑，高台舞狮的传承离不开年轻人的参与。为了让更多年轻人了解和学习高台舞狮的技巧和文化内涵，培养他们对高台舞狮的兴趣和热爱，时常邀请学校组织学生参与高台舞狮、布依转场舞等乡村文化活动，提高学生对文化传承的使命感和荣誉感，培育青少年传承和发展高台舞狮爱好和兴趣。2023年以来，已组织学生500余人参与乡村文化活动。

三是多方筹集资金，保障乡村文化演出费用。冗渡镇每年用于开展文化活动的资金不少于10万元，每年县级文旅部门有固定的4万元"免费开放"基本文化服务经费、镇级财政有7万元的文化专项资金预算。此类资金由镇文化站负责监管，专项用于培育乡村文化传承人、开展乡村文化活动、修复和保护乡村文物等，每年都能保障非遗文化高台舞狮的演出费用支出。2023年以来，冗渡镇使用文化类活动资金已达23万元。

四是加强沟通交流，提升表演艺术水平。大寨村高台舞狮表演队每年都与其他地区舞狮团队开展交流合作，相互学习、借鉴经验。通过交流合作，不仅可以提高高台舞狮表演队的表演艺术水平，还可以促进不同地区文化的交流与融合。2023年以来，舞狮团队参与镇级以上交流活动5次以上。

五是加强宣传推广，增强乡村文化吸引力。为了让更多人了解和喜爱高台舞狮，每年通过互联网、短视频平台等多种媒体平台，广泛宣传高台舞狮的历史、文化内涵和艺术魅力，增强高台舞狮非物质文化魅力。同时，通过举办高台舞狮艺术节、文化展览、"三月三""六月六""丰收节"等文化活动，吸引更多的游客前来观赏和体验。

高台舞狮作为贵州省册亨县冗渡镇的非遗文化瑰宝，具有深厚的历史文化内涵和独特的艺术魅力。在乡村振兴战略背景下，推动高台舞狮的高质量发展，能助力地方实现乡村振兴。

册亨县冗渡镇大寨村高台舞狮

贵州省毕节市黔西县

化屋村：
鼓韵笙歌展非遗魅力　传承歌舞变文化财富

一、基本情况

新仁苗族乡化屋村位于贵州省乌江源百里画廊两水（六冲河与鸭甸河）相交、三县（黔西县、织金县、清镇市）交汇的河谷地带，地处东风湖北岸，面积8.2千米^2，现有农户284户1 133人，其中苗族人口占96.7%。境内历史文化厚重，非遗资源丰富，是中国民间文化艺术之乡、全国乡村旅游重点村，拥有省市县三级人民政府公布的"化屋苗族文化空间""打鼓芦笙舞""苗族刺绣"等非物质文化遗产。1993年，被贵州省文化厅命名为"苗族歌舞之乡"；2007年，"化屋苗族文化空间"入选贵州省级非物质文化遗产代表性名录；2008年，被文化部授牌命名为"中国民间文化艺术之乡"；2011年，被第九届全国少数民族运动会组委会授牌"贵州100个魅力苗族村寨"；2021年6月，被中共中央评为"全国先进基层党组织"荣誉称号；2021年8月，文化和旅游部、国家发展改革委将化屋村列为"第三批全国乡村旅游重点村"；2021年9月，农业农村部将化屋村认定为"第二批全国乡村治理示范村"；2021年10月，被文化和旅游部命名为"2021—2023年度中国民间文化艺术之乡"。

二、发展历程

多年来，各级党委、政府高度重视化屋村的苗族文化传承和发展。贵州省民宗局和发改委制定印发的《贵州省"十三五"少数民族事业发展规划》，将黔西市化屋村作为少数民族村寨重点支持发展；《黔西县全域旅游发展战略规划》将新仁乡化屋村作为黔西市东部民俗文化体验片区的重点区域进行建设和打造；《黔西县"十三五"文化事业和文化产业发展专项规划》把文化经费纳入县乡两级财政年度预算，市财政每年不低于500万元，乡镇每年不低于10万元。此外，还制定了《黔西市新仁乡化屋文旅融合发展工作方案》，从队伍建设、活动开展、节目策划等方面采取有力措施，推动化屋苗族歌舞文化艺术发展。新仁乡组织编写了苗族歌舞乡土教材，并纳入全乡学校的音乐课程。目前，已培养歌舞文艺骨干100余人，组建了一支40人的苗族歌舞表演队伍，为游客提供苗族历史文化表演服务，许多游客因此慕名前来。苗族歌舞文化已成为新仁乡化屋景区吸引外来游客的重要旅游重要产品。

三、典型做法与成效

为切实加强苗族文化的普及推广，吸引广大群众积极参与，形成全民参与、全民共享、全民受益的民族文化艺术发展良好局面，当地采取了有力措施扎实推动民族文化发展。

（一）提高文化品位

全面挖掘、整理苗族文化艺术历史背景资料，收集民间苗族歌舞艺术精品，拍摄"化屋笙歌"录像专辑，以当地延续千年的苗族多声部民歌、打鼓芦笙舞、跳花坡、拦门酒等历史文化元素为题材，发动苗族群众组建歌舞队，打造一台以苗族群众为主要演员的情景歌舞表演，充分展示化屋村沉淀千年的苗族历史文化。

（二）建设艺人队伍

通过苗族歌舞艺人传、帮、带，以市文化馆、新仁中小学校的培训与教授为平台，建立新仁苗族歌舞文化培训基地。采取苗族歌舞文化传承人开班授课、民族文化进校园等多种方式加强苗族歌舞文化传承人队伍的构建，逐步提高广大苗族青少年对苗族歌舞文化的浓厚兴趣，增强青少年文化自豪感和责任感，积极投身苗族文化的传承与保护，形成老艺人引领、中青年骨干挑大梁、青少年爱好者纷呈涌现的民族文化传承格局，建设一支结构合理的艺人传承队伍。

（三）扩大文化影响力

运用网络、广播、电视、报刊以及自媒体等多种方式进行宣传，立足化屋苗族歌舞文化特点，结合得天独厚的自然环境优势，策划了环湖徒步大赛、民族歌舞比赛、民族服饰模特大赛、民歌争霸赛等具有地方特色和浓厚文化底蕴的赛事活动，开展艺术名家采风创作活动、黔西原创歌曲演唱会、少数民族歌舞展演等文艺活动，不断提高苗族文化艺术的知名度。

（四）普及民间歌舞艺术

通过采取学校教育、举办赛事、组织培训等多种形式，深化苗族群众对化屋民间歌舞艺术的认识和了解，吸引群众积极参与民间艺术活动，丰富乡村精神生活，切切实实让民间歌舞艺术融入广大干部群众的生产生活，促进化屋村乡村旅游蓬勃，让群众从苗乡文化艺术中获得实实在在的收益。

（五）推动文化助力乡村振兴

县乡党委、政府高度重视乡村传统文化助力乡村振兴工作，支持群众选优配强村两委干部，带领群众不断探索苗乡文化推动乡村振兴。通过挖掘、传承以苗族四次迁徙故事为主体、多种文化艺术并存的苗族文化故事，开设苗族文化故事会专栏，讲述苗族文化演进历史；在中小学开设苗绣、苗语、苗族芦笙舞等苗族文化课，推动苗乡文化进校园、进课堂，确保多姿多彩的苗族特色文化传承后继有人；

不断扩大化屋苗绣车间规模，持续开发苗绣蜡染文创产品，继续拓宽苗绣产业销售渠道，促进苗绣产业不断壮大发展。2021年11月，被中共中央宣传部办公厅评为"基层理论宣讲先进集体"荣誉称号，2021年11月，入选农业农村部发布的"2021年中国美丽休闲乡村"，2022年11月，被民政部评为"全国先进基层群众性自治组织"。化屋村逐步探索出了一条以"农文旅融合发展"助力乡村各项事业高质量发展的奋进之路。在以苗乡文化为底蕴的乡村旅游产业带动下，2023年化屋群众人均纯收入突破3万元。

四、经验与启示

通过发挥特色民族文化优势，丰富拓展苗族文化内涵，发展苗族文化产业，助力贫困山区乡村实现振兴。

一是发扬民族传统文化。充分发挥化屋蜡染、刺绣、拦门酒、跳花坡、篝火舞、芦笙等民族文化优势，发展苗绣、歌舞演艺、餐饮等产业，开发民族服饰、围巾、文具用品等苗绣文创产品，开展《板凳芦笙拳舞》《打鼓舞》《多声部民歌》等特色歌舞演出，让传统民族文化焕发时代新光彩。

化屋村特色文化苗族歌舞表演

二是推进农文旅融合发展。坚持以文彰旅、以旅塑文，持续丰富民族文化旅游元素。民族歌舞《苗韵化屋》于2021年国庆节呈现给游客，各类特色苗绣制品成为备受游客青睐的"伴手礼",成功吸引外地游客到化屋村参观、休闲、度假。

三是涵养文明新风。以党中央的深情关怀为主题,依托新时代文明实践站等平台,深入开展感恩教育,引导群众坚定不移听党话、跟党走。深入开展乡风文明"六项活动",积极开展政策讲习、志愿服务、文明创建等活动,大力弘扬优秀传统文化,不断夯实群众明大德的基础、守公德的底线、严私德的根基,努力提升全村群众的道德境界,推进乡村移风易俗。

四是强化艺术人才建设。盘点全村各类人才,挖掘出苗绣传承人33人,苗族歌舞人才70人。发挥苗乡文化人才优势,有针对性地开展培训,累计培训歌舞表演、导游服务90人次,苗绣蜡染200余人次,提升了文化服务人员素质和能力。

甘囊香国际芦笙节：
芦笙会促振兴　共享非遗文化盛宴

一、基本情况

"甘囊香"是苗语的音译，意为"河流下游、神仙汇聚之地、令人神往的地方"。甘囊香苗族芦笙节是贵州省省级非物质文化遗产。甘囊香苗族芦笙节诞生地舟溪镇位于贵州省黔东南苗族侗族自治州凯里市西南部，距离市中心15千米，辖区总面积102.80千米^2，苗族人口占93.5%。舟溪镇是少数民族聚居乡镇，素有"芦笙之乡""百节之乡"的美誉。甘囊香苗族芦笙节始于明朝晚期，至今已举办过十余届原生态芦笙盛节。2010年，被凯里市委、市政府命名为"中国·凯里市甘囊香国际芦笙节"，是黔东南州规模最大、民族特色最为鲜明的民族节日，现已成为凯里市的民族文化品牌之一。自1999年举办第一届甘囊香苗族芦笙节以来，舟溪甘囊香芦笙节已成为苗族芦笙文化的一张国际名片，每届芦笙节都吸引数万名群众、中外游客、媒体记者慕名而来。

二、发展历程

苗族迁徙到舟溪后，在"养郜灵"下面建立鼓和芦笙坪，将其作为苗族男女社交娱乐的活动场所。明朝时期，舟溪先祖在屯上村下面宽平的河沙滩建新芦笙堂，称为甘囊香芦笙堂。芦笙会恢复当日，盛况空前，方圆百里的苗族群众身着盛装兴高采烈地参加芦笙歌舞比赛、斗牛、赛马、游方等活动。自办芦笙会以来，舟溪年年风调雨顺、六畜兴旺。

三、典型做法与成效

（一）完善设施设备，推动经济发展

地方党委、政府高度重视甘囊香国际芦笙节的举办，注重芦笙文化价值的开发利用和芦笙文化的传承，统筹规划民族文化产业链条和配套完善服务设施，满足娱乐、住宿、饮食、停车等消费需求，促进地方经济发展，先后规划了狗肉地摊、舟溪牛肉火锅、特色小吃等餐饮美食区域，修建了停车场、游客

接待中心等旅游设施，鼓励当地村民群众活动期间展示和出售各自民族工艺品和土特产，不断提升芦笙节的参与体验感和促进村民经济增收。2024年，甘囊香芦笙节期间，设置临时摊位40余个、移动摊位70个，拉动消费100余万元。

（二）注重文化传承，推动民族技艺发展

借助甘囊香芦笙节平台，推动甘囊香芦笙活动与民族手工艺、非遗文化的融合发展，加大力度宣传推广苗族芦笙、苗族织锦、苗族刺绣、苗族蜡染等民族艺术品，鼓励村民传承和弘扬传统手工技艺，支持民族手工艺产品开发和销售，鼓励年轻人研习和传承非物质文化遗产项目，让传统民族文化再现辉煌。如舟溪镇青龙村龙鸿飞为传承和发扬苗族芦笙，成立了贵州鸿飞民族文化发展有限公司，带动了10余名群众脱贫致富；舟溪镇青曼苗寨的潘英成立了凯里市曼洞村苗族织锦合作社，推动苗族织锦、刺绣、蜡染等传统民间技艺发展，带动10余名群众脱贫致富。

（三）深挖活动节日内涵，推动农文旅融合发展

地方党委、政府充分挖掘甘囊香国际芦笙节的文化背景、历史价值、现实意义，加大力度宣传推介，不断提升甘囊香芦笙节的文化魅力和旅游吸引力，赋能乡村产业发展，推动非遗文化和乡村产业联动发展。一方面，吸引云谷田园AAAA级农业文化旅游观光景区和舟溪镇青曼苗寨AAA级少数民族文化旅游景区的游客到甘囊香芦笙堂参与芦笙节活动，通过观看芦笙会、体验吹芦笙、跳芦笙等节目，增强游客非遗文化体验感。另一方面，在云谷田园AAAA级农业文化旅游观光景区和舟溪镇青曼苗寨AAA级少数民族文化旅游景区举办农特产品展销会，吸引参观芦笙节活动的游客到周边景区游玩，形成了农业、文化、旅游互增互促良好发展局面。

（四）形成合力，做大做强甘囊香芦笙节

每届甘囊香芦笙节都由民间自发组织、政府大力支持，保证芦笙节日文化传统原汁原味和历久弥新，节日期间政府统筹协调交通、卫生健康、融媒体等部门，建立后勤保障、宣传报道、交通疏导、应急处置等队伍，保障甘囊香芦笙节顺利开展，全力擦亮甘囊香芦笙节国际名片。2023年，甘囊香芦笙节吸引中外游客15万余人；2024年在州内村超、村BA等分流情况下，仍有8万名游客来到甘囊香芦笙节现场。《贵州凯里：苗族同胞欢庆"甘囊香"芦笙节》宣传稿被新华社客户端、搜狐新闻客户端、今日头条客户端、中国青年报、光明网、新华网、中国发展门户网等47家媒体采用，其中中央及中字头媒体6家、网媒15家、纸媒12家、客户端26家，总阅读量超过203万次。

甘囊香芦笙节现场

群众融入甘囊香芦笙节欢乐的海洋

苗族儿童参加甘囊香芦笙节

云南省昆明市晋宁区

晋宁秧佬鼓舞：
舞动人民美好生活音符

一、基本情况

晋宁秧佬鼓舞是云南省级非物质文化遗产项目，是明代从中原流传到滇中，与滇中彝族文化相互融合渗透而逐步形成的一种民族民间广场舞蹈。近年来，晋宁区着力挖掘和发扬晋宁秧佬鼓舞的艺术价值，加强文化艺术品牌建设，推动基层公共文化高质量发展，逐步建成以晋宁秧佬鼓舞为典型代表的文化艺术繁荣格局。

二、发展历程

晋宁秧佬鼓舞源于彝族民间，是彝族先民为祭祀神灵、祈求丰收而跳的舞蹈。经过长期发展演变，现已成为晋宁区广大乡村婚丧嫁娶、喜庆节日中不可或缺的重要内容之一，被晋宁人民誉为"云南威风锣鼓""金牌秧佬鼓"。2005年被列入云南省第一批非物质文化遗产保护名录；2020年10月，晋宁秧佬鼓舞的发祥地双河彝族乡被命名为"云南省民间文化艺术之乡"，成为晋宁民族传统文化的重要代表。

三、典型做法与成效

（一）夯基础，建立健全机制强保障

晋宁区高度重视民间艺术的发展，先后出台《晋宁县非物质文化遗产名录项目的代表性传承人认定与管理暂行办法》《关于进一步加强非物质文化遗产保护工作的实施方案》《昆明市晋宁区文艺团队管理办法》等政策文件，为晋宁秧佬鼓舞队伍建设和人才培训提供政策支持。推动人才队伍建设，多次选派人员参加各级培训，提升基层文化工作队伍素质。以文化繁荣带动乡村经济，通过挖掘价值、引入资源，形成以文旅融合为基础、以文旅产业化融合发展带活乡村经济的良好局面。加大经费投入力度，加强政策扶持，每年下拨经费着力构建公共文化服务平台，设立"文化晋宁原创奖"等奖项，鼓励扶持民间创作，激发民间艺术活力。目前，晋宁秧佬鼓舞有各级传承人13人，在双河乡成立民族文化传承协会，有会员80多人，全区共有表演队伍300余支，约4 000余人，先后举办6届区级大赛。

晋宁秧佬鼓舞参加晋宁大年初一的"踩街"活动

（二）重推广，惠民普及树文艺品牌

高度重视晋宁秧佬鼓舞的品牌打造及普及推广，通过政府引导、资源引入、社会广泛参与等手段，积极参加进京表演、央视节目录制等活动，艺术魅力逐渐得到彰显，品牌价值得到进一步提升。一是积极参加省市级活动和赛事，依托区内平台，进行展示推广。在居庸关长城杯中华鼓舞大赛中荣获金奖，在云南省第七届民族民间歌舞乐展演、中国昆明鼓舞大赛中均获金奖。多次参加中国昆明国际文化旅游节、亚洲艺术节、奥运火炬传递仪式等大型文艺展演活动，参赛队员达3 000余人（次）。二是为实施保护工程奠定科学和规范的工作基础，编辑出版《晋宁秧佬鼓》及教学片、专辑、宣传视频等。三是加大宣传、提升品牌价值，利用电视专题片、各种活动及省市主流媒体平台宣传，全面推介晋宁秧佬鼓舞，使其旺盛的生命力和艺术魅力得到充分展示。

（三）重培养，赓续保护和传承血脉

在传承工作中注重抓早抓小，在双河民族中学、民族小学开展非遗进校园活动，将民族小学列为晋宁区非遗传承基地，并将晋宁秧佬鼓舞作为大课间操进行普及性推广。为双河小学编创的《鼓舞少年》在参加2023年云南省第十三届歌舞乐展演中，荣获金奖和传承奖两项最高奖项。近五年受训学生达300余人，为繁荣民间艺术奠定了坚实的基础。注重扎根群众基础，依托群众需求，让晋宁秧佬鼓舞从群众中来、到群众中去，在2019年举办的晋宁秧佬鼓舞千人展示活动中，有20支秧佬鼓队共1 000余名队员参加集中展示，通过相互交流学习，拓展了乡村文化空间。

秧佬鼓舞进校园活动

四、经验与启示

（一）加快文旅融合，助力乡村振兴

为促进传统文化保护成果应用，通过深入挖掘晋宁有特色的节庆文化、民俗活动、乡村文化等优质传统文化和旅游资源，加大秧佬鼓舞品牌影响力，推进"文化＋""＋旅游"发展模式。深入挖掘乡村旅游消费潜力，支持利用非物质文化遗产资源发展乡村旅游等业态，以文塑旅、以旅彰文，推出一批具有鲜明非物质文化遗产特色的主题旅游线路，通过提高晋宁秧佬鼓舞等民间艺术的文化旅游吸引力，促进了优秀传统文化与当地旅游产业融合发展，为当地经济发展带来新动力。

（二）提供政策保障，加大保护机构队伍建设

党委、政府强化引导、扶持和服务职能，统筹优秀传统乡土文化保护传承和创新发展，制定有效政策措施，加大秧佬鼓舞师资队伍培养力度，支持代表性传承人参与学校授课和教学科研，引导社会力量参与非物质文化遗产教育培训，广泛开展社会实践和研学活动，更有效调动市场主体积极性，促进资源要素更多向乡村流动，增强非遗文化发展活力。

云南省丽江市华坪县

傈僳族歌舞：
释放傈僳山寨活力

一、基本情况

通达傈僳族乡位于华坪县西北部，辖5个村民委员会、48个村民小组，总人口8 024人。乡内居住有傈僳族、彝族（他留人）、傣族、回族、纳西族等少数民族，傈僳族5 673人，占全乡总人口的70.70%。通达傈僳族乡是一个以傈僳族为主，多民族杂居的少数民族乡。2009年，通达傈僳族歌舞被列为市级非物质文化遗产；2000年，通达乡被文化部评为"中国民间艺术之乡"；2022年，傈僳族打跳被列为云南省省级非物质文化遗产，通达傈僳族乡被云南省文化和旅游厅命名为"云南民间文化艺术之乡"。通达乡现有傈僳族歌舞非物质文化遗产代表性传承人10人，其中省级传承人1人，市级传承人4人，县级传承人5人。

二、发展历程

素有"歌舞之乡"美誉之称的通达傈僳族乡，是傈僳族歌舞的主要聚集地。民间歌谣内容丰富，有生产歌、情歌、习俗歌、祭歌等，舞蹈多姿多彩，主要以葫芦笙作为舞蹈伴奏乐器。据傈僳族叙事史诗《创世纪》及唐人著述的《云南志》等相关史料记载，公元前后，通达乡已有傈僳族居住，他们是华坪县最早的世居民族。经过世代更迭，傈僳族孕育了深厚的民族文化底蕴，保留了传统民族歌舞、服饰、手工艺、民间医药及婚俗、节庆、祭祀等优秀原生态民族文化。20世纪70年代以来，以蔡应福为代表的一批傈僳族文化艺人，认真挖掘整理并传录傈僳族民间文化，创作出《洗麻》《欢乐的傈僳》《嘎切切》《路一条，心一个》等歌曲，在省市文艺舞台演出，更是将《放猪调》唱响北京。乡内人才辈出，省级非物质文化遗产代表性传承人蔡学珍致力于民族文化的传承和发展，其创作的傈僳族歌舞《赶猪调》成功入选2021中国原生民歌节，是名副其实的"云南民族民间音乐师"；市级非遗传承人蔡明高编排的葫芦笙合奏《吹起我的玛妞》荣获云南省第十二届民族民间歌舞乐展演传统器乐铜奖。以蔡应福为代表的一批傈僳族民间文化艺人，多次受邀到北京等地演出；丁王文艺演出队的原生态傈僳族歌舞节目登上了中央电视台，还远播东南亚。

三、典型做法与成效

近年来，通达乡党委、政府从坚定文化自信、坚持和发展中国特色社会主义、实现中华民族伟大复兴的高度，切实把中华优秀传统文化传承发展工作摆上重要日程。

（一）乡党委、政府高度重视民族文化的传承和发展

一是乡党委、政府把民族文化传承和发展作为中心工作来抓，每年召开研究民族文化专题会议5次；在工作经费紧缺的情况下，每年保障民族文化发展专项经费10万元。

二是各村党总支也把民族文化工作纳入党员队伍建设、三会一课重要内容，把思想素质好的民族民间艺人培养成党员，将民族文艺水平高的党员培养成民族文化传承人，通过举办人居环境提升、组织生活会、主题教育、为民办实事等一系列活动，赶学比超，表扬先进，抓党建，铸根基，兴文化，惠民众，让党组织深入到民族文化活动中，并在文化活动的主导和组织上发挥关键作用，充分发挥党员所具备的表率引领作用，助推民族文化发展壮大，构建良好的民族文化发展环境。

三是通达乡在抓好经济建设的同时提高非遗文化传承人群的实践水平和传承能力，壮大传承队伍，提供人才支撑。坚持民族文化传承从娃娃抓起。积极与华坪县民族小学、通达完小接洽，成立了两支40余人的傈僳族少儿艺术团，并指定蔡学珍等三名非遗传承人作为民族小学童声合唱团的指导老师，传承民族原生态音乐、民族经典歌舞。为打响"艺术之乡"旅游品牌，通达乡传承"教学感染""帮带感染"的传承原则，组织开展"毕扒"培训、纺织技术培训、非物质文化遗产保护与传承进校园等活动。邀请非遗传承人蔡明高到丁王民族小学、荣将中心校和通达中心校开展葫芦丝培训活动，举办了8场葫芦笙吹奏培训，教会200多名学生吹奏葫芦笙。邀请市、县级专业老师指导各类节目、业务培训共计33次。

（二）培育特色文艺队伍，着力加强民族文化传承

一是积极打造文艺演出队，发扬傈僳族歌舞文化。全乡目前共有3支特色文艺队伍、1个少儿艺术团。其中，由省级文化传承人蔡学珍创办的牧歌文化传承坊文艺队，其歌舞《牧歌》《犁地歌》《赶猪调》等多次荣获省内外各大奖项；由市级传承人王嫦英组建腊姑河文艺队，多次代表通达乡到北京及省、市、县等各地演出；由市级传承人蔡明高组建白姑河村葫芦笙文艺队，该文艺队编排的傈僳族葫芦笙合奏《吹起我的玛妞》，在2021年云南省第十二届民族民间歌舞乐展演活动中荣获传统器乐铜奖；由80多名丁王民族小学学生组成的民族小学少儿艺术团，编排演出了《校园雏鹰》《傈山童娃》《牧歌》等一批优秀的节目，并参加"云南省民族之花

少年组丽江选拔赛"、丽江市少儿民族团结进步盛典民族文化进校园演出等文艺演出。二是积极鼓励和支持乡内非遗传承人开展"非遗文化进校园"系列活动，蔡学珍、蔡明高等非遗传承人携手走进校园，到丁王民小、通达中心校、荣将中心校等开展教学活动，200余名孩子参与培训，其中民族小学童声合唱团在传承人的带领下参加2022年深圳市"童声耀中华"福田民族童声合唱周活动，积极主动地承担起弘扬民族文化的时代重任，做继承和弘扬民族文化的先行者，点燃乡村文化振兴的火种。

（三）营造浓厚文化氛围，着力推进民族文化的弘扬

一是以民族文化为载体，专注村容村貌提升，打造了百余幅墙体彩绘，创建了丁王村腊姑河傈僳文化AA级景区和约富高原特色营地AA级景区，实施了腊姑河水库傈僳族风情园项目。二是举办形式多样、内容丰富的民族文化活动8场次。成功举办首届傈僳族葫芦笙文化艺术节、腊姑河乡村旅游节、苹果采摘暨文化旅游节等系列活动，助推全乡乡村旅游产业迈出实质步伐，以文促旅、以旅彰文、和合共生的发展新路径逐渐形成。

（四）文化助推乡村产业发展

通达乡充分利用辖区优势资源，坚持以文化赋能乡村振兴。鼓励民间文艺团队、民间艺人以文化的方式展示、评比产业发展，激发群众发展产业的积极性，促使群众勤劳致富。2023年，打造了丁王村3 000亩苹果采摘园以及维新大棚蔬菜种植示范园。推广种植冬早豌豆9 820亩，产值达1 964万元；万寿菊1 000亩、辣椒400亩，产值达380万元；扶持种植贡菜350亩，产值达175万元；种植烤烟5 350亩，产值达2 600万元。2023年底，通达农村居民可支配收入达14 891.7元，同比增幅10%；通达乡脱贫人口及三类监测对象人均纯收入达14 617.56元，同比增幅15.71%，其中脱贫人口人均纯收入达14 663.42元，同比增幅15.62%。实现了人均纯收入8 500元以下脱贫对象动态清零，牢牢守住了不发生规模性返贫的底线。

（五）文化基础设施建设不断完善

一是积极争取资金支持，投入110万元在丁王村修建华坪傈僳族文化展厅。通过展示傈僳族传统生活器皿、农耕用具、民族服饰、歌舞乐器、历史书籍和音像制品，不断增强群众民族荣誉感和自豪感。同时，展厅也作为傈僳族"自强、诚信、感恩"教育基地，开展形式多样的活动。二是积极鼓励支持省级非物质文化遗产传承人蔡学珍修建傈僳族牧歌文化传承坊，该传承坊完美再现了傈僳族生活习俗中的堂屋设施及日常生产生活用具，收集保存了即将消失的傈僳先民发展生产的物件，如犁铧、木制粮仓、纺织架，本地傈僳族民间艺人的作品、展演情况及刺绣、服饰等。三是投入250万元建成腊姑河文化活动广场，供通达乡群众组织文化体育活动、举办节日庆典、传播和弘扬社会主义先进文化、开展农村服务以及村党组织及村民小组党员活动使用。

四、经验与启示

在长期发展传承过程中，通达乡傈僳族歌舞借助资源优势，持续探索新格局下文化旅游融入乡村振兴战略的新路径，把丰富的少数民族传统文化资源更好地融入乡村旅游。在此过程中，不仅涌现出了大批优秀的民间艺人，屡获殊荣，还将通达乡塑造成了闻名遐迩的傈僳族文化艺术之乡，走出了一条脱贫致富奔向乡村振兴的创新之路。

（一）以文聚心，夯基础

通达乡的傈僳族文化艺人致力于挖掘、保护、传承民族文化，以民族文化为纽带，将全村人民凝聚在一起，促使大家心往一处想、劲往一处使，夯实文化富民基础。通达乡民间文艺队成员大部分为当地农民，他们在抓好日常训练的基础上，积极参与重大节日庆典演出，配合开展主题教育宣传和惠民下乡演出，推动习近平新时代中国特色社会主义思想在通达乡落地生根。

（二）以文育人，树新风

通达乡积极倡导以新时代文化导向为标尺，让民族文化服务于民，推动乡村精神文明建设，激活民族团结的"动力源"。持续开展提升人居环境工作，充分发挥村规民约的作用，鼓励农户美化绿化自家房前屋后空地，美化乡村环境。有规划地改善卫生和交通条件，营造乡村田园野趣，体现绿化效果，加强村寨氛围营造工作，强化傈僳族文化氛围，为展示民族文化和乡村旅游创造良好的乡村外部条件。

（三）以文赋能，创品牌

除对傈僳族传统歌舞进行挖掘整理外，民间艺人更注重推陈创新塑品牌，推动民族文化与现代文明深度融合，先后创作、编排出一批批新的傈僳族歌舞，并走上各级舞台展演，助推通达"艺术之乡"品牌更加响亮。同时，通达乡积极探索农文旅发展思路，以傈僳族文化为资源，依托"中国民间艺术之乡"金字招牌，大力开拓乡村旅游，促进农文旅深度融合。

云南省楚雄彝族自治州牟定县

左脚舞：
左脚舞铺筑的文化产业振兴路

一、基本情况

牟定县位于楚雄彝族自治州中部，土地面积1 464千米²，辖4镇3乡89个村（社区），总人口20.19万。牟定左脚舞有着千年的历史，是彝族人民在漫长迁徙和原始刀耕火种生产生活中形成的以娱乐、交往为目的，以歌、舞、乐、绣为载体，并包含对天、地、日、月、火、虎、自然等诸多文化元素崇拜的传统舞种。近年来，牟定县牢记习近平总书记的殷殷嘱托，提出"唱响左脚调、跳红左脚舞，打造左脚舞文化精品"发展目标，加大对左脚舞民族文化的传承、保护和开发力度，全力打造牟定"土特产"助力乡村振兴。

二、发展历程

关于左脚舞的由来，彝族"梅葛"史料和口头传说记载：远古时牟定坝子中有一恶龙作怪，造成洪水泛滥。农历三月二十八这一天，彝族小伙阿里和彝族姑娘阿罗率众到龙潭制服恶龙，然后又抬石头、挖泥土把龙潭填平，并在龙潭上围着篝火。边唱边跳边跺脚，持续了三天三夜，以示欢庆和纪念。年复一年，代代相传至今。每逢吉庆礼仪、喜事婚宴、传统节日，人们便会围着篝火翩翩起舞，故有"千年跳一脚，百年赶一会"的文化传统。左脚舞最早的文字记载是康熙四十一年（1702年），被誉为彝族文化的活化石。

目前，牟定左脚舞已被列入第二批国家级非物质文化遗产保护名录、"中国民间文化艺术之乡"建设典型案例名单，万人同跳左脚舞获"吉尼斯世界纪录"。牟定县被命名为"中国民间文化艺术之乡""彝族左脚舞之乡"。由左脚舞衍生的彝绣产业，2022年实现增加值4 100万元，占全县文化产业增加值的45%，成为带动全县8 800名专业绣娘和广大农村群众增收致富的特色产业。

三、典型做法与成效

（一）高位推动发展，培树文化品牌

采取政府主导、市场运作、社会资助、全民参与方式，每年举办"三月会"暨

牟定"三月会"左脚舞篝火晚会

中国左脚舞民族文化节，打造提升牟定左脚舞、彝族祝酒歌、彝绣产品等系列产品。推动左脚舞从群众自发性娱乐交往活动，变成引领广大人民群众共享民族文化盛宴的潮流。在文化载体建设上，将左脚舞民族文化元素与经济社会发展相结合，在县城东北片区规划建设化湖水体景观、左脚舞广场、左脚舞文体中心；老城区融合左脚舞文化元素，建成茅州古镇，打造文化旅游深度融合特色小镇；在县城东南片区规划建设"彝和园"国家AAA级旅游景区，建成三月街、古戏台、左脚舞广场等公共设施；在乡镇和村组建设左脚舞文化广场，建设群众传承体验左脚舞文化平台，充分展示左脚舞文化魅力。

（二）加强传承保护，推动活态发展

注重左脚舞文化的挖掘整理、传承保护和发展创新。持续举办左脚舞、彝族刺绣等传承培训班；在学校建立左脚舞传承基地，编创左脚舞课间操、左脚舞工间操在全县普及推广；持续建强县文化艺术团、左脚舞文化演艺公司，专业挖掘提炼、宣传展示左脚舞文化精品。扶持发展民间左脚舞文艺表演队，做好各类非遗传承人保护、培养工作。全县89个村社区有表演队144支；有列入国家、省、州、县非物质文化遗产保护名录的项目57项、代表性传承人146人；县彝绣协会会长金瑞瑞当选第十四届全国人民代表大会代表。出版《高山头上茶花开》《左脚舞韵》《左脚调精选80首》精选光碟和《彝踏舞左脚调300首》《左脚舞文化研究论文集》等优秀文化作品。

（三）坚持文化赋能，推动产业发展

依托牟定彝和园被命名为楚雄州彝绣特色文化产业园区、云南省文化产业园区的历史机遇，支持5家规上彝绣龙头企业和105家彝绣企业经营户加快发展，形成"园区＋龙头＋经营户＋绣娘"联动发展格局。利用彝族"火把节""三月会"等民族传统节日开展系列宣传活动，组织彝绣企业参加"昆交会""文博会"向外推介和展示左脚舞系列产品，成立县彝绣协会和乡镇分会，组织全县绣娘加工订单，带动彝绣

牟定左脚舞精品文艺展演——《跳脚来》

产业规模化发展。2012—2022年，全县彝绣产业增加值增长了10倍，绣娘人均收入从600元增加到3 200元，增长了4.3倍。穿在身上的艺术绣品变成了可卖钱的商品。

四、经验与启示

（一）要立足资源禀赋找准乡村文化振兴切入点

资源不同、禀赋不同，文化发展路径也不一样。牟定县在打造左脚舞民族文化过程中，依托当地左脚舞广为流传、群众参与度高、表现形式多样等优势，创造性地提出加快发展左脚舞民族文化产业发展思路，让左脚舞文化容易被老百姓接受，为打造"一县一品"文化品牌奠定坚实基础。

（二）要从群众需要出发把准文化产业发展方向

牟定左脚舞文化产业之所以能发展壮大，一方面得益于左脚舞文化本身集歌、舞、乐、绣于一体，可以带动摄影、刺绣、弦子制作、文化创意产品发展，全民参与性高，县内有庞大的消费群体。另一方面得益于左脚舞在全国、全省各种文化比赛中多次获奖，产生了一定的影响力，让左脚舞文化产业有较大提升与发展空间。

（三）要坚持多方联动汇聚乡村文化振兴合力

政府要坚持保护与挖掘并重，通过建设文化产业园、体验基地，以及举办文化大赛、创意活动等，催生一批有市场活力的文化精品，促进特色文化成体系、多元化发展，主导好文化振兴方向。企业要根据市场发展变化，创新产品设计、策划、营销模式，助推文化产业发展。群众要主动融入弦子制作、彝绣、左脚舞等体验型文化产品提供的行动中，通过亲自参与将文化优势转变为经济优势，为文化振兴持续注入动力源泉。

（四）要通过能人带动培养一批乡村文化振兴人才

采取成立协会、建设文化产业园、招商引资等方式，培养一批乡村文化创业经营人才，为文化振兴提供人才和智力支持。

壮族坡芽歌书：
把壮乡的生活唱给世人听

一、基本情况

《中国富宁壮族坡芽歌书》是2006年富宁县对全县壮族文化资源进行全面普查时在剥隘镇坡芽村发现的，是以原始的文字图画将壮族情歌记录在土布上的民歌集，共有81个符号，每个符号代表一首情歌，每一首歌代表一个动人故事，壮族歌手称之为"布瓦吩"。整部歌集记录了一对青年男女从相识、相知、相遇、相恋到白头偕老、共度一生的情感历程。坡芽人将歌集代代相传，歌书于2011年被列入第三批国家级非物质文化遗产名录。

二、发展历程

为能更好地保护和传承坡芽情歌，2006年9月，富宁县成立了富宁坡芽歌书保护与开发小组，并组建《中国富宁壮族坡芽歌书》编委会对坡芽歌书进行翻译整理。歌书于2009年3月由北京民族出版社正式出版，于2011年完成了坡芽文化品牌商标的注册。同时，2006年组建了"坡芽歌书山歌队"。在2009年云南省第三届青年歌手电视大赛上一举夺下原生态组金牌桂冠；2010年5月跃上央视舞台，一鸣惊人，拿下团体决赛原生态唱法的最高分。2012年5月，在山歌队的基础上，成立了坡芽合唱团。2013年，坡芽歌书合唱团走出国门，漂洋过海唱到了美国夏威夷。2015年，坡芽歌书合唱团在中央电视台组织的"歌声与微笑"合唱先锋栏目比赛中夺取了月冠军、季冠军和年度总冠军。2016年7月，坡芽歌书合唱团在俄罗斯索契参加第九届世界合唱比赛中获得冠军组无伴奏民谣组别金奖。2017年，坡芽歌书合唱团获得了国家艺术基金传播交流推广资助项目，先后在北京、济南、郑州、广州、杭州等全国20个城市进行巡演。2018年5月，中国著名导演张艺谋正式邀请了坡芽村民及部分坡芽歌书合唱团成员参加他最新执导的作品《对话·寓言2047》第二季观念演出，"非遗典范"再次登上国家大剧院舞台。2023年8月，坡芽歌书合唱团专场演出——"爱情密码"专场音乐会在国家大剧院浪漫举行，为国家大剧院2023年八月合唱节再添浓墨重彩的一笔。2023年10月，坡芽歌书合唱团在第三届"一带一路"音乐教育联盟大会"聆听世界 共创未来"闭幕式音乐会上为观众带去经典曲目《舍得舍不得》。一路的成长，使坡芽歌书成为云南著名、全国闻名、世界知名的文化品牌。

三、典型做法和成效

（一）围绕"坡芽歌书"，大力发展产业、提高群众经济收入

2006年发现坡芽歌书后，坡芽村按照"长短结合，以短养长，以长致富"的产业发展思路，大力发展甘蔗、芒果、油茶、八角等热带产业。全村共种植甘蔗900余亩、油茶1 300余亩、芒果600余亩、八角800余亩。通过发展产业，每年全村产生经济效益达362万元，年人均可支配收入达13 921元。同时，围绕乡村旅游，全村自筹36万余元建设农家乐，以资产租赁方式委托经营，村集体实现收入4万元。村集体有天然林4 975亩，年补贴收入49 750元。全村依托"坡芽歌书"带来的影响力，大力发展产业，提高群众收入水平。

（二）围绕"坡芽歌书"，完善基础设施，改善群众生产生活条件

2006年发现坡芽歌书之后，坡芽村依托各级各部门投入的各项资金，村内党员率先垂范，群众投工投劳。2012年，按照"在开发中保护，在保护中利用"的要求，在保留原有壮族文化元素的基础上对坡芽村进行改造，建成了错落有致的房屋以及文化广场、文化长廊，完成了村内外道路硬化，安装了太阳能路灯等基础设施。2018年完成了村内污水处理工程，还建成了坡芽水库，翻新建成坡芽传习馆等。2019年完成村内的蓄水池和饮水管的安装。经过十多年的建设与改造，将坡芽村打造成了典型的原生态壮族村寨，村民的生活水平也得到进一步提升。坡芽村先后荣获2011年云南文化传承示范村、2012年省级文明示范村、2013年省级民族文化特色村、2014年第四届全国文明村、2019年文山州"最美民族村"、2023年云南省最美乡愁旅游地称号；在"牵手2014中国最美村镇"评选活动中，荣获"全国最美村镇"称号；2017年被国家民委命名为中国第二批少数民族特色村寨；2018年被国家授予"全国民族团结进步创建示范村"荣誉称号。

（三）围绕"坡芽歌书"，弘扬和传承坡芽文化，提高群众文化水平

2006年发现在坡芽歌书后，富宁县及时制定了一系列的挖掘、保护、传承的方案措施。一是开展传承人申报工作，将坡芽村的农凤妹、农丽英、农加平和农加兴成功申报为坡芽歌书的国家级、省级、州级传承人。传承人面向小学生和年轻人传授坡芽情歌，每年定期到学校授课。二是在全村65户人家门口挂上坡芽歌书符号，各家将自家门口符号进行代代传唱。三是组建坡芽歌书合唱团，面向世界各地巡演，将坡芽情歌传播到世界各地，让各界人士共享坡芽文化。四是除了歌书，坡芽村还注重保护壮戏、壮族美食、织布、刺绣等壮族特色文化遗产。村内组建了文艺队、戏班，每逢壮族传统节日，组织开展各类文化活动，吸引四方宾客汇聚坡芽村。同时，村内戏班、文艺队还到各地开展文化交流演出，积极强化坡

芽文化与外来文化融合发展。五是群众依托坡芽歌书符号制作"秀包、秀鞋"等刺绣产品和利用"壮锦"制作的服饰、日用品等，多渠道引进上海等刺绣专家开展培训，探索开创坡芽文创品牌。通过开展"自强、诚信、感恩"主题实践活动，深入实施"文明家庭""平安家庭""好媳妇、好婆婆"等活动，将坡芽文化发扬光大。

四、经验与启示

（一）科学谋划，打造多元化坡芽文化

围绕坡芽歌书、壮族特色美食、壮锦、刺绣等元素，加大科学谋划，统筹推进坡芽文化多元一体，实现文旅融合发展，更好弘扬和传承坡芽文化。

（二）招商引资，打造高质量坡芽文化

运用引进公司包装、运营、管理的模式，对整个坡芽村进行合理打造，形成集"文化、休闲、娱乐、康体、竞技"于一体的特色旅游文化。围绕坡芽歌书元素，充分利用坡芽现有丰富的资源，采取投资发展与自行发展相结合的方式，对各类基础设施进行提升改造，提高游客体验度，吸引更多游客。逐步提高坡芽村群众的参与性、积极性，提升经济效益，进一步将坡芽文化打造成高质量的文化品牌。

坡芽歌书

（三）文化共享，引领坡芽文化新征程

利用民族节日，组织村内群众开展具有民族特色的各类文化活动、外出学习活动等，加强文化交流，促进融合，提高坡芽情歌文化队伍建设，塑造全村浓厚的文化氛围，进一步打造独具特色的坡芽文化。

（四）培训学习，提升坡芽文化队伍建设

通过培训学习，提高传承人和坡芽村群众的能力和素质，切实将弘扬和传承坡芽文化工作落到实处，使坡芽情歌代代传唱，让坡芽文化传遍国内外，让来到坡芽村的游客实现游览在坡芽、美食在坡芽、休闲在坡芽、度假在坡芽、娱乐在坡芽。

云南省西双版纳傣族自治州勐海县

布朗族弹唱：
以当代之姿奏响传统弦音

一、基本情况

布朗族弹唱是布朗族群众的传统文化表现形式，有五种基本曲调，包括"索""宰""拽""笙"和"铜芒"。其中，"索"调最为丰富多彩，包括五个调子，有的欢快跳跃，有的舒缓深沉。这种曲调因使用布朗族自制的四弦琴伴奏，故被称为"布朗弹唱"，其唱腔圆润委婉，旋律清甜优美，歌词多反映男女恋慕之情。布朗族弹唱在布朗族地区具有广泛的群众基础和深厚的文化底蕴，主要用于重大节庆、婚丧嫁娶等场合。演唱内容涉及民族迁徙历史、生产知识、祭祀等，此外也会唱一些山歌、情歌、劳动生活和儿歌等。

二、发展历程

2008年布朗族弹唱被列入第二批国家级非物质文化遗产名录，打洛镇曼芽村主动承担起守护、传承布朗族民族文化的责任和使命，建立了布朗弹唱传习所和布朗族民族文化展示馆。传习所至今已培养学生900余人，培养省、州级布朗弹唱非遗传承人7人，岩瓦洛被命名为全国唯一的"布朗族弹唱"国家级非遗传承人，成立阿西管乐队，带领村民走出勐海、走到全国各地参加演出，让"养在深闺人未识"的布朗文化揭开神秘面纱，实现从"羞涩赧颜"到"神态自若"的转变。勐海县"布朗弹唱"传习所已经增至5处，有传承人27人，其中国家级1人、省级3人、州级13人、县级10人。

三、典型做法和成效

（一）保护＋利用，促进传统文化赋能

勐海县深入挖掘优秀文化，采取"民族文化＋非遗文化赋能乡村"形式，大力开展非遗项目的展示和传承，推进"非遗"保护与特色旅游、文化产业发展深度融合，推行"非遗"文化传承、生产、销售、体验、互动的新模式，真正把"非遗"项目的资源优势转化为产业优势。同时，积极筹措资金，建设打造"非遗"旅游村寨，编排"非遗"文化节目、讲好新时代"非遗"文化的精彩故事，并推进"非

遗"文化进社区、进校园，培养年轻传承人才，让"非遗"项目走进寻常百姓家。

（二）传承＋发展，激发传统文化活力

岩瓦洛是布朗族弹唱的国家级代表性传承人，他于2017年将布朗族民歌带到了《星光大道》的舞台上，并希望借此机会传播布朗族文化。他说"之前我们布朗族的文化被埋没了，在我这一代，我要把布朗族文化给挖掘出来，去传给更年轻的一代。这一代我再不传的话，下一代就没有了。"据他介绍，布朗族弹唱的主要伴奏乐器是三弦，其唱腔圆润委婉，旋律清甜优美。玉坎拉早年在自家院子里免费教孩子们布朗族弹唱，并组建了"小花队"。"小花队"最初是一个由二十来个女孩组成的布朗族弹唱乐队，如今其成员已发展到上百人。玉坎拉带"小花队"多次参与县级、省级的比赛和演出，从而助力布朗族弹唱的传承和发展。"我希望能让更多的人听到我们布朗族民歌，能认识我们布朗族民歌，还有我们这个民族。"玉坎拉说。"布朗弹唱"国家级非遗传承人岩瓦洛在各级党委、政府及相关职能部门支持下，在打洛镇曼芽村民小组建立布朗弹唱传习所和布朗族民族文化展示馆，通过党员带群众、师傅带徒弟等方式，结成布朗弹唱传承队伍，至今已培养学生900余名。

（三）宣传＋融合，赋予传统文化新意

勐海县打洛镇新时代文明实践所组建的"布朗弹唱"理论政策宣讲志愿服务队，把基层党建、乡村振兴、民族团结及农业、医疗、就业、妇女儿童等领域的政策法规和科教知识编排成歌曲，以"布朗弹唱"的形式传递党的声音，让群众听得懂、喜欢听、记得住，真正让党的政策理论走进布朗族群众心中。"布朗族弹唱"理论政策宣讲志愿服务队于2020年7月组建，注重打造"布朗族弹唱"这一宣讲品牌。截至目前，已开展"布朗族弹唱"志愿服务123次，参与志愿者1 212人次，志愿服务总时长1 253小时，服务对象达10.5万人次。

四、经验与启示

要注重文化挖掘。注重民族传统文化的挖掘是保护和传承文化遗产、弘扬民族精神的重要一环。一是有助于保护和传承文化遗产。随着现代化的冲击，许多民族传统文化面临着消失和遗忘的危险，通过挖掘和整理，可以更好地了解和传承它们，为后人留下丰富的文化遗产。二是有助于弘扬民族精神。民族传统文化是一个民族的精神支柱，它包含了民族的智慧、勇气和创造力，通过挖掘和传承，可以激发人们的民族自豪感和归属感，增强民族凝聚力和向心力。三是有助于促进文化多样性和文化交流。不同民族的文化各具特色，通过挖掘和展示，可以增进对其他民族文化的了解和尊重，促进文化多样性和文化交流。

要加强文化赋能。加强民族传统文化的赋能有助于推动文化产业的发展和创新。通过挖掘和传承这些文化，可以开发出具有民族特色的文化产品和服务，满足人们日益增长的文化需求。同时，传统文化的创新也可以为文化产业注入新的活力

和创意，推动文化产业的发展和繁荣。实现民族传统文化的赋能，首先要加强传统文化的教育和培训，让更多的人了解和掌握传统文化的知识和技能。其次要鼓励传统文化的创新和发展，为传统文化注入新的元素和内涵。通过文化赋能，可以深入了解自己民族的历史、传统和价值观，增强文化自信心和认同感，激发个体的创造力和创新精神，为现代社会的发展提供源源不断的动力。

要力促文化创新。创新是文化发展的核心动力，是推动传统文化焕发新生、融入现代生活的关键。让传统文化以新的形式、新的内容、新的意境走进人们的日常生活，不仅可以增强民族传统文化的生命力，也可以让传统文化在现代社会发挥更大的作用。一是需要开放的心态和视野。应鼓励跨界合作，让传统文化与现代科技、现代艺术、现代设计等领域进行深度融合，创造出既具有传统韵味又具有现代气息的文化产品。二是需要激发文化工作者的创造力和想象力。应建立健全激励机制，为文化工作者提供足够的创作空间和资源支持，让他们能够安心、专心地投入到传统文化的创新实践中去。三是需要社会的广泛参与和支持。应加强传统文化教育和宣传，提高公众对传统文化的认知度和兴趣度，让更多的人参与到传统文化的创新实践中来。

西藏自治区日喀则市拉孜县

堆谐舞：
打造高原艺术之乡靓丽名片

一、基本情况

拉孜堆谐拥有悠久的历史，相传起源于萨迦地方政权时期，作为一种独特的民间歌舞艺术形式，它集歌舞、说唱、弹奏于一体，至今已有700多年的历史。在表演时，演员们边弹边唱边跳，节奏欢快，动作流畅洒脱且充满热情，其中饱含着拉孜农牧民对美好生活的赞美与向往。

二、发展历程

为了更好地传承和发扬这一深受群众喜爱的文化艺术，2006年，拉孜县文化和旅游局牵头组建了初代堆谐表演团队——拉孜县农民艺术队。随着队伍的不断壮大，2012年正式更名为拉孜县艺术团，成员共计24人，其中包括团长1人，队员23人。2022年，投入290万元援藏资金新建了艺术团辅助用房，配齐配全了艺术团演练和办公设施，同时健全了队伍管理机制。为做好文化传承工作，累计投入80万元，开展多项文化遗产普查、历史书籍出版、教材编制等工作。为推动文化"走出去"，累计投入300余万元，联合其他省市广泛开展各类文化交流交融活动。为持续壮大后备力量，以村为单位组建了99支村级艺术队，并且每年为每村安排1万元村级文化建设资金，切实夯实基层文化振兴力量。目前，拉孜堆谐文艺演出队伍带动从业人数达1 800余人。

三、典型做法与成效

（一）坚持"走出去"，强化品牌效应

积极搭乘各类活动平台，广泛参与各种大型比赛、节庆文艺活动。自2006年以来，拉孜堆谐积极对接各类活动承办主体，参加了藏晚、春晚、港澳巡回演出、奥林匹克文艺演出、亚洲文化嘉年华国际大舞台、全球西藏推介会以及创下吉尼斯世界纪录的"相约珠峰千人弦音"日喀则市大型非遗歌舞展演活动等共计17场次。其中，《妙音踏舞》荣获全国第十七届"群星奖"舞蹈类群星大奖，拉孜堆谐逐渐走进大众视野、走向国际舞台。

拉孜县艺术团赴上海杨浦YOUNG剧场开展堆谐文化交流演出

充分发挥援藏帮扶力量，促进文化交流交融。上海杨浦区作为拉孜县对口帮扶力量，一直把助力当地文化发展作为重点工作之一。自2020年，累计投入200余万元，组织拉孜堆谐文化艺术团赴上海地方学校、社区、物交会等开展文化交流活动。2023年更是联合上海杨浦区举办了"遇见/雅江情滨江意·沪藏文化交流"活动，广受大众喜爱。

（二）坚持艺术传承，壮大队伍力量

高度重视堆谐文化资料留存工作。目前，汇编了流传于拉孜民间的完整堆谐乐曲以及文化遗产存续和传承相关工作内容的《拉孜堆谐》已正式出版。同时，包含了传承人口述史、项目实践片、传承教学片的《国家级非遗项目拉孜堆谐》也在社会上正式亮相。

大力推动拉孜堆谐深入民间、走向大众。以村为单位组建了99支村级艺术队，县文旅局联合专家力量为其编撰了8套拉孜堆谐学习教材，其中收集了民间有名的堆谐歌舞曲60余篇，使得艺术队发展更加规范，质量更高。同时，每年为群众带去不少于800场次的堆谐文艺表演。大力推进堆谐进校园活动，目前拉孜堆谐已覆盖拉孜县辖区所有小学、中学、高中的课间操，并且在各艺术队的鼎力支持下，成功组建少儿堆谐艺术队，并在北京第八届中国儿童戏剧节上荣获优秀展演剧目奖。

（三）坚持内容创新，适应市场"口味"

由拉孜县文旅局牵头，联合各民间艺术家和非遗传承人，对堆谐曲目进行改

编和再创作。除了广为人知的《飞弦踏春》《妙音踏舞》之外，还出品了《踏地飞歌》《盛世赞》《故土之恋》等优秀节目20个。其中，《妙音踏舞》荣获全国第十七届"群星奖"舞蹈类群星大奖，《踏地飞歌》在首届西藏自治区民间舞大赛摘得舞蹈大赛最高奖项"群星奖"，《盛世赞》《绿水青山》在西藏广播电视台"青稞飘香"比赛中荣获新创舞蹈类三等奖和声乐类三等奖。

四、经验与启示

拉孜堆谐通过积极发挥社会效益，每年带动2 000人实现创收，创收金额近500万元。为适应时代发展趋势，彰显文化促进发展的坚实力量，拉孜县不断在推进文旅融合上下功夫。2017年组建的拉孜堆谐文化旅游公司，不仅发挥着传承和发展拉孜堆谐深厚历史文化的重要载体作用，还延伸出扎念琴（属堆谐舞表演中必不可少的乐器，即六弦琴）系列文创产品，带动当地民族手工业发展。截至目前，拉孜县累计举办了8届堆谐文化节活动，既有艺术展演、竞技比赛，也有物资交流、美食互鉴。现在，游客在拉孜不仅看得到、玩得了，还能体验着、带得走，"拉孜堆谐"真正成为广大游客选择拉孜、了解拉孜、爱上拉孜的"金字招牌"。

陕西省西安市周至县

集贤鼓乐：
财神故里听鼓乐　非遗文化促振兴

南瞻秦岭峰巍，北收渭河惊涛，东耀旭日首阳，西眺仙都福地。这里，就是中国鼓乐之乡、华夏财神故里——陕西省西安市周至县集贤镇。这里曾是上林苑、长杨宫、五柞宫的所在地，古代皇室贵族常来此避暑、游玩、狩猎。勤劳智慧的集贤人在这片古老而神奇的土地上生生不息，在改造自然和社会的进程中，创造了丰富多彩的文化成果，其中，集贤鼓乐是集贤镇域内最具代表性的文化符号，它充分展现了集贤深厚的人文底蕴。

一、基本情况

西安鼓乐是流传在西安及周边地区的大型民间乐种，是中国传统器乐文化的典型代表。集贤鼓乐是西安鼓乐主要支柱之一，萌生于秦汉，充实于隋唐，传承发展于宋元明清，弘扬鼎盛于当今时代，是迄今为止在中国境内发现并保存最完整的大型民间乐种之一，更是中国古代传统音乐的重要遗存。其以独特的隋唐风韵，被国际音乐界和史学界誉为"音乐艺术的活化石""中国古代交响乐""华夏之瑰宝"。

集贤鼓乐配器结构庞大而复杂、乐曲体系完整，演奏形式和乐谱与唐宫廷音乐一脉相承。其演奏形式分为坐乐和行乐两种。主要乐器分为旋律乐器和打击乐器两类。集贤鼓乐乐谱是目前国内少见的采用历史时期字谱记录音乐形式的乐谱，主要包括旋律乐谱、鼓谱和唱谱三种。集贤鼓乐有东、西村两个乐社，现有传承及演职人员60余人，其中国家级传承人2人、省级传承人2人、县级传承人11人。

二、发展历程

（一）唐宫雅乐越千年

集贤鼓乐相传起于隋文帝杨坚时期。当时杨坚去仙游寺进香、还愿，每次途经集贤村休息时都会安排宫廷乐队奏乐。唐太宗李世民每年都要去楼观祭拜，为了方便休息，在集贤村盖了五柞宫，与民同乐，安排宫廷乐队进行表演。热爱音乐的集贤人将集贤鼓乐传承了46余代，集贤鼓乐经历了1 400多年时光的洗礼。

（二）古老艺术焕新彩

20世纪50年代，集贤鼓乐被陕西省音乐协会主席李石根发现。此后，中国音乐学院杨荫浏教授带着学生来到陕西调研。自此，全国各地专家学者逐渐重视起来。许多在业界享有很高地位的国内外专家、教授纷纷来到集贤实地考察，整理录音、收集乐谱并翻译成册，使集贤鼓乐日臻完美，这一古老艺术焕发出新活力。

（三）集贤鼓乐誉全球

2006年，集贤鼓乐与其他四家乐社以"西安鼓乐"的名义被国务院批准为第一批国家级非物质文化遗产代表作名录；2009年，集贤鼓乐被列入联合国教科文组织人类非物质文化遗产代表作名录；2021年，集贤镇被评为陕西省民间文化艺术之乡；2023年，集贤镇成功入选陕西省非遗特色示范镇。集贤鼓乐的知名度越来越高。

三、典型做法与成效

（一）用好发展引领"连环招"

近年来，集贤镇党委、政府深化拓展陕西省"三个年"活动，聚力推进西安市"八个新突破"战略举措，紧密围绕"奋战一三五　振兴金周至"的战略目标，聚焦打造"经济强镇、生态靓镇、文旅名镇"特色品牌。在推动乡村全面振兴的进程中，充分利用文化资源优势，举全镇之力推进非遗文化传承发展、成效转化，在前期"把媒体和专家学者引进来，让演出和保护传承走出去"工作思路的基础上，以丰富群众精神文化生活为基准，以把集贤鼓乐发展成为富民产业为目标，提出了"留住文化'集'忆，彰'贤'传承力量"的新口号，让非遗文化传承和群众精神文化与物质生活有机统一。通过非遗文化"四合四进"促振兴等工作模式，帮助引导群众把爱好做成事业，把兴趣变成财富。

（二）打好传承保护"组合拳"

斗乐促进文化传承。为了保证集贤古乐世代相传，集贤先辈将村子一分为二，并定下规矩，在两村各设一个乐社，每年举行斗乐活动。两家乐社技艺上的比拼，在曲目数量上相互攀比，激发了各自不甘落后、精益求精的斗志，使得集贤鼓乐一直焕发着勃勃生机，千年不衰地流传至今。

扩大技艺传授范围。2000年，在政府的鼓励下，集贤鼓乐打破了传统的传男不传女的习惯，新招一批村内女性学习，并由村传承逐渐发展到向外传承。如今，每年都会有全国各地的专家学者以及国外艺术友人来到集贤鼓乐社进行文化交流、采风与学习。

修建鼓乐传习场所。陕西省艺术研究所投入专项资金，2014年建成西安鼓乐南集贤传习所，2016年建成集贤鼓乐东村传习所。传习所内设展览厅、演奏厅、排练室、资料室等，鼓谱、乐器得到了集中保存和展示，也为日常排练提供了固定的场所，为鼓乐保护和发展提供了有利条件。

（三）下好统筹推进"一盘棋"

镇村规划建设凸显文化元素。在镇村规划编制、宜居宜业和美乡村建设、党建"家的温暖"阵地建设等工作中，充分结合镇域特点、村级资源，建设集贤鼓乐文化展览馆等场地，体现集贤特有文化元素，推动中华优秀传统文化全面系统有机融入乡村建设，努力打造传承中华文明、饱含历史内涵、充满生机活力、彰显特色魅力的美丽乡村。

非遗"四合四进"促进乡村振兴。社校联合，非遗进校园。在北京、西安等地艺校、中小学开设鼓乐课程，让非遗走进课堂，弘扬中华优秀传统文化。文旅融合，非遗进景区。在大唐芙蓉园、周至水街、楼观台等景区演出，让群众零距离接触非遗、了解非遗、爱上非遗。古新结合，非遗进社区。在惠民文化演出等各类活动中展示集贤鼓乐，让非遗融入现代生活，守住文化"根"，留住乡愁"魂"。产业聚合，非遗进活动。集贤鼓乐社参加音乐会、文化交流演出、商业演出等活动上千余场，带动鼓乐艺人就业增收。

丰富品牌内涵，塑造外延拓展。围绕打造文旅名镇的目标，擦亮中国鼓乐之乡、华夏财神故里两张名片，大力弘扬域内以集贤鼓乐为主的非物质文化遗产，深入挖掘区域文化资源，结合集贤得天独厚的生态资源优势和旅游资源，文旅结合，一体推进，多维度宣传，打造出符合集贤实际和特色的综合性文旅品牌与特色性文化名片。

四、经验与启示

辉煌灿烂的历史文化，是一种割舍不了的古韵情怀，也是一份沉甸甸的历史传承，更是文化赋能乡村振兴的价值支撑。集贤人居住在财神故里，听着与宫廷音乐一脉相承的集贤鼓乐长大，如何让古老艺术创新转型，有着自己的思考。

一是在保护传承弘扬中发展壮大。有人教、有人学、有人听，集贤鼓乐的独特魅力传承在一方村落的烟火气中，活跃在村民的日常生活里，也吸引许许多多的文艺爱好者参与其中，辐射带动周边的群众走近艺术，感受文化。

二是在丰富精神文化中带动经济。集贤鼓乐不仅丰富了群众的精神文化生活，提升了乡村特色文化的品质和魅力，也成了村民增收的一条渠道，成为富民产业，增强了群众的获得感、幸福感，一幅宜居宜业、和谐美丽的乡村新画卷正在初步变为现实。

三是在塑造品牌形象中拓展延伸。依托集贤鼓乐的蓬勃发展，整合域内资源，拓展文化产业功能，延伸文旅产业链条，拓宽群众增收渠道，促进"农文旅"深度融合，为乡村振兴注入新的动力和活力。

陕西省咸阳市乾县

弦板腔：
中国戏剧的"活化石"

一、基本情况

弦板腔又称板板腔，由主要伴奏乐器"弦子"和敲击乐器"板子"而得名。其音乐旋律节奏明快，悦耳悠扬，唱腔刚柔相济，感人动听，能充分表达戏剧剧情。随着历史发展演进，弦板腔的乐器从早期的"二弦""三弦""板子"发展到加入板胡、二胡等多种民族乐器。

弦板腔由皮影戏演变而来，原为传统的"隔帘说书"。表演时，表演者在"亮子"（指白色的布幕）前操作挑动皮影并演唱，前台是表演者，后台是乐队，其在关中农村广泛流传。

二、发展历程

弦板腔是陕西省古老的地方剧种之一。据《陕西省戏剧志·咸阳市卷》引王绍猷先生考证，"弦板腔起源于宋代，流行于关中的乾县、礼泉、兴平……"。虽然最后流行到陕西的其他地区，甚至流传到甘肃东部的庆阳、正宁、宁县、天水、合水和兰州等地，但论起发祥地，还是以乾县、礼泉、兴平为多，其中，在乾县根植最深，流传最广。1957年，乾县率先把弦板腔以皮影"亮子"，登上了大戏舞台，以演员取代皮影，并在剧目、音乐、布景、服装、道具等方面进行改革。1961年8月，乾县人民剧团正式改名为"乾县弦板腔剧团"，这是弦板腔发展史上具有里程碑意义的创新和发展。

改革后，乾县人民剧团用弦板腔试排了古典戏《槐荫媒》，在省里举办的地方戏内部观摩演出中，获得了领导、专家和文艺界同仁的一致好评。此后，在省里领导、专家的支持和指导下，相继创作排演了弦板腔《紫金簪》《九连珠》《取桂阳》，并在省内各地巡回演出，均获得了好评。在省文旅厅的安排下，乾县剧团带着新排弦板腔三本（即《紫金簪》《九连珠》《铜台破辽》）一折（即《隔门贤》）赴甘肃、宁夏等地演出，引起轰动。2006年，弦板腔被列入首批国家级非物质文化遗产名录。

2016年7月，弦板腔经典剧目《紫金簪》在西安大剧院会演

三、典型做法与成效

（一）以整合资源促品牌

县委、县政府为保护和传承好非物质文化遗产，及时成立非物质文化遗产保护工作领导小组，统一协调工作中遇到的困难和重大问题。在2008年11月重组"乾县弦板腔剧团"领导班子，充实了工作人员，从2008年至2018年，每年由县财政拨款12万元专款，用于弦板腔的抢救、保护和发展。

（二）以排演新剧目促交流

从2008年11月恢复弦板腔剧团以来，人民剧团把创排新剧目作为培养弦板腔后继人才、传承国家级非物质文化遗产的重要举措，打造弦板腔自编自排剧目《范紫东》以切实反映乾县文化名人范紫东生平；《迟到的忏悔》《重返光棍沟》《大汉司马迁》等剧目的编排，真正达到了以"文"教人、以"剧"化人的效果。现在已编排新剧目近10部，培养了建团以来的第四代传人。2023年，《南北岭的变迁》已完成首演、汇报演出。

（三）以参赛、参演促传播

乾县县委、县政府高度重视非物质文化遗产的保护、传承、发展、推广与宣传，2010年10月，弦板腔剧团和陕西电视台合作，在"秦之声"演播大厅录制"乾县弦板腔专项演唱会"，并制成光碟，通过一套"秦之声"和陕西卫视向全省和全国播放；2019年《迟到的忏悔》在"陕西省第二届廉政文化精品创作评选活动"中获得文艺剧目类一等奖。同年乾县弦板腔剧团代表陕西省赴昆山参加全国百戏盛典，演出弦板腔两场，并在百戏博物馆永久性陈列二弦、板子等弦板腔标志性纪念物，并将刻有"国家级非物质文化遗产——弦板腔"的刻石存留在百戏林内。

（四）以政策支持促发展

国家和省市对首批非遗弦板腔也非常重视，从2021年开始，陕西省文化和旅

2014年9月，弦板腔现代戏《范紫东》在第七届陕西省艺术节上展演

游厅、财政厅，连续三年每年资助50万元演出100场，这些演出对弦板腔剧种的发展、传承起到了非常大的促进作用。

（五）以书籍编辑出版促保护

组织专业人才和社会力量开展弦板腔资料整理和理论研究，编辑出版了《国家级非物质文化遗产——弦板腔》一书，完成了文化部立项的《中国戏曲剧种·弦板腔》书稿的编写工作。

四、经验与启示

（一）艺术教化是关键

弦板腔作为视听艺术，长期以来为广大人民群众所喜爱，弦板腔通过戏剧艺术形象地歌颂了真、善、美，鞭挞了假、恶、丑，起到了积极的艺术教化作用。乾县强化艺术教化，积极通过戏曲进乡村活动让村民在家门口就能享受一场文化大餐，发挥文化凝聚人心的力量，倡导群众树立科学文明的生活理念，树立文明生活新风尚，助推乡村文化振兴，将艺术融入乡村文化，不断丰富群众精神文化生活。

（二）传承文化是根本

加大文化传承及保护，县政府拨付专款用于弦板腔的抢救、保护和发展；在文化教育中，多管齐下，面向学校、家庭和社会群体进行广泛宣传，扩大影响力和传播面，推动文化传承，确保优秀文化艺术传统得到延续，激发优秀文化艺术的生命活力。

（三）人才培养是核心

乾县坚持把非遗项目挖掘及传承人培养作为重点工作，在挖掘培育、拓展思路、搭建平台上下功夫，加大非遗人才培养力度，组织民间艺人、技艺大师、非遗传承人积极参与职业教育教学，壮大非遗后继人才队伍，对非遗传承人进行分类采集信息，建立非遗传承人信息库，实行定期维护、动态管理，完善工作体系，不断丰富保护手段，进一步增进文化自信自强底气。

陕西省榆林市横山区

横山老腰鼓：
奏响古堡乡村振兴新乐章

一、基本情况

横山历史悠久，底蕴深厚。境内人文遗迹遍布，古堡塔寺众多，旅游资源丰富多彩。草原游牧文化、黄土农耕文化、边塞历史文化、红色革命文化在这里交融碰撞，孕育了丰富多彩的横山特色文化资源。横山区先后被冠以"中国秧歌（老腰鼓）之乡""中国曲艺之乡""中国陕北民歌之乡""中国民间文化艺术之乡"美誉。目前，横山全区拥有非物质文化遗产代表性项目38项，其中，国家级1项，省级4项，市级8项，区级25项，有国家级代表性传承人1人，省级代表性传承人3人，市县级传承人164人。建成省级非遗工坊1家，市级传习所（基地）5个。

横山老腰鼓是根植于这片黄土地上的艺术瑰宝，在长期的传承与演变过程中，逐渐成了横山最具特色的文化符号之一。清光绪年间和民国十七年，横山老腰鼓艺人曾深入延安市安塞区的真武洞、西河口传艺。1946年横山老腰鼓艺人李应海、李应和两位艺人在延安市川口乡与著名劳动英雄杨步浩组织秧歌队在延安演出，后来边区政府组织他们给毛主席、朱总司令拜年，他们的表演得到了中央领导的高度赞誉，因而，腰鼓被亲切地称为"翻身腰鼓""胜利腰鼓"。随着解放战争的胜利发展，腰鼓很快普及到各个解放区乃至全国。

二、发展历程

据调查取证，横山老腰鼓至少可追溯到明代中期。横山老腰鼓的起源有三种说法：一是战争说。传说戍守长城的军士以腰鼓作为报警工具，发现敌情便鸣鼓为号，以此传递消息。边民久居塞上，也习而为之，逐渐将老腰鼓的应用从战事扩展到民间娱乐之中，经长期演变，形成豪放激昂、刚劲有力并带有军旅阵战色彩的腰鼓艺术。二是祭祀说。在古代，鼓被赋予了许多神秘的文化指代意义。由于鼓的声音和雷声很像，在干旱少雨的陕北地区，鼓经常被用在祈雨活动中。所以，部分学者认为，横山老腰鼓是由曾经闹社火的祭祀舞蹈发展而来。三是牧羊说。横山老腰鼓来源于牧羊人的发明创造。古时牧羊人为了调剂单调寂寞的生活，把树根掏空，在两端绷上羊皮，然后用木棍敲击发出不同的声音，以此指挥羊群前进或后退。

横山老腰鼓始终保持着原生态打鼓技法，保持着粗犷、豪放、激越、诙谐的特点和传统品格。自2008年6月14日经国务院批准被列入第二批国家级非物质文化遗产名录以来，横山老腰鼓多次受邀参与重大活动，先后参演了2015年《纪念中国人民抗日战争暨世界反法西斯战争胜利70周年文艺晚会——胜利与和平》、2016年纪念红军长征胜利80周年文艺晚会《永远的长征》、2017年庆祝中国人民解放军建军90周年文艺晚会《在党的旗帜下》、2019年庆祝中华人民共和国成立70周年《奋斗吧　中华儿女》音乐舞蹈史诗、2021年庆祝中国共产党成立100周年文艺演出《伟大征程》、2022年陕西省第十七届运动会开闭幕式、2023年中国—中亚峰会接机仪式演出、"陕北民歌音乐会"全国巡演、2024年全国民歌展演活动和"文化陕西"（柏林）旅游推介会。著名画家、黄土画派创始人刘文西老师来横山采风，横山老腰鼓鼓手们为老艺术家们倾情献艺，刘文西观看了表演后给予了高度赞誉并题词"横山老腰鼓，塞上一奇葩"。

三、典型做法与成效

近年来，横山区坚持文旅融合赋能乡村振兴新发展理念，先后制定了《榆林市横山区区级非物质文化遗产代表性项目管理暂行办法》《横山区区本级基本公共文化服务目录》《横山区非物质文化遗产保护联席会议制度》《榆林市横山区区本级非物质文化遗产项目代表性传承人认定与管理暂行办法》《横山区非物质文化遗产进校园活动实施方案》，建立健全了国家、省、市、区四级项目名录和四级代表性传承人管理体系。先后打造马坊、党岔、张存有地、王皮庄、杜羊圈、李家楼则、龙池峁等9个腰鼓基地，成立老腰鼓队7支（党岔、马坊、李家楼、赵石畔、曹阳湾、王皮庄、老腰鼓协会）和社区秧歌队12支。持续推进横山老腰鼓进校园和腰鼓公益培训工作，2023全年开展腰鼓进课堂活动177节，开展腰鼓公益培训4期，累计培训人次达2 000余人次。去年累计开展横山老腰鼓对外交流演出超80场次，解决就业岗位超1 000人次。通过线上直播平台开展腰鼓展演活动，以互联网"直播带货"新型助农模式，带动了横山羊肉、稻蟹、大明绿豆、小杂粮等农副产品对外销售，年均累计效益达4 000余万元，带动了当地经济发展和群众就业。今年以来横山老腰鼓凭借着独特的艺术魅力，在榆林市举办的2024年春节系列活动中火爆全网，全网观看点击量达到了1.2亿次，成为网络关注的热点，网友们好评如潮，纷纷点赞，大量的游客慕名来到榆林观看横山老腰鼓表演，一时间榆林城区人潮涌动，3月份横山老腰鼓先后赴德国、甘肃天水开展交流演出，一时间横山老腰鼓惊艳四方，打出了黄土地的豪迈气魄，打出了中华文化的博大精深。

下一步横山区将继续以横山老腰鼓为切入点，成立非遗保护基金会，组建腰鼓演艺公司，开发横山老腰鼓系列文创产品，编制出版横山老腰鼓教材，建设中国鼓文化博物馆研学基地，加大腰鼓进校园、进社区力度，壮大腰鼓队伍建设，组建多支素质高、形象好、业务水平精的专业腰鼓团队，力争将横山老腰鼓打出国门走向世界。

四、经验与启示

非物质文化遗产承载着中华民族的基因和血脉。守护文化根脉，讲好非遗保护的中国故事是文化赋能乡村振兴的题中之义，文化赋能理应在乡村文化遗产保护中发挥更大作用。一是要加大对非遗传承人的政策鼓励和资金支持。构建起"政府资助＋文化产品收入＋公益企业赞助"的资金来源体系，增加收入渠道，以满足传承保护的现实需求。二是促进文旅融合，推动非物质文化遗产融入乡村旅游，服务于乡村振兴。针对旅游发展状况和游客兴趣点，结合先进科技设备的应用，打造一批具有历史底蕴和娱乐观赏性、体验性的非物质文化遗产旅游体验基地，从而更好地传承发扬非物质文化遗产。三是强化人才支撑，形成非遗传承的长效机制。通过政府引导、政策支持、成长空间打造，吸引更多的文化产业从业人员、各类艺术人才、产业带头人、非物质文化遗产传承人等参与其中，共同构成对乡村振兴的智力支持。

今后，横山区将继续以习近平新时代中国特色社会主义思想为引领，积极践行习近平总书记来陕考察重要讲话精神，在省、市、区的坚强领导下，以乡村振兴为契机，依托乡村旅游开发，积极打造"横山老腰鼓"特色文化名片，做实、做强、做大横山老腰鼓艺术，让横山老腰鼓艺术在新时代里熠熠生辉。

清涧道情：
道情唱响新生活　文化振兴赋活力

一、基本情况

清涧县位于黄河晋陕峡谷西岸，榆林市最南端，无定河、黄河交汇处，在陕北地区具有关键的门户地位和重要区域作用，总面积 1 881 千米^2，辖 9 个镇 5 个便民服务中心，1 个街道办事处，总人口 21.72 万。清涧县是著名的革命老区，有着中国红枣之乡、石板之乡、粉条之乡的美誉，也是名贯整个陕北的"道情窝子"。清涧县是久负盛名的历史文化县，也是陕北道情的发祥地。近年来，清涧县立足"生态立县、产业富县、文旅兴县"发展战略，推动文旅产业深度融合。清涧道情作为一种传统戏曲，不仅是中华民族宝贵的非物质文化遗产，也在实施乡村振兴战略过程中发挥着重要的作用。

二、发展历程

道情又名黄冠体，源于《九真》《承天》等唐代道曲。清涧道情原为坐班清唱，后受到晋剧和山西道情的影响，逐步发展成为戏曲剧种。清涧道情有曲艺性和戏剧性两种形态，既可在舞台上演出大型剧目，又可在田间地头即兴演唱；既可化妆彩唱，又可便衣清唱，在群众中普及度很广。清涧全县 600 多个村庄，几乎村村都会唱道情，形成"道情窝子"的村庄有 60 多个。

为更好地传承发展道情文化，清涧县立足区域特色，以实现"遗产丰富、氛围浓厚、特色鲜明、民众受益"为目标，大力开展陕北道情挖掘和申报工作。截至目前，全县有陕北道情代表性传承人国家级 1 人、省级 1 人、市级 4 人、县级 37 人。此外，建成非物质文化遗产展览馆 1 个、道情传习所 2 个、道情非遗小剧场 1 个、文化馆分馆 2 个，成立非遗传习所 11 个，各个场馆近年来积极开展培训、展演、传习活动，受益人群达 5 万余人次，为陕北道情的传承与发展提供了良好社会环境。2008 年，陕北（清涧）道情被列入第二批国家级非物质文化遗产名录；2019 年，清涧县文化馆被评为国家级非物质文化遗产代表性项目陕北（清涧）道情的保护单位。

清涧县音乐道情协会成员正在进行表演

三、典型做法与成效

（一）清涧道情助力县域经济发展

文化是生产力，清涧道情以其独特的审美价值和文化价值助力乡村经济的发展。首先，道情与就业相结合，清涧县共有道情演出剧团15个，解决了残疾人、贫困户360余人的就业问题。其次，道情与大众传媒相结合，打造以道情表演为主题的文化类节目，满足群众精神文化需求的同时增加数字产业化收益。每年举办道情线上线下培训10余期，道情专场网络直播点击量高达8.6万人次，受益人群8 000余人，有效推动文旅产业深度融合，促进地方经济和社会发展。

（二）清涧道情丰富群众文化生活

为丰富基层群众的文化生活，近年来，清涧县结合保护区特色文化，积极开展道情文化传播工作，组织道情演出团在各镇、社区、广场、基层自然村开展了送清涧道情演出下乡228场，大大丰富了基层群众的文化生活。在当前实施乡村振兴战略的背景下，道情在实现"乡风文明"的要求上大有可为，道情宣扬的优秀品质，符合主流价值观念，成为建设美丽乡村的重要内容。

（三）清涧道情为社会治理提供思路

清涧道情中包含很多革命主题的曲目，比如《翻身道情》《四块红军票》等，在弘扬社会主义核心价值观的主流思想下，这类曲目对我们树立正确的价值观具有重要的意义。道情在社会治理方面可以发挥更加积极的作用，在道情创作过程中结合当前社会治理的难题，通过艺术化手段使群众了解相关政策，从而更加快速平稳地推动相关政策的实施推广。

民间艺人同唱道情

四、经验与启示

（一）加强组织是基础，优化道情的社会环境

应当因势利导，制定出台更加符合本地特色的保护和传承道情的政策。积极推动各级党委和政府把非遗保护摆在重要位置，把非遗保护工作纳入本地经济社会发展总体规划和考核评价体系。鼓励和引导社会力量参与非遗保护传承工作，形成有利于保护传承的体制机制和社会环境。

（二）人才培养是关键，打造专业化传承队伍

推动各级党委和政府依法明确非遗管理职能部门，统筹使用编制资源，使非遗保护工作力量与其承担的职责和任务相适应。鼓励高校、科研机构开设非遗专业、课程，培养非遗保护管理人才。

（三）以民为本是重点，注重"三农"题材创作

清涧道情的传承要植根于人民群众，使其能获得更多生存土壤，应结合新时代文化发展需求，创作能够迎合农民文化需求，反映农村生活实际，有利于农业生产发展的"三农"题材作品，使道情成为宣传"三农"政策和实现乡风文明的重要载体和工具。

（四）守正创新是核心，占领"互联网+"宣传阵地

以往的"线下"演出模式受制于时间、地点、观众规模等条件，已经不能满足当前群众的观赏需求。清涧道情的表演和传播模式需与时俱进，借助"互联网+"模式，使"线上"成为清涧道情传承保护的主战场。此外，还可以借助微信公众号、抖音等新媒体平台宣传清涧道情。

陕西省汉中市汉台区

龙江龙舞：
非遗赋能"舞"兴龙江

一、基本情况

龙江街道办事处位于陕西省汉中市汉台区西郊，辖18个行政村3个社区，总面积33.7千米²，总人口4.1万。龙舞是龙江街道的特色文化资源，2009年被列入陕西省第二批非物质文化遗产保护项目。近年来，龙江街道高度重视非物质文化遗产的保护、传承与开发，深入挖掘非遗在乡村振兴中的推动作用，并将其与乡村文化、乡风民风、乡村产业相融合，进一步激发了群众创造美好生活的热情与干劲，为推进乡村振兴注入了强劲动能。

二、发展历程

龙江文化底蕴厚重，是古时出汉中入川达陇，西进关中驿道上第一大镇，也是盛唐号称"天下第一驿"的"古褒城驿"所在地。因地处汉江和褒河交汇处，辖区近一半的村子都被汉江和褒河包围着，早在600年前，当地群众就有舞龙祈求风调雨顺、消灾降福的风俗。在漫长的历史长河洗淘下，龙舞在龙江这块古老的土地上不断积淀、传承、创新，逐渐发展成了包含草龙、板凳龙、挝杆龙、手把龙等多种形态的一项地域特色民间文化艺术。龙江街道先后荣获中国民间文化艺术之乡、陕西省公共文化服务高质量发展示范街道、陕西省非遗特色示范镇称号。

三、典型做法与成效

一是抓传播阵地建设，让乡村生活"乐"起来。将龙舞作为乡村全民艺术大力普及，充分发挥龙江文化站的文化传播主阵地和示范引领作用，着力打造龙舞非遗文化聚集性展示平台和传承平台，先后建成龙舞传承基地、龙舞艺术研究室、龙舞道具制作坊、龙舞体验馆，面向群众免费开放，定期组织开展传承授课、技艺交流活动，引导公众更好地认识非遗文化魅力、参与非遗传承保护。目前，全处范围内共培养龙舞道具制作人才13人，村（社区）组建龙舞表演队22支，现有表演骨干人才400余人。逢年过节，龙江街道基本形成了"村村锣鼓响，户户看舞龙"的浓厚氛围，极大丰富了群众精神文化生活，提振了百姓精气神，龙舞成为龙江最鲜明的文化符号和最靓丽的文化品牌。

二是抓乡风文明治理，让社会风气"正"起来。将非遗文化宣传展示与公共文化服务结合起来，通过"文艺巡演"的形式，既弘扬中华优秀传统文化，又传播新时代文明新风。除龙舞非遗展演外，以群众喜闻乐见的小品、快板、情景剧、表演唱等艺术形式，创作编排了《脱贫致富暖人心》《垃圾分类好处多》《孝顺娘》《文明新风进万家》《防诈骗谱新篇》《我的家乡汉中美》《共筑中国梦》等贴民心、和民意、接地气的文艺节目，宣传党的各项惠民政策，教育人们崇德向善，将勤劳、节俭、孝敬等文明新风和道德典范先进事迹在润物无声中传播。三年来累计开展各类文化惠民活动 1 120 场/次，辖区酗酒赌博等陋习不断减少，推动形成了崇德向善、艰苦奋斗、自强不息的良好民风民俗。

三是抓非遗文化开发，让群众腰包"鼓"起来。将龙舞融入文化旅游产业，探索形成符合市场经济规律的畅销文化品。扶持成立天汉民间艺术协会，吸纳当地民间艺术人才加入协会，成立龙舞道具制作研究室，制作草龙、彩龙、板凳龙、挝杆龙、手把龙、彩莲船、鹤蚌等民俗道具，产品远销省内外；编排具有龙江特色的龙舞、狮舞、鹤蚌舞、二鬼摔跤、汉风鼓乐等精品民俗节目，采取"非遗＋协会＋景区"模式，与文化传媒公司签订非遗演出协议，每年巡回当地及市内九县二区演出 200 余场，年演出收益 100 余万元，探索出了一条非遗文化保护传承与文旅市场发展有机结合之路，实现了"景区旺人气、农民增收益、非遗广传播"的良好效应。通过非遗＋文化旅游，带动辖区群众就业 200 余人，其中脱贫户 50 余人，年增收近 2 万元，实现了人民群众精神生活和物质生活的共同富裕。

四、经验与启示

一要推动非遗保护融入乡村文化建设。非遗承载着乡村传统文化价值，是人们思想和心灵上的归宿，更能展示当地乡村独特的地域特色和文化个性，从而在中国传统式的"乡愁"中滋养乡土文化归属，增强乡村文化的认同感与凝聚力。

二要坚守乡村文化建设的人民立场。乡村文化归根到底是农民的文化。推进乡村文化振兴，必须探索符合农民群众实际的文化活动形式和内容，引导农民主动参与到乡村文化振兴中来，提升农民的主人翁意识，增强农民的文化自信和文化认同。

三要挖掘非遗经济价值助力产业振兴。产业振兴是乡村全面振兴的基础和关键。非遗文化具有鲜明的地域特性和文化属性，推动非遗＋产业融合发展，不仅可以让传统艺术得到传承和发扬，更能带动群众增收，实现文化传播、经济发展的共建共赢。

甘肃省天水市武山县

武山旋鼓：
全方位保护传承羰道羌韵

一、基本情况

武山旋鼓舞又称扇鼓舞或羊皮鼓舞，是流传在武山县域内的以击打羊皮鼓为表现形式的民俗舞蹈。2008年6月，被国务院公布为第二批国家级非物质文化遗产代表性项目。2023年12月15日，《天水市武山旋鼓舞保护传承条例》公布施行。

武山旋鼓舞的起源有牧羊人震狼说、祭祀起源说、军事起源说三种说法，后来发展为民间祭祀和赛社娱乐活动。主要特点表现为粗犷豪迈、彪悍威武、浑厚雄壮、气势磅礴，同时又绚丽多彩、飘逸流畅、灵活多变、协调统一。不同乡镇之间、村庄之间又呈现出不同的表演形式，具有"南文北武"的特点。

在长期流传过程中，武山旋鼓舞形成了追求"旋转、灵巧、变化"的技术体系。其表演形式以边走边舞为主，表演者左手持鼓，右手握鞭，配合节奏，边舞边敲鼓心，间或摇九连环，动作技巧性强，对步履腾挪的要求也高。在正规表演中，舞队人数一般为50～60人。旋鼓舞有许多套路，各个套路的击鼓声点、节拍和步伐各不相同。主要阵型套路有"二龙戏珠""白马分鬃""太子游四门""丹凤朝阳""十字梅花""八门套九星"等，表演典型动作有"喊山岳""千斤压顶""旋风骤起"等。整个舞蹈动作刚健、节奏铿锵，具有广泛的群众性和浓郁的地方特色。羊皮鼓是武山旋鼓舞的主要乐器，其形似扇非扇，似芭蕉叶面，属单面打击乐器。相关制品有鼓槌、钹、锣、响铃、幡、彩旗以及独特的服饰等。武山旋鼓舞是具有鲜明地域特色的非物质文化遗产项目。

二、发展历程

武山旋鼓舞群众参与性强，以自娱为目的，以村为单位组建队伍。所以，武山旋鼓舞艺人常是师出多门，师承关系也很少有纯粹的"一脉相承"，而是呈网状的交织传承。武山旋鼓舞主要活动在滩歌、洛门、山丹、龙台等乡镇，现已普及全县各个乡镇，形成了乡乡都有旋鼓队的格局。据不完全统计，全县已建成乡村旋鼓队、军营旋鼓队、校园旋鼓队、女子旋鼓队130多支，旋鼓队员达10 000多人。武山县也被文化部命名为"中国民间文化艺术（旋鼓舞）之乡"。

近年来，武山旋鼓舞建立了由国家、省、市、县级传承人组成的传承队伍，并创建了档案数据库，健全了武山县旋鼓舞传承保护体系。现有传承人14人，其中国家级1人、省级2人、市级4人、县级7人。在农村实用文化人才中，有5人是旋鼓舞人才。先后建成了滩歌镇代沟村旋鼓舞传承广场、鲁班山武山旋鼓舞传习广场、武山县旋鼓舞非遗项目传习所等，这些场所成为旋鼓舞活态传承的良好载体。

三、典型做法与成效

一是积极保护传统。武山县依据"保护为主、抢救第一、合理利用、传承发展"的方针，制定武山县旋鼓舞保护规划，召开了全县非物质文化遗产传承暨民间工匠座谈会。完成了国家级、省级非遗代表性传承人的年度考核工作。组织国家级代表性传承人代三海参加了黄河流域国家级非物质文化遗产代表性传承人研修班。

二是广泛培育传承。武山县通过定期召开专家座谈会、举办传承人培训班，保护老艺人，培养新的传承人，发挥"传帮带"作用。同时加大对武山旋鼓舞代表性传承人保护方面的经费投资，并设立传承人保护专项资金。组织旋鼓舞传承人进农村、进社区、进学校、进景区，广泛开展宣传，促进了保护传承。

三是创新表演形式。武山旋鼓舞在继承传统的基础上大胆创新，赋予了时代特色和现代生活气息，美誉度和影响力不断提升。先后参加"中国西部商品交易会"开幕式的大型文艺表演，获优秀表演奖；还被中国艺术节邀请参加大型民间文艺表演，得到广大观众的赞誉。2000年在"甘肃省第二届群星艺术节"上获得银奖，并入选全国第十届"群星奖"决赛。2014年，武山旋鼓舞代表甘肃参加第二届中国"司马迁"杯锣鼓大赛，荣获优秀表演奖。2018年，赴西安参加"丝路欢歌 丝路欢舞"西北五省群众文艺展演。

四、经验与启示

一是移风易俗，弘扬时代新风。武山旋鼓舞冲破了"二月鼓起 端午后熄声"的传统风格，演变成不分时令、兴起即舞的娱乐方式，成为国家、省、市、县大型群众文化活动必不可少的艺术节目。同时，从最初只要男人参与的敬神祭祀活动走向了全民健身娱乐活动。随着女子旋鼓队的加入，打破了"男旋女不旋"的习俗，成为全县男女老少共同参与和喜爱的民间舞蹈。

二是展示展演，发扬优秀传统。积极开展旋鼓舞的展示展演活动，武山县组织旋鼓舞参加了"庆丰收、迎国庆'如意甘肃·多彩非遗'甘肃省非物质文化遗产展演"、伏羲文化旅游节、"千山万水 就爱天水"——天水市非遗购物节展示展演展销活动、"文化和自然遗产日"、武山水帘洞拉梢寺世界第一摩崖大佛祈福文化旅游观光活动等节庆活动的展示、展演；央视新闻客户端在端午期间对武山旋鼓舞进行了直播；编印了《武山旋鼓舞》书籍。

三是创新手段，振兴优秀文化。依托旋鼓舞，促进乡村优秀文化振兴，组织旋鼓舞非遗代表性传承人走进校园，以课堂教学的形式向学生们传授技艺，让孩子们近距离感受传统文化的魅力，增强他们传承非遗的兴趣，大力弘扬优秀传统文化。同时，通过抖音、快手等新传播媒介，拍摄旋鼓舞短视频，使旋鼓舞成为丰富群众生活、文化振兴的重要载体。

南梁说唱：
说好民族故事　唱响乡村振兴

一、基本情况

南梁说唱分为东川"单音调"和西川"靠山调"，是民间艺人采用华池东川方言和西川方言，怀抱琵琶或三弦，自弹自唱、说唱结合来讲述故事的一种民间曲艺。南梁说唱与陇东民歌、秧歌、道情、腰鼓等艺术形式结伴共生，共同彰显着黄土文化精神，释放着华池人生命的日常与狂欢。目前，主要流行于甘肃省庆阳市的华池、环县、庆城、合水等地，覆盖陕西定边、吴旗、志丹等县，说唱艺人遍布县内15个乡镇111个行政村。

南梁说唱无论是单音调还是靠山调，其演出形式的适应能力强。曲调激扬粗犷且富于变化，语言生动活泼、通俗易懂、表演绘声绘色、引人入胜，故事情节生动、曲折、离奇，吸引力强。说唱内容及说唱曲调具有重要的历史研究价值和文学艺术价值，它对和谐社会的构建、文化和旅游的融合、地方经济社会的发展都起到了积极的促进作用。

二、发展历程

南梁说唱源于北方说书和清代鼓词。《榆林府志·艺文志》中有对陕北说书的记载：清朝康熙年间，这里便有……刘弟说传奇颇靡靡可听……韶音飞畅，殊有风情。不即江南之柳敬亭乎。说明在距今300年前，陕北说书已经达到了较高的艺术水平。说书艺人为了养家糊口，讨彩时会根据不同的对象即兴说出喜庆话，经过口耳相传，慢慢组合成较长的书词。在之后的说唱实践中，这些书词被不断充实完善，逐步成为说唱表演长篇故事的说书形式。清光绪年间，说书内容十分丰富，出现了像刘麻子、张信等一些有名的说书艺人。经过一代代的师徒传承，20世纪30年代初，以韩起祥、张俊功为代表的新一代说书艺人，从时代需要出发，对陕北说书的内容和形式进行了再创造，产生了较大的影响。陕北说书流传到华池后，艺人们在说唱过程中融入了具有当地特色的民歌和小调，吸收眉户、秦腔、道情及信天游等唱腔的曲调，形成了以南梁为中心覆盖周边各县的有说有唱、说唱相间的一种曲艺表演形式，当地百姓称之为"南梁说唱"。1934年南梁陕甘边区苏维埃政府成立后，南梁说唱增加了讲述陕甘边区革命斗争、颂扬翻身解放、宣传婚姻自由及歌颂党的领导、赞美幸福生活等内容，成为解放区弘扬先进文化的主要载体。1942年延安文艺座谈会召开以后，新文艺工作者着手改造旧说书，华池的说书艺人积极奔赴延安，对旧有的说书调式进行了改良。新中国成立后有多本新作品问世。近年来，随着社会的发展和人们审美情趣的变化，演唱形式发生了很大变化。由单人坐唱转为多人对说对唱，由男性说唱转为男女混合说唱，由多人坐唱转为舞台走场表演，由注重说唱转为说唱表演并重，这反映了南梁说唱随时代的发展而发展。

三、典型做法与成效

南梁说唱是华池县特色文化品牌，是整合宣传全县文化资源，展示华池风土人情及社会经济发展最新成果的有效载体。近年来，南梁积极发挥华池艺术人才作用，充分挖掘本土文化元素，调动全县力量助推南梁说唱艺术各项文化活动的发展，大大丰富了华池人民群众的精神文化生活，营造了健康向上的文化氛围，使南梁说唱日益成为深受群众喜爱的文化艺术，成为华池打得响的特色文化品牌。

（一）坚持政府引导

华池县委、县政府高度重视非物质文化遗产的保护、传承与推广，充分发挥政府引导作用。制定保护政策，出台《南梁说唱保护传承暂行规定》及《实施细则》，逐年落实。依托省级非遗品牌优势，2006年，县文化局组织人员对全县说唱艺人进行摸底调查，录制说唱磁带13盘，光碟2盘，开展研究工作，成立南梁说唱研究会，创办研究刊物，编撰出版以《南梁说唱集》为主的各种资料专著。打造南梁说唱传习所，建成集展演、教研等于一体的传习基地1 000余米²。

2015年庙会上的南梁说唱表演

（二）实现数字化非遗

认真开展资源普查工作，组织专业人员，成立普查机构，购置设备，利用1年时间完成普查任务。将普查资料整理归档。建立说唱资料数据库，实行数字化管理。

（三）坚持文化互生赋能

华池县政府不遗余力挖掘传统非遗文化魅力，推动南梁说唱同非遗文化互生互融，大力开展南梁说唱推广和传承，培育5～7代说唱艺人，共计45人，社会传承人群超过2 000人，组织说唱艺人在各种节庆活动、大型会议、外县组织的观摩活动中表演以扩大宣传面。近年来，南梁说唱以时代变化为题材，从曲调、内容、表演形式上大胆创新，应运而生了《大美庆阳》《说说咱这幸福年》《华池发展谱新篇》等一系列作品，通过非遗特色文化展演、非遗达人推荐家乡旅游等形式，极大丰富了华池人民群众的文化生活。

四、经验与启示

（一）政府引导是保障

各级党委、政府强化引导、扶持和服务职能，统筹优秀传统乡土文化保护传承和创新发展，制定有效措施，有效调动市场主体积极性，促进资源要素更多向乡村流动，增强非遗文化发展活力。

（二）传承人带动是关键

乡村振兴，人才是关键。充分发挥传承人的示范带动作用，加强对乡村本土文化人才的培育，不断调动说唱艺人的积极性、主动性、创造性，增强农业农村发展活力。

（三）创新发展是核心

坚持守正创新，守正是基础，创新是重点。没有创新的文化就没有发展，勇于迈出创新实践的步伐，让非遗回归大众视野，让非遗文化焕发出更加夺目的光彩和更为强大的生命力。

宁夏回族自治区中卫市中宁县

新堡镇农民合唱团：
乡村振兴促发展　歌声嘹亮唱新风

一、基本情况

近年来，宁夏中宁县新堡镇学习运用"千万工程"经验，坚持把文化振兴作为乡村振兴的重要内容，积极组建农民合唱团，用优美的旋律谱写杞乡大地的幸福生活，用美丽的歌声唱响新农人的澎湃乡音，用精心的编排演绎乡村振兴的温暖场景，让党的创新理论以乡音乡言的形式飞入寻常百姓中，使社会主义核心价值观以可感可及的方式润泽乡村群众。

中宁县新堡镇农民合唱团成立于2022年5月，共有团员80余名，其中党员8名。团员来自新堡镇11个村2个社区，年龄最小的35岁，最大的86岁，平均年龄50多岁。农忙时，他们奔波在田间地头，农闲时，他们活跃在乡村舞台，既歌唱幸福生活，又为家乡番茄、麒麟瓜、葡萄当代言人。他们凭借对音乐的爱好，两年多来，在团长的组织安排和音乐老师的耐心指导下，坚持每周三次的练习，从发声方式到表演情绪，每一个细节都能认真对待，刻苦练习，现在每个团员的歌唱技巧都有了很大的进步。

二、发展历程

2022年8月，成立仅3个月的合唱团第一次登上乡村舞台，为来自山东的小番茄客商高歌"宁夏花儿"，让外地客商在"新堡镇口味小番茄首发仪式"上感受到宁夏农民的热情，进而促进农村产业合作。合唱团指导老师作为自治区级"咪咪"非物质文化传承人，不仅现场演唱了歌曲，还表演了"咪咪""泥洼坞""唢呐"等民间乐器，获得外地客商不断称赞。外地客商还邀请合唱团成员为小番茄、葡萄当起了现场代言人，拍摄的代言照片靓丽夺目，展示的农产品令人垂涎，为新堡特色农产品走向全国赋予农民文化力量。

第一次的上台表演为合唱团带去了信心，他们积极排练，先后20余次到本镇各村（社区）演唱，10余次受邀到县市区大舞台演唱。其中，2023年9月18日，合唱团受邀参加中卫市沙坡头区农民丰收节，助力乡村产业振兴、文化振兴，获得现场群众一致好评。2023年12月25日，全区首届乡村振兴农民合唱艺术节在杞乡中宁如期上演。新堡镇农民合唱团经过激烈角逐，荣获二等奖好成绩，展示了新堡镇新时代新农民新形象新面貌，通过歌声表达对祖国和家乡的热爱，讴歌新时代新农村的巨大变化，传递新时代文明实践融入群众生活的获得感和幸福感，以新时代农民的澎湃乡音，唱响了中华民族伟大精神。

三、典型做法与成效

合唱团不仅是唱歌者，还是党的最新理论政策宣讲员。党的二十大召开后，新堡镇紧紧围绕党的二十大精神这一主线，创作原创歌曲《杞乡情怀》《礼赞二十大 放歌宁夏川》《杞乡的明天更辉煌》，编排《再唱二十大·赞美新农村》等文艺节目。合唱团的党员们又化身为一线宣讲员，采用"宣讲+音乐""歌谣+表演"的形式，持续为群众带去党的二十大精神文艺宣讲及移风易俗进万家、创建民族团结示范镇、听党话 感党恩 跟党走等各类宣讲20余次，让群众在激情高昂的歌声中感受新时代，在音乐共美、文化共富中奋进新征程。他们通过歌颂党的好政策、传唱党的好声音，不断加强乡风文明建设，提高群众精神面貌，进一步凝聚广大党员群众听党话、感党恩、跟党走的思想共识。

四、经验与启示

农民合唱团的成员既是农民，也是歌唱者、传播者和宣讲员。在打造文化兴盛沃土上他们不遗余力。唱歌既能愉悦身心，又能丰富多姿多彩的生活，又能用歌声传达党的最新理论政策，是一种价值的体现。终有一天，他们将走出新堡，走向全国，让全国人民都知道这支不一样的农民合唱团、乡村振兴代言团、党的理论宣讲服务队。

农民合唱团在田间地头进行排练

农民合唱团参加全区首届乡村振兴农民合唱艺术节

塔吉克族鹰舞：
鹰舞演绎乡村振兴　非遗传承家国情怀

一、基本情况

塔什库尔干塔吉克自治县（以下简称"塔县"）地处祖国西部边陲，帕米尔高原东麓，平均海拔4 000米以上，与巴基斯坦、阿富汗、塔吉克斯坦3国接壤，是全疆唯一的高原县和重点边境县。全县总面积2.5万千米^2，辖12个乡镇53个村（社区），总人口4.1万，有塔吉克族、柯尔克孜族、汉族等15个世居民族，是全国唯一的塔吉克民族自治县。塔县始终牢记习近平总书记的殷殷嘱托，坚持"在保护中发展、在发展中保护"，深入发掘以"塔吉克族鹰舞"为代表的文化宝库，通过开发鹰舞表演秀，在特色乐器、民族服饰、塔吉克刺绣等特色上全方位发力，提升旅游吸引力和附加值，辐射带动各族群众参与鹰舞表演与旅游经营，先后荣获"中国国际高原风情旅游目的地""中国红色旅游边哨文化体验地"和"自治区全域旅游示范区"等荣誉称号。

二、发展历程

在塔吉克族的传说故事中，鹰是英雄的象征，也是塔吉克民族的图腾。而正

年轻鹰舞传承人表演塔吉克鹰舞

是如雄鹰那样，英雄的塔吉克人民，不惧任何挑战，世代驻守着边疆，维护着祖国的安定。他们视鹰为强者和英雄，在生活中亲近鹰、观察鹰、模仿鹰，帕米尔高原上广布鹰的民歌与传说，塔吉克族舞蹈的起源，也与鹰的习性和姿态有关，亘古绵延、世代相传，形成了刚柔相济、清脆畅达的"塔吉克族鹰舞"。鹰舞的演绎与独特的伴奏乐器和演奏方法密切相关，在表演时使用鹰笛、手鼓、拉巴甫（热瓦甫）、布兰孜库姆、塔吉克式艾捷克等特色乐器伴奏，通过不同的音律变换和动作组合，形成了"恰甫苏孜""买力斯""拉泼依"等舞蹈形式。2006年5月20日，经国务院批准，塔吉克族鹰舞被列入第一批国家级非物质文化遗产名录，塔吉克鹰舞继承和发扬工作全面启动，成为推动做好乡村振兴的强力抓手。

三、典型做法与成效

（一）加大保护传承力度

党的十八大以来，塔县通过明确和建立保护传承的责任主体、加大传承人才培养力度、拓宽传承条件、提升保护传承工作人员整体素质、开展传播与交流活动、加大资金投入力度"六大举措"健全塔吉克族鹰舞保护传承体系，深挖文化内涵，让塔吉克族鹰舞这一中华民族传统体育的宝贵资源在群众日常劳动生活中活起来、火起来。对鹰舞现状及传承开展调查，摸清项目资源和传承人基本情况并制定保护规划，完善各类资源档案，建立鹰舞传承人数据库，强化数字化保护记录。

（二）鼓励传承人才培养

邀请专家学者开展塔吉克族鹰舞的保护传承专题研讨交流，联系新疆艺术研究所专业团队采录拍摄塔吉克族鹰舞记录文献片。组织整合鹰舞民间艺人和文艺队伍，建立8个鹰舞群众性文艺演出舞台和展示点。开展鹰舞进校园、进课堂等活动，让更多青少年主动了解鹰舞、自发学习鹰舞，鼓励非遗传承人、从业者和爱好者通过"直播+短视频"等方式共同参与到保护传承中，利用"石榴籽"文艺小分队、村文艺演出队排练演出培训培养新的传承人才。截至目前，共有塔吉克鹰舞国家级传承人2人、自治区级传承人1人、地区级传承人2人，培育传承人群1 000余人，鹰舞没有了后继无人之虞和传承断代之忧。

（三）在推进乡村振兴和爱国主义教育中弘扬壮大

坚持"以文促旅、以旅彰文"，发挥塔吉克族鹰舞演艺项目带动效应，通过"景区餐饮+民宿+鹰舞"等形式，推进游客深度体验，带动本地群众就业增收。鹰舞学习者中已有40余人在县文工团就业，60余人在乡村文艺演出队就业，100余人在各类餐厅民宿灵活就业，构建起共建共融共享的旅游发展新模式，打造出乡村产业振兴"新引擎"。挖掘家国情怀内涵，将塔吉克族鹰舞与塔吉克族守边护边的光荣传统结合起来，将舞蹈教学与"三进两联一交友"（进班、进宿舍、进食堂，联系学生、联系家长，学生与老师之间、学生之间交朋友）结合起来，以"时代楷

在景区表演塔吉克鹰舞

模"拉齐尼·巴依卡等先进典型案例为切入点，团结各族群众同学共跳，让鹰舞成为雪域高原上爱国主义教育的"助推器"、民族团结一家亲的"融合剂"。

四、经验与启示

（一）党委、政府引导，提供坚强保障

各级党委、政府高度关注塔吉克族鹰舞的传承与发展，做好引导、支持与服务工作，统筹做好优秀传统文化的保护传承和创新发展，并给予政策支持，以塔吉克族鹰舞保护传承为抓手，丰富文化资源供给，吸引更多目光关注塔县，带动更多疆内外优质资源向乡村振兴一线流动，增强非遗内在发展动力。

（二）做好传承创新，提供文化支撑

坚定文化自信，坚持守正创新，在保护和传承的基础上不断创新舞蹈动作、丰富演出形式，以塔吉克族鹰舞演绎为引领，讲好中华民族故事，推动各民族文化的传承保护与创新交融，树立和突出各民族共享的中华文化符号和中华民族形象，引导各族群众铸牢中华民族共同体意识。

（三）发挥市场作用，提供内生动力

以"体现市场价值，提高增收效能"为目标，在全面推进乡村振兴的大背景下，推动传统文化与现代思维融合、与市场经济融嵌，鼓励文艺表演、游客消费、传承保护一体化发展，引入更多市场主体关注参与，激活塔吉克族鹰舞的经济价值，使塔吉克族鹰舞成为塔县建设知名旅游目的地的一张璀璨文化名片。

布拉丁家族民间音乐：
传统非遗"唱"出新活力

近年来，伽师总场嘉和镇聚焦"文化润疆"工程，三次召开专题会议，研究和部署布拉丁家族传统音乐发展工作。持续用心、用力、用劲推进布拉丁传统音乐的保护和传承，积极做好非遗项目的创新性转化、创造性发展，着力将伽师总场嘉和镇打造成为"文化之乡"、布拉丁传统音乐传承基地，为师市人文发展贡献力量。

一、基本情况

布拉丁家族是闻名遐迩的维吾尔族民间歌手传唱家族，其家族成员个个能歌善舞，七代人传唱已有130多年的历史，民间歌舞世家特征明显，于2007年被收入兵团第一批非物质文化遗产保护名录。2022年在师市党委和师市党委组织部、文体广旅局的关怀与大力支持下，成立了伽师总场布拉丁传统音乐工作站。该工作站现有传承人16人。

二、发展历程

维吾尔族自古以来以能歌善舞著称。布拉丁家族民间音乐主要流传于兵团第三师伽师总场以及伽师县3乡、9乡一带。2007年，"布拉丁家族民族民间歌手传承人"被列入兵团第一批非物质文化遗产名录。伽师总场嘉和镇位于世界第二大流动沙漠塔克拉玛干沙漠西缘的叶尔羌河及喀什噶尔河中下游流域，西靠帕米尔高原，南临喀喇昆仑山。现生活于伽师总场嘉和镇的布拉丁家族，祖孙七代以口传心授的形式传唱民族民间歌曲。从第一代传人夏日瓦尼汗（1888年生）少儿时算起，从家庭世代传唱延续至今已有130多年。布拉丁家族民族民间歌曲传唱世家，主要通过口传心授以及家庭生活环境影响等方式，由父母亲将歌曲传于子女。教与学都具有很大的随意性，偏重兴趣与爱好，无固定时间及年龄限制。布拉丁家族成员人口众多，多数能歌善舞，在说、唱、舞以及民族器乐演奏等方面，在兵团伽师总场及周边县乡颇有名气，影响力较大。其传唱内容以喀什民歌、库车民歌、当地民歌为主，演奏乐器以传统的弹布尔、热瓦甫、都它尔、手鼓等为主。表演形式主要是在家庭聚会、亲友聚会、节庆、喜事活动等场合即兴弹唱娱乐、交流切磋技艺，不作为谋生手段，无商业目的，民间歌舞世家特征明显。

三、典型做法与成效

文化是一个国家、一个民族的灵魂。文化兴国运兴，文化强民族强。近年来，兵团伽师总场积极致力于中华优秀传统文化的传承与弘扬，不遗余力地推动中华优秀传统文化的研究与推广，尤其是重视少数民族非遗文化的传播和融合发展，取得了丰硕成果。为保护布拉丁家族民族民间音乐传承，有效传播布拉丁家族的民族民间音乐，推动公共文化服务与文旅融合高质量发展，伽师总场嘉和镇主要做法及成效如下。

（一）成立布拉丁传统音乐工作室

依托工作室，成立了布拉丁传统音乐传承和保护工作领导小组、工作小组等组织机构。建立完善了布拉丁家族音乐艺人和传统音乐的数字化收集及作品档案库，打造了一支特色的布拉丁传统音乐传承人专业演出队。先后培育年轻一代传承人60人，在传承和发展中引导各民族树立正确的历史观、国家观、民族观、文化观，进一步增强了"五个认同"。

（二）深化兵地文化融合发展

充分发挥兵团先进文化示范区的积极作用，加强与伽师县的文化交流，构建非物质文化遗产和民间艺术传承体系，依托传统音乐、舞蹈等非遗元素优势，配套地方特色元素，组建布拉丁传统音乐特色文艺团队，定期邀请他们去周边县、乡进行演出交流，进一步促进各族群众交往交流交融，铸牢中华民族共同体意识。同时，深入推进兵地文化资源共建共享和文艺事业繁荣发展，共同开发打造"布拉丁"文化产业。

（三）深入推进非遗进校园

深入贯彻落实第三次中央新疆工作座谈会精神，大力实施"文化润疆"工程，深入实施布拉丁传统音乐进校园工程，组建布拉丁传统音乐社团，打造布拉丁传统音乐特色品牌。主要教授内容以儿童歌曲、红歌为主，并选取布拉丁传统音乐元素中比较精彩的部分，改编成国语歌曲，并在其中加入现代乐器元素，推陈出新。挑选优秀节目参加兵地、内地省市演出，依托布拉丁传统音乐抖音、快手等新媒体宣传渠道，进一步扩大布拉丁家族传统音乐在全疆、全国的影响力。

（四）打造布拉丁传统音乐节

每年举办布拉丁传统音乐节，全面展示布拉丁传统音乐和布拉丁文化产品，进而带动非遗挖掘。以非遗挖掘带动传承人保护，以传承人带来传承产品，以产品销售带动传承积极性。使布拉丁传统音乐成为伽师总场的一张靓丽文化名片，逐步形成布拉丁非遗产业链。

四、经验与启示

随着"文化润疆"的深入推进，伽师总场文化事业迎来了新一轮大发展、大繁荣，为使优秀传统文化持续滋养各族群众心田，铸牢中华民族共同体意识。伽师总场嘉和镇党委多次召开专题会议，提倡大力弘扬和发展非遗文化，做大做强布拉丁传统音乐，带动职工群众在增强文化自信的同时增收致富。

（一）打造特色文艺示范团队，增强文化自信

通过成立布拉丁传统音乐工作室，培养年轻一代布拉丁传统音乐传承人，建立布拉丁传统音乐的数字化收集和作品档案库，创作一批精品节目，把党和国家方针政策以职工群众喜闻见的歌舞形式反映出来。讲好总场故事，让各族职工群众在文化润疆的生动实践中迸发出更深沉持久的爱国爱疆爱兵团之情，携手共建美好家园。

（二）推进兵地文化资源共建共享，打造文旅融合示范区

依托布拉丁音乐节等载体，整合兵团文旅资源，打造"布拉丁"文化音乐节、西克尔湖、七彩丹霞地质公园、伽师瓜、红枣、石榴、新梅、沙漠、胡杨林等产业链，每年带动兵地旅游人数不少于5万人次，带动消费1亿元。

布拉丁家族与布拉丁音乐社团排练节目（伽师总场文体广电提供）

（三）充分利用新媒体，深化文化交流

开通布拉丁传统音乐抖音、快手等新媒体宣传渠道，通过制作布拉丁传统音乐微视频，全面展示布拉丁传统音乐保护和传承的成果，吸引更多人关注兵团、了解

总场。

传承和发展民俗文化保护非物质文化遗产功在当代利在千秋。兵团伽师总场嘉和镇将不忘初心、牢记使命，传承红色基因，弘扬兵团精神，模范履行新时代兵团职责使命，争当各项事业高质量发展的排头兵，大力传承保护利用布拉丁家族传统音乐，努力将伽师总场嘉和镇打造成"'一带一路'倡议通道上的支点团场""兵地嵌入式融合发展的示范场镇""三市两县内不可或缺的驿站城镇"，继续书写新时代维稳戍边新篇章。

布拉丁家族传承人（伽师总场文体广电提供）

三
工艺
美术类

天津市静海区

芦苇画：
芦苇修得振兴画　文旅融合促发展

一、基本情况

宫家屯村位于天津市静海区杨成庄乡西南方向，距县城以东仅8千米左右，紧邻静海经济开发区新区，村总面积5 662亩，耕地2 833亩。村内有一座烈士陵园，是区级爱国主义教育基地，每年清明时节杨成庄乡的领导干部及各界人士都会来此为革命烈士扫墓。该村"两委"多年来坚持学习先烈的精神，共同建设美好家园。坚持党建引领，注重培根铸魂、涵养文化底蕴，不断挖掘村内能工巧匠，借助团泊湖特色资源，创新传统芦苇手工编织工艺，创办了团泊洼芦苇艺术馆，着力发展芦苇手工艺画制作产业，拓宽了农民就业增收渠道。

二、发展历程

芦苇画是从唐宋时期白洋淀苇编之一"苇席"衍生而来的，在明代取名为"苇编画"，是将芦苇剐开碾轧成条，然后编织成各种图案，整体为单色。清朝时，苇编画受瓷器和西洋文化的影响，开始了大胆的创新。从色彩和立体效果上进行了改进，从而更名为"苇编工艺画"。芦苇画的创作是中国传统工艺与现代装饰艺术相结合的结晶，体现了继承与创新的统一，传统与现代的统一，东方艺术与西方艺术的统一，展现出独特的艺术内涵。

2021年，在静海区政府及杨成庄乡政府的大力支持下，由宫家屯村委会牵头成立天津团泊洼工艺品有限公司，并在村内建立团泊洼芦苇艺术馆，由解学刚先生担任馆长兼首席制作师。芦苇馆成立后的两年中，芦苇画制作逐渐标准化，并注册了芦苇画商标。同时也建立了抖音号、抖音店铺等时下主流的宣传、销售渠道，力争成为静海区范围内标志性的文化输出产品。

三、典型做法与成效

（一）坚持政企互动领航

公司成立以来各级领导均给予高度重视，曾多次莅临参观指导。2021年，时任市委常委、市委宣传部部长周德睿莅临指导，表达了对发展芦苇画的肯定。团泊洼芦苇艺术馆在2021年11月天津市静海区教育局举办的全民终身学习活动中被评为2021年度区级"终身学习品牌项目"并授予奖牌。静海区妇联授予其"妇女之家"称号，静海区委党校授牌"现场教学基地"，杨成庄乡授牌"杨成庄乡中小学生劳动教育社会实践基地"。北京冬奥会举办前夕，馆长解学刚又带领村民创作了大型芦苇画——《喜迎北京冬奥会》，该芦苇画被北京奥运博物馆收藏，解馆长不仅用自己的方式助力了冬奥会，还把敬业奉献的身影永远刻印在了北京冬奥会记忆里。

（二）坚持产业互融驱动

产业兴旺，是解决农村一切问题的前提。芦苇艺术馆计划从宫家屯村史、团泊洼环境、静海历史文化、爱国主义教育、打造红色旅游、新农村等具有当地特色的主题入手制作具有当地特色的芦苇画工艺品，除举办展览与售卖产品外，芦苇馆还积极鼓励企业与机关单位创作特定主题的芦苇画，力争推出全区范围内统一标志性的文化输出产品。同时与天津各地中小学接洽，以红色教育、历史教育、环境教育为主题推广中小学课外手工实践学习项目，最终实现集生产制造、销售、展览、课外实践等于一体的业务布局。

（三）坚持文化互生赋能

团泊芦苇画把中国传统工艺与现代艺术巧妙结合，精雕细琢，锐意创新，形成了独具风格的芦苇艺术品，其设计制作工艺在天津市首屈一指。公司特聘国家级美术家为艺术顾问。公司在芦苇画制作上不断创新，除传统芦苇画作品外还开发了"芦苇转屏""碳盘芦苇画"等创新作品拓宽产品种类。同时每年开展芦苇画艺术进校园、研学体验活动等，组织芦苇画艺术宣传展示活动，得到社会各界的认可。

（四）坚持主体互惠共兴

在芦苇画制作过程中，粘贴、裁剪环节技术难度低，但需要制作者细心操作，比较耗时。公司采取部分粘贴、裁剪环节对村民进行外包的制度，提供给村民原材料，由有意愿的村民带回家按照特定的图案进行粘贴、裁剪，公司再以一定价格回收半成品，这样既节省了芦苇画制作师进行基础作业的时间，又增加了村民的收入。此外，多个社会公司及单位团体来到宫家屯村开展参观学习实践活动。在参观之余，游客会进行采摘或直接购买各类农产品。这样一来，农产品有了更多的销路，同时也让来访客人品尝到了最新鲜可口的农产品。

游客观览选购芦苇工艺画作品

团泊洼芦苇艺术馆芦苇工艺画精品陈列

四、经验与启示

（一）政府引导是保障

政府强化引导、扶持和服务职能，统筹优秀传统乡土文化保护传承和创新发展，制定有效政策措施，能够更有效调动市场主体积极性，促进资源要素更多向乡村流动，增强文化发展活力。

（二）人才带动是关键

乡村振兴，人才是关键。充分发挥能人巧匠的示范带动作用，加强对乡村本土文化人才的培育，能够不断调动村民的积极性、主动性、创造性，增强农业农村发展活力。

（三）创新创意是核心

坚持守正创新，守正是基础，创新是重点。没有创新的文化就没有发展，勇于迈出创新实践的步伐，如开发各类创新作品，拓宽产品种类等更能让当地文化焕发出更加夺目的光彩和更为强大的生命力。

（四）品牌价值是支撑

要赢得市场认可、消费者口碑，品牌开发不容忽视。团泊洼芦苇艺术馆始终把品牌作为主产业发展的核心竞争力，努力建立完善网上销售渠道，注重文化创新提升，紧盯市场风向，充分发挥全域旅游发展优势，主动引导群众广泛参与，不仅拓宽了群众致富渠道，也赢得了市场赞誉。

（五）文旅融合是新路

自团泊洼芦苇艺术馆建成以来，结合宫家屯村的爱国主义教育基地和宫家屯村村史馆形成了集红色旅游、历史教育、传统手工艺特色文化于一体的红色历史文化综合体，结合宫家屯村的设施农业，在实现农文旅结合促进乡村发展的道路上翻开了"一红一绿"的乡村振兴新篇章。

河北省唐山市乐亭县

乐亭皮影：
文化创新　推动传统文化产业融合发展

乐亭皮影，俗称乐亭影和老呔影，是集民间美术、民间音乐、民间舞蹈、民间说唱于一体的戏曲表演艺术，发源于河北省乐亭县，被列入第四批国家级非物质文化遗产代表性项目名录。

一、基本情况

乐亭皮影源于境内的民歌、民谣、俚曲等乡土韵唱，分为平调、花调、凄凉调和还阳调。基本板式有大板（4/4）、二板（2/4）、三性板（1/4）；角色分为生、小（旦）、大（净）、髯（末）、花生（丑）等。影人造型美丽秀俊，雕镂精细，讲究求细求工，忠良者雕以正貌，奸邪者雕以丑形，视觉效果十分完美，给人以绚丽多姿，舒展流畅的享受。20世纪30年代，昆仑、胜利、百代、荣立、宝利等唱片公司灌制发行了大量的乐亭影唱片，使乐亭影戏风靡全国。

二、发展历程

乐亭皮影成形于金代，盛行于清中晚期，发展于新中国成立后。影人和场景均用驴皮雕刻，又称驴皮影。清代初期已遍及永平府各州县，乾隆年间进入北京，得到朝廷的确认，清中晚期至民国初，乐亭影戏风靡盛行，班社蜂起争奇斗艳，代表性的班社有：杨寡妇班、庆丰堂班、崔家大小班等五十余个。乐亭皮影1987年在全国部分省市皮影大赛中演出的《洞庭湖》获二等奖，1989年在河北省皮影木偶大赛中演出的《白蛇传》获二等奖。1991年石玉琢撰写的《乐亭影戏音乐概论》由人民音乐出版社出版，被列为中国戏曲音乐研究丛书，部分音乐院校将书选为教材。1996年乐亭县被文化部群文司命名为中国皮影之乡。2005年在中国唐山国际皮影展演中演出的《三打白骨精》获优秀剧目、导演、演唱、音乐、操纵五项大奖。2007年乐亭皮影雕刻荣获第八届中国民间文艺山花奖。

皮影雕刻作品染色

三、典型做法与成效

近年来，乐亭皮影在县委、县政府正确领导下，在国家、省、市和各级相关部门大力支持下，呈现出前所未有的发展态势。

一是统筹规划，推动传统文化产业融合发展。坚持"文化强村，产业兴村"的发展理念，将皮影雕刻作为前郑庄村的特色产业，进行统筹规划，全面布局，高位推动。在引导促进传统文化与信息技术、乡村振兴产业的结合中，实现传承与可持续发展，逐步将文化资源优势转化为经济发展优势。搭建创业平台，为皮影雕刻产业提供政策扶持、技术支持和市场推广等服务。

二是开拓创新，扩大传统文化产业影响力。在皮影雕刻方面，深挖文化内涵，融入红色文化、乡村文化等多元文化，打造具有乐亭特色的文创产品。将具有代表性的红色故事和人物、乡村生活的点滴融入皮影雕刻中，设计皮影成品收藏卡，收藏卡上印有皮影作品的精美图案和详细介绍，让人们在欣赏皮影的同时，了解其背后的文化内涵和故事，提升皮影的文化附加值。在销售方式方面，灵活运用现代营销手段，通过线上线下相结合的方式，进行品牌推广和市场拓展。借助平台参与各类展览、演出和交流活动，与传媒公司、旅行社实现对接，从而扩大知名度和影响力。

三是注入旅游元素，开展皮影雕刻体验活动。将其融入乐亭旅游精品线路：大钊馆、大钊故居红色文化体验游——前郑庄村传统文化体验游——碧海浴场滨海度假休闲游。设立专门的皮影雕刻体验馆，为游客提供一站式的体验服务。游客可以观摩皮影雕刻大师们的精湛技艺，了解皮影的历史和文化背景。同时，在专业人员的指导下，尝试雕刻出自己的皮影作品。通过互动的体验方式，让游客感受传统文化的魅力，增加旅游的趣味性和吸引力。游客在参观完大钊馆、大钊故居等红色文化景点后，前往前郑庄村体验传统文化的魅力，感受皮影雕刻的独特韵味。随后，前往碧海浴场，享受滨海度假休闲的惬意时光。这一线路的设置，既丰富了游客的旅游体验，也促进了乐亭旅游产业的多元化发展。

四、经验与启示

深入挖掘乐亭皮影深厚底蕴和灿烂文化，以文化赋魂、艺术赋美、产业赋能，推动"文化＋旅游"深度融合发展。

一是强化专业培训，提升人才技能。定期组织皮影雕刻大师开展培训。皮影雕刻是一门技艺要求较高的艺术形式，需要专业的技术支持和指导。可邀请业内专家和技术人员，为从业者提供技艺培训、技术指导和创新支持。同时，开展多种形式的交流活动。定期举办皮影艺术展览，邀请皮影艺术家和爱好者前来参展，为他们提供了一个交流学习的平台，也让普通民众有机会近距离欣赏到皮影艺术的魅力。组织皮影艺术表演活动，邀请专业的皮影剧团前来演出，为人们带来精彩的视觉盛宴，丰富村民文化生活，让大家深入了解皮影艺术的内涵和价值。开展皮影艺术进校园活动，让孩子们在亲身参与中感受传统文化的魅力。举办皮影艺术创意大赛，鼓励年轻人发挥想象力和创造力，为皮影艺术注入新的活力。通过这些多元的交流活动，扩大皮影艺术的影响力和知名度，吸引更多的人关注并参与到传统文化产业的传承发展中来。

二是坚持文化传承，增强文化自信。录制系列皮影动画视频，将传统皮影与现代科技完美结合。视频内容丰富，既有讲述红色革命故事的动画，展现英勇无畏的革命先烈形象，传承红色基因；又有描绘乡村生活的动画，展现浓郁的乡土气息和人情味，让观众在欣赏中感受传统文化的温暖与力量。这些皮影动画视频在线上平台、景区、博物馆等播放展示，让观众能够欣赏到精美的皮影艺术，了解红色文化、乡村文化等多元文化内涵，达到"寓教于乐"的效果。

三是创新销售模式，拓展销售渠道。采用"订单制"模式销售皮影成品，同时利用互联网和直播平台拓展销售渠道，实现了皮影产品的广泛传播和销售。

四是挖掘地方文化资源，推动乡村振兴。通过深入挖掘和利用本地的皮影文化资源，成功打造具有地方特色的文化产业，形成了"一村一品"的发展格局，推动乡村经济的持续发展。

河北省邢台市宁晋县

河渠"工笔画小镇"：
文化分染彩墨　细笔绘就振兴

一、基本情况

宁晋县位于河北省中南部，处于石家庄、邢台、衡水三市交会处，辖区面积1 110.9 千米 ^{2}，现有农民工笔画室 300 余个，从业人员 6 000 余人。宁晋县坚持以习近平新时代中国特色社会主义思想为指导，全面贯彻党的二十大精神，积极响应省市"加快特色小镇建设""发展文化创意产业"的意见，坚持新发展理念，在广泛调研、充分论证的基础上，积极谋划、精心实施了河渠工笔画小镇项目，建成中国第一家工笔画艺术园区——中国·河渠 393 工笔画艺术区，该园区集展览销售、培训交流于一体，被列为全国最具活力的文化产业项目，先后获得"中国工笔画之乡""中国民间文化艺术之乡"等称号。目前，已经形成作画、装裱、销售、培训和旅游的全产业链条，每年带动近万名从业者增收，人均增收超过 3 000 元。

二、发展历程

据相关文献记载，宁晋工笔画起源于明代，状元曹鼐擅长画工笔山水，在宁晋尚文崇艺的社会背景下，产生了一大批工笔画爱好者，形成发展根基。至 20 世纪90 年代中期，宁晋工笔画进入全方位迅猛发展期并逐步产业化，从业人员规模迅速扩大。近年来，宁晋县注重农民画匠的培训与提升，以河渠农民"赵氏兄弟"（赵艳飞、赵艳文）为代表的当代工笔画人不断创新发展，拓展绘画题材，探索新型运营模式，根据市场需求不断调整创作方向，在"互联网＋"的营销模式下，大量农民工笔画涌入市场，逐步打通日本、韩国以及新加坡等东南亚销售区域，工笔画市场近 80% 的作品出自宁晋，深得广大消费者青睐。

三、典型做法与成效

（一）用好党政引导"指挥棒"

宁晋县委、县政府高度重视文化产业发展在乡村振兴中的重要作用，成立工笔画特色小镇领导小组，全面落实《关于推动文化产业赋能乡村振兴的意见》要求，走出一条文化产业化的发展新路。以河渠镇为核心圈，投资 3 250 万元实施工笔画小镇一期项目建设，以真金白银支持文化产业发展，打造产（产业集聚）、城（城乡发展）、人（以人为本）、文（文化传承）"四位一体"的新经济形态，引领区域创新发展，成为乡村新的经济板块和增长点。

（二）调好文化催生"营养剂"

宁晋县坚定文化自信，努力把文化优势转化为推动社会发展的不竭动力，深入挖掘"安宁晋福"的文化底蕴，传承中华优秀传统文化，大力弘扬民族精神，创作出以《哈喽！北斗》《逐梦冬奥》为代表的一大批新时代文化作品，创办《九河好村风》《九河好家风》等栏目作品，协同推动移风易俗建设，助力乡风文明转型升级，为文艺作品创作打造一片沃土。

（三）建好绘画学者"人才库"

河渠工笔画特色小镇现有中国美协会员6人，省美协会员13人，在充分发挥人才作用的基础上，以人才吸引人才，邀请国内工笔画名家大师为宁晋工笔画产业建设集智。建设全国唯一一所工笔画中等专业学校，成立中国工笔画学会河渠培训基地和中国工笔画学会河北写生基地，每年培育200余名学员，培训近3 000人次，为众多农民和残疾人提供了学习机会。

（四）拉好产业融合"联动网"

围绕特色小镇"文化创作、非遗体验、教育研学、休闲旅游、产业融合"五大功能定位，将工笔画产业与小镇食品、塑料、特色农业有机融合，探索"文化＋工业＋研学＋民宿"的旅游新模式。不断传承地域文化记忆，深挖工笔画技法，促进非遗融入现代生活，构建综合游览观光区、文化创意休闲区等空间格局，逐步形成以"工笔画、食品、塑料、电商"为主的四大产业集群，构筑出一个乡土人文主题体验共享空间，精心描绘乡村振兴画卷，带动全域经济社会实现蝶变。

宁晋县工笔画小镇园区

四、经验与启示

（一）始终坚持党的领导

宁晋县委、县政府高度重视文化振兴在乡村振兴中的引领和推动作用，协调各方资源，营造健康发展环境，全面推进文化振兴，为工笔画产业发展和特色小镇建设明确了发展方向、激活了发展动力、培育了良好发展势头。

（二）始终坚持先进文化赋能

传承中华优秀传统文化，构建新型乡风文明，充分发挥文化铸魂、文化赋能作用，推动文化产业资源要素融入工笔画产业发展，挖掘提升乡村人文价值，实现对乡村本土文化人才的培育和支持，为工笔画产业发展提供人才保障。

（三）始终坚持创新创意驱动

不断探索丰富绘画题材、创新绘画技艺、改善销售渠道、实现多方合作模式，保持宁晋工笔画产业发展活力，源源不断地创造出更符合时代要求、具备时代特色的绘画作品，不断创新创作方式，不断推出创意文创产品，促进工笔画产业向好迭代发展。

（四）始终坚持市场需求导向

不断拓展国内外市场，组织画家结合时代精神学习革新，创作出丰富多彩的绘画作品，不断满足市场需求，建立健全交流机制，实现全县工笔画市场信息对称，做大工笔画营收盘，惠及更多工笔画从业人员。

（五）始终坚持树特色文化典型

建设河渠工笔画特色小镇，汇集力量提高宁晋工笔画在市场上的核心竞争力，为绘画主体带来更多经济效益。建立完善的展销体系，不断迎合市场需求，引导农民参与创作，形成广大农民"农忙时拿镰刀，农闲时握画笔"的地域特点，成功建设一批特色工笔画室，提升市场保有量，将一幅幅艺术品变成富民强县的文化产业，使广大群众不断增收。

学员创作工笔画

易县铜雕：
传承铜雕技艺　敲开致富之门

一、基本情况

易县隶属河北省保定市，位于河北省中部，因"有易氏"居于易水而得名，是"燕文化"的发祥地，也是燕国首都燕下都的始发地。易县距北京120千米，天津160千米，保定60千米，总面积2 534千米²，辖28个乡镇（处）、469个行政村、1 449个自然村庄，常住人口48.6万，素有"七山一水二分田"之称。近年来，县委、县政府深入学习贯彻习近平总书记关于巩固拓展脱贫攻坚成果同乡村振兴有效衔接的重要讲话和重要指示批示精神，立足非物质文化遗产传承，大力弘扬传承铜雕文化，发挥铜雕工匠精神，用一錾一锤一凿镌刻优美的铜雕画卷，讲好脱贫攻坚和乡村振兴故事。

二、发展历程

易县铜雕的历史可追溯至两千年前的战国时期，燕下都遗址出土的战国铜人、战国文凤蟠龙纹兽面大铜铺首（河北省博物馆镇馆之宝）等国宝级文物，为铜雕艺术的绝世珍品。清雍正八年（1730年），清西陵在易县肇建，从当地招募铜活帮造，宫廷铜雕技艺开始在易县传播，并与燕都铜雕相融合，形成了具有独特风格的易县铜雕锻刻艺术。易县铜雕锻刻技艺清晰可考的传承谱系可追溯到清光绪年间，约有150年历史，师徒相承至今已是四代。源泉村因靠近陵区，从事铜雕锻刻者较多，至民国初年，源泉村的铜雕锻刻产品已享誉全国。1976年，易县铜雕技师牛增录参与了毛主席纪念堂鎏金大字制作。代表企业有燕都铜雕、宏生铜雕、玉桥铜雕、富启铜雕等。

三、典型做法与成效

（一）优环境，壮大市场主体

在推进铜雕产业发展中，坚持以优化环境为切入点，大力培育龙头企业主体，扶持小作坊变公司，小老板变经纪人。制定了扶持壮大铜雕产业的支持意见，进一步优化营商环境，为企业优先提供场地，对用工较多企业优先落实补贴政策。坚持

易县铜雕——《火撑子》

党建引领，实施"村企携手共建，助力乡村振兴"行动，在源泉村党支部书记刘桂军的带领下，与企业开展党员阵地共建，燕都铜雕公司6名党员参与源泉村党支部建设，积极组织群众支持参与园区建设，为企业提供土地、劳力等资源，积极筹建了占地130亩的易县铜雕产业园区建设项目，建设4万米^{2}生产车间及1.5万米^{2}的配套设施。园区吸引20名工匠艺人回乡创业，2020年以来累计新注册龙头企业50家。

（二）抓创新，提升产品影响力

一是创新产品。铜雕的生命力来自其文化内涵，易县有两千年的铜雕历史，把铜艺术品与地域文化相结合，设计开发了"易州十景"、狼牙山五壮士铜雕系列铜工艺品，把易县的典故传奇、名胜古迹和名人诗篇用铜艺术品的形式展现出来，讲好易县故事。二是创新管理。成立行业协会，规范行业标准，组织企业走出去参观考察，组织开展铜雕产品展销会，举办錾刻技能大赛、设计大赛等。组织、指导技工进行艺术创造和理论研究，开展学术探讨，提倡美术教育，开展美术交流，构建和谐向上的铜雕文化。三是创新宣传。拍摄宣传易县铜雕产品的专题片，利用"三微一端"、报刊、电视等媒体平台进行宣传，全面展示易县铜雕的优势、工艺特点等内容，全方位、多角度、多层次塑造易县铜雕形象，营造"锻铜之乡"浓厚氛围。

（三）联机制，让群众受益增收

一是资产收益联。由村集体组织，将衔接资金入股到燕都铜雕等企业进行资产收益分配，支持企业发展资金153.6万元，直接带动近25户脱贫增收，实现5个村村集体收入达到20万元以上。二是公司就业带。全县200家企业年可吸纳劳动力1.5万人，实现人均年增收5万元。培养铜雕专业设计人才达700人，设计新元素产品20个。易县铜雕产品畅销北京、天津、内蒙古、浙江、安徽等10多个国内市场。

三是企业募捐投。七里庄、源泉等村集体号召50家铜雕企业募捐资金近100万元用于公益事业建设，帮扶脱贫户100余人。

四、经验与启示

（一）规划引领是关键

在文化与产业的融合过程中，政府一定要发挥好规划引领的作用，要统筹整合县域各种资源，集中规划和支持，在文化变产业、产业变产品、产品变实力上发挥好政府主导作用，将企业的资本、技术、管理与村庄的土地、人工、资源等要素有机结合，实现村企共同发展、共同受益。

（二）龙头带动是源头

推动经济高质量发展，既要有深厚坚实的地基，也要有顶天立地的栋梁。大力发展民营经济，培育壮大龙头企业，以龙头建基地，以基地联农户，以龙头育人才，通过龙头带动把群众组织起来，把产业文化融合进来，把乡土人才培养起来。

（三）文化传承是活水

坚持正确的文化产品创作生产方向，始终把文化传承摆在首位，突出乡土特色，做大"土"文章，用工匠精神传承好优秀的易水文化，着力提升文化产业的创意和设计水平及文化内涵，为社会提供多样的、更好的文化产品。

（四）联农带农是根本

文化传承、文化产业的发展最终的落脚点是让农民富起来，在联农带农机制上下功夫、做文章，直接带动就业一批，资产收益救助一批，社会帮扶投入一批，最终达到文化强、产业美、农民富的新要求。

易县铜雕艺人制作铜雕

河北省保定市曲阳县

曲阳石雕和定瓷：不息窑火传承千年古艺 精雕细琢刻就振兴新篇

一、基本情况

曲阳县位于保定市西南部，辖区面积 1 084 千米^2，常住人员约 57.4 万。秦代置县，距今已有 2 300 多年历史，悠远厚重的历史文化，积淀出璀璨夺目的非物质文化遗产。曲阳石雕、定瓷烧制技艺分别于 2006 年和 2008 年被列入国家级非物质文化遗产名录。曲阳县坚持以"政府引导、市场运作、企业与家庭作坊结合"的方式，通过培植非遗工坊、打造劳务品牌、设立激励基金、开展传统技艺与电商销售培训，帮助 10 万余人稳定就业。组织非遗企业与 2 895 户脱贫人口建立长期利益联结机制，成功将传承千年的"指尖技艺"转变为"指尖经济"，实现乡村发展与文化繁荣双提升。

二、发展历程

石材雕刻技艺：河北省曲阳县是国务院命名的"中国雕刻之乡"，享有"天下咸称曲阳石雕"的美誉。至今，曲阳雕刻产业已有注册企业 2 800 余家，家庭作坊 6 500 余家，其中规模以上雕刻企业 32 家，从业人员覆盖 10 个乡镇 12 万余人，年产值近百亿元，产品远销 110 多个国家和地区。

定瓷烧制技艺：定窑为中国五大名窑之一，在政府不断推动下，定瓷烧制技艺更是推陈出新，形成传统瓷、日用瓷、艺术瓷 3 个系列 400 余种产品，产业规模扩展至 7 个乡镇 50 余个村 360 余家企业摊点，从业人员 2 万余人，年产值达 2 亿元，培育了陈氏定瓷、大宋定窑、秋鸿定瓷等文化品牌。

三、典型做法与成效

（一）突出"三个强化"，全力支持非遗产业助力乡村振兴

强化组织保障。成立非遗助力乡村振兴工作领导小组，乡村振兴等部门联动，及时研究解决工作推进中的困难和问题。**强化政策支撑**。出台《曲阳县推动文化产业赋能乡村振兴实施方案》等系列文件，为非遗助力乡村振兴发展提供政策保障。**强化资金投入**。设立县级非物质文化遗产保护专项资金 300 万元和雕刻、定瓷产业

发展专项资金500万元，调动文化企业参与乡村振兴的积极性。

（二）开展"三个行动"，以非遗"双创"促进产业振兴

非遗工坊建设行动。 现有石雕、定瓷、泥塑类非遗工坊207所，带动近万人实现就近稳定就业。**网络营销推广行动。** 开拓网上营销渠道，构建雕塑定瓷产品营销新业态。陈氏定窑非遗工坊直播带货年销售额达200余万元。**数字传承保护行动。** 实施非遗代表性项目和传承人记录工程。将传统制作工艺与现代电子信息技术相结合，全面推行数控机床加工技术，加工效率提高40%以上，生产成本降低30%以上，带动雕塑行业集约化、规模化生产。

（三）实施"三名工程"，以非遗传承助推人才振兴

培育知名带头人。 现有国家级非遗传承人6人，省级非遗传承人17人，市级非遗传承人34人；国家级工艺美术大师9人，省级工艺美术大师45人。**创办知名学校。** 曲阳雕刻学校是全国唯一以石雕为骨干专业的中等职业技术学校，培养了近万名优秀技能传承人。**打造知名品牌。** 打造"南雕刻、北定瓷"两个特色小镇。现已打造国家级非遗生产性保护示范基地1家，省级非遗生产性保护示范基地1家，省级非遗传承示范基地1家。

（四）用好"三个平台"，以宣传推介助力文化振兴

曲阳雕刻

用好中央定点单位帮扶平台、让传统文化走出去。 曲阳石雕、定瓷获得国家地理标志产品认证。陈氏定瓷设计的"百年芳华"系列产品在人民大会堂惊艳亮相。外交部定制的定瓷非遗产品，作为2022、2023年新年礼物赠送给50个国家的驻华大使。参加"大爱无国界"线上国际义卖活动，大力推介曲阳石雕、定瓷产品。**用好节会赛事平台，把优秀作品推出去。** 连续举办八届中国·曲阳雕刻（定瓷）艺术节，鼓励文化企业和从业者积极参与各类赛事活动，累计获得金、银、铜奖300多个。**用好媒体演艺平台，让曲阳文化火起来。** 曲阳石雕、定瓷在中央电视台电影频道《潮起中国·非遗焕新夜》和中央电视台一套《非遗里的中国》节目中进行专题展示；录制《定窑纪录片》和"人文清华"云讲坛；围绕定瓷"孩儿枕"传说，邀请东方演艺集团排练大型歌舞诗剧《孩儿枕》。

曲阳定瓷

四、经验与启示

（一）坚持政府引导、政策护航，实现传统技艺产业化

充分发挥政府引导、扶持和服务三项职能，深挖非遗产业文化与经济双重属性，培育出一批形式全面、路径多样的产业发展主体。

（二）坚持谋利于民、多方参与，实现产业覆盖大众化

利用非遗工坊、龙头企业广泛带动，同时破除"家族化"人才培养桎梏，通过特色职业教育、免费技术培训、县域劳务输出扩大从业人员范围，使原本"小众"的传统技艺不断扩大规模，带动"大众"增收。

（三）坚持立足优势、融合联动，实现产业发展特色化

坚持南雕刻、北定瓷区域功能定位，深耕本土资源禀赋，以文塑旅、以旅彰文，将雕刻、定瓷与北岳祭典、AAAA级景区等其他文旅资源实现融合，推动非遗文化元素与产品进景区、入节庆，培育乡村非遗旅游体验基地。

（四）坚持文化引领、市场带动，实现产业发展时代化

不断提升技艺技能，开发多元化的曲阳雕刻、定瓷产品，通过"创意+设计"为非遗注入新的发展动力，开展新型材料、数字技术、创新性产品的研究与应用，使曲阳雕刻、定瓷既能走向世界之巅，又能走进大众民间，服务现代经济发展。

河北省承德市丰宁满族自治县

丰宁铁艺灯笼：
非遗助推乡村产业振兴

丰宁历史悠久，文化底蕴深厚，红山文化、龙山文化、山戎文化几经兴替，农耕文明与游牧文明水乳交融，满蒙文化、草原文化异彩纷呈。全县共有各级非遗项目72项，2008年以来连续三次被文化部（2018年改名为文化和旅游部）授予"中国民间文化艺术之乡"称号，先后被文化和旅游部、原国务院扶贫办、河北省文旅厅确定为第一批"非遗＋扶贫"试点县、第一批"非遗＋扶贫"重点支持地区和河北省"非遗助力乡村振兴"试点县。在巩固脱贫攻坚成果中，丰宁创新出了"非遗＋扶贫"的新路径，典型模式得到联合国教科文组织高度评价，在联合国南太平洋国际培训会议上向世界推广。

丰宁铁艺灯笼

一、基本情况

丰宁铁艺灯笼的兴起源于丰宁凤山古镇的灯会习俗，各种灯笼、花灯、龙灯的需求量非常大，使用灯笼的民俗活动也非常丰富，吸引了大量的传统铁编制作艺人来到丰宁安家落户，制作传统花灯、宫灯。清朝末年，北京等地的铁编师傅将铁丝制作灯笼的技艺传入丰宁。选将营乡二道营村张木匠沟铁编艺人张永顺，在继承父亲张换传统灯笼制作技艺的基础上，将铁艺工艺融入灯笼的制作之中，并开办灯笼作坊，传承至今。

二、发展历程

丰宁铁艺灯笼市级传承人张桂贞

传承人张桂贞是铁艺灯笼的第四代传承人，她自幼喜爱艺术，受父辈影响从1997年开始从事铁艺编织工作，她在前人技艺基础上不断创新，将绘画艺术、剪纸、编织、刺缝等艺术元素融入铁艺灯笼的制作中，把灯笼制作提升到更高的工艺美术水平。2019年丰宁铁艺灯笼被评为省级非遗项目。丰宁铁艺灯笼技艺已成为当地群众就近就地就业的重要途径，该技艺已成为地方名片，让留守劳动力产生乡村振兴发展动力，促进群众持续增收。

三、典型做法和成效

（一）建体系，优方案

深化体系建设。成立由县长任组长的非遗文化发展领导小组，并抽调精兵强将组成专班，乡镇、村也对应成立专项组织，从而形成了县、乡、村三级"非遗＋乡村产业振兴"工作体系。深入挖掘县域满蒙文化和民俗文化，抽调专人对铁艺灯笼文化产业进行全面调查摸底，聘请专家综合研究，科学编制出台丰宁铁艺灯笼产业发展实施方案，为工作的开展奠定了坚实基础。

（二）搭平台，壮队伍

选将营乡二道营村"丰宁铁艺灯笼非遗工坊"建于2019年8月，总投资46万元，建筑面积300余米^2，设有展示展览厅1个、培训室2个、机器操作间1个。工坊由市级非遗传承人张桂贞老师担任辅导老师，对农村妇女、弱劳动能力人群及贫困群体开展传统手工艺培训。在张桂贞老师线上线下相结合的耐心指导下，工坊学员进步较快，参与积极性及创作作品的激情不断提高。

（三）找销路，促产业

丰宁铁艺灯笼非遗工坊通过展示展销活动、企业合作、网络营销、景区售卖等多种形式增加产品销售量。在中国马镇等重点景区设立非遗展销专区，在非遗扶贫就业工坊设立展览展销厅，通过"景村"双进，在全县形成全员参与非遗、重视非遗、支持非遗发展的良好氛围。

（四）建机制，添活力

张桂贞作为工坊带头人，近年来带动了农村留守妇女、残疾人等100多人参与铁艺灯笼的制作。特别是农村妇女，因掌握了这门技艺，增加了收入，其家庭地位也得到了提升，使非遗真正发挥了智志双扶的双效作用。实现了工坊学员人年均收入4 000～10 000元的预期目标。产品先后参加第五届、第六届中国非物质文化遗产博览会，第七届中国成都国际非物质文化遗产节等活动，荣获多种奖项。丰宁铁艺灯笼逐渐走出了山沟，为大众所熟知。

（五）树品牌，谋发展

坚持非遗文化与乡村振兴深度融合。瞄准市场，组织非遗人才与北京研发团队、河北民族师范学院合作，对传统非遗产品进行再设计、再改造、再提升，形成了一系列满足社会需求、更具市场竞争力的文创产品。加强市场拓展，与北京恭王府、北京故宫文创、县内外旅游景区景点、线上线下电商平台进行深入对接，产品销售额快速攀升。为了让非遗教学在校园全面铺开，张桂贞在工作之余将这项传统工艺传授给一线教师，让他们掌握非遗技艺后，有效地转化成教学行为再传授给学生。此举解决了教学难点，拓宽了非遗传承的覆盖面，为文化振兴、产业振兴起到了筑基赋能的显著作用。

四、经验与启示

（一）政府主导是保障

民间文化艺术发展面临的难题主要是重视程度不足、体系不健全、发展偏松散。丰宁突出政府主导作用，健全组织领导体系，压实部门责任，对民间文化艺术进行全产业链扶持，形成了顶层推动、合力推进的工作格局。

（二）群众参与是基础

民间文化艺术根在基层，根在群众。丰宁不断拓展县乡村非遗文化服务空间，年均开展非遗进农村、进社区、进校园系列活动60多次，丰宁铁艺灯笼元素融入县域建筑、装饰、餐饮、娱乐、民宿等基础设施和群众日常生活，特别是在丰宁旅游旺季各大景区、民宿设置售卖专区，游客直接扫码购买灯笼产品。丰宁县多部门联合扶持开办缘草堂铁艺灯笼主题民宿，突出抓好利益联结，将铁艺灯笼与群众增收紧密结合，真正将非遗文化融入农户生产生活，形成普惠格局，厚植文化传承发展的人民沃土。

（三）品牌发展是关键

丰宁始终坚定文化自信，树立"传统也是高端"的理念，积极推进铁艺灯笼建设成果转化。积极推送作品参加国际旅游博览会、国际民间文化艺术节、京津冀非遗大展等活动。依托县域旅游资源，在中国马镇等重点景区设立展销专区9个，形成文旅互促共进的良好局面，为非遗文化发展和成果转化打下了坚实基础。

平定砂器制作技艺：
激活砂器老技艺　焕发振兴新生机

一、基本情况

平定县被誉为"砂器之城"。这里群山环绕，沟壑纵横，95%为石质、土石地区，矿产资源十分丰富，其中高铝土、耐火黏土、紫砂陶土、硅质黏土储量较大，且色质单纯、质地绵软、可塑性强，是制砂的绝佳材料。据2012年山西省地质勘查局勘查，矿产资源储量达到了30亿吨，品种丰富，品质优异。近年来，为让砂陶文化焕发光彩、产业发展壮大，平定县立足本县砂器资源优势和转型发展要求，坚持传承与创新、引进与培养、资源开发与环境保护等同频共振，把打造砂陶产业集群列为全县要打好的"五场硬仗"之一，全力以赴推进。2023年3月，平定砂陶专业镇被认定为阳泉市首批6个市级专业镇之一。截至目前，全县有砂器企业143家，从业人员2 300余人，其中国家级非遗传承人2人。先后有107人次荣获省级以上奖项，拥有科技成果转化量62件、各类品牌6个、商标39个、专利84项，产业发展欣欣向荣。

手工制作紫砂壶壶嘴部分

二、发展历程

平定砂器之历史，可上溯至两千余年前。在近代有秦代砂鼎、砂灯盏出土。据文献记载，平定白瓷早在唐代即为皇室贡品，砂器则是当地主要手工业产品和民间日用品。宋代时，130座宋窑中平定窑赫然在列，属定窑系列，称"西窑"。明清时期，特别是清代平定砂器已闻名遐迩，与宜兴紫砂陶、广东砂煲齐名，史称"三鼎甲"，畅销京、津、冀、鲁、内蒙古等地。民国初年，平定的砂器、陶瓷有过短暂的辉煌。20世纪70—80年代，平定的砂器、陶瓷、紫砂产品进入新的发展时期，各类砂器、陶瓷、紫砂及刻花瓷产品扩展到百余个品种，畅销全国20多个省市地区，同时走出国门，出口创汇。平定砂器制作技艺、平定黑釉刻花陶瓷制作技艺等被列入国家级非遗项目。

三、典型做法与成效

（一）顶层设计规划引领

近年来，平定县为砂器、陶瓷产业发展做了大量工作，成立由县委、县政府主要领导任组长的组织机构，负责陶瓷产业发展工作的组织和协调。相继出台了《平定县关于扶持紫砂产业发展的办法》《平定县紫砂产业专项扶持基金管理办法》《平定县砂器产业发展扶持办法》等一系列扶持政策。编制《平定县砂陶专业镇发展规划（2023—2035年）》，高质量推动平定砂陶专业镇建设。

（二）全力打造服务平台

为进一步发挥砂陶产业的集群效应，平定县全力打造6大公共服务平台，分别是砂器文化示范园区、砂器产业发展中心、紫砂仓储中心、砂器产业孵化器、紫砂开采公司以及砂陶e镇服务平台。公共服务平台已初步具备研发设计活动、检验检测、实训培训、信息咨询、知识产权保护、融资担保、产品展销服务、物流服务等功能。

（三）建设专业制陶基地

抓住宜居城市建设、新乡建、宜兴等建筑陶企业转移等机遇，以招大引强为主战略，生产西瓦、琉璃瓦、通体砖等主要产品，布局建设建筑陶生产基地。结合陶器消费需求的变化趋势，以功能多样化、设计多元化等为方向，提升茶器、炖器、蒸器、花器等细分领域产品技术含量和美学水平。

四、经验与启示

（一）统筹规划科学布局

统筹规划县砂陶产业布局，一是强化砂陶产业发展战略规划的科学性和前瞻

全国唯一砂器主题专业博物馆——平定县砂器博物馆展厅

性。高起点、高标准规划砂陶产业布局，促进砂陶产业长远发展；二是把握砂陶产业发展的阶段性。长短结合，逐步开发，控制部分土地资源，预留未来产业发展用地，为砂陶产业升级和长远发展预留空间；三是按照强链补链的要求，统筹考虑县域内砂陶产业布局，相关陶瓷产业布局在相近的地点，强化产业链式发展，形成产业集群。

（二）整合资源功能分区

一是强化功能分区。在规划确定的土地利用和空间布局的基础上，进一步强化功能分区，推动各类资源的整合、优化和提升，实现砂陶产业链之间的协调分布，引导形成连片开发、组团发展、合理分工的空间格局。二是构建产业体系。依据产业生态原则，构建良好的产业生态体系，优先发展产业链关键配套产业，逐步完善"产业化技术中心—孵化器—加速器—产业园"的产业培育链条。

（三）集聚发展提质增效

注重发挥砂陶产业布局集聚效应在提高生产效率和产业竞争力中的重要作用，促进砂器产业集群化、规模化发展。坚持空间上集聚、业态上集群，着力做好岭秀砂器文化创意园、宋家庄陶工业产业园、砂器生产型孵化产业园以及一批基地的功能定位，以园区和基地为砂陶产业集聚的载体，全力打造特色鲜明、优势互补、集约高效的砂器产业新体系。

山西省晋城市阳城县

乔氏琉璃：
承古启今践使命　守正创新焕新生

一、基本情况

后则腰村位于县城东5千米处，距晋阳高速公路入口4千米，距阳蟒高速公路入口10千米，阳济公路穿村而过，具有得天独厚的交通优势。全村共有1 443户，3 302人，常住人口4 000多人，区域面积70千米^2，现有耕地2 089亩，集体林地20 000亩，共13个村民小组。村党总支共有党员150人，下设6个党支部，支村两委9人。现村内有企业18家，其中陶瓷琉璃企业13家，年产值达6亿元。本村具有上千年的陶瓷琉璃制作历史，是国家级非物质文化遗产"乔氏琉璃"的保护和传承基地，也是被中国建筑卫生陶瓷协会命名的"中国建筑琉璃之乡"。

二、发展历程

琉璃八仙塑像

后则腰村陶器烧制起于西汉，距今已有2 000多年的历史。据《山西琉璃》志书记载，后则腰生产的乔氏琉璃在明清时期远销全国各地，北京故宫和十三陵都有使用乔氏的琉璃制品，曾有"南有景德镇、北有后则腰"的美誉。目前，在英国伦敦大英博物馆、法国卢浮宫博物馆、美国纽约大都会艺术博物馆等世界著名博物馆均有收藏。新中国成立后，阳城后则腰村成立了国营陶瓷厂，乔氏琉璃后人乔承先受聘为师，恢复生产，并培养琉璃技艺传人。20世纪60年代，乔氏琉璃制品出口马来西亚、新加坡等东南亚国家。为适应发展绿色经济的新要求，实现乡村振兴，后则腰村重点打造了"琉璃重生计划"。这是以该村国家级非遗项目琉璃烧制技艺为基础，以"党建引领+艺术设计+非遗产业"为手段，以实现非遗的活态传承与产业化转型为目标的一种全新发展模式。目前，后则腰村琉璃生产厂家发展到16家，有500余人从事琉璃产业，年产各类琉璃制品9 000余万件，年产值3.75亿元，琉璃技艺得到传承和发扬。

三、典型做法与成效

（一）突出党建引领，打造产业经济"新模式"

把党建引领作为保证村级新型集体经济健康持续发展的主线，坚持支部领航、合作社带动、党群联动、融合发展。通过采取"党支部+龙头+企业+农户"模式，着力打造以村党组织为核心，龙头公司、琉璃企业、农户为支撑的"一核多元"组织体系。借助市场和资本力量整合16家陶瓷琉璃上下游企业，打造集"非物质文化遗产保护、陶瓷制品研发制造、销售体验展览"等功能于一体的全产业链集群。充分发挥党组织的战斗堡垒作用和党员的先锋模范作用，实行两委干部包企、党员包户，以党建引领确保企业发展的正确生产方向、产业结构调整方向、市场营销策略，切实把党组织的政治优势、组织优势渗透到企业调研、生产、销售的各个环节、各个方面，切实将琉璃的制作、销售、技术、信息、资金等优势作用发挥到最大，真正实现支部引领、村企联动、集聚发展，逐步建立起具有产业依托的村级产业经济发展新模式。

（二）盘活闲置资源，挖掘产业经济"潜力股"

让闲置资产"动起来""活起来"是提升村级自身"造血"功能重要举措。为此，后则腰村在党支部的带领下，全面开展资产核查盘活工作，有序清理村集体现有资产，分门别类盘活，提高经济效益，梳理出村集体机动地、闲置场地、废旧厂房等集体资产。村集体深挖闲散土地资源，盘活废旧厂房，按每亩1万元的市场价出租集体非农建设用地，扩大项目建设空间；实施资源要素保障行动，持续完善基础设施、组织劳务输出，优化营商环境，助力陶瓷企业集成落地。2018年以来，村投资200万元将白沙坡至西柏沟历年挖矸裸露地段和边坡撂荒的小块地进行整理、复垦造地共8块280亩，种植连翘、核桃80亩，农作物200亩，每年给村集体收入增加20多万元。通过出租集体非农建设用地，招商引资的方式把关停的陶瓷生产线重新承包出去，既解决了村民100多人的就业，又达到增加集体经济收入的目标。

（三）产学研联动创新，培育产业经济"新动能"

发挥传帮带作用，设立非遗传承工作室，建立非遗技艺与现代设计相结合的文化传承体系和工匠人才培育长效机制，强化人才链与产业链对接。目前有16名工匠人才和58名后备梯队人才。

以市场为导向，重点打造"琉璃重生计划"，引导企业加强设计研发，开拓多元应用场景，将传统技艺与现代艺术相融合，走"专、精、特、新"发展道路，进一步做大以盘、碗、杯、碟、罐为主的日用陶瓷，做强以面砖、陶管为主的建筑陶瓷，做优以古建琉璃、工艺美术品为主的艺术琉璃，使得绚丽多彩的琉璃艺术与生活必需品完美结合，走进寻常百姓家里。

以保护传承琉璃烧制非遗技艺为核心，打造占地2.5万米^2，文物收藏量2 000余件的琉璃文创基地。基地内设琉璃展览馆、琉璃文化研究基地、非物质文化遗产教育和传承实践基地，形成集陶瓷研学、非遗体验、陶器展览等于一体的"琉璃研学基地"。截至目前，该基地共接待社会团体800多次，年接待游客5万余人，在提升后则腰村乔氏琉璃知名度和影响力的同时，打开了更多的销售渠道，产品种类达到了上百种。该基地先后荣获"山西省版权示范基地""阳城县中小学生研学实践教育基地"的荣誉称号。

琉璃研学基地研学活动

四、经验与启示

（一）加强党的领导是高质量发展的重要保障

推动新型农村集体经济高质量发展，必须突出党建引领作用，充分发挥党的政治优势、组织优势和制度优势。村"两委"将产业经济高质量发展作为全村工作的中心，强化组织领导，调动积极因素，做到全村一盘棋、上下一条心。聚焦村民所思所盼所想，加快农村人居环境建设。近几年来，争取各类财政项目及资金，用于改善农村基础设施，推动村内道路的提升改造，在全村范围内开展村容村貌治理和乡村振兴项目建设，人居环境不断改善，文明新风逐渐形成。

（二）整合资源要素是高质量发展的关键手段

提高资源配置效率是实现高质量发展的重要动力源泉。而整合资源要素正是提高资源配置效率，促进高质量发展的应有之义。在村新型集体经济发展中，本村利用集体所有的非农建设用地以出租土地、盘活废旧厂房、新建琉璃、陶瓷生产线等方式增加村集体收入，通过撂荒地复垦成耕地增加村集体收入，真正让闲置资源"生金""沉睡资产"盘活、趴账资金动起来，让村集体经济更有"钱景"，让老百姓鼓起"钱袋子"。

（三）常态长效机制是高质量发展的长远之基

提升乡村产业发展水平是推进乡村全面振兴的必然要求，而完善联农带农机制是重要一环。本村深入学习浙江"千万"工程经验，积极健全完善联农带农长效化机制，通过村民入股、合伙经营、提供就业岗位等多种形式创新联农带农机制，以利益捆绑联农、以经营主体带农、以集体经济促农、以稳岗就业助农，把群众牢牢嵌入产业、产品、产值的村集体经济链条上，用实际行动、实实在在的举措让"千万工程经验"在本村落地生根。

山西省运城市新绛县

绛州剔犀（云雕）：
剔犀技艺促增收　朱华乌贵助振兴

一、基本情况

山西省运城市新绛县，位于山西省西南部，气候属暖温带大陆性气候，夏季气温高，降水充足，适合野生漆树的生长，此地生长的大量野生漆树能为绛州剔犀技艺做原料支撑。同时，新绛古城绛州是国家级历史文化名城，为绛州剔犀技艺的持续发展奠定了人文基础。

绛州剔犀，属于漆器中的雕漆工艺，最早始于汉代，兴于元，盛于明。"绛州剔犀"属于漆器中的雕漆工艺。此种工艺是用黑红两色特制的天然大漆在特定的胎体上有规律、有层次地反复漆涂，累积到一定厚度时，再用刀剔刻。雕刻时，刀锋呈V形，刀口均匀圆润，雕刻后的斜面露出不同层次的纹理，黑红交替并随着纹饰的轮廓回转。对雕刻物打磨后再用手心沾植物油、砖灰、面粉在其表面反复推磨，使其显出光泽。因刀口断面清晰，层层漆纹大都以回旋生动、流转自如的云纹组成，故此种工艺又俗称"云雕"。

二、发展历程

绛州剔犀技艺自明代起就是宫廷技艺，明末清初因战乱的原因，很多宫廷艺人，从北京一路往南沿汾河而下。因古绛州府是旱水码头交通要道，经济繁荣、手工业发达，很多宫廷艺人便纷纷于此扎根，并重操旧业，开始了剔犀技艺的传承。

1958年，新绛县成立国营工艺美术厂，恢复绛州剔犀技艺并展开生产。1992年原厂解体，新绛县黄河云雕工艺厂成立并继续生产制作绛州剔犀漆器。2011年，绛州剔犀入选国家级非物质文化遗产名录，新绛县成立绛州漆器研究所作为其保护单位。2012年何俊明荣获国家级代表性传承人称号，2018年绛州剔犀髹饰技艺入选第一批国家传统工艺振兴名录，2019年何鹏飞荣获省级代表性传承人称号，同年周吉熳荣获市级代表性传承人称号，目前传承人约有30余人，并不断发展扩大。

三、典型做法与成效

（一）成立机构，提升工艺

2011年剔犀技艺被列入国家级非物质文化遗产名录，新绛县委、县政府高度重视非物质文化遗产的保护、传承和宣传等工作。组织成立绛州漆器研究所，专门从事绛州剔犀技艺的保护发展和传承工作，该所多次组织剔犀技艺传承人参加全国漆艺技能大赛并荣获了全国三等奖，组织代表性传承人为全县从业人员进行统一授课，提升全行业技能水平。经过约5年的改进和发展，技艺的水平得到业内的认可，并获得国内外多项奖项，并受邀代表中国漆器参加了泰国、越南、日本等国的漆艺交流活动，产品已畅销国内外市场，年销售额达2 000余万元，一度出现供不应求的现象。

（二）校企联合，温故知新

绛州剔犀技艺自1992年起就与各大美术院校有了基础的联合创作，通过强强联合各自发展自己擅长的领域，带领着剔犀技艺不断创新，近年来更是在当地政府的倡导之下与更多美术院校建立了合作关系，不仅在设计上进行联合，更是在非遗传承人才培养上进行了融合，为非遗文化的传承找到出路，也为高校毕业生的就业增加了一个选择。

（三）新型模式，促进传承

绛州剔犀技艺自古便是团队合作完成的，主要工序分为制漆、制胎、髹漆、绘图、剔刻、打磨、推光等步骤。因为分工序传承的原因，也大大增加了失传的危险性，并且制约了工艺的大范围传播。

目前主要推广以夫妻档或者兄妹档的模式进行传承，如男方学习髹漆、打磨推光等工序，女方学习绘图、剔刻工序，组合即可以形成完整的工艺。下一步计划协助现有的夫妻档回到各自农村创业，从而解决当地留守人员的就业问题，降低工艺的传承成本。

剔犀作品《茶具系列》

剔犀作品《梅花盒》

四、经验与启示

（一）技艺是核心，引领很关键

非遗文化的主要核心是技艺的展现，须充分挖掘自身技艺，以求更好地发展。传统手工艺普遍都存在人员分散、技艺水平不一等问题，党委、政府的引导、扶持和组织是化解如上制约的关键，党委、政府要制定有效的措施，形成有能力的行业组织，增强传统非遗文化的可持续传承生态环境。

（二）传承要发展，人才是保障

人才是非遗传承的保障。充分发挥各级代表性传承人的带头作用，鼓励传承人深入农村，加强对乡村本土人才的培养工作，通过传承和发展非遗文化实现乡村振兴，带动乡村剩余劳动力发挥余热，增加收入。

（三）活态的非遗，创新来赋能

坚守传统非遗的技艺核心，勇于创新作品。没有应用环境的非遗是没有市场的，以日用即道的理念引导创新工作，以实用、美观、收藏等为方向创作出一批人们喜闻乐见的好作品。让绛州剔犀技艺回归最初的状态，大力推动传统技艺走进生活。

（四）市场想提高，品牌是支撑

要想获得更广阔的市场，消费者的口碑很关键。特别是传统技艺因为手工操作的原因，先要获得稳定的市场，品牌的塑造非常关键。要把非遗体验融入当地全域旅游发展，建立完善的宣传网络，形成多个文化品牌。

内蒙古自治区兴安盟科右前旗

札萨克图刺绣：
匠心传承 一针一线草原绣娘坚守非遗技艺

一、基本情况

2011年，"札萨克图刺绣"入选内蒙古自治区区级第三批非物质文化遗产保护项目名录。目前区级代表性传承人2人，盟级代表性传承人38人，旗级代表性传承人107人。目前科右前旗刺绣爱好者超过了2 000多人。札萨克图刺绣是科右前旗代表性项目，该项目保护单位是科右前旗非遗保护中心。札萨克图民间刺绣工艺植根于民族文化的沃土，如实地描绘了科尔沁游牧生活的方方面面。近年来，科右前旗高度重视札萨克图刺绣的保护与传承，获得了一定的成绩。

二、发展历程

2019年、2020年、2021年，科右前旗文化旅游体育局连续举办三年科右前旗非物质文化遗产项目名录代表性传承人培训班，共300多人参加培训。2022年，在科右前旗图书馆专门设立刺绣传承基地，每周开设免费课程，供广大刺绣爱好者学习。

札萨克图刺绣花枕

每年举办文化和自然遗产日活动，进行札萨克图刺绣展示、服饰展演。在那达慕大会举办之际举办"札萨克图服装服饰手工艺品大赛"。

2017年出版了《札萨克图传统服饰刺绣集锦》一书。2021年出版《札萨克图传统缝制技艺详解》。2019年，科右前旗56位刺绣工匠为庆祝新中国成立70周年制作出长70米、高1.949米的传统手工刺绣作品，作品绣有长2米、高1米的天安门图案、56个民族人物图案及文字，荣获"中国上海大世界吉尼斯之最"最长蒙古族刺绣长卷称号。

札萨克图刺绣

三、典型做法与成效

刺绣产业有区级代表性传承人敖特根其其格的"乌仁额吉民族商店"，盟级代表性传承人努恩都特的"诺民杭盖民族服饰商店"，盟级代表性传承人斯琴高娃的"塔林乌英嘎民族服饰商店"，区级代表性传承人良花的"努图克民族手工艺专业合作社"，旗级代表性传承人秀云的"萨日郎巾帼民族手工艺品专业合作社"，旗级代表性传承人王扎拉嘎胡的"塔林艾丽民族用品合作社"。敖特根其其格的"乌仁额吉民族商店"，努恩都特的"诺民杭盖民族服饰商店"共吸纳建档立卡贫困户6户，斯琴高娃的"塔林乌英嘎民族服饰商店"吸纳建档立卡贫困户2户，良花的"努图克民族手工艺专业合作社"吸纳建档立卡贫困户6户，秀云的"萨日郎巾帼民族手工艺品专业合作社"吸纳建档立卡贫困户27户、低保户8户、残疾人5人，王扎拉嘎胡的"塔林艾丽民族用品合作社"吸纳建档立卡贫困户10户。

近年来，刺绣行业规模稳步增长，消费者对传统服饰艺术的欣赏能力不断加强，刺绣艺术逐渐成为一种时尚符号。刺绣非遗传承人在抖音、快手等平台售卖刺绣文创作品，刺绣产品销量均保持增长趋势。

通过开展传统刺绣技能培训，让妇女能就近、居家工作，有效解决了贫困妇女和陪读妈妈"顾家、务农、赚钱"相互矛盾的问题，取得了阶段性成果。例如，第一期刺绣培训班培训了65人后，学员的刺绣水平大幅提升，学员就业、创业率达90%。

近年来，多次组织人员参加"第五届中国非遗博览会""内蒙古长城非遗展"等大型活动，宣传展销札萨克图刺绣文创作品。目前，札萨克图刺绣文创作品不仅在全国各省市销售，还远销蒙古国、日本等国外地区。采取"走出去，引进来"的措施，先后组织刺绣传承人到区、盟参加培训班。2015年，敖特根其其格等4名同志参加全区非遗传承人手工艺培训班；2016年，努恩都特等11名同志参加全区非遗传承人培训班；2017年，在乌兰毛都苏木外聘专家开展"乌兰毛都刺绣传承技艺培训班"；2018年，包春花等26名同志参加兴安职业技术学院兴安盟首届非物质文化遗产传承人群研修研习培训班；2019年、2020年、2021年，在由科右前旗文化旅游体育局主办的科右前旗首届非物质文化遗产项目名录代表性传承人培训班中，共300多人参加培训。2022年，专门设立科右前旗刺绣传承基地，引导广大刺绣爱好者免费学习。

推荐札萨克图刺绣为自治区传统工艺振兴项目，保护、挖掘、弘扬、传承这一民族民间传统美术技能，对于展示科右前旗历史文化、风土人情，打造民族文化艺术品牌，实施文化产业工程，开发旅游资源，促进民族文化事业发展、繁荣，都具有十分重大而深远的意义。

内蒙古自治区阿拉善盟

阿拉善地毯：
巧手编织七彩梦　国家非遗促发展

一、基本情况

阿拉善右旗民族工艺地毯有限责任公司是自治区民营科技企业，其前身是始建于1972年5月的阿拉善右旗地毯厂，2000年资产重组成立有限责任公司，主要生产经营手工100～300道地毯、挂毯及系列产品、民族工艺品、旅游纪念品、民族用品等，属于劳动密集型企业，是自治区少数民族特需用品定点生产企业，是阿拉善右旗唯一一家仿古地毯生产企业，公司年产地毯1 000多米^2，产值达650万元。

二、发展历程

我国是地毯生产大国，地毯历史纵横三千年，地毯最早叫"鸜"（jì），唐代叫"地衣"，蒙古族曾将地毯叫"氍毹"（qú shū）。阿拉善仿古地毯是中国地毯五大陆系之一，其织造技艺约形成于1736年，至今有280多年的历史。阿拉善被称为"仿古地毯故乡"。传说很久很久以前有位新疆维吾尔族艺人名叫马托，从西域国学得一手精湛织毯技艺，他的弟子随和硕特蒙古族部落迁徙，将技艺带到了定远营，在定远营建起了一个个小型地毯作坊。清公主下嫁阿拉善亲王，陪嫁的工匠们又将京式地毯织作工艺带来。于是京式织毯技术与阿拉伯式织毯技术融合造就了独特风格的阿拉善仿古地毯。阿拉善仿古地毯凝结着古人的智慧与情感，承载着中华民族传统文化生生不息、赓续不绝的厚重基因，更是"古丝绸之路"中华文化与世界文化交流交融的一个缩影，保护好、传承好、利用好这些宝贵财富，是我们的共同责任。

三、典型做法与成效

（一）挖掘特色文化艺术优势

阿拉善右旗驼绒产业得天独厚，阿拉善拥有十几万峰品种优良的双峰驼从而更有能力保证原材料的供给。阿拉善右旗民族工艺地毯有限责任公司有属于自己的品牌、有旅游商品和纪念品研发中心，对民族用品生产进行积极探索，在民风民俗、民族文化探索方面取得了丰富的经验，为企业的发展提供了强有力的技术支持。2008年阿拉善地毯织造技艺被列入国家级非物质文化遗产名录。企业研发中心大力研发驼绒地毯、挂毯系列产品，以驼绒为原材料加工生产更有当地特色的手工工艺品。生产所用原材料羊毛、驼绒都是本地特有的原料，阿拉善土种羊毛鳞粗、洁白，物理性能极好，采用植物染色的羊毛没有受化染剂的腐蚀，织出的地毯具有质刚、弹性强、拉力强、光泽好的特点。

（二）强化文化艺术品牌培育

阿拉善地毯以其精细独特的做工、淳朴秀美的图案而著称于世，在大漠戈壁独树一帜，历来被行家们尊为地毯技艺的鼻祖。阿拉善右旗民族工艺地毯有限责任公司成功申请到"驼乡""巴丹吉林"等商标。近年来，手工地毯消费每年以10%左右的速度增长，公司手工地毯产品多年畅销于欧美国家和日本等地。随着人们生活水平的提高、住宅条件的改善以及文化素养和审美情趣的提升，高档手工地毯也由高档别墅逐渐走入百姓家庭。民族用品手工地毯、挂毯弹性好、光泽好，具有净化室内、调湿、防潮、隔音、减震、美化环境、有益于人体保健的功效，市场十分走俏，呈供不应求的趋势。

（三）加强文化艺术人才培养

通过加强文化艺术人才培养，提升手工地毯行业的研发能力。引进国外先进的绘图软件，购置绘图仪，建立绘图工作站，在聘请专业技术人员指导教学的同时，录用专业对口大学生参与技术创新、技术改造，结合绘图室、织毯车间生产的实际情况，运用所学知识不断改进和创新工艺，通过反复、多次试验，解决技术难题。通过对传统绘图工艺的升级改造，地毯、挂毯图案的立体性、逼真性得以提升，出图速度也得到加快，颜色过渡更加融合，颜色的标注更加清晰，织毯工人织做也更加方便，织做效果更好，织做效率更高。

阿拉善右旗阿拉善纯手工地毯展示

阿拉善右旗阿拉善纯手工地毯制作车间

四、经验与启示

（一）政府保护非遗有力度

在各级政府的帮助和指导下，阿拉善地毯织造技艺得到了很好的保护传承，公司在政策的扶持下积极创新谋发展，近些年来多次参加各地区的博览会、非遗节、中国品牌日、中华老字号、旅游发展大会等大型的商贸活动，促使阿拉善地毯走向全球。

（二）牧民绒毛收入有盼头

公司常年收购包联牧民及周边地区牧民的羊毛、驼绒。手工艺品制作就业对文化程度的要求不高，经过短期培训就可上岗，有利于农牧民剩余劳动力的转化、产业结构的调整，能够增加农牧民收入，减轻社会压力。

（三）传承手工技艺有动力

随着阿拉善地毯织造技术被列入国家级非物质文化遗产名录，阿拉善地毯由单一的使用价值提升到了独特的文化艺术价值，部分手工挂毯已经具备收藏价值。织毯工也已发展成为非遗传承人。日常手工织毯大比武活动及各地品牌活动的开展，使得产业工人对自己的工作更肯定更认真，希望用自己的双手编织七彩的中国梦！

辽宁省鞍山市岫岩满族自治县

岫岩玉雕：
精雕细琢璞成玉　兴县富民誉美名

一、基本情况

岫岩满族自治县（以下简称"岫岩县"）隶属辽宁省鞍山市，位于辽东半岛北部，总面积4 502千米²，是"八山半水一分田，半分道路和庄园"的山区近海县。岫岩县各类玉石资源初步探明储量300万吨以上，是全国最大的宝玉石加工销售集散地。传承和发展岫岩玉雕民间文化艺术，培育特色产业全面推进乡村振兴，是岫岩追求的目标。在岫岩县委、县政府的引导和岫岩玉雕民间艺人的努力下，自20世纪70年代以来，100余个岫岩玉雕作品获国家级奖项，800余个获地方级奖项。岫岩玉雕艺术有着广泛的群众基础，目前岫岩县已经形成9个大型玉雕工厂和5个玉雕专业村，民间加工企业（厂点）2 115家，个体作坊10 000余家，从业人员近10万人。凭借丰富的玉石资源和精湛的玉雕工艺作品，2005年12月岫岩县通过中国矿业联合会评选，被命名"中国玉都"；2021年，岫岩县被文旅部命名为"中国民间文化艺术之乡"。

二、发展历程

岫岩玉文化源远流长，可考察的历史8 000多年。早在明清之际，就曾有大批北京、河北等地的玉雕艺人因慕名岫岩玉而落户岫岩琢玉为生，新中国成立后，20世纪50年代中后期，为了复兴岫岩玉雕艺术，党和政府又从北京、河北等地聘请了一大批玉雕老艺人到岫岩带徒授艺，因而岫岩玉雕受京作影响尤深。岫岩玉石雕刻经历了两个主要发展阶段：自1957年岫岩县玉器厂成立以后，岫岩玉雕进入了集体经营发展时期；自1995年起，随着岫岩玉雕的发展，玉雕行业又恢复了历史原有面貌，全部转入民间，进入了以个体经营为主，即以民间加工厂（场）、作坊为生产主体的发展时期。

三、典型做法与成效

（一）以玉为媒，着力擦亮岫岩玉文化靓丽名片

成功举办中国·岫岩第十一届玉文化艺术节、推进岫岩玉产业高质量发展协商

论坛、第二届岫岩玉雕"新秀奖"评选等系列活动；完成"国石之旅"特色旅游线路设计工作；制订"岫岩玉＋旅游"方案，雨桐玉文化博物馆、唐帅艺术馆成功获评国家AAA级旅游景区；正式发布岫岩全域旅游形象宣传口号——"中国玉都·玉美岫岩"。开展"岫玉情"主题原创歌词评选；完成《岫岩玉文化》教材编撰和《岫岩珠宝玉石图鉴》编撰工作。完成18集《大师说玉》《馆藏瑰宝》专题视频拍摄工作，不仅使"中国玉都"名片擦得更亮，也使岫岩玉雕产业和文旅产业得到了深度融合。

（二）拉长链条，着力提高玉雕产业核心竞争力

产业兴旺是乡村振兴的前提。依托得天独厚的岫岩玉资源，岫岩县围绕"琢玉兴县"目标，大力鼓励和推进玉雕产业发展。为了不断拉长岫岩玉雕产业链条，岫岩县确定并发布岫岩玉雕《岫岩工》标准；谋划建设中国玉雕大师孵化基地，吸引全国著名玉雕大师来岫创作；进一步规范玉器加工聚集区，规范玉器交易，成立"岫岩玉雕诚信经营者协会"，建立"珠宝质量鉴定证书查询系统"，实现珠宝质量证书"一件一证"信息共享；规范电商销售平台，邀请阿里巴巴国际站入驻岫岩，成立跨境电商岫岩服务中心，组建岫岩玉快手直播基地、抖音直播基地；出台关于促进电商发展的一系列政策措施，财政每年列支500万元作为专项奖励资金。"玉雕＋"的叠加融合发展，大大提高了岫岩玉文化的核心竞争力。

（三）培养人才，着力赋能岫岩玉雕文化传承

岫岩现有玉雕大师国家级5人、省级92人、市级228人；工艺美术师国家级1人、省级19人、市级84人；非遗传承人国家级1人、市级2人、县级20人。为了培养更多的玉雕传承人，岫岩成立了岫岩玉雕学院，有专兼职教师28人，在校学生每年约130人，短期培训每年为200多人次。该校先后成功承办国家职业技能（玉雕）鉴定考核班，为国家题库编定10套玉雕专业理论题、10套实操题等。同时，岫岩着力建设玉雕人才培养中心，在玉文化产业园建立中青年玉雕人才创业孵化基地，制定《岫岩县中青年玉雕人才孵化基地工作规程（试行）》；设立岫岩玉产业发展专项基金1 000万元，支持玉文化产业基地建设、人才培训、品牌创建、宣传推广等。

玉雕作品《满汉全席》

玉雕大师唐帅正在进行玉雕作品创作

四、经验与启示

（一）政府支持是推动发展的重要力量

近几年，岫岩县委、县政府把岫岩玉雕民间艺术发展作为一项重要任务，采取有力措施，推进岫岩玉产业的高质量发展。通过出台一系列相关政策性文件保护和合理利用岫玉资源，加大资金保障力度谋求玉雕产业更大发展，成立玉雕学院加强玉雕人才的培养和文化传承，使玉雕产业真正成为强民强县的重要支柱产业。

（二）品牌打造是提高价值的主要核心

岫岩以"中国玉都·玉美岫岩"为主要营销品牌，谋划推进玉皇山旅游观光带、熙古里玉都古城项目；规划建设了雨桐玉文化博物馆、唐帅艺术馆、玉龙山度假区等重点项目；重点推出两条以"寻玉之旅"为主题，结合玉文化、满族文化的山水旅游和乡村游精品线路。

（三）人才培养是传承的关键所在

只有艺术修养资深的玉雕艺人才能把一个玉雕商品变成有文化、有内涵的艺术藏品。时代呼唤能够传承传统技艺，又懂设计、能创新的复合型人才，为玉雕产业发展提供源源不断的动力。

医巫闾山满族剪纸：
非遗剪纸融入时代　含情妙剪助力乡村振兴

一、基本情况

黑山县隶属辽宁省锦州市，位于辽宁省西部，锦州市东北端。全县面积2 498千米^2。现辖2个街道、15个镇、4个乡。地处五个大中城市中间，连接东北与华北，地理位置独特，交通便捷。黑山自古即属华夏版图。黑山县是中华民族沟通关内外的咽喉要道，是关内外进行政治经济联系和文化艺术交流的必经之路。

黑山的满族剪纸全称为"医巫闾山满族剪纸"，是以表现满族原始的萨满文化以及民间风俗为主要内容的剪纸形式，流传于医巫闾山周边的满族地区。它不仅保留了剪纸艺术的原生态，还融入了满族民间生活之中，如窗花、挂笺、喜花、生命树、祭树、灵幡等。满族剪纸不仅是节庆、婚礼、祭祀等活动中烘托氛围不可或缺的文化符号，还是日常生活用品、服装、鞋帽的装饰刺绣图样。它不用烦琐、细密的剪法，不求精致、准确的造型，而是以简约的造型和朴拙古茂的神韵取胜。其中蕴含的民俗文化信息已成为研究历史上中国北方各民族与汉民族文化融合过程与形态的珍贵史料。2006年，锦州市政府申报的满族剪纸入选第一批国家级非物质文化遗产名录。2010年，锦州市的医巫闾山满族剪纸成功入选联合国教科文组织非物质文化遗产名录。

二、发展历程

剪纸是我国劳动人民创造的一个实用性强、工艺手段简单、流传广的艺术品种。艺术教育是学校教育中不可缺少的组成部分，也是全面实施素质教育的重要内容。黑山县与北镇市毗邻，县内有诸多医巫闾山满族剪纸爱好者。黑山县胡家镇中心小学的李桂秋老师就是其中一位，她剪纸功底深厚、精力充沛。受其影响，有很多老师和学生对剪纸艺术也产生了兴趣。依托这些资源优势，结合学校的办学传统，黑山县胡家镇中心小学于2012年春把剪纸列入学校特色活动之首，并纳入校本课程。

学校将剪纸教学列入课程表，由李桂秋老师每天利用间操时间培训班主任和精英班同学剪纸的技艺和技法，再由他们利用每周三的第六节课手把手教学，扎实锤炼师生剪纸基本功，开发学生的创新思维。定期邀请省市的专家来学校参观指导，并对教师进行现场培训，使师生的剪纸技艺技法取得了突飞猛进的进步。十几年来，胡家小学的剪纸活动节目经常在国家、省、市、县各大媒体播出。李桂秋等多位剪纸骨干教师经常随市县非遗部门参加送文化下乡的惠民活动，利用业余时间和寒暑假为全县的孩子们传授剪纸技法，受到了大家的欢迎，同时也为家乡的乡村振兴作出了贡献。现已有多名大学生——胡家小学毕业生在互联网上开网店，形成了剪纸与销量一体化的新格局，也解决了就业问题。

黑山县胡家镇中心小学是一所普通的农村小学，自2012年将剪纸纳入学校校本课程以来，师生们凭借深钻细究练就的精湛剪艺，"小剪刀，大视角"的情怀，以及对剪纸艺术的浓浓挚爱，于2015年春，被锦州市非遗中心授予"医巫闾山满族剪纸示范传承基地"称号。学校因剪纸工作成绩突出，多次受到教育部的嘉奖和宣传。

黑山剪纸名师李桂秋进行公益授课

三、典型做法与成效

（一）充分整合资源，形成校本课程

结合学校办学理念，进行有效整合，形成了科学有序的胡家小学校本课程系列。2018年秋，胡家小学师生将小学阶段12册语文课本中的95首古诗词进行整合

重组，把经典古诗词诵读与剪纸艺术展示巧妙结合，创编了融剪纸艺术、古诗文学习、诵读、礼仪规范于一体的校本教材——《诗韵剪艺》。2019年春，结合民族团结教育，创编了《五十六个民族图腾》《五十六个民族习俗》两册融剪纸与民族知识于一体的特色剪纸集，把学校文化育人的魅力推向了一个更新的高度。《三字经》《弟子规》《千字文》《论语》等经典的分年段诵读，都是医巫闾山满族剪纸传承的全面普及与落实。

结合特色育人目标，夯实特色课程。学校把剪纸课作为必修课列入综合实践课并纳入课表，几年来，不管其他课程及各种活动的压力有多大，始终坚持按照课表上课并组织学生对剪纸进行小课题研究。每周三的第六节，全校集中活动，对学生进行剪纸基本功训练。剪纸精英班每日最少活动半小时，根据活动有机结合进行创新辅导，有效地保证剪纸活动在稳定中得到充实和发展。与家庭、社区特色活动相结合，让学生的小手牵动家长的大手共同完成"剪纸家庭作业"。学校不仅开设了以剪纸为载体的剪纸课程，还编写了剪纸校本教材，确立了"自主学习，全面发展"的办学理念，并渗透到剪纸课程的建设中，使这一课程的实施成为师生共同发展的平台。学校现有校编剪纸教材一套，师生剪纸作品展览馆一处。

（二）传承中弘扬，创新中发展

都说孩子们的指尖上跳跃的是智慧，剪纸能提升素质，妙想可培养创新。手脑并用的剪纸活动为孩子们提供了更多的机会。学校本着"重兴趣更重志趣，重学习更重实践，重传承更重传播"的教育观，确立了"让剪纸文化从纸上立体起来、在学习生活中运用起来、在美好童年里活跃起来、在文化传承中强起来"的应用观，让育人维度和纬度得到深度拓展。多年来，师生剪出剪纸作品万余幅，装裱的壁画遍及县内各个场所、数千个家庭，凭着这把小剪刀、这张小红纸走出了校园，走出了自信与骄傲。

2016年4月，学校17名师生代表辽宁省参加了在青岛举办的"全国第五届中小学生艺术展演"，在历时一周的展演中，胡家小学的"艺术工作坊"以浓郁的民族气息，深刻的内涵，精湛的剪艺赢得了各级专家、领导及国内外参观者的赞赏与肯定。师生们用智慧把医巫闾山满族剪纸特色教育成果成功展示给了国家、省市领导和全国代表团，并获得了全国第五届中小学生艺术展演活动组委会颁发的"学生艺术实践工作坊展示奖"，相关信息被新华网、青岛教育网等多家媒体报道。

2019年春节，中国教育电视台《传承的力量》节目组录制的胡家小学剪纸专题《春节篇》通过央视荧屏走进全国公众视野。从2020年师生抗击新冠肺炎疫情题材剪纸作品荣登"学习强国"，到2021年在锦州市教育局举办的庆祝建党一百周年"党的百年历程"大型剪纸作品展上，代表黑山创作的党史之"苦难辉煌"阶段"红船起航、艰难历程、抗战风云、日出东方"的史诗般长卷……在民间艺术的传承中，育德导行的效能似无声春雨滋润着孩子们心灵的沃野。

2021年，新华社客户端报道黑山县胡家镇中心小学"医巫闾山满族"剪纸与消防救援大队共建联动活动；锦州新闻以《剪纸润童心，传统育新人》为题对胡家小学剪纸活动进行了专题报道，并于11月在"学习强国"发布。

黑山县胡家镇中心小学是"医巫闾山满族剪纸示范传承基地""民间文化教育示范校""优秀文化艺术传承学校""中华优秀传统文化基地校""中小学非物质文化遗产传习教学基地"。现有市级非遗传承人2人，4名教师参加了文化部、教育部中国非遗传承人研修班培训，并获得沈阳师范大学颁发的合格证书。在大家的共同努力下，胡家小学人人会剪纸，使校园文化得到有益的补充。同时学校也鼓励教师深入民间拜师学艺，实地采风……现如今学校已经拥有一支业务过硬、阵容强大的特色教育教师队伍。剪纸艺术的传承与创新已成为胡家镇中心小学品质提升的"支点"和"亮点"。

（三）多举措慧赋能，剪出振兴希望

近几年，黑山县委、县政府把医巫闾山满族剪纸艺术的传承和发展作为一项重要任务，定期组织传承人向全县文化站站长传授剪纸的技艺技法，并利用节假日到村部宣传剪纸活动。县委、县政府及教育局为推动传统文化的传承，出台了一系列的相关政策，加强剪纸文化的传承和培养，为乡村振兴助力。2023年5月、9月，黑山县胡家镇中心小学师生以黑山特色、特产设计创作的剪纸作品，先后两次远赴北京、苏州，走上了黑山"推介会"的舞台，为家乡代言，在全国各地为黑山招商引资、振兴战略助力，并再次荣登"学习强国"平台。

四、经验与启示

一刀一剪皆有意，一点一滴都传情。未来，学校将努力构建剪纸实践跨学科项目学习，由多学科共同完成同一个主题；推动剪纸实践向家庭教育延伸，构建剪纸文化家长学校；促进剪纸实践与志愿服务结合，让剪纸走向社区，以文化引领一方，走向社会，实现知与行的结合；推动剪纸实践与5G信息结合，将更多的剪纸活动、作品影音资源通过更多渠道实现共享。将继续深化剪纸文化内涵发展，将特色课程、特色活动往更宽、更深处做实，用"小剪刀，大红纸"为学生打开更高、更远、更美好的天空，让剪纸活动真正成为学生综合素养赋能的源头活水，让孩子们真正成为民族传统文化的传递者、传播者，家乡振兴的参与者、赋能者！

满族刺绣技艺：
传承民族文化　打造满绣之乡

一、基本情况

满族刺绣不仅是一种民间手工艺，而且是满族传统文化的传承形式，是满族历史文化的延续。传承也面临着参与人数少、参与面狭窄等问题，不能得到广泛普及，甚至面临着失传的危机。根据满族乡的地域特色，为更好传承满族文化和刺绣技艺，自1996年起，金斗朝鲜族满族乡就将满族刺绣列为乡中心小学课题和学生的第二课堂进行推广和应用。2008年，满族刺绣被纳入校本课程，每周安排一节课对学生进行教学指导和传承。多年来，乡中心小学培育掌握满族刺绣技艺的巧手学生近千人，金斗中心小学也被通化师范学院列为少儿满族刺绣传承基地。成立"满绣学堂"不仅对学生进行传承，还对社会进行传承。通过对外传承和开放，打造"满绣之乡"，使更多的人了解满族文化和满族刺绣技艺，让传承走出课堂，走出学校，走进千家万户。

二、发展历程

通化县金斗朝鲜族满族乡满族人口986人，占全乡总人口的13%。部分学生家长已经掌握了一定的刺绣技能，全乡具有良好的满族文化氛围。金斗乡近几年来一直着手打造满绣之乡，其条件已基本成熟。

金斗中心小学自1996年至2005年，以满绣为内容进行了两轮国家级课题研究；2006年开始以二课堂形式进行满绣传承；2008年将满族刺绣纳入校本课程，满族刺绣技艺得到有效传承。

目前，金斗乡的满族刺绣（满族肚兜刺绣和满族虎头鞋刺绣）已列入第四批县级非物质文化遗产名录，曹继红老师为项目传承人。

为将满绣文化更好地传承下去，乡党委、政府多方筹措资金，先后投资100余万元，建设了极具满族风情的满绣展览馆，设有满绣学堂、满绣传承展区、传承人工作室和作品展区四个区域，对满绣作品进行集中展示，是目前吉林省唯一一家集满族刺绣作品收藏和满族刺绣文化传承于一体的展览馆。

　　金斗乡政府结合地域优势，旨在传承民俗文化，打造满绣之乡，积极发展传承满族刺绣文化。满绣展览馆馆长杨森林和满绣传承人曹继红等人应澳大利亚澳中文化贸易促进会会长陈贺义的邀请，赴澳大利亚参加了中华国际艺术节活动（非物质文化遗产美术展——满族刺绣）。活动中，满绣作品共计260余幅，赠出作品60余幅。其中，曹继红绣制的《树袋熊》《穆桂英挂帅》《蝶恋花》《凤舞》《凤戏牡丹》被相关部门收藏。

曹继红刺绣作品《人参娃娃》　　　　　作品《参鹿女》

三、典型做法与成效

　　一直以来，金斗乡政府都致力于民间文化的发展与传承，满族刺绣是其中之一。金斗乡政府重视民间文化艺术的人才培养，树立保护、传承民间文化的意识，发挥现有传承人的作用，加大培训力度。特别要从娃娃抓起，加强对青少年民间文化艺术的教育与培训，真正做好民间文化传承与创新工作。

　　为提升传承人刺绣技艺，满族刺绣传承人曹继红多次外出学习交流和参加非遗展会及非遗进校园教育成果展。曹继红曾荣获第二届中国非物质文化遗产博览会的参展奖和传承人展示奖，首届中国（黄山）非物质文化传统技艺大展中，荣获的"长白山满族枕头顶刺绣项目"金奖等多项殊荣。由曹继红指导创作的传统美术作品，入选"第二届京津冀非物质文化遗产联展"中的"寻找家乡记忆"少儿传承成果展。在满族刺绣校本课程的开发与实施中，结合多年实践经验，曹继红自编了满族刺绣校本教材。为更好传承满族刺绣，学校打造了满绣校园，以"满绣书香育真人"为办学特色，在教学楼里悬挂学生刺绣作品，校园氛围浓厚。学校大力弘扬满族民族文化，全力打造满绣之乡。结合现代信息技术，创立了"满绣现代课堂"，设计了微课。组织学生参加满族刺绣作品展及参观满绣展览馆。依托端午节、中秋节把弘扬传统文化与学校特色发展结合起来，开展传统文化教育、绣制香包体验活动。为打造诗词之乡，将诗词与刺绣相结合，让师生共创诗词，绣制诗词，将绣制的诗词在部分人家悬挂。在河夹信子村设立满族地理标志，附有创作的满绣诗词和拓印的有地域特点的满族刺绣作品。金斗乡成功举办了两届满族刺绣技能大赛，在全县范围内获得广泛好评。曹继红被通化市人社局授牌为"师徒工作间"荣誉称号，被评为吉林省民族团结进步先进个人。

四、经验与启示

金斗乡按照"传承民族文化，打造满绣之乡"的工作思路，致力于满族刺绣传承的同时，也在努力探索满族刺绣产业化发展之路。

为发挥满绣文化产业带动作用，满绣学堂对社会开放，持续抓好满绣爱好者的培养。每年举办3期满绣培训班，吸引更多群众参与满绣文化、关注满族刺绣，增强全社会对非遗的传承和保护意识。目前已培养出绣娘40余人。满绣展览馆每年接待省内外参观近千人次，有时还现场指导参观者尝试绣法。展览馆先后被通化市妇女联合会授牌为"通化五姐之家"，被吉林省博物院授牌为"吉林印记"，并注册成立了金斗满绣商贸有限公司。

如今，满绣绣娘凭借着一针一线，绣出了新生活，让满绣文化走出家门。金斗乡满绣技艺在保护中传承，在传承中创新，与时俱进的特色文化少数民族乡焕然一新，小小的绣花针绣出了乡村振兴的新图景。

吉林省延边朝鲜族自治州和龙市

朝鲜族稻草编：
稻草编织非遗结　带富增收振兴果

一、基本情况

和龙市位于吉林省东南部，延边朝鲜族自治州南部，地处长白山东麓，图们江上游北岸，与朝鲜民主主义人民共和国咸境北道、两江道隔图们江相望。境内有三条主要河流，即图们江、海兰江、古洞河，土地总面积506 871.14公顷，其中，水田8 878.78公顷，稻草资源丰富。近年来，和龙市依托丰富的自然资源和便捷的交通优势、淳朴的民俗风情，大力发展"朝鲜族稻草编"。在传统工艺制作流程的基础上，使之不断得以完善，并引进优良水稻品种进行繁殖，利用优质稻草进行工艺品加工，产品由原来的三种发展到十余种，并远销韩国、日本等东亚国家和国内沿海地区，获得了可观的经济效益和社会效益。小小草编凝聚了朝鲜族人民在稻作农耕上的智慧，它既是和龙的特色文化，也为和龙拓宽了乡村振兴的道路，让农民能够通过巧编稻草秸秆增添收入，亲手为建设更美好的乡村再添一份力。

二、发展历程

延边朝鲜族擅长手工稻草编技艺，且历史悠久。稻草编技艺始于19世纪70年代，当时朝鲜族人民为求生存，利用闲置的稻草编织出生活必需品和生产工具，流传至今。稻草手工艺品是以优质稻草为原料，经过精心挑选、水洗、浸泡、晒干之后完全用手编织而成。改革开放以后，延边朝鲜族人民立足市场，为满足人们日益增长的物质文化需求，在前人工艺的基础上，不断完善手工技艺，创新研发新品种，使此项工艺得以传承至今。如今挖掘和创作的主要技艺品有：稻草编织的簸箕、鸟巢、草鞋、鱼篓、花席垫、坐垫、鸡笼、动物模型等。利用稻草编织的技艺产品具有美观、经济、环保、适用等特点。随着社会的发展，此项工艺品市场前景广阔，是农民创收致富的好项目。稻草手工艺品也是民族地区旅游市场上的特色纪念品，既具有观赏性，又具有收藏价值和升值空间。2009年6月，朝鲜族稻草编被评为省级非物质文化遗产项目。

三、典型做法与成效

（一）建品牌，开展"朝鲜族稻草编"传承活动

和龙市委、市政府高度重视非物质文化遗产的保护、传承与推广，充分发挥资源优势，大力推进品牌建设。每年坚持以传统节日、文化遗产日等为契机，开展"朝鲜族稻草编"展示活动，其中金达莱文化旅游节已连续举办十三届，成为特色品牌，为朝鲜族稻草编传承人提供施展和展示的舞台，也利用节庆人气，向社会和群众广泛推广"朝鲜族稻草编"技艺。

（二）重宣传，营造"朝鲜族稻草编"保护氛围

以文化遗产日、重大节庆宣传活动为载体，加大宣传力度，展示"朝鲜族稻草编"项目保护成果。通过图片展览、实物展示等形式，不断提高群众对"朝鲜族稻草编"保护的认识，充分调动群众主动参与传承和保护"朝鲜族稻草编"的积极性。通过积极参加每届"中国·和龙金达莱国际文化艺术节""光东稻花香"民俗展演，"吉林·和龙龙门湖冰钓大赛"等节庆活动，让更多游客零距离感受"朝鲜族稻草编"魅力，丰富旅游产品内涵，促进乡村发展建设。

（三）强基础，拓宽"朝鲜族稻草编"传承渠道

积极组织开展"朝鲜族稻草编"培训班。近几年，和龙市文化馆积极向稻草编爱好者提供免费培训，通过培训不断培养"朝鲜族稻草编"爱好者，扩大传承人队伍，夯实"朝鲜族稻草编"项目传承基础，促"朝鲜族稻草编"更好传承和发展。

村民正在编制稻草工艺品

省级代表性传承人朴允浩（左三）和新民村团队成员积极开展"朝鲜族稻草编"实践

四、经验与启示

（一）高度重视、统筹部署、创新推动

扎实做好非遗的系统性保护，推动中华优秀传统文化发展，在着力抓好非遗常态化、系统性保护传承工作的同时，探索推动非遗与旅游融合发展，以文塑旅、以旅彰文，更好满足人民日益增长的精神文化需求，推进文化自信自强。

（二）坚持以文化为引领

满足体验需求，深入推进体验导向型发展模式，以加快体验旅游发展为重点突破，把体验产业培育成为文旅融合发展的动力引擎。通过积极参加每届"中国·和龙金达莱国际文化艺术节""光东稻花香"民俗展演，"吉林·和龙龙门湖冰钓大赛"等节庆活动，让更多游客亲身体验"朝鲜族稻草编"，进一步促进乡村旅游产业发展。

（三）以品牌培育为抓手

探索和龙市"朝鲜族稻草编"技艺，开发更多具有文化与使用价值相统一的稻草编产品，使其与当代的生活理念、审美情趣等有机结合，如鸟笼、席垫、草帽、鱼篓等，以便更能为大众认可接受。

（四）加强对"朝鲜族稻草编"传承群体的培养

提高传承人创新意识和创造能力。坚持对外开放，免费开设"朝鲜族稻草编"培训。组织项目代表性传承人积极参加培训工作，使更多人了解认识非物质文化遗产传承的意义和价值，扩大文化艺术人才队伍群体。

黑龙江省齐齐哈尔市泰来县

创意柳编：
文艺传承助发展　创意柳编促增收

一、基本情况

泰来县江桥镇位于齐齐哈尔市南部，辖区面积39.8万亩，其中，耕地面积19.8万亩，林地面积12.85万亩，水面面积3.6万亩。盛产灌木柳，有着历史悠久的柳条编织传统工艺，民间有大量柳编艺人。为巩固拓展脱贫攻坚成果同乡村振兴有效衔接，泰来县江桥镇因地制宜，通过招商引资，引进柳编企业，建设幸福车间，生产创意柳编工艺品，在传承传统文化的同时助力乡村振兴。目前，江桥镇在各行政村共建立了5个幸福车间，集中就业工人157人，灵活就业102人，实现年人均收入在5 000～20 000元。

二、发展历程

为巩固拓展脱贫攻坚成果，吸纳低收入群体就近就业，实现持续稳定增收，2019年，江桥镇按照县扶贫开发领导小组制定的扶贫车间发展实施方案要求，将原镇中心幼儿园进行修缮、改造，打造以"乐在其中、幸福有你"为主题的扶贫车间，利用江桥镇丰富的柳条资源及原柳编厂工人柳编技术，引进镇赉县柏城园艺制品有限公司，成立泰来县沐全园艺制品有限公司，开展柳编制品生产，逐步形成农户种植、车间加工、企业销售产业链，联农带农效果显著。2020年，"扶贫车间"正式更名为"幸福车间"，成为广大农户勤劳致富、编织幸福梦的基地。

三、典型做法与成效

（一）政府领航，提供全方位生产要素

2019年，镇政府投资120余万元，将原镇中心幼儿园及小学校舍进行改造，建设晾晒棚、蒸煮车间、烘干车间、编织车间及展厅，购置压板机、截条机等编织设备。柳编厂建成后，由企业组织生产，有效减少了企业建厂成本。为扶持企业发展，降低生产成本，由政府牵头为企业协调近500亩土地进行柳树种植，同时，鼓励群众发展庭院经济，利用房前屋后小园种植柳树，为柳编车间提供了充足优质原材料。

（二）订单生产，拓宽国内外销售渠道

柳编车间所有产品均为自主研发，主要以柳条、树皮、芦苇、草茎为原材料，生产各类柳编、苇编、草编、桦树皮画等室内外装饰及节庆工艺品，现有四大类500余款产品，远销英、法、德、美等16个国家和地区，产品供不应求。在销售方面，在巩固原有销售渠道的基础上，积极组织、动员企业及镇、村干部通过淘宝、抖音、快手等平台，开展产品宣传及线上销售，不断提高企业及产品知名度，拓展销售渠道，实现年销售额300余万元。

（三）稳岗就业，实现"志""智"双向扶持

为实现脱贫户家门口就业、赚钱顾家两不误，江桥镇陆续在各行政村建设幸福车间，为更多低收入群体提供了就近就业增收平台。截至2022年底，全镇幸福车间共吸纳了259名低收入群众，他们通过集中就业和灵活就业两种方式实现了增收。车间工人计件生产，企业免费提供技术培训，操作简单、工作时间自由灵活。工人收入主要由企业计件工资、代工费补助、满勤奖三部分构成。为鼓励群众到车间就业，县政府按工厂计件工资30%的标准给予其代工费补助，年人均收入达5 000～20 000元。在车间管理方面，以"招得来、留得住、编得好、促增收"为目标，通过"拓功能、提素质、转风气"等活动的开展，让群众劳有所得、劳有所获，更帮助他们提高了精气神，增强了自立自强、靠双手创造美好生活的信心和志气，起到了"志""智"双扶的作用，当初的扶贫车间逐步转变成了让群众有归属感的"幸福之家"。

车间工人开展创意柳编生产

创意柳编产品展厅

四、经验与启示

（一）因地制宜选好项目

在项目选择上，要充分展开调研，一方面调研本地潜在资源，另一方面调研市场发展潜力，结合本地资源优势，推动资源变资本。江桥镇盛产灌木柳，且本地有柳编传统，发展柳编有丰富的原材料和成熟技术工人，使企业开工即可生产。同时，柳编制品作为环保产品，备受国内外消费者青睐。项目兼顾本地特色和市场需求，可行性强。

（二）广泛宣传鼓励参与

从事农业生产的群众习惯于粗放式生产，对于柳编工艺存在畏难心理。这就需要加大宣传力度和技术辅导。江桥镇通过入户宣传，典型经验分享，抖音、快手等短视频平台推广的方式，不断对车间生产情况、群众增收情况、劳动技能大赛等进行宣传报道。同时，对有到车间工作意愿的群众提供免费技能培训，打消群众顾虑，促进群众灵活就业，解决车间招工问题，提高群众收入。

（三）政策扶持稳定发展

为使幸福车间持续稳定发展，江桥镇政府对车间提供保姆式服务。一是提供车间建厂所需场地。利用原江桥镇中心幼儿园校舍、原先进小学校舍、原宝隆村幼儿园校舍等闲置场地，由政府投资将其改造成为幸福车间，减少企业投资建厂成本。二是鼓励农户发展庭院经济。先后动员22户农户种植灌木柳，为车间生产提供原材料，减少车间外进原材料成本。三是帮助扩宽销路。一方面，鼓励企业参加"广交会"，结识更多国外公司，拓展中东地区销售渠道。另一方面，通过与各地市建立友好关系，为企业拉订单、促销售，签订城区园艺制品定制销售订单。持续打响泰来县江桥镇"创意柳编"品牌，增加营业额，促使企业稳定发展。

上海市宝山区

罗店民俗画：
打造民俗画村　助力乡村振兴

一、基本情况

罗店镇位于上海市宝山区，是一个具有700年文化积淀的江南古镇，素有"金罗店"之美誉。辖区面积44.19千米^2，常住人口22万，获评中国历史文化名镇、中国民间文化艺术之乡，拥有罗店划龙船习俗等多项非物质文化遗产。近年来，罗店镇将民间文化艺术融入社会发展、百姓生活、乡村振兴各方面，形成了"春有花神秋有画，夏有龙船冬有灯"的四季文化品牌。依托深厚的文化历史底蕴，挖掘罗店特有的民俗绘画艺术，培养具有传承、创新精神的艺术人才，从多角度记录农民的生活、农村的变化，展现美丽乡村的新气象、新风貌，展示罗店民俗的独特风韵，创作出罗店民俗画作品上千件，成功打造了特色鲜明的"罗店民俗画村"。

二、发展历程

罗店民俗画起源于当地农耕和渔村文化，从早期的灶头画、鱼灯画和年画等逐渐演变而来。据《宝山县志》等有关文献记载，罗店灯彩在明代已达到了"工细独绝"的程度，距今至少已有400余年历史。2017年，罗店镇在远景村成立上海书画院罗店民俗绘画艺术传习创研中心，以该中心为核心，对罗店传统民俗绘画技艺通过场景化展现、互动体验以及手工艺纪念品等形式实现传承创新，同时绿化美化道路景观、居民庭院，打造"罗店民俗画村"主题院落，举办民俗画主题活动，大力发展文创农业，让百姓共享民间艺术硕果，留住乡愁乡情。

三、典型做法与成效

（一）多样化传承创新技艺

在对王宅、聚和桥、东林寺等古建筑"修旧如旧"的基础上，引入上海书画院、上海瑶宸书画院、罗店古砖刻印传习所等机构，打造远景村民俗画乡村博物馆。以博物馆为主阵地，搭建罗店民俗画爱好者学习交流平台，编印《罗店民俗画册》，举办罗店民俗画画展，同时坚持公益性培训研习，以民俗画传承人王洪吉为主要师资，开展民俗画、篆刻、书法、国画等培训近百场，培训逾千人次，年龄段

民俗画村奠定了美丽乡村文化引领的基调

横跨 10～70 岁，创作民俗画逾千幅。2023 年，罗店民俗画入选第九批宝山区非物质文化遗产代表性项目名录。

（二）精品化打造民俗画村

罗店镇将建筑文化、艺术创意、农业园艺有机结合，对创建地远景村村内人文景观进行精心规划设计和合理开发利用，在民居改造和景观提升中大量运用乡土农耕元素和民俗绘画要素，对村民房屋进行墙面美化，新建文化围墙、河景围墙，绿化美化村庄道路、村门、古建筑、公共空地，新增多处景观小品，统一设计制作标识牌，打造村庄农家、农业文化特色，并动员村民群众共同积极推进美丽庭院创建和"小三园"建设，让整体、统一、协调的村落空间形象借助民俗绘画"活"起来，加强历史感、文化感、艺术感，努力实现村庄变景区、农舍变旅馆。

（三）深层次开发民俗资源

罗店镇挖掘、提炼罗店民俗绘画艺术的精神内核和表征符号，将罗店花神节永久落地罗店民俗画村，以节庆活动为重要载体，开展创作、写生等民俗画体验活动，研创罗店民俗画文创产品，发布乡村文化的主题形象"罗朵朵"，形成罗店乡村旅游独有 IP 及其衍生体系，丰富集工艺制作、收集陈列、研究培训、表演销售于一体的"罗店民俗画村"品牌内涵。同时，串联民俗画村的稻田、老宅、古桥、古井等资源，开发"春赏花、夏插田、秋收谷"等深受市场欢迎的主题研学产品，通过吸引消费者动手参与各类活动，引领传统的乡村商品消费向乡村服务消费、乡村情感消费、乡村生活消费等领域拓展，推进产业融合发展。民俗画村全域形成了集生态示范、文化体验、赏花品果、采摘游乐、休闲度假于一体的综合性乡村旅游点，仅 2023 年花神节期间就吸引游客近 10 万人次，撬动文化富民增收。

四、经验与启示

（一）党委、政府强引领

罗店镇党委、政府着眼文化赋能乡村振兴，在资金、政策、人才等方面向乡村文化发展倾斜，加大针对农村劳动力在休闲农旅政策法规、导游服务礼仪、民俗绘画手工艺、文创产品开发等方面的培训，鼓励村民依托民俗画技艺自主创收，推动罗店民俗画创作推陈出新，促进"民俗画村"品牌内涵不断丰富。

（二）资源挖掘富口袋

罗店镇将农耕文化资源、民俗特色与交通基础建设、人居环境改善、旅游产品开发、产业结构调整有机结合。依托良好的生态、厚重的文化和多彩的民俗，延伸了以民俗画为代表的文化、生态、旅游和休闲等多功能效益，助推文化产业成为镇域经济的重要支柱。

（三）文化惠民富脑袋

乡村振兴不仅要富口袋，更要富脑袋。罗店镇紧紧围绕大都市近郊农村群众日益增长的精神文化需求，充分发挥罗店民俗画基地的作用，开展公益性文化培训，为周边居民提供文化大餐，传播健康向上的文化，极大丰富了村民的精神文化生活，有效提振了村民精气神，孕育了乡村社会良好风尚。

王宅特色民俗画结合乡间连廊

东源木活字印刷术：
传承非遗薪火　助力共同富裕

一、基本情况

瑞安市，是一座具有 1 700 多年历史的江南古城，为中国农村综合经济实力百强县（市）之一、浙江省小康县（市）、浙江省重要的现代工贸城市和历史文化名城。近年来，瑞安市遵守契约精神，坚持政府主导、社会参与，推动中国活字印刷术在创造性转化、创新性发展中迈上保护传承新台阶。截至2020年底，全市拥有全套技术流程的国家级、省级非遗传承人达17人，直接参与项目的非遗工艺者超240人，正在实施的相关非遗项目近30个。

二、发展历程

木活字印刷术产生并流布于浙江瑞安市西南部的平阳坑镇一带。瑞安东源村木活字印刷术，是中国已知唯一保留下来且仍在使用的木活字印刷技艺，有800多年的历史，最早可追溯到元初。王氏先祖原居于河南，五代末，王潮、王审知兄弟相继迁居福建，后有一支迁居福建安溪县。元初，隐居在福建省安溪县长泰里的王法懋开始编修宗谱，并以木活字印刷宗谱。从此王氏的"梓辑"（印刷编修）之艺问世。明正德年间（1506—1521年），王法懋的部分后裔由闽迁入浙江平阳浦尾、翔源一带。清乾隆元年（1736年），王应忠率子孙由平阳翔源迁入瑞安东源。王法懋创始的"梓辑"之艺由此在东源村"落地生根"，并历代相承。今天的东源村木活字印刷术已然成为瑞安最具知名度的文化符号之一，于2010年被联合国教科文组织列入"急需保护的非物质文化遗产名录"，并成为温州市唯一入选第一批全国"一县一品"特色文化艺术典型案例。

三、典型做法与成效

（一）坚持机制先行，着力让活字印刷非遗保护固化于制、实化于行

专门成立木活字印刷术保护工作领导小组，编制实施木活字印刷术保护发展专项规划、《加强瑞安市非物质文化遗产保护工作的意见》、木活字印刷技术传承计划等一系列工作方案，为统筹推进非遗保护发展确定方向。组建木活字印刷术专家指

导组、活字印刷协会，组织召开中国瑞安活字印刷术研讨会、中国瑞安木活字印刷文化产业与旅游发展研讨会等一批高规格会议，助力木活字在新时代绽放新光彩。

（二）坚持匠心先育，着力让活字印刷非遗技艺薪火相传、延绵不绝

打造木活字非遗文化创意园、忠义街非遗馆等一批浙江省和温州市级非遗保护传承基地，推出20多家覆盖全国的木活字印刷术体验馆，以创意活字文化理念传承古法传统技艺，年营收入达200余万元。陆续在开元职业中专、马鞍山实验小学等学校开设木活字印刷技艺的相关课程和实践活动，编印《中国木活字印刷》教材，培育更多"木活字非遗合伙人"。

（三）坚持业态优先，着力让活字印刷非遗文化活态传承、历久弥新

打造国内首家以中国木活字印刷展示馆为核心，集展示、体验、研学于一体的东源非遗文化创意园，推出非遗研学精品线，建成非遗主题小镇，该小镇成功入选第五批浙江省非物质文化遗产旅游景区。引导传承人由"单兵作战"向"集团作战"转变，支持平阳坑镇创办以传承人为核心的市场主体，推出古籍再版、转印等业务，印刷《孙子兵法》《琵琶记》等重要古籍，持续扩大了活字印刷社会影响力。

（四）坚持发展辐射，着力让活字印刷非遗产业助力共富

目前已研发木活字伴手礼20多个品类，字模礼盒入选浙江省优秀非遗旅游商品，平阳坑镇自主开发的木活字"老宋体"电子字库已发布于网络，文创产品年销售额超3 000万元。打造以非遗为主导，融合农业、旅游、文化、娱乐等相关产业综合项目的新模式，吸引游客前来木活字起源地体验非遗文化魅力，现东源村已成为网红热门打卡地，有效带动当地村民增收，实现家门口就业。

省级乡村博物馆

木活字文创产品

四、经验与启示

（一）以"人"为本，让老手艺发扬光大

老话常说"手艺不难守艺难"，没有传承人，就没有非物质文化遗产的传承。做好人的培养，这是我们一直坚持的思路。要通过持续健全项目和传承人保护、典型选树、联动保障等常态长效机制，让传承人能专心地凭手艺吃饭。

（二）应"时"所需，让老手艺创造财富

非遗要想活下去，就需要顺应时代发展，创新传统的非遗文化和发展形势，激发传统文化的生命力，如推动"非遗＋文创"向产业链转化，实现1+1>2的融合联动效应，实现全民共享共富成果。

（三）向"潮"而生，让老手艺走近大众

非遗要注重充分调动社会各界力量参与，不断提高非遗品牌的影响力、参与度，让非遗以现代的形式走进大众生活。

浙江省湖州市南浔区

善琏湖笔：
一支湖笔书写乡村振兴

一、基本情况

善琏村地处浙江省湖州市南浔区善琏镇镇区的中心，素有"湖笔之都"之美誉。湖笔制作工艺于2008年被列入第一批国家级非物质文化遗产。"一部书画史，半部在湖州"，湖笔与徽墨、宣纸、端砚并称为"文房四宝"，是一门在毛笔笔尖上流动的艺术。善琏村行政区域面积2.4千米²，辖区内自然村7个，村民小组12个，总户数386户，总人口1 416人。

蒙公祠

近年来，随着湖笔小镇建设和美丽乡村建设的不断推进，善琏村的基础建设不断完善，古建筑得到了有效保护，村庄环境、湖笔工场、笔工生活条件、湖笔文化展示、文旅创意等方面得到了明显改善。湖笔文化馆、湖笔文化园、湖笔一条街、蒙公祠、湖笔传承馆、中国汉字文化研究院、善琏书画院等一大批场馆新建或重建后开放。一年一度的华夏笔工祭笔祖庙会"蒙恬会"，被列为省级非物质文化遗产。这一民俗活动的开展，弘扬了湖笔文化，传承了湖笔技艺，更丰富了老百姓的文化生活。善琏村现有120多家制笔企业和经营户，从业人员2 350余人，管理营销人员50多人，善琏湖笔年产湖笔5 800余万支，年销售额32 000余万元，其中出口值占三分之一，主要出口日本、新加坡、马来西亚等几十个国家和地区。现拥有浙江著名商标二个，浙江老字号三个，"国之宝"产品十件，国家专利产品数千件，在历年的国家"文房四宝"博览会上荣获金奖的作品上百件。目前，善琏湖笔在湖笔中高档市场占有率为80%，2023年善琏村湖笔产值5亿元，占全村生产总值85%。

二、发展历程

浙江省湖州市善琏镇是湖笔的发源地，距今有两千多年历史。善琏出名笔，在古籍中多有记载。秦初年间，蒙恬大将在善琏遇到姜室卜香莲并首创纳毛入管。汉、晋、隋、唐、宋各朝，湖笔业已较发达。至元代，以长锋羊毫为特色的湖笔成为我国制造笔业的魁首。撰写于明孝宗弘治年间的《弘治湖州府志》载：湖州出笔，工遍海内，制笔者皆湖人，其地名善琏村。村有含山，山巅浮屠，其卓如笔。又据嘉兴、湖州两地的地方志记载，在清初时期，善琏的住户已达千户至数千户之多，商贾云集、店铺林立，十分繁荣。明、清时期，湖州是全国的制笔中心，一代一代的制笔高手，不仅将湖笔的制作工艺水平提到了一个前所未有的高度，同时也把整个江南的文化层次，提高到了一个前所未有的高度。千百年来，善琏几乎家家出笔工，户户会制笔，制笔业代代相传。党和国家领导人多次把湖笔作为国礼赠送给外国元首，中日建交的国礼就出自善琏村村民邱昌明大师之手。2020年全国首届毛笔技能制作大赛中，选手们充分展示了湖笔制作技艺和湖笔人的风采。善琏湖笔笔工在全国前30名笔工中独占了24名，前10名中独占9名。

三、典型做法与成效

（一）书写了产业迭代升级的华美篇章

始终把平台建设作为产业发展的前提，大力推进平台拆迁和基础设施建设，累计完成拆迁500余户，拓展面积800亩。投资7亿元，建成了湖笔工坊、湖笔文化产业园等产业承载平台。大力支持重点龙头企业做大做强，累计培育历史经典行业相关规上企业15家。同时，对小而散的湖笔经营主体进行整合提升，目前销售额在500万元以上的有28家。将发展新业态作为激发产业活力的重要突破口，充分运用"善琏湖笔"地理证明商标，探索直播等网络新零售模式。目前已有300余家湖笔经营主体在天猫、京东、当当等网络平台开展电商业务，2023年实现网上销售额近6亿元，约占全镇毛笔行业销售总额的60%。

蒙公祠祭祖

（二）书写了技艺传承创新的华美篇章

深入挖潜和保护丰富的湖笔历史文化资源，加大对蒙公祠、万安桥等历史古建筑的修缮保护力度，共修复古迹22处。聚焦湖笔历史、制作工艺等文化主题，开发书籍、歌曲、电影等各类历史经典作品16项。成立善琏湖笔行业协会，积极举办湖笔行业培训、岗位技能比武、湖笔世家评选等活动，全方位传承湖笔制作技艺。现有一线制笔技工1 500多人，其中，国家级非物质文化遗产传承人1人、国家级大师7人、省级大师4人。实施湖笔创新工程，将优良的手工制作技艺和创新产品设计相结合，创新研制了胎发笔、生肖笔、鸡毛笔等600余项新产品。参与制定国家《文房四宝·毛笔》制作标准，主导制定浙江省《湖笔制作工艺及技术要求》地方标准。目前共拥有专利365项，其中与湖笔生产工艺直接相关的有效专利37项。共拥有省级著名商标5个、省名牌产品7个、浙江老字号2个、省知名商号1个，"浙江制造"2个、市级重点湖笔企业7家以及地理证明商标1个。

（三）书写了文旅协调发展的华美篇章

提升文旅服务质量，建成小镇客厅、写生基地、湖笔文化创意街区等工程，有效提升了旅游品质和公共接待能力。提升湖笔文化品牌影响力，成功举办湖笔文化节、中韩书画交流展、新生启蒙礼、蒙恬会·华夏笔工祭笔祖等各类活动282场，累计接待游客达200万人。推动湖笔与文化旅游的深度融合，成功引入周文清现代艺术研究院、中国汉字艺术研究院、少求书屋、陈国麟美术馆、善琏书画院、汉字主题民宿等文旅产业项目，着力提升湖笔文化丰满度。

四、经验与启示

善琏湖笔作为国家非物质遗产，通过政府政策的不断引导和支持，重新焕发新的生机。通过建设湖笔产业园、湖笔工坊等平台，鼓励湖笔企业做大做强；聚焦电商直播，打出带动湖笔产业提质升级的系列组合拳。以做大蛋糕、提升附加值为目标，进一步带动百姓增收致富。

湖笔制作

"上善瓷源"大善小坞：
青瓷之源　千年翠色重燃涅槃梦

一、基本情况

大善小坞村位于上浦镇西北部，会稽山余脉四峰山、凤凰山脚下，由大善、小坞两个自然村于2006年合并而成。全村共有农户650户，人口2 065人，村域面积2千米^2，交通便捷，文化底蕴深厚，是世界成熟越窑青瓷的发源地。近年来，大善小坞村重点围绕打造"行走在青瓷的故乡"主题IP，依托越窑青瓷产业，以完善设施提升品质、以创新运营催生业态、以特色活动带动流量、以多元产业增收致富，建设集瓷源研学、瓷韵观光、瓷乡休闲等功能于一体的特色复合型研学文旅目的地，走好农文旅融合的发展新路。

二、发展历程

时间回到2013年，一块块瓷片随着一场夏雨从大善小坞村凤凰山间冲刷下来，被当地村民发现，"禁山窑址"初露真容。2014年5月，浙江省文物考古研究所、上虞越窑青瓷发展研究中心对禁山窑址进行联合考古，发掘面积达800米^2，揭露了3条分别为东汉、三国和西晋时期的斜坡状长条形龙窑窑床，出土了大量高质量成熟青瓷器。该窑址随后被评为2014年度全国十大考古新发现。2014年起，区委、区政府开始精心谋划，在大善小坞村域范围内培育建设瓷源文化小镇。2016年，上虞区全面加大对禁山窑址的保护推广力度，启动凤凰山考古遗址公园建设（绍兴首个青瓷主题文化旅游公园），并于2019年建成对外开放。借此契机，大善小坞村同步开展美丽乡村建设，基础设施逐步完善，村庄面貌焕然一新。大善小坞村积极探寻地域文旅资源融合发力点，不断深挖"瓷""荷"文化精神内核，精心打造特色文旅产业体系，为现代文旅产业赋"魂"。火爆的"瓷源·莲"文化节会、广受好评的"荷花宴"品牌，让老百姓看到了家门口的商机，瓷源山庄、阿庆嫂等农家乐和民宿跟上节奏蓬勃发展，让村民充分感受到了家门口的"共富效应"。

瓷宫

三、典型做法与成效

近年来，大善小坞村积极挖掘"瓷源"禀赋，完善配套设施，拓展延伸产业、文化、生态、艺术价值，激活村庄"造血"功能，成功实现从破落的小村庄到游客不断的网红景区村庄、屡见报端的省市级特色村庄的华丽转身。先后荣获省级未来乡村、省级"百村争鸣"十大系列文化艺术村、省级首批AAA级景区村庄、省级美丽乡村特色精品村、省级民主法治村等多项荣誉。

（一）主题凸显文化传承

持续深化"行走在青瓷的故乡"主题定位，串联瓷源文化小镇、凤凰山考古遗址公园、千亩荷塘等优势资源，对村庄基础设施提质升级。以"瓷元素"为线索，在景观节点、立面、标识系统等项目中有机融入青瓷元素，推动古与今、传统与现代的碰撞交融，凸显独特的"青瓷文化"印记，将"瓷之源"故事娓娓道来。

（二）专业团队系统运营

扎实运用"运营前置思维"，依托专业第三方运营团队组建青荷文旅有限公司开展整村运营。村集体流转闲置农房近4 800余米^2，由运营团队培育打造青瓷制作体验、陶瓷衍生品体验、文创空间等多个业态项目，接待研学团队、游客等年均超10 000人次。运营团队定期开展制瓷免费培训，拉动村民就业50余人，参加培训的村民近2 100余人次，近百位村民掌握陶瓷技能。村集体每年保底增收20万元，2023年大善小坞村村集体经营性收入达174万元，较上年度同比增长21%。同时，团队积极依托直播基地，开办"瓷源好物集市"，助力农副产品销售，已带动周边村民增收超140万元。

瓷源文化小镇

（三）特色活动引流推介

在村庄运营中找准"瓷""荷"引流发力点，连续举办六届"瓷源·莲"文化节，丰富灯光秀活动，带动夜间经济，游客量年均达5.5万人次。用好"省级摄影之乡"创建成果，举办摄影沙龙4次，吸引百名省级摄影名家开展采风创作。与市网络达人协会签订合作协议，构建抖音、微博、小红书等多媒体传播矩阵，开展驻地推介活动5次，吸引流量超4万人次。

（四）人才集聚赋能发展

积极搭建创业创新发展平台，提供免费创业培训、创业反哺等政策，吸引9名本地大学生毕业返乡加入"青荷"运营团队，积极投身乡村振兴运营规划，形成良好的干事创业环境。在外打拼多年的青瓷传承人虞泳达回乡创业，设立"泥彩"大师工作室，到村内各类"共富工坊"免费给研学学生开展指导，全程参与文创产品开发和品牌孵化，推动传统产业升级，为村庄共富注入新动能。

四、经验与启示

（一）党建统领聚合力

第一时间成立工作专班，落实专人稳步推进相关工作，建立周例会制度，定期会商强化落实，切实提升水平、抓出成效，同时大力推进项目建设，以项目先行提速蝶变。以队伍为基、制度为本、项目为要，逐步形成"一步一景、全域皆景"的村庄风貌。

（二）盘活资源兴业态

深化青瓷文化传承，打造"行走在青瓷的故乡"主题IP，围绕青瓷特色产业，全面盘活村内闲置农房，积极培育研学旅游、文化创意等业态，同时引进返乡大学生和文化专业人才，以"文化＋产业＋人才"模式建设集瓷源研学、瓷韵观光、瓷乡休闲等功能于一体的复合型研学文旅目的地。

（三）专业运营强造血

引进第三方运营团队，由运营公司全面负责整村产业规划、建设、运营等一体化服务，聚焦研学实践、文旅消费以及产品销售等重点领域，实现实体化运作、全过程参与。同时，创新应用"零运营费、保底增收"运营模式，真正以"保底＋分成"形式保障村民持续增收致富。

东阳木雕：
木雕传技艺　古建焕新生

一、基本情况

东阳市是著名的教育之乡、建筑之乡和工艺美术之乡，同时也是国务院批准的历史文化名城。而东阳木雕，是东阳市传统工艺美术代表，也是国家级非物质文化遗产之一。

传统的东阳木雕属于装饰性雕刻，以平面浮雕为主，有薄浮雕、浅浮雕、深浮雕、高浮雕等类型，层次丰富而又不失平面装饰的基本特点，且色泽清淡，不施深色漆，保留原木天然纹理色泽，格调高雅，被称为"白木雕"。东阳木雕选料严格，多用椴木、白桃木、香樟木、银杏木等材质。

以东阳木雕为重点的古建筑具有浓郁的人文意蕴，还十分讲究环境和谐、天人合一。其中，卢宅古建筑群和蔡宅古建筑群基本呈现"廿四间头"与"十三间头"的传统格局，前厅后堂，是明清时期东阳木雕工艺发展的代表。

二、发展历程

东阳历史悠久。东阳山多田少，素有"七山二水一分田"之称，农耕时代，百姓时为衣食住行所苦，就形成了东阳人读书、手艺两条路的成才观。明清时期，以泥水匠、木工、雕花匠为主的"东阳帮"，创造了东阳古民居的建筑文化。东阳木雕就是从民居建筑雕饰中发展鼎盛，其艺术风格、雕刻技巧、题材内容都与东阳古民居的建筑文化蕴涵交融，互为因果。

据文献记载，唐乾符年间，东阳冯高楼村有冯氏住宅"高楼画栏照耀人目，其下步廊几半里"。冯家楼的建筑表明唐朝已见东阳木雕雏形。到了20世纪60年代，始建于五代越国时期的南寺塔倒塌，从中发现了一尊善财童子佛像和一尊残损的观音菩萨像，均系北宋建隆三年（962年）之作。从童子像的面部刻画、衣纹线条看，具有早期东阳木雕的独特风格，反映出东阳木雕在宋代已经有了相当高的艺术水平。

明代盛行雕刻木板印书后，东阳逐渐发展成为明代木雕工艺的著名产地，主要制作罗汉、佛像及宫殿、寺庙、园林、住宅等建筑装饰。至清代乾隆年间，东阳木雕已闻名全国，东阳的能工巧匠纷纷进京修缮宫殿。民国时期，东阳木雕由上门加工转向工厂生产。新中国成立后，东阳木雕大放异彩，千年古艺亮相于北京人民大会堂、钓鱼台国宾馆，被誉为"中华一绝""国之瑰宝"。

三、典型做法与成效

2022年，东阳市出台了《东阳市木雕竹编红木产业专项扶持资金管理办法》，大力扶持木雕企业；在市级层面力推东字集体商标，不断加强行业诚信建设。

（一）实施产业提升

开展"扩中提低"行动，重点培育一批专业化、特色化明显的中小企业。开展补链强链行动。着力拓展整装市场，出台精准有效扶持政策，引导鼓励企业进军"全屋定制"新领域。

（二）实施创新融合

发挥行业协会、市家具研究院职能作用，引入整装设计公司，为拓展整装市场提供设计支撑。引导木雕企业在全环节的数字化应用，实现传统手工艺和现代工业相融合，提高东阳木雕整体竞争力。

（三）实施人才培育

根据东阳市木雕产业实际出台超常规人才政策，推动传统技艺和人才传承发展，为产业发展提供人才支持。持续加大国家级大师、省（市）级大师和"红创二代"储备人才培育力度。

（四）东阳市聚焦木雕产业，取得了"木雕千亿产业"不菲成效

集聚成效。东阳注重古建筑的保护利用，一批破旧损毁的古建筑得到抢救性修复，一批濒临和毁损严重的古村落重焕生机。截至目前，已建成历史文化保护利用重点村6个，一般村29个，共投入资金1亿元左右。其中，涌现了蔡宅村、李宅村、官桥村、北后周村等一批历史文化村落保护利用成果较显著的村庄。**品牌成效**。近年来，东阳木雕频频亮相亚太经济合作组织（APEC）会议、二十国集团（G20）杭州

"丝路华章"——《中国梦》陆光正从艺60年东阳木雕大展亮相国家博物馆

东阳市虎鹿镇历史文化保护利用重点村蔡宅

峰会、金砖国家领导人第九次会晤、上海合作组织青岛峰会、首届中国国际进口博览会、北京世界园艺博览会、第七届世界军人运动会、中国共产党历史展览馆等重大内政外事活动场所，这些场所均采用东阳木雕红木制品，得到了国家乃至国际的认可。**平台成效。**东阳市"木雕红木行业产业大脑"成功入选省级建设名单，搭建了"1+5+N"（1仓5库N能力）核心架构，助推了东阳市木雕全产业链数字化改革。

四、经验与启示

东阳市重视历史文化（保护）村落古建筑的活化利用，"古建筑+"业态植入日渐繁茂，大力发展休闲度假、旅游观光、养生养老、农耕体验、乡村手工等产业，让历史文化古村实现乡村振兴。

（一）历史文化村落打造与红色根脉赓续等相结合

如六石街道北后周村，投入200多万元财政资金修缮了卢牛茶馆和星火六石记忆馆，并以北后周为起点，将六石全域的多个红色点位串点成线，形成一条星火六石红色旅游线路。

（二）产业植入与影视产业等相结合

横店镇官桥村利用重修后古朴的老街特色，发展民宿35家，餐饮18家，电子商务12家，来料加工32家，吸引了《鸡毛飞上天》《光荣与梦想》《盗墓笔记》等50余个剧组取景拍摄，吸引了各省市级领导单位视察调研。

（三）数字乡村应用与未来乡村场景相结合

数字乡村和未来乡村是乡村振兴的战略方向。蔡宅村入选东阳市第二批省级未来乡村，它以传统文化为底色，以红色研学和影视产业为特色，开展了国学文化传承、暑期研学、乡村旅游节等60余场"古韵官桥""蔡宅旅游节"等品牌系列文旅活动。下一步将着力提升数字赋能，建成产业、风貌、文化、邻里等9大未来乡村应用场景。

浙江省衢州市柯城区

余东村农民画：
以画写情　助力乡村振兴

一、基本情况

　　按照全面推进乡村振兴的战略部署，根据《关于深化新时代"千万工程" 打造全面推进乡村振兴市域样板的建议》打造美丽乡村，构建共同富裕现代化基本单元的要求，2020年9月余东村开启以农民画为核心的未来乡村建设，通过艺术乡建，实施乡村微改造，完善"一统三化九场景"基础设施，助力文创、研学、旅游等产业发展，创新形成农文旅融合发展新模式，在全村的共同努力下，余东村获评全国文明村、全国民主法治示范村、中国美丽休闲乡村、全国美丽宜居示范村、全国乡村旅游重点村、全国"一县一品"特色文化艺术典型案例、2022年浙江省乡村振兴十佳创新实践案例等40多项全国全省荣誉。

二、发展历程

　　"全国十大农民画画村"余东村，民风淳朴，剪纸、漆画、木刻等民间艺术源远流长，能工巧匠众多，更有崇礼善画的优秀传统。余东农民画起源于20世纪六七十年代。2003年余东农民画家协会成立，2022年中国文促会农民画专业委员会落户余东。

　　经过培育和发展，现在拥有817人的余东村，有325人会画画，农民画骨干成员有48人。余东农民通过画身边的人、身边的事，画出了生产之富、生态之美、生活之乐，表达了对共产党的感恩之心、感谢之意、感激之情。

三、典型做法与成效

（一）党建引领厚植艺术乡建发展基础

　　乡村党组织积极聚焦余东农民画特色，结合小山村特点，规划了"一起画幸福六大计划"的发展蓝图，谋划了从卖画向卖版权、卖文创、卖旅游、卖品牌转变的发展路径，运用艺术赋能，加快把人文资源转化为经济发展优势。创建农民画家协会，线下建成中国乡村美术馆，线上创建网络艺术学院，用好农民画培训班、全国农民画大赛、全国农民画专家论坛等抓手，大力培育农民画家，获评首批浙江省美育示范村。

（二）艺术乡建绘美乡村美丽宜居生态圈

以"村庄就是景区，景区就是村庄"的理念，对村庄进行画意微改造，整治美丽田园，建设美丽水系，绘就"十里画廊"，打造美丽乡村，乡村肌理清晰可见。余东村未来乡村实践案例获评浙江省旅游业"微改造、精提升"2021年度实践实例最佳案例奖。余东村获评浙江省首批金AAA级景区村，成为"最江南"长三角乡村文化传承创新典型案例。

（三）艺术乡建激活乡村共同富裕生产圈

村民携手、村企合作成立强村公司，推动卖画向卖版权、卖文创、卖旅游、卖品牌转变，发展研学、文创、旅游等农文旅融合产业，近年来吸引近60万游客来此游玩，带动采摘、手工产品等农业产业发展。将精美农民画包装进行产业化发展，推动"粗放农业"向"品牌农业"升级。党建联建带动周边九个村成立共富联盟，携手打造画坊、瓷坊等"九村十坊"共富工坊，形成画瓷等热销文创产品。2022年联盟村年集体经营性收入增长36%，均超30万元，被省农委评为全省乡村振兴十佳创新实践案例。

（四）艺术乡建点亮乡村和谐和睦生活圈

参照农民画论坛模式，常态召开户主大会，群策群议乡村建设的"重点、痛点、难点、亮点"，与村民一起共谋发展大计。积极创新"以画绘廉""以竹颂廉""以瓷喻廉"等清廉文化，以廉润心，余东村四十多年无刑事案件。积极倡导践行"浙风十礼"浙江文明新风和"崇贤有礼"衢州人文精神，弘扬传统美德，打造文明礼乡。积极优化"一老一小"公共服务，基本形成15分钟便民生活圈，使群众生活越来越方便。

余东村积极推进全域土地综合整治，构建美丽田园

余东村村内风貌

四、经验与启示

（一）挖掘乡土特有的文化根脉

乡村是中华优秀传统文化的宝库，要"一村一品一特色"地挖掘文化、弘扬文化，通过申遗等形式，形成具有区域文化辨识度的"金名片"。文化的基础在群众、在人才。要像抓义务教育一样，抓好乡村文化人才培养，因地制宜给予人才成长扶持奖励，探索乡土文化进学校、进课堂、进教材。文化的生命力在创新，乡村文化要发展，必须与时俱进。要做好传统文化与传统文化、传统文化与现代文化的创新融合，实现文化"1+1>2"的效应。

（二）全面提升乡村环境

要在尊重乡村发展历史的基础上，实施乡村微改造，不搞大拆建，"稍施粉黛"充分保留乡村发展肌理，做好人与自然和谐共生。聚焦人们对美好生活的向往需求，通过收储改造老旧农房，为乡村腾挪发展空间，建成一批生活空间、服务空间、就业空间。

（三）打造村庄致富的特色产业

持续深入推进"山海协作""千企结千村"等行动，加大对山区26个乡村的资源导入，帮助打好基础、发展产业、培育市场。做好乡村运营人才的导入，解决乡村"老龄化""空心化"带来的人才短缺问题，为乡村发展注入源头活水。

（四）满足群众对美好生活的向往

带领群众实现"腰包鼓鼓"的过程中，更要让群众在乡村建设发展中有参与感、有话语权，尊重每一个村民的权利。要在满足群众对美好生活向往上用心用情用力，不断优化公共服务，持续提升群众的满意度。构建乡风文明，打造和美乡村，既是促进乡村和谐发展的环境需求，更是实现群众和睦相处的心灵需要，物质富裕、精神富有的共同富裕也最终将在乡风文明中得以彰显。

东极渔民画：
来自"最"东方之美

一、基本情况

东极岛远离舟山本岛，距沈家门45千米，拥有大小28个岛屿和108个岩礁。岛外22.224千米就是公海。东极即舟山群岛东端岛屿，同时也是中国海洋东端的边境岛屿。其中庙子湖、青浜、黄兴、东福山为四个住人岛。

东极环境宜居宜游，自然禀赋得天独厚，人文底蕴丰厚绵长，不仅拥有绝美的极地风光、丰富的岛礁资源，更有"东极渔民画""里斯本丸"营救事件以及"战士第二故乡"等文旅印记。电影《后会无期》的拍摄和一批网红民宿的崛起，使东极岛迅速成为一众青年追求"山川大海""诗和远方"的寄托所在。近年来更是获评国家级海洋公园、全国乡村旅游重点镇、浙江省旅游强镇、浙江省4A级景区镇、省级未来乡村等诸多称号。

东极村特色艺术文化、历史文化、休闲观光等资源丰富，"文艺塑村、艺术乡建"理念坚定、思路清晰、举措有力。近年来，东极镇先后获得浙江省非遗主题小镇、浙江展览馆艺启乡里艺术乡建实践基地、浙江省美育村、浙江文艺创作采风基地等荣誉称号。

二、发展历程

东极渔民画起源于80年代末的青浜岛。先后有普陀区文化馆陈乃秋、朱仁民两位老师来到青浜乡、庙子湖乡文化站进行创作辅导。一批踏海而来的渔家儿女的艺术潜力被激发，他们在弄桨操舵、引梭织网之余，用细沙般的情感融入画笔，描绘渔家传奇的赶潮生活，并长期坚守海岛探索艺术样式，使渔民画进入了创作繁荣期。

（一）重培训创作，出精品出人才，不断巩固群体队伍

东极镇坚持每年组织群体作者，在镇文化站举办渔民画培训班1～2期，邀请市、区文化馆美术老师下岛驻村辛勤辅导，直到每个作者出精品出成绩，培训班才算告一段落。文化站将短期培训与长期创作相结合，以走出去学习和请进来创作培训来拓宽乡土人才的审美视野，使作者们的艺术生命不断得到锻炼成长。文化站还

经常召开艺术学习交流会，对新作进行评奖以及举办画展。渔家儿女以画为乐、以画为美，进入自觉创作艺术的发展期。

东极渔民画展

（二）参展参赛，提高本土艺术知名度

组织渔民画作者参加全国、省、市、区各项美术展比赛和艺术活动100余次，《东极岛》《老渔夫》等作品在国家、省地获奖达300余次，其中64件作品被中国美术馆、中国农业博物馆、浙江省美术馆等省地美术机构收藏。骨干作者多次受邀参加中央电视台、地方电视台节目录制。东极渔民画盛名国外，作品先后赴法国、日本、香港等国家和地区参展，东极渔民画知名度和影响力不断得到提高。

2002年10月，东极渔民画展厅对外免费开放，东极渔民画创作团队成立。2007年，东极村被授予舟山市渔民画艺术社区；2010年被授牌为舟山渔民画创作基地；2012年，东极渔民画团队被授予"浙江省优秀视觉艺术创作群体"。东极村渔民画艺术创作、人才资源丰富，电子存档作品约800件，作者创作积极性高，群体艺术创作成绩及人才管理工作多次得到上级部门肯定。

三、典型做法与成效

（一）人才申报、知识产权申报、项目申报同步进行

镇文化站及时做好渔民画原真性艺术资料保护工作，对每个作者的艺术成长历程、所获证书建立专题文档。先后向上级部门申报了约30份乡土人才推荐材料，并整理了约150份知识产权材料申报至浙江省。现有优秀作者10多名（她们被认定为

浙江省美协会员，省文体示范户、省民间优秀文艺人才、市级乡村工匠等多项荣誉），已有120件渔民画艺术原真性作品获得国家知识产权证书，为今后东极镇艺术乡建发展留下珍贵遗产。

东极渔民画衍生产品展示

（二）打造特色文化品牌，扩大艺术知名度

近年来，东极镇整合特色艺术资源，连续举办了五届"普陀·东极渔民画艺术节"活动。其间，开展了渔民画艺术培训创作、艺术理论研讨会、作品展览、衍生品研发等活动约30次，为海岛文化旅游提供了丰富的人文内涵；还吸引省内外艺术家、驻村艺术家开展艺术创作展览等活动约25次，艺术家参与活动3 000人次，吸引游客参观游、手工体验游、购物消费游约达5万人次。渔民画乡建艺术活动多次被国家、省内外主流媒体采拍外宣，为海岛乡村振兴发展作出了积极的贡献。

（三）实施渔民画产业化经营

在政府引导、政策扶持以及人才培育的推动下，东极渔民画凭借其品牌影响力逐步走向市场。政府鼓励发动作者们自主投资成立公司、画廊。企业多次随上级业务部门参加义乌文交会、厦门文博会，开启文创理念，并受到舟山市、普陀区文化产业资金的扶持。目前已成功开发了杯垫、明信片、布艺等33个系列衍生产品，并在东极5个景点进行销售。企业场馆先后被授予"舟山市非物质文化遗产体验基地""舟山市市级非遗工坊"。通过不断探索产业化道路，至今已有3 000多件作品成功走向市场（其中430件作品被舟山市二次推选为"香港同乡会新春活动纪念品"），共为作者经济创收约75万元。渔民画文创产品在10家精品民宿大厅展示展销，为海岛民宿争优评星创造诸多机遇。

（四）特色艺术与旅游发展紧密融合、文艺塑村有效果

近年来，东极渔民画展厅、渔民画非遗体验基地已接待各地游人约30万人次，已成为东极主要文化旅游景点。东极镇积极推动渔民画艺术创作走向常态化。10多名作者长期坚守海岛，执着于艺术创作，不断在创意设计和技法上探索进步，同时配合东极镇成功创建了东极镇庙子湖港路墙体渔民画一条街、庙子湖特色街大型墙体画。墙头画、水管画、石头画、酒坛画等艺术展示形式已遍布街头巷尾，吸引了大批游人留影观赏，进一步彰显出渔村本土文化的独特魅力。水粉画、丙烯画、海石画、布艺画等艺术衍生产品在展厅供游人体验，这里也成为游客交流、审美、留影、购物之地，受到各地游人的青睐和好评。

四、经验与启示

聚焦"以文兴业，推进文创富村"方向。深入推进渔民画特色"艺术乡建"工作，充分发挥文艺在乡村建设中的独特作用，重视激发乡村内生动力，推进乡村原创文艺品牌建设，促进乡村文化自信和文化对外传播。

安徽省安庆市潜山市

山谷流泉摩崖石刻：
溯溪邂逅摩崖石刻　文化赋能乡村振兴

一、基本情况

潜山市位于安徽西南部、大别山东南麓，素有"皖国古都、二乔故里、安徽之源、京剧之祖、黄梅之乡"美誉。2018年，因旅游特色撤县设市，现为国家生态文明建设示范市、"两山"理论实践创新基地、中国天然氧吧、国家全域旅游示范区、中国县域旅游竞争力百强县。近年来，潜山市坚持"以文塑旅、以旅彰文"，通过文旅融合发展赋能乡村振兴。其中国家AAAA级旅游景区山谷流泉文化园脱颖而出。山谷流泉文化园位于潜山市天柱山镇，其一处摩崖石刻景区现存唐代至当代石刻400余方，题刻内容涉及天文、地理、政治、经济、军事、文化等方面，诗词铭记赋文体兼备，楷行草隶篆五体俱全，被誉为"安徽第一刻"。

二、发展历程

2001年，山谷流泉文化园被列为全国重点文物保护单位，先后获评国家AAAA级旅游景区、全国青年文明号、安徽省研学基地等荣誉称号，入选"长三角100个不得不去的地方""安徽最值得境外人游览的十个地方"名单，荣登首届"安徽省青年最喜爱的A级旅游景区"榜首。

随着全域旅游发展，天柱山山谷流泉文化园成为游客、学子追忆历史、感悟人文、研学交流实践的打卡地，每年为涉旅企业和旅游从业人员创收500余万元，探索走出农文旅赋能乡村振兴的发展新路子。

三、典型做法与成效

潜山市委、市政府高度重视文旅产业的发展，近年来，相继出台《潜山市促进文化旅游体育融合发展若干政策（试行）》《潜山市文化旅游体育局宣传工作方案及考核奖励办法》等激励机制，加速推进一二三产业深度融合发展，精心捶打农业链、文化链、旅游链三位一体的乡村旅游发展体系。

（一）政企联动，合力发展

近年来，潜山市委、市政府十分重视文化资源的保护与利用。2009年，天柱山

全国重点文物保护单位"天柱山山谷流泉摩崖石刻"碑

管委会投入1 000多万元精心打造山谷流泉文化园，在充分保护和展示历代摩崖石刻的同时，使之成为集石刻、收藏、展览、创作、交流于一体的文化精品景点。天柱山镇实施"生态立镇、文旅强镇、产业活镇"战略，发展乡村旅游，推动旅游配套设施升级：建成大中型停车场3个，完成野寨美食街建设，投入120余万元统一规范野寨集镇店招；建成两个旅游综合服务接待中心，旅游公路通村达景；建成农旅融合太空莲、蓝莓、黄桃等农特产业基地6个；定期开展旅游行业培训，提升服务能力。在这些措施之下，一个风景美、人气旺、产业兴的活力乡镇显山露水。

（二）文旅融合，塑造品牌

天柱山镇坚持"以文塑旅、以旅彰文"，结合山谷流泉摩崖石刻周边"潜阳十景"中的"六景"（酒岛流霞、山谷流泉、诗崖漱玉、吴塘晓渡、九井西风、石牛古洞），千年古刹三祖禅寺、野寨抗日阵亡将士公墓、道教白鹤宫遗址、明太子阁遗址等名胜古迹，举办读书会、抖音大赛、舞龙、研学游等主题文化活动。组织民间艺术团体、民间艺人在文化园周边旅游景区、学校、乡村、非遗传承基地等场所，开展"文化迎春　艺术为民"乡村村晚、线上群文活动展播、稀有剧种线上闹春晚、天柱山首届"山盟海誓"婚旅文化节等群众性增流量、聚人气文化艺术活动，做"活"文化、做"火"乡村旅游，营造文化旅游发展的良好氛围，提高天柱山镇的美誉度、知名度。

（三）农旅互动，做强产品

借力天柱山山谷流泉文化园影响力，天柱山镇瞄准环潜水河乡村振兴示范区、环天柱山民宿集群等建设项目，不断放大生态优势，加快"农文旅"融合步伐，使旅游产业实现从小到大，从"一枝独秀"到"满园春色"的转变。峡谷穿越、水上

天柱山山谷流泉文化园"安庆名山"石刻题字

漂流、森林康养、休闲采摘、民宿休闲、非遗体验、文创加工等旅游新业态在天柱山镇蓬勃发展。天柱山镇同时借助潜山市出台的《潜山市促进全域旅游若干政策（试行）》《年度"最美乡村在潜山"文化旅游年活动计划》，多维度多极点开展农文旅互动活动，成功举办天柱山年货节、漂流音乐节、斗茶赛等一批高质量文化赛事，进一步擦亮天柱山镇文旅品牌，释放更多新动能。

四、经验与启示

（一）强化政府引导，加大"强扶持"

政府加大引导与宣传，鼓励民间艺人参加主题文化活动，激发社会力量参与文化的保护与利用。每年拨专款用于文化资源的抢救、挖掘、传承。

（二）搭建文化平台，夯实"硬支撑"

加大资金投入，完善提升镇村级公共文化服务设施［新时代文明实践所（站）、农民文化广场、老年学校建设和村级农家书屋等］效能，让老百姓在家门口就能享受文化带来的便利。

（三）建强文化队伍，注入"新内涵"

通过聘请民间高手、组织骨干训练等方式，抓好人员队伍建设，不断壮大基层文化队伍；每年适时举办富有本地域特色民俗、非遗、美食、赛事等内容文旅活动，提炼文化内涵、建设文化品牌、打造文化IP，赋能乡村振兴。

安徽省宿州市萧县

刘套镇特色书画艺术：
翰墨丹青赋彩乡村生活

一、基本情况

刘套镇坐落在萧县县城东北部的黄河故道上，楚汉文化积淀丰厚、人杰地灵，是南北文明和东西文化的交汇点，也是国家"一带一路"和中原经济区等全局性战略的结点。全镇下辖10个行政村，共计5万多人，是萧龙士、刘惠民、郑正等著名书画家的家乡，能书善画者不下千人，文化活动"遍地开花"。近年来，刘套镇党委、政府全面深入学习贯彻党的二十大精神，以"彰显文化特色，建设书画名镇"为抓手，持续扮靓"中国民间文化艺术之乡"品牌，积极弘扬优秀传统农耕文化，丰富农民文化生活，为乡村振兴助力赋能。2018年12月，刘套镇被文化和旅游部、安徽省文化和旅游厅分别命名为中国民间文化艺术之乡、安徽省民间文化艺术之乡。2022年刘套镇综合文化站被文化和旅游部评为建设典型案例示范先进单位。

二、发展历程

早在20世纪20年代，萧龙士先生和黄河五友（萧龙士、范慈仁、徐大雁、刘惠民、刘光辉）便带领一批书画人才在萧县刘套镇创办了桃源画会。该会从创办之日起，就在每年桃花盛开的季节，举办一次游春踏青的桃花笔会，以文会友、以画会友，首开用书画描绘家乡风物、歌颂家乡风情的先河。到了1987年，被安徽省命名为第一批省级非物质文化遗产传承人的郑正先生退休返乡后，就在萧龙士先生的故乡刘套创办了全国第一家农民书画院，在郑正老师的带领下，桃花笔会不断发展壮大，书画艺术人才汇集画院，进行踏青、赏花、观景、写生、研讨书画艺术创作，评选书画艺术作品，举办书画艺术作品展览等一系列书画艺术活动。从此，家家荷花，户户幽兰，阳春白雪诗书画，飞入寻常百姓家。截至目前，刘套镇已成功举办了三十一届桃花笔会。

三、典型做法与成效

（一）制定发展规划，完善保障机制

先后出台《刘套镇关于加强"桃花笔会"管理引导的实施意见》《"乡村舞台"

建设方案》《关于乡村振兴乡村文化场所建设的实施方案》《刘套镇关于加强书画人才培养实施意见》《刘套镇关于送书画进学校实施意见》等政策方案，为文化产业繁荣发展提供坚强保障。积极制定"中国民间文化艺术之乡"发展规划，完善经费保障机制，积极拓展投资渠道，吸引社会力量广泛参与"中国民间文化艺术之乡"建设。

（二）建强文化阵地，提升服务质效

充分发挥乡镇综合文化站主体作用，积极打造创新发展民间文化艺术特色服务空间，配齐配强基层专业人员，积极开展阵地服务，有力带动基层公共文化服务高质量发展。依托乡镇综合文化站、文化广场及"乡村大舞台"等公共文化阵地，扎实开展丰富多彩的文化惠民活动，引导广大村民争当"文明信用户""星级文明户""好媳妇""好婆婆"等，不断提升群众文明素质。

刘套镇第三十一届桃花笔会书画家留影

（三）支持书画产业，创新文化活动

大力开展书画艺术进社区、进农村、进学校、进单位等"四进"活动，让全镇人民认识、了解、学习、掌握书画艺术，让他们成为乡土文化的传承者、创造者、爱好者和传播者，带动更多的群众积极参与其中，不断推动书画艺术的普及和发展。充分利用农闲时节、节假日和集市时间，组织开展"文化下乡"和群众自发性文化活动，丰富基层群众的精神文化生活。多次组织书画义卖、资金帮扶公益活动，募集关爱资金，精准帮扶困难群众，助力乡村振兴。

（四）培养书画人才，储备人才力量

开展书画培训，积极选派优秀青年书画家参加"狮虎行动计划"，赴知名美术

高等院校或书画名家工作室学习深造。同时建设民间书画艺术展厅，聘请书画专业优秀教师开展免费培训及系列讲座，培养扎根基层、服务基层的民间文化队伍及诸多乡土书画人才，着力打造一批老、中、青、幼四结合的民间特色艺术团队，为刘套镇的书画振兴和文化发展储备力量。

（五）发展文化产业，推进乡村振兴

积极探索民间文化艺术产业化发展途径，将"中国民间文化艺术之乡"建设成果产业化。刘套镇坚持把发展书画文化产业和乡村振兴相结合，大力推行书画文化产业化工程，搭建书画家与企业就业合作平台，推进品牌变产业、收藏变收入、爱好变技能。坚持以市场为导向，通过"互联网＋书画""书画＋乡村旅游"等多种方式，努力把农民的书画艺术作品转化成商品，延长产业链条，提升艺术价值，促进乡村振兴，实现文化事业、文化产业和旅游业融合发展。

（六）加大推广力度，擦亮文化名片

加大宣传力度，加强学术交流。中央电视台大型纪录片《中国影像方志》《沿着高速看电视台》、安徽电视台《夜线60分》等栏目均对刘套镇农民书画作专题推介。通过媒体宣传，不断扩大民间文化艺术的传播力和影响力。刘套镇农民书画家先后参加县级以上书画展览5千余人次，在国家和省市报刊发表作品1 500余人次，多人在各级书画展览中获奖，其事迹先后被央视、新华社、人民日报、光明日报、中国书画报、安徽卫视等媒体采访报道，大幅提升了刘套镇"中国民间文化艺术之乡"的知名度和影响力。

刘套镇书画家桃园写生留影

四、经验与启示

（一）坚持与产业并驱

坚持把发展特色文化产业和乡村振兴紧密结合起来，通过"互联网＋"、乡村旅游的方式，搭建合作平台，努力把农民的作品转化成商品，发展和创办特色文化实体，深度开发文化产业，延长产业链条，提升艺术价值，促进乡村振兴，推动地方经济发展。

郑正作品

刘世德作品

（二）坚持与人才并重

积极选派优秀青年书画家参加书画培训活动，为优秀青年书画家提供赴知名美术高等院校或书画名家工作室学习深造的机会。同时注重对民间书画艺术展厅的建设，聘请书画专业优秀教师开展免费培训及系列讲座，不断提高当地书画家的书画艺术创作水平，为刘套镇的书画振兴和文化发展储备力量。

（三）坚持与宣传并轨

充分利用移动互联网和新兴社交媒体，加大宣传力度，加强学术交流，形成"媒企合作、优势互补"的宣传模式，建立交流互动机制，实现信息共享、资源互补、互利共赢的书画产业发展机制，不断扩大民间文化艺术的传播力和影响力，擦亮地方文化名片。

安徽省宣城市泾县

泾县宣纸：
宣纸文化赋能乡村振兴

一、基本情况

泾县是中国宣纸之乡，宣纸制作技艺是传统手工造纸的杰出代表。泾县现有100多个宣纸生产作坊，主要分布在县内小岭、乌溪、苏红、古坝、晏公、丁桥等地，直接从业人员6 000余人。生产宣纸要严格选用泾县及其周边地区的青檀树韧皮和沙田稻草，经过原料加工、抄纸、晒纸、剪纸等100余道传统手工工序，制作完成的周期长达2年有余。宣纸具有百折不损、墨润万变、不腐不蛀等特点，宋代以后的大部分书画作品和古籍善本均依靠其而世代相传，是中国书法、绘画艺术的载体，为中国书画艺术和中国传统文化的传承和发展作出了突出的贡献。

二、发展历程

宣纸源于唐代，产于泾县。因唐代泾县属宣州管辖，根据史籍记载，宣纸由宣州府作为贡品进贡，因而得名。宣纸制作技艺一千多年来依靠师徒口传心授而代代

宣纸制作技艺中的捞纸

相传，未曾失传。其产地一直集中在安徽泾县，并获得原产地域保护。2006年宣纸制作技艺被列入首批国家级非物质文化遗产名录。2009年9月，宣纸制作技艺被联合国教科文组织列入人类非物质文化遗产代表作名录。2020年7月27日，宣纸入选中欧地理标志第二批保护名单。

三、典型做法与成效

（一）打造龙头企业，促进行业发展

泾县通过将中国宣纸股份有限公司打造为龙头企业，带动全县宣纸行业发展。近年来，中国宣纸股份有限公司在抓好宣纸市场的同时跟进书画纸市场，与其他企业签订合作协议，生产加工宣纸、书画纸产品，以品牌优势有效地对劳动力资源、行业进行整合。自2013年开始，该公司就檀皮制浆的黑液回收利用项目，与县内宣纸企业签订了檀皮蒸煮黑液委托处理协议，建立了宣纸生产浓黑液集中处理机制，充分缓解了环保压力，从而有利于宣纸行业可持续发展。

（二）完善服务体系，增强带动能力

中国宣纸股份有限公司常年向当地农户收购青檀皮、燎草、草坯、猕猴桃藤等宣纸原辅材料，每年为当地农户带来4 000余万元的收入。并采用"公司＋大户＋农户"的模式，在每年的秋冬季节与本县及宣城、旌德等地的草坯、燎草大户签订收购合同，帮助农户设立草坯加工点，还通过"公司＋农户"的模式，补助林农造林发展青檀种植产业，在茂林、云岭、汀溪、蔡村等乡镇定向培育6.5万亩青檀原料基地，按照市场价格收购农户的青檀皮，并且无偿为林农提供青檀皮蒸煮设备、技术培训，提高林农生产和加工技术。自2012年以来，自建青檀林基地1万多亩。

（三）探索创新模式，增强发展后劲

产品创新方面，通过市场调研，不断开发宣纸新产品，推出了纪念宣纸、红星精品宣纸、红星古艺宣纸、宣纸邮票纸等特种宣纸品种，成功生产"三丈三"宣纸，创造了吉尼斯世界纪录，同时注重文创产品研发。自2017年以来，推出了200多款文创产品，其中宣纸记事本、一日一诗、手工纸伞、宣纸书灯、团扇折扇等均深受市场欢迎。技术改造方面，以现代技艺提升宣纸生产水平，成功实施蒸汽盘贴项目和燎草车间蒸锅改造项目，分别成功申报了国家实用专利和国家发明专利及科技新成果奖。截至2021年获授权专利97项（其中发明专利28项、实用新型专利58项、外观设计专利11项）。产业延伸方面，2016年中国宣纸博物馆正式对外开放，形成了由宣纸博物馆、三丈三巨宣生产车间、古法宣纸技艺体验园及宣纸展销中心组成的中国宣纸文化园，是传播宣纸文化的综合性园区，集观光、休闲、体验、书画创作于一体，宣纸文化旅游已见成效。在云岭设立新四军宣纸生产合作社暨红星宣纸生产技艺体验园，实现了革命文化教育、爱国主义教育、中华优秀传统文化教育的完美结合，也实现了泾县红色旅游与白色宣纸的完美结合。

曾获吉尼斯世界纪录"手工捞制的最大宣纸"——"三丈三"宣纸

四、经验与启示

泾县宣纸文化在乡村振兴中发挥了重要的作用，并积累了一些可复制推广的经验。

传统文化保护与创新：泾县宣纸在传承传统制作工艺的同时，注重技术创新和产品升级。通过引入新的工艺和材料，提高宣纸的品质和市场竞争力。这一经验表明，传统文化的保护与发展并不是僵化地固守传统，而是需要与时俱进，不断创新和适应市场需求。

整合资源与合作发展：泾县宣纸文化的保护和发展得到了政府、企业和社会各界的共同支持和帮助。政府通过提供政策支持和投资，推动宣纸产业的发展；企业通过技术创新和市场拓展，提升宣纸的品牌价值；社会各界通过参与宣纸文化节、艺术展览等活动，增加公众对宣纸的认知和了解。这一经验表明，乡村振兴需要整合各方资源，形成合力，实现共同发展。

产业链延伸与多元化发展：泾县宣纸产业不仅仅局限于纸张的制作，还延伸到了宣纸制品的加工和销售。通过将宣纸与其他文化产品结合，如扇子、灯笼等，拓展了宣纸的应用领域，提高了产业附加值。这一经验表明，乡村振兴需要将传统产业与现代需求相结合，实现产业链的延伸和多元化发展。

文化旅游融合与品牌建设：泾县通过举办宣纸文化节、艺术展览等活动和建设文化园景区，吸引了众多游客和艺术爱好者。同时，宣纸文化也成为宣城泾县的地方品牌之一，提升了当地的知名度和美誉度。这一经验表明，乡村振兴可以通过将传统文化与旅游业相结合，打造地方品牌，促进乡村经济的发展。

福建省龙岩市长汀县

岩绘艺术：
岩绘艺术为乡村文化振兴聚力添彩

一、基本情况

长汀古称"汀州"，地处福建省西部山区，汀江上游，武夷山脉南端东侧，东邻连城，南毗上杭，西接江西省的瑞金、石城、会昌，北连宁化、清流，地域辽阔。全县辖18个乡（镇）307个村（居），总人口55万，土地面积3 104.16千米²，是典型的"八山一水一分田"山区县，属福建省第五大县，是省级乡村振兴重点县。

近年来，长汀县在探索乡村振兴发展路径过程中，将长汀县岩绘艺术产业与长汀当地"红色""绿色""客家""历史"四张名片相融合，充分发挥长汀"红色圣地"的独特优势，带动政府、企业、匠人、村民多方参与，以当地岩土为材料，发展文创产品、美育研学教育等产业，激活乡村文化资源，赋能长汀文化振兴。

二、发展历程

岩土绘是长汀县利用当地的岩土作为材料，开展本地色谱的颜料制作、绘画、装饰画作品创作、美育研学教育、画廊经纪、文创文房研发等工作，并与多家企业、教育机构合作，在艺术策展、艺术经纪、全媒体推广、研学招生、市场建设等经济产业端进行深度合作。

福建省长汀县岩绘艺术是"闽岩"品牌建设的第一站，由福建省闽艺乡建投资发展有限公司将全省一些年轻画家创立的"岩绘艺术"引入长汀县，参与乡村振兴建设。目前已完成先期试验与实践，即将开展规模化经营。其涵盖复兴中国传统艺术形式"岩绘"艺术相关的创作、研发、游学、文创、策展、设计等模块，旨在实现本土文化项目的艺术经纪、审美普及、学术研讨、艺术植入等综合服务方案。

三、典型做法与成效

（一）文化先行增动力

长汀县通过积极开展相关研学实践活动，激活乡土文化资源，推动乡村文化建设与经济社会发展良性互促。长汀县丁黄村丁屋岭独有的"丁屋岭砾岩"特性与岩绘艺术的创作形式相辅相成，通过有效的挖掘利用，可为当地创作颇具客家风情韵

"岩绘艺术"研学活动成果展示

味的岩生态古村落岩绘艺术作品，充分展现当地风土人情和乡村人文特色。因此，要以艺术的视角审视乡村传统文化的魅力和价值，弘扬乡村人文新风尚，以艺术扮靓乡村，赋能乡村振兴。

（二）文旅融合添活力

长汀县古城镇丁黄村积极探索"研学＋文旅"模式，打造丁屋岭岩绘艺术研学基地，通过开展游学、研学及艺术驻村等活动，每年吸引研学人次1 000人以上，以研学带动乡村旅游，持续增强乡村造血功能，拓宽农民增收渠道。同时，岩绘艺术已完成"闽岩–汀州色谱"的采集与梳理，代表乡村振兴的古城镇丁黄村"丁屋岭色谱"、童坊镇彭坊村"彭坊色谱"、八闽大地闽岩文化的"汀州色谱"已研发完成，并已在市场投入使用。

（三）人才培育聚合力

长汀县岩绘艺术大力推动文化艺术行业从业者投身乡村文化建设，积极培育青年艺术人才深入乡村基层开展文化教育和艺术实践活动。截至目前，协助培育当地农民画家12人，共同参与岩绘先期工作，引入福州极具创新活力的青年艺术社团"南桥社"专业教师10人、青年画家5人加入丁屋岭岩绘艺术研学基地。同时已吸引本地众多画家、艺术家的创作团体及文化艺术考察团等前往基地调研参观考察。结合研学、画廊等内容，实现岩绘艺术产业的引资、引流、引内容、引人才，带动当地文化旅游关键词全网曝光10万余次。

四、经验与启示

（一）坚持因地制宜

有效的乡村建设要遵从乡村固有的内生逻辑，焕发乡村内在的生长性。要充分发挥特色资源优势，坚持从实际出发，因地制宜、各美其美，切勿千篇一律、千村一面。

（二）重视人文因素

艺术振兴乡村，需要凝聚各方力量。需要政府、企业、社会各方面的支持和参与，共同推动以艺术赋能乡村的工作。群众是艺术振兴乡村的主力军，不仅是获益者、见证者，更是生产者、建设者、经营者和管理者。在规划、设计、建设过程中要充分尊重民意，挖掘群众潜能，动员村社能人巧匠参与建设，同时要重点关注后期的运营维护，走出了一条"艺术赋能村民、村民振兴乡村"的良性路径。

（三）引领文化繁荣

以艺术赋能乡村，是一种保护和传承乡村文化、促进乡村经济发展的有效途径。通过艺术创作和展示、艺术教育和培训、艺术介入乡村建设等措施，可以激发乡村居民的文化自信和创造力，提高乡村居民的艺术素养和创作能力，促进乡村文化旅游的发展，实现乡村经济的多元化发展。在推进乡村振兴的过程中，要充分挖掘利用好本土各类自然和历史人文资源，统筹利用好新时代文明实践中心等已有平台，系统性全方位丰富群众精神文化生活，真正发挥好文化的先导作用。

（四）推动乡村振兴

深入挖掘当地的文化内涵，深深扎根乡土，获取更"接地气"的文化养分。通过岩绘艺术等赋能乡村，结合当地特色元素、色彩、图案和符号，通过艺术的形式将本地特色文化魅力通过独特的路牌、路标、文化展示栏等设计对外展示出来，打造特色"村标"，擦亮村庄"名片"，发展文旅经济，促进百姓增收致富，助推乡村振兴全面发展。

丁屋岭砾岩采石场一角

蔡氏竹雕：
竹雕钝刀刻画新生活

一、基本情况

中源乡位于江西省宜春市靖安县西南部，地处赣西北九岭山区，与武宁、修水、奉新三县交界，是潦水之源，也是赣西北海拔最高的地方。这里森林资源丰富，森林覆盖率达86%，每立方米空气中负氧离子含量高达10万个，素有"身上无棉，莫上中源"之说。中源乡山水灵动，气候宜人，文化底蕴深厚，是江西著名的旅游胜地，年接待游客上百万人次，被新华网、半月谈等90余家主流媒体聚焦报道"爽爽中源"。全乡土地总面积约195千米^2，辖11个行政村，146个村民小组，全乡总人口13 000余人。其林地面积约24万亩（公益林8.1万亩、天保林9.8万亩，其他一般林地6.1万亩），竹木产业资源丰富，具有发展竹刻、竹雕产品的天然优势。

蔡氏竹雕作品

靖安蔡氏竹雕是由中源乡三坪村蔡氏家族自清代中期发展至今的艺术结晶。该家族精于建筑木作营造、家具制作、竹木雕刻、水车水碓及造纸技术。其中竹木雕刻独具风格，自成体系，在第一代传承人蔡洪祖的推动下，已传承至第五代。百余年来，蔡氏后人蔡志成、蔡在芳、蔡名拨、蔡长远、蔡煜远等在继承先辈艺术的基础上，精研技艺，使工艺水平日趋完善。蔡氏竹雕作品按工艺分为留青竹刻、阴刻、阳刻；按功能和器型主要有臂搁、笔筒、茶则、台屏、茶叶罐、挂件、腰牌、扇骨、手把件、镇纸、对联等。产品主要类型有镂空雕、浮雕、根雕、圆雕、翻黄雕、竹微雕，涵盖笔筒、竹灯、竹罐、摆件、竹屏风、香筒、茶叶盒、首饰盒、挂件、把玩件、亭台楼阁和桥梁庙宇模型等。

二、发展历程

蔡氏竹雕结合了书画艺术、中国传统古建筑艺术以及客家文化，同时展现出竹子天生拥有虚心劲节、弯而不屈的品质特征，因而受到中华传统文化爱好者的喜爱。

为进一步推进蔡氏竹雕技艺的传承与发展，从20世纪90年代起，蔡长远在三坪村、靖安县城等地义务开展现场教学及专题授课，教授竹雕学徒上千余人次，让人民群众能够近距离感受传统文化的魅力。蔡长远先后荣获8项国家专利和蔡长远荣获多项国家专利和奖项，其竹雕作品、产品荣获中国竹文化节暨国际竹业博览会第二、三、四、五、六届金奖等全国各类大奖五十多次。央视一套、四套栏目也曾专题予以报道。

现今蔡氏竹雕技艺主要由其弟蔡煜远传授，让更多的家乡青年沉浸式地感受到了竹刻艺术的魅力。2022年，蔡煜远受聘于南昌交通学院，担任该校的竹刻老师。目前，竹刻班有来自全国各地的学生35人。学生们以刀代笔，以竹子为载体，将书、画、诗、印等艺术样式融为一体，赋予竹子以新的生命。蔡煜远个人荣获2020年首届江西林业产业博览会金奖及江西林业产业博览会"金雕手"称号；2022年获江西省"文艺两新"人才作品展优秀奖。

三、典型做法和成效

竹子作为速生、可降解的生物质材料，具有环保无污染的特点。科学利用竹资源不仅有助于推动竹资源生态产品价值实现，更能带动山区村民寻找致富新途径。因地制宜发展特色优势产业，既是绿水青山就是金山银山的生动实践，更是新质生产力为实现乡村振兴提供有力支撑的具体典范。

截至目前，竹雕产品带动中源乡当地从事相关产业链人员（包含土特产销售、毛竹砍伐行业）户均增收1 000余元，有效解决了部分留守老人、留守妇女在家就业的经济需求，进一步增强了地方经济活力。同时，历代文人赋予竹子虚心、正直、清气、朴实的特征，也为弘扬乡风文明、建设美丽乡村提供了重要抓手和保障。通过宣传优质传统文化，让群众从打牌赌博的陋习中解脱出来，营造向善、向美的良好社会氛围。因此竹雕这种传统文化艺术在新时代焕发了新生命、体现了新价值。

蔡氏竹雕作品

四、经验与启示

（一）竹雕助力生态靓、产业兴

乡村的生态振兴是产业振兴、人才振兴、文化振兴的重要基础。"宜居宜业和美乡村建设"就是要放大原生态乡村魅力，致力于留住乡风、乡韵和乡愁，要体现出乡村人与自然、人与人之间内在的和谐美，提升村民的获得感、幸福感。随着城镇化的快速发展，农村空心化的现象日益严重，产业发展难、生态保护难的问题日益突出。靖安蔡氏竹雕因地制宜地选择"竹雕＋文创""产品＋旅游"等各种行之有效的手段，把竹雕产业留在乡村，让生产带动乡村，维护村民的主体性地位，变生态优势为产业动能，助推乡村振兴。

（二）竹雕助力人才聚、慧未来

新时代以来，从中央到地方各部门都很重视发掘和重点培养乡土人才、高技能人才、文旅融合人才，鼓励这些人才发挥示范带头作用。目前乡村依然有不少传统手工业技术人才。传统手工业过去靠的是以家庭为单位的代际传承，这种代际传承方式过于单一。利用现有的更多元化的社会教育资源可弥补代际传承的不足，让更多的家乡青年沉浸式地感受到竹刻艺术的魅力。以靖安蔡氏竹雕为例，通过蔡氏竹雕传承人义务在本村本县以及本地大学进行培训，为有意愿学习的群众传授竹雕工艺技巧，让手工传承更具活力，为乡村注入人才、注入智慧。

（三）竹雕助力文化新、文明美

习近平总书记强调，技术工人队伍是支撑中国制造、中国创造的重要力量。而传统手工艺是带着文化温度的个性化技术劳动。在社会领域，蔡氏竹雕通过产品创作，与消费者形成良性互动，传递人文关怀，交流审美情感，是新时代社会主义乡风文明建设的重要力量。在农村，通过不断挖掘竹雕自身文化内涵、非遗传承人等，围绕竹文化主题开展丰富多彩的活动，将优秀传统文化融入新时代文明实践活动中，不断倡导风清气正的秀美乡村文明新风尚。

江西省萍乡市湘东区

麻山镇傩面具：
刀尖刻出傩魂神韵　源远流长民族瑰宝

一、基本情况

麻山镇位于萍乡市西南部，属亚热带季风性气候。境内贯穿国道319，省道311、省道533、萍麻公路、南部经济干线、萍莲高速公路。区位优势明显，生态环境良好，旅游资源丰富，文化底蕴深厚，形成了以现代农业、观光旅游、休闲度假等为主的产业新格局。

近年来，麻山镇坚持以习近平新时代中国特色社会主义思想为指导，深入贯彻党的二十大精神，提出建设"产业发展活力镇、城乡融合先行镇、生态文明示范镇、宜居乐业幸福镇"的发展思路，深入挖掘麻山傩文化，建设傩面具雕刻技艺传承体系，打造专营傩面具等民间手工艺制品的电商平台，研发萍乡湘东傩系列文创产品，取得了良好成效。

二、发展历程

据调查研究，麻山傩面具文化最早可追溯至晋代，晋安帝司马德宗册封麻山镇赖氏先祖为处士，历代传承传统原生态傩面具雕刻技艺，经晋、隋、唐、宋、金、元、明、清等朝代传承至今，最终形成以古朴细腻、手法夸张、工艺复杂讲究的宋代雕刻风格为主的雕刻技艺体系，并成为我国雕刻领域不可多得的文化遗产。2006年，萍乡湘东傩面具被列入第一批国家级非物质文化遗产名录；2018年，萍乡市湘东区麻山镇赖明德成功入选第五批国家级非物质文化遗产代表性传承人名单，其也是相关非物质文化领域首位国家级传承人。

三、典型做法与成效

（一）政府搭台，多方参与，让百姓从中受益

麻山镇党委、政府高度重视傩面具非物质文化遗产保护工作，针对当前社会非物质文化遗产保护、整合难等问题，麻山镇坚持"政府搭台，多方参与，群众受益"的原则，主动承担傩面具挖掘保护等工作，深入挖掘保护宋至明清古傩面具一百多尊、古傩神庙一座及傩神庙两座，整理保存发源于唐代的宫廷傩舞，定期举

办非遗展示、展演和宣传、教育活动，打造江西省非物质文化遗产生产性保护示范基地、非遗傩面具展示馆、非遗傩面具雕刻示范基地。

（二）保护与传承并行，让非遗绽放光彩

围绕傩面具国家级非物质文化遗产传承人赖明德，开设专业傩面具工作室，拍摄了国内首部8K傩文化VR纪录片《傩神》。该纪录片入围2019青岛砂之盒国际VR影像周最佳中国作品奖。为进一步弘扬优秀传统文化，保护传承非物质文化遗产，多次组织非遗文化进校园活动，鼓励学生学习傩面具雕刻，组建少年傩舞队，让学生领略非物质文化遗产的深厚底蕴和独特魅力，拉近学生与传统文化的距离，让非遗文化在校园"生根发芽"。

（三）瞄准时代"新风口"，有机融合"双向奔赴"

目前，麻山镇已形成了集研究、开发和销售于一体的傩面具雕刻技艺传承体系，搭建了专营傩面具等民间手工艺制品的农村淘宝电商平台窗口，运用数字化、卡通化技术手段开发了萍乡湘东傩系列文创产品，使其成为麻山镇名副其实的文化"龙头"品牌。同时，瞄准乡村旅游发展的"新风口"，麻山镇将傩文化表演和国家AAAA级旅游景区、省AAAAA级乡村旅游示范点麻山镇幸福村乡村旅游有机融合，带动傩文化产品、农家乐和农副产品销售，实现村级集体经济收入增收20万元。

四、经验与启示

（一）要坚持政府主导，提供坚实保障

传统文化要适应现代社会，势必面临极大的生存挑战。随着传统傩雕工艺市场的逐渐萎缩，许多傩文化非遗传承人因为关注度的流失，其制作的产品无法销售，迫于生计不得不改行，造成传统文化的断档。面对现实困境，只有坚持政府主导，出台带有较强指导性、保障性和贯彻性的政策、措施，在乡村振兴政策的助推下，牵头挖掘、保护、壮大非物质文化，为傩文化提供生存的土壤，才能为其发展壮大

麻山镇傩文化展览馆"傩园"入口

展示窗里展示着傩文化制品

提供坚实的基础保障。

（二）要紧跟时代，围绕特色做文章

特色是文创产品设计的灵魂，更是一个地方形象的体现。麻山傩文化以傩面具最为出彩，因其独特的艺术用色、造型与装饰纹样、雕刻工艺、历史民俗等吸引了许多国内外专家学者的关注，每年都有国内外专家学者前来调查研究，并组织相关课题展开研究，取得了不错的研究成果。对此，麻山镇以傩面具为龙头，打造涵盖整个傩文化的统一品牌，进而扩大傩文化整体影响力，助推傩面具从艺术品到非遗商品的有效转变。

（三）要强化宣传攻势，唱响文化品牌

"酒香也怕巷子深"。没有成规模的宣传造势，就没有关注度。因此，要积极开展宣传报道，借助互联网等先进技术来打造新形式傩文化作品，并通过互联网进行有效传播，推动小众傩文化广为人知，从而唱响文化品牌。要突出重点，突出文化载体，把傩文化与其他文化活动、乡村振兴建设、文旅产品结合起来，产生破圈出圈效应。要与本地旅游资源合作，开展现场文化表演，强化游客参与，让游客引得来、留得住、玩得好、印象深，形成口碑效应，助推傩文化发展壮大。

（四）要拓展传承范围，展示独特魅力

傩面具的传承多停留在家族传承、师徒传承上，有必要拓展它的传承范围，一方面要继续保持较为单纯的家族传承和师徒传承方式，另一方面可通过开办专题培训班，以薪酬和奖励的方式吸引年轻人加入，以保障傩文化的传承，给这门古老的传统民俗文化注入新鲜血液，焕发出新的生机，展示出独特的时代魅力。

山东省枣庄市市中区

炻陶技艺：
古老技艺焕发新生

一、基本情况

枣庄市市中区炻陶技艺主要分布于辖区齐村镇境内，称齐村炻陶，属于传统技艺类项目。其生产的是一种介于陶器和瓷器之间的手工艺品，即将含有特质的石砂研磨成粉，制成器坯，通过手捏、雕刻等方法加工成型后，在1 100～1 300℃的高温下烧制成型，俗称"夹砂陶"。这种陶器不透明，重量类似于青石，具有显微孔和微吸水性，具有浓厚的生活气息和独特的艺术风格。主要产品包括传统炻陶工艺品、祭祀品和生活用品。

齐村炻陶技艺获批省级非物质文化遗产2项、市级非物质文化遗产5项，有10年以上从业经验老师傅10人、非物质文化遗产传承人4人、山东省民间工艺美术大师2人。枣庄市市中区将齐村炻陶作为当地一项富民产业去扶持培育发展，这一举措既达到了文化传承的作用，又实现了农民就近就业。齐村成功获评枣庄市工艺美术家协会首批会员单位、齐鲁工业大学教学实验基地。

二、发展历程

齐村炻陶发展历史久远，起源于北辛文化时期，元代发展到鼎盛，延续至今已有7 000多年历史。它代代相传，历久弥新，其"上二下三、手五脚六"烧窑制作工艺绝技作为一种手工技艺保存和发展下来，产品也从单一的花盆器类逐步扩展到餐茶器类。该项技艺已成为枣庄当地最具乡村特色的传统保护技艺之一。

（一）起源悠久，实物为佐

枣庄地区《峄县志·物产略》（光绪三十年［1904］刻本）中记载："一为土之属，亦殖黑坟（指红土与黑土）不一状，而钓台山土尤有名，至齐村，许池诸岭，所产青垩、白垩，质坚性粘，作什器尤良……"，描述的就是齐村炻陶的相关制作材料和工艺。当地民间流传着"张家缸、李家盆、齐村项家的砂壶真喜人儿"的顺口溜。齐村古窑址遗存了大量陶片和煤渣，其制作工艺流传到枣庄建制已传习四代，有历史记载300余年。

齐村炻陶第六代传承人项彪与其祖父、祖母研究炻陶制作

（二）历代传承，矢志不渝

齐村炻陶以乔屯项家古陶窑大作坊最具代表性。自清末1840前后传承至今历六代、270多年，项家是当地唯一一家坚守传承制陶技艺的世家。清末，第一代传承人李培信，家传善制陶盆；新中国成立后，项家第四代传承人项首富与李家三女李金荣喜结连理，并将项家砂壶技艺融入李家盆的发展之中。现今，齐村炻陶第六代传承人项彪，毕业于北京第二外国语学院大学，放弃了北京安稳工作，回到齐村，担起了传承"砂陶祖业"的重任，并将传统制作砂陶技艺和现代科技融为一体。项家的传承与执着，使得齐村炻陶技艺得以延续和发展。

（三）党建引领，公司运营

进入新时代，各级党委、政府高度重视乡村特色文化艺术保护工作。坚持党组织领办合作社模式，先后投入财政资金600余万元加大对齐村炻陶产业的政策与资金支持。2015年，成立枣庄炻陶文创公司，2016年开设淘宝网店，2021年尝试炻陶制作研学，并拓展外贸业务。齐村炻陶已形成存古、仿古、创新三大系列，涵盖实用、观赏、工艺3个类别，拥有500多个品种，形成了全产业链。2023年销售收入达500余万元。

年轻人正对齐村炻陶产品进行网络直播

三、典型做法与成效

（一）强化党建引领，让乡村特色文化艺术得以保护

连续选派3批第一书记对乔屯炻陶进行重点帮扶。保存传统陶窑7座，新建液化气窑2座、电窑5座，建成2 500余米²线下产品销售及展示厅，并设有历史展馆一座。区、镇、村三级党组织全力支持齐村炻陶团队，搜集整理枣庄本土传统釉料配方300多种，研发陶土成分分析5种。

（二）持续宣传推介，让乡村特色文化品质得以展现

积极协助申报工艺美术、非物质文化评审等。利用各类媒体介质加大对手工技艺的宣传推广。齐村炻陶先后获批省级非物质文化遗产2项，荣获2022年第十四届中国（山东）工艺美术博览会暨首届"山东手造"精品展"山东工艺美术设计创新大赛金奖"，获评枣庄市第一批"山东手造"市级非遗工坊。

（三）坚持市场运作，让乡村特色文化价值得以实现

鼓励传承匠人"开公司办企业"，进行市场化运营。截至目前，齐村炻陶年产纯手工砂壶、坛子等砂陶产品10万余件，开设淘宝店4个、外贸网店2个，吸纳周边50余名闲置劳动力稳定就业，年发放工资报酬超过100万元，就业村民人均增收2万元，年盈利120万元以上。这种"企业＋村集体＋农户"生产经营模式，做强了

企业，壮大了村集体，富裕了村民。

四、经验与启示

（一）坚持党建统领，让乡村特色文化保护走深走实

一是研究制定保护机制。采取政策支持、资金保障、人才培训、社区参与等举措，建立活态传承机制。二是组建工作专班。通过申报乡村特色文化项目，鼓励非遗传承，让民俗文化代代相传。三是加强传承人队伍建设。乡村特色文化是以人为本的活态文化遗产，它的传承创新关键在于"人"。加强传承人队伍建设，变"独角戏"为"大合唱"，唤醒青年人传承弘扬传统乡村特色文化的意识，自觉加入保护工作中来。

（二）坚持宣传引领，让乡村特色文化传承见行见效

一是用好新时代文明实践活动。广泛开展宣传活动，积极动员群众参与，讲好乡村特色产业故事，传播乡村特色文化声音，深度挖掘乡村特色文化背后的人文历史、发展故事和工匠精神，增强乡村文化底蕴。二是用活新媒体手段。利用互联网强大阵地让乡村特色文化"走出去"，让更多的人熟悉了解，引导人民群众当好乡村特色文化艺术的爱好者、守护者和传承者。

（三）坚持创新融合，促进乡村特色文化价值互融互促

一是积极探索"乡村特色文化+"模式。探索乡村特色文化+产业、乡村特色文化+文创等模式，以喜闻乐见的形式在融媒体平台传播推广，展现其当代价值。二是加强数字技术处理。将乡村特色文化转化为数字形态，方便保护和传承，同时让人们更方便快捷地深入了解和体验乡村特色文化艺术的魅力。三是注重创意设计。结合新型产业形态，不断创新利用方式，将乡村特色文化遗产与创意设计相融合，创造出更多具有特色的文化产品和文化体验，推向更广泛的公众市场。

山东省日照市东港区

两城黑陶：
守护传统工艺　振兴黑陶产业

一、基本情况

两城镇遗址发现于1934年，遗址坐落在丘陵的边缘，面积约100万米^2，为新石器时代龙山文化特大型聚落遗址。两城镇遗址是我国较早被发现和发掘的龙山文化遗址，对龙山文化研究和文明起源研究具有重要意义，2006年被国务院核定为第六批全国重点文物保护单位。

两城黑陶厂生产的蛋壳陶杯、陶鬶、陶豆先后被日本国家博物馆、美国芝加哥博物馆收藏。两城镇也被授予"中国黑陶文化之乡""山东黑陶产业第一镇"等称号。两城镇始终以守护传统工艺、振兴黑陶产业为指导思想，发展黑陶加工企业7家，带动从业人员300余人，使部分无业人员增加了收入。

二、发展历程

1936年，两城镇遗址发现了珍稀陶器——高柄镂空蛋壳陶杯，该陶杯是龙山文化陶器中集技术工艺和装饰艺术之大成者，被世界考古界誉为"四千年前地球文明最精致的制作"，两城黑陶也有了"色如墨、声如钟、薄如纸、亮如镜、硬如瓷"的美誉。遗址中同时发现了黑陶、白陶、红陶、黄陶等多种颜色的陶器，且部分陶器带有装饰性颜色，纹饰以弦纹、竹节纹等为主。1991年，两城黑陶厂与山东大学历史文化院考古专家、教授联合研制，开发了黑陶、白陶、红陶三大系列仿古陶器，以及现代黑陶艺术品共200多个品种。

2012年，"日照黑陶"成功注册中国地理标志商标；2013年，日照黑陶烧制技艺被山东省人民政府列入第三批省级非物质文化遗产代表性项目名录；2019年，两城镇的刘加东创作的黑陶作品《陶魂》获得第十一届山东省"泰山文艺奖"；2023年，两城黑陶被列入第一批全国"一县一品"特色文化艺术典型案例名单。

三、典型做法与成效

（一）坚持党委、政府领导

近年来，日照市委、市政府深入贯彻落实习近平总书记关于"推动中华优秀传

黑陶作品展示厅：传承龙山文化时期制作工艺、融合现代工艺手法

统文化创造性转化、创新性发展"的指示精神，创新开展非遗保护传承和发展利用相关工作，注册"两城黑陶"地理标志，多次举办黑陶工艺展览，使黑陶工艺这一非遗项目得到很好地保护和发展。

（二）做好产品研发创新

经过近四十年的发展，两城黑陶烧制技艺传承人在传承与发展中不断增强创新意识，其创作灵感来源于自然环境、民间习俗、时代发展。例如，2021年7月完成的黑陶作品《初心永恒》，是为庆祝中国共产党成立100周年设计创作的，作品选用荷花与太阳花为主题元素，寓意中国共产党坚持清正廉洁、艰苦奋斗，有着"出淤泥而不染"的高尚品格，入选了日照市庆祝中国共产党成立100周年大型艺术展。紧跟时代特点创作的前程似锦、丰硕、迎春瓶等黑陶产品，也深受业内人士认可。

（三）加强技艺传承推广

黑陶是集技术性、艺术性和实用性于一体的传统制陶工艺典范，具有很高的社会与人文艺术价值。对黑陶工艺的传承是一种文化自觉和自信。为加强两城黑陶技艺的文化认同与教育传承，传承人积极策划丰富多彩的非遗文化活动走进人民群众当中，每年深入学校、社区、企业、军营、景区、集市等进行宣传，并做无偿黑陶技艺演示30余次。

（四）创新产品营销方式

两城黑陶从市场销售角度，整合新的生产营销方式，采用"手工艺＋旅游"模式催生新兴的文化产业内容。将黑陶工艺与滨海旅游对接，利用景区、民宿等旅游点增进本地人和外来旅游者对两城黑陶个性价值的认知。通过吸引消费者参观和体验黑陶工艺品生产，最大限度地实现生产者与消费者情感的"同频共振"，实现宣传与增收有效结合。

（五）打造两城黑陶品牌

两城黑陶从产业链布局着手，以当代品牌意识树立传承人品牌观念，寻找传统工艺与市场机制的关系，融入产业化组织观念、运作机制，加强设计创新与品牌构建，探索新型传播推广渠道，建立以黑陶艺术价值为核心、品牌体系为结构、多元业态为载体的发展格局，打造"两城黑陶"地域文化品牌，推广黑陶工艺文化，形成兼具文化和经济价值的富有影响力、衍生力和传播力的特色"文化IP"。

四、经验与启示

（一）政府引导是关键

发挥政府指导与扶持作用，进一步优化两城黑陶的发展环境，从政策管理、媒体渠道等方面形成文化性与产业化认识。

福寿葫芦：象征国家团结稳定、人民福寿圆满

给予黑陶工艺发展相关政策及荣誉方面的扶持，发挥政府部门职能，组织行业协会定期开展有关黑陶传统工艺、现代黑陶创新、文化创意产品等各类展览、评奖，保持黑陶工艺的良性发展。

（二）文化教育是基础

将黑陶烧制技艺纳入学校教育，建立涵盖幼儿教育、中小学教育以及社会传习的黑陶工艺教育体系，让学校教育在黑陶工艺传承中发挥积极作用，唤起日照全社会了解家乡的传统文化，传承文化记忆，增强文化凝聚力，续写文化创造力，为日照文化发展提供涵养与支持。

（三）设计研发是根本

重新认识黑陶工艺文化和实用价值，激活黑陶工艺"再生"能力，整合设计力量资源，遵循传统工艺活态流变特点，打破现有的工艺造型范式，在葆有黑陶工艺的文脉完整性和历史延续性基础上，将传统文化元素与现代设计语言结合。以当代美学观念为坐标，以当代人文语言为创新点，全面把握黑陶技艺的美学生成、价值尺度、技术学理和经验形态，围绕文化价值探寻现代工艺的创意思路，力求推陈出新、跨界发展，开发具有传统文化特质和现代审美文化的黑陶新形态。

山东省日照市岚山区

手工制茶：
点绿成金　以茶赋能　共筑乡村振兴梦

一、基本情况

岚山区是日照绿茶南茶北引最早的地区，现有茶园16.2万亩，面积、产值均居全省首位，成为秦岭淮河以北最大的绿茶生产基地和国家级无公害茶叶标准化示范区。岚山区是北方茶叶产业先行示范区，建成了涵盖8大流域，涉及8个镇街道、263个村的茶产业格局。茶园达到16.2万亩，茶农有2.8万余户，年产干茶1.1万吨，种植业产值14亿元，平均亩产值超过8 600元，茶产业收入达到29亿元，面积、产量、产值均居全省首位。区内拥有2名中国制茶大师，众多匠心茶人对茶叶的倾心付出，使得日照绿茶大放异彩。日照绿茶获中国国家地理标志产品认证、中国驰名商标认定，具有浓厚的历史经济文化价值。

二、发展历程

饮茶在山东普及，始于唐宋，自宋代至今，茶已成为山东人民的生活必需品。据地方志记载，在元、明时期，昆嵛山区曾设有管理茶叶手工生产的机构"茶场提举"。1985年出版的《日照商业志》记载，自咸丰六年（1856年）起，仅裕源商号

日照市岚山区千亩生态有机茶园

一家，每年从安徽进茶叶就达2.5万千克之多。1914年，石臼商号"同丰"每年进茶叶1 300余箱，达4万多千克。

1959年，山东省政府确定日照作为"南茶北引"的试验县之一。自1968年开始，先后派出5批共21人次，到安徽、浙江学习制作绿茶技术。1970年，中茶所派出夏春华等三位专家到日照县帮助建设茶厂。1971年9月，巨峰区西赵家庄子大队在三位专家的帮助下建成全省第一座小型社办联营半机械化初制茶厂，定名为"巨峰区九一六联合初制茶厂"，开始了茶叶的炒制和加工。1975年春，在日照县进行技术指导的中国农业科学院茶叶研究所专家虞富莲，与日照县种茶组开展了地方名茶试制、命名工作。

2021年11月，岚山手工制茶入选省级非物质文化遗产。2023年，岚山区手工制茶入选第一批全国"一县一品"特色文化艺术典型案例名单。

三、典型做法与成效

（一）加大对茶叶主产区品种改造、生态建设、设施配套的资金支持力度，推进茶业高质量发展

强化基地生态化建设水平。推行有机肥替代工程，严格控制茶园生长激素、化肥的使用次数和使用量，提倡微喷灌溉配套结合的"水肥一体化"生态循环模式；不断优化茶产业布局，推动优势品种向适宜区域集聚，加快建设现代农业产业园和优势特色产业集群，形成茶产业点线面协同发展新格局。**实施茶叶标准化生产**。建设标准化茶园，推广标准化生产加工技术规程，保障茶叶产品质量安全。加大设施配套的资金支持力度，从项目、信贷、用地、税收等方面给予扶持。同时，进一步优化发展环境，引进具有实力的外来企业参与茶叶产业的开发。

（二）加大对茶叶产业数字管理的支持力度，推进茶叶数字化、智能化、现代化发展

强化茶叶管理链。探索实行"溯源秤＋惠农卡"实名交易模式，收购商使用溯源POS机扫描惠农卡、电子秤称重并确定单价后，直接将货款结算至存有茶农种植信息的惠农卡中，交易全部线上完成、全程留痕。引入第三方检测公司开展鲜叶农药残留快速检测，随机抽样检测鲜叶，检测结果现场公示并上传惠农码平台，同时采取用药追溯流程，倒查农药经销商。**严把溯源环节强保障**。建设日照绿茶"一码"溯源管理系统，将绿茶生产、加工、流通、消费等关键环节要素信息归集至统一的系统平台，在茶叶包装上粘贴溯源二维码，消费者在购买茶叶时，能够全程追溯茶园管理、鲜叶采收、茶叶加工包装等环节，切实保障消费者权益，实现从茶园到茶杯全程可追溯。

（三）加快转变茶产业发展方式，提高农民收入

探索茶园托管新模式，打造"联合社＋合作社＋农户＋基地＋企业"的"利益共同体"，加快转变茶产业发展方式，带动茶叶提质、茶企增效、茶农增收、村集

岚山手工制茶

体增收。建立"四统一"标准（统一绿色防控和有机肥供应、统一鲜叶收购、统一加工、统一干茶销售），支部添成绩、茶农得实惠、集体增收益、企业可安心、品质有保障，实现多方共赢。2022年，在祥路碧海茶业有限公司、圣谷山茶场有限公司等企业分别与韩家沟村、后山北头村签订托管协议的基础上，年内又有日照茶仓茶业有限公司、日照市茂园农牧科技有限公司、日照圣谷山茶场有限公司、日照市岚山天目茶场等4家企业分别与张家沟、丁家林、邹北岭、大卜落等村签订茶园流转托管协议。目前，全区共有1万余亩茶园实施党支部合作托管，亩均增收约1 000元。

四、经验与启示

（一）坚持以促进农民增收为中心

近年来，岚山茶产业带动当地群众增收致富成效显著。2022年，岚山茶叶产值占当地农业产值比重最高，在农业产业中覆盖面最广、涉及农村人口最多，人均茶叶收入超过8 600元。

（二）坚持以市场化为方向

茶产业既是生态产业又是富民产业，小小茶叶连着岚山区百家茶企业，关乎全区的振兴发展。为推动传统茶产业转型升级，岚山区立足自身优势，深挖"海、茶、山"三大特色资源，以茶园为载体、以市场为导向，紧密结合市场需求，开拓茶叶中高端市场，培育茶叶领头企业，最大限度地释放市场效应，获得经济效应。

（三）坚持以茶旅融合为抓手

借助岚山手工制茶非遗文化，奏响"茶旅"融合新篇章。高水平打造"百里绿茶产业带""盐茶古道"旅游路线，高标准建设江北规模最大、史料最全的"南茶北引"展览馆。圣谷山等茶企纷纷走上了转型之路，吃上"旅游饭"，开启了"茶＋研学""茶＋体育"等新业态，为岚山区茶产业发展增光添彩。

山东省菏泽市巨野县

巨野牡丹画：
绘出乡村振兴新图景

一、基本情况

巨野县是中国农民绘画之乡、中国工笔画之乡。近年来，巨野立足画乡品牌，紧跟国家乡村振兴战略步伐，大力发展工笔牡丹画产业，推动优秀传统文化创造性转化、创新性发展，以文化产业带动乡村振兴。目前，全县有国家级书画家66人、省级书画家154人，拥有县级农民书画培训基地1处、绘画专业镇8个、绘画专业村50个、基层画院56家、书画培训机构160余家，书画产业从业人员2万余人，在全国建立了1 000余个销售网点，年创作作品120余万幅，作品远销美国、法国、新加坡、香港等40个国家和地区，年综合产值超20亿元。

二、发展历程

20世纪70年代，巨野县为出口创汇兴办了美术厂，主要产品是彩蛋，也绘制屏风、工笔牡丹画等。20世纪90年代，美术厂因经营不善倒闭，但其培养出的众多绘画从业者，成为巨野工笔牡丹画产业发展的中坚力量。2000年，巨野县委、县政府设立了书画一条街，同年，巨野县被中国文联命名为全国唯一的中国农民绘画之乡。2003年，设立了集创作培训、展览交流、宣传推介于一体的巨野县书画院。2012年，巨野县农民绘画培训基地投入使用，同年，巨野县被中国工笔画学会授予中国工笔画之乡。2018年以来，巨野工笔牡丹画产业走向繁荣，创作的《花开盛世》《锦绣春光》等作品先后荣获"上海合作组织青岛峰会"积极贡献奖、首届中国国际进口博览会"艺术创陈"突出贡献奖、第十六届中国林产品交易会金奖、中国牡丹之都卓越贡献奖等。依托工笔牡丹画项目，巨野县被省政府授予山东省文化创新奖，入选2022年全省文旅工作亮点名单。2023年，巨野工笔牡丹画被山东省农业农村厅评为山东省乡村特色文化艺术（工艺美术类）典型案例。

三、典型做法与成效

（一）精准谋划，绘制品牌新名片

一是高站位谋划，培育产业品牌。成立工笔画行业党委、工笔牡丹画协会，设立国花牡丹创新发展博士工作站、中国工笔牡丹画研究院和创意设计中心，高标准谋划县书画产业发展。县财政每年列支300万元支持书画产业发展。二是多方面宣传，树立品牌形象。与新华社、中央电视台、新华网、人民日报、大众日报等200余家主流媒体达成战略合作关系，全力推介巨野工笔牡丹画产业和作品。三是全方位展示，扩大品牌影响力。充分利用展览及国内外大型会议，积极展示巨野工笔牡丹画，相继在上海合作组织青岛峰会、2023年维也纳联合国中文日系列活动、中国国际文化旅游博览会、中国（深圳）国际文化产业博览交易会、第六届中国国际进口博览会等活动中惊艳亮相，把巨野打造为中国工笔牡丹画产业发展高地，进一步扩大巨野工笔牡丹画的品牌影响力。

大义镇春秋书画院画师作画

（二）植根乡村，培育成长新活力

一是加强农民画师培训。采取"政府引导＋社会投资"模式，以乡村名画师、能人为抓手，建设基层画院56家、书画培训机构160余家，实现17个镇街基层书画院全覆盖。开展农民画师免费培训课程，农村留守妇女、留守儿童、贫困家庭及有从事绘画职业意愿的农民均可参加，年举办农民画师公益培训班30余期，培育农民画师2 000余人。真正做到想学画有人教、想画画有地去、想卖画有人收，使农民就地就近就业，推动农民增收、乡村富裕。二是打造专业镇村基地。擦亮"中国农民绘画之乡"金字招牌，高标准打造牡丹画专业镇村基地，积极引导农民在镇村建立书画创作室、装裱室、展览馆、购销网点等，构建镇村牡丹画创作、装裱、展览、销售全产业链条。引导农民成立镇村书画创作室600余家、装裱店300余家、购销网点1 000余家，绘画从业人员1.1万人。三是完善画师提升机制。制定"请进来＋走出去"画师提升机制，以每年召开的世界牡丹大会、花开菏泽·翰墨麟州——中国工笔牡丹画作品展、花开盛世全国百位画家写生等活动为契机，定期邀请国内工笔画领域顶尖名家名师前来巨野授课指导。每年选派300余位画师到中国工笔画学会、山东工艺美院等高研班学习。农民画师们通过积极参加培训、接受名师授课等，不断提升自身技艺水平，形成了良好的学习氛围。

巨野县永丰街道洪庙村画室

（三）开拓市场，发展产业新业态

巨野县规划建设了占地面积达2万米²的书画交易市场和建筑面积达1.2万米²的书画街，建设展览中心、交易中心、收藏品交流中心等。这里集学术研究、书画创作、展销、工艺品生产销售、电子信息服务、设计包装、物流配送等多功能于一体，上游对接画师、画院，下游连接国内外市场，成为巨野工笔牡丹画对外形象展示的新地标，有效激活了书画市场活力。农民画师们既可以通过各基层画院渠道销售书画作品，也可直接对接交易市场商户或直接售卖，大大拓宽了交易渠道，提高了交易成交数量，进一步增加了收入。自2023年10月对外运营以来，入驻商户127家，吸引省内外访客8 000余人次，交易额达650余万元。通过打造书画销售平台，不断提高巨野工笔牡丹画市场占有率和销售量。

四、经验与启示

（一）带动广大农民就近就业、增收致富

巨野县深耕人文沃土，充分发挥书画产业的灵活性。重点针对农村留守妇女群

体居家不能外出、需要灵活就业的需求，让这些妇女群体利用农闲时间或居家空闲时间进行绘画，这一举措不仅增加了她们的家庭收入，还极大地带动了广大农民就地就近就业。大多数农民画师经过3个多月的学习，就能够进行独立绘画，虽然工笔牡丹画质量和档次水平都不算高，但胜在数量较大，可以走订单式销售。目前，巨野县有农民画师1.1万人，他们的作品售价从几百元到几万元不等，普通画师的年收入达到三四万元，高级别画师的年收入达到几十万元，有的高达上百万元。书画已成为巨野县提高群众收入的一项重要产业。

（二）职业画师培养模式，赋予产业发展持续动力

作为一个不断走向壮大的产业，既需要源源不断的职业新人加入，也需要职业画师不断提高创作水平，创作越来越多适销对路的艺术品。为提高创作型画师的艺术水平，一是重点围绕省级以上美协、书协会员及有一定创作水平的中青年画师，举办专题写生、公益创作培训班等。二是选送优秀画师外出进修，参加由中国工笔画学会、山东省美协、山东省工笔画学会举办的系列培训班。三是组织研讨会和外出写生，每年定期组织举办巨野籍著名画家、省级以上书协及美协会员、中青年书画优秀人才研讨会、座谈会、鉴赏会及创作写生等活动。

（三）发展传统文化产业，树立品牌是关键

巨野县抢抓机遇，宣传培树巨野工笔牡丹画品牌。依托媒体优势，与200余家主流媒体达成战略合作关系，充分利用展览、论坛和国内外大型会议，全力推介巨野工笔牡丹画产业和作品。凭借自身的文化优势和政府主导的宣传推动，巨野工笔牡丹画在全国乃至世界迅速打出品牌名气，扩大了品牌影响力，在书画产业方面占据了一部分市场份额，拓宽了书画作品销售渠道。而市场的打开进一步带动了书画产业的发展。

民族乐器：
奏响乡村振兴乐章

近年来，兰考县牢记习近平总书记的殷殷嘱托，按照河南省委书记楼阳生把"内涵做深、外延做大、品牌做强"的指示要求，努力推进民族乐器产业朝着品牌化、集群化、文旅融合化方向发展。

一、基本情况

兰考县是中国民族乐器行业四大基地之一，2022年10月获评"中国民族乐器之乡·兰考"称号。全县共有乐器生产及配套企业219家，规模以上企业19家。主要生产古筝、古琴、琵琶、阮等20多个品种的乐器，以及音板、琴桌、琴凳等配套产品。年产销各种民族乐器70万台（把），其中音板占全国市场份额的95%，年产值30亿元，带动就业1.8万余人。兰考县民族乐器产业园区（堌阳音乐小镇）规划面积321公顷，总投资20余亿元，2021年被河南省确定为省重点建设项目。

二、发展历程

20世纪60年代，焦裕禄书记为了治理"三害"带领兰考人民栽种泡桐。受特殊的气候、土壤的影响，泡桐树木质疏松度适中，不易变形，抗热耐腐能力强，用其制成的民族乐器音板纹路清晰美观，共鸣程度高，透音，性能好。经专家鉴定，泡桐是制作民族乐器的最佳材料。80年代初，上海民族乐器厂著名的琵琶制作大师张连根发现，由兰考泡桐制成的风箱在鼓风时声音脆亮，十分适合制作民族乐器音板。于是他找到了风箱的原产地——兰考，并与当地的木匠师傅代士永建立了合作关系。当时加工桐木板材的代士永发现上海人买去的板材做成了精美的乐器，便萌生了自己做乐器的想法。他高薪聘请了上海厂的乐器师傅，在1985年帮助创办了堌阳镇第一家民族乐器厂——堌阳福利乐器厂，把上海先进的制造技术和管理经验带到了堌阳。2000年，上海民族乐器一厂在堌阳成立了兰考县上海牡丹乐器有限公司。

1984年，堌阳镇被国家轻工业部命名为国家乐器音板生产基地。2008年，堌阳镇被评为河南省文化产业先进乡镇。2010年，堌阳镇范场村荣获省文化产业先进村，同年，堌阳镇再次荣获河南省文化产业先进乡镇。2011年，堌阳镇被省政府确定为文化产业示范集聚区。2013年，兰考县成源乐器音板有限公司被河南省文化厅评为文化企业50强和文化产业示范基地，堌阳镇民族乐器工业园区被评为河南省文化产业示范集聚区。堌阳镇民族乐器产业荣获中原经济区"金蚂蚁"奖，12月份被评为第四届中国特色镇。2014年荣获河南省特色文化基地。

三、典型做法与成效

一是优化政策支持。兰考县是普惠金融改革试验区，近年来积极开展普惠金融信用贷款业务以支撑民族乐器产业发展，持续实施"四位一体""新三位一体""产业发展信用贷"等金融扶贫模式。宽松的贷款政策有力地促进了堌阳镇民族乐器产业发展。徐场村90个家庭式作坊，民族乐器专业园区16家企业，已经成为堌阳镇民族乐器产业孵化园。

九玺乐器工人制作古筝

二是着力品牌培育。注重品牌建设，大力培育龙头企业，提升品牌知名度，构建多品牌体系，形成产业协同。按照线上线下渠道并重、传统媒体与新媒体并重的原则，冠名承办各类传统文化活动，提高品牌曝光率；整合淘宝、天猫、京东等网销平台，进行线上品牌古筝、古琴推广，满足消费者选琴、调琴、保养、入门教学等需求。

三是开展文化活动。由政府出资举办古筝、古琴免费公益培训班，共计培训3 000余人。同时，联合河南省博物馆华夏古乐团、洛阳古筝艺术团等，成立兰考民族艺术团，进一步丰富群众民族音乐素养，感受传统文化自信。

真秦乐器工人制作古筝

四是建立研发机构，加强校地结合。与浙江音乐学院签订乐器产业战略合作协议，成立兰考民族乐器研究所，建立兰考民族乐器产品品质等级体系、质量检验体系，加强与北京乐器研究所、中央民族音乐学院、省民族管弦乐学会等机构的沟通对接，进一步提升行业形象及产品层次，打造核心专利技术实力。

五是发展特色文化。以堌阳民族乐器业为基础，打造别具特色的乐器小镇，形成产业集聚、人才集聚、技术集聚、品牌集聚、大数据集聚、资本集聚，努力成为"匠人原乡，大师部落"，提升民族乐器产地的品牌形象。徐场村整体村落以北方民居为主基调，融合中国民族乐器元素建设了"宫、商、角、徵、羽"五个游园，每年接待游客10万人次。以中国民族乐器博览中心为基础，建设兰考民族乐器博物馆，借助河南省博物馆的专家资源、研究成果等，努力入选河南省中原文化传承工程，传承弘扬文化底蕴。

四、经验与启示

一是坚持"依托优势、解放思想"，开启"无中生有"。面对区位条件差、交通滞后、市场不成熟、招商引资难度大等现实问题，必须解放思想、创新思路，树立弱鸟先飞意识，敢为人先，善作善成，冲破发展带来的思想阻力和压力。

二是坚持"乡情招商、以商招商",催生"产业集聚"。充分利用在外创业人才这一最大的、最独特的优势资源,在招商引资中打好乡情牌,大力开展"乡情招商"。在此基础上进一步因势利导、以商招商、精准招商,引进企业,使其形成产业集聚、规模突出的特色园区。

三是坚持"政策支撑、优质服务",优化"发展环境"。通过相关政策,建好标准化厂房,完善与之对应的配套基础设施,使企业"轻装上阵",直接"拎包入驻"。及时制定与其关联的厂房租金、电商、物流、教育培训等一系列的扶持政策,通过优质的服务,对入驻园区的企业实行相关手续全程免费代办等,使企业欣欣然入驻、安心发展。

河南省平顶山市汝州市

汝瓷：
深耕沃土　推动产业高质量发展

一、基本情况

汝州市位于河南省中西部，境内陶土资源十分丰富，是汝瓷艺术的重要发源地。汝州陶瓷历史文化悠久。出土于汝州、现珍藏于中国历史博物馆的鹳鱼石斧图彩陶缸，是全国64件不可出国（境）展出文物之一。汝瓷因位居我国宋代"汝、官、哥、钧、定"五大名窑之首而闻名于世，因产于汝州而得名，在中国陶瓷史上有"汝窑为魁"之誉。2010年，汝瓷烧制技艺被列为国家级非物质文化遗产保护项目。

近年来，为了传承开发好汝瓷这一历史文化金字招牌，汝州市围绕"汝瓷文化名城、山水宜居绿城、豫西南区域性中心城市"的发展目标，坚持"汝瓷文化＋产业＋科技＋旅游"的发展思路，秉持一二三产融合发展和全域旅游的理念，大力发展汝瓷产业赋能乡村振兴。目前，汝州专业从事汝瓷生产和销售的企业有400余家，汝瓷窑炉500余座，汝瓷年产值12亿多元，网上交易额近3 000万元，产品远销日本、新加坡、澳大利亚、美国、加拿大、英国等30多个国家和地区。

二、发展历程

汝瓷始烧于唐朝中期，盛名于北宋，在我国陶瓷史上占有显著的地位。唐宋时期，汝州境内窑厂密布，现存的国家级文物保护窑址有张公巷窑、清凉寺窑和严和店窑。特别是北宋时期，汝州是北方烧造青瓷的中心，四方烧造青瓷器的古窑遗址很多，形成了"汝河两岸百里景观，处处炉火连天"的繁荣景象。到了北宋晚期，皇室命令汝州造青窑器。以玛瑙入釉，烧成后莹润如玉，其天青、天蓝釉素淡高雅，明净润泽，有如"雨过天晴云破处"的汝瓷应运而生，成为一代名瓷，名扬天下，使得汝州陶瓷的发展迎来了鼎盛时期。后金兵南侵，中原战乱，汝窑衰落，兴盛前后不过二十余年，所以弥足珍贵。民间有"纵有家财万贯，不如汝瓷一片"的说法。清代的乾隆皇帝收藏了大量的汝瓷物件，而且还为汝瓷题字题诗，如"定州白垩有芒形，特命汝州陶嫩青"。现藏台北故宫博物院的23件汝瓷中，有13件题刻了乾隆的诗词。汝瓷传世品稀少，全世界现仅存65件。

三、典型做法与成效

汝州市把汝瓷产业作为全市主导产业之一，将汝瓷产业与乡村振兴有机结合，探索形成"培育龙头企业—完善产业链条—培育产业集群—带动产业振兴"的产业发展新路径。2023年底，汝瓷产业年产值突破12亿元，网上交易额近3 000万元，逐步成为汝州县域经济发展的新高地。

（一）做好顶层设计，健全工作机制

汝州市将陶瓷产业发展作为推进经济结构转型升级、实现发展动能转换的核心抓手，坚持以市场化为方向，创新思路，强化举措，擦亮"汝瓷"金字招牌。一是绘制一张蓝图。坚持策划引领、规划先行，聘请深圳王牌研究院编制汝瓷产业发展专题策划，聘请同济大学规划设计院编制汝州文化产业发展专项规划，制定三年行动计划，以科学的规划指导推动汝瓷产业发展。二是健全工作机制。成立汝州汝瓷电子商务产业园管委会，实行"一个机构、一套班子、一抓到底"的运行机制，实现资源统一管理和有效配置。三是强化支撑保障。组建汝州市文化投资发展有限公司，与省财政厅、河南省农业综合开发公司等合作，培育做强汝瓷产业，吸引30亿元社会资本建设汝瓷小镇。依托汝州市职业技术学院，开展校企合作，通过企业"点单"，学院学生"做单"，以"沉浸式"方式深入企业兼职，为企业技术改造、产品研发、创新提供支撑，每年定向培养陶瓷技能人才480余人。

（二）突出集聚发展，壮大产业规模

坚持适度规模化发展导向，通过完善产业链条、培育产业集群、加强宣传推介、城乡联动发展等，壮大汝瓷产业。一是坚持延链强链。整合新建标准厂房50万米^2，高标准规划建设汝瓷小镇。突出新型文化产业发展思路，建设汝瓷大师园、河南省陶瓷产品质量监督检验中心、创客源、中国汝瓷博物馆等，吸引本地汝瓷生产、配套、服务等80余家企业入驻，形成集非遗传承、陶瓷材料、陶瓷制造、陶瓷创意、陶瓷商务于一体的产业链条。二是实施品牌战略。坚持把品牌培育和汝瓷产业发展紧密结合，引导企业加强产品研发、专利申请、产品认证，参与行业标准制定，提高企业竞争力，打响朱氏汝瓷、玉松汝瓷、廷怀汝窑、弘宝汝瓷等汝瓷品牌，现有汝瓷品牌企业260家，年产值超10亿元。三是强化宣传推介。深入挖掘汝瓷文化资源，全力推进汝瓷产业发展，成功举办中国（汝州）国际汝瓷文化周、"恢复历史名窑60周年""恋瓷集"春季文化旅游等系列活动，培育"汝瓷知己汝州等你"城市品牌，将汝瓷文化融入城市建设，运用抖音、微信、微博等宣传推介汝瓷。目前，汝州现有注册陶瓷研究、生产及销售单位841家，专业从业企业300多家，专业生产企业100多家，产品远销日本、新加坡、澳大利亚、美国、加拿大、英国等30多个国家和地区。

（三）坚持多措并举，助力乡村振兴

切实找准汝瓷产业在城市和乡村的不同定位，因地制宜、因域施策、多措并举，不断发挥汝瓷产业在城乡融合发展中的桥梁作用，扎实推动乡村振兴。一是发掘文化内涵。聚焦"汝瓷文化名城"目标，把汝瓷产业发展和传承作为城市建设的重要内容，建成市青瓷博物馆、汝瓷博物馆，在城市游园、广场等设施建设中，广泛融入汝瓷元素，着力打造汝瓷品牌，不断提升城市文化内涵。二是深挖旅游潜力。高标准建设汝瓷小镇、弘宝汝瓷文化园、青瓷博物馆等项目，整合周边九峰山、硕平花海、严和店水库、蟒川河、蒋姑山等项目，打造以赏瓷为主题的特色路线，每年接待游客130万人次，年经济效益5 000余万元。三是注重城乡融合。把乡村中小型产业作为汝瓷小镇产业园区的补充，构建"产业基地在城区、作坊加工在农户"的立体化产业体系。目前，建设乡村加工点760余家，吸纳2万余名群众就业，平均月工资5 000元以上，通过吸纳务工、慈善捐助等方式带动脱贫人口和监测对象5 000余人稳定增收。

四、经验与启示

弘宝汝瓷烧制车间

民族要复兴，乡村必振兴。文化产业是一种新的经济形态，通过"文化+"赋能乡村振兴，是发展县域经济的新模式，是推动乡村振兴战略的重要抓手。汝州市依

托独特的汝瓷文化资源和丰厚的文化底蕴，激发优秀的汝瓷传统乡土文化活力，坚持"文化+"的发展思路，将汝瓷特色文化产业融入乡村经济社会发展中，为广大农民群众开辟了一条致富的新路，奋力绘就乡村振兴的壮美画卷。

一是"以城带乡、城乡互促"是文化产业赋能乡村振兴的指导思想。汝州市建设汝瓷小镇，培育龙头企业、完善产业链条、培育产业集群，把乡村中小型产业作为汝瓷小镇产业园区的补充，构建"产业基地在城区、作坊加工在农户"的立体化产业体系，促进城市的人才、创意、资金等要素更多地向乡村流动，丰富乡村文化业态，促进乡村文化产业发展。

二是"打造品牌、融合发展"是文化产业赋能乡村振兴的基本路径。提升内涵品质，强调挖掘各类文化资源禀赋，进行创意提升，塑造汝瓷品牌特色；推动汝瓷文化与乡村旅游深度融合，形成农文旅、一二三产业有机融合的特色文化业态。

三是"群众知晓、广泛参与"是文化产业赋能乡村振兴的重要保障。乡村振兴离不开群众的参与和贡献，健全农民主体的利益保障机制，让群众积极投入到汝瓷产业建设、生产、运营中，带动农民群众实现稳定增收。

汝阳刘毛笔：
传统技艺　助力乡村振兴

一、基本情况

孙店镇位于项城市西南部，地处上蔡、商水、项城三县（市）结合部，区位优势突出，交通便利，是闻名全国的毛笔和劳保用品之乡、服装生产强镇和防水防潮劳务输出基地。近年来，孙店镇以"产业兴镇"为目标，在发展新兴产业的基础上，不断挖掘开发传统文化产业，发展孙店镇汝阳刘毛笔手工制笔工艺。优良的毛笔品质、现代化的公司销售模式，使孙店镇汝阳刘毛笔产业不断发展壮大。

二、发展历程

汝阳刘毛笔，是历经两千多年历史凝聚而成的非物质文化遗产，在传统的手工制笔工艺上不断发展创新，形成具有"精、纯、美"三义和"尖、齐、圆、健"四德的特点，先后被认定为中华老字号、河南省非物质文化遗产等光荣称号，具有突出的传统民族文化特色。

汝阳刘毛笔由刘氏先人刘寅传于刘氏后人，至今已传承67代。汝阳刘毛笔第66代传人、省级非遗项目代表性传承人刘好勤，熟练掌握128道制笔技艺，其中"头刀贴锋"打破了汝阳刘制笔传统工艺，所做出的毛笔质量大大提升，这项科研项目荣获河南省科技成果奖。狼毫"干磕干压"技术，开创了狼毫制笔新领域。市级非遗项目代表性传承人刘光辉在汲取前人制笔精髓的基础上，在羊毫画笔中使用了"加健"技术，形成了汝阳刘毛笔的品质特点：提而不散、铺而不软、笔锋尖锐、刚柔兼备。

三、典型做法与成效

（一）不断发扬壮大传统制笔工艺

通过以师带徒、举办毛笔技艺传承培训班、设立毛笔制作技艺研学实践基地、建立汝阳刘毛笔博物馆、开展非遗进校园活动等形式，让世人从多角度了解毛笔发展历史，进而推动中国优秀传统文化的薪火相传。汝阳刘制笔技艺嫡脉相传，日臻完善，目前全镇参加培训人员4 650人，能熟练掌握制笔工艺的就有1 362人，为汝阳刘毛笔工艺进一步的传承发展奠定了人才基础。

（二）不断加强汝阳刘毛笔品牌培育

汝阳刘毛笔选料为特定区域产出的羊毫、兔毫、狼毫、獾毫等，工艺流程包括从分毛、脱脂到制成成品共128道工序。汝阳刘毛笔传承人先后在北京琉璃厂、洛阳洛邑古城、许昌曹魏古城、开封翰园碑林、安阳邺郡园区、漯河漯湾古镇设立展示中心，在全国各大城市参与非遗展示、文化交流、研学教育，不断地推广制笔工艺、培育品牌。

（三）不断创新带动乡村产业发展

为了传承保护汝阳刘毛笔文化，汝阳刘笔业公司建立了功能完善的传习所，定期开展传习活动；成立毛笔协会，组织开展多种形式的传承培训活动，使传统技艺得到了更好的推广和传承；在各中小学校建立传承实践基地，开展非遗进校园活动；开展中小学非遗研学，推进优秀传统文化教育和非遗技艺传承，通过组织开展传统工艺培训、生产研发传统工艺产品、对接市场销售渠道等方式，帮助当地周边掌握技艺，目前从事毛笔制作、生产企业61家，毛笔产品有100多个品种规格，年生产毛笔3 000多万支，年产值1.2亿元，带动1 300多人就业，年均增收1.9万元。

四、经验与启示

（一）传承中华优秀传统文化是历史使命和社会责任

习近平总书记指出："优秀传统文化是一个国家、一个民族传承和发展的根本，如果丢掉了，就割断了精神命脉。"作为传统毛笔文化的传承者，我们长期身处中华传统文化这个环境里，深入领悟习近平总书记的系列重要讲话精神，始终把传承中华优秀传统文化当作自己的历史使命和社会责任。近年来，筹建了中国毛笔博物

切磋技艺

馆，收集了散落于历代典籍中与毛笔相关的文献资料，征集了关于毛笔文化的随笔文稿，收集了不同时期、不同风格的毛笔实物，又广泛征集与毛笔生产、销售相关的物品，全面展示两千年来毛笔为中国文化、政治、经济发展作出的巨大贡献。

（二）携手推进中华优秀传统文化进校园

习近平总书记强调，培育和弘扬社会主义核心价值观必须立足中华优秀传统文化。要切实贯穿于社会生活方方面面，要从娃娃抓起、从学校抓起，做到进教材、进课堂、进头脑。传统文化之修习，始于心性。心性之化育，始于孩童。故传统文化教育，当以中小学生为首。最有效的办法就是拓展校园文化，实施中国传统文化进校园、进课堂、进头脑，使优秀传统文化更好地融入国民教育，焕发长久生命力。公司与有关各方协作配合，积极推进非遗进校园、进课堂，推进书法进校园进课堂活动，参加有关方面组织开展的非遗技艺传承活动，取得了明显成效。

（三）坚持传承中创新发展的经营理念

近年来，我们积极推动非遗保护与传承，在传承中创新，在创新中发展，让非遗文化不仅仅生存在博物馆里、生产车间里，而是以鲜活的状态走向市场，被更多人认知并接受。我们认为，回归生活是最好的保护，创新开发是最好的路径，接轨市场是最好的传承。我们把中国特色传统文化和汝阳刘毛笔技艺结合起来，走市场化之路，通过重新组合创新，让其重焕生机，在继承了传统手工制作技艺的同时，开辟了多元化市场。

湖北省仙桃市

邓氏麦秆画：
执杆生画 指尖技艺"活"起来

一、基本情况

位于江汉平原的湖北省仙桃市，是华中地区小麦的主产地之一。麦秆画是中国独有的一种民间手工工艺品，源于隋，兴盛于唐宋，流行于明清，是中国民间工艺艺术中一朵奇葩。

出自湖北省仙桃市邓氏麦秆画乃中国一绝，世界独有。它以麦秆为主要原料，以刻刀、烙铁为工具，经加工处理，巧妙制成工艺品，是一种剪贴艺术。邓氏麦秆画题材广泛，以花鸟虫鱼、龙凤呈祥等图案为主，反映了尊龙崇凤的荆楚文化特点，展现了荆楚文化和江汉水乡的地方特色。其多次获得中国工艺美术百花奖金奖，多次参加国内外展览。2012年邓氏麦秆画第六代传承人邓友谱获得"中国工艺美术大师"称号、2018年被认定为国家级非物质文化遗产代表性传承人；邓氏麦秆画第七代传承人邓小军2012年被评为湖北省工艺美术大师，2018年获得全国五一劳动奖章，当选湖北省十三届人大代表，2022年被认定为省级非物质文化遗产代表性传承人。

近几年来，邓氏麦秆画的手工艺变得日趋复杂，在工艺技法上不断创新，并将不同的艺术思维与之融合，受到了海内外各界的赞誉。如今，邓氏麦秆画已被列入湖北省非物质文化遗产名录，成为仙桃的一张"亮丽名片"。

二、发展历程

邓氏麦秆画于道光年间由邓修成及其堂兄弟邓之红、邓之烈于沔阳府场镇莲子口祖籍始创，主要制作喜联寿幛等。到第二代传承人邓天国时，开始制作寿桃、五福、蟠龙、丹凤及卷草等吉祥图案的小型麦秆画，供人装饰家私。第四代、第五代传人则开始尝试鸿篇巨制，创作出《中国道教神仙百图》《荆楚民间传说故事百图》，作品稀世罕见，声名远扬。

作为邓氏麦秆画的第六代传人邓友谱，以挽救民间艺术为己任创办麦秆画室，旨在将传统文化发扬光大。不过在挽救民间艺术道路上并非一帆风顺，因销路不畅，邓友谱麦秆画厂一度入不敷出。基于此，邓友谱下定决心进行大刀阔斧的改革。2008年，邓友谱以一幅长14米，高1.1米的麦秆浮雕《清明上河图》和500幅麦秆画《鸟巢》《福娃》献礼奥运，麦秆画逐渐走出国门。次年，邓氏麦秆画做出了40万元的业绩。

为了更好地传承"邓氏麦秆"这门手艺，邓氏父子先后在湖北、重庆、黑龙江等地举办麦秆画培训班，将愿意学习麦秆剪贴的人聚集到一起，让麦秆画产品"飞入寻常百姓家"。他们还参加大大小小的展会百来场，通过图文展览、技术展示等形式，使观展人员真切感受到麦秆画的独特魅力，促成多笔订单形成。2009—2014年，邓氏麦秆画火爆"出圈"，销售额年破百万元。

他们还花费大量时间整理祖传遗稿并潜心复制和开发，将传统工艺与现代审美观有机地结合起来，创新研制并解决了防潮、防霉等难题。2019年以来，受疫情影响，邓氏麦秆画陷入低谷。邓小军多方拓展销售渠道，闯出一条市场化道路。2021年，邓氏麦秆画入选"湖北礼品"，成为外出招商的"伴手礼"，实现经济效益和社会效益双丰收。眼下，邓氏麦秆画又迎来新一轮销售高峰，麦秆画行销海内外，个性化定制的需求越来越多。

三、典型做法与成效

（一）授人以渔，产业带动共同致富

如何让小小麦秆画带动更多人增收成了邓氏麦秆画传承人邓小军每天思考最多的问题。经过反复实践和摸索，他找到了答案。一是鼓励有土地、有种植技术的农户种植大麦、小麦，待农作物收获季节，以高于市场价格回收村民地里遗留的大量秸秆。目前，直接向邓小军提供秸秆的农户达到10多户，每年回收秸秆达到5 000斤，帮助农户创收20万元。对于有销售麦秆画需求的村民，邓小军也是无偿帮忙销售，共计帮助20户村民销售近200万元的麦秆画。二是优先吸纳附近有手艺、有意愿的村民到自家画室就业。目前，画室员工达12人，画室每年收入达100万元，发放年工资共计48万元。三是无偿招收徒弟，只为将这门手艺更好地传承下去。他免费为徒弟们置办学习麦秆画所需工具。目前，邓小军和父亲的徒弟达到200人，有的从事麦秆画衍生品的销售，有的当起麦秆画课程培训老师。年受益于麦秆画产业人数达到1 000人次，麦秆画产业收入年创收2 000万元，有效地拓宽了"指尖经济"。

（二）完善机制，就业带动群众增收

实现产业化发展，是文化资源创造价值、造福社会的必由之路。一是在仙桃市沔阳小镇西侧设立邓氏麦秆画非遗传承基地，形成具有联动效应的文化产业带。该基地集麦秆画艺术展览、大师工作室、非遗体验、研学旅游、旅游纪念品开发于一体，通过与各类学校合作，开展研学旅游、夏令营等活动，唤醒学生对传统工艺美术的兴趣与爱好，为更多人提供就业机会，将这门技艺转化为经济收益。二是以受众为中心、以文化为立足点、以技术为支撑点，通过独立开发、授权开发等模式，丰富麦秆画纪念品和延伸产品，打造竞争力优势，促进资源、要素优势向该产业集聚。三是以政府组织的非遗宣传展示活动为契机，先后出访俄罗斯、新西兰、波兰、哈萨克

斯坦等国，参加"一带一路"中外非遗文化交流活动，扩大产品国际影响力，提升市场竞争力，增进人文交流与文明互鉴，让邓氏麦秆画走向更加广阔的国际舞台。

四、经验与启示

（一）培养非遗人才，做强人才振兴

麦秆画人才队伍培养是发展和创新产业的核心问题。近年来，仙桃市邓氏麦秆画传承人积极与学校对接，在仙桃市各大中小学开展麦秆画教育，为产业发展输送更多的传承人，提升创新型传承人队伍建设。目前，邓氏麦秆画工作室已入驻仙桃职院，影响万余名学生，还与仙桃职院签订合作协议，准备在仙桃职业学院开展系统化课程培训和高阶研修班，为文化振兴注入了新的活力。

（二）实施联农带农，做深产业振兴

以前农村处理麦秆的方式有一些弊端，一是没有带来经济效益；二是在处理过程中，可能造成一定的环境污染。而麦秆画的出现，就带来了一条自然的产业链。该产业链依托工作室、农户发展，通过劳动务工、麦秆画制作、物流服务等多种形式增加农民就业岗位，带动农民增收。画室还联合农户，建立了"画室＋农户"订单模式，促进农户与现代农业发展有机衔接，实现标准化生产。

（三）统筹文旅融合，擦亮文化振兴

近年来，湖北省仙桃市邓氏家族传承人依托各地新时代文明实践所，开展非遗传承培训活动，通过技艺展示、互动教学等形式，共开展文化活动200场次，传播优秀传统文化，丰富群众精神生活。依托邓氏麦秆画非遗传承基地，整合辖区内资源，推动"麦秆画＋文旅""麦秆画＋产业""麦秆画＋文创""麦秆画＋研学"等融合发展模式，开辟多种销售渠道，形成麦秆画产业链，实现文创产业发展与麦秆画保护共推双赢，让非遗文化更好地助力文化振兴。

"传统技艺 斗巧七夕"非遗传承培训活动

华容土布：
老手艺织出新时尚　古织机焕发新生机

一、基本情况

华容区位于湖北省鄂州市西部，东依亚洲第一个专业货运机场、湖北国际物流核心枢纽——鄂州花湖机场，西临武汉光谷科技新城，南接梁子湖畔梧桐湖，北靠长江黄金水道，是南北文化交流的通道和吴楚文化的主要赋存地之一。华容区历史源远流长，新石器时期即有人类活动，因南朝梁武帝在此建皇家寺院华容寺并亲撰华容寺碑而得名。华容土布传承于黄道婆发明的传统棉布纺织技艺，距今750余年历史。近年来，华容区始终牢记习近平总书记关于"望得见山、看得见水、记得住乡愁"的殷殷嘱托，通过多渠道搭建展示交流平台、多方面开展技艺传承培训、多角度推进手工艺品推陈出新，实现了华容土布文化的全面挖掘和传承。

二、发展历程

人类最原始的衣服是用兽皮拼接而成的，纺织业出现后，以"麻、苎、葛、棉"等为原料的布艺衣服相继诞生。汉末，棉的种植技术从印度传入中国两广、海南、云贵等地区，南宋末，棉纺织业在汉族推广，但纺织技术落后，纺织的布匹疏松度不如云、贵、闽少数民族纺织的质地紧密。乌泥泾的黄道婆向黎族妇女学习棉纺织技艺，回乡改良纺织机。经过一代一代人的传承和不断创新，直至20世纪70年代，随着人们生活水平的逐步提高，棉纺织技艺才慢慢淡出了人们的生活，但土布纺织和印花等布艺仍流传至今，尤其是纯手工棉布印花床单成为时尚珍品。"华容土布"工艺精湛独特，具有厚重的民间地方特色，2010年和2013年被鄂州市人民政府、湖北省人民政府分别列入市级和省级非物质文化遗产代表性项目名录，从此声名鹊起。

三、典型做法与成效

（一）深度融入现代元素，培育地方产品优势

华容土布属于棉纺工艺品，相较于现代纤维制品，具有生态环保、柔软舒适、透气吸汗、冬暖夏凉、不起静电、抗辐射等特点。华容区遵循"既保护，又开发"

理念，在传承华容土布的种、纺、织、染、绣、裁、缝等多道制作工序基础上，以市场需求为导向，在武汉纺织大学非遗文化中心结对帮扶下，对传统华容土布生产工艺、设计工艺进行改良，保留华容土布"本色""原色""原味"，同时融入现代元素，进一步丰富土布的纹理、款式，实现了传统工艺和现代技术、非遗文化技术与现代审美元素的完美结合。

（二）深度融入文化特色，助力产业品牌建设

华容区遵循"文化是产品最持久力量"的理念，结合华容区三国文化、吴楚文化等特点，对华容土布的制作工艺流程、设计理念、区域元素等进行全面的继承和延伸，深入挖掘"华容文化"的深刻历史内涵，将华容土布的利用与丰富多彩的群众性文化活动的开展结合起来，将华容土布衍生的产品与"蒲团荷花节""旗袍文化节""农耕文化节"等乡村文化艺术节融合在一起，开发具有华容文化元素的旗袍、围巾等文创产品，供市民收藏、馈赠，推动非物质文化遗产实现创造性转化、创新性发展。

（三）深度融入多样载体，推动文化创意创新

采取多种形式对土布非物质文化遗产开展广泛宣传推介，并融入国民教育，培育生态空间，不断提高土布的社会效应和产出效益，开展进乡村、进社区、进校园等活动，推动土布向日常生活的延伸；创新非遗传承方式，培育非遗传承的生活基础和生态空间，建立"华容土布"研学基地，将基地场馆打造成为研学和社会实践的"播种"空间；积极打造"数字土布"传播阵地，将土布产品融入抖音、微视频号、公众号等媒体，推出一批以华容土布为主要内容的短视频作品。

华容土布织布机

武汉纺织大学的老师指导华容土布设计

四、经验与启示

（一）注重政府引导，努力推动共同缔造

华容土布从面临遗失到传承壮大的背后，离不开政府的无形推动和积极引导，在阵地建设、产品迭代升级、产品推广等方面给予了大力支持，不断推进和实现非遗创造性转化、创新性发展。通过开展非遗进村入户等活动，让原本属于日常生产生活的非遗产品，重新嵌入人们的"新日常"。

（二）深入挖掘传承，竭力光大特色资源

把做好非遗传承作为促进乡村文化振兴的重要动力源，不断拓展非遗外延，赋予非物质文化遗产新的时代内涵。积极探索建立集户外研学、文化旅游、制作体验于一体的特色非遗研学基地，通过非遗传承人讲学、教学，唤起全民保护优秀传统文化意识，在学研中培育新一代非遗传承人，确保非遗技艺得以良好传承。

（三）突出创新创造，着力打造创意精品

积极争取武汉纺织大学的技术支持，以工艺理论推进产品工艺流程的升级，以技能培训推进产品设计理念的升级，引导非遗产品走向产业化，加快形成市场化机制，从而增添传统工艺自身造血机能，推进产业健康发展和文化繁荣。

（四）秉承元素融合，致力彰显非遗魅力

华容土布始终坚持在保护和传承中发展，在发展中保护和传承，持续做好保护、传承、创新三结合文章。发挥专业院校的创造性设计优势，不断拓宽推向市场产品的种类，充分展示非遗文化资源的经济价值，让文创产品深度融入生活场景，让非遗文创成为人们日常生活的一部分，同时以提高人们的文化艺术素养、审美能力和创新能力为抓手，持续丰富具有时代元素的非遗开发产品的市场供给，不断彰显华容土布文化魅力。

湖北省黄冈市英山县

学农书法文化：
文墨兼发　情满茶乡

一、基本情况

学农书法文化园是英山县传承弘扬传统文化、推进乡村文化振兴的重要文化产业基地，成为农民群众的精神家园，坐落于英山县杨柳湾镇新铺街村，规划建设面积13 000余米²，园区融展览、培训、康养、研学、体验、出版等功能于一体，集中展现书画文化、军旅文化、红色文化、传统文化、民俗农耕文化和茶文化。文化园核心区占地面积3 000余米²，设四馆一廊一中心，分别为胡学农书法收藏馆、大别山农耕民俗馆、全国名家书画作品真迹馆、如意综艺馆、百米雅韵碑廊和如家服务中心，每个馆分别独立，呈四合院形式。园内拥有各类材质展品、藏品、工艺品3万余件，收藏大别山地区石、木、陶、竹、瓷、金属等材质生活用具、生产工具千余件，悬挂近百位名家书法碑刻作品，总价值近3 000万元。

二、发展历程

胡学农，原兰州军区空军政治部政工研究室正师职主任，1976年入伍，空军大校军衔，曾荣立三等功三次。他是优秀军人，也是优秀的书法家和收藏家，对中华民族传统文化有着深厚的感情。在部队光荣退休后，胡学农返回祖籍英山县定居。2016年，胡学农夫妇自筹资金，组织工匠修建起胡学农书法收藏馆和叠香阁书画展览馆。2022年，对原有两馆进行新建和改建，胡学农书法文化园建设趋于完善。2023年5月，园区正式向社会免费开放，国内外游客纷至沓来。据不完全统计，已免费接待国内外游客5万余人次。有力推动了乡村文化的传承和发展。

目前，文化园已成为省市县文艺团体采风、创作、交流基地，丰富活跃了基层的文化生活；也成为全县中小学生红色文化、书画文化、传统文化研学基地，开园后累计为3 000余名中小学生提供研学活动服务，激发了学生对农耕农俗、军旅、书画、乡土人情等中国传统文化的学习兴趣和求知欲，通过体农耕、秀书法，助力乡村振兴。

三、典型做法与成效

（一）以文化人，勇担文化传承之责

充分利用文化园设施、展藏品的历史传承性、直接互动性和艺术观赏性，不断丰富文化服务载体，拓展文化教育功能，让乡村文化在运用中得以发展、在发展中得到传承。自2016年以来，学农书法文化园免费为全国政协书画院、开国将军李少元、退休教师徐仿亚、英山县书法家协会、庆祝建党一百周年等9个单位和个人举办书画展，自费组织黄冈市诗词协会和全国书画家举办建党百年、赞颂毕昇专题收藏展活动，并出版专期杂志推介宣传，使乡村文化的影响力不断提升。同时，免费为当地厂矿企业、旅游点和父老乡亲书写作品千余件、装裱书画作品2 000余幅，每年春节送文化下乡和赠送台历、挂历百余件（幅），向杨柳湾镇所有小学和县城莲花小学赠送自编教材《小学生书法教程》2 200套、8 800本，并通过举办培训班、视频远程教学等形式培养书法骨干100余人，让特色文化浸润当地乡村。

（二）以文兴产，激发乡村发展活力

学农书法文化园始终秉承"文化引领、共同缔造、协调发展、整体推进、各具特色"的理念和思路，大力发展文化产业，推进文旅融合，带动了当地的文化振兴和文旅经济发展，起到了良好的辐射作用。在文化园的带动下，沿线4个村深挖当地文化资源，开展文化项目建设，形成了"两馆一区一基地"发展格局。杨树堰村以杨树堰水库、三百年历史的花桥、枫树岭和狮子岩为载体，建设土特产采摘基地，发展体验种植、采摘和户外攀爬；竹林铺村建立竹艺馆，建设占地面积2.6万米^{2}的竹林园区，发展集旅游观光、加工、体验于一体的竹编艺品生产展销；莲花尖村依托现有百亩茶园，建设茶艺馆，提供种植、采摘和加工、展销一条龙服务；胡家墩村建设1万米^{2}的生产劳动体验区，让游客亲力亲为种植、收割和加工水稻、小麦等农作物，亲身体验农耕文化。

（三）以文富民，增添乡村振兴动能

学农书法文化园以打造大别山区地标性的文化圣地和旅游胜地为目标，大力加强园区自身建设，并谋划与当地景区茶叶谷、童玩谷和英山尖合作，打造大概念文化观光旅游区和实践体验区，丰富游客文化体验，力争年接待游客量30万～40万人次。近年来，文化园稳定发展，知名度和影响力不断提升，通过文化园工程、餐饮、研学和环境建设等多种渠道，为当地村民提供就业岗位300余个，有力地推动了当地文化振兴和经济发展。

四、经验与启示

（一）乡村文化传承发展要重视外出创业人才队伍

乡村文化振兴任重道远，迫切需要一批像胡学农这样事业有成、眼界开阔、社会经验丰富且有情怀的乡土能人参与，更好发挥外出创业人才模范带头作用，推动乡村优秀文化得到传承发展。

（二）乡村文化传承发展要坚持因地制宜

学农书法文化园能够不断发展壮大，根本还是在于乡村特色文化的吸引力、感召力。文化园充分依托当地的自然环境、历史文化、民俗风情等，深入挖掘大别山区乡村文化的地域特色，记录乡村历史、信仰、习俗和生活方式，留住乡村社会深层情感的集体记忆，让更多的年轻人了解和认识地方乡村传统文化，培养他们的文化自信和认同感，推动乡土文化的保护和传承。

（三）乡村文化传承发展要走文旅融合路子

文化是旅游的灵魂，旅游是文化的载体。学农书法文化园坚持走文旅融合发展的路子，大力发展文化体验、研学旅游等新业态，致力打造乡村文化富集地和特色鲜明的旅游胜地，既推动文化的发展，也有力促进了乡村振兴。

英山县城西小学到文化园进行研学活动（书法）

英山县人社局老干部文化园召开座谈会

湖北省黄冈市黄梅县

黄梅挑花：
"指尖技艺" 绣出美好生活

一、基本情况

荆楚地区有句俗语说："黄梅有女皆挑花。"黄梅的女性皆会挑花技艺，女孩从小就跟着家里的女性长辈学习挑花技艺，直到出嫁，故黄梅县也就成为我国的"挑花之乡"。挑花又名架子花、十字挑花，属于我国传统民间刺绣工艺，是黄梅县民间艺人智慧结晶，其图案精巧、色彩艳丽，具有独特的艺术表现力和浓郁的地方民族特色，曾被誉为"无声的抒情诗，幻想的楚辞"。2006年5月20日，黄梅挑花经国务院批准被列入第一批国家级非物质文化遗产名录。2021年入选第二批中欧地理标志协定首批保护名录。

二、发展历程

相传，黄梅挑花起源于唐宋时期，发展成熟于明末清初。据《黄梅县志》记载：早在宋代，黄梅就有了十分讲究的挑花工艺。黄梅挑花有过辉煌的历史，1938年获"巴拿马万国博览会"金奖，1956年获首届湖北民间工艺美术展一等奖，1959年、1978年两次入选人民大会堂湖北厅的内装饰。

由于黄梅挑花来自民间，是纯手工制作的工艺品，制作一件作品费时费力却得不到相应的报酬，因此，自20世纪90年代初以来，会挑花的人越来越少，黄梅挑花一度濒临失传。在被列入第一批国家级非物质文化遗产名录后，在一些传承人的带动下，黄梅挑花被保护传承继而被开发利用。

80后的洪利出生在挑花世家，自幼受到熏陶，对刺绣十分喜爱，大学毕业后，专门到上海、苏州、杭州学习法式刺绣、苏绣和古法香囊的技法，成了一名四级法式刺绣师。2020年初，回乡从事"黄梅挑花＋"创业，注册了湖北梅开二度文化有限公司。历经四年的发展，湖北梅开二度文化有限公司已将"弘扬黄梅挑花，助推乡村文化产业振兴"作为企业重要使命，创办以黄梅挑花为主要内容的职业技能培训学校1所、中小学非遗文化传承基地2处，在全县开设黄梅挑花巾帼微工坊8个，建成黄梅挑花展厅3个，先后开展黄梅挑花培训6 000人次，创作黄梅挑花产品15 000幅，参加国家级、省级非遗文创设计大赛获奖10个，参与国家级、省级展览活动3次；公司推出的《写好非遗文化大文章，"黄梅挑花"助力乡村振兴》短视频，被农业农村部、央视网纳入"二十大精神在乡村文化典型案例"短视频展播名单。

三、典型做法与成效

（一）开设普惠性黄梅挑花课堂，让乡村非遗保护意识越来越强

近几年来，湖北梅开二度文化有限公司抢抓黄梅县委、县政府传承守护黄梅挑花文化名片的机遇，以就业重点人群、乡村留守妇女、挑花爱好者为主要对象，大力实施"传承绣娘"培训计划。2021—2023年，依托下属巾帼微工坊，在全县开展黄梅挑花技能培训90多场次，培训熟练绣娘3 000人次以上。同时，公司联合县教育局在黄梅县理工中等专业学校、黄梅县蔡山镇中心小学设置了"黄梅挑花"非遗传承保护实验基地，指导学校开设"黄梅挑花"校本课程；与华中科技大学、华南农业大学等多所高校合作开展大学生实习实训活动，大大激发了高校大学生参与"黄梅挑花"图案设计和技能学习的热情。

（二）开展黄梅挑花生产性保护，让乡村文化产业越做越大

2020年以来，湖北梅开二度文化有限公司把黄梅挑花与旅游文化、文化产业等相融合，闯出了一条"黄梅挑花+"项目保护性生产的新路子。2020年，公司成功注册"洪绣娘"商标品牌。2023年11月，主要经营高端定制产品的新品牌上线。截至2023年底，公司"挑花"产品年订单量从最初一年的300余幅逐步攀升至3 000幅，年营收达到300万元。当前，公司计划再经过几年的努力，使企业年营业额达到2 000万元以上。

（三）参与各种文化交流，让黄梅挑花产品越来越火

湖北梅开二度文化有限公司坚持"走出去"与"请进来"相结合，积极参与非遗文化传承保护交流和赛事活动，不断扩大黄梅挑花的影响力。2020年，黄梅挑花+创新非遗传承项目，获团中央举办的"创青春"全国优秀奖；2021年，参加团中央举办的新型活力创新展，黄梅挑花创新作品《百年辉煌》获"红船""传承"特色项目奖；2022年，黄梅挑花创新作品《古祥茶旗》，入选北京奥组委举办的"冬奥有礼·约会天才妈妈"活动成果展；2023年，黄梅挑花作为湖北非遗文化代表参加西藏展览活动。

四、经验与启示

（一）坚持党政主导和群众参与并行

毫不动摇地坚持和加强党对乡村文化工作的领导，为乡村文化振兴提供有力保障。必须充分尊重群众意愿，发挥他们的主体作用，不断提升他们的参与感、获得感、幸福感。公司通过订单式培训、订单式设计、订单式销售模式，与当地农村留

守妇女紧密合作，成功带动200余名留守妇女和脱贫妇女实现家门口灵活就业，人均月增收2 600元。

（二）坚持弘扬传承和创新开发并重

乡村特色文化发展是动态的过程，要坚持"在开发中保护，在保护中开发"原则，既不能做封闭式的圈护，也不能离开保护去开发。公司法人、黄梅挑花市级传承人洪利一方面虚心向石九梅、胡德稳、陶培峰、单生荣等前辈匠人请教学习，领悟"黄梅挑花"技术精髓，还远赴苏州、杭州、上海学习法式刺绣、苏绣、古法香囊等技法；另一方面，还注重加强与一些大学及科研院所合作，借助高校的力量，有针对性地创新开发挑花新产品。

（三）坚持政策激励和市场机制并举

黄梅挑花非遗文化产业的发展，得益于黄梅县出台了《黄梅挑花传统工艺振兴三年行动计划》，与妇联、农业农村、文旅等部门的大力扶持分不开。要坚持引入市场机制，鼓励、支持、引导梅开二度、黄梅仙女挑花等一批市场主体逐步扩规，共闯市场，促使黄梅挑花文化产业不断做大。

黄梅挑花传承人洪利到非遗传承基地为小学生传授挑花技艺

坛下铜锣：
匠心坚守铸品质　守正创新促发展

一、基本情况

耒阳市位于湖南省南部，衡阳盆地南端，五岭山脉北面，因地处耒水北岸而得名。耒阳全境蕴含丰富的铜、铁、锡、锰、镍等有色金属矿藏，其煤的含量位居全国百强，这些丰富的资源为金属冶炼技术的出现提供了物质基础和原材料保障。近年来，耒阳市围绕打造省域副中心城市和"五个耒阳"建设目标，因地制宜推动"一乡一品"特色产业建设，全面推动传统工艺振兴，以重振昔日坛下乡"铜制品之乡"的美名。目前，坛下铜锣热销国内近20多个省市乃至东南亚华人地区。

二、发展历程

坛下铜锣制作技艺起源于三国时期，至今已有1 700多年历史。据民间传说和史料记载，三国时期，刘备南下入蜀，派先锋张飞驻守坛下，张飞带来的工匠将北方金属冶炼技术传入，由于流经坛下的舂陵江畔盛产铜锡，当地先民纷纷学习制铜技艺，最盛时每家每户都有制铜作坊。坛下罗氏祖先也学会了炼铜术，在炼铜的过程中偶然听到了锣音，认为这是神灵的声音，于是将能发出这种声音的铜锣作为乐器用于祭祀和民俗活动，这种技艺代代相传，一直延续至今。

1997年，坛下乡公社铜锣厂和大部分家庭作坊因管理不善、技术落后而纷纷倒闭，制锣师傅们也相继转行。罗冬元顶着人才缺乏、机械设备落后等多重压力，凭借自己过硬的铜锣制作技艺及良好的人脉关系，把散落于各村各户的铜锣制作师傅召集起来，自筹资金创办了软石铜锣厂，当时仅有5名员工。2005年，对销售市场有着敏锐判断力的罗冬元，又开办了鼓厂。2011年他将铜锣厂和鼓厂合并，并命名为坛下冬元锣鼓厂。坛下冬元锣鼓厂所产铜锣，音质清脆洪亮，经久耐用，有"一锤定音"的神奇效果，且能根据少数民族所需，定制多个民族铜锣乐器产品。现厂里的铜锣品种达百余种，年产铜锣5万余面，主要销往湘、鄂、赣、皖、渝、川、滇等近20个省份，乃至香港、东南亚等地的华人社区。2021年坛下铜锣被列入第五批国家级非物质文化遗产代表性项目名录。

坛下冬元锣鼓厂外景

三、典型做法与成效

（一）匠人精神，传承中华优秀传统文化

最好的非遗保护是开展生产性活动传承。近年来，坛下冬元锣鼓厂积极开展师带徒传承，加强生产性保护力度，建立了示范性传承生产基地。在这些举措下，坛下冬元锣鼓厂在2022年被衡阳市文化旅游广电体育局授予"衡阳市非遗工坊示范点"荣誉称号。同时锣鼓厂每年都参加各级组织举办的宣传展览展示活动和非遗进校园活动，积极配合各级媒体对坛下乡铜锣制作技艺的记录报道。这些举措极大地弘扬了中华优秀传统文化，扩大了非遗保护和品牌影响力。

（二）匠心坚守，铸就坛下铜锣品牌

铜锣作为传统响器，对音质有着很高的要求。为了打造铜锣精品，生产出音质正、音色好的产品，坛下冬元锣鼓厂对生产的每道工序都精益求精，并层层质检，反复定音后才可出品。由于生产的铜锣音质清脆纯正，洪亮悠远，独有地方民族特色，国家级专家和用户给予其一致好评。

（三）守正创新，重塑非遗生命力

千百年来，制作铜锣全依靠手工，一锤一锤打出来，所以被称为"打铜锣"。因为劳动强度大，大部分年轻人不愿从事。为了改变这个现状，让更多的年轻人进入这个行业，坛下冬元锣鼓厂在汲取前辈们制作铜锣技艺精髓的基础上不断摸索试验，自主研发设计了机械剪边机替代传统手工剪边刀，将纯手工加工方式改为半机械半手工方式，大大降低了劳动强度，提升了工作效率，使传统技艺焕发出新的生命力。

（四）延伸产业链，激发传统技艺新活力

经过多年的不懈努力，坛下冬元锣鼓厂现已成为长江以南颇具规模的响铜乐器

生产厂家。厂房总面积达3 000多米², 每年生产铜锣5万余面、牛皮鼓万余个, 产品种类扩展到100余种。现已在全国10个省会城市开办了铜锣乐器连锁店、开通多家电商网店, 产品畅销全国20多个省份, 还远销东南亚, 产值达400万元。坛下冬元锣鼓厂为民族传统乐器的传承发展作出了巨大的贡献, 在响铜乐器生产领域颇具影响力。

四、经验与启示

（一）政府引导是保障

耒阳市以守护千年文脉、积淀千年古县文化底蕴为工作目标, 着力推动坛下铜锣的传承发展, 充分发挥部门的协调作用, 积极向上争资跑项, 给予传承人群以精神鼓舞和技术支撑, 为非遗保护创设一个良好的工作氛围和环境。

（二）非遗传承人是根基

为了壮大传承队伍, 坛下冬元锣鼓厂摒弃传统的家族式带徒授艺思想, 通过多途径广泛招人, 为坛下乡铜锣传统制作技艺的传承发展注入了新的血液, 壮大了传承队伍。同时不断提高工资待遇, 稳定传承人队伍。乡村振兴, 关键还是人才振兴。耒阳充分发挥能工巧匠和非遗传承人的示范引领作用, 不断调动村民的积极性、主动性和创造性, 为村民提供更多家门口就业岗位, 增加村民收入, 促进乡村经济发展。

（三）守正创新是关键

铜锣乐器具有较强的地域特征, 因此要充分利用市场导向功能, 生产消费者所需产品, 快速占领市场, 并形成行业产品标准。技艺虽古老, 但传承需创新, 需紧跟时代的发展变化来创新发展。从技术层面加强非遗保护, 从内容、形式上进行有效创新, 实现对传统民族文化的有效保护和继承。

耒阳市坛下冬元锣鼓厂开发铜锣产品链

湖南省衡阳市常宁市

常宁版画：
根植乡村　致富乡民

一、基本情况

常宁版画主要刻画了当地的自然风貌、民族风情、乡村变化与劳动者的忧乐。截至目前，创作者们以水口山工人运动、乡村振兴为题材，创作了版画作品 2 000 余幅，其中 39 幅入选全国各类美展，200 余幅入选湖南省美展版画展，60 余幅被中国美术馆等机构收藏，对乡村振兴的宣传发挥了重要作用。常宁连续五次被国家命名为中国民间文化艺术之乡。2023年，常宁版画入选国家乡村振兴局第一批全国"一县一品"特色文化艺术典型案例。现今，常宁版画人才队伍结构合理，包括老、中、青、少四代，有专业人才近 300 人、爱好者 2 000 余人，其中中国美协会员 3 人、中国版协会员 3 人、省美术家协会会员 33 人、省版画学会会员 48 人。

二、发展历程

常宁版画始于20世纪60年代，由吴国威先生开创。他免费开办了版画课堂，创作了一大批具有浓郁乡土气息的版画作品，如《欢乐的山谷》《福在人间》等。同时，他还培养了肖健、欧云波、王相国、刘丽荣等大批优秀版画作者。吴国威的作品于1999年荣获全国版画最高奖"鲁迅版画奖"，肖健、欧云波等人的作品多次荣获国家级奖项。他们还成功地加入了中国美术家协会。2000年，洋泉镇被省文化厅命名为"湖南省群众艺术版画之乡"，宜阳镇被衡阳市命名为"优秀群众文化艺术版画之乡"。此外，常宁市还每季度编辑《常宁美术家》向大众免费赠阅，并汇编《宜水流韵——庆祝改革开放四十周年常宁市优秀版画作品集》，作为对外交流文化礼品。

三、典型做法与成效

（一）顶层设计促发展

一是建设创作基地。2012年，在常宁市文化馆成立集版画培训、创作、展销于一体的常宁版画原创基地，像这样的基地至今已发展至8个，每个基地都配置完善的设施设备和创作室、展厅，常年对外开放，免费开展培训。设立少儿版画培训基地，定期举办少儿版画培训班，指导少儿版画创作。共创作少儿版画130余件，不少作品在各级赛事中获奖。成立常宁市美术馆（版画院），专职负责组织全市版画创作、研究、交流、展览、参赛、推广、销售等工作。二是营造版画创作氛围。一方面邀请王琼、王建山、洪涛、于承佑等数十位版画家来常宁授课。另一方面通过以老带新、以师授徒的方式，在版画培训基地开展业务培训，并建立考核机制。开展版画进校园、进乡村、进企业活动，培育版画爱好者，壮大版画队伍，培养版画市场。三是搭好交流平台。先后邀请宋恩厚、丁立松等版画大师到常宁开展学术讲座。组织版画作者到德国、瑞士、澳大利亚开展交流学习活动，通过文旅部"春雨工程"志愿服务活动到新疆交流，到深圳市观澜版画基地学习及参加中国（观澜）原创版画交易会，与长沙市联谊建立"长来常往"机制，为常宁版画在长沙举办常态化展览搭建服务平台。四是打造传承网络。以常宁版画原创基地为中心，在全市建立辐射基地8个、乡村传习所75个，辐射乡村，覆盖全市。启动常宁版画数字化建设，建立网上展览馆，编写线上培训教材，录制线上课程视频，将版画作品数字化，实现远程培训、展览、交流、销售。

（二）文化助力兴乡村

一是聚心聚力乡村振兴。组织创作一批以常宁茶油、茶叶、湘黄鸡等特色农产品为主题的宣传版画，与企业联谊合作，将版画主题特色农产品商品化。二是创新创造促进发展。通过丰富形式、扩大题材、深化内涵和用活工具，实现常宁版画与时俱进，常看常新。常宁版画最初是单一黑白的木刻画，在探索创新中发展成油印、水印、粉印、丝网等多种形式并存的套色版画。常宁人还深入挖掘水口山工人运动历史，创作了大批以水口山工人运动为背景的红色版画及反映新时代水口山工人新面貌的工业版画。三是做大做强版画品牌。打造"常宁版画艺术课堂"公益讲座、每周一课，该文化品牌被湖南省文旅厅评为"2018年基层文化志愿服务示范项

乡村小学生版画体验

全市规模较大的版画培训

目",并荣获第五届湖南省艺术节公共文化服务项目类"三湘群星奖"。四是融通融合文旅发展。常宁市将版画融入国家AAAA级旅游景区"中国印山",设立版画研究基地,实现文化元素载体化,文化产品进景区,在全市所有乡村旅游点设立"常宁版画"销售专柜,带动当地经济发展,实现文旅有机融合。

四、经验与启示

(一)党委、政府重视是关键

常宁市党委、政府高度认识到文化振兴的重要性,印发了《常宁版画建设(2021—2023)工作实施方案》,为常宁版画发展指明了方向,明确了版画产业化、年销售额突破5 000万元的目标。明确版画人才建设"抓娃娃、娃娃抓,人才旺、事业盛"的总目标。对文化高看一眼、厚爱一层,同时,也享受到了文化繁荣带来的红利。

(二)厚植群众基础是核心

常宁版画注重进学校、进乡村、进社区,培育爱好者、培育市场、培育群体,特别是在取得大奖、声名鹊起时,更注重扩大影响,借力造势,在乡镇、学校、社区设培训基地、设学习辅导点。

(三)全民艺术普及是责任

常宁版画由外传入,不过几十年却深深扎根,且枝繁叶茂,根本在于一代代版画工作者扎实开展了研讨、交流、展览、展示等系列群众文化艺术普及工作,展现出强烈的责任感、荣誉感。

(四)创新融合发展是出路

常宁版画既让文化艺术作品为振兴乡村助力,更让艺术回归了人民艺术的根本,返璞归真。文化艺术产品与旅游景点景区的结合,既打开了文化艺术品的市场通道,又让观光旅游更具文化内涵。

湖南省衡阳市衡阳县

釉下五彩瓷：
"指尖技艺" 化为 "指尖经济"

一、基本情况

界牌镇位于湖南省衡阳县东北部，因盛产优质瓷泥、瓷器而闻名，有"湘南瓷都"之美誉。丰厚的瓷泥资源孕育了以"瓷"为生的手工艺人，更在一代又一代人的接续努力下铸就了中国陶瓷工业的璀璨明珠——界牌釉下五彩瓷。近年来，界牌镇积极推动釉下五彩瓷烧制技艺的保护与传承，打造了一支"拿得出"的传承人队伍，掀起了一片"热得很"的文化浪潮，培育了一个"叫得响"的陶瓷产业。目前，界牌镇陶瓷行业吸纳就业1万余人，有以省级非遗传人凌文武为首的优秀传承人50多人。曾经濒临消失的"指尖技艺"变成了致富创富的"指尖经济"。

二、发展历程

界牌釉下五彩瓷烧制技艺始于晚唐，兴于清代。新中国成立以来，界牌陶瓷更是得到了前所未有的发展。1963年湖南界牌陶瓷研究所成立，先后有爱罗·华恕、刘仲簏、叶秀炯、沈秋芳、夏献国等一批艺术家和研究人员加入，他们推动了界牌釉下五彩瓷烧制技艺的发展。研究所代表作品"御温杯"被外交部指定为国礼瓷。20世纪60—80年代，湖南界牌陶瓷总厂成为全国七大陶瓷出口企业之一，产品远销海外七十多个国家和地区。

90年代末，工业化大潮席卷而来，界牌陶瓷遭受重创，众多陶瓷工艺大师出走他乡，具有界牌特色的顶级釉下五彩瓷烧制工艺也濒临失传。

2005年，为传承保留界牌釉下五彩瓷技艺火种，原湖南省界牌陶瓷总厂研究所所长凌文武创立工作室，恢复釉下彩瓷的生产烧制。2016年，界牌釉下五彩瓷（烧制）技艺成功列为湖南省省级非物质文化遗产项目。2021年被列入湖南省第一批传统工艺振兴目录。

近年来，界牌镇决心重振陶瓷产业。2016年，引入资金创办集"产教研"于一体的陶瓷研究所。2017年，衡阳县界牌陶瓷工业园PPP项目开工。2020年，创业大道正式通车。目前，界牌陶瓷产业发展一片向好，釉下五彩瓷不断创新突破，陶瓷工业园建成陶瓷生产线26条，年产值达14亿元。

三、典型做法与成效

（一）以研究工坊为阵地，打造一支"拿得出"的匠人队伍

界牌釉下五彩瓷烧制过程极为复杂，包含制釉、制泥、制模、制坯、施粉底釉、彩绘、烧制七大工艺百余道工序，普通工匠难以掌握。为传承高超工艺，2016年创办的陶瓷研究所，不仅负责钻研釉下五彩瓷技艺，还负责培养工艺人才和促进非遗创造性转化。目前，研究所釉下彩瓷品质和烧制成功率大幅提高，产值达到2 000余万元，开发新品种100多个、新花面300余个，获全国陶瓷大奖50多个，培养优秀传承人50余人。2022年，湘南船山技工学校开设"陶瓷美术专业"，进一步为界牌瓷艺的发展培养人才。

（二）以非遗活动为抓手，掀起一片"热得很"的文化浪潮

界牌釉下五彩瓷的传承与发扬，不仅要培养大师、打造精品，更要播撒文化传承的"种子"。界牌镇一方面积极推动非遗活动进校园，在界牌镇银瓷完小打造陶艺体验中心，组建陶艺兴趣小组，让传承人走进校园，宣讲陶瓷发展史及工艺流程，传授陶瓷烧制技艺。另一方面，推动非遗活动进社区，在长沙雨花非遗馆、南岳文化街、王船山广场、夏明翰广场等地进行现场技艺展演，与衡阳日报社、衡阳卫视等官方媒体合作，大力宣传界牌釉下五彩瓷技艺，让釉下五彩瓷的光彩融入百姓生活。

（三）以工业园区为翅膀，培育一个"叫得响"的陶瓷产业

近年来，衡阳县把握沿海建筑陶瓷产业向内陆转移的机遇，建设界牌陶瓷工业园，加大招商引资力度，吸引建筑陶瓷业"大佬"纷至沓来。目前，界牌陶瓷工业园已经与将军陶瓷、铭辉陶瓷、文杰陶瓷等13家企业签约，合同引资41亿元，建成陶瓷生产线26条，年产值达14亿元，提供了上万个就业岗位，带动了县域经济发展及稳岗就业保障。

四、经验与启示

（一）文化发展离不开特色资源

高岭土的细腻和纯净，使得瓷器在绘制彩釉时能够更好地附着在瓷体表面，形成色彩饱满、层次分明的艺术效果。界牌依托特色瓷泥资源，承载中华民族几千年的陶瓷制作技艺与审美理念。从最初的素瓷到后来的彩瓷，再到独具特色的釉下五彩瓷，共同构成了釉下五彩瓷深厚的特色文化底蕴。

（二）文化发展离不开人才培养

釉下五彩瓷的制作工艺极为复杂，需要经过选料、制坯、彩绘、烧制等多个环节，每一个环节都需要精湛的技艺和丰富的经验。随着时代的进步和审美观念的

变化，人们对釉下五彩瓷的艺术风格和表现形式提出了新的要求。在湖南省级非遗代表性传承人凌文武的带领下，新一代的传承人不仅具备扎实的技艺基础，而且拥有开阔的视野和创新的思维。他们在保持传统精髓的同时，融入现代元素和时尚理念，为釉下五彩瓷的制作注入新的活力。

（三）文化发展离不开产业支撑

釉下五彩瓷这种独特的艺术形式之所以能够不断发展并焕发出新的活力，离不开陶瓷产业的支撑与推动。界牌镇陶瓷文化底蕴深厚，陶瓷原料数量大、品质高，经过多年的发展，已经形成了完善的原料开采和加工体系，为釉下五彩瓷的制作提供了坚实保障。为拓展陶瓷产业链，界牌镇在做好瓷产业的基础上，与将军风光群、万源湖风光群、中国工农革命军第七师成立遗址等旅游资源相结合，积极开拓山水休闲游、陶瓷文化游、红色教育游，形成产业融合名片，助推乡村振兴产业发展。

釉下五彩瓷

湖南省邵阳市隆回县

滩头年画：
非遗赋能乡村振兴

一、基本情况

隆回县滩头属古楚梅山地区，历史悠久，文化灿烂。它始建于隋朝，在元末明初设镇，始称"楚南滩镇"，曾有"莫说滩头口岸小，48个码头钱米流"的美称，是全国七十二个古镇之一。同时也是湖南省历史文化古镇、湖南省经典文化村镇、湖南省美丽乡镇和全国重点镇。漫山遍野的楠竹、清澈见底的溶洞溪水和古朴淳厚的民风，孕育了中国民间工艺美术珍品——滩头年画。制作一张滩头年画需要经过纸张的制造、刷底、刻版、七次印刷、七次彩绘等二十多道工序。精美的工艺，丰富的文化内涵，使其扬名于海内外。近年来，滩头木版年画跳出传统年画的框架，通过创新题材、创新内容、创新应用，研发出《以廉为宝》《一钱太守》等八幅廉政年画，还创作出十二生肖、励志教育、戏文故事等不同类型的年画产品。滩头镇通过大力发展研学教育、乡村旅游，让年画在新时代焕发出新的活力，从而助力乡村振兴。

二、发展历程

滩头年画有三百多年的历史。传说明末有一长沙秀才王东元，为逃避战乱携妻来到滩头镇。他们利用这里的纸品和印刷技术开办了年画作坊，生产出《秦叔宝·尉迟恭》《麒麟送子》《龙凤呈祥》等数十种年画产品，由贩运土纸、色纸的商贩，推销到全国各地。清朝乾隆年间是滩头年画发展的兴旺时期，滩头和顺昌（年画作坊）老板胡奇甫绘制了《桃园三结义》《白蛇传》《西湖借伞》《西厢记》等十几种戏文故事类新品年画。

民国初期，滩头年画发展到全盛时期。当时的滩头镇有生产作坊108家，工人2 000余人，年产年画高达3 000万份。1985年邵阳市成立了滩头年画研究会。1987年，中国美协副主席、著名画家黄永玉先生为滩头年画研究会题写了会名，给滩头年画研究者和创作者带来了巨大的鼓舞和鞭策。1994年，滩头年画被文化部授予中国民间美术一绝银奖。2003年，滩头年画被文化部授予中国民间美术金奖。2006年6月，滩头木版年画被列入首批国家级非物质文化遗产名录。

年画制作工艺的点睛之笔——"开脸"

三、典型做法与成效

（一）发展特色产业，为年画助力

近年来，滩头镇借助年画品牌效应，大力发展特色产业。发挥当地自然竹林优势，打造泉塘、桃林2个造林示范点，完成楠竹低改面积1 000余亩，建设年画用纸供给基地，为年画制作提供优质原料。优化升级以传统抄纸和年画制作为特色的主导产业，推出了"生肖""廉政"年画，培育壮大"御泥坊"护肤美容等新兴产业；围绕木版年画、手工抄纸等传统技艺发展文化旅游，形成了以滩头木版年画传习馆和沐仙湖旅游开发公司为代表的研学、休闲旅游基地。

（二）改善传承环境，为年画提质

实施"三改一拆"行动。改造老旧年画制作作坊，改造传统抄纸工艺，改造街道棚户区，拆除违章违规建筑，大力开展人居环境综合整治，建设纸产业园和纸博艺园，用年画装点街区，打造"宜居宜旅"的特色风情古镇，持续提升年画文化影响力，吸引省内外游客来滩头参观体验，促进当地文化旅游产业发展。

（三）弘扬传统文化，为年画增效

开展传统文化的保护和传承，全面普查文化遗产，积极申报非遗和文物保护项目。目前滩头镇拥有木版年画、手工抄纸技艺2项国家级非遗项目，拥有手工抄纸簾子制作技艺、滩头木活字印刷术2项市级非遗项目，拥有滩头香粉纸、滩头花纸2项县级非遗项目，拥有各级文物保护单位5处。完善传承保护机制，新建非遗项目传承传习所3处，恢复老作坊、老工艺，鼓励创新工艺、创新技法，提升保护质效。

滩头木版年画：老鼠聚亲

四、经验与启示

（一）政企合作，推动发展新模式

大力推行政府采购服务项目，通过与企业合作，整合滩头年画、古纸、老街资源，利用丰富的历史文化资源，做深年画文化。组建滩头木版年画文创公司，支持恢复5～10家年画作坊。

（二）齐抓共管，多方联动聚合力

形成齐抓共管的合力，强化投入保障和资金支持，加大对不可再生非物质文化遗产项目的抢救保护力度，切实把保护、保存工作落到实处。

（三）强化宣传，开创传承新局面

做好对各级非遗传承人的指导、管理与培养，鼓励和支持个人、法人以及其他组织依法通过多种方式参与非遗保护、保存，多载体、多形式推动非遗与现代生活相融通，提升保护传承水平，适应群众对美好生活的向往，不断开创非遗保护传承新局面，让非遗焕发出新的时代风采。

湖南省张家界市武陵源区

土家织锦：
传承民族经典　助力文旅融合发展

一、基本情况

张家界乖幺妹土家织锦开发有限公司成立于2015年，是专门从事国家非物质文化遗产土家织锦研发设计、生产与传承推广工作的民营独资企业，是武陵山片区最大土家织锦生产基地。公司总部位于武陵源区索溪峪街道喻家嘴社区，面积4 000米²，员工120人，有原始木质腰式斜织机120台，形成"农户＋基地＋公司"生产模式，品牌涵盖艺术收藏、居家装饰、服装服饰和实用类产品。公司先后获国家生态原产地保护产品、"十三五"期间全国民族特需商品定点生产企业、湖南省特色织锦产品出口品牌和出口培育基地、湖南省最具发展潜力传统技艺项目、湖南省文化艺术品诚信经营单位、湖南省创新创业优质初创企业、湖南省民族团结进步创建示范单位、湖南省文化和旅游融合示范基地、省级工业旅游示范基地、湖南省首个妈妈工厂示范基地等多项荣誉。

二、发展历程

土家织锦是土家族文化的精粹，历史悠久。它起源于商周，雏形于秦汉，基本成型于两晋，成熟于唐宋，在明清时期臻于完美。历代以来，土家织锦都被土司土官作为上等贡品或著名土特产向朝廷纳贡。作为土家人在劳动生产中发明的织造物，土家织锦与土家群众的生活息息相关。每逢重大节日、祭祀、婚嫁等重要时刻，土家织锦都会派上重要用场，甚至成为活动中不可或缺的信物或神物。新中国成立以后，土家织锦得到了党和国家的重视。1957年土家族被确定为单一民族，土家族织锦随之被正式称为土家织锦。随后土家织锦被隆重推出，亮相全国，走出国门，为世人所关注。2006年被列入第一批国家级非物质文化遗产名录，被称为高度浓缩的民族文化。公司每年投入400万元着力打造"乖幺妹"土家织锦品牌，将产品定位在高端市场。产品设计理念以土家元素、国际表达为核心，主要特色为原创性、手工性、差异化、个性化文化内涵。公司通过这些特色逐步做大做强，2022年产值达7 650万元。

张家界乖幺妹土家织锦开发有限公司外景

三、典型做法与成效

（一）坚持走文旅融合之路

公司依托得天独厚的旅游资源和非遗品牌优势，确立了文旅融合的创新发展思路，致力于民族文化资源的抢救、整合、开发和传承推广。业务涵盖土家织锦传统产品的现代应用、文化转化和研发设计以及传承保护、生产加工、营销服务。公司创建了国内唯一土家织锦外贸培育基地，拥有一支专业外贸团队，产品远销欧美等30个国家和地区。公司多次受邀参加国际文化交流和展览活动，在巴黎国际面料展会上主办方为公司产品举行专场走秀，也是唯一进入意大利米兰箱包皮具展览会的中国大陆企业。公司还成功举办"百名织女进景区，土家织锦现场展示展演活动""武陵山片区首届土家织锦文化艺术节"等活动，为宣传民族文化、湖湘文化作出了突出贡献。

（二）坚持走联农带农之路

2015年以来，公司坚持"文化＋旅游＋扶贫"的发展模式，积极参与产业扶贫事业，吸纳了958万元财政扶贫资金，走出了"文旅融合发展，产业带动扶贫"的特色路子。带动索溪峪街道7个村居、天子山街道2个村居、协合乡2个村居1 463名贫困人口脱贫致富。截至2022年底，为贫困户分红835万元，发放就业资金近1 324万元。公司每年举办不少于4期每期50人以上的土家织锦技艺扶贫产业培训活动。累计培训学员3 268人，其中包含脱贫妇女656人，残疾妇女34人，留守妇女425人，在家灵活就业脱贫家庭105户。培训学员均是武陵源区及周边区县农村留守妇女、贫困妇女、残疾妇女、失业女性等就业困难群体。实用手工技能培训受到大家欢迎，让他们实现了居家灵活就业增收。

（三）坚持走自主研发之路

公司成立了张家界市土家织锦研究院，该研究院是国内唯一的土家织锦研发中心，拥有40人的高学历技术研发队伍。研究中心与中央美院、北京服装学院、湖南师大、吉首大学等高校建立了产学研合作关系，开发出土家织锦系列产品600余款，获得专利300项，其中双面土家织锦织造技术和64扣织造工艺填补了国内土家织锦技术和工艺空白，作品《武陵小康》和《绝版张家界》收藏于国家民族博物馆和湖南省九所宾馆。乖幺妹土家织锦品牌在云上2020年中国品牌日活动上闪亮登场，而且作品《锦城之恋》荣获第八届全国品牌故事大赛二等奖。

四、经验与启示

（一）立足文化资源，创新民族品牌

乖幺妹公司致力于以土家织锦文化和土家文化为载体，拓展生产工艺及文化创新，改进土家织锦工艺和技术，研发设计土家织锦产品，创立土家人自己的民族品牌，提高产品的国际竞争力。

（二）吸纳本土就业，培养技术人才

公司形成"农户＋基地＋公司"产业模式，允许能全日制工作的农户在基地上班，需要照顾家庭的农户可以租用织机在家生产。公司建立的"妈妈工厂"为更多女性提供家门口就业机会，让更多陪读妈妈既能安心工作，又能陪伴孩子学习成长，有效解决了妇女创新创业、基层化社会治理、留守儿童家庭教育等一系列问题。

（三）找准产品定位，探索文旅融合

为了推动非遗文化走进生活、走进大众，公司通过策划引导群众积极参与非遗活动，开发更多文化价值和实用价值相统一的创意产品，吸引更多市场主体参与，以激发市场活力。同时，公司还致力于跨界融合创新发展，通过"工厂直销＋研学体验"，打造了"文化融合＋旅游体验"的发展模式，赢得了市场的认可和消费者的口碑。

张家界乖幺妹土家织锦开发有限公司内景

广东省深圳市龙岗区

大芬油画村：
艺术与市场对接　文化与产业共荣

一、基本情况

大芬油画村坐落于深圳市龙岗区布吉街道大芬社区，核心区域面积约0.4千米^2，是全国最大的油画生产、交易基地，也是全球重要的油画交易集散地。目前，大芬油画村集聚1 200余家画廊、工作室以及画框、画布、颜料等绘画材料门店，其中从事油画经营的占比70%，从事国画、书法创作和销售的占比8%，从事画框、画布、颜料等相关配套产品经营的占比13%，从事工艺、雕刻、刺绣、装饰、喷绘及书画培训的占比8%，新兴业态如咖啡画廊、绘画体验馆、陶艺绘画馆等文艺小店也相继出现。园区内有油画从业人员约8 000人，加上周边社区从业人员约20 000人，2021年大芬油画村实现全年总产值40亿元。

二、发展历程

1989年，香港画家黄江来到大芬，租用民房招募学生和画工进行油画的创作、临摹、收集和批量转销，由此将油画这种特殊产业带进了大芬村。随着越来越多的画家、画工进驻大芬村，"大芬油画"成了国内外知名的文化品牌。从1998年开始，区、镇两级政府开始把大芬油画村作为独特的文化产业品牌进行环境改造，对油画市场进行规范和引导，同时加大了宣传力度。目前，已形成了以大芬村为中心，辐射闽、粤、湘、赣及港澳地区的油画产业圈。

三、典型做法与成效

（一）形成多方位的特色文化艺术发展优势

大芬位于深圳，靠近香港，便于外引内联。它是依托市场之手自发形成的商品油画生产基地和交易市场，其市场交易额高峰时期占据了欧美油画市场60%以上的份额。大芬作为深圳文博会（全国文化领域最高规格）的首个分会场，不但开创了分会场模式，还成为举办时间最长的分会场，充分发挥了深圳文博会的平台优势。大芬油画村先后与法国巴比松艺术小镇在法国戛纳文化节上共同举办了巴比松油画作品联展，赴美参加了"天下华灯"嘉年华展会，在德国柏林中国文化中心举办

"中国深圳大芬原创油画作品展"。

（二）培育有影响力的特色文化艺术品牌

联合中国美协先后创办了全国（大芬）中青年油画展、深圳大芬国际油画双年展，开创了中国美协为同一个特色文化艺术村量身定制国家级和国际性两个大展的先例。2020年，大芬油画村被评为首批"深圳特色文化街区"，示范、带动了全区近10个特色文化街区的规划建设。

（三）建设高品质的特色文化艺术人才队伍

联合深圳市人力资源和社会保障局开展"深圳市绘画职业技能竞赛"，通过积分奖励实现200余位人才引进入户，同时有22位人才荣获"深圳市技术能手"称号，为园区产业转型升级提供了鲜活的力量。目前，大芬已聚集了400名原创画家，其中中国美协会员达40人，省级美协会员92人，市级美协会员265人，形成全国范围内优质的艺术人才集群。近几年，大芬画家有200余幅原创作品入选国家级和省级美术展，先后获得了400多个国家和省级奖项。

（四）打造有责任感的乡村文化振兴载体

大芬本地村民因发展油画产业获得了持续的经济收入，部分村民及其子女更是通过从事油画艺术创作和产业发展工作，获得了经济效益和文化效益的双丰收。大芬油画村从事油画创作和产业发展的从业人员超过2万人。据不完全统计，30多年来大芬油画村帮助了近10万名乡村青年解决了就业问题。"大芬模式"通过多种方式异地输出，带动江西上饶和福建仙游、莆田等地相关从业人员回乡创业，发展壮大当地艺术产业基地。

中国油画第一村——大芬油画村

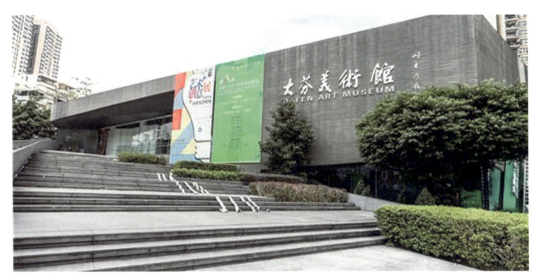

深圳市政府及龙岗区政府投资建设的大芬美术馆

四、经验与启示

（一）坚持政府引导

随着市场自发的油画产业转移，从1998年开始，龙岗区对大芬油画村进行环境改造，并对油画市场进行规范和引导，同时加大宣传力度，将大芬油画村作为特色文化产业品牌进行打造，市区两级政府累计投入数亿元建设了深圳展览面积最大的大芬美术馆和全国首个针对艺术家群体安居的画家公寓，改善了周边交通设施，提升了环境和业态品质。

（二）注重原创导向

起初，原创油画在大芬仅占两成至三成，为促进大芬美术产业的可持续发展，龙岗区和布吉街道开始注意扶持原创油画发展，引导企业开发自主知识产权的艺术产品。2010年前后，大芬油画村开始转型升级，建成了集展览、研究、收藏、公共教育、艺术讲座等公共文化推广于一体的大芬美术馆，其内核也从批量复制变成了积极原创。目前，大芬油画村已聚集了原创画家400余人，为打造具有竞争力的文创品牌、营造艺术气息提供了强有力的人才支撑。

（三）深化文化惠民

大芬油画村一面是向上突破，通过举办高端展览与世界艺术大师接轨、竭力推广大芬艺术人才走向国际舞台。另一方面则向下沉淀，将"艺术＋产业"融入市民的日常生活，让艺术成为一种生活状态。目前，大芬油画村已经有超过1 800家画廊及相关产业门店，涉及油画、书法、陶艺、刺绣、雕刻等各类艺术产业相关门店，其艺术产业辐射周边地区及产业的从业人员已超20 000人，带动大芬村形成了以艺术为主的特色文化、特色产业、特色经济。

广东省深圳市龙华区

观澜版画：
坐落在古村落中的艺术部落

一、基本情况

中国·观澜版画原创产业基地位于深圳市龙华区观澜大水田社区，2006年初开始规划，2008年5月正式开放运营，2014年加挂"中国版画博物馆"牌子。核心区有31.6万米^2，是由中国美术家协会、深圳市文学艺术界联合会、深圳市龙华区政府共同创建的集版画创作、制作、展示、收藏、交流、研究、培训和市场开发于一体的中国版画事业与产业并进的综合性项目。

二、发展历程

2006年，中国美协、深圳市文联和原宝安区政府共同签署协议，决定在观澜打造一个集版画创作、制作、展示、收藏、交流、研究、培训和市场开发于一体的中国版画事业与产业并进的综合性项目，选址便在中国新兴木刻运动的先驱者、著名版画家、文化名人陈烟桥的故乡——观澜大水田村。版画基地前身是有近300年历史的客家古村，本着"修旧如旧"的原则对其进行修缮改造，完好地保留了客家古村田园牧歌式的风光。在版画基地生活和创作的艺术家，受深圳客家文化影响，创作了一批具有当地人文特色的作品，借助版画的可复制性和宣传性，将这份独特的文化魅力带到各个国家，进一步促进文化的传播和交流。

三、典型做法与成效

（一）聚焦专业特色，促进文化交流

版画基地自开放以来，已成为国际版画艺术中心，引领了当今中国版画艺术对外发展的航标，是目前国内外最具影响力的版画艺术机构。截至2022年10月，已吸引了98个国家和地区的1 000余位中外名家入驻创作。多年来，基地与世界多家专业机构合作，并与世界各地院校师生开展交流学习，促进学术交流传播。

（二）聚集权威资源，扩大品牌影响

版画基地已连续十五年举办了深圳文博会分会，拥有"中国·观澜国际版画双年展""中国版画大展""中国（观澜）原创版画交易会""观澜论坛"等品牌项目，

成功举办了七届国际版画双年展和十五届版画学术论坛，其品牌影响力不断提升。"观澜版画"公众号是版画基地对外宣传的主要阵地，常设"鉴·藏"专栏，以专业视角，向公众讲解版画作品的内容含义与审美意趣，打造版画知识科普形象。

（三）聚合专业人才，创新驱动发展

版画基地目前拥有教授1人、二级美术师1人、三级美术师10人、四级美术师4人，中国美术家协会会员8人，广东省美术家协会会员12人，定期开展学习培训，组织参加"2022年智慧博物馆（美术馆）展览策划高级线上研修班""2022年全国美术馆专业人员线上培训班""版画主题创作培训"等培训，定期举办内部学术分享会，营造浓厚的学习氛围，提升工作人员的业务能力和综合素质。

（四）聚力文化惠民，焕发古村活力

版画基地以版画艺术注入古村保护，让客家古村重换新貌，成为全国古村保护开发利用的典范以及深圳都市"桃花源"。版画基地免费向公众开放，已接待游人1 000多万人次，成为深圳重要的公共文化服务平台与特色文化名片，是得到广大市民群众一致好评的文化惠民项目。

四、经验与启示

（一）本地政府重视，政策扶持引导

市区政府在资金政策、人才引进、惠民活动等方面进行扶持和引导，为入驻的国内外艺术家创造了良好的创作环境。一方面，建立现代化的版画工坊，引进世界一流的版画设备和制作材料；另一方面，建设中国版画博物馆，开展入驻艺术家作品的收藏和研究工作。博物馆成为版画展览等各类活动的交流平台和展示空间，让市民更好地了解版画艺术。

观澜版画村

观澜版画村内的版画工作室

（二）行业权威支持，汇聚专业资源

中国美协、深圳市文联等行业权威机构全力支持版画基地的学术建设和专业发展，汇聚全国优秀行业资源；中国文联、中国版画艺委会、深圳市文联等单位领导和专家多次参加版画基地活动，为版画基地发展出谋划策；国内一流资深版画家、理论家及研究学者纷纷入驻版画基地进行创作和交流，中国国家画院在此建立创研基地，并与中央美术学院等14家国内外著名美术院校合作建立教学实习基地，不断加强合作交流。

（三）坚持专业定位，学术引领发展

版画基地坚持专业定位和"高标准、重内涵、展精华"的办展要求，拥有"中国·观澜国际版画双年展""中国版画大展""中国（观澜）原创版画交易会""观澜论坛"等品牌项目；定期邀请国内外著名版画家、理论家和版画技师开展讲座或学术研讨会，增强学术氛围，提高学术品质；与中国艺术研究院联合成立深圳观澜版画创作与教育基地，打造国际版画特色学院，培养高端版画人才。

（四）坚持全球视野，促进国际交流

版画基地始终坚持国际化定位，积极推动版画艺术"走出去""引进来"。和120多个国家的艺术学院、机构建立常态联系，与30多个国家签订合作交流项目。来自100多个国家的机构和艺术家在中国版画博物馆举办了展览。此外，还举办了国家级展览项目"合作·共赢'一带一路'国际版画交流项目"，并策划举办了"聚焦——2022冬季奥林匹克运动会主题国际版画交流展"，有力地促进不同国家、不同地域、不同文化之间的交流。

莲上村木雕：
精雕细琢绘就乡村振兴新图景

一、基本情况

意溪镇莲上村，位于潮州市湘桥区意溪镇东部，地处黄田山北麓。莲上村是中国四大木雕之一——潮州木雕的重要传承地，其木雕尤以多层次镂空技艺和金漆装饰为特色，兼具实用性、欣赏性、收藏性，属于国家级非物质文化遗产。莲上村木雕依靠集中发展的优势，建设木雕陈列馆，将体验和旅游融入其中，铸就工匠精神，带动旅游增收，构建了一个集木雕创作、生产、展示、体验、交流多功能于一体的文旅空间。

二、发展历程

莲上村木雕手艺人人才辈出，历史悠久，早在清末时期就已经享有盛名了。木雕业鼎盛时期从业人员占村男劳动力的50%，出外加工遍及潮汕各地及福建的部分地区。近现代莲上村木雕艺人主要有陈松尧、张鉴轩、陈舜羌、陈春炎、张莲昌等，当代则有陈培臣等。莲上村著名木雕大师张鉴轩、陈舜羌师徒曾创造出具有三维空间欣赏视角的圆雕蟹篓，该蟹篓竹编通透纤薄，雕蟹活灵活现，动静结合，疏密相衬。1957年在莫斯科第六届世界青年联欢艺术展览会上一经展出，便一举夺得铜奖，得到了业界的普遍赞赏。至此，潮州木雕开始以独立工艺品摆件的形式进入市场，"蟹篓"更成为潮州木雕的代表作，为各地艺术博物馆争相收藏。2004年，意溪镇莲上村被广东省授予潮州木雕之乡的称号；2008年，又被文化部命名为中国民间文化艺术之乡。

三、典型做法与成效

（一）科学全面规划，筑牢建设之基

开展农村人居环境整治行动，立足全市社会主义新农村连片示范建设村规划，莲上村重新规划村庄闲置空地，因地制宜打造"四小园"。同时进行村容村貌提升、道路硬底化以及基础设施和公共环境提升等项目建设，实现整体美化与乡村风貌提升，为木雕与旅游产业融合发展提供坚实的环境基础。此外，围绕木雕产业规划，

莲上村木雕大师作品"蟹篓"

立足资源优势，制定木雕陈列馆展示经营方案，建设木雕艺术馆，打造集木雕艺术品展示、销售和培训等多功能于一体的一体化平台，使其成为展示木雕文化的一扇窗口。

（二）厚植手艺沃土，凝聚人才力量

作为"木雕之乡"，莲上村走出了张鉴轩、陈舜羌、陈培臣等木雕大师。随着新农村的建设与乡村的发展，多个本土木雕手艺人回乡创办木雕工作室，他们不仅潜心于木雕创作，还开展人才培育培训，传授木雕技艺。"让飞出去的凤回巢"，木雕大师和年轻人的加入，为木雕之乡发展根基注入了强大的人才力量。通过系列政策利好的叠加和释放，以及连片区域的打造，木雕之乡逐渐被唤醒，莲上木雕的知名度进一步提高。

（三）依托乡土文化，打造精品线路

实施画点、连线、成片建设"三步走"，借鉴文化旅游特色村坪埔村的打造经验，以群众需求为出发点，实施乡村打造提升工程，科学合理设置休息座椅、健身器材、休闲广场等公共基础设施。通过意桂公路**串珠成链**，沿途串联四宁村、莲上村木雕文化体验点、后径村潮绣文化体验点、荆山村锣鼓文化体验点、锡美村、桂坑村、紫莲森林度假村、玉瑶山庄等村庄和景点，**打造一条展示意溪镇乡村振兴成效的精品线路**。同时，加强点与点之间的连接，引进发展婚纱旅拍、农业产业园、民乐馆和锦鲤公园等乡村特色景点，带动辖区农副产品加工、客栈民宿、农家宴经营等产业发展，实现农业与旅游业、加工业、服务业的协同发展，为往来游客提供

莲上村木雕艺术馆

沉浸式、多样性、慢生活的乡村休闲旅游体验。

四、经验与启示

（一）确定"一张蓝图"：科学制定工作方案

乡村文化振兴是一项系统复杂的工程，只有思路清晰、目标任务明确，才能使乡村文化振兴走在科学的路子上，事半功倍。通过加强乡村文化振兴谋划设计，突出问题导向，找准乡村文化振兴各项工作的着力点，推动形成乡村文化共同体，坚持问题导向，补齐乡村文化建设中的短板，在硬件上要加快完善乡村文化基础设施，在软件上要增加乡村文化活动供给，让农民更加便利地享受文化服务。

（二）留住"一片乡情"：传承创新乡土文化

乡村文化振兴，首先就要保护传承活态的乡村传统文化。挖掘与弘扬深耕根植于本土的优秀传统文化，活化与传承并行，注重打造文化体验，使传统文化活起来。做到在传承中创新，将传统技艺和文化体验旅游相结合，构建文旅结合经济模式，实现保护传承传统乡土文化与乡村现代化的有机结合。

（三）打造"一支队伍"：培育新时代乡村人才

乡村文化振兴，需要激活乡村文化的内生力量。针对乡村人才外流的现状，通过各种方式，吸引外出人才通过各种途径、各种方式回馈家乡，支持家乡的经济文化建设。促使乡村精英回流乡村，积极参与乡村建设。

广西壮族自治区南宁市宾阳县

宾阳壮锦：
非遗传承助力乡村振兴

一、基本情况

宾阳县位于广西南宁市东北部，总面积2 298千米²，辖16个镇、192个行政村、45个社区居委会，总人口105.39万，是广西四大古镇之一和桂中南重要商品集散地。宾阳县传统手工业发达，有百年商埠称号。近年来，宾阳县注重加强非物质文化遗产的保护传承，尤其是宾阳织锦技艺。经过多年传承发展，宾阳织锦发展形成了传、研、产、销一体化经营模式，从事此行业的经营者人均增收3 000元以上，辐射带动其他行业5万人以上。

二、发展历程

壮锦曾与历史上有名的蜀锦、云锦和宋锦一起，并称"中国四大名锦"。宾阳壮锦具有悠久历史，起源于汉代，形成于唐宋时期，至今已有1 000多年的历史，是壮族民间工艺文化的珍品，是广西壮族地区古老而优秀的文化遗产之一。宾阳织锦技艺严格地传承了传统壮锦古老的织造器械、编织工艺、编织材料和图案风格。与其他织锦器械最大的区别和特点，无疑就是悬挂在壮锦织机上的大竹笼，所以壮锦织机又被形象地称为"竹笼机"。1956年成立的广西宾阳民族织锦厂，使宾阳县一跃成为全国有名的壮锦生产基地，该厂生产的壮锦及产品多次成为各种大型会议的指定用品，并远销美国、日本以及东南亚等多个国家和地区。2010年，宾阳织锦技艺被列入自治区级非物质文化遗产代表性名录。

三、典型做法与成效

（一）工匠能人带发展

"中国织锦工艺大师""中国工艺美术大师"谭湘光创办了宾阳县湘光织锦坊，并获得了"广西传统工艺工作站""中国工艺美术大师非遗传承基地"等称号。在她的带领下，宾阳织锦技艺将传统与时尚结合，设计出壮锦服饰、真皮箱包等系列壮锦系列产品，深受年轻人喜爱。与各部门多次举办技艺培训班，对农民、留守妇女进行培训指导，让村民有技可依。截至目前，已举办培训班8场次，培训500多人。同时，接待超1 000位来自全国各地大学、中学、小学师生参观，近距离感受织锦的魅力。

（二）现代创新助传承

2021年4月27日，习近平总书记在南宁考察时，观看了宾阳织锦技艺表演，嘱托宾阳织锦借助现代生产设备提高生产效率。近年来，宾阳织锦技艺跟紧市场步伐，根据市场需求，引进现代化设备改进生产，为织锦的传承发展带来了活力，促进了民族事业发展。宾阳县鼓励非遗保护传承走出来、请回来，社会化发展，支持以宾阳县湘光织锦坊为代表的保护传承机构与南宁市职业技术学院、来宾市职业技术学院、江西动漫学院等多个大中院校建立大师工作室，将宾阳织锦技艺传到大学生当中，让年轻的思维与古老传统文化进行碰撞，创造了许多现代人喜欢的工艺品。

（三）文化助残促增收

宾阳县建立了"非遗＋助残＋N"的产业模式，2021年成立了宾阳县阳光助残基地，基地吸引80位残疾人加入壮锦手工生产队伍，并特别聘请了21名来自全国各地的非遗传承人、守艺人、大学教授、文创设计师作为残疾人生产队伍的导师，根据残疾人工作能力与各自特长，开展分类培训，分类工作。将有一般动手能力的残疾人培训成为技术能手，加工产品统一回收、统一出售，计件取酬发放工资。自基地成立以来，共对残疾人成员培训了壮锦葫芦挂件、三角粽挂件、老虎工艺品等多种款式的壮锦产品的制作，同时对有网络销售兴趣的残疾人成员进行了摄影与直播培训。

基地成立以来共计培训20场，培训约1 000人次。残疾人人均增收从1 000元到2万元不等。为拓展销路，在2021年"双11"当晚，织锦坊策划了一场特殊的直播带货活动，帮助残疾人增收，增强了残疾人再就业的信心。此外，宾阳县帮助残疾人以非遗文创产品手工制作者的身份充当指导老师参与中小学生的研学活动，让残疾人积

在宾阳县湘光织锦坊，一位妇女正在编织壮锦

宾阳县湘光织锦坊产品展示厅

极面对生活，实现人生价值，也进一步为中华传统文化的传承与发展作出了贡献。

（四）乡村旅游引新路

结合乡村振兴与乡村旅游发展，在各乡村旅游点构建展销点打造乡村旅游阵地，开展研学板块活动，让宾阳织锦产品从单一生产向技术销售发展。近年来，宾阳湘光织锦坊、广西南宁市那家一锦文化传播有限公司等宾阳织锦技艺传承基地接待学生来到基地研学做手工，由老师指导学生做壮锦文创产品，为乡村旅游增收开创了一条新路子。截至目前，已组织学生前来织锦基地做研学活动1万多人次。

四、经验与启示

（一）政策保障是根基

非遗保护传承及民族团结政策的出台为非遗传承发展筑牢坚实的根基，是我们大力开展非遗传承的依据。

（二）工匠带头是关键

工匠不带领，非遗谈不了保护传承。在市场化、信息化、国际化的今天，只有选树培养更多的工匠，带动更多的人参与，才能让非遗传承生生不息。

（三）守正创新是核心

传统技艺等非遗项目要与现代理念相结合，守正创新，吸引更多年轻人群走进来，产生认同，才能激发更多的创新意识，非遗传承才有活力。

（四）市场多元是保障

非遗产品单一发展无法满足现代市场发展的需要，多元化发展必须结合传统文化，把实物与精神结合起来发展。

广西壮族自治区南宁市马山县

马山壮绣：
"绣"出美好生活

一、基本情况

马山县地处桂中腹地，隶属于广西壮族自治区南宁市，总面积2 345千米²，总人口56万。马山县蕴藏着丰富的少数民族特色文化资源，连续五届被评为中国民间文化艺术之乡。从中国—东盟博览会到第45届世界体操世锦赛，从第52届全国工艺品交易会上荣获金奖的《喜象太平》到中老建交60周年的《国礼》，都有马山壮族刺绣的身影。马山壮绣已成为展示民族地域文化的一张名片。多年来，陆续培训2 000多名农村妇女，其中，200余人成为坊内绣娘，辐射带动人均增收2 000多元。

二、发展历程

壮族刺绣起源于百越时代的西瓯和骆越部落，普遍流传于马山县广大壮、汉、瑶族地区，壮语叫"绡花"，当地民间又称之为"订花"，发展迄今，已有上千年的历史。壮绣图案生动、色彩绚丽、寓意深远、古朴大方，具有鲜明的民族文化特征

马山壮族刺绣参加2023年非遗日成果展演活动

和独特的艺术审美价值，是承载民族文化记忆的"活化石"。壮绣不仅是壮族人民对美的一种追求和表现，同时也是壮族历史文化世代传承的载体。

壮绣采用堆绣、打籽绣、盘绣、马尾缠盘等传统技法，再现了壮族古老的生息繁衍历史，其精湛的艺术技巧蜚声国际。2016年，马山壮族刺绣被列入第六批自治区级非物质文化遗产代表性项目名录。

三、典型做法与成效

（一）坚持政企互动领航

马山县充分发挥政府聚合资源、渠道、要素等优势，有效促进"传统手工艺"实现"转型升级"。依托区级非遗项目名录的品牌优势，成立了马山壮美坊壮绣手艺厂和马山壮族刺绣传承基地，建成了集壮绣、壮族服饰传承、挖掘、研发、保护和生产于一体的传世百年手艺坊。该手艺坊是首批自治区级文化创意产品开发示范基地，也是广西唯一拥有壮族刺绣、壮族服饰2个非物质文化遗产传承基地的生产型工坊，在南宁市建立了1家销售公司，年销售100余万元。

（二）坚持深塑品牌特色

研发了壮绣藏品、慢服饰、慢家纺、慢潮流等四大产品体系600余款，尤其是"锦绣"系列民族手工艺作品、壮族服饰、壮绣挂饰、壮绣抱枕、挂画等多项产品，深受游客欢迎，成了马山独具代表的文创产品、旅游商品及纪念品。这些产品的研发实现了非遗产品与文化艺术品、旅游商品有机结合的目标，塑造了马山壮族刺绣独树一帜的特色品牌，走出了"文化＋旅游"赋能乡村振兴的新路子。壮绣产品畅

刺绣代表性传承人蓝淋在带徒传艺

销国内外市场，深受大众喜爱，成为马山标志性优秀民族特色文化品牌代表之一。

（三）坚持培育人才发展

近年来，马山县认真落实习近平总书记关于传承发展中华优秀传统文化的一系列指示和党中央国务院的有关文件精神，结合实际，创造性地开展非遗传承保护工作，不遗余力地挖掘壮族刺绣等传统手工艺文化，培育壮族刺绣区级代表性传承人1人，县级壮族刺绣传承人28人，社会传承人超1000人；每年组织开展壮族刺绣传习活动10余场次，参加并组织开展壮族刺绣宣传展示活动20余次。

（四）坚持联农带农增收

马山县壮美坊壮绣手艺厂秉承着为人民群众带来更美好生活的发展理念，坚持把企业发展和为民服务作为核心文化共同推进，打造"企业＋基地＋农户"的产业发展模式，吸纳脱贫户、农村闲置劳动力、零散手工艺者等1000多人，同时增加几百位农村贫困妇女的就业创业机会，人均增收近1万余元。这让广大妇女同胞在工作赚钱的同时兼顾家庭，实现上班带娃两不误，将联农带农、助农增收和企业发展有机结合。

四、经验与启示

（一）党政领导制度是关键

坚持党对非物质文化遗产保护工作的领导，巩固党委领导、政府负责、部门协同、社会参与的工作格局，支持引导社会力量参与非物质文化遗产保护工作，构建有利于保护传承的体制机制和社会环境，并建立健全非物质文化遗产传承保护相关工作制度，保障非遗传承保护工作得以有序推进、逐年增效，促进非遗传承保护与乡村振兴、文化建设一体推进、互融互促。

（二）文旅特色品牌是核心

非遗是文化产业的重要载体，将文化资源转化成经济效益是市场经济发展的需求，也是非物质文化遗产发展的新机遇。打造非遗特色品牌，丰富经济发展方式，能提升品牌在市场上的核心竞争力和扩张力，更好地传承和保护非物质文化，让非物质文化遗产生命力得以延续，并为文化产业发展提供源源不断的动力，提高文化产业的知名度和美誉度，让非遗重新焕发生机，大放异彩，使文化产业发展更加科学、合理、高效，进一步助推经济高质量发展。

（三）产业经济效益是根本

充分依托中国黑山羊之乡、中国会鼓之乡、中国民间文化之乡和马山壮族会鼓、壮族三声部民歌以及壮族打扁担的"文化三宝"等资源优势和非遗文化特色，研发一系列创新性、时尚性、游客接受度高且兼具美观性的文创产品，让游客能够看得上、带得走，从而盘活非物质文化遗产产业市场，不断扩大非遗产业链，推动非遗文化和旅游产品深入融合发展，加快文化资源优势转换为经济优势，打造文化旅游经济新增长点。

广西壮族自治区桂林市荔浦市

桂林团扇：
指尖技艺赋能产业振兴

一、基本情况

荔浦市地处广西壮族自治区东北部、桂林市南部，辖区面积1758千米²，是广西特色旅游名县。荔浦市属亚热带气候，气候温和，雨量充沛，四季分明，全境山峦连绵起伏，沟谷纵横交错，土壤条件良好，特别是竹、木、藤、芒等植被繁茂，为竹、木等手工制作提供了充足的原料。全市竹林地面积21.9万亩，其中以毛竹为主。近年来，荔浦市传承"竹文化"历史，大力发展"竹产业"，积极打造"竹链条"，其中以桂林团扇尤为突出，荔浦市年制600万把，产值达2.3亿元，带动荔浦市及周边县区5.19万农民增收。桂林团扇先后荣获联合国教科文组织颁发的世界杰出手工艺品徽章、中国旅游商品大赛银奖等。桂林团扇制作技艺在2018年被列入广西壮族自治区第七批非物质文化遗产代表性项目名录，荔浦竹丝编织技艺在2023年被列入广西壮族自治区第九批非物质文化遗产代表性项目名录。

二、发展历程

桂林团扇制作过程中最具代表性的技艺——圆竹剖丝技艺，曾经是岭南地区主要的团扇制作技艺。康熙年间，荔浦市是桂北重要的竹木产品集散地，晚清光绪年间此地的竹木产品交易逐渐兴盛。桂林团扇集手工竹艺术、书法、绘画、剪纸、扎染、蜡染、雕刻等多种传统技艺于一体，核心制作工艺是以剖丝为扇骨，扇柄与扇面一体成型，扇面图案的编织、绘画以桂林山水为主，因圆竹剖丝团扇全套制作工艺唯有桂林荔浦掌握，故称"桂林团扇"。团扇精致典雅，轻薄实用，具有和谐性、自然性、工巧性、灵动性和象征性，承载着丰富而鲜活的岭南文化历史，在国内和海外市场享有盛名。

三、典型做法与成效

（一）聚焦文化创新促发展

桂林团扇以圆竹剖丝技艺为基础，充分融合历史悠久的少数民族刺绣、手工织锦等手工技艺，并积极迎合旅游文化市场需求，开发出壮锦系列、竹丝编织系列、

桂林团扇圆竹剖丝技艺系列产品

剪纸系列、云锦系列、麦秆画系列、苗族刺绣系列、桂林方言系列等百种新产品，推动团扇文化发扬光大。邱广初、邱燕珍、王春玲、邱燕碧等桂林团扇四大"广西工艺美术师"不断进行技艺创新，开拓进取，编写《桂林团扇制作技艺课程》，充分利用师徒传承方式开展技艺进校园、进乡村、进社区等研学体验活动200余场次，并多次受邀前往各大高校开展系列讲座，每年培训3 600人次。为了有效开展桂林团扇技艺推广和传承工作，荔浦市建成3 000米^{2}的研学实践教育基地，培育制作工匠600余人。为赓续培养年轻民间匠人打下了坚实基础，进一步促进了广西壮族自治区非物质文化遗产的保护和传承。

（二）聚焦产业发展促兴旺

荔浦市依托"企业＋基地＋农户"产业发展模式，积极打造桂林团扇全产业链条，在荔浦市、灵川县建成6个团扇加工生产基地，带动荔浦市及周边县区1.7万户竹农成为原材料供应者，带动基地周边稳定就业劳动力200余人；在乡镇、村屯建立厂外团扇加工生产基地，坚持纯手工制作，带动留守妇女和残疾妇女等500余人灵活就业，实现年人均增收2万～3万元；开发桂林团扇线上线下展示、推广、销售模式，建成线上桂林团扇艺术馆，收录各类团扇产品上千种，实现线上国际流通销售和国内国际供销双循环。

（三）聚焦技术进步促推广

桂林团扇非物质文化遗产的主要传承人邱燕珍，通过竹编、芒编经验，结合本地扇子制作技艺特点，经过反复琢磨、试制与完善，逐渐掌握了一套效率高、质量过硬的圆竹剖丝制扇技艺，加快了桂林团扇产业化发展步伐。桂林团扇在技艺上不断创新突破，成功申请国家发明专利1项、外观设计专利2项、实用新型专利4项。荔浦市积极开展桂林团扇研学活动，通过"经验交流—创新实践—平台展示—培训传承"流程，助力团扇制作技艺稳步提升，建成800米²的桂林团扇艺术馆供研学和文化交流，并提供制作技术指导和服务，培育社会传承人1 300余人，有效增强了农民致富能力。

四、经验与启示

（一）党委、政府引领是前提

荔浦市党委、政府充分发挥引导、扶持和服务职能作用，推动优秀传统乡土文化保护传承和创新性发展，制定产业扶持政策，有效调动市场主体积极性，促进资源要素向乡村流动，促进产业规模化、规范化和信息化发展，增强非物质文化遗产联农带农能力。

（二）品牌价值带动是关键

荔浦市始终把品牌强农作为桂林团扇产业发展的核心竞争力，充分发挥桂林团扇非物质文化遗产品牌效应，利用荔浦市被打造成桂林副中心城市的发展优势，积极融入文化旅游市场，主动引导群众广泛参与，成功打造桂林团扇优质品牌，提高品牌价值，拓宽群众致富渠道。这些措施赢得了广泛赞誉。

（三）乡村人才赋能是保障

荔浦市积极打造示范基地，培育乡村文化本土人才，充分发挥乡村能人巧匠示范带动作用，不断调动农民的积极性、主动性、创造性，增强农业农村发展活力，促进农民增收。让非物质文化遗产走进生活、走进大众，焕发出更加夺目的光彩和更为强大的生命力。

桂林团扇非遗传承人邱燕珍女士向留守妇女传授团扇制作技艺

海南省保亭黎族苗族自治县

黎族传统纺染织绣：
黎锦光辉艳若云　织锦非遗助振兴

一、基本情况

保亭黎族苗族自治县位于海南岛中南部，地处全球黄金度假带——北纬18°，面积1 153.2千米^2。该县辖9个乡镇、1个县管农场、1个县管居，总户籍人口16.72万，黎族和苗族为世居民族，其中黎族10.43万人，占总人口的62.38%。全县现有省级黎族传统纺染织绣技艺非遗项目代表性传承人3人，县级传承人49人，织娘600余人。在9所中小学开设黎锦实践课，由代表性传承人到校授艺教学。

二、发展历程

黎族传统纺染织绣技艺指的是海南黎族人民在制作衣被用品时所使用的一种古老而精妙的纺、染、织、绣技艺。该技艺至今已有3 000多年的历史，早在春秋战国时期，黎族就懂得了用木棉纤维纺织衣服；西汉时期，海南黎族人民纺织的精美"广幅布"被中央王朝定为"岁贡"珍品；元代纺织家黄道婆到海南学习黎族棉纺织染绣技艺后将其传播到全国。黎族传统纺染织绣技艺于2006年入选第一批国家级非物质文化遗产名录。2009年被联合国教科文组织列入"急需保护的非物质文化遗产名录"。

三、典型做法与成效

（一）开展普查认定保护工作

2007年以来，保亭县多次开展全县性的非物质文化遗产资源普查，深入乡村寻找黎族纺染织绣技艺传承人，并进行造册登记。县文化和旅游部门为传承人开展传承活动提供必要的场所，资助开展授徒传艺、教学、交流等活动。对高龄和无固定生活来源的代表性传承人发放生活补助；对传承、保护工作有突出贡献的代表性传承人给予表彰、奖励。

（二）因地制宜打造特色场馆

2012年，在保城镇建成县非物质文化遗产名录陈列馆、黎锦传习所；2013年，在新星居番道村建成黎锦传习所、黎族织锦传承村，被海南省文体厅命名为"海南省非物质文化遗产代表性项目传承村"；在保城镇设立县新达达黎族织锦编排技艺研究室，被列入海南省第一批省级非物质文化遗产生产性保护示范基地。此外，还打造了南林乡非遗馆、加茂黎锦技艺传习所、什玲界村黎锦坊。海南槟榔谷黎苗文化旅游区建成以黎族纺染织绣技艺保护为核心的全省首个非物质文化遗产保护基地，建设非物质文化遗产展览馆2座、黎锦坊1处，展示多件精美的黎锦产品。保亭县成立多个黎锦工艺合作社，带动百余名农户就业。目前，正在利用保亭七仙文化广场南部廊亭设施打造非遗文化空间项目，建立开放式、文旅融合的新型文化空间，充分发挥非遗在乡村振兴中的独特作用。

（三）多措开展特色节庆活动

连续3年在海南七仙温泉嬉水节期间举办黎族苗族非物质文化遗产创意产品设计大赛、黎族苗族服饰创意设计大赛，挖掘和培养黎锦优秀设计人才，让黎锦通过"再设计"实现活态传承，在发展中实现保护与传承。每年结合民族节庆活动"三月三"、海南七仙温泉嬉水节、全国群众登山健身大会、"文化和自然遗产日"等节庆活动搭建宣传展示平台，组织非遗传承人携带黎锦参加传统非遗项目技艺展示展销活动和非遗项目比赛。2022年疫情期间，组织开展非遗线上宣传展示活动，抖音平台黎族传统纺染织绣技艺点播量达4.5万人次，扩大了黎锦的知名度和影响力，进一步激励和带动更多的农户参与传统工艺振兴。2023年"文化和自然遗产日"以"加强非遗系统性保护—促进可持续发展"为主题，以"加强非遗保护传承—守护共有精神家园"为口号，组织开展一系列既有地方特色，又具有鲜明时代特征的非遗体验、非遗展演展示展销等活动，通过线上线下结合、多点开花的形式，让非遗保护成果惠及广大人民群众。

"文化和自然遗产日"——黎锦展示

黎族传统纺染织绣技艺传承人文创产品设计制作辅导培训

（四）校企合作助推黎锦产业

与海南大学、海南师范大学开展优秀传统文化传承基地签约合作，借助高校优质资源进行人才培训及文创产品设计研发，支持中小学校开设黎锦进校园教学培训课程，已累计培训学员 8 000 余人，不断培养壮大黎锦人才队伍。2018 年，建立海南岛中南部少数民族文化生态保护区，设立国家级振兴传统工艺工作站——东华大学驻海南保亭传统工艺工作站，开设黎锦技艺传承人培训班，组织非遗传承人参加消费助农集市活动，展示作品 40 000 余件。通过专业设计专家的持续培训辅导，提升黎族文创产品的创作创新技能水平，打造以非遗为核心的特色产业，助推保亭经济社会高质量发展。

四、经验与启示

（一）保护传承发展同步推进

传承非物质文化遗产不是简单的保守和重复，而是需要与时俱进。黎族传统纺染织绣的发展正是借鉴了这一理念，通过打造民间文化艺术活动品牌，强化文旅融合，让传承与发展同步推进，将延续历史的文化变成符合现代市场需求的产品和服务。

（二）非遗保护需要公众参与

保护和传承文化遗产不是单方面的工作，公众的参与和支持是成功的基础与根本。在黎族传统纺染织绣保护过程中，长期以来积极地倡导和引导公众参与和合作，促进文化传播和传承。

（三）文旅融合赋能乡村振兴

保亭县致力于保护、传承和传播优秀民族文化，以海南槟榔谷黎苗文化旅游区（非物质文化遗产生产性保护基地）为核心，推出具有黎苗文化特色的旅游产品，赋予旅游更深厚的文化生命力，让游客亲身感受黎苗文化的独特魅力，增强旅游的吸引力和提升游客的体验感，助力保亭文化振兴。

重庆市涪陵区

菜乡结绳：
非遗传承"她力量" 托起乡村好生活

一、基本情况

菜乡结绳是涪陵区妇联与重庆菜乡结绳文化传播有限公司为积极响应巩固脱贫攻坚成果、实施乡村振兴战略而打造的特色项目。该项目旨在传播中国结绳文化，传承古法结绳技艺，讲述涪陵结绳故事，为乡村振兴注入新活力，让涪州结绳非遗手工技艺与时尚相结合，在新时代绽放更加绚丽的光彩，提升城市文化名片——"结绳之乡"涪陵。

农村妇女在菜乡结绳平台上，凭借自己的勤劳双手，不仅实现了经济收入的增加，更在精神面貌上焕发出新的光彩，社会地位也得到了显著提升。她们凭借一根小小的绳子，编织出一条自立自强、通往幸福生活的道路，展现出了无尽的智慧和力量。

二、发展历程

项目启动于2016年，致力于为贫疾弱残及居家留守妇女免费提供技能培训，帮助她们提升技艺、增加收入。同时，将"涪州结绳"非遗手工编织技艺传播开来。

历时八年，从一个人的坚守，到一根绳的传承，再到一群人的携手，在29个乡、村、镇、社区设立了"乡村振兴·巾帼创新产业基地"，把家族代代相传的"指尖技艺"变成了福泽一方的"指尖经济"，为妇女群众带来了更多的就业机会和经济收入。

其间，开设"涪州结绳"非遗展厅。2020年，建立匠人堂工坊。2021年，成立全国首所"结绳艺术职业技能培训学校"。通过建设销售门店、匠人堂工坊、结绳艺术学院、非遗展厅、涪陵手工结绳编织协会、中华结绳研究设计工作室这一店、一坊、一校、一厅、一会、一室"六个一基地"，以及采用"1+2+3+4+5+6+7+8"系列运营模式，打造集产、销、学、研、游于一体的"涪州结绳"非遗传习基地，形成了集设计、培训、加工、制作、销售和渠道于一体的完整产业链。并以进校园、进社区、进企业、进乡村、进景区、进机关"六进活动"，传播结文化，传承绳技艺，讲述涪陵结绳故事。

截至目前，涪州结绳项目已有上万余名传承学员、3 000 余名手艺精湛的结绳巧匠及专业绳结设计团队，拥有结绳艺术职业技能培训学校、匠人堂工坊、结绳渠道事业部以及位于各市、区、县十余家手工艺品销售门店等，并注册有"涪州结绳""结绳小镇""静瑜珠宝"等商标、外观专利数十余种。

三、典型做法与成效

（一）思想"扶志"强化政治引领

为进一步激发妇女群众更好参与乡村振兴的"原动力"，在各级妇联的引领与支持下，重庆市妇联执委、涪陵区人大代表、涪州结绳非遗传承人、菜乡结绳创始人张沉静在"扶智"能力的基础上，加大对巧娘们思想上的"扶志"。将"巴渝巧姐·菜乡结绳"技能培训中心作为"百千万巾帼大宣讲"活动的微宣讲站，依托结绳技能培训及其他集体活动，每月开展一次思想政治引领微宣讲活动，积极宣讲习近平新时代中国特色社会主义思想和习近平总书记重要讲话精神，讲好党和国家的大政方针政策，讲好人民群众的幸福生活，将结绳培训组织优势转化为妇女"扶志""扶智"的重要途径，上好结绳女性的"思想政治引领第一课"，引领妇女群众听党话、感党恩、跟党走。

（二）党建统领，采取"3+3"特色模式帮助贫疾弱残妇女群体提技，增收致富

以企业党建为核心统领，以"涪州结绳"非遗技艺为奠基石，通过建"匠人堂工坊"，成立"结绳艺术学院"，在 29 个乡、村、镇、社区设立"乡村振兴·巾帼创新产业基地"，采取"3+3"模式，即免费提供技能培训、免费提供就业场所与平台、免费提供原材料+回收订单，做到零投入、零成本、零风险、不限年龄、不限学历、不限场地，为居家留守、贫弱疾残妇女提供就业平台，鼓励大家"忙时干农活，闲时做结绳"，真正实现家门口灵活就业。

截至目前，已开展免费手工结绳技能培训上百余期，培训万余人。承接订单的有 3 000 余人，其中 1/3 为贫疾弱残人员。这些人员月均增收 1 000～3 000 元，最高者单月收入已突破 2.1 万元，年收入达十万余元。带动涪陵城区及周边江东、罗云、大顺、礁石、龙桥、龙潭、青羊、蔺市、新妙、石沱、马鞍、白涛、马武、珍溪、南沱、义和、大木、武陵山、增福、同乐等乡镇街道，武隆区平桥、庙垭、江口、凤来，以及丰都县包鸾等地 3 000 余人实现灵活就业，增加家庭收入。此外，还帮助数十余户脱贫户不断增收。涪州结绳公司先后荣获全国三八红旗集体、全国企业党建优秀品牌、全国首批"美丽工坊"、重庆市三八红旗集体、"重庆好礼"外事礼品企业、涪陵区首届文创产品（设计）大赛一等奖、"重庆好礼"旅游商品（文创产品）大赛银奖、中国特色旅游商品大赛铜奖、成渝双城残疾人创业先锋大赛助残组银奖、重庆市乡村振兴贡献奖等数十余项荣誉。

（三）暖心关爱，建结绳匠人文化之家

通过建设"党建之家、代表之家、妇女微家、渝馨家园、匠人之家"，打造菜乡结绳特色家文化。成立"红结金绳党建组织品牌、静瑜文化课堂、爱心互助基金会、爱心餐厅、妇女之家、儿童之家、爱心交换空间"，从七个维度打造匠人文化之家，让贫疾弱残妇女姐妹在技艺与学识方面共同成长。把温暖送到结绳巧娘身边，积极为巧娘们提供法律援助、困难残疾帮助、儿童助学帮扶、心理疏导、闲置物品免费分享等数十余种关爱服务，同时大力鼓励巧娘参加学历教育、职业技能教育，培养巧娘高尚的道德情感和道德理想，带动了一大批贫疾弱残妇女姐妹，使她们的"四自"精神得到提升，让她们腰包"鼓起来"、脑袋也"富起来"，让万千余贫弱疾残妇女姐妹结缘结绳，收获幸福生活。

四、经验与启示

（一）文化帮扶：乡村振兴的新引擎

积极探索文化帮扶的有效路径，充分利用当地丰富的文化资源，将文化传承与产业发展紧密结合，走出一条独具特色的产业帮扶乡村振兴之路。通过深入挖掘和整理本土文化元素，打造一批具有地方特色的文化产业项目，为当地群众提供就业机会，也促进乡村经济的多元化发展。

（二）非遗传承：职业技能培训的新实践

为进一步推动非遗文化的传承与发展，以职业技能培训学校为载体，构建了完善的非遗传承体系。通过工学结合的教学模式，将"低收入、低学历、低技能"的"三低"贫疾弱残群体培养成为"技艺高、素质高、效率高"的"三高"巧匠。同时，积极引导这些巧匠参与乡村建设，争做乡村工匠、文化能人、手工艺人，为乡村振兴注入新的活力。

（三）家文化建设：提升妇女姐妹综合素质的新举措

在乡村振兴过程中，特别关注贫疾弱残妇女姐妹的发展需求。通过加强家文化建设，为她们提供技艺与学识共成长的平台。举办各类培训活动，提升她们的技艺水平和文化素养，同时注重培养她们的"四自"精神，即自尊、自信、自立、自强。通过这些举措，帮助她们实现经济上的独立和精神上的富足，让她们成为乡村振兴的重要力量。

重庆市綦江区

綦江农民版画：
勾勒之间拓印泥土烟火

綦江区以綦江农民版画品牌"活化"利用项目为突破口，以版画和乡村为纽带，将现代民间绘画艺术（非物质文化遗产）与本土版画基地、学校、社会企业、乡镇文化服务中心有机结合、交融合作，开展农民版画"活化"利用实践探索，形成了以綦江农民版画院为基地的市级文化品牌，彰显了艺术助力乡村振兴的独特魅力。

一、基本情况

綦江农民版画崛起于20世纪80年代初，其源头可追溯到明末清初的木版年画和壁画。1988年，綦江县（2011年，撤销万盛区、綦江县，成立綦江区）设置专门机构，在綦江县文化馆内设立綦江农民版画院。2006年，綦江农民版画院作为重庆市八大民心工程高规格建成，位于綦江区文龙街道群众文化休闲的核心区域，毗邻九龙文化广场和版画广场，距高速路口500米。版画院占地面积4.17亩，建筑面积2 825米^2。綦江农民版画自崛起以来，目前已到40多个国家和地区开展了文化交流活动，获得社会各界的广泛关注。1986年3月，重庆市人民政府向綦江县授予"版画新花"的铜匾；四川省文化厅、四川省美术家协会分别向綦江县颁发了"农民版画之乡"的匾牌和证书；1988年，被文化部命名为第一批"中国现代民间绘画画乡"；1999年11月，重庆市文化局授予綦江农民版画"巴渝优秀民间艺术"称号；2006年，被文化部命名为产业示范基地；2008年8月，重庆市创意产业发展领导小组向綦江农民版画院授予"重庆创意产业基地"称号；2008—2023年，4次被文化部命名为"中国民间文化艺术之乡"；2012年3月，綦江农民版画院被评为AAA级景区；2014年，公教品牌项目——"带你来画綦江农民版画"被评为全国美术馆优秀公共教育项目；2016年，"传承非遗文化 后继有人綦江农民版画靠近你我她"被评为全国美术馆优秀公共教育提名项目；2011年，被重庆市政府列入非物质文化遗产代表性目录；2021年，被重庆市委宣传部确定为"重庆市公益广告创作基地"，全市第7个版权兴业基地；2022年12月，入选文化部"中国民间文化艺术之乡"建设典型案例名单；2022年12月，在长三角及全国部分省市最美公共文化空间大赛中荣获优秀公共文化空间案例——文博艺术空间奖；2023年5月，荣获文化和旅游部全国公共文化发展中心主办的2022年乡村公共文化空间设计展示活动"最美乡村公共文化空间（创新案例类）TOP30"。

二、发展历程

綦江区专门成立了文化产业发展资金，每年将版画产业发展作为重点项目给予大力支持。重庆市綦江农民版画院主要用于举办展览、进行版画创作、开展公共教育、进行文化研讨交流以及维护展厅设施设备等。版画院设置有的1 600米²多功能展厅，约550米²的办公及公共教育区，200米²的艺术衍生品经营区。院内设有贵宾室、展销厅、典藏部等，功能齐全，设施完善，成为书画家和艺术爱好者观摩、交流、创作的平台以及广大市民共享的艺术空间。

为了更好地传承、发扬綦江农民版画，綦江农民版画院重点打造推出"世界看綦江"等主题的国际国内文化交流系列活动、专题系列展，"中国寻根之旅"海外华裔青少年培训，"中华文化大乐园"海外华裔培训，綦江农民版画艺术节，"传承非遗文化 助力乡村振兴"版画培训等丰富多彩的品牌项目。

积极探索版画"活化"利用，从小切口入手，扩大产业模式。一是大力研发版画游学产品和文创产品，取得良好经济效益。积极研发版画体验课程、各类版画元素文创产品，已设计枕头、抱枕、牙刷、钢笔、书包等文创产品40余种、版画体验项目10余项。截至2023年6月，带动相关产业产值达到1亿元。二是建设版画艺术街。版画艺术街引导文化创意微型企业入驻，先后有集版画创作、销售、培训、装裱于一体的綦江印象版画有限公司，以及从事陶艺、漆画、收藏品等相关产业的20家微型文化企业入驻版画艺术街。三是坚持打造高端礼品。从2003年起，綦江农民版画被重庆市确定为对外文化交流礼品。四是版画引领文旅融合发展。在景区、乡村嵌入版画，成立20多个农民画工作坊，增强体验感和艺术气息。五是做实全国文化产业示范基地。

三、典型做法与成效

（一）加强人才建设，筑牢发展根基

一是延揽专业院校毕业专业人才，充实版画研究队伍。目前，全区有綦江农民版画创作者骨干100余人，创作团队及产业研发团队6个。二是綦江农民版画院定期培训农民画家，以便让农民画家及时补充养分，力创新作。三是作为版画之乡，綦江区已经实现小学、初中、高中全程开设版画特色教育课程，在全区110所中小学设立创作辅导点，建立起"区版画院＋街镇综合文化服务中心＋版画学校＋农民版画村"四级人才培训网络，编辑出版《少儿版画》乡土教材，每周开设不少于一节版画课。在对学生进行培训的同时，每年定期对全区各中小学的美术教师、街镇社区群众进行版画普及培训，以此储备綦江农民版画的后备军，确保綦江农民版画的长期稳定发展。四是推出丰富多彩的版画培训品牌项目，对国内外版画爱好者开

展公益培训。推出国际国内交流系列活动、版画公益普及培训、公益讲座及送文化下乡等活动；年均培训教师群体300余人次，培训学生群体7 000余人次，普及群众1万余人次，接待版画爱好者5 000余人次。既提升了綦江农民版画的普及率和普惠性，又促进了綦江农民版画的传承与发展。

（二）紧抓基地建设，促进文旅融合发展

一是开展农民画室模式。在上厂村等10个脱贫攻坚重点村开展农民画室模式，辐射带领更多乡村脱贫致富。二是打造农民版画合作社。依托东溪古镇等乡村旅游景区资源，建立起农民版画合作社，以创作、销售、培训、体验、游学等方式，打造版画旅游特色项目，带动乡村振兴，打造特色非遗小镇。三是形成版画艺术街。东溪版画艺术街位于东溪镇三合楼，是一处以明清时期的青石板路、20世纪的宅院为载体，在房屋外墙等地绘制各种版画图案的艺术画廊，全长200余米。为了拓展和巩固綦江农民版画的创作阵地，给版画艺术注入新的活力，让艺术为基层群众服务、为乡村振兴赋能，东溪镇因地制宜，将三合楼打造成兼具传统民居元素与时尚风范的新兴风情艺术街。经过半年时间的打造，目前已吸引了10余名农民版画家来此创作。接下来，应进一步扩大东溪版画艺术街的影响力，打造具有地域特色的文商旅融合特色街区，做靓渝黔山水第一古镇品牌。四是形成版画艺术村。坐落于重庆首批十大旅游度假区——古剑山度假区，已建成21个艺术家工作室、14个国家（地区）公共服务馆和1个古剑山美术馆。先后获得重庆市文化产业示范园、重庆市文艺创作基地等称号，是一个集创作写生、教育培训、展示交流、文化创意于一体的艺术殿堂。古剑山艺术村规划占地5千米^2，由艺术创作基地、艺术度假中心、艺术风情小镇、写生基地、新媒体体验园五大项目组成。吸引优秀艺术家入驻，让艺术家能住得进来，静得下来创作，使创作的作品有舞台，优秀的作品有市场，由此形成一种良性循环，使之成为綦江区旅游经济发展的重要增长极。

通过基地建设机制不断完善，广泛培育乡村美术技能人才，引领他们走上吃艺术饭道路，在景区、乡村嵌入版画，增加景区体验感和艺术气息，让版画创作点变成景区，让版画院、版画街、版画村本身成为景点，每年接待游客超过50万人次。

四、经验与启示

一是注重人才培养，加强后备力量培训，建立健全农民版画人才库。二是打造特色品牌项目，做好公共服务免费开放，推动綦江农民版画的传承与发展。三是大力培育农民版画市场，强化市场意识，建立起版画销售网络，扩大销售规模、扩宽市场空间，积极开拓国际市场。四是促进文旅融合，精心打造一批版画示范村（社区）、版画艺术广场、版画旅游特色路线、版画特色建筑、版画主题餐厅酒店、版画特色校区，形成具有綦江特色的文化服务行业。积极发挥好美育润泽农民、艺术振兴乡村的职能职责，使綦江农民版画在新时代新征程上展现新作为。

重庆市秀山土家族苗族自治县

土家织锦：
非遗产业助振兴　织锦工坊促增收

一、基本情况

秀山土家族苗族自治县地处武陵山区腹地，民族风情浓郁。土家织锦又称"西兰卡普"，是土家族妇女使用古老的木织机，以棉纱为经、以五彩丝线为纬，沿用古代斜织机的腰机式织法，纯手工挑织而成的艺术品。2006年，土家织锦被列入第一批国家级非物质文化遗产名录。秀山土家族苗族自治县土家织锦文化旅游发展有限公司，以保护和传承土家织锦技艺为己任，挖掘整理了400多种土家织锦传统图纹，探索建立了土家织锦图纹数据库，详尽制定了便于传承的土家织锦织造工艺规程，将秀山土家织锦产业发展壮大，带动当地群众实现稳步增收。

二、发展历程

近年来，在县委、县政府和中国农业银行的大力支持下，土家织锦文化旅游发展有限公司先后在隘口镇、洪安镇、龙池镇等乡镇建立了6个土家织锦产品织造基地，带动400余人从事土家织锦非遗产业，年产值达300余万元。公司在县城建立土家织锦展示展销厅，陈列土家织锦手工艺品，开办土家织锦手工技能培训、土家织锦亲子DIY体验等项目，使土家织锦进一步与秀山地方文化旅游紧密结合，为促进秀山文化振兴、产业发展作出了积极贡献，取得了良好的社会效益、文化效益、民生效益、经济效益。越来越多的当地百姓通过土家织锦实现了增收致富，用一针一线绘就了美好生活蓝图。

三、典型做法与成效

（一）强化人才培训

依托6个土家织锦产品织造基地，开展"雨露技工非遗土家织锦手工织造扶贫培训班""鲁渝共建土家织锦非遗扶贫培训班""乡村振兴非遗共富工坊就业培训班"等各类培训8期，邀请土家织锦国家级代表性传承人、市级代表性传承人等专业老师进行授课，培训农村妇女500余人次，其中脱贫人口100人以上；培育非物质文化遗产传承人4人、中高级设计师10余人。

为留守妇女开展土家织锦技能培训

（二）强化利益联结

建立"公司＋非遗工坊＋妇女技工"运作模式，土家织锦文化旅游发展有限公司与符合上岗要求的农村妇女签订就业协议，使其成为职业织娘，帮助410人实现灵活就业，受益人口超1 100人，每个织娘平均月工资达2 000元以上。非遗工坊成为困难群众打开增收致富大门的一把"金钥匙"，帮助农村妇女由无固定收入者转变为职业手工艺品工人，实现就地就近就业。

（三）强化金融支持

县级政府创新推出"惠农e贷·非遗贷"，为非遗传承人、企业负责人、专业技能人提供信贷支持。中国农业银行、县级文旅部门紧密合作，上门调查建立3类客户白名单，全面掌握非遗经营者融资需求，为非遗贷客户提供利率优惠、期限灵活的线上信贷支持，有效解决融资难、融资慢、融资贵问题。截至目前，累计发放"惠农e贷·非遗贷"400余万元，支持从事土家织锦等一批优秀非遗传承人和经营者发展非遗产业，为非遗产业引入源源不断的金融活水。

（四）强化品牌建设

打造巾帼土家织锦展示体验中心，建立传承非遗文化、带动群众增收的手工织造基地，凸显秀山优秀传统民族文化魅力，助力乡村文化品牌传播。创立自主品牌"阳鹊花""渝锦"和"织锦生活"，申请（土家）织锦木机等20多项专利。与中国传媒大学等院校合作，开发符合现代消费理念的创新产品，特别是非遗作品《台台虎纹样》《阳鹊花纹样》《土司五颗印纹样》于2023年正式被中国国家博物馆永久收藏。

（五）强化消费帮扶

实施消费帮扶行动，助力土家织锦走向市场。推进土家织锦非遗工坊进景区，借助秀山洪安边城、川河盖景区乡村旅游发展机遇，打造文旅融合名片。打通电商销售渠道，通过线上线下多种方式，销售披肩、手提包、民族服装等土家织锦产品30余种，有效帮助土家织锦产品走出大山。推动土家织锦产品上线中国农业银行兴农商城等线上销售平台，推选土家织锦生产商为农行系统和农行客户优质供应商，提升土家织锦影响力。

四、经验与启示

（一）必须坚持政府引导

非遗产业投入大、周期长，必须从政府层面细化非遗相关政策，给予全面指导，用好政府扶持、金融支持等手段，才能推动非遗产业可持续发展。

（二）必须坚持市场主导

非遗工坊一般地处偏远地区，生产的产品关注人群不多、销售渠道单一，需要利用好线上线下渠道，将非遗元素植入城区、景区，真正把产品变成商品卖出去，不断激发内生发展动力。

土家织锦作品《阳鹊花纹样》

（三）必须注重人才培养

加强非遗文化传承，关键在于人；让非遗"活下来""火起来"，关键要在培养传承人上下功夫。必须加强人才队伍的定向培养和市场主体的专门培育，通过集中培训、带徒授艺等方式，吸引更多人加入非遗行业，才能助力非遗产业发展壮大。

（四）必须坚持改革创新

秀山土家织锦有机地将手工技艺与电脑绣花相结合，开发符合现代消费理念的创新产品，创作出了既有土家风格又具现代风韵的工艺绣品。在非遗文化发展中，必须推动非遗文化创造性转化、创新性发展，符合大众需求，走出"从生活中来，到市场上去"的新路子，这才是土家织锦等非遗文化能长久立足的根本。

四川省遂宁市蓬溪县

中国书法之乡：
发挥优势树品牌　书法赋能促振兴

一、基本情况

蓬溪县地处四川盆地中部偏东，辖区面积1 251千米²，辖19个乡镇、1个街道，是中国书法之乡、中国革命老区、中国门都、国家现代农业示范区，素有梓东邹鲁、文献名邦、中国洞经音乐发祥地、古壁画艺术之乡、大乐之乡等美誉。自2000年以来，先后六次被文化和旅游部（原文化部）授予中国民间文化艺术之乡（书法）称号。近年来，蓬溪县大力实施"工业＋书法""农业＋书法""市场＋书法""旅游＋书法"系列工程，推动一二三产业融合发展，书法牌坊形成城市风景，书法文创产品全县铺开，初步形成集创作、交流、装裱、销售于一体的市场格局，年产值达2 000余万元，年均吸引书法爱好者、参观者、旅游者达10万余人次，年均旅游综合增收2 000余万元。

二、发展历程

蓬溪厚德崇文，"工诗文、擅书画"之风历代传承，早在唐朝，诗圣杜甫游历蓬溪，留下散文名篇《唐兴县客馆记》。宋代王鈜书的《宝梵寺院显公修造碑》，至

蓬溪县开展建党百年千人书党恩活动

今留存。明代书法家黄辉曾在蓬溪学宫题匾"梓东邹鲁""金声玉振"，盛赞蓬溪繁荣之文化、淳朴之民风。清代至民国，县域内儒、释、道所涉之九宫十八庙，获得了许多名人题写的匾额楹联，清代诗、书、画"三绝"奇才张船山，以及于右任、谢无量、丰子恺、张澜、黄宾虹、郭沫若、沙孟海等政要名流先后在此留下墨迹。

1978年，蓬溪县创建全国第一个乡镇书法协会；1995年，《中国书法》杂志第四期开辟8个版面，全面介绍蓬溪书法，推出蓬溪书法创作代表性群体，称之为"蓬溪书法现象"；2009年，创建全国第一个女子书法学会；2008年，在全国率先实施"校牌竞写"工程。目前，已经成立县级书法协会4个，通过开展书法"七进"活动，培养书法会员上万名，孕育出中国国家画院院委1人、研究员2人、国展评委2人，构建起蓬溪书法群体"金字塔"结构。

三、典型做法与成效

（一）以"书法"为主题，塑造"城市灵魂"

将"中国书法城"定位为蓬溪城市建设主题，从点、线、面不同角度将书法融入城市肌理，彰显"中国书法之乡"的城市魅力。按照"景城一体、文城一体、产城一体"思路，编制《中国书法城总体规划》等书法旅游名城建设专项规划。建成书法文化研究院1个、书法主题公园5个、书法主题展馆5个、书法牌坊30座、书法长河10千米、书法湿地30公顷，形成无处不书法的城市风景。

（二）以"普及"为支撑，呈现"书法现象"

将普及作为传承发展书法艺术的核心支撑，通过搭建书法普及提升培训和展赛活动平台，促进书法事业守正、创新发展。建设书法展厅、书法广场、书法交流场地3.5万米^2，挂牌成立"中国书法之乡教学培训基地"9个、创作交流基地15个。着力培育书法家协会、女子书法学会、少儿书法三大特色团队，建立乡镇书法分会15个，行业书法分会11个，来德书法小学1所，四川省优秀传统文化（书法）传习基地1所，市、县书法教育特色学校33所，形成以中国书法家协会会员为领衔的10万人写书法、30万人爱好书法的"蓬溪书法现象"。

（三）以"活动"为载体，扮靓"书法品牌"

充分发挥品牌活动对省内外书法和文化艺术专业工作者、爱好者的吸引力，打造"中国书法之乡"城市文化品牌。创办"中国书法·蓬溪雅集""千人书廉政""沈门蓬溪五人展"等品牌活动，先后被CCTV4、四川日报等多家主流媒体关注报道，蓬溪书法群体蜚声海内外。

（四）以"融合"为抓手，延伸"产业链条"

将书法作为文旅融合发展的主线贯穿始终，策划书法文化研学之旅旅游线路，近三年来吸引、接纳书法旅游爱好者约119.2万人次，实现旅游综合收入13.3亿元。按照"政府主导、社会参与"的原则，大力支持工商个体、书法企业发展，现有书

蓬溪县连续六届被评为中国书法之乡

法培训班3家，画廊和装裱店15家，初步形成集创作、交流、装裱、销售于一体的市场化格局。

四、经验与启示

（一）高位谋划推动是保证

历届县委、县政府高度重视中国书法之乡品牌建设，切实强化组织领导，书记、县长担任领导小组组长，分管领导具体抓，成立专门机构，科学编制发展规划，制定有效措施，20余年坚持锚定一个目标，一张蓝图绘到底，高位谋划、有力有效推动工作开展。

（二）用好用活资源是基础

打好"亲情牌"，充分挖掘和利用蓬溪籍在外成功人士、在蓬优秀企业等优势资源，鼓励社会力量积极参与中国书法之乡品牌建设，大力倡导个人、企业以捐建方式推进书法牌坊、书法森林公园等书法主题重点项目建设，提高品牌建设效率。

（三）加强队伍建设是关键

充分发挥本土书法人才资源优势，加强特色书法团队培育，通过抓基础、育重点，不断发展壮大书法人才队伍，形成以中国书法家协会会员为领衔，省市书法家协会会员为中坚，蓬溪书法群体为基础的"金字塔"书法人才队伍结构。

（四）拓展营销渠道是核心

突破传统营销、网络营销模式，与中央数字电视书画频道签订长期战略合作协议，持续开展书法国际国内交流合作，多角度、多渠道、多方面扩大蓬溪书法之乡在全国、全世界的影响力，成功走出一条书法艺术促进文化振兴的新路子。

四川省乐山市夹江县

马村镇：
推进"三纸"融合发展 深化乡村文化产业赋能乡村振兴

一、基本情况

马村镇地处夹江西北，西北与洪雅县接壤，东北与丹棱县接壤，辖区面积55千米^2，是著名的"蜀纸之乡"。全镇紧扣"纸文化""纸产业""纸旅游"三篇文章，大力发展研学旅游、造纸体验、乡村民宿等新产业、新业态，推进文化产业赋能乡村振兴。通过龙头企业、专业合作社等主体辐射带动，全镇约有5 000人从事纸文化产业，从业人员人均可支配收入增长12%。2023年，全镇手工纸产量达14万余刀，产值1.08亿元；机制纸产量达5.6万吨，总产值11.2亿元；电商销售800余万单，占全县电商销售份额的60%。

二、发展历程

马村镇手工造纸技艺始于唐，继于宋，兴于明，盛于清，拥有1 000多年历史。马村手工纸素以质量佳、品种多、技术精、规模大、历史悠久而载誉巴蜀。手工纸在抗战时期为文化事业作出了卓越的贡献。国画大师张大千1939年、1940年两次专程造访马村镇石堰村，与纸农研究改良竹纸生产工艺，制造出了著名的"大千书画纸"，得到近现代中国著名书画家们的高度评价。夹江书画纸与安徽宣纸同被誉为"中国有宣、夹二纸，堪称二宝"。从此，夹江书画纸的名声不胫而走，行销国内，出口海外，销路大增。

三、典型做法与成效

（一）依托非遗资源深挖纸文化

一是常态化做好非遗保护，全覆盖摸排梳理50年以上、保存较完好的"产居型民居"105处、造纸遗址3个、造纸保护点15个，实行挂牌保护。二是加强手工造纸技艺传承人培养，储备遴选一批新时代造纸工匠，组织申报县级及以上非遗传承人52人。

（二）提速招贤引智壮大纸产业

围绕马村独特的产居型民居、造纸遗址、林竹产业等文化基础，包装生成博物馆群落、纸乡风景道等项目13个，通过组织招商推介会、返乡人士座谈会回引在外成功人士投资建设研学基地、民宿等旅游新业态，建成全国最大手工纸生产基地杨湾纸坊。成功创建"大千纸故里"为国家AAA级旅游景区，全镇现有"子清""云中""钰多多"等书画纸品牌6个，依托实体店、电商等平台将马村镇书画纸销往全国各地。

（三）提升文化载体丰富纸旅游

一是加强院地合作，围绕"一馆一街两片区"，推进"中国纸乡"项目建设，建成全国首个以纸文化为主题的村史馆并投入运营，成功开放柳担桥文坊街，建成纸文化传统工艺工作站。二是培育以纸文化为主题的"文家乐"特色民宿集群，创新成立"文家乐"民宿协会，推出夹江马村"文家乐"品牌，建成文家乐民宿12家，创建大千纸坊、状元纸坊为省级研学基地，大千纸故里为市级教育研学基地，具备县级研学基地功能的纸坊5个。三是策划举办纸文化特色活动，依托线上线下平台，推送节假日马村畅游攻略，策划柳担桥坝坝宴、中秋老街音乐会等特色活动，年接待游客20万人次，旅游综合收入达800万元。

四、经验与启示

（一）强化惠农思维健全联结机制

大力推进乡村特色聚居点建设，全力打造杨湾村造纸聚集点，手工造纸庭院经济蓬勃发展，建立健全"党组织＋企业＋合作社＋农户"的发展模式，通过党组织搭桥，成立以杨湾纸坊为龙头的夹江县文闹蜀纸竹制品专业合作社，吸纳纸农61户，统一抄纸标准、交流造纸技艺、统一收购纸张，强化"供—产—销"产业链，实现纸农人均增收4 800元，村集体经济增收6.5万元，提振纸农积极性。

（二）深耕细作，做靓做实纸文化

坚持以纸为魂，持续深入挖掘纸文化内涵，充分利用人、物以及项目、资源等，进一步做实、做靓纸文化。一是瞄准国内纸行业、艺术等领域的高校、机构，深化院地合作，以打造国内纸文化研究、交流高地为目标，高规格、高频率开展纸艺研究、文创研发、品牌推广，实现技艺价值、纸农价值、品牌价值"三提升"。二是以大千纸坊民宿组团为核心，辐射周边杨湾3社手工造纸村落、状元纸坊等资源，持续加大产居型民居保护、老物件保留、林盘梳理、步道提升、遗址管理维护，打造"纸乡符号"，提升文化符号影响力和认同感，建设纸乡大地艺术馆。三是加强传统技艺的传承保护，激励既有非遗传承人，挖掘县内手艺人，回引在外手艺人，壮大新兴传承队伍；加大引入纸文化领域"新村民"力度，通过纸文化"输血"与"造血"并举，培育新时代造纸工匠，实现手工竹纸制作技艺的可持续发展。

（三）多点发力，做强作响纸产业

坚持固本夯基，继续稳定纸产业发展，按照"手工走高端、机制走销量、电商辟蹊径"的思路，巩固"夹江纸"现有地位，做大市场份额。一是强化杨湾纸坊龙头效应，利用夹江县文闸蜀纸竹制品专业合作社联农带农，通过企业统一提供优质原料、统一技术标准、统一购销产品，实现手工纸高端发展目标。二是规范提升造纸行业，深化造纸行业风貌提升行动，做实延链、补链、强链，盘活闲置集体建设用地，实现机制纸集中、集约、量产、量销。三是积极回引一批优秀企业家，联合一批高质量纸农，依托全国最大的电商书画纸销售平台，整合马村涉纸企业和马村在外从事文房四宝商家，探索建设"线上枷担桥文坊街"，打响夹江书画纸区域品牌。

（四）融合赋能，做美做优纸旅游

坚持赋能提质，在大千纸坊博物馆项目破局、"文家乐"民宿产业破题，以及夹江县实施研学行动三年计划契机叠加的基础上，充分做好融合赋能、发展纸旅游工作。一是找准属地定位，全力以赴配合做好大千纸坊博物馆群落项目推进、运营，抢抓校地合作机遇，为打造乡村美育研究地、写生研学基地等打底护航。二是以文化底蕴、产业特色、区位优势为依据，整合美丽乡村、衔接资金、行业专项债等项目，包装实施道路提升、节点美化，完善停车场、步道、公厕等配套设施，串联大千寓居、杨湾纸坊、富丽山居、村史馆等4个民宿片区；盘活农村闲置资产资源，探索村集体经济参与形式，盘活农村集体建设用地，放活农村闲置宅基地，通过散居五保联批联建方式，解决民宿发展用地难题，实现产、学、研、游一体化发展。三是依托文家乐民宿协会，整合研学、景点、餐饮、住宿、商贸等资源，加大宣传营销力度，在重要时间节点争取商务活动，吸引消费、扩大影响，做好"留客经济"，实现取长补短、抱团营销。

四川省阿坝藏族羌族自治州马尔康市

慈愿藏香：
传承非遗工艺　助力乡村振兴

一、基本情况

马尔康市位于川西北高原南端，辖区面积6 633千米^2，是嘉绒藏族主要聚居地，素有"火苗旺盛的地方——兴旺发达之地"的美誉，辖区内藏医藏药文化源远流长，以慈愿藏香为代表的藏医药事业在祖祖辈辈嘉绒人的手中不断传承和创新，为守护当地群众身体健康和社会经济发展作出了巨大贡献。近年来，马尔康市深入学习贯彻习近平总书记关于加强和改进民族工作的重要思想，在推动非遗工坊建设上创新举措，促进慈愿藏香在非遗保护传承、带动就业创业等方面发挥积极作用，使慈愿藏香成功入选国家"非遗工坊典型案例"，开拓了非遗助力巩固拓展脱贫攻坚成果同乡村振兴有效衔接的新路子。截至2022年底，慈愿藏香配方已申请国家专利9项，初步形成了线香、盘香、塔香、无烟香等系列的多个品种，年产值突破1 000万元，并吸纳28户脱贫户、3名残疾人加入生产线工作，带动脱贫人口人均年增收3万元以上。

二、发展历程

藏香制作技艺相传是公元7世纪时由松赞干布的大臣吞弥·桑布扎所创，距今已有1 300多年的历史。藏王松赞干布虔信佛教，为供奉从长安和尼泊尔请来的两尊释迦牟尼生前亲自开光的佛祖12岁和8岁等身佛像，松赞干布责成大臣吞弥·桑布扎研制供佛之香。吞弥·桑布扎以藏医学为指导，精心研制出了手工水磨制香技艺，从此藏香开始在各地流传。

随着时代的变迁，藏香不仅深受藏族人民喜爱，更受到海内外消费者青睐，藏香产业逐步走向现代化。为顺应现代市场需求，品牌创始人谢拉依据《四部医典》《熏香配方一百》等藏族传统医学经典著作，依托传统制作工序和古老制作技艺，从2011年起多方考察、多次试验、潜心研究，于2017年成功研制出标准化的慈愿藏香。慈愿藏香于2018年获评四川省十大旅游文化创意品和中国特色旅游商品荣誉，2019年成功申报为"四川省非物质文化遗产体验基地"，2020年成功申报为"慈愿藏香生产性保护基地"并荣获"四川省特色旅游商品"银奖，2021年成功申报为"四川省省级非遗扶贫就业工坊"，2023年成功入选国家"非遗工坊典型案例"。

工坊聘用脱贫户包装慈愿藏香

三、典型做法与成效

（一）创新模式育品牌

探索"公司＋合作社＋传承人"发展模式，率先建成省级"非遗之旅"体验基地——非遗工坊非遗产品营销中心，形成集传统工艺生产、交流展示于一体的一体化空间，推动非遗活态传承。完成慈愿藏香配方9项国家专利的申请，成功认证ISO9001并注册商标，品牌保护意识不断提升，行业标准不断拓展，中国藏香行业十大品牌的行业荣誉不断巩固。

（二）提升服务强保障

创新"扶持指导＋飞地传习"要素保障模式，加大慈愿藏香非遗工坊在专项奖补、金融贷款、费用减免、技能培训、产品展销等方面的政策倾斜扶持，拨付非遗保护专项资金20万元，助力推动慈愿藏香工坊发展。搭建"飞地传习"基地，联合四川大学提供医学技术支撑，将慈愿藏香非遗传承人纳入各级非遗研修培训计划和行业部门指导名录，支持慈愿藏香工坊带头人评选各级非遗代表性传承人，进一步提升非遗技艺技能水平。

（三）拓宽销售促增收

建立传承人指导、脱贫户加工、平台销售的"订单式"产业链，开拓世博会、广交会、西博会等平台，搭建网端化程序商城，着力打造区域创新销售新模式，2022年产值突破1 000万元。创新"居家灵活就业＋购买脱贫户药材"模式，巩固拓展四川省级非遗扶贫就业工坊荣誉成果，积极培育打造慈愿藏香非遗工坊特色劳务品牌，提高从业者的技艺技能，强化特殊人群的就业增收，带动当地近百名群众人均年增收3万元以上。

慈愿藏香第三代非遗传承人谢拉用牛角纯手工制作慈愿藏香

四、经验与启示

（一）党委、政府主导是"保障"

党委、政府强化自身服务职能，充分发挥主导作用，加强对本地特色民族产业的引领和指导，在政策允许的范围内，合理倾斜资源、集中资源，使优秀传统文化在保护中传承、在创新中发展。

（二）注重非遗传承是"核心"

促进乡村非遗文化振兴，应注重传承者的培养。加强非遗传承人申报、培养力度，加快建立市级非遗传承人培养机制，充分发挥现有传承人示范带动作用，积极调动当地群众传承民族文化、非遗技艺的主动性和创造性，推动非遗文化传承持续发展。

（三）调动市场主体是"关键"

要让非遗文化获得更为宽广的生存空间，就必须开拓市场、激发活力。通过举办展示赛、丰收节等各类各具特色的节会，深入发掘具有嘉绒藏族特色的各类非遗文化，引导群众积极参与非遗活动、开发特色产品，吸引更多市场主体参与非遗传承事业，提高产品附加值，推动非遗文化真正融入群众生活。

（四）树立金字品牌是"精髓"

要赢得市场口碑，有效传承发展非遗文化，就必须树立金字品牌。马尔康市以高质量建设国际生态旅游文化名城为目标，充分发挥全域旅游发展优势，在旅游推介中深度融入非遗文化，依托线上线下宣传销售渠道，根据市场需求研发线香、盘香、塔香、无烟香等系列多个优质慈愿藏香品种，打响品牌，扩大产品销量，拓宽群众致富渠道。

赤水竹编：
竹编赋能促发展　竹丝编织振兴梦

一、基本情况

　　遵义市赤水市位于贵州西北，毗邻川渝，森林覆盖率82.51%，境内有132.8万亩竹林，300余种竹类。近年来，赤水市牢记习近平总书记嘱托，坚守"两条底线"，围绕"四新"，主攻"四化"，因地制宜发展竹产业，厚植"竹优势"，打造"竹文化"，做全"竹链条"，做强"竹经济"，已拥有近300家竹加工企业，先后荣获全国"绿水青山就是金山银山"实践创新基地、国家林业产业示范园区、中国竹都、竹编工艺民间文化艺术之乡等称号。2022年底，已形成从种竹、竹材加工到生态旅游的三产融合发展模式，带动16.8万竹农增收，人均增收超过3 000元。

二、发展历程

　　赤水市有着丰富的竹资源和悠久的竹编历史。赤水先民利用竹子编织各种生活用品，乾隆三十四年（1769年），福建人黎理泰引进了易于编织的楠竹品种，促进了竹编用品和农具的精进。现在，传承人陈文兰、杨昌芹等运用非遗元素，创作出

2018年11月10日，几名妇女在赤水竹编非遗传承人杨昌芹（前）带领下创作竹编（王长育摄）

富有时代气息的竹编书画、竹丝扣瓷、竹编提包、竹编灯饰等创意产品，受到了市场的欢迎。赤水竹编于2014年被列入贵州省省级非物质文化遗产名录。

三、典型做法与成效

（一）坚持政企互动领航

赤水市委、市政府高度重视非遗保护、传承与推广，充分发挥政府优势，落实《关于加快推进竹产业创新发展的意见》《关于推动传统工艺高质量传承发展的通知》要求，推动编制《赤水竹编省级地方标准（草案）》，助力"指尖工艺"向"指尖经济"转型。依托省级非遗品牌优势，发展赤水牵手竹艺公司，建成集生产、教研于一体的竹编基地5 000余米²，拓展销售体验店5个，荣获发明专利8项、国家级扶贫产品40多款，竹编产品畅销国内外，带动年销售额1 000余万元，推动"指尖经济"向"指尖财富"跃升。

（二）坚持产业互融驱动

赤水市坚持"靠林啃竹，做足竹文章"的产业发展思路，利用丰富的竹林资源，用竹丝串联一二三产业，实现三产融合发展。3万名竹农主动参与竹编产业链条，从"原材料供应者"变成"财富合作者"，实现一根竹到一缕丝的蜕变，助力竹农年均增收近2万元。做足"非遗+"文章，推行"以竹代塑"，让精美的竹编果盘、竹编提包、竹编灯饰等产品走进千家万户，实现非遗产品与实用性相结合；培育出特色竹编非遗表演、非遗体验、非遗研学等新业态，实现非遗文化与非遗体验相结合；守正创新，打造出匠心竹编文创产品、旅游纪念品等六大系列1 000余款产品，开发竹编书画、竹编首饰等创意产品，推动传统竹编向高端精品转变，实现非遗产品与艺术的融合。

（三）坚持文化互生赋能

赤水市弘扬竹子"团结奋斗、自强不息、虚心有节"的精神，挖掘传统非遗竹编文化魅力，推动竹文化同非遗文化互生互融，提升竹编产品、竹编技艺附加值；赤水市政府同国际竹藤组织、人民日报新媒体、联想集团联合发起的"你好，中国竹"可持续发展行动，助力竹编产业"出圈"。同时，大力推广和传承非遗竹编技艺。"赤水竹编"传承人杨昌芹当选全国人大代表，培育传承人47人，授艺超过5 000人，每年开办8～10期竹编技能培训班，开展50余场次竹编艺术进校园、非遗研学体验活动，组织30余次竹编艺术宣传展示活动。

（四）坚持主体互惠共兴

赤水市建立"企业＋基地＋合作社＋农户"产业模式，创新"计件为主＋效益＋产品提成"薪酬模式，带动脱贫户、闲置劳动力、手工艺者等3 000余人在家门口就业，人均直接增收3 300元。通过企业培育和基地建设，为园区和城镇周边提供稳定岗位100余个、灵活岗位1 000余个，人均增收2万～3万元。同时，通过合作社带动，与177户570人形成"利益联结"，每年分红3.8万元。通过发展壮大竹编产业，使竹林成为赤水群众的"幸福不动产""绿色提款机"。

2019年7月1日，赤水竹编非遗传承人与上海美院开展交流合作

四、经验与启示

（一）党委、政府引导是保障

党委、政府强化引导、扶持和服务职能，统筹优秀传统乡土文化保护传承和创新发展，制定有效政策措施，调动市场主体积极性，促进资源要素更多向乡村流动，增强非遗文化发展活力。

（二）能人巧匠带动是关键

乡村振兴，人才为本。充分发挥能人巧匠的示范带动作用，加强对乡村本土文化人才的培育，调动农民的积极性、主动性、创造性，增强农业农村发展活力。

（三）创新创意赋能是核心

坚持守正创新，守正为基，创新为要。没有创新的文化就没有发展，勇于迈出创新实践的步伐，让非遗回归大众视野，让非遗文化焕发出夺目的光彩和强大的生命力。

（四）市场需求驱动是根本

消费是对非遗最好的保护，使用是对非遗最好的传承。通过引导群众参与非遗活动，开发文化价值和实用价值相统一的创意产品，吸引更多市场主体参与到竹产业中，推动非遗文化走进生活、走进大众，这是对非遗文化最好的传承和推广。

（五）品牌价值强化是支撑

要赢得市场认可，消费者口碑与品牌优势不可或缺。赤水市把品牌作为竹产业发展的核心竞争力，建立健全销售网络，注重文化提升，紧跟市场风向，充分发挥全域旅游优势，融入竹非遗文化，引导群众广泛参与，打造了一大批竹产业优质品牌，提高了竹产品溢价空间，拓宽了群众致富渠道，赢得了市场赞誉。

白皮纸制作技艺：
一纸千年　石桥皮纸出新篇

一、基本情况

石桥村位于贵州省黔东南苗族侗族自治州丹寨县北部，距县城34千米，距州府凯里35千米，土地面积9.85千米²，地处凯里市、丹寨县城两个城市中间，余安高速公路穿境而过，距青曼高速收费站7千米，交通区位优势显现。1984年5月，贵州省文化出版局文物处与丹寨县轻工业局签订了保护石桥白皮纸传统生产工艺和设备的合约。1985年7月，石桥村被贵州省人民政府公布为省级文物重点保护单位。2006年，石桥古法造纸技艺被列入国务院公布的第一批国家级非物质文化遗产保护名录。2007年，贵州省文化厅命名石桥村为古法造纸艺术文化之乡。2011年9月，石桥村获得"贵州最具魅力的民族村寨"荣誉称号。

二、发展历程

据有关史料记载，从唐朝中期开始，石桥的苗族祖先就借鉴汉族的技术，以当地丰富的树皮、杉根及清澈优质的泉水为原料，徒手操作开始造纸，沿传至今已有2 000多年的历史。其制作工艺与明代宋应星所著《天工开物》记载的造纸法大体相似。白皮纸生产的采构、河沤、蒸煮、捡料到抄纸、压纸、晒纸等十三道工序几乎都是徒手操作，没有使用任何现代工具，具有原始性和传承性。石桥是全省乃至全国古法造纸工序、工具保存得最完整、规模最大的地方。石桥人民信奉蔡伦为祖先，每年都要举行重大的祭祖活动。目前，石桥采用古法造纸工艺生产出了云龙纸、皱褶纸、凹凸纸、压平纸、花草纸、麻丝纸等六大系列，凸显了我国独特的造纸工艺，在国际市场上已打开了销路，产品大部分销往东南亚、欧美等地。由于石桥白皮纸纸张洁白、吸水性强、不易脆裂、渲染度好，是商家用作装饰和包装等的最佳原料之一。随着技术的进一步改进，石桥人民在白皮纸制作的基础上，经过技术提升和工艺改良，将白皮纸精制成国画纸。这种纸已走进了全国书画名家之手，登上了文化传承大雅之堂。石桥古法造纸因工艺制作古老、工序徒手操作而享誉国内外，石桥因此被誉为中国古法造纸之乡。

三、典型做法与成效

一是"党建＋非遗"双联动，挖掘白皮纸商业价值。石桥村紧紧扣住"围绕经济抓党建，抓好党建促经济"的指导思想，创建"党建＋非遗"模式开展文化工作，将"一中心一张网十联户"的基层管理模式与党建网格化管理模式融为一体，借助万达集团"万达丹寨2025计划"，突出"非遗＋旅游"定位，将古法造纸文化旅游景区与清江苗寨、乌羊麻—卡乌药王谷旅游联动发展，大力发展农村餐饮、民宿、休闲娱乐等乡村旅游产业。同时，发挥国家级非物质文化传承人王兴武老师等党员先锋模范作用，充分挖掘石桥白皮纸非遗文化招商潜力。目前，贵州兴武皮纸文化发展有限责任公司与东莞市自在文化传播有限公司已达成合作意向，计划投入600万元对石桥古法造纸进行开发，进一步增加非遗纸品商品供给。

二是做深做精石桥白皮纸文化产业。依托州级特色田园乡村·乡村振兴集成示范点建设，石桥村紧紧围绕古法造纸国家级非遗品牌，不断做大造纸产业，带动群众增收致富。目前，拥有国家级非遗传承人3人，开发四大系列纸200余款，其中迎春纸系列用作国家图书馆、博物馆和各省市图书馆的修复用纸，白皮纸供应贵州茅台镇酒厂用作包装用纸，特种手工纸深加工成屏风、扇子、信封、灯罩、贺卡、壁挂、纸伞、包装纸、包装袋等工艺品，彩色皮纸外销澳大利亚、东南亚等地区。全村从事古纸生产的农户60多户，年产值达1 000余万元，户均增收5万元。有露天煮甑10口、露天浸泡池10口、纸房36间、木榨34个、抄纸槽50口、木碓3张、踏碓5张，最为完整地保存了古法造纸工序、工具。

三是宣传白皮纸文化产业助力乡村产业发展。突出生态产业化、产业生态化理念，围绕天然石桥、大岩脚、穿洞、古纸园、文化长廊、新村、纸街、风雨桥、大簸箕苗族风情自然寨、三湾寒武纪时期古生物化石等景观，加大石桥白皮纸文化宣传推介力度，提升白皮纸文化的吸引力，不断扩大白皮纸文化研学游、写生基地品牌影响力，打造养心、养身、养肺、养眼的民族文化旅游目的地和乡村旅游精品工程。目前，乡村民宿、客栈、农家乐等配套建设不断完善，不断丰富乡村旅游业态，为游客提供自助垂钓、自助采摘以及吃、喝、玩、乐等服务，让游客吃农家饭、住农家店、体验农耕文化。近年来，接待游客22.53万人次，旅游综合收入2.20亿元，通过旅游产业有力带动了群众增收致富。

四、经验与启示

石桥村从当地实际出发，紧紧依托交通、地理条件等优势，加大乡村产业结构调整力度，以旅游发展为突破口、以古法造纸为依托、以生态资源和特色苗寨文化资源为载体，大力发展餐饮、乡村旅游等服务产业，多渠道增加农民收入，打造了古法手工造纸产业、特色精品文化旅游、餐饮服务、休闲农业、黑毛猪养殖、林下养鸡等产业。同时，坚持"政府主导，市场运作，农民自愿，管理规范，突出特色"方向，不断完善乡村基础设施建设，优化乡村旅游环境，丰富乡村旅游产品，形成集农业开发、旅游观光、休闲度假于一体的乡村旅游景区，促进乡村旅游向市场化、产业化方向发展。

南皋乡石桥村的苗族村民在参加抄纸技艺比赛

南皋乡石桥村穿洞造纸基地

云南省德宏傣族景颇族自治州陇川县

景颇织锦：
经纬之间　织出乡村振兴幸福新画卷

一、基本情况

　　景颇族是中国的少数民族之一，主要聚居于云南省德宏傣族景颇族自治州，有着丰富的民间艺术，其中景颇织锦最具代表性。景颇织锦是景颇族人民祖祖辈辈传承下来的古老技艺，所织图案多为景颇人生活中常见的动植物或与动植物有关的具体形象的象征性符号，是景颇族妇女凭借对大自然物象的直观感受和丰富的想象力创作出的独特、古朴、优美的民间手工艺品，具有浓郁的民族特色和地域特点。经过长期不断地创新和完善，景颇织锦形成了一种独特的艺术形式，成为中华民族民间染织工艺百花苑中一朵瑰丽的"斑色"花。

二、发展历程

　　景颇织锦历史悠久，发展历程可以追溯到千年以前，采用的是古老的腰织机技术。在漫长的生产生活实践中，景颇族人民运用自己的聪明智慧不断摸索和学习，

云南省非物质文化遗产——景颇织锦

逐步掌握了纺织这门技术，创造出独具特色的织锦技艺并世代传承，奔放而热情地展示着这个民族悠久的历史文化和独特的思想性格。

景颇织锦的发展犹如一部结构宏大的史诗，经历了麻线手工织锦、棉花线手工织锦、羊毛线染色织锦、现代毛线棉线手工纺织和机器纺织织锦四个发展阶段。历史不断演进，文化持续流传。随着社会的发展和进步，景颇织锦不仅蕴藏着博大而精深的内涵，更在保持原有特色和风格的基础上不断丰富和发展。2009年，景颇织锦被列入省级非物质文化遗产名录。

三、典型做法与成效

（一）人才协同共创新

在现代工业产品的冲击下，景颇族传统纺织工艺逐渐呈现出老手艺人断档、新兴手艺人供应不足的问题，人才缺失成为景颇织锦技艺传承的难题。近年来，为更好地传承和发展景颇织锦技艺，陇川县开设了景颇族传统织锦技艺传习所，通过传统织锦技艺传承人向学员传授织锦技艺的知识和技能，以教学反哺传统景颇织锦技艺的创新实践，现已组织培训超过500人。传习所还组织学员开展景颇织锦技艺的创作和设计，推动景颇织锦技艺的不断创新发展，目前织锦图案种类已达100余种。同时还开发了景颇织锦技艺展览和交流系列课程，向游客和商家展示景颇织锦技艺的精美作品，让更多的人了解和掌握景颇织锦技艺。

（二）抱团发展促增收

以合作社为"轴心"，将分散的农户聚集起来，让小散弱、单打独斗的农户抱团取暖。陇川县景罕镇霸遍上寨的省级非物质文化遗产项目代表性传承人石麻丁与当地妇女自发组织成立专业合作社，充分为农户做好牵线搭桥服务，让更多当地妇女学会景颇织锦技艺，利用农闲纺织出图案精美、色彩鲜艳、做工优良的织锦，搭上产销的快车道，走上致富的新出路。

四、经验与启示

（一）让民族传统文化看得见

民族传统文化的传承和发展是一个重要的课题，需要政府和社会各界的支持和关注，以确保其得到合理的保护和传承。要不断培养民族自豪感、自信心，在科学的传承中使优秀民族文化不断发扬光大，通过各种渠道让传统文化能够被看见，让更多的人了解和欣赏传统文化。

（二）让民族传统文化用得上

民族传统文化的传承和发展要与现代社会需求相结合，才能实现民族优秀传统文化的价值转换，并使其在新的时代背景下焕发出新的活力。民族传统文化应当与现代技术、新兴产业相结合，不断创新和改进。可以将传统文化元素融入现代产品

景颇织锦，把历史织成霓裳

中，打造具有传统文化特色的文创产品，让传统文化用得上。

（三）让民族传统文化有人才

传承和发展民族传统文化需要重视人才的培养和引进，提高传承人的技艺水平和创新能力。应当制定相关政策，提供培训和奖励，鼓励更多的年轻人投身传统文化领域，吸引更多人才加入。同时，也要加强民族传统文化教育，培养出更多的民族传统文化爱好者和专业人才。

（四）让民族传统文化有活力

民族传统文化的传承和发展需要注重市场化和产业化，为传承人提供更多的就业和创业机会。应加大对传统文化产业的扶持力度，提供相应的政策和资金支持，通过建设民族传统文化合作社等方式创造更多的就业机会，鼓励民族传统文化产业繁荣发展。

云南省临沧市临翔区

中山村竹编：
"一根竹子"的求变之路

一、基本情况

云南省临沧市临翔区凤翔街道中山村，地处凤翔街道东南，四面环山，故谓之"中山"，村委会距离临沧市中心9千米，辖区面积21.7千米²，下辖10个自然村、13个村民小组，全村共有629户2 591人，有易地搬迁安置点1个，有党总支1个，下设党支部2个，有党员61名。近年来，中山村立足悠久的竹编历史文化资源，创新"企业＋村集体＋合作社＋贫困户"的产业管理经营模式，在培育壮大竹编产业和乡村旅游上做文章，构建了"农商文旅"发展的新模式，实现了从贫困村到旅游村的华丽蜕变。

二、发展历程

中山村具有上百年的竹编文化历史，竹林面积2 000余亩，全村有竹编手艺人458人，竹编工艺被列入市级非物质文化遗产。中山村党总支盘活竹编文化资源。2018年初，村集体拿出18亩土地，折价120万元，引进竹编企业，合作投资200万元，建成集竹编工艺展示、竹文化传承、竹产品销售于一体的竹艺馆，建筑面积792.99米²；引进文化公司，组建竹编农民专业合作社，着力将党的组织优势转化为强大合力，在党建引领"农商文旅"融合发展上积极探索，逐步实现了从贫困村到旅游村的美丽蝶变。2022年底，中山村竹编非遗文化旅游特色村项目被中国民生发展论坛授予"民生示范工程"称号。

三、典型做法与成效

（一）引育结合"强支撑"

积极抢抓沪滇帮扶机遇，建成占地面积3 600米²的竹编工艺专业技术培训基地，采取"先尝试后租赁"的方式，引入本地竹文化企业"打包运营"，并从浙江吉安聘请竹编人才5人，与驻地7名竹编非遗文化传承人组成培训师资团队，开发了平面竹编、立体竹编、包装竹编等系列培训项目，推动中山村竹编技艺培训向"个性化定制、系统化教学、规模化发展"转型，年培训规模提升至400人次以上。

（二）流程重塑"提工艺"

立足满足个性化需求下的批量化生产，走好竹产品加工产业的绿色发展之路。坚持传统工艺与现代技术相融合，在加工环节加入机械作业，搭建起"产品统一规划、造型统一设计、品质统一管控"的加工生产线，以密蒙花、高粱壳等4种本地植物染料代替原有化工颜料，推动竹产品加工工艺从粗放低效逐步向生态高效升级，竹加工产品生产成本较原先降低10%、产品量产率增加35%。

（三）靶向开发"促营销"

为处理好竹工艺品"好看"与"好卖"之间的关系，广泛开展市场分析调研，优化调整精准营销策略，在原有基础上新开发了竹制餐具、竹制家具装饰、竹制面板材料等8种新产品。目前产品目录中的产品共达330种。竹工艺品变身成了畅销的商品，竹编产品季度销售总额上升至58.2万元。在此基础上，持续放大竹艺名片辐射效应，把发展特色农业与绿美乡村建设相结合，将竹编文化与乡村生态旅游有机融合，打造国家AAAA级旅游景区，有效带动全村农户参与乡村旅游发展获得稳定增收。2023年春节期间，接待游客1.4万人次，实现旅游收入155.7万元，使群众在家门口有了土地租金、就近务工、旅游服务"三笔收入"。

（四）以商招商"拓市场"

以村党组织为主导，通过"党组织定方向、企业找企业"的方式，围绕产业链补链强链，走出去、找订单、闯市场，借力扩展"朋友圈"。目前，已与省外和市内13家企业、外贸平台达成合作协议，每年保障"订单式"生产竹编产品3.5万件，带动更多"农民工"就地转为"产业工"，预计增加订单销售总额51.6万元，带动群众直接增收8.9万元。

中山竹艺馆竹编历史进程展示

中山竹艺馆外观

四、经验与启示

乡村全面振兴，最重要、最关键的是产业和人才的振兴，因地制宜、突出特色、多元融合发展不仅是中山村产业选择、人才培养的关键，也是实现乡村可持续发展的重要环节。

（一）筑牢乡村振兴坚强堡垒

不断提升基层党组织的凝聚力和战斗力，通过从现任支部书记中"留"、从市区级优秀干部中"任"、从致富带头人和优秀退伍军人中"选"的方式，打造一支"高质量的振兴工作队"，引领村民统筹谋划、科学发展、共同致富，在村里形成干事创业的良好氛围，切实为乡村振兴注入活力和动能。

（二）强化非遗人才培养

充分发挥非遗传承人的名师效应，依托竹编工艺专业技术培训基地，按照"通识课、专业课＋参观考察、现场教学、创作实践、互动交流"的方式开设培训课程，健全完善非遗人才"传帮带"工作机制，鼓励和支持非遗大师带徒授艺，通过口传心授，带领团队进行工艺制造和创作，确保非遗人才的代际传承和技术衔接，举办非遗"走进校园，融入课堂"系列活动，重点培养、孵化、提升青年非遗匠人，全方位打造非遗传承人才培育体系。

（三）激发乡村旅游活力

充分挖掘历史积淀与竹编文化资源的独特内涵，开发特色产业、乡村美食、乡村特产、农事体验等综合型旅游产品，运用产品故事讲解、旅游营销、直播带货等方式，把农特产品培育成有设计感、有情怀的文创品牌；整合村内闲置土地资源，发展生态瓜果采摘、蔬菜培育等特色产业，建设农旅融合体验实践基地，立足"到乡村吃村味"的主题，结合基地时令蔬菜推出农家特色菜品，满足游客乡土菜体验。

云南省普洱市思茅区

傣族织锦:
指尖上的技艺　锦上添花

一、基本情况

傣族织锦工艺源远流长，影响深远，内容丰富，以独特的艺术风格、鲜明的民族特点、浓郁的地域色彩而著称，具有很高的学术价值和艺术价值，是傣族文化的一朵奇葩。从生活习俗看，傣族织锦是傣家人特别是傣家妇女们人生经历的情感自然再现，体现了傣族地区男耕女织的农耕社会风俗习惯；从工艺美术角度看，傣锦由菱形、花朵、三角、正方、十字纹、格纹等规则的几何图组成，织造出高洁的荷花、挺立的槟榔、吉祥的孔雀、庄重的大象、威严的麒麟和龙凤、佛塔等图案，反映了傣族先民对生活、大自然和民族文化的热爱和崇敬，渗透着民族文化的乐观精神，凝聚着傣族先民对真善美的追求和向往。保护和利用好傣族织锦工艺，对于继承和发扬民族优秀文化传统具有重要而深远的意义。

2008年6月7日，经国务院认定，傣族织锦技艺被列入第二批国家级非物质文化遗产名录。2018年9月28至11月27日，傣族织锦传承人刀贵仙带着作品《思茅傣族织锦》到上海市参加"七彩云南·普洱民族手工技艺展"，得到90多家新闻媒体关注和宣传报道，傣族织锦逐渐进入人们的视野，被更多的人熟知和喜爱。

二、发展历程

傣族传统织锦起源于何时尚无确切的记载。在可考的历史文献记载中，早在东汉时期，傣族先民就学会了种桑养蚕、纺织成布，并懂得将布帛染成彩色，给衣服和丝织品刺绣。在清朝六顺土司统治时期，南本傣族织锦就作为土司之间互换礼物，对外交流以及上贡的珍品，传播到西双版纳的勐旺、勐养、勐海等地。

如今，傣族织锦在继承民族传统的基础上有了很大的发展。傣族织锦的传统图案被不断发掘整理，并用于衣服、筒裙、围裙、帽子、脚套、背巾、被面、沙发巾等生活用品上。在傣族生活中，婚丧嫁娶、礼尚往来、民俗活动等处处可见各种织锦的图案。傣族织锦在满足生活基本需要的同时，实现了物质的实用功能与精神需求的紧密结合，成为承载民族文化重要的记忆。

三、典型做法与成效

（一）建设旅游体验基地，厚植织锦的根

为了弘扬傣族民族文化、展示民族特色，保护和利用好傣族织锦工艺，思茅区龙潭乡南本村2015年建设了256米^{2}傣族传统织锦传习所。该传习所配有纺织教学室、傣族文化展览室等，是集接待、展览、写生培训、观光旅游于一体的体验式教学基地，游客到这里可以通过现场观摩、上机操作等方式，零距离感受傣族织锦非遗技艺。

（二）加强技艺传承人培养，壮大织锦的枝

思茅区傣族聚居地思茅港镇那澜村和龙潭乡南本村村"两委"积极发动全村妇女学习制作织锦，由刀贵仙等织锦传承人负责给村里70～80岁的"老咪陶"和掌握织锦手艺的中年妇女传授织锦技艺，现在已发展到236户。思茅区妇联邀请"锦绣普洱"大师工作室负责人到思茅港镇那澜村、龙潭乡南本村开展傣族刺绣织锦技能培训，动员广大妇女积极投身创新创业实践，助力手工产业发展，保护与弘扬优秀传统文化，让指尖的技艺变为"指尖经济"，让傣锦制作技艺在保护与传承中焕发出日新月异的光彩。

（三）强化市场主体培育，繁荣织锦的叶

南本村成立了普洱市思茅区南本正琴文化传播中心，由该民间组织制定统一的售价，负责产品的质量，在外联系购买客商，在内组织收购发货，实现每年销售额近10万元，村民每户年增收1 000元以上。南本村传习所采取"合作社＋企业＋农户"的模式运营，每年可接待1万余人前来进行写生创作、乡村旅游等活动。

四、经验与启示

（一）坚守传承是发扬民族文化的核心

传统文化记录着几千年的民族智慧，通过手工技艺传承，能直观看到中华文明的丰富多彩，能更深刻地感受民族智慧。历经多年的思茅南本傣族织锦技艺时至今日还保留着傣族织锦原始的图案，一直延续着千百年来手工制作和手工技艺传承的古老方式，像"活化石"般展现着傣族生活的方方面面，已成为传统民间艺术的重要组成部分。风格古朴、织工精巧、色调鲜艳的傣族织锦，坚牢耐用并且富有民族特色，反映了傣族农耕社会的面貌。在许多其他民族农耕社会相关的手工艺都消亡的时候，傣锦就显得特别珍罕。

（二）拓宽渠道是发扬民族文化的关键

让传统文化走进现代生活，是实现传统继承和发扬的重要方式。只有重视创新文化传播机制，积极探索多方合作、多方合力的新路子，如"教习所＋高校＋企

业"等，凝聚文创开发、文化传承的共识，才能以文化产业发展带动文化传播，不断让更多的人传承发扬民族文化。

（三）声名远扬是发扬民族文化的重点

让传统文化发扬光大，不仅需要在当地有所作为，更需要走出去，让更多的人了解知晓并参与传承发扬。思茅区将傣族织锦纳入培训专业，增强织锦艺人的技能，提高从业人员的素质，加快形成专业合作社＋农户（织锦艺人）的产业化发展模式，推动全区妇女手工产业发展，在促进农民持续增收的同时发扬壮大民族文化。同时，思茅区组建了思茅区妇女手工产业锦绣普洱巾帼创业行动工作专班，根据全区妇女民族手工产业发展现状，组织相关部门调整产业发展规划，培育选树妇女特色手工产业中的优秀典型，发挥示范带动效应，不断向外拓展传播傣族织锦。

我们体会，思茅区傣族织锦文化源远流长，传承发扬好傣族织锦文化意义深远、责任重大，未来我们将秉承初心，不断探索传承发扬傣族织锦的思路举措，让傣族织锦惠及更多的群众，让更多的群众喜爱傣族织锦，真正实现文化与生活的互促共融。

傣族传统织锦非遗传承人刀贵仙在教授傣族织锦技艺

陕西省西安市灞桥区

唐三彩烧制：
打造非遗唐三彩　赋能灞桥乡村振兴

一、基本情况

唐三彩作为盛行于唐代的低温釉陶器，以马匹、仕女、文官等形象为群众所熟知。唐三彩传承至今，生动见证了中华文明的绵延悠久，以其独特的艺术魅力为人们提供了认识唐文化的宝贵实物资料，并吸引了一大批中外收藏家和爱好者。

西安（古称长安）作为古唐三彩主要产地之一，其出土的长安唐三彩具有极强的时代特征，与其他历史时期的陶瓷有所联系又有所区别。近年来，灞桥区深挖非遗传承，重点支持省级非物质文化遗产代表性传承人李建鹏建立"唐三彩烧制技艺"传习基地，通过对非遗资源的挖掘、保护、传承、创新，形成了集文化教育、陶艺体验、技艺传承、文创销售等于一体的产业链条，丰富了群众精神文化生活，拓宽了增收致富渠道，助力灞桥当地乡村振兴。

二、发展历程

唐三彩的烧制技艺，在长安已经有百年的历史，经过陕西历代艺人研制发展，其烧制工艺已臻于成熟，其产品也在国际市场上广受好评。其中，以李建鹏为代表的传承人用近40年的时间，进一步研究发展了唐三彩烧制技艺，在古老技术中融入现代审美元素，创作出更具有现代创意气息的"富贵马""追风马""胖胖马"等唐三彩工艺品，投入市场后广受欢迎。2010年，唐三彩烧制技艺被列入灞桥区非物质文化遗产项目名录，2016年被列入西安市非物质文化遗产名录，2017年被列入陕西省省级非物质文化遗产名录。

三、典型做法与成效

（一）坚持政府引导

灞桥区委、区政府高度重视非物质文化遗产的保护、传承和发展，充分发挥政府聚合资源、整合要素的优势，通过非遗日大型展演活动、文化推广活动等形式为唐三彩等的非遗传承搭建宣传推广平台，先后举办遇见长安，"艺"起成长，"文化灞桥 华彩非遗"非物质文化遗产展示暨西安市优秀文创产品和旅游商品"四进"

活动，东城文化时空之旅推介发布会等活动，现场展示、展演、交流、互动，生动全面地展现了非遗文化的内涵与魅力。

（二）坚持市场运作

聚焦非遗在新时代"活"起来的命题，灞桥区主动作为，挖掘非遗项目的产业优势，让非遗通过文旅产业有机融入当下消费市场，通过线上推广宣传、旅游主题线路规划、行业协会合作签约等方式，不断扩大唐三彩产品影响力；通过在旅游景点、文博单位供应唐三彩产品，拓宽唐三彩工艺品销售途径。同时，鼓励企业拓展海外销售途径，扩大国际影响。截至2023年10月，富贵马、追风马等作品远销荷兰、比利时、我国台湾等20多个国家和地区，年销售额达300余万元，实现了经济效益和社会效益双赢。

（三）坚持文化传承

依托省级非物质文化遗产品牌优势，在唐家寨村南建立唐三彩烧制技艺传习基地，内设唐三彩展示厅、传习厅、制作车间、研发中心、销售中心等工艺作坊，年接待烧制技艺爱好者3万余人，接待全国研学学校30余所共计3万余人次。同时，依托辖区内中小学校，创立非遗传习基地、创设非遗传统课程，开展非遗进校园、进课堂活动，让师生们有更多机会零距离接触民间传统文化，塑造良好的文化传承氛围。

（四）坚持赋能乡村

灞桥区充分利用唐三彩研学活动，解决当地群众就业人员15人，带动相关产业脱贫群众4人，在建立传习基地前后10年间共解决了50人的就业问题，人均月工资3 000元左右，有效促进"指尖工艺"向"指尖经济"转变，促进群众就近就业致富；所成立的陕西恒兴祥传统文化传播有限公司在2017年被陕西省文化厅评为文化

唐三彩烧制技艺传习基地设立的产品陈列展示厅

助力扶贫示范单位。走出了一条非遗技艺赋能乡村振兴、文化艺术与乡村经济协同发展的新路径，成为灞桥区拓宽就业渠道、促进群众增收新亮点。

四、经验与启示

（一）政策扶持为导向

党委、政府强化引导、扶持和服务职能，制定有效政策措施，促进资源要素更多向乡村流动，为产业发展搭建平台，倾斜资源，更有效调动市场主体积极性，动员全社会广泛参与，增强非遗文化发展活力。

（二）能人带动为关键

非物质文化遗产的文化传承离不开对下一代传承人的培养，坚持以能人巧匠带动产业发展，持续接力推进文化艺术人才培育，目前已培养传承人1人，且被列入西安市非物质文化遗产唐三彩烧制技艺代表性传承人，培养学徒5人。

（三）市场需求为动能

顺应市场发展趋势，开发出更多更具有文化价值和实用价值的创意产品，不断丰富产品类型，从最初的10余种产品，到现在的富贵马、金戈铁马、追风马、十二生肖、萌娃，唐三彩系列非遗文创、复制产品已经达到了200余种，多样化丰富化产品助力文化更好融入市场，推动非遗文化走进生活、走进大众。

（四）品牌质量为根本

活态传承才能让非遗项目获得巨大的市场发展空间以及广泛的社会认可。灞桥区坚持做好文化宣传，面向各级师生和社会各界人士进行专业系统的唐三彩文化教学与知识普及；搭建各类展示平台，通过文博会、非物质文化遗产手工艺大展等宣传唐三彩，让更多群众了解并喜爱唐三彩，助力打造品牌美誉。

省级传承人李建鹏在教授学生唐三彩上釉技巧

木版年画：
"刻"出乡村振兴美丽新画卷

一、基本情况

凤翔是中国民间文化艺术之乡，是中国传统民间年画八大流派之一——凤翔木版年画的发源地。凤翔木版年画古朴优美、风格独特，在中国木版年画中独树一帜，种类分为门画、十美画、风俗画、戏剧故事画、家宅六神画、窗花画六大类，全部以手工雕版、土法印制，局部手绘染填，套上金银二色，色彩对比强烈，造型饱满夸张，保留了古版木版年画古朴自然的艺术风格。凤翔木版年画根植于民间，距今已有千年历史，是珍贵的文化资源，具有历史价值、审美价值、经济价值，被国外收藏家赞誉为"东方智慧的结晶"，在世界各著名博物馆皆有收藏，现有世兴画局等10余个年画作坊，2006年被列入首批国家级非物质文化遗产名录。

二、发展历程

凤翔木版年画，源于小里村，据《凤翔县志》记载，始于唐、宋，盛于明、清，明正德二年（1507年）前，邰氏家族已有8户从事木版年画制作，距今已500多年。截至1950年，已发展到690多种五大类，即门画、十美画、风俗画、戏剧故事画、神码画。据考证，凤翔木版年画在北宋时期就已出现单色印画，明代便有了套色印画，数百年来一直流行于陕、甘、宁、青、川广大地区，深受西北地区民众喜爱，是纯粹的民间美术。凤翔木版年画不仅充分体现了西部民俗风情的艺术特色，更成为研究西部地域文化风貌的珍贵艺术资料。

三、典型做法与成效

（一）依法保护，行政推动

凤翔区政府成立了非物质文化遗产保护工作领导小组，修订完善了规范性文件《宝鸡市凤翔区非物质文化遗产保护管理办法》，明确保护重点，明晰保护职责，争取木版年画国家级项目保护资金37万元，专项用于木版年画保护和传承。给予北小里村、南小里村共3万元凤翔木版年画保护经费，用于改造充实两村木版年画展室，再由镇文化站负责配合两村村委会收集本村失落的古版年画，复制部分版样，印制年画册子等，配合完善全区凤翔木版年画保护电子数据库。

（二）培训为主，活体传承

2021年，田家庄镇北小里村、陈村镇水沟村木版年画展室举办2021年春季凤翔木版年画培训班，培训学员40余人，壮大了凤翔区木版年画传承群体，通过活体传承，最大限度保护了非遗项目的原生态特点和民间工艺魅力。课程内容包括美术基础教学、年画题材讲解、贴版、雕刻等内容，通过培训，凤翔木版年画两个产地村群众对年画历史、艺术特征、制作技艺有了更多了解，也对凤翔木版年画技艺产生了浓厚兴趣。

（三）广泛宣传，强化交流

连续两年举办"年画重回春节"活动，表彰木版年画振兴示范户和优秀传承人；2011年，凤翔木版年画特种邮票出版发行；2018年，成功入选全国第一批传统工艺振兴项目。凤翔区文旅局与田家庄镇共同邀请中国版画博物馆馆长、深圳市龙华区文联主席、深圳观澜版画基地负责人李康先生莅临凤翔，开展木版年画考察交流活动，为凤翔木版年画发展把脉。

（四）典型带动，创新发展

在技艺传承的同时，注重木版年画文创产品的开发。区级代表性传承人邰伟伟创作了印有"四时报喜""吉庆有余"年画图案的毛巾，雕刻了小型门神的挂件木吊牌等文创产品，并在线上销售，适应了现代人的审美情趣，延伸了凤翔木版年画的生命力。木版年画传承人王怡璇以"发现生活中的美，用美的方式生活"为理念，制作了手工雕版印刷日历，使凤翔木版年画这一传统技艺走进现代人的生活，更加满足了年轻消费者的需求。

木版年画作品《三借芭蕉扇》

木版年画作品《吉庆有鱼》

四、经验与启示

（一）坚持党委、政府领航掌舵

党委、政府强化引导、扶持和服务职能，统筹优秀传统乡土文化保护传承和创新发展，制定有效政策措施，有效调动市场主体积极性，促进资源要素更多向乡村流动，增强非遗文化发展活力。

（二）坚持人才培训赋能提质

乡村振兴，人才是关键。充分发挥传承人和能人巧匠的示范带动作用，加强对乡村本土文化人才的培育，不断调动农民的积极性、主动性、创造性，增强农业农村发展活力。

（三）坚持创新创意激发活力

坚持守正创新，守正是基础，创新是重点。没有创新的文化就没有发展，勇于迈出创新实践的步伐，让非遗回归大众视野，让非遗文化焕发出更加夺目的光彩和更为强大的生命力。

（四）坚持市场导向遵循根本

消费是最好的保护，使用是最好的传承。通过策划引导群众积极参与的非遗活动，开发出更多文化价值和实用价值相统一的创意产品，吸引更多市场主体参与，大力推动非遗文化走进生活、走进大众，是对非遗文化最好的传承和推广。

（五）坚持品牌效应强化支撑

要赢得市场认可，消费者口碑与品牌开发不容忽视。田家庄镇始终把品牌作为木版年画产业发展的核心竞争力，建立完善的销售网络，注重文化提升，紧盯市场风向，充分发挥全域旅游发展优势，融入木版年画非物质文化遗产，主动引导群众广泛参与，成功打造了凤翔木版年画这一过硬品牌，拓宽了群众致富渠道，赢得了市场广泛赞誉。

陕西省延安市延川县

延川布堆画：
绽放非遗之花　助力乡村振兴

一、基本情况

延川县地处陕西省北部，与山西省永和县隔河相望。黄河用她甘甜的乳汁哺育着五千年的华夏文明，积淀了深厚的黄河文化，构成了民俗民间文化生长和传承的特殊地理环境，布堆画就是在这一环境中传承下来的民间艺术。多年来，延川县委、县政府大力支持延川布堆画的发展，成立了民间艺术开发研究中心、布堆画协会、布堆画培训学习班，出版了《冯山云布堆画》画册，同时支持编辑了《延川布堆画》等。刘洁琼、郭如林、贺彩莲等传承人多年来一直义务做剪纸、布堆画辅导老师，培育了一批传统手工艺的新兴力量，让全县3 000余名民间手工艺人走上了致富道路，其中有70多户贫困家庭摘掉了"贫困户"的帽子。

二、发展历程

延川布堆画，又称拨花、摞花、布贴画，流传历史悠久，起源于劳动人民的日常生活，由妇女们给孩子衣服打补丁演变而来，是延川民间艺术中的珍品。随着社会的发展，人们对生活追求的不断提高，布堆画的形式也在不断地变化和发展。巧手婆姨们不仅利用彩色碎布头给孩子做老虎帽、老虎枕头、狮子鞋、裹肚，而且选用色彩艳丽的布头来设计吉祥喜庆的图案，给结婚的新郎新娘做枕头顶，用鱼戏莲花、麒麟送子、莲年贵子、石榴百籽、胖娃娃等表示喜庆，蕴藏着夫妻恩爱、百年和好、繁衍生息以及连生贵子等寓意。20世纪80年代初，延川县文化馆干部冯山云率先搜集、整理研究民间广为流传的布堆画艺术，使这朵生根民间

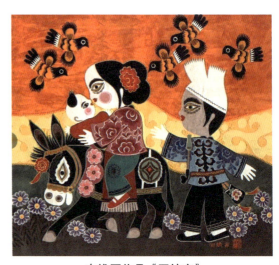

布堆画作品《回娘家》

的珍异奇葩大放光彩，引人注目。延川布堆画作品多次在北京、西安、合肥、上海等地展出，特别是1995年中国美术馆推出延川布堆画后，引起了国内外艺术界的广泛关注，并获得高度评价，成为国内和世界各地专家和美术馆争相收藏的珍品。

三、典型做法与成效

（一）健全保护传承体系

近年来，延川县高度重视延川布堆画项目的传承保护。2019年经县委、县政府上报审批，专门成立了延川县非遗保护中心。通过印发《延川县非物质文化遗产保护传承实施方案》《关于"十四五"时期延川县非物质文化遗产保护传承实施方案》等规划，建立了全新的延川布堆画项目保护策略。培养了以冯山云为代表的延川布堆画创作群，多年来他们深入农村，对布堆画艺术进行了全面的普查、挖掘与整理，使这一古老民间艺术展现出新的活力。

（二）构建传承传播模式

为促进优秀文化传承，进一步提升延川布堆画的制作技艺，延川县坚持每年举办布堆画培训班，每次参加培训人数不下百人，累计为延川培养民间艺术人才600余人。同时，以弘扬传统文化为抓手，将非遗纳入教学范畴，将延川布堆画制作技艺编成教材并引入课堂，使非物质文化遗产成为对青少年进行传统文化教育和爱国主义教育的重要载体。

（三）推动传统工艺振兴

不断推进机制建设，积极鼓励、引导、扶持非遗传承人和民间文化艺术乡土人才，创办或领办文创产品研发营销公司，吸纳全县民间文化或传统手工艺爱好者并对其培训以促进就业，以"企业＋农户＋合作社"的运营方式，将文化艺术作品变成优质产品、热销商品，进而带动文化产业发展、农民脱贫致富。2020年，扶持的延川县缺之美手工艺合作社、延川华彩手工艺合作社被陕西省文化和旅游厅列

布堆画作品《春忙》

为首批省级非遗扶贫就业工坊项目。目前，全县拥有7个较为活跃的手工艺品专业合作社，专门从事布堆画等民间手工艺制作。共有员工720名，其中脱贫户40余户103人；推出布堆画各类产品88种，承接订单量每年可达6 500件，人均每月增收320 ～ 1 600元，形成了以"品牌创造市场，以产业带动就业"的帮扶新模式。

四、经验与启示

（一）政府引导是民间艺术发展的保障

延川县通过强化政府引导、扶持和服务职能，统筹建立了延川县非物质文化遗产传承展示基地及12个传习所，并为优秀传统乡土文化保护传承和创新发展制定有效政策措施，有效调动市场主体积极性，促进资源要素更多向乡村流动，增强了非遗文化发展活力。

（二）人才培养是民间艺术发展的基础

延川布堆画多年的发展历程告诉我们，注重人才的培养，有助于民间艺术的繁荣发展。同时，通过能人巧匠的示范带动作用，加强对乡村文化人才的培育，不断调动农民的积极性、主动性、创造性，民间艺术的生命力才能不断被激发。

（三）守正创新是民间艺术发展的根本

没有创新的民间文化就没有发展，在继承传统工艺精髓的同时，我们更应该注重创新实践，将传统工艺更好地与现代科技相结合，勇于迈出创新实践的步伐，让非遗回归大众视野，让非遗文化焕发出更加夺目的光彩和更为强大的生命力。

（四）文化振兴是民间艺术发展的灵魂

乡村文化建设是乡村振兴的源头，乡村文化作为我国社会文化体系的重要组成部分，凝聚着乡土人文之美，乡村文化的传承与创新推动着乡村振兴，因此保护和传承好乡村文化，大力发展具有特色的乡村文化，有着重要的价值和意义。

布堆画作品《迎亲》

陕西省榆林市绥德县

绥德石雕：
培育特色产业　巩固脱贫成果

一、基本情况

2014年11月11日，绥德石雕被列入国家级非物质文化遗产代表性项目名录。绥德石雕主要分布在绥德县辖的15个镇和1个便民服务中心及周边地区，以四十里铺镇为核心，辐射薛家河镇、中角镇和黄河流域村镇，全县从业人员达1 000多人。

绥德石雕艺术历史悠久，源远流长。据史料记载和实物考证，绥德石雕艺术的发展与人类社会的进程相伴而行，历经新旧石器时代和秦汉时期的发展，唐宋明清的繁荣，还有新中国成立以来的鼎盛，呈现出勃勃生机。从原始时期的石器具，到秦时扶苏监军驻绥时的太子府、赏月台遗址，再到一些来源不明的可能是民间炕头石狮的物件，以及出土的近600块东汉画像石，还有至今保存完好的唐宋明清时期的庙宇石狮、旗杆香炉、雕栏画栋、摩崖石刻等，都足以证明绥德石雕的源远流长。1986年，从民间收集的300多只炕头石狮子在北京展出后，引起了轰动。自20世纪初，绥德县实施城镇带动战略以来，再次有力地促进了石雕工艺的发展，数以百计、千计的绥德石匠发挥专长，创造出了一个又一个石雕工艺的奇迹。

二、发展历程

20世纪70年代，四十里铺镇石雕业迅猛发展，石雕产品誉满全国，并远销日本、美国、英国等国家和地区。1984年，四十里铺镇鲍王家沟石雕工艺厂为延安市万花公园和花木兰陵园雕刻的凤凰、麒麟、牡丹、石榴、十二生肖像及高3.5米的花木兰骑马执剑像，以及1985年为临潼华清池雕刻的一对大型石狮，均受到中外游客的赞赏。1986年10月20日，四十里铺镇的230件炕头石狮在北京中国美术馆展出，受到中外各界人士的高度赞赏，人民日报、光明日报和中央人民广播电台、中央电视台、北京广播电台等多家媒体对此进行了报道。1987年10月25日竣工的绥德县城北无定河上的千狮大桥，其上雕刻有大小千余只石狮，或蹲卧、或驰跃、或嬉戏、或争斗，无不传神。目前主要形成了绥德县小河沟流域（包括薛家河镇谢家崖村）、四十里铺镇鲍王家沟村和马家川乡马氏传承谱系。出色的代表性传承人有鲍武文、汪建勃、薛联银、郭汉洲、鲍永文、王波、鲍海东、周宏亮、汪保仁等。

三、典型做法与成效

（一）建立保护传承机制

设立绥德县国家级陕北文化生态保护实验区建设工作领导小组和绥德县石雕文化保护工作专家委员会等机构。绥德县文化馆设专项办公室，专职负责保护管理工作，对传承人进行评定、建档、扶持，建立挂牌传习所和传习基地进行活态传承培训，举办传承培训活动。同时开展传承、培训、展览和对外交流活动，以促进文化产业发展，助力乡村振兴，让全民对石雕文化遗产保护意识得到明显提高和增强，激发了石雕工匠提升技艺水平的积极性。代表性传承人常年进行石雕技艺传承培训，采取集中与分散的方式培训人员100多人，这些人员都已掌握绥德石雕的基本技艺。

（二）举办国际国内石雕技艺大赛活动

2013年8月28日，中国首届"石雕剪纸"工艺大赛在绥德举行，清华大学美术学院教授王红卫、北京电影学院教授霍廷霄等应邀担任了大赛的评委、嘉宾。通过比赛，新老石雕艺人同场竞技、切磋技艺、交流经验，筛选出了新一批技艺精湛的工匠，成效显著。2017年9月29日—10月14日，在绥德石魂广场和黄土风情园举办了"中国·绥德石雕国际文化艺术节"活动，参加的艺人和国际艺术大师有100多位，活动的举办促进了技艺的交流，展示了绥德石雕的精湛技艺，提高了绥德石雕的知名度和影响力。

绥德石雕作品《巨型石狮》

（三）绥德石雕助力乡村振兴工作

绥德石雕行业大约有30个石雕厂和12个石雕企业，石雕从业人员有1 000多人，带动相关的产业链就业2 000多人。绥德石雕的各种实践探索、体制机制创新、服务方式和手段创新为推进陕北文化生态保护实验区的建设工作发挥了重要的作用。

四、经验与启示

（一）人才培养是关键，打造专业化传承队伍

推动各级党委和政府明确石雕产业管理职能部门，搭建平台，支持文化水平较高且年轻的石雕人员到艺术院校深造，系统地学习雕刻理论知识，提高艺术素养，进而培养一批思想开放、富有个性、工艺精湛的石雕技师。

（二）加强组织是基础，优化石雕的社会环境

协调多方资金，制定优惠政策，培育石雕龙头企业，使之打破家庭作坊式经营方式，建立现代企业制度；统筹兼顾地解决石雕企业用地难问题，继续打造242国道沿线石雕文化艺术长廊，并逐步向建设石雕文化产业园的目标靠拢。

（三）守正创新是核心，占领"互联网＋"宣传阵地

绥德石雕也应当与时俱进，借助"互联网＋"模式，使"线上"成为石雕传承保护的主战场。此外，还可以借助微信公众号、抖音小视频等新媒体手段，宣传绥德石雕，从而使绥德石雕走向全国。

洮河绿石砚：
广至"砚"遇——戈壁上的洮河砚

一、基本情况

洮砚，全称洮河绿石砚，与端砚、歙砚、澄泥砚齐名，并称中国四大名砚。洮砚以其石色碧绿、雅丽珍奇、质坚而细、晶莹如玉、扣之无声、呵之可出水珠、发墨快而不损毫、储墨久而不干涸的特点饮誉海内外。2008年，随着九甸峡库区蓄水，引洮工程库区搬迁，洮河两岸移民群众迁徙至酒泉市瓜州县，将第二批国家级非物质文化遗产——洮砚制作技艺带到了"第二故乡"，从此洮砚与广至藏族乡结缘。十余年来，勤劳的移民群众将传统制砚技艺同脱贫攻坚、乡村振兴深度融合，逐步形成了集洮砚雕刻、网络销售、人才储备、产业孵化于一体的文化产业链条。在传承洮砚非遗文化的同时，不断扩大洮砚知名度。洮砚文化产业作为广至藏族乡的特色富民产业之一，带动全乡农民群众人均纯收入从2008年的不足1 000元增加到2022年底的14 565元。小小一方洮砚，点燃了广至藏族乡群众增收致富的梦想。

二、发展历程

一方洮砚，是一池能够写尽往来的文章，亦是一汪守正致富的源泉。2008年搬迁至瓜州时，藏族乡人民出于对故土的怀念，携带着洮砚原石，怀着不忘故乡的情结。为更好地传承和发展洮砚雕刻民间工艺，广至藏族乡党委、政府按照"以支部带产业、以产业富群众"的思路，着力打造了洮砚雕刻室、洮砚产业人才实训基地、洮砚产业文化工匠创新示范基地、洮砚展厅、返乡青年创业孵化基地和洮砚电商销售中心。由洮砚村集体股份经济合作社牵头，统一采购原材料、统一设计雕刻、统一包装销售，洮砚产业得以不断发展壮大。而由杜瑞天、杜茂天等一批能工巧匠牵头成立洮砚协会，打通了"线上＋线下"的销售渠道，让洮砚制作技艺得到传承，"洮砚文化"也随即在瓜州大地"落地生根"。

三、典型做法与成效

（一）聚焦工匠精神，让洮砚技艺"薪火相传"

技艺技能是乡土人才的立身之本、成业之基、发展之道。广至藏族乡整合利用闲置校舍，建立洮砚高技能人才实训基地，聘请工艺美术大师担任"工匠导师"，带领乡村工匠，采用"工艺美术大师＋乡村工匠＋培育对象"梯次培养模式，运用现场教学、操作实践、座谈交流等现代教学方式，讲授浮雕、透雕等雕刻技法，在洮砚雕刻中主动融入敦煌人文元素和"玄奘之路"精神，有效提升工匠的人文素养和雕刻技艺。

（二）聚焦示范引领，让洮砚文化"造福桑梓"

乡村是中华传统文化的源头和根基，也是孕育和传承中华文化的沃土。近年来，广至藏族乡洮砚文化产业工匠创新示范基地接待国家、省市县等乡村特色文化考察观摩百余次。通过开展"大手牵小手，传承洮砚非遗文化"活动，接待中小学生3 000余人次，让青少年零距离学习、感受洮砚雕刻中蕴含的丰富文化和精神内涵，提升他们的民族自豪感和文化认同感。结合"传承洮砚文化，弘扬中华孝道"行动，激发乡村工匠的"老家"记忆和建设新居的热情，培育洮砚雕刻"小作坊"示范户25户。通过示范引领，不断吸引人才回流，重聚村庄人气。

（三）聚焦产技融合，让洮砚产业"蓄势赋能"

广至藏族乡党委、政府把握市场规律，推动人才项目与村党组织、集体经济组织相结合，聚焦"一村一品"和产业特色，争取资金70余万元，建成洮砚雕刻室、洮砚展厅、电商销售中心和切割车间，配套洮砚雕刻设备，采取统一采购原材料、统一设计雕刻的方式，线上通过书画江湖、中国作协之家、万达文旅等网络平台，线下由村党支部与敦煌研究院和西安、兰州、定西等地60多家实体店常年合作，形成了"雕、评、销"产业链和风险共担、利益共享的合作机制。洮砚协会年产作品400余件，年产值400余万元，使群众人均增收8 000元以上，村集体经济增收5万元以上，从而让洮砚产业不断发展壮大，实现了共享、共富、共赢的产业布局。

瓜州县广至藏族乡洮砚村洮砚雕刻文化产业展厅一角

瓜州县广至藏族乡洮砚产业负责人杜瑞天（正高级工艺美术师）正在精心雕刻作品

四、经验与启示

（一）党委、政府引导是保障

着眼于促进洮砚产业健康发展，广至藏族乡党委、政府先后建成洮砚文化产业工匠创新示范基地、洮砚村乡村振兴融合发展中心，有效调动洮砚技艺主体积极性，进一步增强了洮砚雕刻非遗文化活力。

（二）能人巧匠带动是关键

加强对乡村本土文化的人才培育，充分发挥能人巧匠的示范带动作用，依托洮砚产业人才实训室，以砚匠们心中的热爱，延续着洮砚雕刻技艺的传承，不断扩大洮砚雕刻的影响力。

（三）市场需求驱动是根本

通过村集体股份经济合作社牵头，统一采购原材料、统一设计雕刻的模式，打通"线上＋线下"的销售渠道，吸引更多市场主体参与，带动了洮砚雕刻、销售等业态的发展，为当地群众增收致富搭建了良好平台。

（四）品牌价值强化是支撑

始终将品牌作为洮砚文化发展的核心竞争力，建立健全洮砚雕刻发展、网络销售拓展、电子商务发展、农副产品推介、人才培训储备、产业孵化培育等系列洮砚发展产业链，不断扩大洮砚知名度，持续带动群众增收致富。

青海省黄南藏族自治州泽库县

和日石刻：
小小刻刀让牧民点石成金

一、基本情况

和日村隶属于青海省黄南藏族自治州泽库县和日镇，平均海拔 3 200 米左右，是一个本乡安置生态移民示范村，属于整村搬迁。搬迁后地处和日镇人民政府所在地东北角，全村共有 273 户、1 018 人，现有党员 34 人。现存有和日石刻、和日藏戏等传统民俗文化。其中，和日石经墙是青藏高原上目前发现规模最大、内容最丰富、雕刻工艺最精美的由藏族艺人创作的石刻文化精品。和日石经墙由 10 万多块大小不等、刻有佛教经文的自然石片按内容顺序排列砌成，长近 300 米、宽 2.5 米、高 3 米。石经内容多为佛教名著经论，也有大量反映文法、诗歌、艺术、天文、历算、医学、律法、逻辑、建筑等方面的作品。除了文字内容外，还有大量刻有佛像、佛塔、佛教故事画、吉祥图案的石刻雕画。

和日村因"石刻"在雪域高原上享有盛名，有"高原石刻第一村""石刻艺术之乡"美誉。近年来，和日村先后被评为全国民族团结进步模范集体、全国旅游示范村、国家级非物质文化遗产"石刻"示范村、省级新牧区建设示范村等称号。和日村党支部依托地方特色石刻技艺优势，提出"党建＋石刻"工作思路，注重石刻技艺的传承创新和石刻人才的挖掘、培养、服务，开创了"一村一品"特色产业带领群众脱贫致富的新路子。

二、发展历程

和日村石刻文化发祥于和日寺。最初，第一任德敦活佛在修持佛法时，为传播佛法把经文刻在石头上，后经由德敦活佛传给历任活佛。后来，为解决越来越多围绕在寺院周围牧民的生活问题，洛迎活佛便将寺院这门用来修持佛法的技艺传授给了聚集在寺院周围的牧民。随着时代的发展，2010 年和日村村民久美东芝去成都打工时第一次接触到了现代化生活，由此意识到了机械化生产的重要性，便萌生了用机器雕刻经文的想法，于是机器雕刻应运而生。传统的石刻手艺为生态移民后续产业的发展带来了契机，如今石刻已成为搬迁牧民维持生计的主要方式和后续产业的支柱，带动着全村经济的发展。

三、典型做法与成效

（一）典型做法

最初，村民通过传统手工雕刻的方式，将一部分石刻作为礼佛的敬献之物，另一部分则用来买卖以解决家庭的生计问题。随着机械化雕刻技艺的发展，和日村村民将传统手工与机器雕刻相结合，使雕刻的产品更加精美细致。随着2008年6月和日石刻被列入第二批国家级非物质文化遗产名录，"石雕艺术之乡"和"高原石刻第一村"的名号也由小众变得众所周知。在此基础上，和日村党支部依托地方特色石刻技艺优势，提出"党建＋石刻"工作思路，着力打造"支部＋公司＋牧户"的石刻产业模式。同时，和日镇通过大力宣传和技艺培训，明确了村民是石刻文化传承的主体，增强了村民的主人翁意识，并利用政府职能部门的引导和扶持，积极宣传石刻文化的历史、文化艺术价值，保证石刻文化得以传承和发扬。政府为保护石刻文化提供相应的资金支持，通过各类非遗文化传承人培训培育新一代的传承人，开创了"一村一品"特色产业带领群众脱贫致富的新路子，实现"人人有技艺，户户有作坊"的产业链。

（二）取得的成效

"和日石刻让牧民点石成金"。2009年8月，和日镇和日村决定走"一村一品"发展道路，为充分发挥本村传统石刻技艺的资源优势，成立和日石雕技艺有限公司。公司从事石雕艺术人员有265人，其中，国家级非遗传承人1人（于2020年4月去世），省级非遗传承人3人，州级非遗传承人13人。公司成立以来，承接了总投资716万元的坎布拉后弘文化园区建设中的大藏经雕刻等重大投资项目，投资共创收近677万元。和日村几乎家家都有人从事石刻，每人每年的收入2万～3万元不等。目前，石雕工艺品出售收入已成为本村多数牧户的主要收入来源，也成为和日村赖以生存的支柱产业，成功带动104户贫困户如期脱贫。

随着和日石刻文化价值和知名度不断提高，和日石刻艺术以独特的文化魅力吸引不同地区的文化爱好者和虔诚信仰者前来探索，为泽库县文旅发展做出相应贡献。和日石刻不仅为当地带来经济旅游价值，同时推动了青海藏族传统石刻艺术的文化传承，展现了藏区的自然风貌、民俗风情，揭示了青海藏族人民的性格、气质、精神和境界，融合了青海的大美之美、神秘之美。

四、经验与启示

（一）抓规划，提高石刻产业发展的科学性

和日石刻并非单一体，而是一个多样文化的集合体。重视石刻产业发展规划，把石刻纳入和日村发展的整体之中，统筹兼顾，合理布局。

（二）抓认识，挖掘石刻文化的内在精神价值

在和日石刻文创产品生产方面，重视提供健康向上的文化产品，挖掘石刻背后所蕴藏的历史、文化、艺术等价值。

宁夏回族自治区银川市兴庆区

月牙湖乡麻编：
编织乡村振兴最美画卷

一、基本情况

月牙湖乡位于银川市兴庆区东北部，距离市区58千米，辖区面积333千米²，是银川市最大的移民安置区。现有耕地4.28万亩（包含为生态移民开发的土地1.68万亩），林地1 120亩，黄河湿地2.3万亩。近年来，月牙湖乡依托优势资源，创新举措、因地制宜，推进非遗民族文化利用、传承与发展，设立麻编非遗工坊，培育"月牙湖麻编巧匠"特色劳务品牌，将非遗传承与乡村振兴有机融合，开启协同发展新局面，帮助村民编织致富密"麻"、编出幸福生活。截至2023年底，麻编非遗工坊累计培训650余人次，实现稳定就业的村民人均年收入可达1.2万元，村民实现了既"富口袋"又"富脑袋"的双丰收。

二、发展历程

麻编技艺第四代传承人张璟2017年被自治区文化厅命名为（麻编技艺）自治区级非遗传承人。2017年，月牙湖乡积极引进了非遗文化传承麻编技艺，投资40万元在月牙湖乡滨河四村建设了月牙湖乡麻编手工坊扶贫车间。麻编团队以宁夏

兴庆区月牙湖乡麻编手工坊——"传承非遗文化，编织幸福生活"展馆

地域文化为基础，研发设计了回乡、丝路、西夏、黄河文化等系列的麻编制品，打造出休闲品牌、传统手艺与时尚理念相结合的特色，通过民间特色文化手工艺品研发、人才培训等方式，迅速扩大手工坊规模及效益，帮助留守妇女、残疾人及老年人就地就近就业，增加收入。近年来，麻编产品多次作为宁夏特色产品亮相上海世博会、北京文博会、中阿经贸论坛等，屡获殊荣。2018年"巴鸟文化产业西雅图合作项目"被文化和旅游部列为"一带一路"文化贸易与投资重点项目，2019年7月扶贫产品《青山遮不住——手包系列》荣获2019年宁夏"传统工艺＋岩画"文创大赛一等奖，2020年巴鸟麻编·麻编手作玩偶系列获中国特色旅游商品大赛金奖，2021年麻编扶贫工坊被自治区文化和旅游厅评为宁夏回族自治区文化产业示范基地，2022年宁夏麻编非遗工坊成功入选全国"非遗工坊典型案例"名单。

三、典型做法与成效

（一）坚持政企联动，助力乡村振兴

月牙湖乡积极探索创新增收致富路子，扎实推进非遗民族文化利用、传承与发展，针对农村留守妇女、残疾人和老年人有就业意愿、无就业渠道的实际，主动与宁夏巴鸟文化产业有限公司合作，设立麻编非遗手工坊，培育"月牙湖麻编巧匠"特色劳务品牌，将非遗传承与乡村振兴有机融合，开启协同发展新局面。截至2023年底，有110人可以承接订单，通过优选，技术熟练村民达到46人，月收入达300～2 100元，人均年增收6 000～8 000元。工坊稳定务工人员70余人，其中包括脱贫人口25人，人均月工资1 100元左右。这推动了非物质文化遗产技艺人才培养与壮大，让乡村文化焕发"新活力"。

（二）打造品牌形象，提升产品知名度

麻编手工坊在前端粗加工的基础上，组建以残疾人和社区下岗女工为主要成员的后期精细化合成团队，完成麻编产品的定形、质检、装包、贴标等工作。在继承传统文化的基础上融入新理念，在富有特色的文化"IP"上下功夫。截至2023年底，已研发麻编包、手作玩偶、生活实用品等120多个品种，申请知识产权56项、外观专利12项，并富有创意地为非遗工坊的村民制作专属名牌，每一件手工作品可追溯到非遗工坊的每一个村民，使麻编产品变得更加有温度。近年来，多次被中央电视台、新华社、人民日报等各级媒体广泛报道。

（三）拓展形式载体，完善非遗产业链

麻编手工坊采取"村党支部＋企业＋农户"的合作模式，不断完善销售链，分别与内蒙古手工编制工坊、吴忠巧儿刺绣传承有限公司、银川给力手工编制合作社、银川漾空间及银川金羚羊合作社等单位签订了手工订单，村民参与麻编制作按件结算工资，实现"零投入、无风险、包分销"。同时，与多家A级旅游景点签

订合作协议，与北京国家对外文化贸易基地、北京依文集团、上海驴妈妈等企业建立合作关系，通过开通抖音、微信公众号、微店和东家网店等，让研发设计、培训生产、后期合成、线下线上销售一体化链条平稳运行。近5年来，在贺兰县南梁台子隆源村、西夏区宁华路街道农牧场二队建立起非遗麻编扶贫就业工坊，共培训1 000多人次。

兴庆区月牙湖乡麻编手工坊——"丝路骆驼"系列文创成果

四、经验与启示

（一）传承"非遗文化"，赋能乡村振兴

加强非物质文化遗产保护和传承，让非物质文化遗产绽放出更加迷人的光彩，同时立足非遗传统发掘市场力量，通过非遗项目促进创业就业，带动农旅融合，激活乡村文化旅游资源，赋能乡村振兴。非遗麻编手工坊的成功，激发了其他移民村发展乡村特色文化艺术的热情。2022年，小塘村非遗传承人王语晗的扎染项目成功申报"传承非遗守文化，导师帮带促发展"乡村振兴人才培养计划。

（二）强化宣传引导，优化营商环境

营造优化营商环境工作的良好舆论氛围，提升优化营商环境社会参与度和群众知晓率，促进优化营商环境工作加快推进。兴庆区通过抖音、微信平台、宣传手册等形式，及时总结和宣传推广月牙湖特色麻编好的经验做法，树立了乡村文化振兴的示范典型，发挥了示范引领作用。兴庆区政府专门召开会议研究优化"手工坊"等帮扶车间营商环境，为企业提供政策保障，为产品拓宽市场销路。

（三）强化党支部引领，激发内生动力

在麻编手工坊"村党支部＋企业＋农户"的运营模式中，村党支部负责搭台，提供加工场所和成品展馆，为村民争取各类培训项目；企业负责产品研发、编织培训和对接销售订单；农户利用茶余饭后闲暇时间进行编织、刺绣等手工劳动。通过典型培育，为兴庆区乡村振兴扶志扶智、激发群众内生动力树立了榜样，逐步构筑了"充满活力、独具特色"的乡村文化振兴新格局。

宁夏回族自治区固原市隆德县

杨坡村：
杨氏彩塑　捏出文化新产业

彩塑是中国民间艺术中优秀而又古老的艺术门类。位于宁夏固原市隆德县温堡乡杨坡村的杨氏彩塑，是西北地区传统彩塑技艺传承的代表。其以巧妙的构思、灵活逼真的造型、重塑重彩的风格，充分展现了各个时代的社会形态、人文、民俗民风。多年来，杨氏彩塑为六盘山地区非遗文化传承、传统村落保护、彩塑文物修复、产业创新发展作出了努力，为助推乡村旅游、促进农文旅融合、带动乡村振兴产业发展作出了积极贡献。

一、基本情况

杨氏彩塑起源于清朝道光十二年（1832年），至今相传七代，历史悠久，文化底蕴深厚。前三代杨氏彩塑的艺人们在一百多年的艺术生涯里，一边务农一边坚守彩塑艺术的创作，将这门优秀的文化遗产传授给自己的子孙后代。2008年，杨坡村注册成立宁夏隆德杨氏彩塑文物艺术有限公司，该公司具有二级古建筑彩绘、泥塑造像修复资质。

杨氏彩塑基地占地8.5亩，现有非遗艺术馆一座，建筑面积2 000多米²；生产车间一座，建筑面积400米²；民俗体验场所200米²，集保护、传承、陈列、研究、研发、文创、研学、培训、产业发展、旅游等功能于一体。

二、发展历程

改革开放以后，第四代传承人杨栖鹤（1930—2016年）承前启后，继往开来，在继承了前三代艺人技艺的基础上，吸收并借鉴了其他民间艺术的理念和技法，初步形成了集文物修复、彩塑、木刻、章雕、刺绣、烫花、古建彩绘于一体的"杨氏彩塑"艺术体系。1980年，从甘肃省平凉崆峒山抢救和修复被损毁的彩塑文物开始，杨栖组建队伍，带徒传艺，培养出第五代和第六代传人融入文化艺术发展浪潮。2008年注册成立公司，当年6月，杨氏家庭泥塑（杨氏彩塑）入选第一批国家级非物质文化遗产扩展项目名录，同年又被评为自治区文化产业发展先进单位；2014年5月，被文化部评为国家级非物质文化遗产生产性保护示范基地，同年被认定为宁夏著名商标，同时被评为自治区工业企业履行社会责任优秀企业；2018年，被评为自治区非物质文化遗产保护优秀传承基地（点）；2020年，被评为自治区级非物质文化遗产扶贫就业工坊；2022年，被认定为中国传统村落；2023年，开始实施传统村落项目。

三、典型做法与成效

杨氏彩塑从2008年6月入选国家级非物质文化遗产名录，2014年5月评为国家级非物质文化遗产生产性保护示范基地后，建设非遗艺术馆2000米^2，非遗工坊400米^2，公司从非遗资料收存，非遗传承保护，人才队伍培养，工艺技术革新，产业创新发展，带动务工就业，农文旅融合发展，传统村落保护等方面力求创新发展。

一是建立档案，收存前几代遗物100多件，视频收录保护前几代遗迹3处，访谈录1部，纪录片1部，收纳后几代专著1部，保存记录文字和照片技艺特征，收录视频和影视资料5部，编著十年保护方案1部，并逐年实施。

二是在基地举办全国彩塑艺术邀请展和中国彩塑艺术年会活动，邀请全国10余个国家级非遗项目传承人和四家美院专家学者参加，收存近百件国家级艺术大师作品，成立了国家级艺术大师陈列展厅，国家级艺术大师展厅与杨氏彩塑几个展厅供区内外游客参观，每年定期举办相应的展览和展示活动，提高名誉度和影响力。

三是建立传承人才培训和培养机制，定期在基地对当地农民和学生举办培训班，每年培训人次800多人，要求传承人带徒传艺，用彩塑工程养艺付工资传艺，每个传承人带2～3个徒弟。

四是组织传承人走出去参观学习，每年给每个传承人一次机会，把好的技术和技能学进来，每年请专家教授来基地授课研讨，提高技能再创新，进行技术革新5次，申请国家专利10多项。

五是发展产业，建立以传承人为带头人的非遗产业工作队3个，主要经营4个产业项目，非遗车间文创产业、非遗彩塑工程产业、彩塑文物修复产业、农业产业，为提供就业，增加农民收入，要求每年创作文创产品1000个以上，共完成省内外彩塑文物修复10多次，彩塑和古建彩绘工程27个，带动就业人员100多人，总产值2000多万元。

六是用非遗项目带动农文旅共同发展，申报国家级传统村落，承担保护遗产，主动发展农业，带动乡村旅游业发展，每年参观旅游人数达10000多人，推动乡村文化阵地建设，促进乡村文化艺术繁荣，有效地助推了乡村振兴和带动地方经济。

四、经验与启示

一是主打金字招牌。从改善杨坡村的外部环境和硬件设施入手，聚焦传统村落保护，打造了非遗彩塑传承基地，为杨氏彩塑生产和销售提供了便利条件。杨氏彩塑产品不断创新，更好地适应了市场的需要，形成了地方文化品牌，产品已远销区内外，本村年游客流量达到一万多人，目前这一产业已带动了本地原材料加工、包装、互联网营销等产业的发展，形成了集研学体验、观光培训于一体的乡村文化示范点，年产值达到了500多万元，解决了当地农村留置人员的就业问题，绝大多数从业人员月收入都在4 500元以上。就业人员人均年收入达到了4.6万元，其中部分高级技工年收入超过了10万元，有效地助推了乡村振兴和地方经济的发展。

二是传承保护文化遗产。杨氏彩塑作为民间非遗产品，是我国保留最古老的传统手工技艺，使用了一些特殊的民间艺术符号，涉及的范围广泛，在造型与色彩上别具一格，充满了浓郁的乡土气息。由于彩塑作品浓厚的烟火气息被越来越多的游客青睐。发展这样一个非遗特色的产业，一方面帮助当地村民提高经济收入，另一方面也传承了古老的彩塑文化，更好地促进当地民俗文化建设。杨坡村已成为"非遗游"与"传统村落游"的标杆。

新疆生产建设兵团第四师七十八团

哈萨克刺绣：
一针一线绣出乡村振兴民族团结之花

一、基本情况

哈萨克族刺绣是哈萨克族古老的民间艺术之一，哈萨克语为"克叶斯铁"，是哈萨克族适应草原游牧生活的产物。它与哈萨克族的生活息息相关，广泛见于民族服饰、毡房等装饰和生活用品。其构图紧凑规整，纹样粗犷夸张，色彩艳丽和谐，刺绣方法奔放自如，草原韵味深厚，是哈萨克族人民生活中不可或缺的艺术品。他们在婚嫁等节日及平日里都会用到刺绣品。

二、发展历程

哈萨克族手工刺绣，源于何时已不可考证，只知道在很久以前，当哈萨克族的男人们身骑骏马，肩托猎鹰，伴着冬不拉悠扬的琴声，在辽阔的草原上游牧时，哈萨克族的妇女们就在自家的毡房里，用五彩毛线绣出幸福的生活，绣出快乐的心情，绣出心中的歌。无论是哈萨克族的衣服、裙子，还是鞋帽、帕包以及床炕上、室内的装饰用品，都点缀着哈萨克族妇女的绣品。

哈萨克族民间刺绣艺术有着悠久的传统，是哈萨克民族文化遗产的重要组成部分。据中国历史学家苏北海、尼合买提·门江等学者论证，早在昆弥、乌孙、乃蛮时期，哈萨克族民间刺绣品就已进入商贾、官宦等统治者的殿堂，用于装点，尽显奢华。考古学家曾经在挖掘漠北的诺彦山第二十五号匈奴墓葬时，发现了精致的人像等刺绣画。

由于哈萨克族自古从事畜牧业，过着逐水草而居的游牧生活。随着生活条件的不断改善，人们有了更多的时间和资源投入到刺绣中，哈萨克族刺绣工艺日益成熟。2021年5月24日，哈萨克族刺绣经国务院批准被列入第五批国家级非物质文化遗产名录。

三、典型做法与成效

近年来，七十八团党委高度重视少数民族经济发展，紧抓地域特色，看准编织刺绣的广阔前景，将少数民族刺绣作为解决少数民族就业和增收的有效产业来抓，积极引导少数民族妇女发挥优势，发展民族特色手工刺绣产业。

（一）"指尖技艺"转化为"指尖经济"

哈萨克刺绣作为一种传统的手工艺，不仅具有深厚的历史文化底蕴，同时也蕴含着丰富的经济价值。七十八团鼓励并支持哈萨克族刺绣传承人创业就业，做大做强民族手工艺品的传承，还将其转化为具有市场竞争力的产品，为团场经济发展注入了新的活力。如，佐拉汗·阿肯白克创建了七十八团第一个刺绣基地，她免费招收学徒，让人们体验刺绣流程，还创新刺绣花样，逐渐形成了手工与订单相结合的产供销发展格局。该刺绣基地辐射带动团场20余名妇女就业，人均月收入3 000元左右。在旅游旺季时，这里的手工艺品销售到全国各地，佐拉汗·阿肯白也成为远近闻名的"刺绣带头人"。

（二）政府引导与市场机制有机结合

七十八团积极引导少数民族妇女发挥优势，发展民族特色手工刺绣产业，通过发放创业贷款、举办少数民族刺绣培训班、组织外出考察学习、动员参加少数民族刺绣工艺品大赛等措施，给喜爱手工编织、刺绣的妇女们搭建平台，提供相互交流、相互学习的机会，让她们掌握一技之长，实现家庭增收。同时，市场机制也在这一过程中发挥了关键作用，刺绣产品的市场需求以及所带来的经济效益，成为推动产业发展的重要动力。

（三）非遗提升团场旅游软实力

七十八团在推动哈萨克刺绣产业发展的同时，也注重将其与文化旅游相结合。通过举办刺绣展览、文化体验等活动，吸引游客前来参观和体验，进一步提升了刺绣产业的知名度和影响力，也为乡村旅游业的发展带来了新的机遇。

四、经验与启示

要将指尖非遗——哈萨克刺绣赋能乡村振兴并使其可复制推广，可以采取以下方法。

（一）建立培训基地，培养传承人才

通过新建哈萨克族民族刺绣和手工艺品技能型人才实训基地，采用"走出去、请进来"的方式，每年聘请省内外专业技术人员开展民族刺绣技能提升培训、手工艺品设计制作培训、旅游文创产品设计人才培养培训、民间手工艺编织培训等各类培训班，进一步提高绣娘刺绣技艺和创业就业能力，激发创新活力。

（二）加大产业扶持，打造刺绣产业链

通过成立刺绣合作社、刺绣公司和刺绣店，整合资源，提高生产效率和接单能力，扩大刺绣产品的种类和销售渠道。除此之外，通过刺绣材料、工艺的创新，以及与其他材料融合，开发出新型的刺绣产品，以丰富产品类型和市场需求。

（三）积极宣传推广，提升市场影响力

积极推广"互联网＋民族刺绣"发展模式，借助旅游业发展优势，加大刺绣产

业宣传，引导民族刺绣产业从分散生产转向产业化、规模化、市场化发展。借助各类重大节庆举办民族刺绣技能大赛、刺绣展，推选优秀绣娘参加各类刺绣比赛，全方位多渠道展现指尖非遗——哈萨克刺绣的独特魅力。同时，鼓励推进民族手工艺品商标注册、特色标志申请和运用，培育本地品牌，扶持巧手骨干从事旅游纪念品、民族服装等产业。

妇女们正在绣制《五星出东方利中国》刺绣

七十八团向新疆生产建设兵团第四师可克达拉市博物馆捐赠的刺绣作品

四

数字
产业类

浙江省杭州市淳安县

绿洲数字游民旅居地：
打造数字游民旅居地　探索数字共富新路径

数字游民是指无须办公室等固定工作场所，利用网络数字手段完成工作的人。近年来，在县委、县政府的支持和引导下，成立了"in36数字游民服务商"，吸引了一批有识之士和艺术家返乡创业。通过强化资源整合、深化产才融合、聚焦乡村振兴等，不断丰富平台载体、培育"溯溪运动"旅居品牌，积极打造数字游民旅居地，挖掘乡村"聚人气、添财气"发展新路子。2023年，共吸引数字游民1 120余人次，盘活闲置资产面积近2 200米^2，撬动社会资本投资3 000余万元，直接带动民宿、水上运动等行业增收300余万元。

一、基本情况

（一）基地建设情况

绿洲数字游民旅居地位于淳安县左口乡桥西村，由淳安县蓝马文化创意有限公

数字游民创意集市

司创建，目前从业人员20人，总投资约1 500万元。绿洲数字游民旅居地基础设施齐全，拥有高网速数字化自然生态空间、第三代互联网移动办公环境，还有较成熟的游客接待中心、短视频创作中心、桥西村区域的民宿农房200余间、大小会议室以及主题直播间生态链等，其中共享大楼具备会晤、举办沙龙和论坛、提供餐厅、设置舞台以及啤酒屋等多种功能。

（二）人才建设情况

绿洲数字游民旅居地在线数字游民上万人，运营团队20人，其中系统开发5人，设计师5人，管家2人，后勤服务5人。培训教育数字村民5 000人左右。公众号、小程序和直播间，每周推送数字游民旅居地相关资讯。每季度线上线下向千岛湖民宿主理人推广宣传数字游民和旅居地，分享最新数字游民和旅居地资讯。

二、发展历程

2014年，这里最初是千岛湖一个小半岛渔村的民宿，初见成效之后，就开始带动整个村老百姓做民宿集群村，这里曾经也是一个被很多游客打卡的精品乡村。之后，千岛湖民宿犹如雨后春笋，数量达到上千家。2019年，这里转型做蓝马星球乡村电商培训商学院，民宿配套吃住，在前几年的疫情期间这个模式下的生意也非常稳定。但是，培训的达人和主播像游客一样总是要离开，不断获客也就成了一个大

数字游民聚餐

问题。最后，2022年，我们迭代了新的旅居模式，推出了乡村数字游民服务商的概念，让更多的达人、主播、在线语言教师、网络作家、程序员和极客等在我们的乡村实行乌托邦共建计划，启动了数字游民旅居地联共体，让乡村的数字人才留下来，让乡村的多元文化更融合，实现成长"三部曲"。

三、典型做法和成效

（一）强化资源整合，夯实业态基础

一是优化基础设施。以直播小镇为基础，依托"数字乡村"建设资金，实施网络通信、旅居环境等基础设施工程，新建4K超维直播间，全面优化直播小镇软硬件数字化水平。现已投入建设资金300万元，打造公共空间4 470米^2，为"数字游民"提供共享、开放的工作、休闲环境。二是联动周边优势。将"数字游民"产业纳入乡村单元详细规划，统一规划布局、优先保障资源，联动千岛湖镇、界首乡、左口乡等周边乡镇打造环湖精品骑行路，推出千岛湖首个"数字游民新神农计划"，探索标准化"数字游民"集中旅居模式，着力构建"数字绿洲"业态发展格局。三是完善服务体系。发挥党建联建的引领作用，成立蓝马直播小镇党支部，联合村党组织、"两代表一委员"、工青妇等群团组织力量，打造党群服务驿站，常态化为"数字游民"提供业务代办、政策咨询、活动场地支持等服务。组织开展"数字游民"交流沙龙、"溯溪登山挑战赛"等运动休闲活动23场，提供服务41次，惠及"数字游民"300人次。

数字游民研讨办公

（二）深化产才融合，激活内生动能

一是构建招商磁场。开发"绿洲数字游民"小程序，汇集淳安县的"种草圈""游民资讯"，以数字游民推荐、发布攻略等方式，扩大数字游民旅居地的知名度。邀请谦寻（杭州）控股有限责任公司、杭州宸帆电子商务有限责任公司等杭州市头部新电商企业定期来淳安县开展杭州新电商专委会活动，助推新兴产业项目落地，成功招引46个项目。二是强化政策支撑。聚焦数字游民产业发展需求，出台《鼓励发展特色产业的若干意见》等政策，注重对数字产业、新兴产业和科技产业的扶持倾斜，鼓励数字游民在淳安县创业发展，吸引返乡青年自主创业。三是延伸产业链条。根据数字游民流动旅居的特点，打造芳桥石板溪、龙源庄传统古村落等共享式乡村体验点。创新推出旅居地图，将高端精品民宿、研学基地等串点成线，融合山水、运动、旅游和直播等资源开发体旅研学、数字研学等研学线路，为游客提供集"旅、居、游、学、养"于一体的服务。

（三）聚焦乡村振兴，探索共富路径

一是专业培训提技能。发挥数字游民业务专长优势，实施培育村民产业发展意识的"引路人"计划，聘请创业、从业经验丰富的数字游民，为村民免费提供短视频拍摄剪辑、农机专家"云课堂"等技能培训。目前共聘请导师6人，开展培训7场，受训村民800余人次，带动村民就业210余人。二是直播助农促共富。借助数

数字游民远程办公

字游民中主播的流量优势，打造蓝马直播共富工坊，开设"心宿左口"抖音账号，以直播形式开展"爱心助农"活动，免费为低收入农户、党建消薄基地提供代销服务。共富工坊共帮助农户销售季节性农产品20余次，销售额达200余万元。三是运动休闲创收益。依托午后影院、绿道骑行、溯溪运动、共享办公场所等数字游民旅居资源，结合数字游民流动性强等特点，打造"国风""托斯卡纳风"等集市，提升数字游民旅居体验感。2023年共吸引游客40万人次，民宿客房预订量达1 500余间，客房入住率同比提高10.2%，民宿收益较去年同期增加60余万元。

四、经验与启示

（一）加快乡村建设发展

通过打造绿洲数字游民旅居地，可以推动政府数字化建设、加快乡村经济信息化转型、开启城乡经济融合新局面、催生新兴的乡村产业形态，实现技术进乡、人才回乡、金融到乡、农品出乡、农商兴乡。

（二）挖掘乡村特色文化

全面梳理乡村的历史脉络、民俗风情、传统技艺等，建立文化资源库，通过文化赋能乡村振兴这一根本出发点，发掘每个乡村独特文化瑰宝。

（三）注入乡村旅游活力

加快促进淳安县数字化转型，深入挖掘乡村旅游潜能，扩展千岛湖沿线数字游民旅居集群，打造淳安专属的数字游民旅居地品牌，为淳安县的乡村旅游注入新的活力。

山东省潍坊市寿光市

乡村"新农人"直播：
持续为宜居宜业和美乡村建设赋能

一、基本情况

营里镇位于寿光市中北部，东邻潍坊滨海经济开发区，北接羊口新港，面积303千米²。营里镇有丰富的农业资源，业态齐全，是寿光市重要的农业大镇，也是潍坊市为数不多的集粮食种植、蔬菜种植、水产养殖、畜牧养殖等多业态、多品类于一体的镇域之一。先后获国家级生态乡镇、省级环境优美乡镇、山东省级示范乡镇农产品质量安全监管机构、省级文明镇、省级农业产业强镇等荣誉称号。

2022年，营里镇先后成立"新农人"产业联盟、"新农人"电商助农服务基地，旨在采用政府搭台、政策助力、各农业主体抱团发展的运作模式，进一步整合全镇农业优势资源，打造强势农业平台，叫响公共区域品牌，从而大幅推动农业提质增效，降低群众生产成本，努力实现农业兴旺、农民富裕和农村发展的任务目标。

二、发展历程

2015年左右，营里镇针对市场需求，开始大规模发展专项种植、养殖产业。由于小规模土地流转不能满足大型机械化作业，因此成方连片土地流转应运而生。镇村协调农户合理划分土地，探索"党支部＋合作社＋农户＋品牌"融合发展，吸引资本竞标，引导成立家庭农场。这些措施既保障农户权益，增加收益，又提高了土地配置效率，实现了规模经营。到2021年前后，营里镇现代农业框架基本搭建完成。

2022年，营里镇党委、政府将农业农村提质增效列为十大重点攻坚任务目标，探寻现代农业转型升级路径。为破解农业生产中存在的资金难题、技术瓶颈等问题，营里镇先后成立"新农人"电商助农服务基地、"新农人"产业联盟，为乡村农民提供一个就业平台，进一步整合全镇农业优势资源，规范市场化经营，推进产业升级。2022年先后荣获"党员示范直播间"荣誉称号、"农商行杯"直播大赛优秀奖，入选第一批全国"一县一品"特色文化艺术典型案例。

山东省寿光市"新农人"电商直播培训

三、典型做法与成效

（一）主动研究、争取上级部门的惠农政策

整合全镇粮食种植、蔬菜种植、畜牧养殖及水产养殖等产业发展优势，争取上级农业部门政策扶持，结合营里镇惠农政策措施，激发"新农人"创业兴业动力，突破营里农业跨越式发展瓶颈，实现全镇各类"新农人"经营主体抱团发展、资源共享、优势互补、互利共赢，助推营里镇现代农业更优层次发展、更高水平迈进，努力为"寿光模式"高质量发展贡献营里力量。

（二）整合有效资源，提升管理效能

联合农业主管部门、科研院所、龙头企业、金融机构等单位，在农业政策扶持、金融产品定制、技术人才培训、品牌培育、产品展销、农资供应、机械供应等方面提供"一条龙"服务，为会员单位降低生产经营成本。同时，进一步发挥营里镇"四个模式"引擎助推作用，激发农业产业活力，通过多方联合带动共同富裕。

（三）招才引智，跨界多元创新

以"人才"作为营里农业跨越式发展的总抓手，内培外引，建设一支有干劲、能力强的新时代农村中坚力量致富带头人才队伍。同时对外联系专业电商团队，与电商协会深入合作，邀请行业专家定期开展电商直播、网店运营等专业化技能培训。整合新农人电商发展模式及全镇20余家农业企业产品资源，注册区域公共品牌，构建"产业联盟＋新农人＋电商"产业模式，为"新农人"创业创新提供更充足的设备支持、平台保障，释放强劲发展潜力。

（四）科技赋能，线上线下互联互通

秉承"规模化、科技化、品牌化"的发展思路，科学整合资源，因地制宜外引

内联，抢抓机遇，全面构建电商大格局，打造电商"新名片"。利用"互联网＋"智慧农业平台，实现农产品的线上零售，并依托抖音、快手等网络直播平台，通过培训电商新农人来进行直播带货，推动营里镇优质农产品"走出去"，既打破了时空限制，又为农产品销售注入了新的活力。

四、经验与启示

（一）党委、政府引导是保障

党委、政府强化引导、扶持和服务职能，统筹乡村整体资源，制定有效政策措施，充分调动市场主体积极性，促进资源要素有效整合，使现代农业遍地开花。

（二）人才引领是关键

乡村振兴，人才是关键。充分发挥人才引领示范带动作用，加强对乡村本土文化人才的培育，不断调动农民的积极性、主动性、创造性，增强农业农村发展活力。

（三）创新赋能是核心

坚持守正创新，守正是基础，创新是重点。没有创新就没有发展，勇于迈出创新实践的步伐，敢于突破、勇于创新，才能带动农业板块不断上档升级。

（四）品牌价值强化是支撑

要赢得市场认可，消费者口碑、产品质量不容忽视。营里镇始终将高品质作为农业产业发展的核心竞争力，建立完善销售网络，紧盯市场风向，把品质生产经营当作现代农业产业实现高点突破的"杀手锏"和融合功能提升的"活力源"。通过产业的内涵提升、链条延伸，实现农业增效、农村繁荣、农民增收。

山东省寿光市"新农人"电商助农实操培训

河南省平顶山市郏县

"守护苏东坡"云村民：
数字技术助力乡村振兴

一、基本情况

河南省平顶山市郏县茨芭镇苏坟寺村现有村民377户、1 221人，2013年被列入第二批中国传统村落名录。村内有国家AAAA级旅游景区三苏园，这里是苏轼苏辙千古兄弟及其家族的安葬地，见证着苏轼与王闰之合葬的千古爱情。村庄男女老少熟悉东坡故事，整理各种惩恶扬善民间传说，保持了东坡文化的良好传承。村内文化遗产丰富，有传统明清古建筑、地道遗址等。村里的现代果蔬产业园初具规模。

苏坟寺村作为国家级传统古村落，十分注重文化传承，村内东坡小学成为其重要依托。周边有中原红石古寨临沣寨、豫西抗日根据地纪念馆、广阔天地大有作为知青馆、张良故里、郏县文庙、钧瓷博物馆等景点，附近有郏县大铜器、金镶玉、赵庄魔术、马街书会等民俗文化以及一鸣书居等特色民宿。然而因为地理偏僻、发展落后、传播薄弱等原因，苏坟寺少为人知。在现代社会的"东坡文化热"中，这无疑是一件非常遗憾的事情。为解决这些问题，探索乡村振兴的新路径，苏坟寺村发起了"守护苏东坡"云村民活动。

"守护苏东坡"云村民活动抓住当地东坡文化兴盛、文化资源丰富的特点，利用区块链、"元宇宙"等新技术，以数字藏品、云村民等新媒介为桥梁，推动东坡文化与乡村振兴融合、数字经济与乡村实体经济结合，用数字文化资源助力乡村振兴。

该活动设计的系列数字藏品，与乡村实体经济结合，相关收益归村集体合作社，专用于村庄可持续发展。活动注重以东坡精神为链接点，旨在让爱护苏东坡以及致力于助力乡村建设的人团结在一起。采取线上与线下相结合的方式，使得物质空间与精神空间相互呼应。通过积极探索文创工坊、疗愈农场、乡村新闻播报官、青年乡村振兴特派员制度等创新举措，充分利用数字经济为乡村发展赋能，让人们重新认识乡村价值，深入体悟东坡精神遗产，进而守望共同的精神田园。

"守护苏东坡"云村民之家，汇聚了高校学者、东坡粉丝，以及全国各地乡村建设行动者等，并不断吸引更多的有识之士加入。央视网直播启动仪式、中国青年网、河南日报、河南"学习强国"、《新京报》等多家媒体对其报道。

二、发展历程

2022年，在中国传媒大学传播研究院举办的"大地传媒坊"学生实践项目中，郏县人、中国传媒大学副教授刘楠带领学生，开设公益课堂，联合平顶山市郏县县委、县政府、东坡乡村振兴书院等，发起"守护苏东坡"云村民公益项目。同年8月，在郏县三苏园举办"守护苏东坡"云村民启动仪式。2022年9月30日，推出"守护苏东坡"青年乡村振兴特派员征集计划。2022年12月，"守护苏东坡"云村民获得凤凰网行动者联盟2022公益盛典"年度公益创意"。2023年1月31日，"守护苏东坡"乡村春晚在郏县三苏园景区门前广场上举行，这是全国首个以苏东坡为主题的乡村春晚，农民土味出演，所有节目都和苏东坡有关。2023年2月21日，河南郏县苏坟寺村与海南儋州市七里村"守护苏东坡"友好联盟村结盟仪式在海南省儋州市中和镇七里村举行。2023年5月8日，全国第一家苏东坡主题乡村图书馆在苏坟寺村举行开馆仪式，该图书馆免费向附近村民、三苏园游客等读者们开放阅读，基于乡村自身独特价值，勇敢向世界彰显村庄的文化自信。2023年7月31日，"守护苏东坡"云村志全球共创启动仪式暨河南苏坟寺村乡村文化沙龙顺利举办，该活动以当地百姓为传播主体，挖掘本地的人文与历史文化价值，激发苏坟寺村文化传播的内生动力。2024年1月29日，苏坟寺村举办了"守护苏东坡"首届乡村寿苏会，此次寿苏会主打"土味"，融合古今元素，将新式村民献礼、古代寿苏仪式与云村民祝福巧妙结合。

三、典型做法与成效

将区块链、"元宇宙"等新技术和东坡文化相结合，探索乡村振兴的新路径。2022年中央一号文件，提出大力推进数字乡村建设。经充分谋划准备，2022年蕴含独特东坡文化的数字藏品限量发行，购买者购买后即可获得"云村民"身份。数字藏品作为一种媒介，相当于一个电子村民证。它以东坡精神为链接点，让爱护苏东坡、助力乡村建设的人团结在一起，也是对乡村元宇宙可能性的一种探索。加入云村民之家后，实现线上与线下相结合，物质空间与精神空间呼应。该项目强调公益属性，收益用于村庄集体可持续发展。

拓展当地多村的"东坡村振兴联盟"。万花齐放才是春。除了东坡墓所在的苏坟寺村，附近齐村、构树张、山头赵等多个古村落的文化资源也很丰富，可以将这些村联合发展。最近热播的电视剧《山河锦绣》就是取景于苏坟寺村旁的多个古村落。通过"联盟"形式，将周边资源进行整合，完善各项元素，提升整体实力和竞争力。

发力新媒体，打造"东坡文化第一村"。以乡村短视频为抓手，挖掘并打开村庄的文化资源，例如铜器、秧歌、舞龙舞狮、唢呐、坠子书、戏剧、刀具制造、泥塑等并进行活动展示。展示古刹大会，村民讲述东坡文化传承故事，寻找东坡大厨，直播"新东坡农场"种植收获场景，从而转化直播带货等实际效益。

举办全国性的东坡文化和乡村振兴论坛，开办东坡大讲堂。在这全天下离苏东坡最近的地方，汇聚更多人来切磋学术，涵养东坡文化。邀请名家学者，开办讲堂，联合当地中小学，设计研学路线。同时，汇聚全国的苏东坡爱好者，举办各种丰富多彩的活动。

注重联农带农，切实发挥经济效益和社会效益。通过该项目，实现上下资源通联，发掘乡村能人、返乡大学生，开发特色文创、研学路线、治愈农场、果园认领等项目。和中国农业大学"头雁计划"培训项目合作，培养乡村能人、返乡大学生成为产业带头人。例如返乡大学生王浩吉开设"新东坡农场"，流转土地种植南瓜、迷迭香等，每年带动群众就业50余人。还有汝瓷工坊的王帅杰，制作"守护苏东坡"系列汝瓷作品，通过活动宣传畅通了销售渠道，每年可增收5万余元。同时，结合当地的非物质文化遗产与村庄集体合作社成立文创工坊，吸纳留守妇女等，以"守护苏东坡"特色文创为抓手，拓展非遗东坡饼的销售渠道，促进村庄产业发展。

郏县三苏园之《东坡雄视万古云》

四、经验与启示

第一，挖掘乡村独特故事，重视新媒体传播，拓展多媒体矩阵，加大村庄认知度和品牌宣传力。现在云村民全媒体矩阵有"守护苏东坡云村民团"微信群，有"守护苏东坡云村民"微信公众号，此外还有微博、视频号、抖音号等。我们还发动"守护苏东坡"青年，开发动画表情包、农场小程序录制《南瓜博士寻找苏东坡》系列短视频。我们的故事获得了央视、"学习强国"、河南日报集团、新京报等多家媒体报道。

第二，立足东坡文化，将其与乡村振兴紧密结合，结合古村落与非遗文化，开办公益课堂，筹备东坡特色的乡村春晚等。全面推进乡村振兴战略，充分利用数字经济为乡村发展赋能，让人们重新认识乡村价值，深刻体悟东坡精神遗产。结合村庄传统明清古建筑文化，东坡葬郏民间传说故事等，设计村志展览版，定期发布"守护苏东坡"云村民宣传报。开办公益课堂，设计东坡小学的东坡文化读本。在当地政府的帮助下，和当地民间艺术团合作，筹备东坡特色的乡村春晚。

第三，联通上下资源，发掘乡村能人、返乡大学生，开发特色文创、研学路线、治愈农场、果园认领等项目。和中国农业大学"头雁计划"培训项目合作，培养乡村能人、返乡大学生成为产业带头人。开设"新东坡农场"，种植南瓜、迷迭香等。结合当地的非物质文化遗产与村庄集体合作社成立文创工坊，吸纳留守妇女等，以"守护苏东坡"特色文创为抓手，拓展非遗东坡饼的销售渠道，促进村庄产业发展。

第四，拓展行动者网络，培养"乡村新闻播报官"，创新"守护苏东坡青年乡村振兴特派员"制度，设置奖项，调动青年参与乡村振兴的热情。培养了一些挖掘本村文化、宣传本村文化的乡村新闻播报官，定期向云村民播报。与当地政府联合推出"守护苏东坡青年乡村振兴特派员"制度，设置奖项，征集社会广大青年、大学生，参与项目宣传、村庄口述史、公益课堂、乡村春晚筹备等，传承东坡文化，助力乡村振兴。现在已有30多名青年加入。

广东省东莞市大朗镇

毛织风情文化节：
七彩纺织促振兴　文化赋能领时尚

一、基本情况

大朗镇位于广东省东莞市地理中心位置，毗邻松山湖国家高新区，辖区面积97.5千米^2，常住人口约75万人，2022年GDP达414.4亿元，连续九年入围全国百强镇。近年来，大朗镇坚持以习近平新时代中国特色社会主义思想为指导，全面推进乡村振兴，依托国内综合实力最强的毛织产业集群，打造出了大朗毛织风情文化节特色品牌，扩大并提升了"大朗毛织"区域品牌的影响力、吸引力和辐射力，推动了产城人文深度融合发展。先后荣获中国羊毛衫名镇、共建世界级毛织产业集群先行区等18张毛织类国家级名片，形成了包含纱线、服装、机械全产业链年交易额600亿元的毛织产业集聚区，年产毛衣8亿件，全球每5件毛衣就有1件产自大朗。

二、发展历程

1979年，大朗开办了第一家"三来一补"毛织企业——大朗毛织一厂，从此揭开了大朗毛织产业发展的序幕。经过40多年的培育发展，大朗镇不断厚植毛织产业时尚潮流文化底蕴，于2001年联动中国（大朗）国际毛织产品交易会，举办一年一度的大朗镇毛织风情文化节系列活动，生动展示大朗风土人情、岭南民间艺术以及纺织服装产业的最新发展成果。"毛织风情文化节"前身为"文化艺术节"，在2009年更名为"毛织风情节"，在2012年起被确定为"毛织风情文化节"，并在2023年成功入选第一批全国"一县一品"特色文化艺术典型案例。

三、典型做法与成效

（一）打造毛织产业商贸圈，促乡村产业振兴

大朗镇充分发挥中国毛织第一村——巷头社区的中心辐射作用，打造10千米^{2}的毛织商贸区，吸引集聚了毛织市场主体23 668家、毛织从业人员超20万人，使大朗毛织产业成为大朗强镇、兴村、富民的支柱产业，带动农民收入的重要产业，实现全镇居民人均可支配收入达6.2万元。大朗镇投资约4亿元建成地标性建筑——中国大朗毛织贸易中心，作为毛织风情文化节举办的主舞台，中国大朗毛织贸易中心

年成交额达50亿元。

（二）打造毛织设计人才圈，促乡村人才振兴

大朗镇深入实施"新锐人才"培养行动，创建全市首家毛织产业学院，与四川美术学院合作成立毛织产品研发中心。连续举办20届毛织服装设计大赛，累计吸引全国700多所高校院所、近2万名选手参加。每年举办流行趋势发布会、设计师年会等"四大活动"，成为全国纺织服装时尚潮流的风向标。打造全省首家毛织人才驿站，目前已建成毛织人才驿站2个，引育毛织工艺美术设计师、工艺师超3 000人。

（三）打造毛织时尚文旅圈，促乡村生态振兴

大朗镇坚持"毛织+文旅"多元发展，推动道盛联合青创城打造潮流文化孵化基地，推出毛织"绿马""毛一"篮球等文创产品，持续做强时尚潮流化"文创产业"。推动"毛织文化+绿美生态"融合发展，创新打造"荔枝红了"文化周，通过全市首个荔枝主题城市阅读驿站——"荔香书吧"这一平台，全方位展现大朗毛织手工编织作品"荔枝树"。

（四）打造毛织传承艺术圈，促乡村文化振兴

大朗镇积极探索"非遗+毛织"发展模式，推动龙舞、狮舞、木偶戏、哭嫁歌、粤曲等本土非物质文化遗产项目在大型展演活动现场连续登台，让非遗文化与毛织文化碰撞出绚丽火花。举办毛织工艺美术论坛超20次，打造1.3千米的"数控织机专业街"，将传统艺术精粹和现代化针织技术结合起来，运用电脑数控织机进行毛织工艺美术创作，其中毛织工艺美术画《清明上河图》获得广东省民间工艺博览会金奖。

（五）打造毛织品牌宣传圈，促乡村组织振兴

大朗镇坚持"把党支部建在产业链上"，汇集40名党员成立毛织产业链党支部，以党建引领毛织产业高质量发展。充分链接中纺联、上海POP设界、南方都市报等

毛织风情文化节节目演出

毛织风情文化节开幕式晚会盛况

资源，高规格举办"大朗优选"时尚发布会，率先打造"大朗优选"濮院纱线馆，2022年成功获评中国服装品牌孵化基地、东莞市区域品牌示范区等称号。

四、经验与启示

（一）注重党委、政府的引导作用

党委、政府在传承发扬优势传统产业文化的过程中扮演着领路人、组织者的重要角色，充分研判本地文化发展形势，通过强化党建引领、制定相关政策、组织专题活动等，加强对文化传承发展的引导和服务，汇集更多资源要素丰富毛织风情文化节的内容供给。

（二）注重技艺传承的促进作用

加大对传统技艺传承人的关心爱护，围绕产业发展史深入挖掘毛织产业文化底蕴，通过商标注册、产权保护等手段对有价值的工艺和作品进行保护，并依托独具特色的地方文化活动，推动本地更多群众关注地区传统文化，凝聚全社会力量保护乡村优质文化。

（三）注重人才培育的筑基作用

抓牢抓实人才培育，灵活统筹各类教学资源，常态化举行丰富多元的文化活动、竞技类比赛，持续从人才住房、交流平台、休闲娱乐等方面完善配套服务，为当地传统产业就近输送人才、汇聚人才，筑牢乡村振兴人才底座。

（四）注重创新融合的赋能作用

以更多创新举措推动毛织文化与当地农业、体育、美食、旅游、科技等产业深度融合，催生一批前景好、有特色、有内涵的新型毛织文化业态项目，不断健全毛织文化市场体系，持续将毛织文化资源价值延伸、激活变现，为乡村经济发展注入"源头活水"。

海南省海口市龙华区

龙桥动漫特色产业小镇：
古村涌起动漫潮

一、基本情况

海口市龙华动漫产业园坐落于海口市龙华区龙桥镇挺丰村（行政村），该产业园具有羊山地区独特的自然人文风貌，距离机场、港口、火车站仅15～20分钟车程，南邻冯小刚电影公社、观澜湖休闲度假区、观澜湖免税城以及海南大学新校区，是承接周边景区外溢客流和过境游客的理想区域。龙华动漫产业园以"动漫文化产业"为核心产业板块，以吸引动漫人才聚集为基础，通过动漫艺术创作形式将动漫元素与本地羊山文化融合，不断延伸动漫产业链上、中、下游，力争成为立足海南、放眼国际的乡村数字创意文化产业集群。

当前，龙华动漫产业园吸引58家动漫企业以及120位动漫设计人才落户，其中有5人已通过高层次人才认证，1人通过创新创业人才认证，实现了海南动漫行业高层次人才"零"的突破。创作动漫作品20部以上，并在B站、腾讯、快看漫画等头部平台均有榜单榜首漫画作品。其中《斗罗大陆》《你的声音》等多部漫画作品均获得业内及政府的年度奖项；《炮灰闺女的生存方式》《异皇重生》等多部百万读者级的平台头部作品，制作刊载于"学习强国"平台、人民日报出版社《习近平用典》正版授权漫画《平语近人——看漫画学典故》。

二、发展历程

2020年，龙华区谋划发展动漫产业，在乡村建设以"动漫文化产业"为核心产业板块建设动漫创新产业基地。

2021年，龙华区依托海南自由贸易港政策红利，适时引入了轻资产运营的动漫产业，实现政府与动漫企业的"双向奔赴"，成功申报"海南省特色产业小镇"，建设动漫特色产业小镇。

2022年，漫创社文化团队正式进驻动漫产业园一期（昌学村），发起成立"燚界·漫创社创业孵化基地"市级孵化器，助力打造龙华动漫小镇"设计＋人才"新业态试点村庄，挂牌设立动漫小镇人才工作站。

2023年，"燚界•漫创社创业孵化基地"被认定为"海南国际设计岛示范基地"，与省内高校合作设立动漫实训基地，吸纳了37名本地大学生就业实习，其中10名大学生入职园区，填补了海南省动漫数字创意人才培育的空白。龙华区以和美乡村群落连片打造为契机，在动漫小镇的核心区域（包括昌学村、保明村、昌荣村、博片村、王廷村5个自然村）设立龙华动漫产业园。入驻产业园一期（昌学村）的动漫企业总营收突破1.3亿元，纳税超600万元。

2024年，动漫产业园二期在保明村启动昌学产业板块的延链计划，打造"保明数字创意文化街区"，招引中下游企业进驻，实现产业跨界聚集，致力在乡村数字洼地寻求新的突破。街区目前已有26家企业签约注册，实质签约承诺的年营收突破10亿元。进驻企业多为内容制作型企业，以中小企业和数字创意产业细分赛道的隐形冠军为主，拥有大量的文化出海业务，后续拟成立园区配套的基金管理公司，为企业的跨境业务提供系统性的产业和金融服务，力争将园区打造成海南文化产业出海、跨境业务的试点基地之一。

三、典型做法与成效

（一）党建引领，激发乡村治理新动力

将挺丰村党支部升格为党总支部，成立昌学、保明等自然村党支部，依托"镇＋村＋组"机制实现网格化管理。联合海南流浪草动漫文化有限公司党支部、海南大学今朝书院党委等9家党建联盟成员单位，开展漫画教学、假期托管、长者饭堂、周末电影等多样化的延伸服务，累计解决群众急难愁盼问题100余件，受益群众超2 000人次。

（二）修旧如旧留住乡愁古韵，动漫赋能古村焕发新生

昌学村作为动漫产业园一期项目，立足古村古房的风貌和肌理，打造独具一格的"创作会客厅"。通过盘活村庄闲置资源，持续改善人居环境，围绕产业布局做深度配套，优化园林景观等基础设施，建成公厕、标志牌、文化室等便民服务工程，使传统民居更适应现代生活。在保留古墙、古屋、古树村庄底蕴基础上，突出宜居宜业宜游，提升村貌细节，注重村庄修缮复原。运用本地材料还原"灰墙青瓦"，采用竹饰、墙绘等特色"包装"，将古村古韵与动漫文化有机融合，形成打卡点。屹立百年的火山岩古建筑与生动多彩的动漫元素相得益彰，将历史文化底蕴转变为具备体验内容的特色文化村。

（三）"物管乡村"促发展，集体经济添活力

"物业进乡村"是提升龙华区农村精细化治理水平的重要举措，由漫创社与挺丰村集体公司共同出资成立的昌学物业公司，既解决村庄公共设施"重建轻管"、村民就业难等问题，促进村庄环境长效管护，还承办动漫展会、主题画展、"村

VA"排球赛事等活动，引进动漫餐厅、昆虫部落等业态经济。在节假日紧扣村民需求，累计举办活动23场，接待参观50团次，服务人数超过2万人。截至2024年4月，昌学物业已累计吸纳当地村民累计就业30余人，营收385.38万元。随着村庄宜居宜业度的提升，吸引8名村民回村创业，近两年，昌学村在常住人口由200多人回流到400余人的情况下，全村年人均纯收入由2万多提高到3万元，与城镇居民收入差距进一步缩小。

四、经验与启示

（一）"动漫IP+乡旅"赋能乡村振兴创意实验

动漫产业引入后为村庄发展实现了两个方面的赋能：一是随着动漫产业人才的落户、产业业态进驻等，城乡之间的要素流动渠道被打通，为龙桥镇挺丰片区、观澜片区及周边地区带来新的商机、资金以及流量资源，不仅为龙华乡村塑造了"文化个性"，为观澜片区新添了"地标品牌"，还优化了村庄及周边乡村的自身造血功能，进一步提升村庄运营变现的能力。二是动漫产业具有黏性，能够带动游戏、科技、影视、教育、服装、旅游、餐饮等衍生行业入驻。可充分利用动漫IP的高产业融合性，在乡村文旅产业中实现场景应用。同时，动漫产业实训、培训、交流会、论坛、展会经济等行业活动的刺激，将加快在挺丰片区及周边形成产业集聚效应。

（二）连片打造，有序推进产业延链，助力乡村可持续发展

龙华区以龙华动漫产业园连片打造为抓手，推动乡村数字创意文化产业聚集延链。产业园以昌学村为核心，利用现状道路构筑一条生态绿道环，衔接多个村落。以群落内部各村庄特色资源为基础，分步承接产业链不同形态布局，激活周边村庄与区域发展，实现乡村资源整合优化与可持续发展。分以下四个阶段稳步建设。

一期昌学村：作为动漫产业链初端，立足古村古房的风貌和肌理，打造独具一格的"创作会客厅"。二期保明村：以"打翻的调色板"为设计理念，打造保明数字创意文化街区。2024年底将引入动画、游戏等30多家企业、150余人，形成产业蓄能，村庄消费内需将大幅提升。三期博片村：依托坐落在村庄内部的海南大学，为动漫产业提供空间升级、人才升级。依托高校的人才集聚效应，打造产业园新的AIGC培育空间以及行业人才培训基地，形成产教融合区域。四期昌荣村、王廷村：定位为区域服务核心，依托大本田洋、共享农庄和电影公社等资源优势，为人流营造吃、住、游等各类消费场景。以椰雕等非遗文化为载体，结合古宅民居，重点打造传统文创工作室，形成传统文化展示窗口，为动漫产业注入持续发展动力。

动漫产业园一期昌学村

四川省广元市青川县

杭广数字化赋能"白叶一号"：
为茶产业插上智慧的翅膀

一、基本情况

青川县位于川陕甘三省接合部，面积3 216千米²，是国家重点生态功能区、国家生态文明示范区。青川种茶历史可上溯至古蜀国时期，有中国名茶之乡、中国茶文化之乡的美誉。2018年10月，"白叶一号"茶叶落户青川，引领带动青川茶产业快速发展。2021年，青川抢抓新一轮东西部协作机遇，让"白叶一号"产业搭乘杭州市数字化"快车"，推动"白叶一号"种植端、生产端、销售端的数智化转型升级，实现青川"白叶一号"产业效益不断提升。目前，"白叶一号"数智化转型辐射带动全县19个乡镇茶产业发展，带动"茶业饭"农户3.25万户增收致富，带动就业人员12.9万人，带动人均增收7 500元。

二、发展历程

2018年4月，浙江省安吉县黄杜村20名农民党员给习近平总书记写信，提出捐赠1 500万株茶苗帮助贫困地区群众脱贫。一株株白茶茶苗，千里迢迢从浙江安吉来到四川青川"安家落户"。2018年10月到2019年3月，黄杜村向青川县陆续捐赠"白叶一号"茶苗540万株，建成"白叶一号"受捐茶苗基地1 517亩，带动全县建成"白叶一号"基地7 000亩。2021年，依托"白叶一号"基地，建成"青川茶智"数字综合服务平台，实现基地茶园空气湿度、土壤温湿度、氮磷钾含量等茶叶生长环境数据实时监测采集，自动生成青川"白叶一号"定制化管护方案，并不断推进全产业链数字化赋能，将"白叶一号"产业从传统农业生产模式转变为高产、高效、低耗、优质、生态和安全的智慧农业模式。

三、典型做法与成效

（一）构建智慧化大脑，打造白茶数字"驾驶舱"

开发建成"青川茶智——茶叶溯源指挥中心"数字综合服务平台，实现数据资源、数据协同、应用支撑等任务"一网打尽"。在试点开展数字化改革的150亩茶地，安装21套摄像头和1个高清球形鹰眼摄像头，并部署1套综合气象站、6套土壤墒情等物理传感器，实现茶叶生长环境数据全方位全时段采集。通过茶地生长环境数据，生成视频图像信息，可视化展现青川"白叶一号"茶苗生长情况，实现对病虫害防控、自然灾害预警、生产技术指导的直观呈现、量化分析和预判预警，给种植管护提供及时、精准、专业的理论指导。同时，依托"白叶一号"数字驾驶舱，建立中茶所、浙江杭州、广元青川三方技术专家远程会商和指导机制，针对性开发微信小程序2套，让异地专家可足不出户查看"白叶一号"的生长状况。

（二）再造标准化流程，打造茶叶管护"新引擎"

打造茶叶全产业链数据库，健全完善青川白茶身份标识，建立起从"茶园"到"茶杯"的质量安全溯源体系。运用信息化的方式，规范追溯茶叶信息采集、录入、多级监管流程，将种植、采摘、加工等全流程信息录入茶叶质量安全溯源系统，将产品信息植入销售网络，实现产品溯源、质量监管、公众查询等功能，促进茶叶统一品质、统一标准、统一防控，构建来源可查、去向可追、责任可究的体系，实现"一码溯源"的全程跟踪与溯源管理，确保茶叶产品品质优良。

（三）探索精准化机制，打造惠民利民"高速路"

打造"白叶一号"联农带农收益信息关联系统，建立"数字化＋"利益分配机制，规范数据的采集、利用、储存、交易、分配等行为，充分体现利益分配机制的公平性和透明度。推行"数字化＋五金"基地助农机制，通过"基地＋公司＋村集体＋脱贫户"的方式，创新建立流转土地收租金、就地务工挣薪金、茶苗折资作股金、委托经营拿酬金、集体收益分现金的"五金"机制，共享"白叶一号"红利，近年来共带动600余户脱贫群众，户均年增收4 300元以上。

2022年青川白茶开采启动仪式

2023年青川采摘新白茶

四、经验与启示

（一）基地端赋能是基础

种活种好是"白叶一号"产业发展的第一道关口，通过"茶智"系统有效提升了基地茶园的智能化水平，系统通过监测预警结果线上"自动派单"给基地网格员和种植户，为科学管护插上"科技翅膀"，从而进一步提高茶园精细化管护程度。

（二）技术端减负是核心

从事"白叶一号"种植农户的知识水平、文化程度参差不齐，通过"茶智"系统，将大平台直接关联到基地网格承包管护人，技术员将管护技术方案直接推送给各基地网格员，茶农们不再需要懂得复杂的生产技术和操作流程，只需要按照推送的农事任务一步步操作即可，提高了茶苗科学管护的便捷性。

（三）加工端提质是关键

茶叶加工是提升茶叶产品品质的重要环节，通过"茶智"系统，可实现浙江、青川技术员在鲜叶采摘标准化程度、加工温控等方面的实时产品和数据共享，西湖区等各方面专家可以全程指导采摘、摊放、杀青等工艺流程，帮助青川加工企业及时调控技术参数，最大限度提升产品质量。

（四）销售端增效是根本

产品销售是实现产业效益的最终决定因素，通过"茶智"系统，将茶叶原料的生长、加工、储藏及零售等供应链环节的管理对象进行唯一标识及视频记录，并相互链接，消费者通过产品生产二维码可清晰看到茶叶的种植、加工过程，实现个性化订单生产，进一步提升消费者对产品的认知度和认可度。

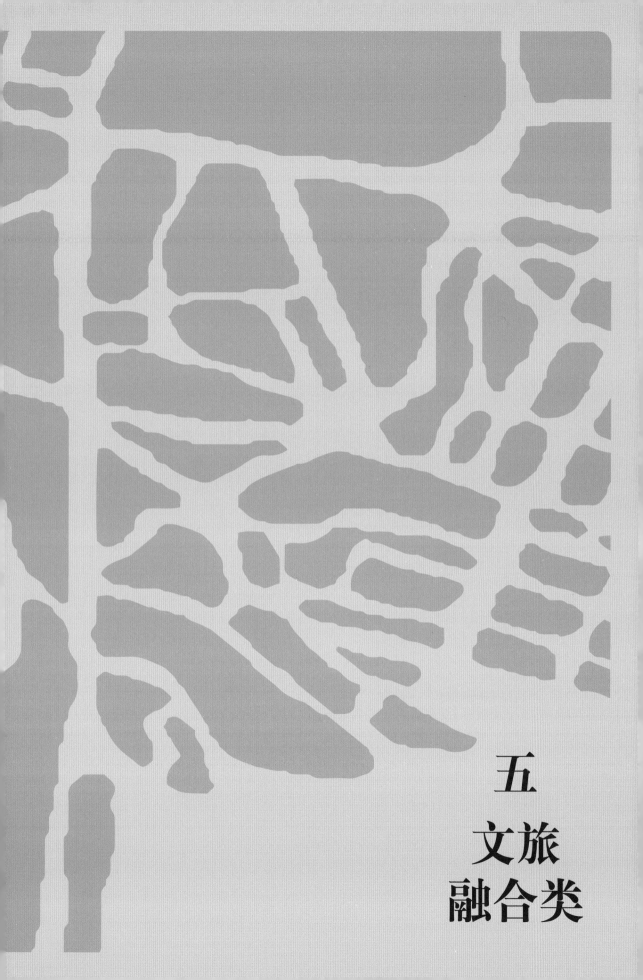

五

文旅
融合类

北京市朝阳区

半壁店村：
文旅融合赋能和美乡村

一、基本情况

半壁店村隶属于北京市朝阳区高碑店乡，下辖水南庄、西店、方家村、半壁店和小郊亭5个自然村，村域面积3.63千米^2，全村共2 583户、5 106人。

文化创意产业是产业格局中最具前景、最有活力的亮点之一。随着产业结构的调整，半壁店村自2006年开发建设第一个产业园区——通惠河畔文化创意产业园以来，先后打造了西店记忆跨界融合产业小镇、半壁店1号人文生态培育空间、菁英梦谷文创IP梦工厂、C立方青年创业基地、自空间媒体融合集聚区等各具特色的六大文创产业园区，形成"一园一品"特色品牌，崛起文化高地新IP。目前，驻园企业达1 500余家，吸纳就业群体2.3万人，现有产业规模达78万米^2。

二、发展历程

2005年以前，半壁店村多以木材石材、服装食品等加工业以及仓储物流、流动人口出租大院等次产业为主。2006年起，结合朝阳区打造通惠河滨水文化景观带的发展规划，建设通惠河畔产业园区，拉开了半壁店村产业发展的序幕。2012年，党的十八大以后，村党总支强化顶层设计，借鉴消极空间开发利用经验，着手调整产业布局、优化产业结构。到2018年，基本形成以"文化+科技"为龙头，以影视传媒、设计创意为主导，以时尚消费为特色的多元产业结构体系。

打造出通惠河畔文化创意产业园、西店记忆跨界融合产业小镇、菁英梦谷文创IP梦工厂、C立方青年创业基地、半壁店1号人文生态培育空间以及自空间媒体融合集聚区等六大特色产业园区，实现了传统产业转型升级、优势产业高端高效、新兴产业聚集发展。六大产业园区先后获评"北京市级文化产业示范园区（提名）""北京市级文化园区"和"朝阳区首批文化事业产业融合发展示范园区"。

通惠河畔文化创意产业园区

三、典型做法与成效

（一）高位统筹规划，乡村实现美丽蝶变

半壁店村党总支通过党建引领，规划先行，信访代理，争取利好政策，通过采取建设社会主义新农村的模式进行重点村改造。2011年4月，西店村启动重点村改造，仅用两年时间，建成明清仿古式民宅回迁房，2013年西店村民全部回迁。2016年，水南庄参照西店模式进行新农村建设，成为又一环境美、生态优、产业兴、人气旺、民风淳的新村。2018年11月，启动广渠路沿线三个老旧村庄的周转腾退，拆除宅基地705个院落、拆除非宅44处6.24万米^2，为广渠路沿线绿化景观廊道提供了738亩集体土地（49公顷）。2022年1月，完成广渠路沿线三村新农村民宅回迁房主体交付工作，2023年广渠路沿线村民陆续回迁。经过十二年的不懈努力，半壁店村下辖五个自然村通过美丽乡村建设彻底解决了百姓的宜居问题，惠及5 000余人，实现了从"住有所居"向"安居宜居"的华丽蜕变。建成的新村民宅为商住两用，较为成熟的西店和水南庄新村已成为影视传媒、商务办公、互联网科技聚集的特色小镇，驻村企业近500家。家庭年平均收入42万元。

艺术半壁美育中心写生课程

（二）转型迭代升级，产业实现高质量发展

2006年起，结合朝阳区打造通惠河文化产业带的发展规划，半壁店村陆续腾退辖区范围内"三低、四小、七无、散乱污"企业287家，拆除房屋115万米^2，拉开了半壁店村产业发展的序幕。之后，借助北京疏解整治促提升专项行动和市政府东迁的东风，进行老旧厂房的"腾笼换鸟"和涅槃升级，围绕北京市"一城一核三带两区"的全国文化中心建设框架，立足朝阳区作为北京文化产业发展重要承载区的基础，持续挖掘半壁店村文化资源、生态资源和产业基础。抢抓京杭大运河保护传承利用机遇，立足区位廊道优势和地区资源禀赋，大力推动通惠河文旅科创产业带建设，营造更加高效便利的政务服务环境，更具活力的创新创业环境，更加生态美丽的村域环境。用足北京CBD总部经济拓展区和朝阳区建设国际消费中心城市主承载区的政策优势，发挥现有大量文创产业聚集的先大优势，聚焦90后、00后等"Z世代"消费群体，打造年轻化、潮流化、一站式潮玩新媒体BBD TIME小镇，培育具有潮流、时尚、场景属性的新消费模式，树立"小店经济"示范标杆。

（三）依托优势资源，提升乡村艺术品质

半壁店村在发展乡村特色文化艺术过程中，注重依托周边高校、企业等优势资源，倾力打造有品位、有文化、有内涵的国际村、文化村、艺术村。2019年，半壁

店村与中央美院开展共建合作，共同进行党建品牌视觉设计、落地西水墙绘、打造"艺术半壁"项目、成立"艺术半壁"美育中心，"艺术半壁"项目被写入朝阳区政府与中央美术学院的战略合作协议。双方深度合作开展艺术半壁—通惠河畔公共艺术季，用艺术记录乡村的蝶变历程，提高村民的艺术素养，推动乡村的文化繁荣，实现从富起来到强起来，再到美起来的转变，用艺术全方位助力乡村振兴，助力半壁店村践行朝阳区委提出的《推进艺术之城建设三年行动计划》。2023年与北京第二外国语学院开展文旅融合促乡村振兴实践调研座谈；与中国邮政合作创建主题邮局，以"邮政文化＋主题文化"为建设原则，发挥"以邮彰文、以邮促旅、以邮惠民"的作用。开展"我为乡村做设计"实践基地揭牌仪式，成立水南庄曹雪芹红楼梦研究会等。通过结对共建，让更多、更高端的文化艺术资源在半壁店村聚集。

四、经验与启示

（一）坚持党建引领把方向

推进乡村振兴，关键在党。党建引领是推进发展乡村特色文化艺术的重要抓手，半壁店村充分发挥基层党组织的战斗堡垒作用，突出基层党组织的政治功能、组织优势，形成强大合力，找准发展乡村特色文化艺术的发力点。

（二）立足顶层设计强规划

半壁店村坚持顶层设计，科学规划，紧紧围绕"创新发展、协调发展、绿色发展、开放发展、共享发展"五大发展理念，用十余年的时间实现产业转型升级、美丽乡村宜居建设、生态环境改善，完成了发展乡村特色文化艺术的"打底"工作。

（三）加强文化赋能树品牌

贯彻"文化＋"战略，采取挖掘培育、优化提升、引进扶持、宣传推广等方式，将文化发展与非首都功能疏解以及城市有机更新有机结合，改造一批集艺术表演、互动体验、时尚消费于一体的文化休闲空间，打造一批文化事业产业融合发展示范园区。培育有号召力、影响力、引领性的文化品牌，激发文化赋能乡村振兴新活力，让"文化＋"成为新质生产力，最大限度地营造社会文化氛围、满足人民群众文化需求。

北京市顺义区

张堪稻作文化：
汉风古韵两千载　鸭稻共生贡米香

一、基本情况

北京市顺义区北小营镇前鲁各庄村，是东汉渔阳太守张堪引种水稻的中心，现有水田212亩，是前鲁贡米"三伸腰"的产地。在继承张堪引入稻作技术的基础上，前鲁各庄村传承"劝民耕种，以致殷富"的农耕文化，弘扬张堪忠于职守、勤政爱民、清正廉明的形象，不断改良革新水稻品种、生态净水、稻鸭共生等技术，加强品牌营销、体验营销，形成完备的南稻北种融合生产经营模式。

二、发展历程

《顺义县志》（民国版）记载："汉张堪为渔阳太守，开顺义狐奴山地为田，至今人食旧德，称说不衰。"《后汉书·张堪传》也有记载：张堪拜渔阳太守，"乃于狐奴（今北京顺义北小营附近）开稻田八千余顷，劝民耕种，以致殷富"。正因张堪引种水稻，在狐奴开稻田8 000顷①以上，才使百姓得以富足。老百姓用歌谣赞颂他："桑无附枝，麦穗两歧，张君为政，乐不可支。"北小营水稻后来成了朝廷贡米，这一地区有数十代人享受到了他带来的恩泽。北小营前鲁各庄村旧时"清泉自溢、绿水漫流"，是京郊有名的鱼米之乡，堪称"北方水稻种植第一村"。

近年，前鲁各庄村以市场需求为导向，加大资金投入力度，发挥规划引领作用，挖掘张堪稻作种植文化及资源，不断钻研张堪古法水稻种植技术，通过质量兴农、绿色兴农联动，推动区域特色产业发展，形成"农业＋旅游""农业＋文化""农业＋科技"的创新发展模式。2019年，前鲁各庄村被认定为第九批全国"一村一品"示范村；2021年，张堪水稻农耕文化生态园被评为北京市休闲农业四星级园区，"前鲁"入选"北京优农"产品品牌目录。

三、典型做法与成效

（一）打好文化牌

通过强化"汉风古韵两千载，北方水稻第一田"的形象，以张堪博物馆作为传

---

① 顷为古代田地计量单位，百亩为一顷，1汉制亩≈473.091 8米²。"八千余顷"约计37 847万米²。

承优秀传统农耕文化的平台，弘扬渔阳太守张堪忠于职守、勤政爱民、清正廉明的形象，演绎顺义区及前鲁各庄村的悠久历史文化和农耕文明。在挖掘传承张堪稻作文化的基础上，建立北京市箭杆河边农业科技专业合作社和张堪博物馆。利用合作社开展水稻种植、种子培育、水稻产品设计研发。推广有机种植500亩，目前全村水稻年产量8万千克，实现销售收入160万元；采用油菜花倒茬及鸭稻共生等技术，年产菜籽油1.5万千克，实现销售收入30万元；鸭蛋20万枚，实现销售收入20万元；节庆活动收入5万元，主导产业可实现总收入215万元。在农业生产方面逐步形成水稻生产区域化、良种化、标准化和产销一体化的新格局。

（二）打好宣传牌

着力打造水稻品牌，提升农产品附加值。先后注册"前鲁""张堪""箭杆河边""顺意农品"品牌，通过产品包装设计、自媒体宣传、举办文化活动等方式宣传品牌，扩大品牌影响力。采用线上＋线下、零售＋会员等模式销售大米及周边产品。线上与京东商城合作，搭建自有电商销售平台"顺意农品"，线下通过社群、机关单位团购等方式促进产品销售。采用水稻田认领、稻田鸭认领等方式发展大米和鸭蛋的预售模式，提前回笼资金，吸引更多的市民来园区体验农耕文化，拓展品牌市场，把资源优势、生态优势转化为乡村产业发展优势。

（三）打好民生牌

充分发挥传帮带作用，培养传统农耕文化传承人。组织举办文化专业培训班，邀请文化专业人士授课，培养扎根乡土的文化能人和各类文化专业人才。由黄礼先生定期讲授张堪文化，邀请水稻专家对古法种植水稻进行指导。组织文化专业人才推介张堪稻作文化和水稻产品。开展丰富多彩的农耕文化传承活动。通过"一块田，四个节"打造农耕文化体验活动："一块田"即油菜花田，供市民游客观赏、

顺义区2022年张堪文化节在北小营镇前鲁各庄村启动

摄影，同时作为普及油菜种植技术及价值、秸秆还田等种植技艺的实践场所；"四个节"即插秧节、端午节、七夕节、丰收节，通过文化演出、竞技比赛、农耕体验等活动，让市民近距离接触农业，了解传统农耕节气及当地传统习俗。

四、经验与启示

（一）深入挖掘资源禀赋，加强优秀传统农耕文化活态传承

对农业物种资源和特色农产品、特色农业工具和传统农耕技术、民俗人文活动等开展基础性研究和系统性保护。挖掘培养一批具有深厚农业生产技术、手工技艺的农耕文化传承人，为促进区域文化保护与传承提供支撑。

（二）注重文化创意赋能，打造特色品牌

突出地方文化个性，打造独具当地特色的主题形象，带动宣传推广、产品开发、农产品品牌形象塑造。充分挖掘地方物种、传统知识技艺和文化资源优势，丰富品牌内涵，突出品牌特色。

（三）坚持需求导向，促进农文旅融合发展

打造以城市需求为导向的融生产性、生活性、生态性于一体的文化内涵丰富的生态产品生产基地。结合休闲农业，开展优秀传统农耕文化资源的活化利用和特色产品的创新提质，为农业现代化提供物质与精神双丰收的发展载体与消费场景。

（四）加大宣传力度，建设优秀传统农耕文化展示窗口

搭建优秀传统农耕文化传承载体，打造地标性乡村文化场所，推进产学研相结合的创新队伍和服务平台建设，扩大宣传范围、加强宣传效果，引导优秀传统农耕文化中乡土特色、传统习俗、宫廷文化等经典元素融入百姓生活，助力四个中心建设。

稻田鸭与水稻和谐共生

北京市怀柔区

敛巧饭民俗：
传承百年习俗　打造特色民俗文化

一、基本情况

琉璃庙镇地处怀柔区北部，镇域面积206.3千米²，有17个行政村。杨树底下村位于琉璃庙镇西部25千米，现有村民150户、320人，这里山路崎岖，山场广阔，林木、矿产、旅游资源丰富。

敛巧饭习俗是怀柔区琉璃庙镇杨树底下村最具代表性的古老传统民俗之一。为进一步发掘区域传统文化，推动非遗传承，彰显特色风土人情，怀柔区深挖这一传统习俗，于2003年开始举办敛巧饭民俗文化节。文化节作为怀柔区历史气息浓厚、地区特色鲜明的活动，真实还原敛巧饭习俗的历史文化内容，是当地区影响力广泛、参与人数多、展现地区特点的文化品牌项目。截至2024年，敛巧饭活动已成功举办十五届，该活动让非遗文化走进群众生活，促进了文旅融合，推进了乡村产业发展。

二、发展历程

琉璃庙镇杨树底下村自清代嘉庆、道光年间（1821年）建村时起就有敛巧饭习俗，至今已近200年。据传，当年杨树底下村的祖先迁居到此，手中一粒种子也没有，为了生存，两名村民离家讨种。在归来途中休息时，二人将干粮分成碎屑撒给山雀吃，不小心将种子洒落到岩缝、草丛中无法捡出，一群山雀及时出现，用长喙衔起种子尽数交还给村民，让村里人得以在这里生存扎根。此后，为了感谢山雀并祈求福运，每到正月十六前夕，村中少女会到各家敛收粮食、蔬菜。待正月十六这天，由成人妇女将其做熟，全村人共同食用。其间，锅内放入针线、铜钱等物，食用的人便祈求巧艺及财运。

通过怀柔区相关部门、琉璃庙镇的共同挖掘，打造出了敛巧饭民俗文化节这种独有的文化表现形式。一般在正月十五、十六举办，活动三至四天。其传承了敛巧饭习俗，包括敛饭、做饭、扬饭喂"巧"、吃饭、走百病五个环节。一是敛饭。每到节庆前夕，村中少女提前到各家敛收粮食、菜蔬。二是做饭。正式节日这天，由成人妇女将其做熟，全村人共食。猪肉炖粉条、白菜炖豆腐、红豆粥、红豆饭、小米粥，饭菜十分丰富。三是扬饭喂"巧"。"巧"字是当地人对麻雀、山雀等的别称。在吃"敛巧饭"之前，要扬饭喂雀儿，并口念吉祥之词。四是吃饭。在杨树底下活动现场，百余口大铁锅、近百名村民一同做饭，升腾的炊烟、喷香的敛巧饭，让人回味无穷。双文铺村、狼虎哨村、老公营村等10余个行政村也在村内支起灶台做敛巧饭，营造一片喜庆和谐气氛。五是走百病。吃完饭后，人们还要在冰上行走，寓意祛除百病。

品敛巧饭现场

怀柔区琉璃庙镇政府先后在杨树底下村投资65万元兴建了5 000米²的敛巧饭文化广场，建设占地160米²的仿古戏楼、70个灶台组成的连体灶台棚、能容纳500人就餐的3个巧饭聚餐棚、12个休闲草亭以及横贯广场东西的文化甬道。根据活动需要分为休闲区、杂耍区、就餐区、表演区等多个区域，以适应敛巧饭民俗活动的需要。增加和改进一些参与体验性项目和娱乐节目，使敛巧饭系列文化活动更加丰富多彩。2007年，"敛巧饭"入选北京市市级非物质文化遗产。2008年，被正式列入国家级非物质文化遗产名录。

三、典型做法与成效

（一）艺术盛典成就农业文化的大舞台

一是深挖传统资源。自活动举办以来，怀柔区始终立足生态发展的理念，积极探索生态＋产业＋文化的发展模式，聘请专家深挖当地历史文化底蕴和独特的文化资源，挖掘传承了"扬饭喂雀"祈福仪式等民俗文化形式，牢固树立百年民俗"敛巧饭"这一文化品牌形象。二是突出地方民俗特色。活动不仅诠释京郊饮食特色，还反映了强农新成果、产业发展新成就、乡村振兴新面貌，弘扬了悠久厚重的民俗文化。是古老文化与当下文化、民族文化与世界文化的对话。开幕式演出除了多项非遗节目表演、情景剧，还有丰富多彩的民俗表演、乐趣横生的体验性项目。三是突出展现和谐文化。敛巧饭主题为"消除隔阂，增进互信，共促和谐，祈盼丰收"。活动中百口大锅共起灶，万人同吃大锅饭，展现人们亲如一家的文化理念，上演着"天下一家"的和谐大戏。大家因为一顿饭，弘扬了尊贤敬老的社会风气，发挥了凝聚人心的社会功能。优美整洁的山乡小村、自然淳朴的民风民情，使前来参加活动的游客数逐年递增。

（二）创业创新成为农民活动的欢乐节

一是充分发挥农民主体作用。敛巧饭活动全部以当地农民为主参与各项活动，村里的巧妇、"大厨"们纷纷行动起来。同时还邀请多名权威学者、民俗专家、乡土能人参加，提出各方建议。红豆饭、红烧肉、炖菜……市民游客可以在杨树底下村现场品尝。二是开展典型宣传。开展弘扬良好家风、开展爱鸟宣传等特色活动，使区域先进典型人物得到表扬，让乡村群众了解很多区域内创业致富、带动发展、助力村民故事，搭建乡村创业创新的舞台。多项活动的开展，让人真切感受到怀柔农业的蓬勃发展，展现了农村百姓的生动实践和丰硕成果。三是新型农民汇聚交流。活动中很多职业农民慕名而来，探讨乡村振兴之路，分享交流了"三农"发展经验。同时，引导更多人才到琉璃庙镇返乡创业就业，带动农民以更饱满的热情投身乡村振兴。

（三）实现产销对接，打造农业的嘉年华

一是培育敛巧饭风情节日市场。活动的开展吸引了城市居民走进乡村，活跃和繁荣了消费。展卖区不仅有木耳、杏核油等特色农产品，还引入红星、双合盛、红螺食品等老字号，推出冰棍、冰箱贴等"敛巧饭"文创衍生品。二是打响怀柔特色农产品品牌。怀柔板栗、红肖梨等特色农产品都在现场进行了展示，助力农产品实现优质优价、丰产丰收，延伸至全区生态、休闲、观光、品牌营销等一体发展，真正达到了助农增收的目的。三是通过"互联网""线上直播"等技术和模式进行销售，搭建了城乡互动、产销对接、产业融合的大平台。

四、经验与启示

（一）强化责任，认真谋划特色活动

根据全市活动安排部署，怀柔区制定了《北京市怀柔区敛巧饭民俗风情节活动方案》，成立了指导委员会。统筹协调区委宣传部、区文化和旅游局、区文学艺术

界联合会、商务局等有关部门，做好对琉璃庙镇指导和活动组织工作。活动前，区委、区政府组织相关单位及乡镇召开推进会，坚持"多点开花、整体联动、有序推进"的工作思路，加快各项工作高标准落实。在组织实施过程中，坚持"发挥农民主体作用，突出民俗特色"的原则，设置了群众喜闻乐见的活动形式。活动前期，向各乡镇发放了活动通知，征集了特色农产品、文艺演出节目等，努力让全民共享乡村振兴成果。

（二）亮点纷呈，百姓传承文化风采

镇政府和区文化和旅游局等单位精心设置特色文化活动，并不断使其成熟完善。一是打破地域限制，融合京津冀非遗元素，特别邀请天津、河北的非遗传承人前来助力，举办鼓舞、变脸、古彩戏法、抖空竹、竹马、中幡、蹬术等京津冀非遗节目展演，让广大游客充分感受非遗的独特魅力。二是丰富演出内容。在演出部分，除精彩的综艺、戏曲、杂技等内容，特别安排了别具特色的敛巧饭情景剧，向现场观众生动地展现"巧饭"的画面，加深游客对非遗文化的认知、熟悉。三是提升活动互动性。游客除可直接参与猜灯谜、冰上趣味运动等活动外，还可在五谷区领取福袋，收集五谷带回家，寓意吉祥如意，将敛巧饭的美好寓意带去千家万户，增强非遗文化的覆盖面、影响力。互动体验区设置摇汤圆、猜灯谜、捏糖人等项目，以多种结合手段广泛宣传普及非遗民俗文化知识，持续擦亮"敛巧饭"民俗文化品牌。民俗文化得以更好地保留和延续，更有利于乡风文明、乡村振兴，使村庄更加和谐，村民更加富裕，群众的生活更加美满。

（三）结合实际，推进农文旅融合发展

全社会的民俗热带动了社会对"敛巧饭"的关注，它不仅承载了村里人几辈人的乡愁、乡情，也成为村里开展文明实践、促进农文旅融合的有效载体。2019年，"敛巧饭"民俗文化节活动历时4天，接待游客2.4万余人，旅游综合收入达280万元。2024年2月23日，第十五届"敛巧饭"民俗文化节在杨树底下村开幕，设置了互动体验、文艺演出等七大区域特色活动，还首发敛巧饭预制菜，让人们可以把"敛巧饭"带回家。敛巧饭民俗文化节期间，琉璃庙镇联动镇域内民宿、景区等文旅资源，推出"两日游"线路。活动带动周边地区民俗民宿旅游业、休闲农业的发展，着力实现"以点带面、辐射全局"的良好局面。

天津市宝坻区

牛庄子村葫芦庐小镇：
创新非遗文化　提升乡村产业发展

一、基本情况

天津市宝坻区牛庄子村位于宝坻区大钟庄镇政府驻地以南15千米，村庄总用地面积1 300亩，其中村庄建设用地面积200亩，村庄人口396人。村内河流纵横，环境优美，水产丰富，近年来各级政府投入近1.5亿元资金，对村容村貌进行了大力整治，呈现出村美、路净、景美的良好景象。

牛庄子村葫芦庐小镇葫芦作品

牛庄子村葫芦庐小镇葫芦制作技艺曾被列入天津市第一批市级传统工艺振兴目录。葫芦制作技艺（天津葫芦制作技艺）传承体验基地被评为天津市首批市级非遗文化传承体验基地，天津市文化产业示范基地，天津市民间艺术传习基地，中国致公党天津市委会社会服务实践基地，天津市自然教育基地，天津大学、南开大学等十五所大学产学研实习实践基地、校外实训基地，滨海新区、河西区、河东区、宝坻区中小学研学基地。该基地生产的葫芦被评为外交部礼物、天津礼物、新疆礼物，先后获得商标、专利等知识产权证书三十六个。作品《为北京喝彩》被北京冬奥会博物馆收藏，作品《心怀慈悲、方得福禄》在2023年天津夏季达沃斯上作为国礼赠送给世界经济论坛主席施瓦布先生。

二、发展历程

2015年，宝坻区与国家级非遗天津葫芦制作技艺代表性传承人赵伟合作，在非遗传承方面寻求突破，将文创产品融入生活，在农业产品上加入科技，打造了集乡村振兴、生态文化、非遗传承、创意产业、智慧农业、乡村旅游于一体的葫芦特色旅游村——葫芦庐小镇。同时，葫芦庐小镇力求在传承的基础上实现保护性开发，促进农文旅产业深度融合。近些年，陆续建成了中国葫芦博物馆、世界葫芦种子库、葫芦研发实验室、葫芦文创产品开发工作室、智慧农业葫芦种植试验区、世界葫芦种植欣赏区等。这一系列举措被写进天津市"十四五"文化产业发展纲要。

三、典型做法与成效

牛庄子村葫芦庐小镇运用"非遗+"的形式，让璀璨的非遗文化展现出"七十二变"，通过"非遗+旅游""非遗+文创""非遗+产业"等形式，将非遗项目从原汁原味地呈现展示制作过程发展到变化多样的混搭创新，以更加丰富的表现形式呈现出来，加速推动优秀传统文化破壁出圈，进一步成为推动乡村振兴的新引擎。

（一）传承福禄文化奥义，提升非遗保护推广价值

系统整理、挖掘葫芦中的"九道文化"（包括葫芦医道、葫芦武道、葫芦酒道、葫芦茶道、葫芦花道、葫芦香道、葫芦艺道、葫芦书道、葫芦食道）等；打造线上线下相结合的宣传推广平台，在线下通过非遗展览、展示活动等平台及相关渠道，在线上广泛应用各类社交平台，如微博、抖音、快手、视频号、知乎、小红书、百家号、哔哩哔哩等，做好葫芦文化的宣传推广，并利用这些平台进行带货直播等。

（二）举办葫芦种植培训，提升经济示范村幸福感

定期举办乡村振兴葫芦（种植）培训班，主要培训葫芦种植技术，涵盖本长葫芦、系扣葫芦、勒扎葫芦、范制葫芦等的种植方法。该培训主要面向村民，通过培训让村民掌握葫芦制作技艺。该培训已持续长达6年。几年来，用于乡村振兴帮扶村民的资金达到了上百万元。将这门手艺与乡村振兴、创意产业、智慧农业结合起来，带动了上百人就业，尤其是为当地残疾人的就业作出了巨大贡献，提高了村民的收入和幸福感，促进了乡村振兴。

（三）探索非遗文化创新，促动乡村产业加快发展

牛庄子村葫芦庐小镇在探索非遗文化创新发展上做出了以下努力，一是用葫芦种植产业替代部分工业产品生产，实现工业产品的生产向葫芦种植产业转化；二是农业种植的景观化；三是农业产品的创意化。积极开发葫芦衍生品、旅游纪念品，使其成为人们日常的消费品，形成葫芦主题文化系列产品链。此外，还与天津博物院、周邓纪念馆等国内多家博物馆合作开发产品。创造性开办了葫芦宴，宴上吃的食材有葫芦，用的餐具是葫芦，喝的饮品也与葫芦有关。葫芦宴被誉为可以吃喝的艺术品，目前已成为牛庄子村葫芦庐小镇最具特色的宴席。

四、经验与启示

一是在文化特色方面，突出葫芦文化的独特性，将其融入小镇的各个方面，包括葫芦展馆、葫芦景观、葫芦旅游产品等，打造独特的葫芦庐品牌形象。

二是在产业发展方面，通过发展葫芦种植、加工、手工艺品制作等相关产业，形成完整的产业链，促进经济增长，增加就业机会。利用葫芦文化吸引游客，开发旅游景点，举办文化活动，提供特色餐饮葫芦宴和葫芦文化主题主题民宿，提升旅游体验。

三是在葫芦文化的传承与发展方面，鼓励村民参与小镇的建设和管理，培养他们对葫芦文化的认同感和归属感，促进葫芦文化的可持续发展；开展葫芦文化的教育和培训活动，培养新一代的传承人，确保文化的传承和发展。

四是在可持续发展方面，要不断推陈出新，引入新的理念和技术，加强与其他地区或企业的合作，拓展发展空间；注重环境保护和资源合理利用，推动小镇的可持续发展，避免过度开发和破坏。

五是在管理和服务方面，通过有效的市场推广和宣传，提高小镇的知名度和美誉度，吸引更多的游客和投资者；制定科学合理的规划，加强小镇的管理和服务水平，提升游客的满意度；关注市场需求和社会发展的变化，及时调整发展策略，以适应不断变化的环境。

天津市蓟州区

西井峪庆丰宴：
石头村落庆丰宴　以文促旅新阵地

一、基本情况

西井峪村隶属于天津市蓟州区渔阳镇，是久负盛名的历史文化名村。一直以来，该村充分利用自身优势，打造特色品牌。依托村内石头广场，借助市、区、镇文旅平台，自2016年开始，西井峪连年推出具有浓厚地域文化特色的"中国·天津西井峪庆丰宴"品牌活动。

二、发展历程

据村民口口相传，清中期，村内香梨被选入宫，成为贡品，恰逢秋季大丰收，为庆祝两件喜事，村民自发拿出自家的好酒好菜在村内石头广场共同庆祝，形成最初的庆丰宴，并延续至今。2016年开始，西井峪进一步丰富庆丰收活动，推出具有浓厚地域文化特色的"中国·天津西井峪庆丰宴"品牌活动，2019年该活动入选由农业农村部市场与信息化司发起的关于"全国70地庆丰收全媒体联动直播活动"。西井峪以"金秋庆丰宴"为主题的一系列民俗活动吸引了一众媒体，蓟州电视台、天津电视台、天津日报、今晚报等媒体争相报道，更有近40万的网民在人民日报、北京时间、凤凰新闻等七个直播端口实时观看西井峪庆丰宴的现场活动。

三、典型做法与成效

（一）注重品牌建设，发挥载体优势，打造文旅发展新业态

西井峪庆丰宴经过多年的发展，已经形成自己的品牌，有固定的场所、标示，对村内及周边的衍生产品带动效果明显。2019年，被国家有关部门选定为"全国70地庆丰收全媒体联动直播活动"单位，9月23日。"中国·天津西井峪第四届庆丰宴"与全国70地一起联动，共庆丰收，众多村民和游客欢聚一堂，大家唱起丰收歌，跳起丰收舞，整个山村沉浸在一片欢乐的海洋之中。2021年7月，庆丰广场举办了"庆祝中国共产党成立100周年山村诗会"主题活动，现场观众通过倾听激情澎湃的朗读和振奋人心的伴曲，领略诗歌的深厚魅力，阵阵掌声将活动推向高潮。此外，还组织了农家摄影展、广场舞大赛、合唱比赛、村晚等群众性文化活动，与

蓟州区西井峪庆丰宴现场

庆丰宴遥相呼应，文旅业态进一步丰富。

（二）注重创新融合，发挥文化优势，打造以文促旅新阵地

坚持"宜融则融，能融尽融"的思路，注重挖掘村庄文化，坚持"走出去＋引进来"，发挥载体优势，加快乡村文旅融合发展步伐，勾勒"诗与远方"交相辉映的美好生活图景。2015年5月，李谦带领九略（北京）旅游管理有限公司驻村开启为期三年的西井峪行动计划。2016年，西井峪庆丰宴作为行动计划的一部分被挖掘、提升，同时还实施了旅游资源整合、高端民宿发展等一系列举措。此后，西井峪乘势而上，以打造"蓟州旅游转型示范区"和"最美民宿聚集区"为目标，继续盘活闲置老宅，聘请知名设计师结合历史文化名村保护，按照精品民宿标准进行设计改造，一宿一景，民宿与石头村落、庆丰宴等交相呼应，形成独特的村庄文化。

（三）注重创新发展，发挥资源优势，做好手工技艺传承

注重品牌延伸，挖掘并传承村内手工技艺，提升村民主体意识，增强手工技艺传承与保护的内生动力。挖掘与庆丰宴相关技艺，启动寻找传统文化传承人工程，确保砌石、皮影、草编等传统技艺得到传承，实现技艺传承与经济发展同步推进。蓟州传统砌石技艺已有数百年历史，尤以蓟州区渔阳镇西井峪村的砌石技艺最具代表性。西井峪村又称"石头村"，村内随处可见清末民初构建的石屋、石院、石板路和梯田石坝台，大部分保存完好。其历史建筑和建筑装饰艺术类型丰富，传统石砌建筑因山就势，以岩层片石堆砌而成，石砌街巷依山就势而上，形成了独具特色的石头村落。其中"西磨道"最具代表性，成为远近闻名的网红打卡地。西井峪村砌石技艺也被列入蓟州区非物质文化遗产名录代表性项目。

四、经验与启示

（一）始终坚持党的领导

西井峪庆丰宴的挖掘、发展、成功，离不开上级党委、政府的大力支持。上级党委、政府充分发挥服务职能，引进社会资源，挖掘乡土文化，拟定有效的推广措施，调动各方主体的积极性，促成西井峪庆丰宴品牌打造。

（二）始终坚持规划先行

西井峪庆丰宴从单一的庆丰收活动，发展为一个品牌，同时也带动了其他产业、文化的发展，发展过程中始终坚持规划先行，确保统一性、有序性。

（三）始终坚持协调发展

西井峪庆丰宴打响了西井峪的品牌，但发展需要协调推进，乡村振兴不能仅仅依靠一场活动，还需要其他项目同步推进，比如民宿文化、乡村旅游等。在打响一个品牌的基础上，其他产业也要顺势跟上。

（四）始终坚持市场需求

乡村振兴，尤其是产业振兴，要根据市场需求进行发展和调整。西井峪在庆丰宴的基础上，创新理念，充分利用自身的地理位置优势，从微景观入手，开发自然景观，走出了一条"靠山吃山"的发展道路，成功打造了一处处网红打卡地。

蓟州区西井峪村庆丰收活动

赞皇土布：
非遗项目产业化　工坊进村富农家

一、基本情况

赞皇县地处太行山中段东麓，总面积1 210千米²，辖11个乡镇，人口28万。赞皇农村妇女有纺花织布的传统。到20世纪80年代，随着化纤制品被人们所崇尚，古老的土布逐步退出了消费市场。21世纪以来，人们的消费理念开始返璞归真，绿色环保产品又成为时尚，老土布具备吸汗透气、柔软舒适、亲肤护肤等特性，备受消费者喜爱。2007年，大桥庄村崔雪琴带领75名农村妇女成立了赞皇原村土布专业合作社，通过产业化、品牌化、规模化运营和文旅融合发展，在全县建设非遗工坊11家，带动1 300多名农村脱贫人口实现了就地就近就业，最近五年年人均增加工资性收入15 000 ~ 30 000元，使得省级非物质文化遗产代表性项目"赞皇原村纺织技艺"得到了很好的传承和保护，同时为赞皇县实现巩固拓展脱贫攻坚成果同乡村振兴有效衔接作出了较大贡献。

二、发展历程

清晚期，赞皇县纺织作坊开始出现，光绪二年（1876年）建成的广兴隆工厂，成为县内第一家规模化纺织企业，奠定了赞皇县近代纺织的基础。辛亥革命后，赞皇县纺织工业有了新发展，1931年，县内共有织布作坊61家，工人150人，年产土布1 050尺[①]。日军侵华期间，县城内纺织业被迫停产，而在抗日根据地，有少数纺织作坊（如裕记合作社等）坚持流动生产，为支援抗日斗争作出贡献。抗战胜利后，政府曾组织开展大纺织运动。1946年冬，全县有3 500多名妇女参加这一运动，其中纺妇2 883名、织妇699名，共动用纺车3 460架、织布机499台。1953年，全县有家庭织布业600家，从业人员1 900人，年生产土布36 000尺。改革开放后，化纤品大行其道，土布市场一度进入低迷期。21世纪以来，土布因绿色环保而复为消费时尚，赞皇县原村土布专业合作社通过产业化、集约化经营，土布年产量达到50万米。目前，赞皇县原村土布专业合作社已经发展成为一个集彩棉种植、土布纺织、研发加工、销售为一体的全国"五十佳"合作社，主导产品覆盖纯棉手工面

---

① 尺为非法定计量单位，1尺＝0.3米。——编者注

赞皇县原村土布文化产业园

料、服装服饰、床上用品、文创产品等300多个品种。2020年12月，原村"非遗工坊"入选全国"非遗工坊典型案例"。

三、典型做法与成效

（一）建设非遗工坊，让脱贫农村妇女在家门口就业

2020年9月，在省市非遗管理部门的指导帮助下，赞皇县原村土布专业合作社建立了"原村土布纺织传统工艺工作站"，结合农村实际情况，在刘家庄、曲江、千根、杜庄、西白草坪五个村建立起非遗工坊，各工坊分别承担纺织、裁剪、缝纫、晾晒、缩水、整理等工作，将150多名农村妇女吸纳到纺纱织布中来，凭借辛勤的双手织造幸福生活。

（二）组织免费技能培训，让更多的闲散劳力拥有纺纱织布技艺

针对大多数农村留守妇女在家照顾老人、看孩子、干农活缺乏必要的劳动技能的实际情况，原村非遗工坊制定了详细的培训计划，每季度至少举办一期免费纺织技能培训班，每期40人左右，由各工坊负责联系推荐感兴趣的农村妇女参加培训。学员不分年龄大小，可根据自己的爱好和需求，选择学习纺线、掏缯、织布、染色、缝纫、纳鞋底等适用技术。学习完成后，学员可以选择到自家附近工坊上班，也可在家承接工坊外包加工项目。

（三）树立品牌意识，加强研发力量，促进全产业链提升

为切实提高产品品质，让"土布不土"，原村工坊引进先进技术，不断改进工艺，研发出了新式先进织布机，在保证土布质量前提下，将布幅从40厘米提升到70厘米，生产效率得到了显著提升。同时，合作社与河北经贸大学、石家庄学院合作，积极研发新产品，产业链从面料向床品、服装服饰、浴品、鞋帽及文创产品不

断延伸。2018年，原村时装惊艳亮相意大利米兰国际时装周，原村土布走向全国、走向世界，带动了非遗工坊持续健康发展。

（四）开展"非遗+旅游"，促进了产业融合发展

2019年开始，兴建了原村土布文化产业园，包含原村土布博物馆和农展馆，配套了酒店、餐厅、会议室，结合各土布非遗工坊，开展非遗产品和非遗技艺展示，为游客提供沉浸式纺织体验。三年多来，共接待游客2万人次，带动原村土布和农产品销售增加1 000余万元。

四、经验与启示

（一）乡村振兴产业选择应坚持因地制宜，着力做好"土特产"文章

原村土布在不断实践中，探索走出了一条将深入挖掘极具地域文化特色同乡村振兴赋能相结合、做大做强"土特产"转化为优势特色产业的路子。原村土布专业合作社的实践证明，开发乡土资源、突出地域特点、集聚生产要素，强龙头、补链条、兴业态、树品牌，推动乡村产业全链条升级，是特色产业兴旺发达的可靠路径。

（二）非遗文化赋能乡村振兴，大有可为，大有作为

产业化运营是一条让非遗文化实现创造性转化、创新性发展的好路子，它促进了非遗传承与开发利用同步并举，激发了非遗活力。非遗文化只有骑上"产业"这匹"骏马"，找准契合的载体和平台，才能发挥举一反三、事半功倍的作用。

（三）拓展非遗项目产业，融入现代旅游元素，加速三产融合

原村土布专业合作社把非遗工坊导入游客沉浸式体验的做法，让游客"置身非遗中"，通过吃、住、习、游、购、娱等形式看见非遗、体验非遗、记住非遗、宣传非遗，使新标签赋能新业态，新业态带来新动能，以文塑旅、以旅彰文，让非遗文化和生活建立起更为密切连接的同时，延长产业链条，凸显出更加广阔的发展空间。

低收入农村群众承接原村土布外包项目

太行山大峡谷景区文旅融合：
壮美太行山　巍巍峡谷情

一、基本情况

太行山大峡谷景区位于壶关县境内东南部，绵延百里，雄奇险秀，是太行山水的代表作，是国家AAAA级旅游景区、国家森林公园、国家地质公园、中国最美十大峡谷之一、国家攀岩基地。2020年1月7日经文化和旅游部公示，太行山大峡谷八泉峡景区被确定为长治市境内首家国家AAAAA级旅游景区。太行山大峡谷景区在自身发展的同时，始终心系群众，积极承担企业责任，大胆创新市场营销形式，建设"旅游＋互联网""旅游＋文化""旅游＋乡村休闲"等多元宣传矩阵，使景区经济效益和社会效益驶入高速发展快车道。

二、发展历程

2014年，山西太行山大峡谷旅游发展股份有限公司成立，实现了连年快速发展，2018年经营收入达到了1.3亿元。尽管受三年新冠疫情不利影响，仍克服重重困难和层层压力，2022年营业收入突破1亿元（2023年已突破3亿元）。经过多年发展，目前景区内外交通日趋完善，游览服务质量显著提升，旅游安全得到有效保障，卫生管理水平不断优化，智慧景区建设步伐不断加快。如今，景区充分发挥旅游产业带农助农富农作用，通过提供就业岗位、鼓励开办农家乐、景区摊位租赁、旺季临时雇工等方式，不断解决当地村民增收致富难问题。

三、典型做法与成效

（一）吸收当地村民就业，促进农民致富增收

景区已安排当地村民及大中专学生300余人在景区就业。月薪最低的保洁员岗位，每月可领取1 500元，加之工作满一年以后的司龄工资、年底绩效奖励，年收入可达到18 000元左右。

（二）鼓励当地村民依托景区开办农家乐

截至目前，在太行山大峡谷旅游形势向好的影响下，大峡谷镇已形成15个专业农家乐接待村，建成300余家农家乐，可同时接待8 000余人住宿、9 500余人就餐。

（三）景区商铺摊位优先当地低收入农户

各景区的商铺商亭摊位优先租赁给当地村民。根据景区游客流量分地段制定商铺租金，对于老、弱、病残群体给予租金优惠和减免等，给予低收入农户优先租赁待遇。景区现有经营摊点162处，其中低收入农户经营的有70处。

（四）加强驻村关系协调，优先当地临时雇工

在每年节假日、旅游旺季、游客高峰期，景区、自营酒店积极与所涉村村"两委"联系协调，按照日工资100元的标准雇用当地村民负责景区秩序维护、道路沿线交通疏导、停车场管护等，同时坚持临时用工优先向低收入农户倾斜。据统计，每年景区雇工数达3 000人次以上。同时，带动农家乐等旅游服务业从业人数达5 000人次以上。

（五）积极履行企业责任，竭力服务驻地村民

每年为景区涉及的行政村发放文化建设补偿、环境卫生整治、村级公益开支等费用共150余万元。同时，对黑龙潭、红豆峡、八泉峡等所涉村的停车场以租赁补贴方式进行管理，在增加景区车位的同时增加村集体收入。

（六）吸收扶贫产业资金，支持全县脱贫村增收

在县委、县政府的响应下，积极发挥社会责任，2016年吸收桥上、晋庄、常平三个乡镇的扶贫产业资金625万元。2016年12月、2017年12月按年利10%分别向贫困户付息62.5万元。2018年又吸收全县12个乡镇、275个贫困村、24 215户58 550名贫困群众的扶贫产业资金8 360.6万元，按年度支付10%的资产收益，每年利息836.06万元。2019年吸收全县贫困群众的扶贫产业资金7 655万元，将按年利6%向贫困户付息459.3万元。

秋天的八泉峡

汉代风格的八泉峡大门

四、经验与启示

太行山大峡谷景区通过自身发展带动周边村镇居民脱贫致富，现在景区周边老百姓再不用走出大山外出打工，通过开办农家乐、餐馆、文旅商铺在自己的家里"上班挣钱"。在政府积极倡导下，景区文旅融合带动增收致富，取得了显著成果。

（一）政府引导

各级政府在旅游产业发展过程中发挥了重要的引导作用，通过出台相关政策、提供金融支持和加强基础设施建设等措施，促进了旅游景区的发展，带动更多的农户增收致富。

（二）特色定位

太行山大峡谷景区在发展过程中注重发掘当地独特的自然、人文和历史资源，打造了八泉峡景区"海陆空"立体式游览特色旅游产品，通过弘扬和传承地域文化，提高景区知名度和美誉度，从而为当地村民提供更多的就业岗位。

（三）产业链延伸

将旅游产业与其他产业紧密结合，互促发展，形成了全域旅游发展新格局。通过鼓励景区周边村民开办农家乐，大力发展农业旅游项目，促进产品生产和销售，实现了旅游业对其他产业的带动。

（四）就业机会和技能提升

景区的发展带来了大量的就业机会，特别是对于低收入群众来说，给了当地居民更多的工作机会。同时，景区还注重加强员工的专业技能培训，提升专业水平和业务能力。

内蒙古自治区呼和浩特市回民区

莫尼山非遗小镇：
锚定"非遗+" 推动乡村文旅融合

莫尼山非遗小镇（国家AAAA级旅游景区）位于内蒙古自治区首府呼和浩特市回民区，2022年入选第一批"全国非遗与旅游融合发展优选项目名录"非遗旅游景区和农耕文化实践营地推荐名单（第一批），是内蒙古自治区特色小镇及自治区首批中小学生研学实践教育基地。

一、基本情况

呼和浩特市位于阴山以南、黄河以东的农牧结合带，这里曾是清朝设置的对蒙贸易中心之一。敕勒川草原与土默特平原哺育了各族儿女，数百年来，以呼和浩特为中心，搭起了农耕文化与草原文明交流交往的桥梁。莫尼山非遗小镇所在地呼和浩特市回民区攸攸板镇段家窑村，曾被称为"白道"，在近代，为归化城（今呼和浩特）万峰驼队经过之地。附近的坝口子村，曾是抗日战争时期"蜈蚣坝伏击战"打响的地方。莫尼山非遗小镇对以呼和浩特为中心创造的乡土文化进行挖掘整理，珍藏百件文物，展示百项遗珍，让人们在此品味百味人生。小镇坚守非物质文化遗产保护的初心和使命，建成了内蒙古民族地域文化的非遗活态展示平台，形成了诸多匠人汇集的非遗创作区、非遗展示区、非遗体验区和非遗研学传习基地，推动乡村文化振兴向融合化、亲民化、具象化发展。

二、发展历程

2016年，国家级非遗项目皮艺（蒙古族皮艺）传承人贾宏伟联合呼和浩特地区历史、文物、民俗专家，准备建设一处以"非遗"为核心的文化场馆。2017年，"莫尼山非遗小镇"在呼和浩特市回民区诞生。2022年起，为助力打造自治区文旅品牌，莫尼山非遗小镇首创以"万里茶道"为主题的沉浸式文旅实景剧，实现了文化效益与经济效益的"双赢"。小镇目前有近300亩农耕文化研学基地，已经成为国家级非物质文化遗产生产性保护示范基地、国家级农耕文化实践营地、国家级非遗项目"蒙古族皮艺"传习基地、内蒙古自治区非遗旅游体验基地、内蒙古自治区中小学生研学实践教育基地。

莫尼山非遗小镇非遗实景剧

三、典型做法与成效

（一）依托"文旅+"，建设乡村振兴产学研融合示范标杆

《呼和浩特市文化旅游广电"十四五"发展规划》提出，要依托莫尼山非遗小镇特色非物质文化遗产和传统民俗文化的集聚优势，延伸"文旅+"产业链，以产业融合推进回民区文化旅游高质量发展。莫尼山非遗小镇研发了十类非遗研学课程，2018—2022年，年平均接待研学团队（中小学、高校）20万人次，2013年达到35万人次。陆续获评"全国非遗与旅游融合发展优选项目""内蒙古自治区培育特色小镇"、内蒙古自治区级非遗特色村镇、内蒙古自治区非遗旅游体验基地。2022年，获评成为年接待游客60万人次的66个内蒙古文旅"网红打卡地"之一。

（二）锚定"非遗+"，推动乡村文旅融合创意与创新主题

莫尼山非遗小镇作为非遗文化聚集地，2018年以来每年举办"非遗中国年""文化和自然遗产日"和"潮非遗"等创意文旅主题活动。2021年起，非遗传承人贾宏伟以黄河文化为核心，创作了《黄河向西流》等十幅黄河流经省区主题大型皮艺作品，创作完成后，陆续参加中国工艺美术展、内蒙古文博会，传播了黄河文化，让内蒙古非遗不再沉睡于博物馆。2024年，"非遗中国年"活动期间（腊月初八至正月十五），结合《茶道驼铃》实景演出，小镇带动游客20万人次，同比2023年增长300%。经过多年对非遗传承、非遗版权保护的深耕，目前，小镇已成为内蒙古自治

区传统工艺工作站呼和浩特分站、内蒙古自治区科普示范基地、内蒙古自治区民间文化传承保护基地、内蒙古自治区（全区技能大师）工作室。

蒙古族皮艺传承人/莫尼山非遗小镇创始人——贾宏伟

（三）聚焦"产业+"，辐射带动周边产业和人才同增共长

小镇2018年对外营业后，极大地刺激了本地区周边农家乐、采摘以及一些关联产业的发展，大量吸纳本地区周边村镇就业人口，通过第三产业带动创造就业岗位300余个。2019年，莫尼山非遗小镇入选文化和旅游部2019年度乡村文化和旅游能人支持项目，并获评"内蒙古自治区文旅众创空间"。2021年9月，中国妇女发展基金会联合腾讯公益项目"天才妈妈梦想工坊"落户小镇。2022年4月25日，内蒙古农业大学职业技术学院研究生培养实践基地落户小镇并揭牌，将景区与高校校企合作人才培养提升到了产业层面。经过多年的积累和沉淀，小镇正带着民众对幸福富足生活的渴盼与追求，一步步走上乡村振兴与扶贫开发"双向奔赴"、人才驱动和产业联动互补共赢的"幸福之路"。

四、经验与启示

（一）传承非遗技艺，厚植本土文化

莫尼山非遗小镇作为自治区北疆文化的展示平台，涵盖了80余项非遗，签约传承人100余位。小镇从非遗工坊起步，十年如一日钻研蒙古族皮艺的生产性转化。蒙古族皮艺非遗传承人在此开设了工作室，带领年轻传承人和爱好者创业，指导游

客体验皮艺，既让村民实现在家门口创业就业，又为非遗技艺的传承提供了空间。2023年获评"国家级非物质文化遗产生产性保护示范基地"。小镇的成功范例在为呼和浩特众多非遗项目的传承和产业化发展指明道路的同时，也给本土文化的创新发展不断带来新的机遇。

（二）推进文旅融合，赋能乡村振兴

小镇景区建设参考了湖南、湖北、陕西、福建等多处非遗村镇，按照国家AAAAA级标准打造。依托山体，恢复植被，充分利用原有乡村民房和地形塑造景观，在实现资源利用最大化的同时，最大化赋能文化价值。小镇立足非遗项目融合创新，围绕皮艺、面塑、榫卯等非遗文化，深度解码非遗等文化形态，探索承载"基因"，推动文旅深度融合，培育文旅产业带头人，开展乡村非遗研学，推出非遗旅游线路，将非遗禀赋转化为旅游名片，让旅游产业和非遗传承双向赋能，为乡村振兴注入了新的文旅动能。

（三）强化技能培训，助力非遗保护

小镇通过非遗工坊等开展非遗技能培训，不断完善景区周边业态空间布局。组织建档立卡低收入人群参与传统工艺培训，让他们掌握谋生创汇技能，培养了一批手工业乡村带头人。同时，小镇作为版权工作站，以自身为基地对传统手工艺者、非遗传承人开展版权知识、非遗申报等方面的培训，辅导其进行知识产权问题梳理和非物质文化遗产的保护挖掘，为保障非遗传承薪火相传奠定了坚实基础。

内蒙古自治区赤峰市宁城县

国家水上运动休闲基地：
绝美紫蒙湖　文旅促振兴

一、基本情况

紫蒙湖为国家级大（Ⅱ）型水库，隶属于宁城天宇旅游开发有限公司，位于宁城县黑里河镇和右北平镇的交界处，以奇峰秀水闻名，是国家级水利名胜风景区、国家AAAA级旅游景区、国家水上运动训练竞赛基地、全国运动休闲特色小镇核心项目区。紫蒙湖有着得天独厚的优势，黑里河国家级自然保护区是其不竭的水源保障，湖区水量和水面面积一直保持稳定，水域宽广，水深适中，风景秀丽，水面划分有游船游艇游乐区、渔业生产区、水上运动训练区。紫蒙湖水上运动训练竞赛基地得到了国家体育总局水上运动管理中心、中国皮划艇协会、中国赛艇协会的高度认可。近年来，先后举办了国际名校龙舟赛、全国电动冲浪板锦标赛等赛事。2022年，全年接待游客30.45万人次，总收入1 936万元，3 000余名群众受益。

二、发展历程

2010年，打虎石水库改名为紫蒙湖，2011年开始由宁城天宇旅游开发有限公司建设，2012年紫蒙湖景区开业运营，2016年被评为国家AAA级旅游景区，2017年申请成为国家体育总局水上运动管理中心的夏季训练基地，2018年12月被命名为国家级水上运动训练竞赛基地，2019年10月被评为国家AAAA级旅游景区。紫蒙湖在发展过程中，通过有效的资源整合和配置，确保了旅游产品种类的丰富性和多元性，提高了旅游产业本身功能的完善性，有效满足了游客吃住行娱游购等全方位的需求，通过发展"旅游+"多元产业，为景区注入了新活力、增添了吸引力，推动当地产业全面振兴。

三、典型做法与成效

（一）紧跟时代步伐，开发旅游产业

随着社会经济的不断发展和交通运输现代化进程的加快，大众旅游的时代陡然来临，旅游业转型升级全面加快。赤峰市《关于推动旅游业跨越发展的意见》（赤党发〔2017〕3号）提出了"把赤峰市建设成为国家旅游业改革创新示范区，努力

打造中国旅游强市，成为世界旅游目的地"的宏伟目标。2011年，利用紫蒙湖得天独厚的自然资源作为旅游基础条件，开始投资建设紫蒙湖旅游风景区，并于2012年开业运营，游客人数逐年增长，逐渐打造成功了紫蒙湖旅游品牌。

（二）紧随发展形势，创新旅游模式

利用紫蒙湖水利资源优势，最初只是在湖中开发了快艇、游船、摩托艇、飞伞、水上飞人等水上旅游项目，游客体验模式较为单调，停留时间较短，不能为景区带来更多的消费收入。近些年，随着亲子周边游、沙滩烧烤露营、夜游模式等成为旅游市场的主导方向，紫蒙湖北岸太阳岛上以丰富游客体验为目标，建设了彩虹滑道、水上拓展、水岸沙滩、儿童游乐、百鸟乐园、滨湖度假、休闲垂钓、篝火烧烤、灯光秀夜场演出、花园果园小菜园、高端酒店和餐厅等景观和设施，紫蒙湖从一个乘船环湖的娱乐景点变成了一个集餐饮住宿、休闲度假、聚会露营、消暑夜场于一体的综合性景区。

（三）紧抓发展机遇，打造"旅游+体育"国家级水上运动基地

2017年，向国家体育总局水上运动管理中心申请皮划艇、赛艇国家队前来紫蒙湖考察并进行夏季训练。同年，国家体育总局水上运动管理中心、内蒙古自治区体育局、赤峰市人民政府签订三方战略合作协议，在紫蒙湖建设国家级水上运动基地，并以此为核心建设黑里河水上运动休闲特色小镇。按照国家级水上运动基地建设要求，对紫蒙湖整体区域进行重新规划，新建了运动员公寓、运动员专用餐厅、运动员力量训练中心、田径运动场、运动员专用码头、水上训练专用赛道、水上赛事观看平台等。

紫蒙湖国家水上运动训练竞赛基地

2018年中国·宁城紫蒙湖国际名校龙舟赛

四、经验与启示

（一）坚持政企一心

政府重视支持、出台相关政策、确定旅游产业核心发展方向，企业紧抓机遇，是推动旅游产业迅速发展的正确路径。企业因地制宜，紧跟时代步伐，打造具有丰富特色的旅游体育文化艺术等多元素的旅游品牌，是保障景区竞争力的必要手段。

（二）加强品牌建设

充分依托宁城县乡村旅游品牌，借助国家体育赛事品牌影响力，是不断提升紫蒙湖旅游品牌知名度重要手段。紫蒙湖国家水上运动训练竞赛基地的创建、国内外大型赛事活动的开展，有力推进了"文化＋旅游""体育＋旅游"的产业融合。紫蒙湖以建设国家水上运动训练竞赛基地、特色体育旅游小镇和自治区级生态休闲度假基地为目标，全力打造"燕山北麓·百里画廊""山水中京，田园宁城"旅游品牌，进一步完善了旅游设施、丰富了旅游业态、拓展了旅游市场。

（三）注重协同发展

积极与周边饭店、农家乐、民宿客栈、商超等建立合作关系，建立有机鱼销售合作酒店品牌网、紫蒙湖度假区指定合作民宿酒店系统等，是实现协同发展、推动乡村产业振兴的必由之路。紫蒙湖国家水上运动训练竞赛基地的创建、国内外大型赛事活动的开展，带动了交通、餐饮住宿、土特产品、旅游纪念品等第三产业的迅速发展，吸引安置当地村民进入景区从事保洁、工程维修、园林绿化、餐饮服务等工作，增加了农民收入。

南天门特色文化艺术村：
上下同步　奏响文旅融合"致富曲"

一、基本情况

南天门村隶属辽宁省抚顺市清原满族自治县大苏河乡，位于清原县城南部18千米、大苏河乡人民政府所在地东北部12千米处，全境东西长14千米，南北宽9千米，总面积为32千米²，是一个典型的"八山半水一分田，半分道路和庄园"山区村。村内自然条件优越，历史发展悠久，从新石器时代到清王朝，再到抗日战争时代，都在南天门村留下了历史足迹。现今村内存有"青铜时代遗址"，多处罕王努尔哈赤军马放养场遗址，如马池沟遗址、高丽遗址，抗战红色基因资源抗联秘密通道（1.8千米）、抗联密营遗址，抗日英雄人物金山好（李秀廷）故居遗址，金山好抗日队伍住所妈妈洞遗址，抗日英雄人物自来好（宋玉福）墓地，日军炮台遗址等。距离该村4千米便是孙铭武血盟救国军宣誓成立所在地及血盟救国军军歌唱响地，也是百姓口口相传的"国歌素材地"。在这片历史悠久、根底深厚的土地上，孕育出了具有"勤劳勇敢、奋发图强"精神的新时代南天门村村民。

二、发展历程

南天门村4 000年前就有人类活动，现今发现了两处新石器时代石斧和一处青铜时代遗迹。厚重的历史文化及丰富的自然资源决定了南天门村具有开发旅游的潜质。2012年，村集体依托建设南天门水库及沙河子拦河闸形成的2 000多米长的水域，投资5万多元购买了几条小船，在南天门水库试运营搞接待，自此迈出了乡村旅游事业的第一步，收获了旅游开发的第一桶金。2014年，在党支部带头下及全村村民的共同努力下，成立了清原浑河谷农业旅游开发专业合作社，开启了重点发展旅游事业的新征程。2015年，随着脱贫攻坚如火如荼地开展，南天门村民把握历史机遇，向上争取220万元的旅游事务补助资金，修建了3千米旅游道路和1 800米沿河栈道，同时通过招商引资与熙龙岗旅游文化传媒有限公司合作，发展乡村旅游，经营餐饮、住宿。2016—2018年，在合作社与熙龙岗的共同努力下建设了全长8千米的转水湖漂流红叶谷竹筏栈道和金沙滩水上乐园，并向上争取壮大村集体经济奖补资金200万元，将该资金投入到合作社。2019—2021年，驻村帮扶单位辽宁石油化工大学投入30万元，与熙龙岗旅游文化传媒有限公司合作，开发马池沟生态旅游度假村，同时通过招商引资，引进辽宁隆门山旅游开发有限公司投资1亿多元，形成含有玻璃悬索桥、转水湖漂流、竹筏栈道等游乐项目的南天门风景区。2022—2024年，陆续向上争取少数民族资金350万元建设水岸民宿，乡村旅游重点村奖补资金100万元建设130米文化长廊、导览图、指示牌、打卡小品，民宗资金500万元建设民宿，丰富了旅游发展业态，提升了旅游服务水平。

山水竹筏

三、典型做法与成效

（一）"内外"兼修，唱响历史文化"主旋律"

以乡村文化为基底，推动保护传承与文旅产业共发展。南天门栈道起点处的满族民俗馆展品琳琅满目，涵盖萨满风情馆、老物件展馆、老镜子艺术博物馆、满族婚俗馆四部分。这里传承了民族文化和农耕文化，令游人流连忘返。在村民的支持下，南天门村每年都举办乡村美食节、煎饼文化节、红叶节、中国农民丰收节、漂流节、龙舟赛、中秋全民茶话会等旅游节庆活动，扩大了知名度和美誉度。

（二）"上下"同步，攒成干群合力"强拳头"

南天门村一直秉承着"政府推动、企业协同、群众参与"的发展理念，在政府的努力推动下打造好"资源变资产、资金变股金、农民变股东"的发展路线。企业也着力加强群众旅游服务技能培训，推动村民向旅游从业者转变，实现"家门口"就业。村民挣到了钱，看到了希望，便自发通过流转土地、销售土特产、改造房屋发展民宿等形式参与到旅游发展中来，既增加村民经济收入，又为游客提供优质的旅游服务工作。

（三）"点面"结合，举好营销推广"指挥棒"

围绕南天门风景区和转水湖漂流景区旅游中心点，在重要的节日及重要的时间节点开展乡村美食节、红叶节、中国农民丰收节、漂流节、龙舟赛、中秋全民茶话会等旅游节庆活动，借助电视台等传统媒体和微信公众号、抖音、快手等新媒体将活动全方位宣传，并针对特定人群开展系列促销优惠活动。

（四）"立体"汇聚，摘得乡村振兴"致富果"

旅游产业的发展，富裕了村民的钱袋子，也使村集体收入大幅提升。2023年，通过发展乡村旅游产业，旅游业年拉动增收1 500万元，带动就业超过100人，带动困难户增收10多万元，完成村集体收入60多万元。南天门村也先后被授予全国休闲农业与乡村旅游示范点、全国乡村旅游重点村、国家森林乡村、全国乡村治理示范村、省级文明村、省级美丽宜居村、省级农民合作社示范社、市委先进基层党组织、市级文明村镇等荣誉。

四、经验与启示

（一）坚持党的领导，引领发展方向

乡村发展不可能一蹴而就，更不能急功近利，要坚持听党话，永远跟党走。南天门村之所以有现在的成绩，离不开各级党委、政府的大力支持和帮助。十年来，先后收到政府各级资金4 000余万元，村容村貌发生了翻天覆地的变化，为南天门村的旅游发展提供了重要支撑和保障。

（二）聚集各方力量，通力精准帮扶

帮扶单位及企业共同发力，充分发挥社会力量的作用，结合当地文化资源、旅游资源，按照"整体筹划、整合资源、形成合力、全面覆盖"的原则，为南天门村献计献策，争取项目、资金和物资支持，探索出了适合本土特点的致富新路子，让村民真正富了起来。

（三）依靠发动群众，笃行利民之举

鼓励村民自觉参与到乡村发展中来，因为只有依靠村民参与配合才能顺利推进各项工作。南天门的旅游产业的发展正是由36户农民先后参与合作社入股才拉开了序幕。基础设施建设中的修路、治河等工程，以及村内公益事业和旅游项目建设用地涉及100多户，也正是因为多年来有村民的普遍支持，才能得以落实完成。

吉林省长春市农安县

休闲旅游文化：
魅力黄龙府　特色休闲游

一、基本情况

农安，地处松辽平原腹地，物产丰硕，立足黄龙府特有旅游资源禀赋，突出原生态，构建"一区一带一中心"旅游新模式，持续擦亮乡村休闲旅游特色品牌。依托农家院里的田园风光、乡土民俗和特色产业，以剑鹏国际马城、合隆陈家店景区为核心，辐射带动302国道沿途各点，打造集田园观光、休闲垂钓、果蔬采摘于一体的休闲旅游集聚区。依托松花江滨江码头、山泉湖度假村、红石砬风景区，沿江开发"品江鱼""炖笨鸡"特色餐饮，开通渡江"采桑仁、观断崖、摸蛤蜊"旅游线路，构筑滨江休闲旅游带。综合提升辽金时代文化园服务功能品质，打造东北知名辽金文化、旅游度假和绿色休闲康养中心。

二、发展历程

农安拥有7000年以上的文化史、3000年以上的建城史，作为"两代王城、五朝重镇"，以民族英雄岳飞的铮铮誓言"直抵黄龙府，与诸君痛饮尔"和革命先驱李大钊的著名诗句"何当痛饮黄龙府，高筑神州风雨楼"而闻名于世，是历代东北地区政治经济重镇和军事交通要冲。左家山遗址出土的距今6100～7000年的"中华第一玉石龙"，记录着中华龙文化的最早起源。国家级重点文物、中国最北端的宋代辽塔已成为东北地区的文化地标；地方剧种黄龙戏多次进京展演，被列为国家级非物质文化遗产。从尧舜时期的息慎文化、夏商周时期的肃慎文化、汉魏晋时期的扶余文化、隋唐的渤海高句丽文化、宋朝的辽金文化，与中原文化交融并行发展，记录着北方文明史的沧桑演变。

三、典型做法与成效

（一）旅游产业全域提升

近年来农安县委、县政府高度重视旅游业开发建设，深度挖掘"文、水、农"三大特色资源，重点建设历史文化、生态湿地、乡村休闲三大旅游板块，目前全县有各级各类可开发的旅游资源单体126处，成型的景观景点47处，国家AAAA级旅游景区1处（辽金时代文化园）、AAA级景区2处（农安辽塔、剑鹏国际马城）。A级以上乡村旅游经营单位13处，旅行社5家（含4家代办经营点），规模乡村旅游接待单位38家，休闲垂钓场所100多处。全国乡村旅游重点村1个（华家镇战家村），中国最美旅游乡镇1个（小城子乡），中国美丽乡村特色旅游镇1个（三岗镇）。2022年，全县A级旅游景区、旅游经营单位及各旅行社旅游接待人数近100万人次，旅游收入约2750万元。其中，旅游收入占据首位的是辽金时代文化园景区，全年接待旅游人数40多万人次，收入279万元。

（二）产业融合集聚发展

积极开展旅游"东西双线"建设，开发以历史文化、古迹遗址、休闲度假为主的东线，打造以生态康养、现代农业、休闲观光为主的西线。依托绿水青山、田园风光、乡土文化、产业聚集等资源，实施乡村旅游提升工程，加快把乡村旅游规模做大、产品做精、特色做足、品牌做强，促进乡村旅游与乡村振兴融合发展。启动实施旅游厕所建设提升工程，在旅游景区、旅游线路沿线、旅游餐馆、乡村旅游点、休闲步行区等游客服务场所新建和改造提升旅游厕所，大幅提高了农安旅游的服务水平。

（三）休闲运动打响品牌

做优"旅游+体育"品牌宣传效应。依托剑鹏国际马城、全民运动中心等设施条件，大力发展户外运动与体育赛事，组织举办各级马术比赛、汽车拉力赛、马拉松、自行车、徒步等高水平体育赛事。积极发展健身休闲业、竞赛表演业，将运动健身设施全面融入旅游基础设施建设，积极推广以体育运动、休闲健身为主题的旅游线路产品。

农安辽金时代文化园

农安剑鹏国际马城马群

四、经验与启示

（一）加强党委、政府领导

依托县域农业发展基础、旅游资源条件和自然生态环境，探索休闲旅游新途径。党委和政府统一开发、统一管理，重点解决休闲旅游发展突出问题，促进休闲旅游提档升级。

（二）鼓励社会广泛参与

积极引入社会资本，提高休闲旅游的运营能力和管理水平。创新农民参与方式，带动农民共同致富，鼓励农民在自主经营的基础上学习现代化经营管理模式，推动休闲旅游跨越发展。开展校企合作，联合辽金时代文化园、陈家店研学基地、梦想田园休闲农庄等继续推广研学活动。

（三）挖掘历史文化内涵

依托辽金文化、龙马文化等厚重的历史文化，开展各种文化活动，实现文旅深度融合。组织开展黄龙府文化艺术节、马文化旅游节、乡村旅游艺术节、农民艺术节、丰收节、黄龙庙会等节庆活动，不断扩大农安旅游影响力，提升农安城市形象。

（四）加大宣传示范带动

围绕历史文化、湿地生态、休闲康养、红色资源等优势旅游元素，按照"分门别类、点线面兼顾"的原则，对旅游"东西双线"进行集中宣传。推出"和煦黄龙府、暖暖冬日情"旅游东线和"魅力黄龙府"宣传美篇。策划《千年辽金》《唤醒石龙》《乡愁黄龙府》《探秘五台山》《叩问围子里》等旅游吃、住、游、乐、购及以辽塔、辽金文化、玉石龙为专题的旅游宣传方案，进一步扩大宣传效应。

吉林省白山市抚松县

长白山乡村特色文化：
产业带动　促进乡村多元发展

一、基本情况

抚松县兴隆乡南天门村地处长白山腹地，头道松花江水源地，有着得天独厚的自然风光和地方特色文化。辖区面积2.5千米²，常住人口54户、124人。多年来，南天门村积极探索特色文化与乡村产业融合发展模式，逐渐形成艺术写生民宿、陶艺制作体验、艾草康养、高跷秧歌表演等文旅融合发展产业，实现文化赋能乡村产业发展。

二、发展历程

头道松花江水流经南天门村河段，绵延着22千米峡谷，两侧崖壁山石形状奇特、造型万千、风景秀丽，吸引了众多艺术爱好者到此写生创作。2017年，南天门村开始发展旅游民宿，村集体与锦绣山村旅游合作社合作，投入资金240万元，建设写生旅游民宿，民宿内提供艾草黄泥养生炕、木艺雕刻、长白山崖柏、玄武岩等特色服务及摆放有相关工艺品，有机融合现代建筑与乡土气息。南天门村现有贵本山居、依山丽舍等民宿3家、客房14间，单次可接待70人住宿，100人就餐，年累计接待游客10 000余人次，村民人均增收2 000余元。

2018年，南天门村村集体与舜太祖文化公司合作，流转村周边千亩土地进行艾草种植。目前，南天门村已成功打造千亩艾草基地，成立艾草康养中心，形成集艾草种植、加工、体验于一体的艾草产业，实现艾草产业"一、二、三"产业融合发展。

2018年，南天门村邀请元垚创始人、锔瓷传承人、陶艺大师罗锋，到南天门村成立陶艺工作室，开发当地陶土资源，带动陶艺产业发展壮大。在工作室，游客可以欣赏品鉴陶艺大师的国际参展作品，亲手体验陶艺制作，享受慢生活。工作室积极带动村民共同参与陶艺制作，在各家院内打造阳光房，将种有长白山特色植被的自制陶艺花器及其他陶艺制品放入展示，让陶艺元素遍布全村，打响"长白山下陶艺村"。

南天门村村口大门

三、典型做法与成效

抚松县兴隆乡南天门村深入挖掘当地自然风光、地方特产、传统民俗等优势资源与特色文化，通过特色文化与乡村产业深度融合发展的模式，走出一条以文化培育产业、以产业弘扬文化的互促共赢发展之路，实现长白山特色文化赋能乡村产业发展。主要有以下几种融合发展模式。

（一）自然风光＋写生民宿产业

头道松花江流经该村河段，两岸峡谷绵延22千米，崖壁地势险要、山石形态奇特，形成了独特的崖壁风光。春季映山红漫山花开，秋季五花山枫叶红艳，吸引众多绘画、书法、摄影等艺术爱好者前来写生创作，以及周边游客前来休憩观光，逐渐形成展现长白山风光、关东民俗文化于一体的艺术写生民宿产业。

（二）艾草种植＋艾草康养产业

南天门村建成千亩艾草种植基地，成立艾草康养中心，研发、加工艾草熏香等治疗养生产品，让游客沉浸式体验艾草养生，形成一二三产业融合发展的艾草产业。

（三）陶土资源＋陶艺制作体验产业

成立陶艺工作室，游客亲自将当地特有的陶土烧制成各种陶器产品，用陶土烧制的花器栽植长白山特种植物，开发出多种长白山地区特色陶艺文化产品。

（四）传统民俗＋高跷秧歌表演

南天门村村民乐观活泼，热爱生活，经过几代村民不懈努力，将长白山地域特色民俗文化——高跷秧歌表演完美地传承下去。南天门村每年正月初四举办高跷秧歌节，表演高跷秧歌民俗活动，成为春节期间周边游客的打卡地。南天门村高跷秧歌于2018年5月被白山市评为"非物质文化遗产"，2021年获批挂牌教育部中华优秀传统文化（东北秧歌）传承基地，2023年被吉林艺术学院艺术管理学院列为"实践教学基地"。

四、经验与启示

（一）有效促进农民持续稳定增收

民宿产业年接待游客1万余人次，带动村民发展农事体验、果蔬采摘、餐饮住宿和休闲娱乐等乡村服务业，年人均增收2 000余元。陶艺工作室带动更多村民参与陶土采集、陶器烧制、陶艺制作等生产环节，通过务工增加收入。

（二）有效促进乡村产业多元化发展

通过民宿产业发展带动，南天门村优化整合自然风景、长白山关东民俗文化、生态休闲农业等旅游资源，成功开发出一条乡村研学旅游路线，打造研学体验风光村。通过陶艺产业发展带动，南天门村陶艺元素、陶艺景观遍布全村，积极打造独具特色的长白山下陶艺村。通过艾草产业发展带动，艾草产品已打入高端市场，以艾草康养中心为龙头，积极打造艾草康养村。与锦绣山村旅游合作社深度合作，依托松花江南天门流域现有的生态资源和场地优势，发展夏冬两季旅游娱乐项目，培育壮大南天门村娱水娱雪产业，积极打造抚松县全域旅游打卡地。

黑龙江省牡丹江市东宁市

三岔口朝鲜族镇乡村旅游：
少数民族特色村寨独具魅力

一、基本情况

　　三岔口朝鲜族镇地处东宁市东部，是黑龙江省唯一的少数民族口岸镇，东与俄罗斯仅一河之隔。域内有国家一类陆路口岸——东宁口岸、全国爱国主义教育基地——东宁要塞、国家级中俄互市贸易区、省级经济开发区、国家级滩头鱼大马哈鱼种质自然保护区。镇域面积254千米^2，建成区面积2千米^2，边境线长65.3千米。全镇辖13个行政村，户籍人口1.7万人，其中朝鲜族村屯4个，朝鲜族户籍人口7 157人。这里气候温和、日照充足、四季分明，是一个集自然景观、田园风光、乡村民俗和历史文化于一体的边陲民族小镇。先后获得全省民族团结进步模范集体、全省文明乡镇标兵、全省环境优美乡镇等多项荣誉，成为全国"兴边富民行动"重点镇、全国特色景观旅游名镇、小城镇建设试点镇。

传统民族乐器"朝鲜鼓"

1945年抗日战争胜利后，分散在牡丹江地区的朝鲜族群众相继被安置在沿边境地区，三岔口等边境地区得到恢复与发展，逐渐建立三岔口朝鲜族镇。1989年12月，东宁口岸被国家批准为一类口岸，至俄罗斯近邻城市的旅游业务陆续开通，三岔口镇独特的口岸文化逐渐形成。2013年8月，第二次世界大战的最后战场——东宁要塞群遗址博物馆正式对外开放，吸引中外大量游客前来观光。三岔口镇依托红色文化，口岸优势、民俗风情、自然风光等优势，逐渐发展出多元化的旅游模式。

"花甲礼"——国家级非物质文化遗产

二、发展历程

近年来，三岔口镇立足历史文化、口岸优势、民俗风情等优势，深挖自然景观、田园风光、朝鲜族民俗文化、中俄口岸文化、红色历史文化资源，积极争取专项资金，相继建成民俗博物馆、民族体育场、朝鲜民俗餐饮一条街、抗日英雄党性教育馆、多功能主题民宿、界河景区公园、中俄东波互市贸易区等文旅景点，通过发展朝鲜民俗文化游、爱国主义红色游、中俄文化交融游、青山绿水生态游四种模式，建立了"探虎豹园、品滩头鱼、观国门景、购宝玉石、赏民族情、访要塞群、游海参崴"的精品旅游线路和产业格局，着力打造宜居、宜学、宜游、宜养"四品"发展乡村旅游，借助东宁市作为"最美边境公路"G331国道进入黑龙江省第一站的交通优势，吸引诸多游客慕名而来，逐渐在省内外享有盛名。

三、典型做法与成效

一是坚持党的全面领导，合力推进旅游建设。三岔口镇党委在乡村旅游建设方面进行全面指导，提出"一个中心、两条线路、三条景观带、四个支撑点、五张特色牌和六大旅游区"的框架构想，镇政府抓落实、抓推进，依靠基层党组织发动群众，形成强村带弱村的良好局面，多部门联动，合力打造三岔口镇旅游乡村。

二是狠抓基础设施建设，完善旅游服务体系。全方位开展农村人居环境整治工作，狠抓项目建设、基础设施改善、村容村貌治理，通过道路建设、厕所改造、绿化工程和亮化工程极大地改善了乡村旅游发展的基础条件，提高服务能力。

三是深入挖掘特色文化，赋能乡村发展潜力。立足区域实际，在保护和挖掘朝鲜民俗文化与口岸文化的同时，以红色文化为引领，依托东宁要塞、团山子共产国际秘密通道、抗日英雄党性教育馆等红色景点深度开发以红色文化为主题的旅游项目和线路，使红色旅游更加鲜活生动，多点发力进一步推动乡村旅游建设发展。

四是继续完善共享机制，鼓励群众参与经营。壮大乡村旅游带头人队伍，鼓励引导村民以入股、合作等方式参与乡村旅游经营，在增强村民提升旅游环境与服务的责任感的同时，利用合作社分红带动村民增收。

五是增加农民收入与集体经济收益，引领带动兴边富民工程深入推进。随着三岔镇文旅事业兴起，域内相继成立10余家合作社，吸收发展导游40余人，带动餐饮行业30余家，形成吃住行娱购一站式的旅游服务综合体，年接待游客量达3万余人，累计带动农民增收近千万元；村股份经济合作社兴办的食品产销中心及红色研学基地，年增加村集体经济收益20余万元，累计增加村集体经济收入数百万元。每逢周六，在镇政府西侧设立民族团结助农增收大集，囊括各类蔬菜、瓜果与朝鲜族特色美食，日吸引游客千余人，实现了助销农产品、助农增收的目的。

六是吸引项目相继落实落靠，助推乡村发展建设。近年来，为将三岔口打造成特色红色民俗旅游小镇，镇政府向上争取专项资金，建成三岔口特色村寨农村社区服务中心，配齐健全服务大厅、文化广场、民俗博物馆、农民剧场等设施，农村社区文化建设全市领先。相继建成民族市场、朝鲜族民族体育场、朝鲜民俗餐饮一条街、国防教育研学基地、抗日英雄党性教育馆、共产国际秘密通道景区、多功能主题民宿等文旅景点，商贸旅游产业重镇初步形成。建立幸福村生活污水治理项目、三岔口镇供水管网改造项目，人民群众生活质量大幅度提高。

七是提升居民文旅融合热情，促进文化保护传承。每逢传统节庆，广大群众充分发扬朝鲜族能歌善舞的优良传统，开展多民族形式多彩的文旅活动。实施文化开掘与保护工程，以三岔口镇文艺人才为传承人的"朝鲜族击打舞"被确定为非物质文化遗产。以建成全省标准较高的农村文化大院和民族体育场等工程为载体，成立了老年大学、老年协会、舞蹈队、门球队和足球队。出版了《朝鲜族文学作品集》，承办了全省朝鲜族文艺创作三岔口现场会。三岔口镇文化与旅游事业的蓬勃发展，极大地提高了群众的参与热情，有力促进了少数民族地区全面发展进步。

四、经验与启示

一是牢固树立"绿水青山就是金山银山"的发展理念。坚持生态优先、绿色发展，学习运用"千万工程"经验。通过增强乡村规划、实施农村人居环境整治提升行动、推进农村基础设施建设、加强生态文明建设等多项举措，实现从"脏乱差"到"绿富美"的华丽蜕变，为乡村旅游铺就可持续发展的绿色基底。

二是因地制宜塑造鲜明文化特色。深挖区域特点和资源禀赋，在做好文物与遗址保护的基础上，加大村域文化、民俗文化、红色文化、异域文化的挖掘、梳理、提炼、阐释和创新活化，营造具有独特文化底蕴的多元素旅游体验场景。

三是因需而变创新旅游产品。以市场需求为导向，回归乡村旅游本质，围绕乡景、乡味、乡娱、乡情等乡村特色生活方式，发展特色农产品深加工、精加工，做活乡土特产，带动一二三产融合发展，实现联农带农。

四是因事而盟构建利益共同体。围绕发展乡村旅游之事，建立健全利益联结机制，鼓励群众参与，通过建立合作社等方式，让乡村居民成为乡村旅游发展的主体，实现村民、集体、企业等多方互利共赢。

黑龙江省双鸭山市饶河县

赫哲族民族文化：
夯实赫哲文化发展　续写乡村振兴新篇章

一、基本情况

四排赫哲族乡位于双鸭山市饶河县城东北部，与俄罗斯隔江相望，是全国仅有的三个赫哲族少数民族乡之一。近年来，四排赫哲族乡紧紧围绕"以文促旅、以旅彰文"的总基调，以"四基地一窗口"发展战略为总牵动，走出一条"农业＋旅游＋文化"融合发展的新路径。先后获得全国生态文化村、全国乡村旅游重点村、全国最美休闲乡村等荣誉称号。目前，已接待游客5万余人次，旅游产业收入300余万元。

二、发展历程

四排赫哲族乡作为赫哲族的聚居地之一，一直以来致力民族文化的传承和发展。2001年，建成2.6万米²的赫哲风情园，内设有赫哲族民俗馆、文史馆、赫哲工艺品制作坊等主题展厅，以及图腾柱群、景观水渠、景观井和田园甬道等景点设施。2021年，致力文化与旅游深度结合，启动赫哲风情园改扩建项目，新建赫哲非遗文化馆，着力打造独具特色的旅游景区景点，实现以点带面多元发展。

三、典型做法与成效

（一）提升战略高度，赋能发展定位"新引擎"

四排赫哲族乡充分挖掘民俗文化价值和旅游资源禀赋，打造一个乡村旅游品牌——鱼跃赫哲乡民俗风情游，将赫哲族特有的民间艺术引入景区，让广大游客欣赏到赫哲乡独特的民俗文化；打造两处特色餐饮基地——赫乡渔家乐、篝火广场演艺，形成15处展示食鱼技艺和品尝赫哲鱼宴的餐饮基地，以独特的赫哲饮食文化吸引游客；打造两个文娱休闲度假区——赫哲人家民宿、映像乌苏里自驾车营地，着力推进"渔猎文化、界江体验"主题文化民宿和营地，展示赫哲族传统家园风貌；打造赫哲鱼皮制作技艺体验等七个特色主题体验项目，通过沉浸式特色体验，让游客领略神秘的赫哲族文化。

（二）扩大宣传推介，打出文旅营销"组合拳"

四排赫哲族乡注重围绕"节庆活动"开展营销。抓住赫哲族是我国北方唯一以捕鱼为生的民族特点，深入开展赫哲族"乌苏里船歌"山水文化节、开江节、河灯节等活动，通过古老祭祀活动、浓厚民族风情展示、精彩绝伦民间文化表演，吸引广大游客观光游览。注重"引进来"开展营销。抢抓赫乡"食鱼文化"这篇大文章，以独特的赫哲饮食文化吸引游客。村民依托非物质文化遗产"赫哲族食鱼习俗"，组建食品加工厂，制作鱼肉松、鱼罐头，并人胆创新，把游客引入鱼产品加工工厂，打造"体验式"消费模式。注重"走出去"开展营销。宣传推介赫哲文化、赫哲乡村，积极参加中俄文化交流文艺晚会、赫哲族乌日贡大会、中俄乌苏里桨板·皮划艇大赛等系列重要推介活动，组织非遗传承人赴境外交流展示赫哲民族文化。

（三）发挥文化优势，绘就文旅产品"新蓝图"

依托"赫哲族鱼皮制作技艺"等非物质文化遗产项目，不断丰富旅游产品，开发出适合旅游市场销售并带有浓郁民族特色的文创产品和旅游商品，如赫哲族鱼皮、桦树皮手工艺品以及民族特色食品、农家特色产品等。目前，四排赫哲族乡有赫哲手工艺作坊共4处，分别由省级、市级鱼皮、桦树皮制作技艺传承人经营，从业人数11人，可带动30人共同参与创作，实现工艺品销售增收10余万元。

（四）打造传习基地，跑出文化传承"加速度"

重点发展特色民族文化演艺事业。省级赫哲族桦树皮技艺传承人尤俊涛经营的赫哲族桦树哲艺盛桦手工艺作坊为县级非遗就业工坊，市级食鱼习俗传承人于春文经营的渔家乐为食鱼习俗传习所，赫哲风情园创客孵化基地为赫哲族文化传习所。伊玛堪、嫁令阔、鱼皮制作技艺、桦树皮制作技艺传承人在这里进行传授和实践教学。2021年，赫哲族嫁令阔被列入第五批国家级非物质文化遗产代表性项目名录。

赫哲风情园

四、经验与启示

（一）党委、政府引导是保障

党委、政府要强化引导，制定有效政策措施，调动市场主体积极性，促进资源要素更多向乡村流动，增强非遗文化发展活力。饶河县委、县政府全力打造赫哲风情农旅文融合发展示范基地。四排赫哲族乡党委、政府统筹优秀赫哲文化保护传承和创新发展，使四排赫哲族乡的文化旅游产业不断发展。

（二）丰富活动载体是捷径

只有想方设法开发多种形式的活动，增强游客的体验感，才能让游客想要来、愿意来、喜欢来，助推旅游产业进一步发展。四排赫哲族乡将赫哲文化以多种方式展现，组织领学赫哲舞蹈，编制赫哲场景剧，教学伊玛堪、嫁令阔及赫哲歌曲多元化表演，创新节目形式，丰富节目内容，并且在夏季旅游黄金期，在以演艺为主的基础上，增加赫哲族体育项目体验、赫哲美食品尝，让旅客积极参与其中，亲身体验古老民族的神秘特色。

（三）新兴媒体宣传是途径

要充分利用好新兴媒体，加大宣传推介的力度，让特色"走出去"，吸引游客走进来。四排赫哲族乡借助政府公众号、抖音、快手等自媒体平台，拍摄赫哲鱼皮、桦树皮制作技艺、食鱼习俗系列宣传片，通过多种传播形式宣传赫哲族文化，让赫哲族各项传承技艺在《乌苏里船歌》的引领下传播开，让世人了解赫哲文化，从而吸引游客，推动地方经济发展。

传习所传习桦树皮画制作技艺

上海市崇明区

"橘黄蟹肥"文化旅游节：
文旅融合注活力　风情绿华振兴时

一、基本情况

"橘黄蟹肥"文化旅游节举办地绿华镇于20世纪70年代初从一片长江滩涂围垦而来，全镇辖区面积37.45千米²，具有良好的自然生态环境，森林覆盖率达31%，二级水源保护区范围覆盖镇域面积的1/7，长江经济带3千米敏感控制区域达全镇面积的1/3。区域内旅游资源丰富，有国家AAAA级旅游景区西沙明珠湖，国家AAA级旅游景区荷花博览园、绿港风情园等，以及市级乡村振兴示范村绿港村。近年来，绿华镇注重传统"橘""蟹"两大支柱产业的传承与突破，引入柑橘新品种，扩大"江海21号"清水蟹全过程生态养殖规模。区域内拥有近万亩柑橘、3 000亩清水蟹。2021年绿华镇成功入选全国乡村旅游重点镇。"橘黄蟹肥"文化旅游节以打造"橘黄蟹肥"品牌为抓手，续航举办"橘黄蟹肥"文化旅游节和金秋吃蟹季活动，突出"以农促旅、以旅兴农"，品牌活动影响力逐年提升，有效促进三产融合发展，逐步走出一条乡村振兴的新路径。

二、发展历程

"橘黄蟹肥"文化旅游节起源于2007年柑橘节，2013年融入崇明清水蟹元素，形成品牌叠加效应并正式更名。除了每年声势浩大的第一筐橘子开采和第一网清水蟹开捕仪式之外，每届活动都亮点频出。比如，2015年"我最喜爱的崇明十大生态农产品"首次评选结果发布；2016年阿里巴巴与崇明绿色食品产销联合会签订战略合作协议；2017年举行"蟹之未来——2017中国上海河蟹产业发展高峰论坛"；2018年举办蟹王蟹后评选；2019年举办蟹逅厨艺大比拼、乡村文化旅游品牌塑造沙龙；2020年寓意智慧、健康、财富的吉祥物"小甲弟"正式亮相；2021年推出吃蟹大赛、蟹趣盲盒、蟹工坊、蟹宿体验等活动，并设立"小甲弟餐厅"清水蟹特供餐饮点；2022年推出创意特色"蟹港蟹宴"。

三、典型做法与成效

（一）政府引导树立品牌效应

近年来，崇明持续加大旅游项目开发力度，推出系列生态产业发展扶持政策，鼓励研学游学、团建会务等新型业态入驻，深入探索品牌联动发展模式。创新举办"橘黄蟹肥"文化旅游节，利用多种文化要素开发"橘黄蟹肥"文化旅游精品路线，品牌效应逐步形成。2022年，依托"橘黄蟹肥"文化旅游节，绿华镇接待游客20.33万人次，带动区域旅游收入1 394.51万元，农村居民人均可支配收入39 092元，近5年年均增幅约9.46%，高于全区平均水平。"橘黄蟹肥"文化旅游节成为崇明乡村振兴的"点睛之笔"。

（二）市场主体联合同向发力

以"绿港风情景区"为核心区，成立景区管委会，有效提升服务能级，吸引景区、民宿、合作社等多元市场主体共同参与，打造文化旅游产业联盟，以绿华综合旅游服务中心为"圆心"，串联世界河口沙洲水文化展示馆、农耕馆、垦拓馆、蟹文化博物馆、柑橘研究所等文化资源点位，形成"吃住游购"一站式旅游服务半径。

（三）创新驱动产业融合发展

注重传统产业的传承与突破，在保留原有"宫川"柑橘品牌的基础上，引入红美人、象山青、沃柑等柑橘新品种，引导柑橘产业向高端精品方向发展；在扩大"江海21号"清水蟹全过程生态养殖规模上下功夫，探索"林下养殖""生态循环"养殖模式。同时，通过橘园采摘、钓蟹、品蟹活动和橘农蟹农直播销售等形式，创新商业发展模式，深化精品文化旅游线路的组合设计以及特色农产品的宣传推广，打破传统农业销售渠道单一瓶颈，利用线上直播节庆活动延伸品牌影响力，逐步拓展农业产业链。

四、经验与启示

（一）党建引领是重要基石

在乡村振兴的征途上，面对乡村经济社会发展的矛盾和问题，根据新形势新要

"橘黄蟹肥"文化旅游节"蟹趣盲盒"活动

上海崇明"橘黄蟹肥"文化旅游节柑橘开采仪式

求，绿华镇探索"村企社"党建联学共建，破圈联动凝聚区域向心力，让传统"橘黄蟹肥"产业品牌更富生命力，将整合零星分散的文化旅游资源"集群裂变"，让原本区位偏僻、资源分散的边远乡镇"蝶变"成为产业聚集、项目聚焦、文旅聚焦的网红打卡点。

（二）资源整合是必要途径

崇明区注重统筹规划，整合资源协同发展。"橘黄蟹肥"文化旅游节期间，大力推出绿华全域景区联票，"景点＋餐饮""景点＋文娱"等特色优惠组合，结合西沙水陆两线游项目，让节庆活动资源覆盖面更广、互动体验感更佳，实现绿华特色小镇全域文旅资源点位合理串联。

（三）多旅融合是主要方向

依托农业、生态、美食、住宿等优势资源，推进农业与旅游、教育、文化、健康养老等产业深度融合，强化区域特色和品牌形象。绿华镇用"橘""蟹"两大支柱产业，优化城乡商业布局，高效办好节庆促销活动，把增值收益留在农村、留给农民，有效推动农业产业的转型升级，推进传统商业空间提档升级，不断以消费增长助力经济发展。

（四）特色创新是紧要任务

深刻把握乡村发展的经济价值、生态价值、美学价值，加快创新生态价值实现途径，以特色文化赋能崇明乡村振兴。绿华镇"橘黄蟹肥"区域品牌建设，在探索循环农业种养模式基础上，创新"数字农场""盒马村"果园信息化管理，打造"水面光伏发电＋水下螃蟹养殖＋橘园科普旅游"特色复合产业，通过融入创新元素和现代技术，不断创造绿色经济效益，为游客带来更多低碳生活方式和时尚科技体验。

江苏省南京市江宁区

"江宁之春"群众文化：展现公共文化服务魅力　助推乡村高质量发展

一、基本情况

江宁区位于江苏省南京市东南部，先后创建全国休闲农业与乡村旅游示范区、江苏省乡村旅游发展创新示范区。江宁区通过"政府搭台、群众娱乐、院团辅导、媒体引导"等手段，将"江宁之春"群众文化活动打造成"特色鲜明、全域共享"的公共文化服务品牌，形成城乡同步、上下联动、全民参与的公共文化服务"江宁模式"。

二、发展历程

2000年，江宁区开始举办"江宁之春"大型群众文化节，旨在以文化惠民服务经济建设，以文化展演宣传政策法规，为老百姓提供喜闻乐见的精神食粮，激发江宁人民爱江宁的热情。2008年，改版升级为"和谐江宁大舞台"广场文化活动。由江宁区级机关各单位结合部门特点、行业特色以及工作中心，每隔一周轮流组织开展文艺专场演出，主要以各单位自办节目为主，并穿插群众互动节目，做到"群众文化群众办，自编自演自娱乐"。2012年，再度升级为"江宁之春"群众文化活动，在保留传统文化惠民项目基础上，重点突出弘扬传统民俗文化和乡村文化，每年举办各类乡村文化活动1 000多场次。

三、典型做法与成效

（一）突出多元融合

以"江宁之春"群众文化活动"大品牌"带动"幸福社区行""江图讲座""欢聚艺堂"等20多个"小品牌"。既有政府文化消费补贴的精品剧目巡演，也有本土原汁原味的"文艺轻骑兵"下乡演出和街道特色文艺专场演出；既有南京森林音乐会、异域文物展等独具特色的大型文化活动，也有贴合百姓需求的"微讲座""微阅读""微非遗"等活动，从"高大上"到"小清新"，把文化服务触角延伸到城乡每一个角落。

（二）突出整合联动

以"江宁之春"群众文化活动为引领，促进全区乡村文化活动实行"六联六动"：省市区文艺院团互联，乡村文艺专干互动；机关部门互联，乡村主题活动互动；社会艺术团队互联，乡村技能培训辅导互动；驻区高校互联，乡村文化志愿服务互动；园区企业互联，乡村文化阵地设施互动；各街道互联，乡村文化活动串门互动。同时，发挥宣传、妇联、残联等行业特色优势，开展特色化、行业化乡村文化惠民活动。通过积极整合联动，成立了在乡村进行法制宣传的"法韵艺术团"。"传家训树家风"虚拟展厅在中央纪律检查委员会网站循环播放。

（三）突出群众参与

为提升群众的参与度、满意度，增强群众文化获得感，设立"文化惠民行动计划"，要求每个村社每年组织开展5场以上内容形式不限、村社自我举办，群众演、群众看的特色文艺展演；街道举办"汤山国际温泉文化旅游节""横溪西瓜节""湖熟菊花展"等10多个主题文化活动；打造"家庭才艺大赛""乡村才艺大赛""戏剧票友大赛"等10多个草根系列赛事。通过开展各类才艺选秀，创作草根文艺作品，真正让群众主导群众文化。

（四）突出振兴乡村

以公共文化服务助力乡村振兴，打造具有江宁特色的"村晚"示范展示主题活动。"村晚"是"江宁之春"的重要组成部分，是农民自编自导、自演自赏的乡村晚会。在农历秋分当天，江宁区在佘村古村落举办"春华秋实新乡村"主题"村晚"活动，让乡村旅游者和当地居民体验江宁文化传承、乡村产业特色、乡村美景、乡村味道的乡村文化盛宴。

谷里街道文艺演出现场

四、经验与启示

（一）乡土文化赋能乡村治理

江宁区立足文化强区的品牌优势，以"江宁之春"群众文化活动为依托，传承发展当地的传统文化，让有形的乡村文化留得住，让活态的乡土文化传下去。利用乡村民俗文化活动和特色乡村文化艺术节，增强了家庭和睦、尊老爱幼、诚实守信、遵纪守法等方面宣传效果，赋能乡村基层治理，探索乡村文化振兴之路。

（二）创新发展打响服务品牌

坚持守正创新，守正是基础，创新是重点，没有创新的文化就没有发展。江宁区勇于迈出创新实践的步伐，将以前传统的特色文艺队伍展演、广场舞等形式向"大地欢歌""四季村晚"等品牌活动转变和提升，发挥文化凝心聚力作用，切实把特色乡村文化品牌创新发展起来。

（三）强化保障补强人才队伍

乡村文化振兴，关键是人才。江宁区多措并举引进人才、培育人才、留住人才，培养出一批讲政治、爱乡村、善技能的乡土文化能人和民俗文化传承人。每个街道由区文化和旅游局配备1名专职文化管理员，每个村社配备1名以上兼职专职文化管理员，区文化馆、群艺馆业务干部定期定点下基层辅导工作，激活乡村文化振兴"一池春水"。

麒麟之光颁奖现场

江苏省苏州市张家港市

长江文化品牌建设和长江文化节：
弘扬长江文化　创新乡村文化供给

一、基本情况

张家港市位于长江下游南岸，地处江尾海头，2004年以来，每年举办一次长江文化节，2023年是第20年，被誉为"县级市率先扛起了弘扬长江文化的大旗"。张家港市坚持政府主导、沿江联动、市场运作、社会参与的运作模式，立足长江全域，突出吴越文化，挖掘弘扬长江文化内涵和时代价值。长江文化节已成为张家港市重要的城市文化品牌，也是保护、传承、弘扬长江文化的重要平台，更是长江国家文化公园建设的重要项目和国内外有重要影响的中华文化品牌。

二、发展历程

2004年，张家港将"长江流域文化资源的整合、共享和利用"理念贯穿于城市文化建设，并向沿江各省（区、市）发出邀约，首次举办"长江文化艺术展示周"。2008年，更名"中国（张家港）长江文化节"。2021年，长江文化节正式升格为地厅级主办的节庆活动。总体来说，以长江文化节为抓手，长江文化品牌在张家港的建设历程大致可以分为两个阶段。第一个阶段：以长江流域文化资源的整合、共享和利用为理念，创新打造城市品牌，推动城市文化建设，促进流域文化互鉴。第二个阶段：升格举办长江文化节，打造保护、传承、弘扬长江文化的平台、长江国家文化公园建设的标志性项目和国际国内有重要影响的中华文化品牌。

三、典型做法与成效

（一）展现乡村文化习俗，推动民间文艺发展

张家港市拥有涵盖曲艺、戏曲、舞蹈等各门类群众文艺团队800多支，长江文化节精心挑选并组织各乡镇基层优秀民间文艺团队参加展演活动。在长江文化节的影响推动下，一批乡村文艺精品在"文华奖""群星奖""中国戏剧奖"等赛事中屡获奖项。随着长江文化品牌建设的深入推进，各乡镇以"一镇一品、一镇多品"为目标，加强本土文化品牌培育，河阳文化、暨阳文化、沙上文化、香山文化等地方特色品牌竞相绽放，成功创建了中国民间文化艺术之乡、中国曲艺名城、中国曲艺

之乡、中国小戏小品之乡、中国宝卷之乡、中国吴歌之乡。

（二）创新乡村文化供给，增强群众文化认同

长江文化节实现市镇联动，多个精品大戏走进塘桥、乐余、凤凰等乡镇剧场。尝试推动政府主导、社会参与、百姓消费相结合的新型运作机制，实行票价10元起的惠民举措，每场演出平均上座率超过90%。通过举办乡风民俗踩街展演等群众文化活动，组织群众团队参与其中，把唱春、香山武术、斫竹歌舞、沙上秧歌等搬上舞台，吸引带动本地群众参与表演。近年来，本土优秀群众团体与外地剧团一起，成为长江流域民族民间文艺进社区进乡村巡演、长江流域戏剧艺术节精品折子戏进社区进乡村巡演的主力军。

（三）丰富乡村文化教育，提升群众文化素养

长江文化节以市评弹艺术传承中心、文化馆专业队伍为力量，对各镇（区）进行分片包干，为广大群众提供文艺辅导，每年投入辅导力量超过1 400人次，培育了众多优秀的群众曲艺团队。杨舍故事团、大新沙上艺术团、河阳宝卷讲唱团等已成为"草根明星"。组织创排河阳宝卷《三十六只鸟》、山歌剧《肖家巷里喜事多》《好日子》等，传达新时代农民对我国新农村建设的新思考、对中国梦的新理解。此外，积极发挥大型节日的文化沁润作用，让文明乡风、良好家风、淳朴民风吹遍乡村。

（四）推进乡村文旅融合，激发文化产业活力

长江文化节围绕"农旅融合连片示范带""古村文脉连片示范带""区域共富连片示范带""美美江湾连片示范带""现代农业连片示范带"以及"非遗＋乡村旅游"发展思路，在凤凰镇、双塘村和德积街道永兴村先行探索打造非遗艺术乡村，通过布置非遗艺术装置、设立非遗传习所、打造非遗特色民宿等，探索非遗助力乡村振

"未来非遗"当代视觉艺术展观展公教活动

兴有效路径。紧抓节庆溢出效应，集中推出一批乡村旅游精品线路，引导市民游客前往打卡，将吃住行游娱购"串珠成链"，绘就"乡村＋文化＋旅游"融合发展新图景，每年吸引游客43多万人，增加经济收入2 100多万元。

四、经验与启示

（一）强化品牌建设

积极挖掘长江文化内涵，创建并推广长江文化品牌，依托品牌优势，结合地方丰富的非遗资源和民间曲艺，为本土乡村文化民俗提供了展示的机会，以大型节庆品牌带动基层地方特色文化的繁荣与发展。

（二）坚持文化润民

强调办节理念的群众性特质，坚持群众编、群众演、群众看，扎根基层，群策群力。实现了品牌文化以民为本，增强了群众的文化认同，极大地提高了村民的主人翁意识，提升了乡村的文化自觉与文化自信。

（三）突出以文化人

长江文化节弘扬移风易俗，积极发挥大型节庆的文化沁润作用，成为独特的乡村文化教育资源，使乡村地区人民在潜移默化中受到民俗传统文化的熏陶，文化素养得到提升。

（四）聚焦文化赋能

深入挖掘乡村的社会和文化资源，坚持做活文旅市场，激活文创经济。社区基础设施和配套产品不断更新，服务能力不断增强，探索出一条以文化产业赋能乡村振兴的新路子，产生了持久的经济效益。

2021年长江文化节开幕式演出"踏浪而行"现场

古里镇山歌文化和藏书文化：
弘扬特色艺术　促进传统文化破壁出圈

一、基本情况

江苏省常熟市古里镇历史悠久，境内文化遗存丰富：晚清四大私家藏书楼之翘楚的铁琴铜剑楼，是江南藏书的集大成者及活化石；国家级非物质文化遗产白茆山歌，音调优美，文学内涵丰富，传唱千年，曾两进中南海汇报演出，并代表中国民间艺术三出国门进行展演交流；被誉为虞山十八景之一的"红豆山庄"，因文学巨匠钱谦益和柳如是诗歌唱和的传奇爱情而更负盛名。近年来，古里镇依托白茆山歌和铁琴铜剑楼两个特色文化艺术，成立苏州古里文旅发展有限公司，统筹文化艺术塑造与产业开发，举办白茆山歌艺术节及铁琴铜剑楼艺术节两大文艺品牌，并以两大文化艺术为抓手，先后开发建设了铁琴铜剑楼历史文化街区及红豆山庄景区，推动特色文化艺术与旅游融合发展。

2018年11月5日举办第四届白茆山歌艺术节暨全国优秀民歌展演

二、发展历程

白茆山歌是流传在常熟白茆塘流域的民间歌谣，是吴地民歌中最杰出的代表，传唱至今已有千年历史，在白茆地区有着深厚的群众基础，2006年入选首批国家级非物质文化遗产名录。2000年，文化部命名白茆镇为"中国民间艺术之乡"。依托山歌文化，自2002年以来，古里镇连续多年举办白茆山歌艺术节，有着十分广泛的群众基础和深厚的文化积淀，影响深远。

铁琴铜剑楼始建于清乾隆年间，距今已有200多年的历史，因主人收藏了"铁琴"和"铜剑"而得名，当时总藏书量达10万余册。2006年被公布为江苏省文物保护单位。依托藏书文化，古里镇积极讲好铁琴铜剑楼故事，与国家图书馆、中国古籍保护协会、中国朗诵艺术协会、中国作家协会开展战略合作，打造铁琴铜剑楼艺术节系列活动，不断强化铁琴铜剑楼文化品牌，把古里镇地理区位优势与历史人文资源优势更好地结合了起来。

三、典型做法与成效

（一）"以书会友"打造新地标

古里镇以铁琴铜剑楼为核心，以"知识旅游"为切入点，构建铁琴铜剑楼历史文化街区，于2019年正式开街。通过活化传统、复兴文化、对话世界的方式，打造江南时尚文旅新地标。塑造了独特的文化品牌"书香古里"，以"书"为主题，拓展书的内涵及外延，构造出独特的文化旅游体验，走出了一条彰显文化自信的乡村特色旅游之路。

（二）"薪火相传"培育新队伍

古里镇与苏州汽车客运集团达成战略合作，打造了红豆山庄景区，并于2021年正式对外开放。景区紧扣白茆山歌规划建设了白茆山歌馆、户外山歌剧场，定期举办人文分享会、山歌曲调唱法讲座、山歌表演唱培训、原生态白茆山歌展示等活动，传统非遗保护与旅游演绎得到游客的一致好评。此外，古里镇不断在当地农民中挖掘发现民间歌手，创立了师带徒传承机制，让年轻一代了解山歌、走近山歌，着力培养、壮大白茆山歌队伍，使白茆山歌生生不息、传唱不断。

（三）"守正创新"解锁新成绩

近年来，古里镇在保护与传承传统山歌的基础上，积极探索发掘，邀请国内知名专家创作了《呕哎歌》《春天山歌》《书香江南》等一批具有时代气息的新白茆山歌，这些作品在国内重要民歌赛上均取得了优异的成绩。白茆山歌于2008年参加农业部举办的首届全国农民文艺会演，并获得最高奖金穗奖。2020年白茆山歌代表江苏省赴宁夏参加第十七届中国西部民歌（花儿）歌会，获铜奖。2022年《书香江南》

获评江苏省群众文艺政府奖五星工程奖。同时，铁琴铜剑楼历史文化街区获评江苏省文化与旅游融合发展试点单位、江苏省书旅融合先行区、长三角百佳公共文化空间等荣誉称号。

四、经验与启示

（一）传承传统文化要提高重视程度

古里镇在保护和传承山歌文化方面做出了积极的努力，通过山歌进学校、研学游等活动，让年轻一代了解和走近山歌文化，使白茆山歌生生不息、传唱不断。同时，古里镇也重视藏书文化的保护和传承，建设了铁琴铜剑楼历史文化街区，开辟古里图书馆和书店等，为读者提供了良好的阅读环境。

（二）发展传统文化要探索挖掘新内涵

古里镇在保护和传承传统山歌文化的基础上，积极探索发掘新的元素，邀请国内知名专家创作了一批具有时代气息的新白茆山歌，使山歌文化得以创新发展。

（三）发扬传统文化要利用旅游资源

古里镇依托山歌及藏书文化，积极发展旅游产业，以白茆山歌艺术节和铁琴铜剑楼艺术节两大文艺品牌带动旅游的开发，绘就了精彩绝伦的人文艺术之旅，实现了产业振兴、农民增收、文化艺术繁荣的喜人局面。

（四）文化与旅游发展要实现互促互进

古里镇的山歌文化和藏书文化为旅游产业提供了丰富的资源，而旅游产业的发展又为这些特色文化艺术的传承和保护提供了更多的资金和人才支持。这种相互促进的发展模式，使得古里镇的文化和旅游产业都得到了长足的发展。

2019年4月23日举办铁琴铜剑楼首届藏书文化高峰对话

江阴红豆旅游文化节：
"文化+产业"激发集体经济新动能

一、基本情况

顾山镇地处江阴市、锡山区、常熟市、张家港市四市（区）交界，四季分明、气候宜人，是典型的江南鱼米之乡，具有得天独厚的交通优势和区位优势。红豆相思爱情的传说流传千年，南朝梁代昭明太子萧统种植的红豆树成为江阴"三奇"之一，"红豆最相思"成为顾山最具特色的文化招牌。近年来，顾山镇以千年红豆树为文化载体，以水蜜桃种植为特色产业，大力促进农文旅融合发展，打响"红豆文化"特色品牌，助力乡村文化振兴。

二、发展历程

江南古镇顾山，有文字记载的历史已有2 500多年。昭明太子手植的红豆树，距今已1 500多年，现仍郁郁葱葱，顾山因而得名"红豆故乡"。唐代文人王维寓情于物，赋诗吟咏《相思》，红豆被赋予寄托思念的意义。清康熙三年，顾山始称镇，在历史上以人杰地灵、物产丰富、经济繁荣、文化底蕴深厚而闻名遐迩，具有较高的特色文化价值和旅游价值，素有"金顾山"之美称。2015年，顾山镇举办"红豆祈福活动"，至今已连续举办6届红豆文化旅游节、7届金顾山水蜜桃节，均获得较好反响，红豆旅游文化品牌知名度和影响力不断扩大，形成金顾山农产品品牌效应。

顾山镇位于四市（区）交界，境内有一个高速道口、两条省道、两条国家级航道，独特的区位交通优势让顾山发展红豆文化旅游拥有先发优势。近年来，顾山镇"三资"投农力度不断加大，农业"接二连三"步伐不断加快，3 500亩水蜜桃基地建成投运，全面推行"基地+合作社+农户"发展模式，"金顾山"水蜜桃、梨、葡萄等系列农产品热销市场，"金顾山"系列农产品已成为顾山的一张靓丽名片。

政府投入1 000余万元对红豆村进行了环境综合整治，实现道路的硬化亮化、墙面立面的全部出新，建成游客中心、文化牌楼和一批景观小品。全面建成占地120亩的百花园并向公众开放，园内栽种格桑花、向日葵、玫瑰和牡丹，爱情主题充分彰显，为旅游基地增添浪漫气息。

举办第四届红豆文化旅游节

三、典型做法与成效

（一）挖掘潜能融合发展

顾山镇紧扣"红豆为魂、农业为根"，把红豆村作为旅游核心区，跨界融合发展"婚庆、影视、教育、文旅"四大产业，实现顾山红豆文化旅游的可持续发展。推动"旅游＋美食"融合发展，擦亮顾山"中华餐饮名镇"品牌，做精以顾山"八大碗"、顾山烧饼、扇子骨、北国麻尖等特色美食为主的农家乐，积极引导扶持紫晶果园、神宇农庄、满庭芳郊野花园等经营主体发展休闲农业，打造特色休闲农业游。推动"旅游＋文化"融合发展，串联红豆院、顾山老街等历史古迹，深挖红豆传说、江南丝竹等文化内涵，扩大革命先驱周水平、国乐演奏家周少梅等名人效应，把顾山独特的历史文化、民俗文化融入旅游项目中。

（二）以人为本全面发展

围绕旅游业"吃、住、行、游、购、娱"六大环节，做优配套服务，完善服务功能，以满足游客需求为出发点，优化提升红豆文化旅游核心景区及周边环境。规划精品民宿区，结合桃园采用小木屋、房车、农房宅基等元素，多种形式打造精品民宿，增加游客体验。

（三）打造品牌持续发展

以"情满顾山·爱在红豆"为主题，顾山镇红豆村全力打造"中国爱情村"品牌，在红豆园内多次举办"金婚寿桃大典"；按照"一心·两带·四片区"的空间架构［游客中心（一心），运河水带和乡村彩带（两带），稻作农耕片、红豆体验片、桃林休闲片、花卉体验片（四片区）］进行项目推进，形成富有特色的红色旅游文化。

桃园长桌宴

（四）取得的成果

顾山镇先后获评全国卫生镇、全国环境优美乡镇、全国乡村镇建设先进镇，顾山镇红豆村先后获评全国一村一品示范村、中国美丽休闲乡村、全国乡村特色产业亿元村。据统计，2022年，红豆村村级收入1 201万元，集体经营性收入1 071万元，红豆旅游文化品牌共吸纳1 285人就业，年接待国内外游客达30万人次，实现旅游收入约3 500万元。

四、经验与启示

（一）加强整体规划

围绕江阴市委打造"澄东南特色文旅休闲区"要求，与功能区内新桥、长泾、华士等乡镇协同，深入挖掘各自文化、旅游资源，取长补短，整体规划。在此基础上邀请专业团队，对顾山文旅产业、特色产品和旅游线路等进行业态策划，形成层次分明、上下衔接、规范有效的文旅发展格局。

（二）突出文化特色

以顾山千年红豆为核心，紧扣"红豆为魂"理念，推动红豆乡村旅游基地核心景区规模化、特色化、品牌化，全面提升核心景区带动作用。串联红豆院、百花园、明清古街、南梁香山寺、古犀带桥等历史古迹和周水平烈士纪念馆、周少梅故居、东方造物馆等景点，与神宇农庄、紫晶果园、"满庭芳"郊野花园等农业基地串点成线，形成"历史文化游、生态休闲游、农业观光游、工业体验游"等四条旅游线路。

（三）强化宣传力度

整合传统媒体和互联网新媒体，强化旅游宣传，以活动为载体，以扩大旅游品牌为目的，持续办好红豆文化旅游节、金顾山水蜜桃节等系列旅游节庆活动；组织举办书画摄影展、江南丝竹民乐展演等活动；组织开展旅游推介活动，着力打响"红豆相思"旅游形象品牌。

雁荡山铁皮石斛：深挖"一颗仙草"文化资源 助力"一方共富"文旅融合

一、基本情况

浙江乐清雁荡山铁皮石斛文化具有自然、经济、社会的复合特性，历史悠久、底蕴厚重。目前，乐清市是国内铁皮石斛人工栽培规模、产品初加工规模最大的基地，是铁皮石斛道地产区，同时也是浙江省新"浙八味"培育品种铁皮石斛的核心主产区。种植面积达1.2万亩，乐清人外出云、贵、广等地种植铁皮石斛达4.5万亩，其中鲜条、枫斗产量分别占全国总产量的30%、80%，形成的产销旅一体化全产业链总产值超38亿元，占全省铁皮石斛产值近40%，带动了5万多名农民致富增收。

乐清先后荣获中国铁皮石斛之乡、国家铁皮石斛生物产业基地等7张国字号金名片，成功获评中国地理标志农产品（中药材）品牌声誉第11名。雁荡山飞渡表演（起源135年前农民上山采铁皮石斛）入选为第五批浙江省非物质文化遗产代表性项目；乐清铁皮枫斗传统加工技艺被列入第五批温州市非物质文化遗产名录，乐清铁皮枫斗工坊获评第一批省级非遗工坊。

二、发展历程

雁荡山铁皮石斛采集种养历史最早可追溯至北宋，有1 000年的历史。北宋药学著作《图经衍义本草》（1056—1063年）绘有雁荡石斛标本图；而后历代均有古籍留下文字记录佐证，明朝时成为皇室贡品，明代朱谏《雁山志》和清代曾唯《广雁荡山志》曾记载："石斛…岁取入贡。"

在古代，铁皮石斛以采集野生为主，明代《本草纲目》记载："人亦折下，以砂石载之，或以物盛挂屋下，频浇以水，经年不死，俗称千年润"，体现了人工栽培石斛的事实。20世纪60年代到20世纪末，主要探索铁皮石斛的集中生产，如建立加工厂、培育研究所；2000—2008年，石斛进入产业化发展阶段，开始大棚种植；2009年以来，陆续出台《乐清市人民政府关于加快铁皮石斛产业发展的若干意见》《乐清市铁皮石斛产业发展规划（2015—2020）》等政策文件，推动铁皮石斛产业发展。

铁皮石斛仿野生种植

三、典型做法与成效

（一）以政策引领，强化文旅融合导向

一是用好政策驱动。制定出台《乐清市雁荡山铁皮石斛产业高质量发展暨"1115"发展战略的实施意见》等总揽性统筹政策，编制《乐清市雁荡山铁皮石斛发展五年行动计划（2023—2027年）》，为铁皮石斛产业发展绘就蓝图。二是用好资金撬动。以财政资金为引领，撬动社会资本投向雁荡山铁皮石斛科研攻关、文旅运营等领域。累计投入财政资金5.06亿元，撬动社会资本31.3亿元。联合创业人才回乡投资11.5亿元，打造以铁皮石斛为主题特色的省"152"工程铁定溜溜项目，该项目获评国家AAAA级旅游景区。三是用好多元带动。乐清紧抓食药物质发展契机，新增休闲食品、预制菜、日化护肤、保健品等板块产品200余个，斩获百县千碗十佳面条（婆媳食品石斛粉干）、浙江省十大药膳金奖（鲜石斛煨跳鱼干）等多个奖项。目前，行业生产经营主体已达1 300余家，注册"铁枫堂""枫之源"等铁皮石斛系列图文商标达400多个。

（二）以品牌集群，夯实文旅融合基础

一是聚焦长链机制。通过加强"农旅""产景""康养"等业态的融合，持续优化整合雁荡山铁皮石斛产业与旅游资源，促进"铁皮石斛+"建设，融合"文旅""科技""生活"等相关要素，打造铁定溜溜、铁皮石斛一条街、石斛交易市场和铁皮石斛小镇等载体，推动业态创新、跨界融合。二是聚焦品牌化发展。编制

《雁荡山铁皮石斛区域品牌战略规划》，设计富含文化元素的品牌形象识别体系，借助文旅结合方式不断深化和扩大铁皮石斛特色产业影响力。乐清市大荆镇入选首批国家农业产业强镇（铁皮石斛特色小镇），雁荡山铁皮石斛入选中国农业品牌目录，获国家农产品地理标志登记保护，乐清雁荡山铁皮石斛文化系统入选省重要农业文化遗产资源库名录。三是开展品牌活动宣推。通过农博会、铁皮石斛文化节等国家（国际）级展会以及铁皮石斛花开共富节、乡村振兴品牌节等活动，以宣传推广雁荡山铁皮石斛文化。2024年开小的"石斛花卉——之江同心·经济圆桌会议"受到央广网、潮新闻、中国新闻网等国省级媒体争相报道。

铁皮石斛育苗

（三）以人才引领，推动文旅融合转型

一是积极培育"新农人"，与30余家高校院所建立了合作关系，吸引大学生、青年群体返乡创业就业。目前，已拥有农创客企业36家、农创客157人，成功孵化"石斛姑娘"等百万级网红IP。二是重视"乡土人才"与"技能农户"，通过开办铁皮石斛行业研修班，邀请高校、科研院所等专家教授开展石斛产业专题研讨班等方式，以"轮训＋辐射带动"模式推动全行业5万多名从业人员技能不断提升。三是挖掘好利用好文化资源，将乐清雁荡山铁皮石斛文化打造为包括农耕文化、产业文化、农艺文化、农事节庆文化、饮食文化、医药养生文化等完整的系统，全力讲好石斛"仙草"故事。2023年，乐清石斛花开共富节传播量超千万，全国第二届乡村振兴品牌节全场活动线上线下总触达人数超1.8亿人次。

四、经验与启示

（一）开展多维度的文化赋能实践

一是不断挖掘与传承地域文化。从农耕、产业、药食等多个角度切入，深入挖掘雁荡山铁皮石斛文化对中国传统农业发展、中药材文化等方面的重要历史意义，有效提升其文化价值和吸引力，同时也做好传统文化的保护和传承。二是强化文化与产业融合发展。在雁荡山铁皮石斛三产融合发展的基础上，不断探索文化植入产业的路径，串联"仙草"历史要素，开设铁皮石斛特色旅游精品线路，通过农文旅融合的模式来推动乡村振兴。三是创新传播方式。利用互联网、新媒体等现代传播手段，举办文化节、招商会等活动，吸引更多游客和投资者前来体验、投资，不断提高知名度、影响力和经济效应。

（二）搭建多层次的文化赋能平台

一是注重政策引导。在雁荡山铁皮石斛产业发展过程中，不断迭代产业发展规划，通过完善财政资金支持、优化营商环境等措施，为文化产业的发展提供有力保障。二是注重品牌建设。在挖掘文化资源的基础上，不断加强乡村文化品牌建设，提升乡村文化的品牌价值和影响力，推动形成区域化品牌发展的集聚效应。三是注重人才培育。不断提升乡村文化人才的专业素养和创新能力，吸引大学生、青年群体返乡创业就业，为产业发展注入新活力。同时，落实好文化传承，讲好乡村故事，让更多人了解和认同文化品牌。

（三）延伸多方面的文化赋能效应

一是聚焦产业链延伸。以特色文化为核心，通过文化引领推动区域内整体产业转型升级。雁荡山铁皮石斛已形成"文化＋农业""文化＋旅游""文化＋产品IP"等多元化发展模式。二是聚焦市场化运作。以现有的文化资源、产业资源为核心，通过政策配套引入社会资本，推动文化产业与市场经济深度融合。雁荡山铁皮石斛招引铁枫堂石斛饮料、千斛雪酒厂、植然方适现代农业园区3个项目落地，总投资达10.29亿元。三是聚焦可持续发展。注重乡村文化产业的可持续发展，保护生态环境和文化资源。通过合理规划产业布局、加强资源保护和管理、引入数字化平台等措施，实现乡村文化产业的可持续发展。

浙江省嘉兴市桐乡市

蚕桑文化：
传承蚕桑文化　赋能乡村振兴

一、基本情况

桐乡市地处浙江北部杭嘉湖平原腹地，居上海、杭州、苏州"金三角"中心，市域面积727千米^2，辖8镇3街道，常住人口105万。桐乡市是浙江省桑园种植面积最大、桑蚕茧总产量最高的县级市。目前，桑园面积5.5万亩，年饲养蚕种在10万张上下。桐乡蚕桑民俗文化丰富，有清明轧蚕花、双庙渚蚕花水会、乌镇蚕市、桐乡蚕歌、蚕桑谚语、蚕神绘画等一系列蚕俗活动和传统文化。桐乡市充分挖掘蚕桑文化系统中优质的特色产业和技艺传承，延伸农遗产业链，推进一二三产融合发展，成为非遗项目"中国蚕桑丝织技艺"的重要传承地区和保护责任地。"含山轧蚕花""高杆船技"入选国家级非遗项目，2021年，桐乡蚕桑文化系统入选第六批中国重要农业文化遗产名录。

二、发展历程

桐乡市蚕桑历史悠久，始于4 700年前，兴于唐宋，盛于明清，新中国成立后，蚕桑业得到快速恢复和发展，至1992年，饲养量达78万多张，可谓家家栽桑、户户养蚕，蚕茧产量居全国市（县）之首。桐乡市悠久的蚕桑历史也伴随产生了丰富多彩的农村社会习俗，有祭祀蚕种、祭拜蚕神、居住习俗、饮食习俗、婚丧嫁娶习俗等。经过多年发展，桐乡蚕桑一二三产业融合发展的格局日趋完善，形成了以"桑+菜""桑+禽""桑+果""桑+菌""桑+茶"5种模式为代表的第一产业；以蚕丝被、丝绸、缫丝为代表的第二产业；以蚕俗活动、蚕桑文化研学等为代表的休闲旅游类第三产业。同时，也诞生了一批规模化、集约化、智能化蚕桑产业基地，发展了一批蚕桑多元化经营村集体，形成种桑、养蚕、缫丝、织绸、营销、旅游的完整产业链，年产值超20亿元。

三、典型做法与成效

（一）做实顶层设计促保护

桐乡市高度重视蚕桑文化系统的保护工作，成立以市政府主要领导为组长的农

清明轧蚕花

业文化遗产保护工作领导小组，出台了《浙江桐乡蚕桑文化系统保护与发展规划》《浙江桐乡蚕桑文化系统管理办法》《关于加快蚕桑全产业链培育发展的实施方案》等文件，划定保护范围和核心保护区，对保护区内的村集体和规模种养主体进行资源保护补助，对"订单蚕业、优质优价"进行政策补助，创新养蚕特色保险和蚕茧价格指数保险，筑牢蚕桑文化保护的产业基础。全市共建立各类蚕桑生产经营合作社28家，建成桐乡市级蚕桑标准化生产示范基地4个、特色蚕业基地2个、桑品种种质资源圃2个、桑苗交易中心1个，带动3.2万余农户增收共富。

（二）做强产业链条促发展

桐乡市不断加强桑、蚕品种的资源保护和创新利用，保护桑树品种118个、蚕品种80余个，推动天然彩色茧、平面茧生产技术提升，创新"杂交桑＋大棚"养蚕管理技术新模式，实现一年多批次养蚕。立足市场需求强化培育优质品牌，建成市级蚕种龙头企业1家、省级蚕业合作社1家、市级缫丝龙头企业1家、丝绵被规上企业17家，培育了"丝源"蚕种、"同福"桑苗及"华纳斯""银桑""钱皇"蚕丝被等知名品牌，桐乡蚕丝行销国内外。在传统蚕丝制品的基础上，桐乡市开发形成桑叶茶、桑花茶、桑芽茶、桑红茶、湖桑速溶粉、蚕丝胶化妆品等多种新产品，全年产量达200余吨。

（三）做优传统文化促转型

桐乡市不断挖掘传统技艺，整理保护蚕桑相关农耕用具30余项、传统技艺20余项，建成蚕桑文化展示馆6处、桑基鱼塘特色景观2处，建设以蚕桑文化习俗为主题的美丽乡村精品线2条，省级历史文化名村15个。推进"农遗＋多元业态"创新实践，引导农耕体验、科普研学等新兴业态进乡村，打造蚕桑研学基地10余个，开设蚕茧作画等特色课程，举办高杆船技等蚕桑民俗文化活动。坚持活态传承传统文化，组织开展蚕桑文化的特色主题活动、主题旅游，促进乡村振兴。举办15届双庙渚蚕花水会，年吸引近10万人参与。以"蚕花胜境河山路"等为代表的美丽乡村精品线、精品村年吸引游客635万人，实现营业收入超7亿元。

四、经验与启示

（一）政府重视是关键

桐乡市政府高度重视蚕桑产业的发展和蚕桑文化的保护，出台了一系列产业扶持政策。积极开展申报工作，并成功使桐乡蚕桑文化系统入选第六批中国重要农业文化遗产名录。编制了保护规划，出台了管理办法，为桐乡市蚕桑文化的传承和发展打下了坚实的制度基础。

（二）产业发展是基础

桐乡市始终把以产业发展带动蚕桑文化放在重要位置。在多年的发展进程中，桐乡蚕桑形成了较为完善的产业链，培育了一大批蚕桑产品知名品牌，这些品牌是桐乡市传统蚕桑产业持续保持活力的关键因素。

（三）文化传承是核心

桐乡市每年定期举行蚕俗活动，这些活动成为蚕桑文化传播的重要载体。各类蚕桑科普教育基地的建设也为蚕桑文化的传承提供了宣传阵地，让桐乡蚕桑文化在展现和感知中得到更好的传承。

养蚕

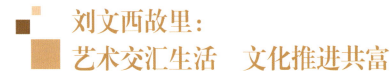

浙江省绍兴市嵊州市

刘文西故里：
艺术交汇生活　文化推进共富

一、基本情况

水竹村地处绍兴嵊州市西南侧长乐镇，坐落长乐江上游，地处浙东唐诗之路中段。绿溪围绕的水竹村，钟灵毓秀，人杰地灵，文化灿烂，被中国人物画泰斗、黄土画派创始人刘文西亲笔誉为"美哉水竹安"，该村已成为绍兴市西大门的著名文化地标。以茶叶种植为主的农业和茶叶加工为主的轻工业，让水竹村成为茶叶生产的先进典型。文化与经济的共同协调发展，一直是水竹村坚持的发展方向。在乡村振兴战略指引下，水竹村坚持党建引领，在原有条件的基础上，打造以刘文西故里为核心的未来乡村，用足用好刘文西故居整村提升改造项目资金，推进水竹村村落产业业态发展与刘文西纪念馆、美术馆建设，打造黄土派学者"朝圣地"，擦亮"乡村休闲、名人故居、红色经典"三张金名片。

二、发展历程

水竹村旧名水竹安，始建于元延祐七年（1320年），为汉高祖刘邦后裔刘氏聚居地。被誉为"剡西文化第一村"，耕读传家历史悠久。明永乐元年（1403年）就设幼学书田，清末民初创办镜清小学。镜清小学孕育了众多的家国栋梁，以黄土画派创始人刘文西为代表的一众科教文卫英才，成为水竹村文化底蕴的重要人才支撑。

刘文西、刘蒙天先后担任西安美院院长，艺术在水竹村萌芽生发。水竹村着力开发刘文西深厚的文化名人资源，2012年，刘文西故居创新改造项目完成并对外开放，同时还新建了刘文西艺术馆。这两处建筑与村内的刘蒙天故居、村文化礼堂等其他文化景观相辅相成，共同将水竹村打造成为人民艺术家艺术教育基地。

三、典型做法与成效

（一）与校企研学互动

水竹村以刘文西IP为驱动，结合"艺术振兴乡村＋乡村振兴学院"的新模式，通过艺术振兴乡村教学基地的途径辐射省内美术培训基地。建立绍兴市中小学自然研学基地，一年可带来30 000人次以上的现场学习参观量。新建刘文西艺术馆、名

刘文西美术馆

师名家艺术工作室，将其打造为高校艺术系研修班和户外教学基地。

（二）与村民共建互利

水竹村整村改造项目，以村庄环境提升、满足村民切身利益为核心目标，从民居道路入手，翻新重建，使之融入整体环境。村内景观的建造也从方便村民生活角度考虑，在增加村民生活舒适感的同时，使整个水竹村面貌焕然一新。此外，加入大量引导视图，满足游客游览观光的需求。与居民共建、与村民共创，一直是水竹村整村改造项目奉行的宗旨，水竹村的整村改造，是多方互利共赢的局面。

（三）与文化传承互生

让厚重的乡村文化传承下去，离不开村民与相关部门的共同努力。通过打造刘文西故里，用艺术赋能乡村，提高村民的艺术素养，打造"诗画水竹"特色品牌。在提升村民文化荣誉感的同时，能更充分地挖掘历史名人文化资源，从而达到文化的不断传承与创新，持续打造水竹这个文化之乡的独特标签。

（四）与商业结合互惠

水竹村推动"文＋艺＋旅＋商"的产业化模式不断壮大，充分利用本土优势转化成果。利用水竹村得天独厚的地理优势和传承已久的文化优势，提取刘文西精神的新时代意义，实现商业与文化的有机结合，从而提升收入、振兴乡村，实现村民的精神物质双丰收。

四、经验与启示

（一）政府引领是前提

市政府、村委会等相关党政部门的调研、引导、支持是统筹优秀传统文化，发掘潜在名人故里的重要前提。制定相关措施、带动相关部门、引领相关人士，才能将优

刘文西故里——水竹村全貌

秀传统文化的光芒显露出来，促进乡村振兴发展，增强文化赋能乡村，实现共同富裕。

（二）文化底蕴是关键

一个好的文化IP，需要有深厚的底蕴支撑。水竹村之所以能以刘文西为核心，打造文化未来之乡，靠的就是传承悠久的历史文化底蕴。在浙东唐诗之路的中段，在"越地风光剡领先"的嵊州，水竹村天然拥有着区位优势。因地制宜地挖掘当地的文化底蕴，是打造文化之乡的关键所在。

（三）创新赋能是核心

优秀传统文化如何在新的时代再次发光发热，创新是核心所在。水竹村整村改造项目，用新时代的视角切入，深入挖掘水竹村的历史文化，开发历史名人文化资源，赋予文化新功能。让历经传承而略显疲态的传统文化，通过典型的案例代表，在新时代的创新下散发出新的生机与活力。

（四）市场需求是根本

消费才是推动可持续发展的根本动力，通过策划引导，吸引外来的游客与当地的村民百姓进入水竹文化之中。依托刘文西、刘蒙天等文艺工作者的品牌效应，加大文创产业的开发与拓展，丰富文创产品、文旅项目。只有村民的生活幸福感提升，游客的观光体验感加强，才能源源不断地促进消费，反哺乡村建设，助力文化宣传，实现文化与经济的良性循环互动。

（五）IP品牌是支撑

要赢得消费者的认可，取得市场的信任，需要一个具有价值的IP品牌来支撑。水竹村始终把文化作为骨骼，把人文作为血肉，把环境作为外表，构建起完整的品牌体系。以刘文西故里为IP核心所在，将水竹村这一品牌根植于嵊州，根植于绍兴，成为浙东唐诗之路上独具特色的文化之乡。

浙江省金华市兰溪市

诸葛八卦村：
人人都是文保员　人人都是股东

一、基本情况

诸葛八卦村（简称"诸葛村"）是全国最大的诸葛亮后裔聚居地，村中居住着3 000余名诸葛亮后裔，占散居全国各地诸葛姓氏的三分之一。村内共有300余座极富江南特色的元明清古建筑，散布于巷弄之间，是目前国内现存古建筑数量最多、类型最全、规模最大、遗存最齐全的村庄，堪称半部立体的中国建筑史，被费孝通先生誉为"八卦奇村，华夏一绝"。该村先后获评全国乡村旅游重点村、全国重点文物保护单位、全国旅游乡村重点村、全国生态文化村、国家非物质文化遗产保护地、全国中小学生研学实践教育基地、中国十大古村、全国文明村、全国民主法治示范村等荣誉称号。

二、发展历程

诸葛亮"功盖三分国，名成八阵图"。330国道与龙葛线交界处的八座小山把诸葛村包围在里面，人称"外八卦"。村内以钟池为核心，八条小巷向外辐射，人称"内八卦"。这种以九宫八卦构思布局的村庄目前在我国仅此一例。2003年9月19日，时任浙江省委书记的习近平同志在考察诸葛村时，指出："你们的方法很好，是一种很好的保护模式，诸葛村文化底蕴深厚，要很好地加以保护和开发。"2006年6月10日，时任浙江省委书记的习近平同志在调研浙江文化遗产保护时，指出："有的新农村恰恰是要保持历史原貌的古村落，如兰溪的八卦村（诸葛村）等，就是要保护它的原貌，体现它的历史美。"诸葛村牢记殷殷嘱托，深入践行"千万工程"，不断丰富完善"人人是股东，人人是文保员"诸葛模式，形成了古村落保护与文旅产业相济、村落与村民共存、智圣文化与村民共富互助的美丽图景，闯出了一条让村民在古村落保护发展中富起来的新路子。

三、典型做法与成效

（一）规划引领，整体保护

截至1995年，诸葛村每年村集体收入不足10万元，面对这么大的一个古村落整体保护压力，诸葛村村"两委"当机立断，依托古村落资源和诸葛亮及其家族文化底蕴的人文资源发展乡村旅游。1996年诸葛村被国务院公布为全国重点文物保护单位。1997年由清华大学建筑学院编制了《诸葛村保护规划》，该规划是全国第一个提出古村落整体保护的规划。经过20多年的探索实践，诸葛村的保护工作由此走上了政府主导、专家指导、村集体管理、村民人人参与、公司化运作的古村旅游发展之路。

（二）依法定规，探索实践

对古建保护范围、建设控制地带打桩划界，实施挂牌保护，签订居民保护责任书。广泛宣传《文物保护法》和旅游管理章程，把文物毁坏处罚措施写进《诸葛村村规民约》，制作《文物保护法》等内容挂历，分发每家每户，强化"人人都是文保员"责任意识。收购旧城改造时拆除的旧砖瓦、旧石材、旧木料、雕花构件等用于古建维修。成立村级"护卫队"，全力保障古建排查修缮工作。制定私有民居抢修规定，折价收进已外迁新村的旧民居，统一修缮后部分用于旅游业态开发，部分转卖或租用给无房户和住房困难户，齐力守护共同家园。将村内159处古建筑纳入掌上云平台管理，破解村内文物分布散、隐患多等监管难题。

（三）科学发展，旅游兴村

创新"文保所指导—村委会统筹—村民入股—旅游公司运营"的古村经营模式，实现"人人都是股东"的互利双赢共同体。通过入股分红，村民免费享受农村养老、医疗保险、有线电视等福利待遇，60岁以上老年人每月享受300多元生活补贴，升学的学生奖励1 000～4 000元奖学金，参军入伍青年奖励2 000元。编制

诸葛八卦村夜色

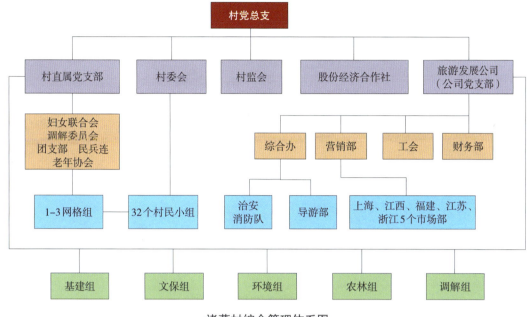

诸葛村综合管理体系图

《诸葛村休闲观光农业总体规划》，围绕7个板块，对入口景观服务区、中药保健游憩区、庙宇观光养生区、乡村休闲度假区、西线古村游览区和外围景观林营建区进行整体提升。加大业态创新和产品供给，引进高档古建筑转型民宿，培育"民宿＋文创＋农产品＋美食＋康养"等新型业态，设计诸葛羽毛扇、孔明锁等文创周边产品，实现村民家门口创业致富。

（四）村企融合，共建共富

诸葛村实行村企融合发展模式，村民委员会与旅游发展公司职能有序分工。村委会承担村务工作、古建筑维修及保护、工程建设、旅游项目投入、行政事务等；旅游发展公司负责景区管理、宣传和营销，村民作为公司股东，明晰集体、公司、个人的产权关系，实现古村落保护、旅游开发、村民增收的良性循环。村集体经济收入从2010年的520万元增长到2022年2700万元，村民人均可支配收入从2010年23021元提高到2022年59614元。村账面固定资产从2003年2500万元增至2022年1.76亿元。

四、经验与启示

（一）突出党建统领

坚持党建统领，以抓党建促乡村振兴，提升农村基层党组织政治功能和组织功能。突出党员干部示范带头作用，治村如治家，发动全体村民参与古村保护开发。

诸葛八卦村一景——天地之间

（二）突出人才赋能

依托乡村能人参事议事智囊平台，让更多有知识、有技能、有情怀的年轻人和乡村能人回村创业，参与古村规划设计、业态布局。通过新理念、新知识、新创意的碰撞升华，培育新型业态吸引人流，实现古村个性化、高质量发展。

（三）突出共建共享

构建村民和集体的产业发展运行平台，促进古村保护与产业发展深度融合，有效盘活土地资源，优化配套设施等，实现资源共享、联合开发、利益分成的共赢创收格局，迸发共富活力。

浙江省金华市东阳市

横店镇影视文化产业：
影视为魂　打造文化振兴共富样板

一、基本情况

影视为魂，文化为魄。横店影视以打造全球最强的影视产业基地为目标，自1996年起步以来，在东阳市委、市政府的大力扶持下，坚持政企合力，不断发展壮大，并于2020年获批成立横店影视产业集聚区。

横店镇是第一批中国特色小镇，被列入首届中国文化百强镇；2021年入选浙江省高质量发展建设共同富裕示范区试点；2022年入选美丽城镇建设省级样板；"2023年中国镇域高质量发展500强"中排名第17位，全省第3名；2023年在全国综合实力千强镇中排名第24位，全省第2名。

二、发展历程

横店镇是全国首个国家级影视产业实验区，是全国影视文化产业集聚度最高的地方。近年来，东阳围绕横店影视旅游全域化发展，通过产业特色精品村建设、共享田园建设、精品线打造以及"十佳村"创建等举措，不断提升美丽乡村建设水平，全力为横店乡村影视提供发展平台。2020年成立了横店影视产业集聚区，现有影视企业1 900多家。全国1/4的电影、1/3的电视剧、2/3的古装剧在这里拍摄，横店已成了名副其实的"中国影视梦工厂"，并由影视拍摄基地向国家AAAAA级旅游景区横店影视城成功转型，成为复合型旅游目的地，20多年来累计接待游客超1.7亿人次。通过充分发挥影视旅游的溢出效应，打造出一批影视特色村庄，村集体收入不断攀升，让老百姓得到了真正的实惠。

三、典型做法与成效

（一）以产业植入为导向，打造影视特色村

横店镇以产业植入、"十佳村"创建等工作为抓手，按照"一村一品，一村一影视"主题，大力推进"影视特色村"建设，融入"风情、乡愁、时代、悠哉、玲珑、万象"等文化特色，让乡村成为影视的外景和产业的延伸，涌现出一大批特色影视产业植入村。

2020年横店镇"古韵官桥"乡村影视旅游节活动现场

（二）以精品线打造为路径，推动影视全域化

横店镇围绕乡村振兴、影视共富建设，打造了追梦剧情风景线、影视乡村风情线两条精品线路，并进行片区化建设。以"一段一景，一景一韵"为理念，融进各具特色的影视剧情元素，把重点打造的"影视特色村"串联起来，组团发展，打造节点，沿线美化绿化。两条精品线集聚了古韵官桥、荷兰风情、烽火荷塘、横漂风情、外景基地、特色民宿、田园风光等一批影视项目，实现了横店影视的全域化、全产业链发展。

（三）以"影视文化+"为战略，打造影视新业态

横店镇以"影视文化+"为战略，推动影视文化与多种娱乐休闲业态深度融合，构建文旅大消费体系，为游客带来"住在电影里、吃在电影里、玩在电影里"的全方位沉浸式文化体验。推广"影视文化+微电影"，推出个人影视拍摄体验活动和为团队私人定制的"我们横有戏"玩转电影之旅。推广"影视文化+体育"，横店马拉松通过与影视文化的紧密融合，形成了具有趣味性、穿越感的文化特色，在全国的马拉松赛事中独树一帜。推动"影视文化+研学"，面向中小学生群体，充分挖掘现有的文化资源和产业优势，开发出影视文化研学、传统文化研学、红色文化研学等多种研学产品。

（四）以人才培育为抓手，赋能影视新活力

横店镇发挥影视公司、制片人和剧组美工等优势，为每个影视村配备专业型服务人才，成立"剧组美工顾问团"和"年轻镇干部服务团"等，培养乡村影视人才，挖掘乡村影视文化资源，发展特色影视文化产业。2015年横店创建影视文化人才管理改革试验区，2018年专门设立横店电影培训班，提升"横漂"整体素质。目前，横店有注册"横漂"演员13余万人，累计开展培训300多期，受训"横漂"

2万余人。镇内建有横店影视职业学院，该学院是浙江目前唯一以"影视"为特色的高职院校，现有在校生10 000余人。

四、经验与启示

（一）政府引导打好基础

在东阳市《关于支持横店高质量发展的若干意见》指导下，横店镇党委、政府围绕"党建引领、产业植入、全域影视、强村富民"的总体定位，强化引导、扶持，统筹城镇建设和乡村振兴协同发展，通过制定政策，促进资源要素向乡村聚集，以"一村一品，一村一影视"为主题，避免同质化，走出了一条以影视文化产业带动百姓共同富裕的乡村文化振兴之路。

（二）人才反哺注入活力

人才培养和引进是乡村振兴和产业发展的支柱。横店镇发挥影视公司、制片人和剧组美工等优势，根据乡村资源禀赋，因地制宜，为每个影视村配备专业型服务人才，通过制定政策，加大培训力度，强化对乡村振兴人才培育，通过人才反哺乡村，为乡村发展注入活力。

（三）成功经验指引方向

通过建设乡村振兴示范村，推广成功经验，以点带面，全线开花。横店镇围绕乡村振兴、影视共富建设，以景区沿线村庄为试点，融进各具特色的影视剧情元素，同时将优秀经验、做法进行推广，实现了横店影视的全域化、全产业链发展。

横店镇"陌上寻影"共享田园

浙江省丽水市青田县

方山乡稻鱼共生：
稻鱼共生浸润振兴梦　千年农遗焕发新生机

一、基本情况

青田县方山乡位于浙江省丽水市青田县东南部，地处瓯江之滨、奇云山麓，毗邻温州瓯海、瑞安，区域面积36千米^2，辖行政村11个，户籍人口1.5万，华侨人口2.1万，遍布全球70余个国家和地区。方山乡，因华侨而兴旺、因稻鱼而闻名，素有"田鱼之乡""华侨之乡""生态之乡"的美誉，是首批全球重要农业文化遗产青田稻鱼共生系统核心保护区所在地，先后获得国家级生态示范乡镇、国家级卫生乡、省级美丽乡村示范乡镇、省级教育强乡、省级生态文明教育基地、省级社会综合治理先进集体、省级乡村旅游示范点、浙江省华侨文化交流基地等荣誉称号。近年来，方山乡始终牢记习近平总书记指示精神，坚持在发掘中保护、在利用中传承，充分挖掘农业文化遗产潜在价值，将稻鱼文化全面融入产业发展、乡村治理、致富增收等乡村振兴各领域，助力农业高质高效、乡村宜居宜业、农民富裕富足。"青田传承发展稻鱼文化赋能乡村振兴"成功入选浙江省2021年度乡村振兴十佳创新实践案例。

二、发展历程

1 300多年前，青田先辈面对"九山半水半分田"的山区地理条件，创造了"以稻养鱼、以鱼肥田、鱼粮共存"的稻鱼共生系统，历经千年演进，逐步形成生态、生产、生活共融的农业文化遗产体系。2005年，青田稻鱼共生系统被联合国粮农组织认定为世界首批、中国首个全球重要农业文化遗产，获时任浙江省委书记习近平批示："关注此唯一入选世界农业遗产项目，勿使其失传。"2013年，青田稻鱼共生系统入选首批中国重要农业文化遗产。2022年7月，全球重要农业文化遗产大会在浙江青田召开，习近平总书记向大会专致贺信。

青田县方山乡俯瞰图

三、典型做法与成效

（一）坚守古法种养，实现"稻香鱼肥"产业美

在现代农业生产中继承流传千年的农耕文明智慧，统筹规划稻鱼产业发展布局，持续扩大稻鱼种养规模，建立种质资源保护点，原汁原味保留古法种养技术。创新实施"五统一"模式，培育和经营田鱼干烘坊、稻花香酿酒坊、田鱼干炒粉干主题乡愁馆等农遗业态，打造集生产、加工、销售于一体的稻鱼共生全产业链。推出田鱼、稻鱼米等11款农遗良品，产自方山乡的稻鱼米在第三届中国黑龙江国际大米节上荣获籼米组金奖第一名。"青田田鱼""青田稻鱼米"成功取得国家地理标志证明商标，稻鱼文化品牌逐年打响，核心区田鱼市场价从每千克30元上升至120元，稻鱼米使农民亩均增收近2 000元。

（二）传承农遗文化，实现"活态传承"人文美

持续推进民间艺术、传统技艺与农遗文化保护利用相融合，培育"农遗传承师"、民间新艺人、文创客等，创作农遗衍生文化产品。成立"风吹稻浪"艺术工作室，利用本地石头、陶土资源开发以稻鱼文化为主题的石雕、陶艺等特色手工文创产品20余件，获省级博物馆收藏，并入选中国当代陶瓷艺术大展、国际青瓷艺术双年展等。方山乡青年创业者荣获省级乡村文化能人、绿谷工匠、兴村名师等荣誉称号。常态化举办开镰节、丰收节、尝新饭等节庆活动，"稻鱼之恋"文化节入选

首届中国农民丰收节100个乡村文化活动。"千年之恋·稻鱼共生系统"系列文化获得中国乡村文化产业创新·影响力文化品牌。

（三）打造农遗公园，实现"文旅融合"景色美

以方山乡全域为核心，规划建设全球农业文化遗产公园标准地，逐步建立以生态产业化和产业生态化为主题的农遗文化展示综合体，打造具有全球价值、国家象征的全球首个"农遗公园"。建成首座全球重要农业文化遗产青田稻鱼共生系统博物馆、农遗研学基地、农遗节点小品等，发布"全球首条农遗共富线路电子路书"，推出"农遗探秘之旅""农遗研学"等精品旅游路线。"农遗探寻线"入选全国乡村旅游精品线路和全国"农遗良品"十佳旅游线路。青田稻鱼共生系统博物馆入选浙江省乡村博物馆。方山乡龙现村入选全国乡村旅游重点村，年均吸引游客达25万人次，有效激活农家乐、民宿经济。

（四）推进数字赋能，实现"云上稻鱼"共富美

依托龙现未来乡村平台，开发稻鱼产业全景智图，植入"稻鱼共生一杆农业眼"等数字化传感设备，实现对核心区稻鱼共生环境的精准智控，提升农遗产业数智化管理水平。同时，加强数字化旅游体验产品、体验场景的创新设计与服务，探索遗产地"云上游农遗"建设，实现线上农遗探秘一触即达。此外，加大稻鱼科研开发力度，与中国科学院地理科学与资源研究所、中国水稻所、上海海洋大学、浙江大学等科研院校建立合作机制，建立全球重要农业文化遗产保护与发展研究中心、中国青田田鱼研究中心、院士专家工作站等，以现代农业科技创新和应用推广为推动力，提升稻鱼共生系统的保护利用水平。

四、经验与启示

（一）坚定不移保护全球重要农业文化遗产根脉，推动人与自然和谐共生

农业文化遗产是千年农耕文明、中国优秀传统文化的瑰宝，其蕴含的资源禀赋、生态智慧和文化价值至今仍对乡村可持续发展具有重要启示意义。青田稻鱼共生系统是生态循环农业的代表，也是"人与自然和谐相处"的典范。作为稻

稻鱼丰收

鱼共生系统的核心保护区，方山乡始终将保护传承青田稻鱼共生系统作为村庄发展的重中之重，进一步擦亮全球重要农业文化遗产这一金字品牌，促进生态农业可持续发展，赓续了传承千年的"共生"之道。

（二）持之以恒挖掘全球重要农业文化遗产内涵，推动文化资源惠益共享

深挖青田稻鱼共生系统文化内涵，把保护传承和开发利用有机结合起来，赋予青田稻鱼共生系统新的时代内涵。以稻田养鱼传统农业为基础，在产业融合、品牌塑造、乡村旅游等方面进行有效探索，不断延长稻鱼产业链条，使稻鱼产业从单一的传统种养模式，向稻鱼文创研发、农遗研学体验、文化节庆打造等多产融合发展模式转变，让青田稻鱼共生系统丰富的文化内涵在新时代持续展现出其无穷的魅力与风采。

（三）全力以赴激活全球重要农业文化遗产价值，推动乡村振兴携手共富

重要农业文化遗产几乎包含了乡村振兴的所有关键元素，是促进乡村振兴的"金字招牌"，是实现共同富裕的"金钥匙"。要大力实施农遗"走出去"工程，青田稻鱼共生系统已被推广至四川、广西、贵州、浙江等地部分市、县，为村庄发展、脱贫致富提供了有益借鉴，成为东西部协作的致富经。农遗价值转化通道持续拓宽，古老的青田稻鱼共生系统正在乡村振兴的壮阔蓝图中焕发新生机、释放新活力。

浙江省丽水市云和县

云和梯田开犁节：
开出了"幸福路"

一、基本情况

云和梯田主要分布在浙江省云和县崇头镇境内，始于唐，兴于元明，海拔跨度在200米至1 400多米之间，垂直高度达1 200多米，有"千层梯田、千米落差、千年历史"之称，跨越高山、丘陵、谷地三个地质景观带，拥有梯田、云海、山村、竹海、溪流、瀑布、雾凇等自然景观，是华东规模最大的梯田集群，被誉为"中国最美梯田"，先后荣获中国美丽田园、国家湿地公园、中国重要农业文化遗产等荣誉称号。

梅源梯田

云和梯田开犁节，是云和山区群众在每年芒种时令启动夏种的传统民俗活动，有着近千年的历史。云和梯田开犁节拥有一套完整、固定的活动程序，主要有犒耕牛、祭神田、分红肉、对山歌、开犁等系列活动，由当地畲族、汉族群众集体开展、传承，体现了乡民崇尚自然、追求"天人合一"的传统文化核心思想，集中展示了传统农耕技艺、民间艺术和民风习俗，为研究农耕时代的社会制度、生活方式、审美取向及农耕文明的起源、发展提供了重要依据，具有较高的历史、艺术和民俗学研究价值。

二、发展历程

云和梯田开犁节，又称"牛大王节"。相传，牛为天庭司草官，每年向人间播撒一次草籽。有一年人间春旱，草种枯死，牲畜待毙，牛官忽生恻隐之心，向人间偷播草种，不料田园青草疯长，虽拯救了牲畜，却掩埋了庄稼。最终，牛官被贬人间，世代除草犁田。

在云和百姓眼里，"牛大王"是"真善美"的化身。为感恩"牛大王"，每年春耕之际，云和先民都会在城郊的"先农坛"举办盛大的开犁节，历届县令都亲自下田耕地。云和梯田开犁节，就是"先农坛"开犁节的延续。

2006年，云和县举办第一届"云和梯田开犁节"，对该民俗活动进行抢救性保护。截至2023年，云和县已连续举办17届开犁节，该节已成为当地最重要的传统节日。

酬神戏

云和梯田开犁节是一项群体性民俗活动，参与人群规模较大，涉及的民俗事项较多。在省级代表性传承人雷云伟（去世）、蓝宝珠（去世）的带动下，雷建英、雷汉林、蓝林荣等第五代传人已熟练掌握项目的整套流程，成为重要的传承力量。2020年12月，云和梯田开犁节被认定为国家级非物质文化遗产，填补了中国二十四节气在国遗目录中的一个空白。2024年2月，云和梯田成功创建国家AAAAA级旅游景区，这为开犁节的传承、发展打下坚实的基础。

三、典型做法与成效

云和梯田开犁节的成功举办，推进了景区创建，带动了产业多元化发展，实现了乡村振兴。

（一）推动传统农业转型升级

云和梯田入选省级农村产业融合发展示范园创建名单。梯田稻米荣获浙江"好稻米"金奖，"云河鳖"被纳入全国名特优新农产品名录。"梯田三宝""梯田十味""白鹤尖"等特色农产品转化为旅游地商品，使梯田周边农户实现增收致富。

（二）推动旅游产业多元发展

推出乡村休闲游、农业文化科普研学游、避暑游、徒步游等旅游线路和梯田观光塔、高空缆车、星空露营等旅游产品，促使游客由假日游向全年游转变，景区收入由以门票为主向多种经营收入转变。建成云想家、云逸的院子、栈云山庄等多家景区特色酒店，打造"稻草草、积木木""牛云云"等文化IP，进一步丰富了旅游产品线。2022年，云和梯田休闲之旅获评省级"浙里田园"休闲农业与乡村旅游精品线路，"最美梯田"风景线入选"农遗良品"十佳旅游线路。

（三）推动民宿产业快速发展

顺势推出空闲农房二次利用、民宿经营权抵押贷、农房流转使用权抵押贷、民宿农家乐成长贷等政策包，推动农家乐、民宿产业快速发展。截至目前，梯田景区村共发展农家乐、民宿140多家，年营收超3 000万元，带动就业2 000多人。同时，着力推进"云和云居·六头民宿"等区域品牌创建，培育精品民宿8家，省级农家乐集聚村4个，民宿特色街区2条。

（四）推动周边乡村提质建设

以"微改造，精提升"为原则，打造新时代美丽乡村、历史文化村落，累计建成梅竹、下垟等6个省级特色精品村，黄家畲、坑根、梅源等3个省级历史文化村重点村、国家级传统村落，梅源村、下垟村等3个花园乡村特色精品村。

四、经验与启示

（一）在"特"字上下功夫

乡村特色文化艺术门类繁多、形式多样，不可能眉毛胡子一把抓，必须在

"特"字上下功夫，真正把那些历史悠久、生命力旺盛、民众参与度高、具有鲜明地方特色的乡村文化艺术挖掘出来、展示出来。云和梯田开犁节具有浓郁的地方特色，最终被认定为国家级非物质文化遗产。

（二）在"传"字上下功夫

乡村特色文化艺术往往因各种原因，淹没于尘埃之中，失去了原来的光芒。要让其重新焕发出勃勃生机，必须在"传"字上下功夫，扎扎实实做好传承工作。云和梯田开犁节拥有省市县三级代表性传承人，他们熟练掌握项目的整套流程，使开犁节成为当地最重要的传统节日，吸引了众多游客前来旅游观光。

（三）在"转"字上下功夫

乡村特色文化艺术不仅是一种文化艺术形式，更是乡村振兴的希望所在。要让文化艺术服务乡村振兴，必须在"转"字上下功夫。云和县紧密结合云和梯田景区创建工作，把开犁节作为重要抓手，推动传统农业转型升级，推动旅游产业多元发展，推动民宿产业快速发展，推动周边乡村提质建设，最终实现了乡村振兴，书写了"开犁节"开出"幸福路"的传奇故事。

安徽省合肥市肥西县

铭传故里·淮军之乡：

文旅融合促振兴　乡村发展谱新篇

一、基本情况

铭传乡地处合肥市西郊，因系台湾省首任巡抚刘铭传故乡而得名。刘铭传故居位于安徽省肥西县铭传乡启明社区（又称刘老圩）境内，占地约70 000米²，系刘铭传于清同治七年（1868年）所建。1986年公布为肥西县文物保护单位，1998年公布为安徽省文物保护单位，2006年公布为第六批全国重点文物保护单位，2012年被国务院台湾事务办公室批准为海峡两岸交流基地。近年来，肥西县铭传乡依托刘铭传故居优质文旅资源，协助刘铭传故居创建AAAA级景区，建设刘铭传纪念馆，打造环形旅游通道，举办蚕桑文化节，通过文旅项目集中落地，打造文旅融合产业链，拓宽群众增收渠道。

二、发展历程

1868年，刘铭传在直隶提督任上，告病回乡休养，因旱庄住宅居住人口太多，故择址新建，也即现在的刘老圩。2010年，《刘铭传故事》入选安徽省第三批非物质文化遗产民间文学类名录。刘铭传故居先后获评全国重点文物保护单位、全国海峡两岸交流基地，系安徽省重要的对台交流基地、爱国主义教育基地和统战教育基地，2017年成功创建国家AAAA级旅游景区，2020年获评安徽省中小学研学实践教育基地。为融合文旅发展产业链，铭传乡相继建成了小团山香草农庄、启明生态庄园，连接刘铭传墓园、刘铭传故居、刘铭传纪念馆的旅游通道，高质量推进"聚星粮驿1953"等4个重点乡村振兴类项目，其中"聚星粮驿1953"入选安徽省数字创意和文旅产业"双十佳"落地项目，全乡文旅融合产业带已现雏形，文旅服务能力进一步提升。

三、典型做法与成效

（一）乡企联建领航发展

2022年，为提升文旅服务能力，铭传乡利用辖区闲置资源，通过县级"乡村振兴产业项目擂台大比武"活动，获得财政资金投资3亿余元，同肥西县乡村振兴投资有限集团、肥西县三河文旅公司开展乡企联建，打造"聚星粮驿1953"等项目，

启明社区省级美丽乡村中心村——启明新村

使铭传故里·淮军之乡成为集民宿、餐饮、会务接待于一体的多功能文旅体验胜地。

（二）盘活资源涅槃重生

完成脱贫攻坚目标任务后，铭传乡率先开展资源整合工作。通过流转12个村民组共1 500亩土地集中发展现代农业产业；同时，盘活潜山小学、"聚星粮驿1953"等闲置资源，发展省园·大潜山项目、"聚星粮驿1953"项目和闲置民房改造民宿项目。此外，还依托刘铭传故居开展传统文化宣传和研学游。如此，低效闲置资源涅槃重生为优质资源，促进社区农文旅融合发展。

（三）美化环境夯实基础

铭传乡以打造和谐美丽宜居村庄为目标，已建成省级美丽乡村9个，市级美丽乡村5个，完成较大自然郢整治21个，三个社区获评为2023年度第一批省级美丽宜居村庄。2023年度较大自然村人居环境整治提升工程共涉及自然郢20个，建设美丽乡村中心村2个。全乡实现美丽宜居村庄全覆盖，大幅提升了群众幸福感和获得感，为文旅产业发展夯实环境基础。

（四）整体布局蓄势赋能

铭传乡立足农文旅产业融合发展实际，围绕"人文铭传、旅游铭传、生态铭传、幸福铭传"的发展定位，以刘铭传故居和聚星片区重点打造"两核双翼"的文旅产业空间布局，定期举办肥西县蚕桑文化旅游节，发挥铭传乡独有的生态人文优势，通过"互联网＋旅游"的模式，采取线上线下融合推介，助推"民宿＋农文旅"融合新发展，进一步扩大了乡村民宿旅游的影响力，铺就民宿经济发展的"好前景"。

（五）创新机制提质增效

创新建立"中介式"流转机制，由村委会建立中介平台，从祖居户中流转旧民房，改造提升后再按照一定标准租赁给"新村民"，该模式既有效避免流转中出现哄抬租金、权益纠纷等无序现象，也解决了传统村落古建筑"保"与"用"的难题，改变过去农村宅房资源流转自发、无序、混乱状态。

四、经验与启示

（一）必须坚持党委、政府引领

党委、政府积极发挥引导作用，在发展规划制定、文化资源保护、基础设施配套、产业发展扶持、宣传推介组织、涉农资金整合、企业培育引进、公共平台搭建、产品质量监管、协调督导管理等方面着力，科学推动农文旅产业发展，从而提高资源配置效率和发展质效。

（二）必须坚持筑牢文化根基

强化以《刘铭传故事》这一非遗文化为根基，是发展文旅产业的核心竞争力，坚持乡村的物质文化和精神文明共同进步，充分发挥全域旅游发展优势，融入非物质文化遗产，主动引导群众广泛参与，打造铭传故里·淮军之乡文化品牌，提高品牌市场知名度，增强文旅产业融合发展，实现乡村振兴。

（三）必须坚持因地制宜发展

乡村资源丰富多样，田园风光是依托，建筑风貌是载体，风土人情是内容，随着近几年休闲旅游的兴起，农文旅融合发展模式成为当下旅游产品和业态的重要设计内容。铭传乡立足乡村原生环境，有效把握发展时机，让本土文化回归大众视野。

（四）必须坚持市场需求驱动

消费是最好的保护，使用是最好的传承。树立用户导向思维，紧跟市场需求，立足本地淮军文化的特色资源禀赋，提升服务质量，在供需精准匹配中提升农业、文化和旅游产业的自然流量，减少文化传承和保护的障碍，使乡村旅游与文化的结合更加紧密，从而创造良好的经济和社会双重效益。

刘铭传故居

安徽省黄山市休宁县

村落徽州：
五彩斑斓绘出秀美画卷

一、基本情况

休宁县隶属安徽省黄山市，地处皖浙赣三省交界，位于古徽州腹地，自东汉建安十三年（208年）建县，迄今已有1 800多年历史，从宋嘉定十年（1217年）到清光绪六年（1880年），先后走出了19名文武状元，被誉为"中国状元县"。休宁县作为展示徽文化的精致窗口、传承徽文化的重要载体，遗留了大量完好的古村落，有天上木梨、梦里祖源、状元长丰、千年黄村等，如璀璨的明珠散落在皖南青山绿水间，充分显示了徽州古朴俊逸的风貌。

近年来，休宁县深入贯彻落实习近平总书记关于传统村落保护发展的重要指示精神，积极探索传统村落保护利用和传承发展的有效方法和路径，持续改善人居环境，推进微改造、精提升，运用市场化手段盘活乡村资产资源，探索以微景区理念和景区标准建设和美乡村，推动传统村落在保护利用中取得社会效益、经济效益、生态效益。

二、发展历程

自2012年起，休宁县全面开展美丽乡村建设和传统村落保护工作，把传统村落保护与开发利用放在美丽中国、美好安徽、创意黄山大格局中认识，放在乡村振兴大趋势中把握，立足"山清水秀——一生休宁"定位，坚持"因地制宜——保护为先"，不搞"大拆大建"，遵循乡村肌理，保护历史遗存，大力实施微改造提升、微景区培育、微创意运营、微循环发展、微奉献治理"五微行动"，实现产业丰美、人才秀美、乡风纯美、生态绿美、社会和美"五美"目标，乡村面貌发生了深刻变化。截至目前，该县已列入省级、国家级传统村落的村共66个，其中列入中国传统村落名录的37个（列全国第20位、安徽省第3位），列入省级传统村落的29个（列安徽省第2位）。先后荣获全国休闲农业和乡村旅游示范县、全国生态文明先进县称号，多次获评安徽省美丽乡村建设先进县荣誉，祖源村、梓坞村入选中国美丽休闲乡村。

三、典型做法与成效

（一）"活化利用"留住乡愁

制定《休宁县中国传统村落保护项目实施工作意见》等文件，投入传统村落专项资金，整合乡村振兴衔接资金等部门资金，通过以奖代补等办法支持传统村落保护工作，做到把乡愁留下。与中国美术学院、合肥工业大学等院校合作编制乡村规划，坚持保留村庄肌理、保存乡土韵味，深挖祖源梦乡村文化、木梨硔晒秋文化、万安罗经文化、里庄古徽文化等文化资源价值。2023年，完成32个中国传统村落保护规划编制，基本形成"一村一品、一村一特"。

（二）"五微行动"守护乡土

休宁县在推进农村人居环境整治和"五美"新乡村建设过程中，创造性实施"五微行动"，把村内庭院、五小园、道路沿线、村口节点等微缩空间作为改造重点，因地制宜融入农耕、中医药等乡土文化元素，全面提升乡村生态宜居水平、改善农村生活环境，助推村庄村民融入全域旅游大环境，实现"村庄美，游客来，村民笑"。2023年，全县旅游接待人数730.8万人次，旅游总收入55.26亿元，分别增长40.81%、45.96%。

生态流口

（三）"产业赋能"凝聚乡亲

休宁县充分发挥产业带动作用，推出"茶叶贷""菊花贷""民宿贷"等特色产品，为村民提供金融服务，引导外出青壮年人才返乡参与村落保护与乡村振兴。如祖源村2016年引进上海宏森投资发展公司，投资4 000多万元开发"梦乡村"民宿项目，吸纳村民就地就业和返乡创业。如今，祖源村当地村民开办农家乐、民宿17家，年营业额近200万元，村庄人口由2016年的留守170人到如今的常住280人。2023年10月，祖源村入选全国乡村振兴十大典型案例。2023年全县农村常住居民人均可支配收入增长9%。

（四）"传承文脉"塑造乡风

通过发扬优秀家风家教、乡规民约、民风民俗，进一步弘扬乡土文化。如该县流口镇传承优秀乡风，保护乡村的自然生态，在安徽省率先探索建立"生态美超市"（垃圾兑换超市），并荣获全国第九届"母亲河奖"绿色项目奖。深入挖掘传统文化内涵，活化"非遗"活动，组织开展"鼓迎新春 龙腾状元城"传统民俗表演、"非遗进景区"等活动，以文化人、以文育人氛围日益浓厚。目前，全县共有非遗项目269项，非遗传承人168人。

汪村镇田里村"鼓迎新春 龙腾状元城"传统民俗表演

四、经验与启示

（一）全面保护、创新开发

休宁县以徽州古民居特色风貌为主体开展村庄设计，实施"百村千幢"古民居保护利用工程，深化徽州古建筑保护利用工程，加快国家级徽州文化生态保护区建设。同时创新做好古民居的认购、认领、认租工作，打通社会力量参与古民居保护利用的通道。实践证明，传统村落的保护利用，必须坚持修旧如旧与保护更新相结合，推动保护与利用方式推陈出新。

（二）因地制宜、挖掘文化

坚持宜农则农、宜文则文、宜绿则绿、宜旅则旅的发展理念，深入挖掘村庄历史文化、资源禀赋，确定村庄打造主题。如溪口镇矾溪村修复矾岭古道，打造"灵动矾溪"，发展徒步旅游经济；五城镇上岩村以传统灯笼产业特色，挖掘灯笼制作技艺展示，打造"灯笼上岩"。实践证明，传统村落要焕发新颜，必须深入挖掘当地特色历史文化、资源禀赋，才能实现美丽乡村向美丽经济的华丽转变。

（三）运营乡村、复兴村落

休宁县创新乡村运营体系、路径与模式，出台《关于规范休宁县乡村运营公司运行的指导意见（试行）》，成立村级强村公司130家、乡镇级振兴公司21家、县级"两山银行"1家，指导乡村运营公司市场化、规范化运行，推动乡村资源向资金、资产、资本转化。实践证明，传统村落发展需要市场化运营，只有实现村落保护与产业发展的良性互动，才能进一步推动乡村振兴。

鸬鹚捕鱼民俗文化：
渔业传承赋能乡村振兴

一、基本情况

灵璧县位于安徽省东北部，总面积2 125千米²，下辖20个镇（开发区），是中国民间文化艺术之乡、钟馗故里、中国观赏石之乡。灵璧县以习近平新时代中国特色社会主义思想为指导，树牢"绿水青山就是金山银山"的理念，立足濉河丰富的水资源优势，打造"鸬鹚捕鱼文化"，做全"鸬鹚捕鱼链条"，做强"鸬鹚捕鱼经济"。鸬鹚，又名水老鸦、鱼鹰，其身体比鸭狭长，羽毛为金属黑色，善潜水捕鱼，飞行时直线前进，靠听觉捕鱼百发百中。灵璧县浍沟镇许闸村，有数十户鱼鹰人家，鸬鹚捕鱼技艺世代传承，至今已逾二十五代，五百年来人鹰相伴，风雨同舟，创造了浍沟镇独具特色的鸬鹚捕鱼非遗文化。目前，灵璧县已形成从鸬鹚养殖到生态旅游的两产融合发展模式，辐射带动约100户农户增收，人均增收超过10万元。

二、发展历程

灵璧县浍沟镇是片神奇的土地。浍沟，也叫浍塘沟，水系发达，全镇河流、沟渠纵横。新老濉河与拖尾河在此交汇。尤其是作为灵璧母亲河之一的濉河，古称濉水，是战国时魏开凿的鸿沟支流之一。《史记·高祖本纪》记载："刘邦率部五诸侯军占领彭城，项羽引三万精兵与汉大战彭城南灵璧东濉水上，大破汉军，多杀士卒，濉水为之不流。"据此，可以认为在冷兵器时代的"濉水大战"中，浍沟应是该大战的主要区域之一。浍沟在此静静流淌了2 000多年，滋养了沿岸广阔的土地和人民，积淀了深厚的文化底蕴，留下了丰富的非物质文化遗产和自然资源。在500多年前的明朝，灵璧县浍沟镇许闸村居住着这么一群许姓人家，他们靠水吃水，以捕鱼为生，鸬鹚是他们的主要捕鱼工具。2021年5月，鸬鹚捕鱼被宿州市人民政府和宿州市文化和旅游局评为市级非物质文化遗产项目。

三、典型做法与成效

（一）坚持校地合作，强化顶层设计

灵璧县与定点帮扶单位合肥工业大学合作，高标准举办"印象浍塘沟·鸬鹚捕

鱼"民俗文化节，进一步提升鸬鹚捕鱼的知名度和影响力。同时，合肥工业大学发挥自身在建筑规划上的优势，以鸬鹚捕鱼文化为载体，在灵璧县浍沟镇李宅村规划建设了水韵古塘民宿、村史馆、国家级古塘垂钓赛场等，形成集美食、游玩、住宿于一体的乡村旅游产业，促进和美乡村的发展。

（二）坚持重点保护，强化产业发展

灵璧县已在老濉河划出一定的水域建立渔民"鸬鹚捕鱼"保护区，用于鸬鹚养殖，使鸬鹚捕鱼成为渔民的生财之道，并带动当地旅游业的发展，保证该项非物质文化遗产及其成果得到保护、传承和发展。同时，每年有计划地增养鸬鹚，举办鸬鹚捕鱼技能培训，让更多人加入此行业，把鸬鹚捕鱼文化传承下去。目前，灵璧县浍沟镇郭许村许闸庄有20余户渔民养殖鸬鹚，约有鸬鹚500只，每户每年毛收入约10万元，对外出售幼小鸬鹚每户年收入约1.5万元。

（三）坚持活动引领，强化品牌培育

自2018年以来，灵璧县已举办6届"印象浍塘沟·鸬鹚捕鱼"民俗文化节，以领略鸬鹚捕鱼的传统渔猎生活和乡土风情为主线，将许闸庄中所有放鹰人召集起来开展鸬鹚捕鱼大赛。节日期间，众多渔民、游客来到灵璧县浍沟镇，与浍沟人民共同开展鸬鹚捕鱼、广场舞比赛、旗袍秀、垂钓等活动。据统计，灵璧县鸬鹚捕鱼民俗文化节年均吸引游客2万余人，带动消费千万余元，实现50余户村民增收超过2万元，已成为灵璧县乡村旅游一张靓丽的名片。

（四）坚持人才培养，强化技艺传承

灵璧县十分重视鸬鹚捕鱼技艺人才的培养，浍沟镇郭许村村民许兴果在2020年

渔翁 （鸬鹚，俗称鱼鹰，鸬鹚是灵璧县许闸村许姓渔民祖辈赖以生存的生活方式。这种脚踏双舟的独特捕鱼方式在许闸村已流传数百年。）

被评为鸬鹚捕鱼传承技艺灵璧县级非遗传承人。许兴果连续参加浍沟镇2018—2023年举办的鸬鹚捕鱼民俗文化节，现场进行捕鱼技艺表演，吸引数万群众前来观看，受到国家、省、市等主流媒体持续采访报道。此外，2019年清明节，许氏族陵落成，为传承弘扬许氏宗族数百年的渔人文化奠定了坚实基础。

四、经验与启示

（一）因地制宜是基础

因地制宜带动发展是乡村振兴的动力引擎。灵璧县浍沟镇的发展优势在于其得天独厚的水系资源和几百年来代代传承的民俗文化。立足乡村特色资源，充分挖掘天然优势和传统特色，围绕特色民宿、红色基因、鸬鹚文化等做出一系列设计，因地制宜发展乡村文旅事业，为乡村振兴赋予新活力。

（二）"党建+"是保障

党组织在全面推进乡村振兴发展中具有不可替代的引领力、带动力和影响力，应积极构建"大党建、大文旅"发展格局。灵璧县浍沟镇以"鸬鹚捕鱼"这一传统特色文化为基础，推行"党建＋文旅"模式，大力发展李宅村党史馆、特色农家乐等，并充分利用其阵地资源，组织党员干部开展讲红色故事、打造"红色景点"等活动，宣传乡村旅游新模式，拓宽当地群众增收渠道，激发乡村文旅振兴新动能。

（三）人才培养是支撑

人才是发展乡村振兴的重要资源，灵璧县浍沟镇十分重视鸬鹚捕鱼技艺人才的培养，大力扶持培养鸬鹚捕鱼专业人才。利用多媒体宣传推广，辅以政策扶持，着力推进鸬鹚捕鱼技能人才的培养，重新燃起渔民对鸬鹚捕鱼的热情。在守住这份珍贵非遗文化、传承这项古老捕鱼技艺的同时，也助力灵璧县浍沟镇形成"濉河水暖鱼儿跃，鹰儿入水鱼满舱"的"皖北江南·休闲生态水乡"景观。

斗士 （鸬鹚在双舟上歇息）

안徽省六安市霍山县

大别山仙人冲画家村：
艺术、自然与文化的完美交融

一、基本情况

画家村原是三线旧址。20世纪60年代，因霍山小三线建设，画家村所在地有皖西机械厂、皖西化工厂两家军工厂，拥有厂房约5.4万米^2。20世纪90年代，这两家军工厂相继迁出，留下许多闲置厂房，这些厂房后作为国有资产被重新规划利用，建成"大别山仙人冲画家村"。截至目前，画家村建成占地面积约4 000米^2、建筑面积约2 015米^{2}的安徽省军工博物馆，讲述三线历史，再现三线建设场景，科普军工发展历程与成就，现为安徽省科普示范基地、安徽省军工文化教育基地。另有国防教育基地1处、美术馆2处、艺术露营地1处、越野俱乐部1处、特色民宿8家、农家乐4家，修建了登山步道5千米。并成功举办多次大型文化艺术交流活动，入驻画家创作的油画、书法等各类作品达3 000余件。

二、发展历程

央视17套"非遗民俗闹新春 红红火火过大年"录制活动

2015年，霍山县美术家协会前来写生，被优美的自然环境和深厚的文化底蕴吸引，提出了在大别山腹地创建一个画家村的建议。诸佛庵镇党委、政府高度重视此项建议，经过充分论证，拉开了"大别山仙人冲画家村"建设的序幕。2016—2019年，先后有80余位知名画家签约入驻并成立工作室，在画家的推动下，画家村也成为国内多家知名美术院校的写生基地。新村民带来新气象，成为发展新引擎，画家村成为乡村旅游新名片。2022年起，画家村紧抓民宿业发展"春风"，积极打造画家村民宿集群，不断拓展和丰富"民宿+"，研学、露营、越野、美食等业态更加丰富。2024年起，探索发展新路径，依托整村运营聚人气，依托镇校合作提气质，依托招商引资添业态，依托画室焕新兴文化，画家村发展进入新的篇章。

三、典型做法与成效

（一）以画赋能，让闲置资产"变废为宝"

超前的思维、创新的思路，立足环境保护与旅游发展，对老三线厂闲置资产进行重新规划利用，将沿线6.5千米的粗放型竹加工企业全部迁出，使老厂房变废为宝，重新焕发生机。大别山仙人冲画家村，让书法、国画、油画、水粉、烙画等不同的美术形式齐聚于此，营造了浓厚的艺术氛围，为乡村发展注入了更多审美价值和活力，探索出一条"艺术乡建"助力乡村振兴的新路径。

画家村民宿音乐会

（二）以艺为媒，让特色民宿"竞相绽放"

立足自身文化底蕴和艺术氛围，将三线文化与艺术有机结合，打造画家村宿集品牌。通过对旧厂房艺术化设计与改造，先后建成新三线人家、有山美地、听溪、祥云寨等特色民宿，带动本地农户先后建成仙人冲驿站、望溪楼、老黎家、竹林雅轩等一批农家乐，正在打造民国风、徽派等主题民宿。画家村民宿集群初具规模，直接或间接带动300余人就业，"传统村落"变"旅游新村"的发展红利被村民共享。

（三）以文带旅，让优秀文化"春风化雨"

挖掘军工文化，弘扬三线精神，建成全省最大的三线军工博物馆，成为宣传和学习三线精神的重要载体，年接待各类研学团队等5万余人次。挖掘乡村非遗，弘扬传统文化，建有剪纸、根雕、葫芦烙画等传承人工作室，成为游客的打卡点。节假日积极开展各类文化活动，注重与群众和游客的互动交流，庐剧、四弦书、花鼓子等传统戏曲及音乐会、书画笔会等，受到群众和游客们的欢迎。

（四）以夜兴业，让乡村旅游"后劲十足"

将发展夜经济作为乡村旅游新的突破点，成功引进集酒吧、轰趴馆、游泳池、草坪天幕、野奢帐篷等于一体的艺术露营地，有效破解乡村旅游夜间无处可玩的困境。通过打造"夜食、夜景、夜宿、夜游"等全新"夜"态，让游客日有所玩、夜有所乐，进一步提高游客乡村旅游的体验感，为乡村发展聚集了更多人气。

（五）整村运营，为发展增添"内生动力"

探索社会化整村运营，汇集发展创意，更主动、更专业地面向市场，精准对接市场需求，寻求更好发展。通过运营对接目标客户，吸引更多游客，聚集发展人气。整合村内资源和不同文旅业态，联合不同市场主体，形成发展合力，在品牌打造、产品开发及市场营销过程中统一使用画家村商标，不断推进画家村文旅品牌宣推、文旅产业发展、文旅营收提升，进一步联农带农富农，实现多方共赢。

画家村艺术露营地

四、经验与启示

　　画家村依托优美的生态资源和独特的文化资源，以艺术为支点，实现乡村山水生活与艺术审美体验的共鸣，走出了一条艺术赋能乡村、文旅融合发展的乡村振兴之路。让艺术介入乡村，激活乡村发展潜在增长点，为乡村经济"解锁"了更广阔的发展空间。深入挖掘本土文化资源，用审美的眼光提升农村人居环境，实现新环境与旧环境的融合，诠释好、利用好乡村本土文化特色；创新打造乡村IP，强化品牌意识，围绕"吃、住、行、游、购、娱"发展特色旅游业态，主题化、差异化发展，满足游客不同的情感和休闲体验需求；立足特色进行强链、补链，全面推动文化产业、现代农业、乡村旅游提档升级，擦亮特色名片，推动乡村成为文明和谐、物心俱丰、美丽宜居的新空间。

皖西学院美术生在画家村写生

福建省泉州市晋江市

梧林传统村落：
文化拾遗　百年古厝留住乡愁

一、基本情况

晋江梧林传统村落位于泉州市晋江新塘街道西南部，背靠石鼓山，面临梧垵溪，村落形成于明洪武年间，占地约1 000亩，建筑面积6万米^2，常住人口约2 100人，旅居海外华侨1万余人，是晋江市最美乡村、闽南著名侨乡。

梧林传统村落全景图

梧林传统村落保留着20世纪初至今各式各样的闽南官式大厝、哥特式建筑、罗马式建筑、中西合璧民居、番仔楼等历史文物，其中比较有代表性的西洋楼11座、番仔楼14座、闽南传统建筑36座，传承着中华传统文化的精华，也是闽南侨乡文化最突出的代表，拥有兼容并蓄、延续至今的侨乡文化，行走其中，仿佛步入一个百年的原生态村落式建筑博物馆。

梧林传统村落烧塔仔活动现场

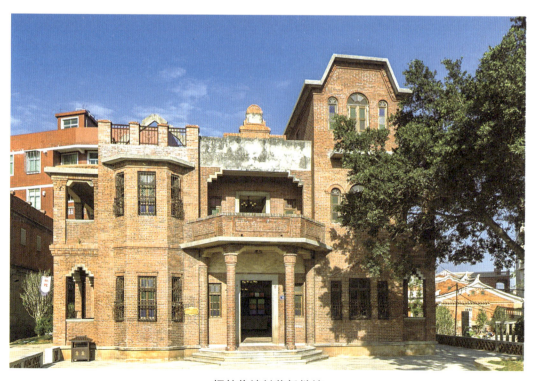

梧林传统村落侨批馆

2014年，梧林华侨建筑群被泉州市非物质文化遗产保护工作领导小组授予"闽南文化生态保护区晋江市展示点"；2016年，晋江市梧林传统村落被列入第四批中国传统村落名录；2020年11月，梧林社区入选"福建金牌旅游村"；2020年12月，梧林近代建筑群列入第十批省级文物保护单位名单；2021年8月，梧林社区入选第三批全国乡村旅游重点村；2022年9月，梧林传统村落入选"中国华侨国际文化交流基地"；2023年4月，梧林传统村落入选第一届全国古村古镇保护利用优秀案例；2023年6月，梧林传统村落"闽南侨文化影视基地"项目入选"2023年泉州市市级文化产业发展专项资金扶持候选项目"；2023年7月，梧林传统村落正式获评为国家AAAA级旅游景区；2023年12月，梧林传统村落获评"泉州市文化产业和旅游产业融合发展示范区"；2023年12月，梧林传统村落步行街获评"福建省特色步行街"。

二、发展历程

2017年，晋江市委、市政府启动对梧林传统村落的保护发展工作，聘请了具备国家城乡规划编制甲级资质的北京清华同衡规划设计研究院进行项目整体规划。2018年4月，完成全部征迁工作的梧林传统村落正式启动传统建筑修缮工作，坚持"留白、留绿、留旧、留文、留魂"的理念，按照"原汁原味、原貌重现、修旧如旧"的原则，修缮团队采用传统工艺进行保护修缮，充分运用原有的建筑材料，尽可能保留村庄面貌和肌理，保留村落的历史文化、民俗。并同步对景区内道路、绿化、景观等工程进行全方位优化提升，最大限度保护村庄原有肌理，拆除不协调的现代建筑，对原住民民宅楼房进行外立面整治和街头巷尾景观改造提升，形成五层厝、聚宝池、朝东楼等历史风貌建筑群，并持续打造商业街、民国风情街，同时预留50亩的用地做花海等景观节点，形成历史乡村与自然田园相辅相成的生态融合场景。

传统风貌建筑保护修缮的目的是让其焕发新的生机。为此，梧林传统村落引入了第三方运营机构，探索建立"地方国企＋专业文旅产业服务公司"的新模式，开展运营策划招商。通过搭建"一楼一故事"，融入梧林的历史文化、晋江的非遗内容，让游客以动态游览的方式，感受原汁原味的特色文化。围绕"家国情、醉闽南、意南洋"三条旅游动线，梧林传统村落同步做好活态传承，打造闽南侨乡文化展示点，精准优质招商，重点引入文创、非遗、餐饮、住宿等高端文旅业态，拓展非遗传承空间，策划生成系列传统文化创新体验项目，延伸团建定制服务，做足"吃、住、行、游、购、娱"一站式全链条。截至目前，梧林传统村落共入驻文化类业态28家，涵盖各类文化元素。如艺想天开、办桌工坊等文化文创类业态，雾列白瓷馆、闽南红砖馆、凤仪堂古琴文化馆等文化非遗类业态，峇峇娘惹换装馆、泉上印迹换装馆、西扶海棠旅拍等文化换装旅拍体验类业态。

2021年春节，梧林传统村落核心部分正式对外开放，有别于其他景区景点，梧林传统村落与社区之间不设门槛、不设围墙、不收门票，保留了原住民，充分尊重当地的历史、文化及生活习惯，真正实现"见人见物见生活"。

三、典型做法与成效

梧林以"月月有主题，周周有活动"为目标，在活动策划上不断尝试，不断延伸并丰富活动内容，通过演艺活动、展览活动、市集活动、定制互动活动、艺术展览、创意研学等多种形式，落地梧林市集、梧林剧本杀、梧林脱口秀、梧林街头快闪、梧林定向赛、梧林艺术季展览等活动。

梧林项目运营以来，梧林传统村落共组织策划400多场中大型主题活动，建立梧林特有的年节品牌活动IP，并成功出圈。如"闽南年·在梧林""哔！咖秋"咖啡市集、"梧林艺术季""梧林娘惹文化季""梧林敢潮季"等。梧林持续不断挖掘资源核心优势，确立IP内涵及价值，规划主题及品牌战略，以文化为魂、内容为王，赋能乡村振兴，打造高品质闽侨度假目的地。值得一提的是，2023年第二届南洋文化节暨新加坡梧林娘惹文化季，梧林携手2020版《小娘惹》的出品方长信影视，充分发挥南洋主题IP的优势。通过《小娘惹》电视剧沉浸展及地道南洋风物展，还原电视剧里服化道的场景，复刻老南洋生活场景，让游客可以置身于百年侨村，瞬间仿佛穿越到新加坡，沉浸式体验"娘惹的一天"。活动结束后，"娘惹旅拍"热潮不断，许多游客闻讯而来打卡，形成了新颖独特的文旅体验产品，让百年侨村的南洋风貌愈发鲜活。

四、经验与启示

经过六年时间的修缮保护，梧林传统村落涅槃重生。走在梧林老街，穿梭在一栋栋传统建筑之间，仿佛又回到了梧林往昔的繁华盛景。梧林传统村落将继续以"闽南侨文化度假目的地"为发展定位，打造晋江"产城人文"融合发展的典型示范，在全省"一山、一水、一楼"文旅资源基础上，丰富创建"一山、一水、一楼、一村"旅游体系，为推进中国式现代化晋江实践贡献力量。

福建省南平市建阳区

建阳建盏：
瓷坛"黑牡丹"再绽放　助文化振兴结硕果

一、基本情况

建窑，又称乌泥窑、水吉窑，是宋代八大名窑之一，位于南平市建阳区水吉镇后井村、池中村一带，总面积约23.19万米^2，创烧于晚唐五代，兴盛于两宋，宋末元初趋于衰落以至停烧。1989—1992年，中国社会科学院等单位对建阳区建窑遗址的考古发掘被评为"福建省十大考古发现与文物保护项目"。2001年6月，经国务院批准，建窑遗址列为全国重点文物保护单位。建盏，以兔毫、油滴、鹧鸪斑、曜变等名贵瓷器享誉海内外。千年古县建阳是建盏的发源地。先后入选国家级非物质文化遗产名录、国家传统工艺振兴目录，获批国家地理标志保护产品、中国驰名商标。截至2022年，全区共注册建盏工商户近8 000家，从业3万多人，产值50多亿元，品牌价值评估160.43亿元。

二、发展历程

历史上以烧造铁胎黑釉盏著称，俗称"建盏"，被誉为瓷坛"黑牡丹"，与青瓷、白瓷形成"三分天下"之势。然而宋末元初，因饮茶习俗的改变和文化背景的差异，建窑改烧青白瓷器，停止了黑瓷的生产，制作工艺也随之湮没无闻。1979年9月，中央工艺美院、福建省科委、省轻工所、建阳瓷厂组成攻关小组，开展仿古建盏实验，并于1981年3月研制出仿宋兔毫盏，失传600多年的技艺得以重现光彩。近年来，建阳区深入挖掘潜力，建盏产业呈现蓬勃发展的新局面，央视《寻宝》《走遍中国》等栏目推出相关专题片，《清平乐》《梦华录》等电视剧也进行了植入宣传。

三、典型做法与成效

（一）把平台建设作为重要支撑

着力推进文化改革创新，充分发挥建盏发源地的优势，不断凸显建盏产业集聚效应。建窑建盏产业园区、建窑建盏文化旅游街区、白茶布建盏产业基地、曼山古玩文化交易市场、水吉建窑建盏特色小镇等一批以建盏文化为核心的产业集聚平台建设项目不断推进。部分建盏企业通过开发"直播经济"新模式，带动村民从事建盏行业达万余人，在各行业普遍经营下滑的情况下，逆势上扬。投资1 600万元建设建盏文化旅游街区，进行统一规划，将其打造成集销售、展览、文化旅游于一体的全球建盏产销集散中心。投资1.5亿元建设建盏产业园区，包括建盏商业街、游客服务中心、建盏展示厅、DIY创客中心等，将其着力打造成集观光休闲、娱乐体验、科普教学、工艺展示于一体的文化创意园。扶持白茶布建盏产业基地，通过改造提升旧厂房，打造一批可供游客观光的工厂。规划建设水吉建窑建盏特色小镇，提升建窑遗址保护公园、人师工作坊、规划建设手续齐全的柴烧龙窑、宋窑建盏商贸城等。

（二）把做强企业作为主攻方向

建阳区委、区政府高度重视，不断在壮大龙头企业和完善要素保障方面下功夫。区财政每年安排预算1 000万元作为建盏产业发展专项资金，扶持建盏产业发展壮大，连续四年争取上级文化产业发展专项资金350万元，扶持建盏产业发展。在各级党委、政府对建窑建盏产业发展大力支持下，建窑建盏产业呈现出蓬勃发展态势。全区规上建盏企业6家，限上企业6家。建阳贵稀堂陶瓷有限公司被评选为"第九批福建省文化产业示范基地"，10家企业被评为"建阳区建盏文化产业示范基地"。建窑建盏文化产业的发展促进了农村人口就业，增加了当地群众收入，为乡村振兴有效赋能。

（三）把宣传推介作为战略高地

深入挖掘特色文化资源，以"工匠精神"为引导，以质量品牌建设为抓手，加大对外宣传推介力度，充分发挥建盏发源地的优势，突出"大建盏与大文化"融合联动发展的产业格局，不断推动建盏文化产业发展，品牌效应持续提升。先后组织建盏企业到国内各省市及日本、马来西亚、欧洲等国家和地区参加展览会、展销

建阳建盏文化创意园

会；在厦门、广州、上海、西安、福州等地设立建盏宣传中心；广泛利用媒体宣传造势，在中央省市县等各级媒体，播出建窑建盏各类宣传专题节目近百次；将建盏作为礼品赠送斯里兰卡、南非、意大利等外国领导人，促使建盏成为国内外各大珍品馆、博物馆收藏的工艺品，建窑建盏文化品牌知名度得到极大提高。通过组织申报国字号文化产业品牌，建窑建盏先后荣获国家地理标志证明商标、国家地理标志保护产品和中国驰名商标称号，建盏系列产品入选了2017年"福建好礼"百佳旅游商品名单，成为金砖国家领导人厦门会晤的贵宾礼之一，受到社会各界的关注与好评。

四、经验与启示

（一）推动乡村产业融合

通过拓展建盏与旅游、建盏与茶叶、建盏与文化等多业态融合发展，精心组织实施"标准、品牌、电商"三大战略，促进创新资源不断聚焦，推进产业升级。充分利用各种电子商务平台，带动农业农村的发展，拓宽农民增收渠道，增加农民的收入，呈现出交互融合发展态势。

（二）开展建盏品牌保护

注重打造建窑建盏文化品牌，积极指导建盏企业实施品牌战略，大力培育"两个名牌"（即名牌企业、名牌商标）。延伸建窑建盏文化产业链，让建窑建盏成为福建乃至全国的一张金质名片。

（三）强化农村人才培育

加强乡村振兴人才队伍建设，加快高素质农民培育，扶持一批农民专业合作社领头人，提高农民制作建盏的技术水平，坚持实施传承人、工艺美术师等评选工作，培育"建窑建盏制作技艺"代表性传承人，不断强化建盏人才培育。

中国建盏文化展示中心

福建省南平市顺昌县

大圣文化：
为乡村振兴注入新动力

一、基本情况

顺昌县位于福建省南平市西北部，武夷山脉南麓，为"闽江起源处、顺达昌盛地"。县域面积1985千米²，辖8镇3乡1街道、130个行政村，人口24万。近年来，顺昌县坚持以习近平新时代中国特色社会主义思想为指导，深入贯彻"两山"发展理念，提出"大圣祖地·零碳顺昌"发展目标，深入挖掘、梳理大圣文化踪迹，积极探索大圣文化与产业发展相结合的创新之路，以大圣文化赋能乡村振兴。通过完成五圣形象IP设计、打造"大圣＋"系列衍生产业等方式做大做强大圣经济，让更多百姓能够共享大圣文化的发展成果，有效激发乡村活力，助力顺昌县乡村振兴绿色高质量发展。

二、发展历程

顺昌大圣文化有着深厚的文化底蕴和清晰的历史脉络，可追溯至唐末五代，盛传于元末明初，早于吴承恩《西游记》创作时间。在顺昌境内大圣文化历史实物遗存中，现已发现了宋元明时期"孙悟空"前身白衣秀才、紫衣秀士等演化形象，与两岸《西游记》研究专家的研究成果相互印证，填补了《西游记》成书演变的历史空白。顺昌因此被海内外誉为"大圣祖地"，吸引大批海内外游客来寻根拜谒，为促进闽台交流、文旅融合发挥着积极作用。2011年，顺昌被中国西游记文化研究会授予"齐天大圣文化研究中心"，顺昌"齐天大圣信俗"被列为福建省级非物质文化遗产名录；2023年，顺昌大圣文化入选首批全国"一县一品"特色文化艺术典型案例名单。

三、典型做法与成效

（一）政校企三方联动，探索大圣经济赋能乡村振兴

顺昌县委、县政府高度重视大圣文化的传承与宣传，提出"大圣祖地·零碳顺昌"发展目标，并将"大圣"产业列为顺昌"六个一"比较优势特色产业之一，成为顺昌发展的重要组成部分。一方面，加大对大圣文化的深入挖掘，组织举办顺昌

大圣文化IP设计大赛、"大圣文化周""大圣节"等活动，以丰富的活动形式打响大圣品牌。同时，积极对接福建省海峡教育学院，引进研学项目落地；加强与闽江学院电影学院对接，促进大圣电影拍摄项目落地。另一方面，加大对大圣文化的赋能转化，提升"大圣+"产业整体效益。依托大圣文化IP效应和品牌价值，吸引多家企业推出大圣品牌产品，以文化激活县域经济。顺昌行者大圣研学公司持续推出研学旅行、夏令营、国防教育等系列活动，不断丰富顺昌大圣系列产品，延伸大圣文旅产业链。

（二）产业振兴，拓宽大圣文化新产业新业态

持续推出"大圣+"衍生产品，擦亮大圣品牌，培育大圣酒、大圣茶、大圣矿泉水、大圣预制菜以及龙潭大圣（水上旅游）、行者大圣（研学经济）、大圣文创等"大圣+"产业。目前，"宝山大圣"酒、茶、菌菇礼盒、手剥笋等大圣品牌产品已全面推向市场，反响良好，宝山大圣酿酒基地等项目正在有序推进；打造农耕研学体验项目，在研学项目中弘扬大圣精神，拓宽乡村休闲旅游线路；预制"山尊大圣"即食手剥笋、大圣灌蛋肉馅等，进一步提升发展大圣预制菜产业。

（三）联农富农，推动大圣文旅蓬勃发展

做好"无中生有、小题大做"文章，深入挖掘大圣历史文化元素，增添大圣文化时代内涵，大力发展乡村旅游、民俗旅游、特色旅游。如大干镇依托大圣文化资源，积极构建"一圈五区一中心"大圣文化旅游经济发展格局，以文化旅游带动农民增收，2022年实现村财政收入30.73万元。

"2022福建顺昌大圣信俗文化活动周"现场

（四）借力大圣文化，促进闽台交流

2021年3月，习近平总书记来闽考察讲话中指出，福建要"在探索海峡两岸融合发展新路上迈出更大步伐"。顺昌大圣文旅经济在促进闽台交流、文旅融合中发挥着积极作用，不断推动大圣文旅资源整合与创新发展，由政府、企业、协会、非遗传承人等主体，开展多种形式的闽台文化与经贸合作，发掘大圣文旅经济多业态融合潜能。顺昌大圣文化每年都会吸引大批海内外游客来寻根拜谒，2009—2022年共举办12场大圣文化交流活动，将游览、庆典、晚会等多种形式相结合，活动形式更新颖，覆盖面更广泛，两岸交流也更紧密。2022年8月，顺昌县举办"大圣文化周"活动，新加坡、泰国和中国台湾、香港等一大批大圣文化研究者通过视频表示祝贺，反响热烈。

"大圣+"衍生产品

四、经验与启示

（一）确定一张蓝图，久久为功是关键

乡村文化振兴是一项系统复杂的工程，只有思路清晰、目标任务明确、持之以恒，才能使乡村文化振兴走在科学的道路上，事半功倍。顺昌大圣文化从顺昌整体出发，不断做好大圣文化宣传推广及赋能转化，成为一张焕发活力的顺昌名片。

（二）打造一个品牌，产业振兴是目标

城市品牌并非凭空而生，必须结合目标城市长久以来的文化和自然资源共同打造。顺昌县以弘扬大圣文化为核心目标之一，将大圣文化与实体产业有效结合，推动文化产业品牌化，从而带动本地食用菌、粮食、柑橘、笋竹等特色产业品牌发展。

（三）写好一个故事，品牌价值是根本

大圣文化在顺昌县流传已久，作为本乡本土的特色文化，文化底蕴厚重。同时又能依托《西游记》中远近闻名的孙悟空形象来加以宣传，有效提升品牌价值。

福建省龙岩市连城县

培田耕读小镇：
崇文重教　耕读传家

一、基本情况

　　培田古村落始建于南宋，距今已有800多年历史，面积13.4千米^2，辖14个村民小组426户、1 456人，拥有古建筑群7.2万米^2，其中，国保单位25处，省保单位28处，明清时期是连城到汀州府古官道上的驿站。先后获得中国传统村落、全国重点文物保护单位、中国历史文化名村等十几项国字号荣誉。近年来，宣和镇聚力推动传统村落集中连片保护利用，全力打造"中国培田耕读小镇"，构建培田古村落文旅产业融合发展新格局。

培田古村落全景

二、发展历程

　　培田是客家偏僻小山村，得益于村里有志之士和各级党委、政府的重视，积极开展古村落保护开发工作。先后成立培田古民居保护与开发领导小组、培田古村落创建国家AAAA级旅游区工作领导小组等组织领导机构，编制出台了《培田古村落保护与发展规划》等文件。2000年以来，培田开始进行保护性开发，在上级党委、政府的支持下，高度重视"中国培田耕读小镇"的打造，每年安排500万元专项资金，成立培田古村落保护开发管理委员会、培田古村落工作站等，投入大量的人力、物力和资源对古村落进行规范管理，中国培田耕读小镇建设工作进展迅速。2023年，正式成立中国培田耕读小镇保护利用和建设发展工作领导小组，多方位挖掘"耕读"文化，做足做实培田古村落"崇文重教　耕读传家"文章，打造宜居宜业、文旅发展有温度的中国培田耕读小镇。

2023年第十二届培田客家春耕节现场

三、典型做法与成效

（一）高位推动，系统规划强部署

坚持"规划先行"。围绕建设中国历史文化名村，打造中国培田耕读小镇，先后编制《连城县宣和乡培田村保护规划（2014—2030年）》《连城县宣和乡培田村村庄规划（2020—2035年）》《连城县域传统村落集中连片保护利用规划》等，明确发展思路和目标任务，坚持一张蓝图绘到底。

坚持"保护优先"。按照"保护为主、抢救第一、修旧如旧、复古如古"的原则，严格按照规划要求及整治方案，对衍庆堂、衡公祠、久公祠等49栋建筑单体进行"修旧如旧"的抢救性维修。培田村古建筑群消防工程项目总投资1 190万元，已全面开工建设。严格规划审批、修缮审查、风貌管控，传统村落保护利用工作取得良好成效。

坚持"共建共享"。学习运用浙江"千万工程"经验，实施市委"156"乡村建设工作机制，积极开展"红领培田·耕读传家"党建品牌创建，深入推进乡村治理"八个全覆盖"，坚持政府主导与社会全面参与相结合，充分调动群众主体作用，通过人才回引、村民参与等形式，撬动社会各方以捐资、捐物、技术服务等方式参与传统村落保护利用工作，构建形成"政府＋社会力量＋村民"长效保护机制，实现了政府、企业、村集体和村民共建共享共赢。

（二）活态传承，文旅融合兴产业

深挖"耕读"文化，打造旅游品牌。培田古村落坚持做好古建筑"活化"文章，围绕耕读传家主题，策划实施培田恩典荣光、荷塘悦色、古墙夜话、万安祈福、廊桥听古、官厅水秀、醉美转角、十番古戏"夜八景"沉浸式夜游项目，促进夜间经济发展；利用文化优势和特色，系统开展旅游文创，连续举办十二届省级"春耕节"，建设"农耕"体验园2处，建设大型稻田景观画45亩、"农耕"体验园2处，打造农耕农具陈列、天下粮仓"粮食印记"陈列等5个特色展陈点，开展"农事研学体验"；依托染织、剪纸、十番音乐、山歌童谣等非物质文化遗产，建立特色工坊、组建十番音乐队，开展"非遗研学体验"；支持培田本土人才出版《培田古今透视》《培田村志》《话说培田》等书籍。培育省级非物质文化遗产代表性项目1项、市级项目5项。2022年以来，客家原生态文化吸引7万余人次参与各类研学体验，培田村旅游收入突破450万元。

延伸产业链条，实现富民强村。依托"村党支部＋合作社＋一二三产"模式，成立"培田村农文旅融合农民专业合作社"，发展茶叶、花卉、水稻、烤烟、雪薯、苗木绿化等特色产业；实施"古村落业态培育工程"，打造以生态果蔬体验园、千米古街、美食情缘街、耕读文化街为特色的"一园三街区"，引进5家企业入驻，吸引60余户村民开设商铺，带动群众增收1 500元；积极培育本土电商，做强"莲讯"等本土头部电商，培育官方文旅推介官，开展山货年货节、采摘节等主题直播带货活动，带动83名"新农人"走入直播间，吸引网友打卡，助推地瓜、白鸭、姜糖、百香果等农特产品销售，带动古村增收55万元。

（三）打响品牌，优化服务强效能

强化宣传营销。全力打响培田古村落数十个"国字号"招牌，融入福建"全福游·有全福"和龙岩"一山一楼两田""传统村落万里行""NBA乡村嘉年华"旅游宣传营销大格局，先后邀请国家、省、市各级媒体100余团次考察培田旅游产品，推动培田古村落多次亮相央视。充分借助各类媒体资源宣传古田旅游形象，大力配合拍摄《古田会议》《红色摇篮》《邓子恢》《古田军号》《浴血荣光》等影视作品。坚持每年举办中国培田春耕节、采摘节，大力推介培田"耕读传家"品牌，开设"中国培田耕读小镇"微信视频号等新媒体，积极对接新华社、中国网、中文国际、今日环球等媒体、栏目，对中国培田耕读小镇进行宣传报道。

提升服务保障。围绕景区发展要素，深化组织保障机制，全面提升古村落服务管理水平。创建"红领培田·耕读传家"党建品牌，创新推行"345"景区党建工作法，建立"冠豸山国家级风景名胜区管委会党委—宣和镇党委—培田风景区党支部和培田村党支部"县镇村三级联动组织体系，以扁平化管理实现高效率运转。将古村落划分为14个服务网格，动员老党员、讲解员、商户等成立5支"古村"服务队，在53处国家级和省级重点文物保护单位、"千米古街"沿线及景区内民宿、商铺处设置59个党员先锋岗、6个共产党员诚信铺，实现服务全覆盖。

培田村积极探索农文旅融合新路径，深挖"耕读"文化，通过"整体保护＋旅游激活"的方式，实施一批古建筑活化利用、民间手艺、民俗活动传承工程，提升"耕读传家，民间故宫"文化标识度，打响"中国培田耕读小镇"品牌，文旅产业迅猛发展。2013—2023年，接待游客从4.05万人次增长至22.12万人次，旅游收入从106万元增长至430.5万元，村民人均年收入从0.7万元增长至3万元，传统古村落焕发新生机。

培田梅花迎春放，古村焕发新生机

四、经验与启示

（一）党建引领推动人才赋能

建立党政领导挂钩联系人才制度，牵头解决中国培田耕读小镇人才队伍急难问题。围绕引进、培育、用好人才三个环节打造最优人才生态，推动人才培育与耕读小镇提质相融合。大力引进古建筑专业技术人才，搭建人才双向交流平台。分批对土建专家、导游（讲解员）、千名农民进行轮训，着力培养一批适应景区发展的应用型创新创业人才。

（二）强化发展要素保障

通过政府牵头、民间参与等多渠道筹措资金4亿元，用于支持中国培田耕读小镇建设工作。村成立理事会，积极参与以政府为主导的旅游开发管理，并建立利益分成机制，按门票收入25%～28%的比例划拨给理事会，用于村庄公益事业投入。

（三）推动文化传承发展

深入挖掘"耕读传家"客家文化，做好"崇文重教"文章，积极探索古村落内各厅堂功能化利用，在古村落布设展馆，展示文化。围绕"耕读文化"主题，规划发展以"培田古村保护"为根本，集"古村保护、文化交流、旅游观光、生活旅居"四大功能于一体，加强传统村落和乡村特色风貌保护，因地制宜发展文旅产业，打造综合性特色古村旅游。

江西省景德镇市浮梁县

高岭土文化：
弘扬高岭土文化　促进乡村振兴发展

一、基本情况

中国是瓷器的祖国，景德镇是举世闻名的瓷都，其所辖浮梁县高岭村是制瓷重要原料高岭土的故乡。近年来，景德镇开门子文旅产业发展有限责任公司以"高岭土"文化为抓手，建设"高岭·中国村"景区。公司以高岭土文化传承与保护为目标，坚持以产业兴村、产业富民为宗旨，依托当地高岭土文化产业优势，采取村企联动模式开展文旅产业建设；充分挖掘本地资源，以高岭土文化旅游融合发展促进乡村产业兴旺，不断带动村民从发展文化博览、乡村民宿、农耕体验、农家乐等文旅产业方面增收。2021年辐射带动村民就业5 230人次，带动村民增收1 205万元。2023年辐射带动村民就业9 360人次，带动村民人均增收2万元。

二、发展历程

高岭土是一种非金属矿产，是一种以高岭石族黏土矿物为主的黏土和黏土岩。因呈白色而又细腻，又称白云土，因江西省景德镇高岭村而得名，具有深厚的历史文化积淀，体现出不同阶段的历史风格和文化特色。目前，高岭土已成为造纸、陶瓷、橡胶、化工、涂料、医药和国防等几十个行业必需的矿物原料。2000年，我国著名的陶瓷考古专家、景德镇陶瓷考古研究所所长刘新园在高岭申报国家重点文物保护单位的推荐文本中写道："高岭古瓷矿遗址是我国古代著名瓷用原料产区，是世界制瓷黏土——高岭土的命名地，是陶瓷专家及陶瓷爱好者朝拜的圣地，也是我国乃至世界陶瓷文化史上具有代表性的一处文化遗产，具有独特的科学价值、艺术价值和历史价值。"高岭村不仅存有世界唯一的、典型的、完整的高岭土古矿遗址，而且有茂密的森林、幽深的峡谷、飞舞的瀑布和保存完好的古代自然聚落，是天造地设的天然宝藏和动植物王国。独特的矿产资源、优越的自然环境和悠久的人文历史，为这里披上了一层神秘面纱，也为这里赢得了一系列光环。同时，这里拥有国家重点文物保护单位、国家重点风景名胜区、国家AAAA级旅游景区、国家首批矿山公园、国家首批自然和文化双重遗产五项国家级品牌，被人们称为高山上的"五朵金花"。

高岭·中国村大唐茶市

三、典型做法与成效

（一）创建村企联动

公司坚持以产业兴村、产业富民为宗旨，充分挖掘本地资源，依托当地高岭土文化产业优势，通过村企合作，带动村民结合实际发展文旅产业，为游客提供休闲体验、文化博览、美食品鉴、民宿体验等一条龙服务，并通过合作方式与村民建立利益联结机制，带动农户增收。

（二）重视人才培养

充分发挥景德镇陶瓷大学、当地拥有的部、省、市三级陶瓷研究所，以及近百家陶瓷文化艺术研究社团机构的力量，不断调动国家级、省级工艺美术和陶瓷艺术大师，陶瓷类高级工艺美术师，陶瓷产业工人的力量。以大师为引领，借助陶艺人才在创意产业发展中做出的巨大贡献，并依托社会力量建立陶瓷文化创意人才培训体系，推动在职员工培训发展。同时，在"高岭·中国村"以立足全省、面向全国培养乡村振兴所需人才为目标，建设村长学院（中国新型职业农民培训基地），为高岭土文化传承提供教育培训的重要平台。

（三）梳理典型带动

一是充分挖掘本地资源，依托当地高岭土文化产业优势，带动合作社或农户发展文旅产业，为游客提供服务。二是发挥市场优势，积极与景德镇市紫晶国际旅行社有限公司等大型旅行社签订合作协议，并通过景区宣传吸引游客。目前，"高岭·中国村"已被评为国家 AAAA 级景区，成为 2022 年"中国农民丰收节"江西活动举办场地，走在全省文旅产业的前列。

四、经验与启示

（一）注重当地文化、艺术特色和乡村特点的结合

公司以陶瓷为核心，以重返乡村为理念，构筑配套完善的农庄和陶艺小镇，建设集田园观光娱乐、乡村旅居、高岭土文化展示等功能于一体的生活小镇；通过艺术和创意，突出国际化特色，打造艺术乡村生活方式多业态共生圈，推动内容升级、人才升级，助力文化旅游和高岭土文创两大高端产业发展；探索新城乡协同发展模式，形成可览、可游、可居的环境景观，以创意视角、科技视角、生活视角，关注和推动文化的创造性转化与创新性发展；利用综合文创方法，为新城乡、新产业、新场景提供新动能，促进区域可持续发展、产业创新发展、消费转型升级，打造作为景德镇国家陶瓷传承创新实验区的重要陶瓷承接地。

（二）注重企业主导和多方能动力的结合

为了让农户获得更好的经营效益，对发展文旅产业的合作社或农户，公司定期组织农户接受生产经营培训，聘请专家学者为农户讲解传授经营理念。目前，接受培训的农户超过1 000人次。公司还成立了专门的技术服务小组，免费为有联结关系的农户提供辅导及管理服务，解决农户在生产经营中碰到的困难与问题。另外，公司还与旅行社合作，带来景区人流，为周边农家乐、民宿增加人气。

（三）注重企业经济创收与带动当地群众的结合

坚持以产业兴村、产业富民为宗旨，在抓好经济的同时，通过村企合作，充分带动村民发展文旅产业，并通过合作方式与村民建立利益联结机制，带动农户增收。不仅夯实了群众基础和服务产品多样化的基础，也为整体市场的推进和发展提供了良好环境。

以49个集装箱体建设而成的高岭·中国村景区游客服务中心

东固传统造像·亦俊堂传习基地：
钻研雕刻技艺　促进产业振兴

一、基本情况

东固传统造像·亦俊堂传习基地位于国家AAAA级旅游景区吉安市青原区东固景区，于2018年由江西省丹青先生雕刻发展有限公司自筹1 000余万元资金建设而成。基地集雕刻技艺、造像工艺于一体，现有固定工人20多人，设有展示馆、办公区、生产区、堆料区（仓库）等。

二、发展历程

该基地的雕刻技艺为东固刘氏家族世代家传技艺，祖上在明朝年间曾入南京工部匠籍，御赐为"雕銮匠"，当地人称其为"丹青先生"。此项传统技艺被称为"东固传统造像"，2014年被评为第四批国家级非物质文化遗产代表性项目，2018年入选第一批国家传统工艺振兴目录、省级生产性保护基地等。基地负责人刘节明2018年被评为第五批国家级非物质文化遗产代表性传承人，荣获全国非物质文化遗产保护工作先进个人称号。基地现有国家级传承人1人、省级传承人1人、市级传承人2人、区级传承人2人。

三、典型做法与成效

（一）文化振兴添活力，打造非遗品牌

作为非遗传承基地，深知守旧就是落后、创新才有活力。该基地致力于打造非遗品牌，注重文化创意成果转化，创作的作品定位精准，具有广泛的群众基础和广阔的市场前景，符合市场经济需求。作品《精忠行者》《逆行者》《支援战役》在2020年江西省"艺"起战疫主题艺术作品展中分别获一等奖、二等奖、优秀奖，选送的原创作品《盛世中华同心向党》浮雕精彩亮相"奋世新时代"主题成就展，向党的二十大献礼。同时，积极利用在全国范围内影响力持续提高的契机，基地创作人经常携带作品参加各类展览，到福建、浙江等地方交流学习。注重线上线下同步发展，不仅设立实体销售点，与古建类企业、文保类企业等达成战略合作协议，将产品推向古建与文物修复行业市场，还积极与东家、一条、淘宝众筹、京东众筹、

江西保利拍卖等线上企业深度合作，达成战略共识，进一步扩大非遗品牌的知名度。

（二）人才振兴助发展，推进校企合作

好的技艺需要更多的人传承，基地目前拥有国家级传承人、省级传承人、根艺美术师等专业技术人才。为更好地传承这项技艺，基地负责人打破传男不传女、传内不传外的传统观念，积极推进校企合作。目前，与中央美术学院、中国传媒大学、北京师范大学、南昌大学、江西师范大学、南昌航空大学、井冈山大学、吉安职业技术学院等高校开展深度合作，联合培养雕刻人才，传授传统技艺，壮大传承人队伍，为非物质文化遗产保护助力。

（三）产业振兴促共富，实现联农带农

基地积极响应政府大力发展文化旅游产业的号召，积极配合市"全景吉安全域旅游"战略，为打响"红色东井冈"文旅品牌助力，积极打造研学基地，使之成为东固红色研学之旅中的一部分。基地添设了传习所体验区，拥有可容纳100人的理论室、体验室、宿舍、食堂等，实现了"吃、住、行、游、购、娱"一站式服务，基地年增旅游研学收入50余万元。每年造像500尊左右，同时，积极开发文创产品、旅游商品、工艺品、收藏品、红木家具、景区标识牌制作等，年产值200万元。基地年吸纳工人50余人，其中脱贫户、残疾户、低保户等特殊困难群体10余人，直接带动村民增收100余万元。

四、经验与启示

（一）加大非遗支持力度，纳入整体规划

党委、政府高度关注非物质文化遗产的保护与继承，认识到非物质文化遗产背

东固传统造像·亦俊堂传习基地全景

正面房屋一楼为展示馆，二楼为办公区、理论室，三楼为宿舍，房屋后为堆料区，右侧房屋为生产区、体验室等。

后的潜在价值，发挥其在经济发展中的正面影响，充分发挥非物质文化遗产的文化价值和经济价值，助力乡村振兴。

（二）加大非遗传承力度，助力人才培养

非物质文化遗产的传承与保护是一项长期而艰巨的任务，是乡村振兴的重要内容，成功与否关键在人，只有让人们感受到非物质文化遗产的魅力，才能让他们自愿投身到非物质文化遗产的传承和保护中。同时应充分发挥能人巧匠的示范带动作用，带动更多的群众参与到非遗产业中，享受非遗产业带动经济增长的成果。

（三）加大非遗创新力度，促进良性发展

坚持守正创新，守正是基础，创新是重点，没有创新的文化就没有发展。要立足非遗本身，并结合时代特性，将时代需求融合到非遗产品中去，做好非遗产品的创新研发，创建文化品牌。只有这样，非遗产品才有市场，非遗才更有魅力，非遗文化才有更多的人去传承。

（四）加大非遗宣传力度，拓展多元领域

互联网、多媒体等传播媒介的发展拓宽了传播渠道，增强了非物质文化遗产的影响力。要开发传播途径，利用大数据、互联网、人工智能等技术扩大传播，举办、参加丰富多彩的展会等，为展示宣传非物质文化遗产创造更多的机会。

（五）加大非遗开发力度，促进产业振兴

要将非物质文化遗产的保护传承与乡村振兴同步发展，实现文化与经济同步提升。推动非遗特色化发展，加强非遗与当地旅游产业的联系，实现文旅同频发展。培养"乡村网红"，从线上线下带动非遗经济增长，实现文化资源向经济资源的转化。

基地传承人在体验室向中学生教授传统技艺

高田"过漾":
"过"传承民俗 "漾"出新风尚

高田镇位于石城县境内东北部,距县城27千米。境内高山多,丘陵多,谷地和平地穿插相间,山势逶迤,为武夷山脉中段主脉,从东北与广昌、福建宁化交界处入境,绵延于东部,为闽赣两省天然屏障。作为客家先民南迁的重要中转站,高田镇客家文化底蕴深厚,众多优秀客家民俗活动在这里留存,其中典型的"过漾"民俗,在全面推进乡村振兴进程中不断发挥积极作用。

一、基本情况

"过漾"为石城方言,"漾"意为人气旺盛、人山人海,"过漾"即亲朋好友齐聚,欢度美好节日。"过漾"属于区域性客家民俗,只在石城县高田镇流行。每个村的"过漾"时间各不相同,黄柏村、堂下村、桂竹村等的"过漾"时间一般为正月初二至初六,岩岭村为正月初十左右,上柏村为农历五月十三,朱家村为农历七月十六,大秀村为农历八月十五……"过漾"当天,一般安排有巡游福泽、祭祀关帝、参拜社公、大宴宾客、亲戚欢聚、摆台唱戏等丰富多样的活动。"过漾"是人们向神明传达心中美好愿望的一种仪式。它是民俗文化,也是非遗文化传承的载体,更是文化振兴的展示舞台。

二、发展历程

(一)古老的客家民俗

"过漾"起源于明朝时期,至今已有四百多年的历史,是一种民间祈福祈平安的活动,传说是为纪念保护神关公生日而形成。活动寄寓安定祥和、风调雨顺、五谷丰登、兴旺发达之意。随着影响力的扩大,周边地区的很多年轻人都会在"过漾"这天来到村里参加活动,寻找梦中情人。因此,"过漾"也被称为石城"情人节"。

(二)在传承中绽放异彩

随着许多年轻人外出务工,一部分客家民俗受到影响,但"过漾"这一传统习俗依然得到了良好的保存与传承。在推进乡村全面振兴进程中,"过漾"活动不仅继续作为重要的年度节庆活动存在,还成为凝聚乡情、传承地方文化和增强民族凝聚力的重要手段。

摆台唱戏

（三）在保护中打造文化IP

政府对"过漾"这一非物质文化遗产非常重视，建立了专项档案，详细记录"过漾"的历史渊源、仪式程序、表演形式、民间传说等，同时做好"融"文章，将民俗表演、农民运动会等群众喜闻乐见的活动融合进去，不断提升"过漾"的参与度。在保护过程中打造"过漾"文化IP，提升"过漾"文化IP的内涵和趣味性，与年轻人互动并产生共鸣，让"过漾"这一古老民俗文化焕发勃勃生机，并与当代社会生活相融合。

巡游福泽

三、典型做法与成效

（一）"过漾"与乡村治理相融合，助推乡村治理

建好"小自治"，激发群众参与。将"过漾"民俗节与基层治理有效结合，依托"过漾"的人气，紧盯党委、政府工作需求、群众需求、发展需要，将政策宣讲、矛盾纠纷化解等与"过漾"充分融合，搭建村民协商议事活动平台。在和谐通畅的氛围中，人们一边过节一边交流。日常难调解的矛盾纠纷、难开展的工作，在"过漾"这几天，通过有效的沟通和多方发力，问题得以有效解决。这促使传统节日焕发新生机，乡风民风持续向善向好，基层治理成效逐步显现。

（二）"过漾"与旅游产业相融合，推动经济发展

发展"民俗游"，提升经济效益。依托国家AAAA级八卦脑景区优势，高田镇深挖"过漾"文化内涵，深研"客家民俗""过漾文化"等文章，带动"民俗游"的发展。坚持以文塑旅、以旅彰文，深入推动文化和旅游融合发展，主动适应旅游消费需求变化，推出八卦脑——过漾民俗体验（堂下村）的精品旅游线路，在实践中创新文化产品供给，以旅游作为活化文化资源的有效手段，加快形成文旅产业融合发展新优势，不断丰富旅游品牌。源源不断的客流带来了地方经济的发展，也为村民的增收致富带来了新动能。

（三）"过漾"与文化发展相融合，促进文化发展

创新"新内涵"，推动传承发展。"过漾"是民族文化的重要组成部分，"过漾"节是一种民族传统和价值观念的传承。通过庆祝民俗节日，人们能够更好地了解和传承自己的文化传统。同时，民俗节日也促进了民族文化的创新与发展。随着社会的发展和变化，传统节日的形式和内涵也在不断演变，现在的"过漾"中常常加入了现代元素，使得传统与现代相结合，成为新一代年轻人的"血脉觉醒"，成为年轻人的文化追求，为传统文化注入新的活力与内涵。

四、经验与启示

文化是乡村振兴的灵魂，文化振兴可以推动乡村持续发展。每个地域都有各自的特色民俗文化，通过充分挖掘乡村民俗文化资源、培育民俗文化产业、加强民俗文化传承与发展、探索文化产业与旅游融合发展等措施，实现文化赋能乡村振兴的目标。

（一）挖掘民俗文化资源

乡村民俗文化资源是乡村振兴的重要基础。要实现文化赋能乡村振兴，首先要因地制宜，结合地方各区域实际情况，深入挖掘本乡村的民俗文化资源。通过挖掘和整理民俗文化资源，形成具有地方特色的文化品牌，为乡村发展注入新的活力。

（二）培育民俗文化产业

文化产业是推动乡村振兴的重要力量，特别是民俗文化产业有着同群众生活密切联系、群众接触得多、容易被理解和接受等特点。要充分利用民俗文化资源，培育具有地方特色的文化产业，这包括乡村旅游、手工艺品制作、农特产品开发等。通过发展民俗文化产业，可以有效带动乡村经济的发展，提高群众的收入水平，促进乡村的可持续发展。

（三）加强民俗文化传承与发展

各地的民俗文化是乡村文化的瑰宝，是经过岁月长期洗礼和发展演变的，是乡村振兴的重要资源。要加强对民俗文化的保护、传承与发展。如加强对传统建筑、古迹、非物质文化遗产等的保护和传承，探索把物质文化遗产与非物质文化遗产高度融合的发展路径等发展办法，增强广大群众的理论自信、文化自信，助力兴文明淳朴乡风。

（四）推动文旅融合发展

将民俗文化与乡村旅游相结合，是实现文化赋能乡村振兴的有效途径。通过举办有特色、有品位、有看点、有娱点、有打卡点的别开生面之民俗文化活动，唱响文旅融合式发展大品牌，吸引四面八方的游客前来观光旅游，带动乡村经济的发展，以乡村经济的发展助力民俗文化的传承与发展，使得两者之间不断融合、不断发展，达到相辅相成、相得益彰的好效果，从而为实现乡村全面振兴带来新质发展力。

总之，文化赋能乡村振兴是一项长期而艰巨的任务，民俗文化在其中有着举足轻重的作用，我们需要深入挖掘乡村民俗文化资源，培育具有地方特色的民俗文化产业，通过加强民俗文化传承与发展、探索文化产业与旅游融合发展等措施，让乡村焕发出新的生机和活力，全面助力乡村振兴。

山东省威海市荣成市

三渔文化：
赋能文化和旅游高质量发展

一、基本情况

荣成市地处山东半岛最东端，三面环海，海岸线长达492千米。海孕育了荣成人，在几千年历史中，与海共舞，海世界、海文化生动鲜活地契合于日常生活中，并代代传承。最具地方典型代表的当属"三渔文化"。"渔家锣鼓、渔家秧歌、渔民号子"发源于荣成沿海渔村，是源于生活且活跃于生活的艺术形式，也是荣成渔家人不可或缺的精神支柱。千百年来，荣成"三渔文化"不断发展传承，逐步形成了观赏性较高的民间传统艺术形式。

近年来，荣成市不断探索"三渔文化"传承发展的新领域、新途径、新形式，走出了一条具有开放性、可借鉴的群体创新传承新路径，被授予中国渔民文化之乡、中国民间文化艺术之乡等称号；荣成渔民"开洋·谢洋节"被列入国家级非物质文化遗产代表性项目名录。

二、发展历程

荣成"三渔文化"由"渔家锣鼓、渔家秧歌、渔民号子"组成。渔家锣鼓是渔民在长期的海上作业中形成的以锣鼓这种古老乐器为载体，含有历史、民俗、艺术等诸多文化内容的传统民间艺术形式，是渔民海上生活中不可缺少的精神支柱。渔家秧歌是荣成沿海渔民在长期从事渔业生产生活中，将荣成的地域特点和渔民性情巧妙地糅合在一起，创造出的别具一格的民间舞蹈形式。表演形式丰富多样，精彩华丽。既有传统的十字步，以及逗、浪、扭、摆、跳，又有渔家民俗的劲、憨、粗、宏，是荣成民俗舞蹈的重要代表，对研究当地舞蹈艺术的发展有着重要作用。渔民号子是荣成渔民在长期与大风大浪的抗争中，在繁重的生产实践里，创造出的极具地方民俗特色的音乐形式，它作为渔民生产劳动中不可缺少的古老歌谣和精神号令，既有鼓舞情绪、调节精神的作用，又有指挥生产、协调动作、统一行动的功能。

在当今社会，为唤起人们对优秀传统文化的认知与热爱，感悟渔家人不畏艰难、人定胜天的信仰力量，荣成市依托丰富的海文化资源及海文化传统，以"三渔文化"艺术特征为蓝本，创作出一系列艺术作品，将传统文化与时代需求相结合，引发人们广泛关注与参与，极大地提升了荣成"三渔文化"的传播力度与广度，从而将"三渔文化"打造成为最具荣成典型特色的城市文化名片。

三、典型做法与成效

（一）以骨干带骨干，全域普及，让"三渔文化"扎下根

荣成市将"三渔文化"纳入全市重点培训计划和人才振兴战略，通过"新时代文明实践平台点单"、骨干下乡培训、云上直播等多样化方式，把文化普及推广到镇、到村、到人，推动"三渔文化"从"三下乡"变成了常下乡、常在乡。三年累计培植"三渔文化"各类专业表演队伍28支，年举办专业培训300余场次，培训参与20万人次，市镇村三级网格化传承发展体系全面铺开、全域覆盖。不仅丰富了基层群众的精神文化生活，有力占领农村文化阵地，也实现了"三渔文化"的活态传承和产业化发展，提升群众的获得感、幸福感，让优秀传统文化成为推动乡村全面振兴的重要力量。

村晚渔民号子

（二）以创新为翅膀，搭建平台，让"三渔文化"塑好形

围绕渔民节、成山头吃会、赤山庙会等传统节庆，创新融入游客参与的展演形式，将传统渔家祭祀活动打造成为一场游客深度参与的地方文化盛宴。2021年，荣成渔民节被列为省文旅厅"好客山东·乡村好时节"二十四节气系列活动之一，各

大媒体对其进行了重点报道推广；"三渔文化"展演在荣成滨海马拉松、国际涡喷无人机大赛等重大赛事活动中唱主角、挑大梁，仅马拉松比赛一次性参加人员就达3 867人，央视对其进行直播，惊艳了全国。2023年，全国首创海洋民俗文化月节庆品牌，开展以"三渔文化"为主题的大型文旅活动20余场。

文艺演出

（三）以志愿为纽带，以文化人，让"三渔文化"有了魂

荣成市以"浪花飞扬"为文化志愿服务品牌，形成了强有力的"三渔"志愿服务品牌效应，该品牌被评为省级文化志愿服务优秀品牌项目。荣成市群众文体生活满意度连续多年位居山东省前列。成立63支庄户剧团，全市10.2万名文化志愿者年开展文化志愿活动1 000多场次，有力助推了乡村振兴。在2021年和2022年全国"村晚"示范展示活动中，以"三渔文化"为主要特色的荣成"大鱼岛渔村村晚""西霞口渔村村晚"两度入选，全球观看人数达500多万人次。2023年，荣成市代表山东省参加"舞起来！2023年全国广场舞大会"启动仪式，威海市群众艺术馆与荣成市文化馆表演的广场舞《大美山东我的家》惊艳亮相全国广场舞大会成果展示暨广场舞之夜，向全国展示了荣成市乡村文化发展成果。

四、经验与启示

（一）在体制机制上革新

实施百千万英才计划，对"三渔文化"传承人实行政府补贴，三年奖补152万元，打造起一支由60余支庄户剧团、28支专业表演队、700多个村级锣鼓队、1.5万名文化志愿者为支撑的"三渔文化"表演队伍，连续三年实施"一村一年五场戏"，将传统文化搬上舞台、走进万家。同时委托第三方机构对节目效果实施严格考核，考核结果作为奖补标准，三年累计发放"三渔"服装、道具1.2万套。

（二）在传播模式上重塑

通过每年的秧歌大赛、锣鼓擂台赛、渔民号子表演大赛，对基层表演团队进行分等次评定，采取以奖代补的方式实现渔家锣鼓、渔家秧歌培训全覆盖，形成"村村有锣鼓、月月有演出"的局面。利用传统民俗节庆、"三渔六进"、一村一年五场戏等机会，组织基层"三渔"表演团队走上舞台、走村串巷，把自娱自乐变成与民共乐，形成了群体性传承矩阵。

（三）在文旅融合上聚力

地方传统文化是吸引游客的重要元素，也是文旅融合发展的重要突破点。荣成市坚持"以文促旅、以旅彰文"发展理念，把"三渔文化"演出搬入景区，让游客在游山玩水中欣赏节目，拉长文旅产业链条。2023年4月，海洋民俗文化月暨渔民节在成山头景区隆重开幕，盛大的祭海仪式和精彩的民俗表演再现了荣成浓郁的渔民节特色风俗，万余名群众参与活动。

（四）在信用管理上先行

作为国家级文化和旅游市场信用经济发展试点，荣成市将文化志愿服务、文艺表演团体纳入社会信用管理，有效激发了群众参与乡村文化建设的积极性，减少了管理死角，提升了"三渔文化"发展质量。全市"三渔文化"表演团队中有99%的人员加入文化志愿服务队，群众文化生活满意度连续多年位居山东省前列。

压油沟现代农业生态旅游：
驱动乡村振兴的"齐鲁样板"

一、基本情况

压油沟现代农业生态旅游项目的核心位于兰陵县苍山街道压油沟村，三面环山，一面临水，拥有良好的生态环境和丰富的文化遗存。压油沟村是典型的北方古村落，古村落保存完整，民居多为民国时期的石板房，依山而建、临水而居、古典朴拙、错落有致，乡土气息浓郁、生态环境优美。项目依托独特的资源优势，规划建设居旅相宜的田园式大景区。目前已建成集古树名木、农事体验、文明传承、历史教育、休闲观光、健康养生、特色民宿、度假旅游等功能于一体的综合旅游景区，是一处"望得见山、看得见水、记得住乡愁"的地方。

二、发展历程

压油沟村坐落于兰陵县西北丘陵区，因战国时期荀子任职兰陵郡，变荒田为良田，古代先民在此种植油料作物并开始榨油业而得名。过去全村共有76户、人口不足300人，由于交通闭塞、经济基础薄弱，是当地有名的贫困村、空壳村。2015年

压油沟兰湖北岸

以来，当地政府坚持"绿水青山就是金山银山"发展理念，引进城投旅游开发公司等社会力量参与，将压油沟村重新定位，依托压油沟秀美的自然山水和独特的生态资源优势，发展乡村旅游。重点修复完善压油沟古村落近 5 000 亩，打造乡村记忆馆、红色沂蒙博物馆、醉卧兰陵大型实景演出等核心景点，规划建设占地近 26 000 亩的压油沟田园综合体及兰湖度假区，大力发展民宿产业、盆景产业等。目前，已建成 10 余种主题风格、可容纳近千人的特色民宿，盆景特色产业园积极招引盆景艺术大师入驻，初步形成压油沟现代农业生态旅游版图。压油沟现代农业生态旅游入选第一批全国"一县一品"特色文化艺术典型案例（文旅融合类）名单。2023 年 4 月，爱琴海民宿、麦山合院等被评为山东省五星级旅游民宿。

三、典型做法与成效

（一）政府主导

兰陵县政府成立了项目开发指挥部，为旅游扶贫开发指明了方向、确定了目标，及时研究、协调解决开发中遇到的难点问题。积极争取上级政策扶持，项目开发以来，先后获得文化、旅游、扶贫等方面的资金扶持。

（二）市场运作

发挥企业市场化优势，抓住生态旅游发展机遇，盘活村内闲置资源，建设古村落一条街、美食一条街及特色民宿等，让游客愿意来、留得住。充分利用金融扶贫政策和旅游扶贫资金，强化帮扶成效。在保证压油沟村集体资产所有权的基础上，租赁给景区使用，运行后景区每年拿出固定收益作为建档立卡贫困户的现金收入，既发挥了扶贫资金的聚集优势，也保证了扶贫资产的长期收益。

（三）群众参与

通过"公司＋农户"等方式，建立完善长期、稳定、合理的利益分配机制，让村民广泛参与，从而获得酬金、租金、股金等收益，有效带动贫困户增收。通过土地流转分红，每户每人都有稳定的持续收入。景区提供就业岗位，优先吸纳本地及周边低收入人群就业，给有经营需求和能力的人员提供摊位开展经营活动。

（四）文化挖掘

用文化品牌吸引游客，以生态产业带动农民。依托当地特色，挖掘历史内涵，打造农耕文化、红色文化、传统文化、民俗文化、饮食文化五大板块文化旅游研学教育区。遵循因地制宜、保护为主、保持村庄原汁原味理念，打造石屋村落、传统记忆、绿色山水、经营业态、现代农业、运动休闲六大板块慢生活休闲体验区。

四、经验与启示

（一）坚持科学规划，统一部署

因地制宜打好特色牌，突出自身农业产业优势，使现代化科学技术在农业中发

压油沟正门

挥最大效用。实现城镇化发展路径差异化、资源利用最优化、整体功能最大化，综合考虑产业布局与生态环境之间的关系，充分考虑乡村文化传承保护和现代旅游需求之间的关系，打造能够让子孙后代都能受益的项目。

（二）坚持规模发展，市场运作

发挥项目的产业聚集优势，延伸特色农业的产业链条，实现三产融合。项目建设过程中鼓励农民通过合作与联合的方式发展规模种植养殖业、农产品加工业和农村服务业。开展农民以土地经营权入股农民合作社、农业产业化龙头企业试点工作，让农民分享产业链增值收益，为农村带来源源不断的收入。

（三）坚持政策引领，金融带动

利用各项农业金融政策，优化农业营商投资环境，加大政府农业资金引导力度，吸引更多社会资本参与到农业发展中。以政府引导资金为杠杆，撬动民间资本，吸引更多资本下沉到农村。完善农业金融体系，创新农业金融产品，为农业项目提供担保增信服务，对接规模较大的金融机构支持现代农业"PPP"项目。建立系统的农村产权交易体系，将农民手中的特色农产品转化为融资优势，从根本上解决发展资金难题。

（四）坚持创新机制，招引人才

推进体制机制创新，允许农民通过土地租赁、入股等形式转让土地承包经营权，鼓励发展新型农业经营主体，培育新型农民、专业合作社和家庭农场。打破人才瓶颈，通过系列政策吸引优秀人才。培育高水平专业人才，提升从业人员整体技能水平。发挥政策的引导效用，搭建创业创新平台，完善基础设施建设和生活配套，注重各项吸纳人才政策的具体落地实施。

河南省安阳市林州市

红旗渠畔文旅文创融合：
奋力谱写新篇章

一、基本情况

林州地处晋、冀、豫三省交界处的太行山中段，是红旗渠精神发祥地、"四有书记"谷文昌的故乡。半个多世纪以来，在红旗渠精神激励下，林州人民战太行、出太行、富太行、美太行，实现了精神变物质、物质变精神的一次又一次飞跃，综合实力连年位居全省前十。先后荣获全国文明城市、国家卫生城市、国家全域旅游示范市等国家级荣誉35项。近年来，林州贯彻实施"十大战略"，打造富有林州特色的乡村民宿、红旗渠精神研学、中国画谷写生等三位一体全链条文旅新业态，全力助推文旅文创融合高质量蓬勃发展，为乡村振兴注入强大动力。

二、发展历程

因地制宜修建的石板岩镇"一家人"民宿

林州旅游业起步始于20世纪90年代初期，1995年以后进入快速发展时期。近年来，林州市深入挖掘"红绿蓝"三色旅游资源，确定了太行大峡谷、红旗渠景区、西部休闲带3个旅游发展集聚区，石板岩、任村、姚村等8个旅游发展重点镇，培育50个旅游发展重点村；全市已创成全国乡村旅游重点镇1家，全国乡村旅游重点村2家，省级旅游度假区2个，省级生态旅游示范镇9家，省级乡村旅游特色村21家；乡村旅游经营单位达到2 000余家，其中民宿630家，游客年突破1 000万人次。

三、典型做法与成效

（一）全力建设乡村民宿，让文旅文创的产业支撑更加有力

林州市委把民宿发展当成林州发展的头等大事，将2022年确立为民宿发展年。全市着力建设太行大峡谷、红旗渠景区、西部休闲带3个民宿集聚区，以石板岩、黄华、任村等8个重点镇和50个民宿特色村为示范，以"中国画谷""渠畔风情""印象淇淅"等5条民宿旅游主题线路为纽带，形成"村有民宿、镇镇有特色"格局，力争全市民宿突破2 000家、接待床位达到50 000张，全力打造全省民宿第一县。

市委充分调动和激发广大群众和社会各界参与民宿建设、投资民宿的主观能动性，推动民宿集群化品牌化发展。目前，群众自建大众民宿1 000余家，创业人才返乡改造精品民宿70余家，招商引资打造高端民宿60余家，形成了以石板岩民宿集群、皇后镇度假社区等为代表的"高端集群型""景区辐射型""造福桑梓型"等七种模式。其中河南省精品民宿2家，安阳市最美民宿7家。

全市制定民宿发展实施意见和管理办法，成立旅游民宿协会，建立智慧管理平台，创新实施"民宿贷"。对民宿建设先进典型给予1万～20万元奖励。激活155个村209处可利用闲置资源，谋划2022年民宿项目135个，总投资504亿元，现已开工85个。截至目前，林州旅游民宿已达1 300余家，带动3万余名群众就近就业，全市50%以上的村直接或间接从旅游发展中受益。

（二）大力拓展红色研学，让文旅文创的源头活水更加丰沛

林州是红旗渠精神发祥地、"四有书记"谷文昌的故乡，大力开发红色研学旅游是文旅文创产业融合发展的必然选择。投资5亿元红旗渠精神营地成为红色研学的"主阵地"。该营地可容纳5 000余名学生同时开展研学、劳动和综合实践教育活动。营地打造了红色讲堂、廉政讲堂、劳模讲堂"三大讲堂"；围绕"问""越""造""生""望"五大主题，开发了《饮水思源、耕读传家》201门活动课程，推出20条研学线路；开展"红旗渠精神进校园""红旗渠精神走进贫困学校"等系列活动，走进中小学校共计90所，为11所贫困学校捐赠研学书籍12 988件，受益学生近3万名；依托搜狐、凤凰网、央视网等客户端，开展"红旗渠网上研学路'云游'天河别样红"等研学直播活动20余场，浏览量达2 000万人次；创新"研学+"新模式，开发"红旗力量""红旗岁月"等特色研学文创产品。2020年"河南省红色研学座谈会"、2021年"全省研学大会"均在林州召开，研学圣地——红旗渠影响力

不断提升。2022年投资2亿元建设的数字红旗渠项目、投资8 000万元建设的红旗渠研学营地二期（纪念馆）项目，为林州打造国家级研学营地打下了坚实的基础。

依托红旗渠相关景区打造的红色研学游线路

（三）重点发展写生产业，让文旅文创的美学赋能更加强大

石板岩镇依托山水人文资源，深化"写生+"思维，培育打造绘画写生、摄影健身等多维度山水美学产业体系。实施了太行山美术馆、画家村、艺术街区、旅游民宿综合体等项目，推进"治理六乱 开展六清"，用"绣花"功夫做好写生资源的保护、利用和开发。全镇共有写生基地、民宿、农家乐326家，日接待能力1.5万人。中国美院、清华大学、北京大学、厦门大学、郑州大学等200余家大中专院校在石板岩镇设立了写生创作基地。2023年投资3亿元的中国画谷1-3号项目，引进中央美院入驻。投资5亿元的改造项目，提升了30家写生基地的品质。写生产业让石板岩镇的村旅游产业在全省处于"领跑者"方阵的"领头雁"位置，真正做到在产业发展中守住"绿水青山"底线，将生态优势变为"金山银山"般的财富。

四、经验与启示

一是坚持以人民为中心。要始终坚持以人民为中心的发展思想，把满足人民对美好生活的新期待作为文化和旅游工作的出发点和落脚点，让人民共享文化和旅游发展成果。

二是坚持以高质量发展为主题。要牢固树立"绿水青山就是金山银山"的发展理念，以创新为动力，打造文旅融合发展新引擎；要以绿色为基调，充分发挥资源禀赋优势，厚植旅游发展新优势；以开放为带动，拓展旅游市场新空间。

三是坚持系统观念。在文旅发展过程中加强前瞻性思考、全局性谋划、战略性布局、整体性推进，全面融入双循环新发展格局，着力固根基、扬优势、补短板、强弱项，实现发展质量、结构、规模、速度、效益、安全相统一。

湖北省孝感市安陆市

五言陆色文化产业园：
弘扬李白文化　助力乡村振兴

一、基本情况

五言陆色文化产业园位于李白故里、唐风古镇、国家AAAA级旅游景区白兆山李白文化旅游区山麓。其运营主体湖北五言陆色农业发展股份有限公司成立于2015年，注册资金2 000万元，是湖北省农业产业化重点龙头企业。自创立以来，五言陆色农业发展股份有限公司始终以村企共建、壮大农村集体经济为主线，构筑农文旅互融的新农产业体系。其投资开发的五言陆色文化产业园，依托独有的李白文化资源禀赋和良好的生态环境、优越的区位优势，打造农耕体验、亲子活动、企业团建、田园采摘及餐饮民宿、康养研学、特产文创等多样性活动和产品，构建了具有安陆地域特色的"五言陆色"原创农旅品牌。

二、发展历程

自2015年起，五言陆色文化产业园紧扣李白文化，打造"春有桃花夏有果，秋有耕作冬有节"的农耕研学、唐风营地、乡村唐市、文集雅市、亲子游乐、田园风貌、主题民宿等多元业态。2022年至今，五言陆色以"李白故里·诗酒田园"为核心，积极创建"李白村文化旅游度假区"国家AAA级旅游景区，打造"李白桃花源"农旅综合体、"李白朋友圈"唐风民宿集群，重构三产融合的农旅产业示范区，积极探索"党建先行、产业引领、文化为魂、人才为本"的"四位一体"现代乡村可持续发展的新路子，最终实现村企共建、联农富农"三步走"战略，打通"村民变房东、房东变股东、股东变老板"发展新路径。

三、典型做法与成效

（一）党建先行，化"单打独斗"为"共创共赢"

2021年，在安陆市委、市政府指导下，五言陆色成立企业党支部，联合村党支部共同成立烟店村党总支，全面展开村企共建工作。通过创建旅游专业合作社和农业产业专业合作社，五言陆色文化产业园进行了系列联农富农机制的创新，不仅让村民在家门口实现就业，更通过"保底租金＋入股分红"的方式带动村民将闲置房屋改建成餐饮、民宿业态，让村民变房东、房东变股东、股东变老板。目前全村已有35%的农户加入了合作社体系。

（二）文化引领，让"传统乡村"变"诗酒田园"

自2021年举办"李白杯"首届全国书法大赛以来，五言陆色文化产业园陆续打造中华诗词学会创作基地、湖北省书法协会创作基地、湖北省文联采风创作基地、名人工作室、李白艺术馆等系列文化创作基地，"李白文化会客厅"初见规模。李白文化、诗词文化的传播与推广，为乡村产业的发展奠定了坚实的基础，成为五言陆色文化产业园转型为李白村文化旅游度假区的文化灵魂。

（三）产业为核，将"一产为基"变"三产融合"

2021年底，五言陆色文化产业园深挖李白文化，从一产谋升级、二产创产品、三产求突破，寻找产业发展的新路径。一产方面，用最先进的智慧温室技术和团队，使樱桃番茄亩产从2 500千克增长到7 500千克；二产方面，注册"李白村"全类商标，从农副产品向文创产品转变，统筹本地农副产品/文创产品上下游产业链服务，拓宽农副产品销售渠道；三产方面，五言陆色实现了从农业公园、农旅融合示范点、文化产业园向农文旅综合体的转变。

（四）人才为本，变"乡野土货"为"网红潮货"

多年来，五言陆色文化产业园始终坚持平台思维，把引进各类专业人才作为一项重点工作。在专业团队策划下，各类节庆活动取得成功。2022年，通过活动累计带动周边农户256户，其中贫困户24户，周边村民通过农旅活动实现收益超50万元。

园区线上农特产带货直播场景

由村民闲置房屋改造而成的园区

四、经验与启示

（一）党建引领是前提

在具备资源禀赋的乡村开发乡村旅游，综合考虑村企共建的发展路径，找到支部＋企业＋村民共融共创的发展模式。安陆市、镇、乡三级党委、政府，以文化为魂、以产业为核，指导企业创新乡村发展模式，是乡村产业发展的关键。

（二）产业振兴是核心

乡村振兴战略的核心是要有产业的振兴，没有产业的乡村是无法持续发展的。产业要有点亮一盏灯、照亮一大片的理念。五言陆色文化产业园位于湖北省美丽乡村示范片，结合环白兆山农文旅产业格局，通过一、二、三产的探索创新，真正做到了农、文、旅、商、养共同融合发展。

（三）产业人才是支撑

乡村旅游不同于传统景区，不能单纯以"买卖"思维进行项目开发，具备平台思维，才能为人才支撑出空间，才能有李白村文化客厅的形成、李白村专业管理团队的引进，以及蚂蚁集团、富邦股份等上市企业的融合。

（四）村企融合是根本

农民是乡村振兴的受益者，也是参与者，没有农民群众的积极参与，乡村振兴就会成为无源之水、无本之木。五言陆色文化产业园从建立之初，始终把村企共建放在第一位，用利益驱动、用经济联系、用乡情连接，引导农民深度参与家乡的建设、经营和管理，从而使企业和农民联结为一个整体，有效避免了政府搭台、企业唱戏、群众看戏的尴尬。

千年银杏·随宿洛阳：
民宿领头新产业　文旅融合促发展

一、基本情况

曾都区属随州市政府驻地，地处长江流域和淮河流域的交汇地带，洛阳镇位于曾都区东南部，周边坐落国家AAAA级旅游景区"中国千年银杏谷"，旅游景点众多。依托旅游资源优势，洛阳镇坚持"文旅赋能乡村振兴"发展路径，镇域交通设施配套完善，共建设89.2千米旅游循环通道，实现主干道全域刷黑，年接待游客60万人次，带动1 000余名贫困人口就业创业，消费扶贫交易额达6 000余万元。镇域内共建设有109家农家乐、10家民宿，床位达538张，百美村庄、古柳小院、叁生有杏等市场主体运行良好。乡村民居主要建筑风格以荆楚派为主，拥有皮影、胡氏祠祭祖、随南锣鼓、笙等31项传统戏剧、民俗曲艺、音乐技艺纳入非物质文化遗产，其中省级1项、市级3项、区级3项、镇级24项。

二、发展历程

洛阳镇现有树龄百年以上的银杏树17 000多株，其中千年以上的308株，是世界最大的古银杏群落。1997年全国第六届银杏研讨会在洛阳镇召开，与会专家学者参观后赞叹不止——华夏银杏第一镇受之无愧。因此，市、区两级政府慧眼识珠，决定将洛阳镇辟为旅游区，国家AAAA级旅游景区"中国千年银杏谷"于2014年建成。洛阳镇作为传统的文旅特色镇，主动适应形势新变化和行业新变革，依托千年银杏金字招牌及各类古树数量多、分布广、全域山水田园风光优美的生态资源优势，迎合现代人休闲度假康养的全新旅游需求，2022年确立了"千年银杏·随宿洛阳"乡村振兴文旅新品牌，着眼全时空、全方位、全要素，以系统化思维策划、包装、利用文旅资源，全面构建洛阳文旅品牌体系。

三、典型做法与成效

（一）充分利用文化资源优势

洛阳镇以中国乡村发展基金会百美村庄项目部为桥梁，选择民宿新业态，发挥资源优势，大力开展招商引资，引入企业建成"百美村庄""裸心隐"民宿。这两个项目均为该品牌落户中部地区的首家门店，为本地区民宿产业健康发展树起高标杆。2023年百美村庄·九口堰村项目作为洛阳镇民宿标杆产品，在以"共振·燎原"为主题的2023海南国际文创周上，成功入选新颁布的2023年中国乡创地图。

（二）着力培育文旅特色品牌

以"百美村庄"作为重点，打造类型多样、特色各异的民宿项目，打造"一宿一特色""一宿一主题"，形成特色化的文化民宿。为突出洛阳镇乡村旅游新优势、助力乡村振兴新发展，在市委、市政府的领导下，在中国乡村发展基金会和市、区各部门的大力支持下，洛阳镇2022—2023年连续2年举办了"随州洛阳美好乡村生活节"，成功打响了"千年银杏·随宿洛阳"的洛阳乡村旅游新品牌。

（三）重视培养乡村振兴人才

洛阳镇积极组织镇村干部到外地学习先进文旅经验，培养懂旅游、能干事、敢创业的优秀干部。兴办洛阳乡村合作公司，依托中国乡村发展基金会乡村人才培养计划，促进党员、干部带头学习掌握公司运营管理、产业发展、招商引资、项目建设、营商环境优化等专业知识，提升与企业家打交道、做好群众工作的能力水平；同时以百美驿站、随野营地、稻田书屋等创意文旅业态为孵化器，带动本地及周边从事设计、民宿、咖啡、茶室、餐厅、花店、摄影、户外等行业的城市青年，纷纷以新村民身份入驻洛阳，持续不断开展小而精、慢而美的品质活动。其中百美驿站已成为有影响力的乡村会客厅和人才聚集地，在驿站开展的乡村振兴头脑风暴超过40场次，百美驿站被省文化和旅游厅授予"美好环境与幸福生活共同缔造活动·乡村旅游驿站示范单位"。

四、经验与启示

（一）牵牢美丽乡村牛鼻子，擘画和美乡村新蓝图

洛阳镇在实施美丽乡村建设时，坚持规划先行、系统发力，围绕产业配套优化

银杏谷酿酒储酒的地方

千年银杏谷观景盛况

环境，提升综合示范效益。同时动员群众积极参与建设，突出农民主体作用，努力实现村庄生活、生态、生产空间布局合理，整体建设风貌与自然环境相协调，人居环境改善和产业发展相促进，物质生活水平同精神文明共提高。

（二）打磨公益服务小项目，挖掘产业振兴大潜能

百美驿站是中国乡村发展基金会发起的公益项目"百美村庄"的先行示范空间，是一处集活动空间、展示空间、文化空间、服务空间于一体，兼具休闲体验、直播带货、旅游推广等多功能的乡村会客厅。该项目的落地，发挥了"以小带大"的示范引领作用，产生了一系列良好的连锁反应。

（三）探索合作共赢新路子，培育集体经济发展新引擎

洛阳镇以推进乡村振兴和全域旅游重点项目建设为契机，以办好乡村合作公司为抓手，促进集体增收、农民增富、乡村增色，逐步探索出一套逻辑闭环完整、可复制推广的乡村合作公司发展模式。

（四）用好共同缔造方法论，奏响基层治理幸福曲

洛阳镇坚持以党建引领为中心点，以发动群众为侧重点，以解决群众身边实事小事为切入点，广泛开展共谋、共建、共管、共评、共享，不断提升群众获得感、幸福感、安全感。

（五）打好文旅赋能组合拳，跑出城乡融合发展加速度

洛阳镇锚定文旅赋能乡村振兴发展赛道，主动担起打造城乡融合发展示范镇责任，整体策划、系统发力、分五步走、打组合拳，高质量推动全域旅游和乡村振兴快速发展。

湖北省恩施土家族苗族自治州巴东县

巴东纤夫：
神农溪文化活化石

一、基本情况

巴东县自古以来就被誉为"川鄂咽喉、鄂西门户"，长江、清江"两江"横贯其中，是三峡纤夫文化的发源地，被誉为世界纤夫文化的活化石，更是目前唯一保存有纤夫拉纤的旅游地。巴东纤夫文化是神农溪流域的纤夫，长期群体锻造积淀形成的地域性文化，其核心精髓是齐心协力的团队精神、不畏艰险的拼搏精神以及力争上游的进取精神。为弘扬纤夫文化，自2009年起，巴东县已成功举办11届长江三峡（巴东）纤夫文化旅游节，以纤夫文化旅游节为载体，围绕文化论坛、纤夫祭拜、拉纤体验、打击乐会等一系列主体活动，推动农、文、旅深度融合，形成了以纤夫文化旅游节、廪君文化艺术节、秘境巴东高山森林国际半程马拉松赛以及"畅游神农溪·横渡大三峡"冬泳赛为主要内容的旅游品牌，打造成省级综合性节庆活动。

二、发展历程

2009—2023年，巴东县以不同主题举办了长江三峡（巴东）纤夫文化旅游节。2009年4月18日，第一届巴东·中国三峡纤夫文化旅游节在国家AAAAA级旅游景区神农溪开幕。2010年4月18日，第二届巴东·中国三峡纤夫文化旅游节由湖北省旅游局、恩施州政府主办，开展了纤夫祭拜、纤夫号子、百舟（"豌豆角"木舟）竞技等主题活动。2011年4月18日，第三届巴东·中国三峡国际文化旅游节以水电、文化开发项目和本地电影筹拍为主题，打造巴国古城文化旅游产业园。2012年4月18日，第四届巴东·中国三峡纤夫国际文化旅游节围绕"纤夫文化品牌与巴东旅游发展的融合""纤夫旅游产品开发"等进行专家高峰论坛。由于三峡大坝蓄水，原有拉纤流域已被淹没。2017年4月18日，第五届长江三峡（巴东）纤夫文化旅游节重现原始拉纤的景象，打响"壮美三峡、秘境巴东"的品牌。2018年4月23日，第六届长江三峡（巴东）纤夫文化旅游节助力脱贫攻坚，以"春暖巴东，情纤峡江"为主题，开展湖北省"城乡牵手游"。2019年4月29日，第七届长江三峡（巴东）纤夫文化旅游节展现中国土家族打击乐，启动夜游巴东。2020年11月29日，第八届长江三峡（巴东）纤夫文化旅游节联合"畅游神农溪·横渡大三峡"冬泳邀请赛，促进全民健身。2021年4月30日，第九届长江三峡（巴东）纤夫文化旅游节唱响非遗文化纤夫号子。2022年6月20日，第十届长江三峡（巴东）纤夫文化旅游节以"情漫三峡·感恩北京"为主题，感恩北京对口支援巴东30年，同步庆祝郑渝高铁巴东段开通，助推巴东绿色崛起。2023年6月20日，第十一届长江三峡（巴东）纤夫文化旅游节承担湖北"荷"你有约夏凉文旅消费季启动仪式重任，推进生态旅游康养产业。

三、典型做法与成效

（一）深挖纤夫文化

20世纪80年代，神农溪纤夫名扬四海，纤夫拉纤成为三峡一道亮丽的旅游名片，神农溪景区也在纤夫文化的拉动下声名大噪，成功申报为国家AAAAA级旅游景区。巴东纤夫文化不仅包含驾船本领、造船张帆技术、船工号子，涵盖衣食住行、信仰、风俗、祭祀等方面，更存有千年原始运输工具"豌豆角"扁舟。著名歌手于文华、尹相杰的《纤夫的爱》唱响中华大地，音乐作品《峡江纤夫号子》被列入国家级非物质文化遗产，改编自日本女孩爱上神农溪纤夫真实故事的电影《漂洋过海来爱你》在全国上映。神农溪景区进一步挖掘原生态拉纤活动，创新旅游产品。

（二）培育本土品牌

作为湖北长江经济带开放开发的西部桥头堡和湖北"一江两山"生态文化旅游圈的重要战略节点，巴东牢固树立"绿水青山就是金山银山"的理念，按照"以文促旅、以旅彰文"的思路，精心培育"壮美三峡·秘境巴东"文旅品牌。在第十一届纤夫文化旅游节中，巴东县始终坚持"突出一个主题，呈现一个亮点，签约一批项目，推介一个景区，建设一个品牌"的办节思路，强力推动"体育+文化+旅游"的发展模式，打造了湖北知名节庆品牌和巴东文化旅游盛会，吸引了国内外游客的热情参与。

（三）助力乡村建设

纤夫文化旅游节已被打造成一个集文旅主题活动和旅游考察、项目签约、创意营销等配套活动为一体的省级综合性节庆活动。随着纤夫文化旅游节活动的举办，巴东推动全域旅游发展，完善文旅基础设施建设，先后对高速通道、省道完成改扩建，加快建成县域应急备用水源，实现重要地点电网改造，优化补盲扩容4G基站280个，新建5G基站170个，实现5G网络乡集镇全覆盖。巴东充分发挥神农溪景区的龙头效应，促进了文、体、旅、农、工、商的融合发展，让越来越多的山区群众吃上旅游饭，为三峡库区群众增收致富奔小康打下了坚实基础。

四、经验与启示

通过举办纤夫文化旅游节，招引落地巴国古城文化旅游产业园项目，实现年接待游客340万人次，旅游综合收入达17.54亿元。为顺应乡村旅游消费新需求，积极塑造能够提升乡村特色文化艺术的民宿、农家乐品牌，巴东坚持农文旅深度融合，将农业农村的田园风光、农耕文化与自然景观等资源有机结合，打造多条旅游精品线路，培育田园变公园、农房变客房、产品变商品、劳作变体验的休闲业态，实现乡村与城市的互动、田园风光与民俗文化的深度融合，积极为农民创造更多就业增收机会。截至2023年6月，全县乡村旅游示范乡镇达6个、示范村37个，发展乡村民宿、农家乐、乡村饭店2 100多家。其中，建成标准民宿200家以上，带动民宿发展800家，新增床位9 000张。旅游业稳定带动8 872户贫困户、27 618名贫困人口脱贫，有力地促进了巴东内引外联和经济发展。

第七届长江三峡（巴东）纤夫文化旅游节活动现场

湖南省株洲市攸县

湘天华油茶文化产业园：
塑特色文化之魂　固富民产业之基

一、基本情况

株洲市攸县位于湖南、江西交界的罗霄山脉中段、湖南省东南部，其气候、地形、土壤均最适宜油茶树生长，是中国油茶生产的黄金地带。当地油茶栽培已有800余年历史。攸县立足油茶资源禀赋，发展油茶经济，让油茶果变身为富民强县的"黄金果"，给乡村振兴加油助力。目前，全县油茶种植总面积达到52万亩，发展油茶种苗、基地、加工、茶油及衍生日用品等油茶企业近400家，其中省级龙头企业7家，油茶专业合作社25个，年产良种油茶苗2亿株，全县茶油产量1.3万吨以上，油茶综合年产值逾19亿元，辐射带动10.8万油茶农增收，人均增收超过5 000元。

二、发展历程

清张宗法《三农纪》引证《山海经》"员木，南方油食也"，"员木"即油茶。因此，我国人民用油茶籽榨油以供食用已有2 300多年的历史。1960年，攸县上云桥公社江南大队发现了一种野生油茶，当时称之为"薄壳香"。1965年，攸县"薄壳香"被林业部定名为"攸县油茶"。2004年，攸县荣膺"中国油茶之乡"称号。2015年，攸县成为央视农广天地高品质山茶油从种植到加工专题片《从农田到餐桌——走进攸县》的拍摄地，获评全国五大重点油茶种苗基地、国家级油茶示范县。2020年，与钓鱼台食品生物科技有限公司达成"大国农品品牌"战略合作，成为全国唯一一家与钓鱼台食品合作的山茶油品牌。

三、典型做法与成效

（一）构建政企桥梁

攸县县委、县政府高度重视油茶产业的文化传承与发展，充分发挥政府资源，整合优势，出台《攸县促进产业发展政策（试行）》；与湖南省林业科学院签订林业科技战略合作协议，实施油茶产业"品牌提升行动"；成立攸县油茶产业协会，全网征集攸县油茶广告语、Logo；打造油茶文化展示中心3 400米^2，拓展销售平台25个，销售体验店12家，先后获得发明专利28项，相继通过中国、美国、欧盟、日本有机认证及钓鱼台食品标准认证，产品远销国内外，有效促进了攸县油茶产业的高质量发展。

（二）提升品牌影响

以油茶文化为主题，举办"湘天华杯"全球诗词大赛、全球华语诗歌大赛、全国青少年传统诗词大赛、中国教师诗词对联大赛，以及丁酉重阳登高、戊戌上巳修禊、庚子七夕汉服等系列传统文化活动。出版2015—2022年油茶文化诗词系列丛书，首倡国内以传统诗词歌赋推广油茶文化，成为湖南油茶文化对外展示的一张名片。

（三）融合产业旅游

通过与村集体、村民紧密合作，将雇佣关系升级为合伙人关系，建设油茶万亩连片花海、油茶文化数字化博览馆、油茶诗词走廊等。已连续举办六届湖南油茶文化节，每年全国诗词大赛颁奖典礼与湖南油茶文化节在攸县湘天华油茶文化产业园同时举行，邀请全国诗词名家分韵题诗，吸引数万名游客观光赏花。结合湘赣边红色文化、传统诗词文化和汉服汉仪文化等特点，开发"株洲城市礼""攸县四件宝"等系列油茶文化创意类产品，促进了文旅消费和产业消费的有机结合。

（四）举办技能培训

与科研院校合作，编撰油茶科普教材、开设油茶研学课程，举办油茶栽培、嫁接技能培训500多期，培养"油茶培育工"1万人以上；开展油茶文化进校园科普200多次、青少年油茶诗词文化活动近100次。实现农民当地就业增收，推动农村经济转型发展。

四、经验与启示

（一）以政策为指引

强化政策扶持，增强产业发展动力，将油茶产业作为巩固脱贫攻坚成果、推进

湖南攸县"湘天华"油茶种植基地

乡村振兴的主导产业，从人财物等方面给予专项扶持。强化顶层设计，统筹部门协同推进，高度重视油茶产业的发展，成立高规格领导小组，制定了油茶产业专项发展目标规划，并纳入年度绩效考核和推进乡村振兴考核范畴，不断增强林农种植油茶和企业发展的信心。

（二）以文化为载体

策划建设油茶公用品牌体系，大力支持地方特色区域性品牌建设，着力建立健全油茶产品标准体系和营销推广体系。扶优扶强油茶龙头企业，发挥示范引领作用。举办油茶文化高峰论坛，打造油茶小镇和油茶公园，组织以油茶为载体的各类油茶文化主题旅游活动，激发社会各界对油茶的热情，形成油茶种植、生产、加工发展合力，共同促进油茶产业发展。

（三）以群众为主体

盘活乡村闲置资源要素，为农民群众就近就业创造更多机会；标准化规范农村产业运行，规模化组织文化活动推广，发挥群众的主动性和积极性，全面推动乡村产业振兴、生态振兴、人才振兴和文化振兴，把油茶文化产业打造成为引领乡村振兴的主导产业。

（四）以市场为导向

随着健康消费升级，油茶产业迎来巨大的需求市场，消费是最好的体验与推广，市场占有和口碑传播是攸县油茶产业发展的核心竞争力。通过占领消费市场，扩大消费需求，开发出更多的油茶文化衍生产品，吸引更多的市场主体联合参与，大力推进山茶油产品走向全国、走向世界，为绿色产业、富民产业的长远发展获得更强的竞争力。

第五届湖南油茶文化节现场

湖南省邵阳市隆回县

花瑶挑花：
挑出瑶乡"振兴花"

一、基本情况

虎形山瑶族乡位于隆回县西北部，雪峰山脉东麓，距县城100千米，平均海拔1 350米，年平均气温11℃，属典型的高寒山区，有"隆回的小西藏"之称。全乡总人口17 115人，其中瑶族人口8 000余人，占全乡总人口的47%，是全国独一无二的瑶族分支——花瑶的聚居地，有"花瑶之乡"的美称。花瑶挑花是当地国家级非物质文化遗产项目之一。虎形山瑶族乡通过传承发展花瑶挑花，助力乡村产业和文化振兴，实现乡村产业发展与民族文化传承"双赢"。

二、发展历程

花瑶挑花历史悠久，源远流长。汉代以前，花瑶挑花就已兴起。相传明洪武元年（1368年），花瑶从洪江迁往龙潭定居隆回后，一天，瑶族姑娘在岩壁上玩耍，突然发现岩壁上丛生绿色花朵，十分漂亮，她们便模仿挑刺成挑花服饰，这就是流传至今的花瑶挑花基本图案"杯干约"（《湖南瑶族百年》载）。从此，挑花制作水平和技法日益成熟，能以简练生动的手法，表现出复杂的自然形象和抽象的人类思维理念，且不用描图设计和模具绣架。近几年，虎形山瑶族乡被县委、县政府定为文旅产业重点扶持乡和旅游开发区，花瑶传统文化得到了有力的挖掘、保护和发展，独特的挑花艺术被逐步推出山门，搬上了媒体、荧屏，并登上了国家、国际艺术殿堂。2006年，花瑶挑花入选首批国家级非物质文化遗产名录。

三、典型做法与成效

（一）聚焦产业兴旺，着力壮大特色产业

以民族底蕴打造文化产业，推动花瑶挑花创新性发展、创造性转化，催生文化新业态。以花瑶挑花为基础，构建"文化产业＋合作社＋脱贫群众"模式，发展民族文化产业，深度挖掘文化潜力，培育出一大批特色文化个体户及乡村文化产业带头人，推动乡村经济转型，实现文化富民和地方经济跨越发展。自2017年以来，虎形山瑶族乡协同湖南大学先后邀请7个国家110位设计师，组建"花瑶花"文创团

正在学习挑花的花瑶女子

队，在白水洞村建立设计工作坊，构建贯穿"内容研究—文创设计—生产销售—文化传播—品牌建设"的开放式文创公益设计平台，制定了面向脱贫人口的设计创新、培训赋能、订单生产的文创振兴模式，打破手工艺和工业生产的壁垒，挖掘非物质文化遗产的经济价值，促进就业增收。

（二）聚焦保护创新，着力传承民族文化

重视花瑶挑花的传承发展，不断扩大传承队伍。加强民族文化遗产保护、传承和发展，建设花瑶挑花博物馆、花瑶挑花传习所以及民族演艺中心。启动非遗版权合作计划，与花瑶挑花非遗传承人奉堂妹等签订版权协议，付费使用织娘的图案，促进艺术家安心创作，让传承创新多元化。2011年至今，虎形山瑶族乡已拥有4所花瑶挑花技艺传习所，每年安排不少于85万元专项经费用于花瑶挑花传承、保护和研究。

（三）聚焦开拓市场，着力打造花瑶品牌

引导虎形山民间文化艺术团队与美克·美家等企业合作，联合开发具有挑花元素的围巾、围裙、棉袜、文具等文创产品80余款。为虎形山瑶族乡"虎久雾语"茶叶定制具有花瑶特色的产品包装和纯手工织造的挑花布袋，赋予其强烈的视觉特征和民族属性，提高了产品的附加值。依托湖南大学设计学科优势，基于全彩织锦提花技术设计了茶叶系列包装，与行业领先企业共同孵化"织颜纺颂"新品牌。"花瑶花"的文化创意设计作品受邀参加米兰世界博览会、巴黎国际博览会等国际展览与活动，受到广泛的关注与好评。

正在挑花的花瑶女

（四）聚焦文旅融合，着力提升花瑶魅力

积极宣传扩大花瑶挑花这一国家级非物质文化遗产的影响力，助推虎形山大花瑶景区成功创建国家AAAA级旅游景区。整理加工出《挑花裙》《瑶寨风情》等一批优秀民俗节目，成功举办2020年度全省夏季乡村文化旅游节。2023年9月，第二届邵阳旅游发展大会在虎形山举行，"云上花瑶"旅游品牌形象日益彰显。

四、经验与启示

（一）瞄准定位，从"+"发力

将"文化+"作为重要引领，发展"文化+旅游""文化+产业"，在有效衔接后转化为社会效益、经济效益和生态效益。依托花瑶独具特色的民俗文化风情，依托虎形山景区得天独厚的自然人文资源，在县委、县政府的大力支持下，虎形山瑶族乡紧紧抓住"全域旅游"的有利契机，以文促旅，文旅融合。

（二）品牌突破，从"新"出发

开发文创产品120余款，销售额达600万元。通过对传统的挑花图案进行提取与创新，设计190件厨房纺织用品，获企业订购2000多套。通过强化传承保护、强化品牌打造、强化协调发展、强化综合管理，使花瑶文化品质大幅提升，产业品牌更具竞争力。

（三）强化传承，从"小"抓起

发挥传、帮、带示范引领作用，花瑶挑花非遗传承人从2012年起与省内外各大高校、县内高中小学联合建立花瑶挑花兴趣班，每期为学生们授课20课时。采取激励措施，鼓励年轻人拜师学艺。在花瑶挑花技艺传习所内经常性开展带徒授艺活动。持续推进花瑶挑花进校园工作，开设花瑶传统文化兴趣班，将花瑶文化融入学校教育的各个环节。

湖南省常德市武陵区

"艺丹沅"文艺部落：
奏响文化振兴交响曲

一、基本情况

丹洲乡地处常德市城区西南，拥有丹砂千年古樟、傩王庙、柳堤走廊、丹洲大草原等自然和人文资源，也有丹砂印象民宿、新型家庭农场等休闲场所。近年来，丹洲乡以"做强现代产业园区 打造城郊振兴样板"为目标，以文化繁荣和人才振兴为基础，以提升乡村品质内涵为抓手，积极探索农文旅融合的近郊乡村振兴路径。

"艺丹沅"文艺部落，是丹洲乡以片区100多处闲置用房为突破口，引入文化艺人，以"新村民"的身份租用闲置房，采取利益共联、发展共融、包联共建等措施，打造的具有浓郁文艺特色的休闲体验基地。文艺部落的发展，壮大了村集体经济，拉动了农产品销售，提供了就业岗位，带动片区居民人年收入增加300～30 000元，村集体年收入增加4万元。

二、发展历程

多年以来，因部分居民外出务工或到市区购房居住，丹洲乡房屋闲置现象普遍，空心房连片存在，严重影响农村人居环境。2020年初，第一户城市文化艺人来到丹砂村租用院落进行文艺创作，同时市民的出游观念发生变化，近郊游备受青睐。丹洲乡党委借助这一契机，以丹洲大草原和沿线的丹砂村、义渡村为核心，紧盯节假日人流特别是文化艺人聚集优势，引导"艺丹沅"文艺部落的形成和发展，形成了一道人文与自然深度融合的生态田园风光，越来越多的城里人来"艺丹沅"休闲旅游。2023年，"艺丹沅"文艺部落入选首批湖南文旅消费"新生代·新场景"项目；丹砂印象入选2023年湖南省五星级乡村旅游区（点）；《党建引领打造"艺丹沅"文艺部落》获评全省基层党建工作优秀实践创新项目。

三、典型做法与成效

（一）引入"文化艺人"，盘活闲置用房

丹洲乡创新"合作社＋房屋所有人＋新村民"的模式，成立农宅合作社，村民建筑资产折现入股，房屋进行连片规划，定向对文化艺人招租，按照"确保安

"新村民"改造的"枣·源"小院

全、适度改造、屋景融合"的思路，由承租艺人对房屋进行艺术改造。各类文艺工作者纷纷入驻"艺丹沅"，成为新村民。他们不仅盘活了闲置用房，还自发组织了"民谣音乐会""新春祝福献给党"等系列文旅活动，让"艺丹沅"更具文艺范。

（二）引导"文艺部落"，激发发展动力

丹洲乡党委创新开展艺丹沅文艺部落工作机制。在服务上，多次召开座谈会，了解文艺部落的配套需求，进一步完善配套公共设施，丹砂村和义渡村党总支及时成立了部落共享管家，协调处理新老村民纠纷，让新村民迅速扎根融入。在发展上，乡党委全力支持积极向上、有利于部落发展的文化艺术产业在这里竞相落户、遍地开花。目前，已引入各类文化产业项目13个、总投资3 100万元。在收益上，首创房屋利益共享机制，即房屋一届租期满后，对增值部分，宅屋所有人、承租方、村集体按照3：6：1的比例进行利益分成，壮大了村集体收入，增加了老村民收入，促进了新产业持续发展，实现互利共赢。

（三）引育"文明内核"，提升乡村风貌

丹洲乡坚持以"人人为我，我为人人"的精神内核为指引，通过"新村民"带"老农人"模式，让乡村文明风貌焕然一新。"新村民"在乡党委的倡议和村民党小组的指导下，采取"一联五"的模式，艺人党员带头，文艺"新村民"自发参与，指导周边农户进行花草种植、微改造，开展美丽庭院建设，逐步实现田园美由点到面的转变。同时，倡导村民争做乡风文明的传播者，自觉遵守践行宣传村规民约，17名党员文化艺人积极融入村民党小组，参与招才引智、文化惠民等活动，形成"雁阵"齐飞的良好局面。

"望乡·武陵"乡村音乐会现场

四、经验与启示

(一)坚持党建引领是基石

丹洲乡党委积极响应抓党建促乡村振兴的号召,在"艺丹沅"文艺部落发展中设立2个党群联络室、选配部落党员共享管家,对上接受乡党委、村党总支的领导,对外依托产业链、生活圈、服务圈,串联村民党小组、文艺协会和文化艺人,形成"乡党委+村党总支+网格支部+网格党小组+部落共享管家"五级抓田园综合体建设的强大合力。

(二)注重因地制宜是前提

丹洲乡充分利用自然和人文资源禀赋,立足区位优势,结合产业空间布局,因地制宜创新工作机制和发展模式,开发自然资源,打造网红IP;挖掘红色资源,传承红色基因;活化历史资源,讲好丹洲故事;盘活闲置资源,唤醒空心房,推动形成创新发展新格局。

(三)引育文化品牌是关键

"艺丹沅"文艺部落的发展离不开文化艺人的引育和文化内涵的挖掘,丹洲乡积极引导常德市非物质文化遗产麻质画传承团队、根雕艺术名家等特色文化艺人入驻开展文化体验活动,让传统文化、非遗工艺更加贴近群众的同时,也让"艺丹沅"文艺部落这一品牌影响力持续增大。

(四)突出产业发展是核心

丹洲乡始终围绕产业发展,结合乡域空间规划"一带两片"产业布局并将"艺丹沅"文艺部落作为片区发展。引入的各类产业项目除增加村民个人财产性和经营性收入外,村集体合作社还联合新村民打造多个文旅项目,以文兴旅,以旅彰文,探索出文旅创新、生态农业融合发展的乡村振兴新路径。

湖南省益阳市安化县

黑茶文化节：
促进黑茶产业高质量发展

一、基本情况

安化县地处湘中偏北、资水中游，总人口103万，辖区面积4 950千米²，是中国黑茶之乡、国家级重点生态功能区、湖南省乡村振兴重点帮扶县。近年来，安化始终坚持生态优先、绿色发展，致力将黑茶产业打造成富民强县的主导产业，连续十四年入选中国茶业百强县前十强，荣获中国"十三五"茶产业发展十强县、全国区域特色美丽茶乡、全国"三茶统筹"先行县等称号。

二、发展历程

安化先有茶，后有县，黑茶历史悠久，源于秦、兴于唐、盛于宋，是万里茶道的起点，素有"茶乡"之称。茶圣陆羽在《茶经》中就提出，茶叶"上者生烂石，中者生砾壤，下者生黄土"。当地风化的冰碛岩土富含硒元素，即"烂石"，这种土壤非常适合茶树生长，形成了安化茶叶优良品质不可替代的地质条件。安化地处武陵山余脉和雪峰山余脉交会处，是冰碛岩这一特殊地质沉积物在全球范围内最集中的地区。优异的生态地理环境造就的高品质茶叶原料，是安化黑茶的特殊优势。同时，安化地处北纬30°左右的黄金产茶带，属亚热带季风性湿润气候，境内峰峦挺拔，溪流纵横，常年云雾缭绕，茶树"山崖水畔，不种自生"，且安化野生大叶茶种内含物丰富、营养成分足，是茶中品质极为罕见的原始优良品系。近年来，安化依托技术创新和机制改革，使安化黑茶从"茶叶"走向"茶业"。美茶颜、品茶点、走茶道、游茶园、食茶宴、赏茶戏、宿茶庄、忆茶事，是安化人民24小时健康茶生活的缩影。

三、典型做法与成效

（一）因地制宜谋产业

立足生态优势和资源禀赋，依托独特的地理位置和气候条件，统筹生态资源和特色产业，整体谋划，科学布局。围绕"培养茶企 拓展茶业 打造茶乡"发展茶产业，带领老百姓开荒山、建茶园、兴产业。2007—2022年，安化茶园面积从10.9万亩发展到36万亩，茶叶加工企业从20家增长到210家，含国家级龙头企业1家、

第三届中国湖南·安化黑茶文化节演出现场

省级龙头企业7家、高新技术企业28家。2022年实现全年茶叶加工量8.6万吨，综合产值238亿元。

（二）科技赋能兴产业

充分发挥茶学院士刘仲华专家工作站作用，累计研发14款新产品和5款新设备，申请15项专利。建成湖南省安化黑茶工程技术研究中心，成立安化黑茶科技创新战略产业联盟，成功申报"众创空间""星创天地"等省级创新创业平台，累计获省级以上科研成果10项，专利申请达1 100余项。加大茶叶领域科研投入与支持，强化科技支撑，实施人才引进工程，加强技术攻关，掌握核心技术，保持产业高速发展的良好势头。据统计，安化茶叶专利申请共计1 714项，茶叶专利授权666项。

（三）品牌提升强产业

无黑茶不安化，有安化必黑茶。通过建立健全质量、品牌、价格、品鉴四大体系，安化黑茶在全国众多的区域公用品牌中脱颖而出，成为品牌影响力带动企业集群产业效益的全国典型。安化黑茶获评湖南茶叶类乡村振兴"十大领跑公共品牌""一县一特"优秀农产品品牌，成功获批中国海关出口HS编码，入选省级县域外贸特色产业集群，"湖南安化黑茶文化系统"入选第五批中国重要农业文化遗产名单，"安化千两茶制作技艺"和"茯砖茶制作技艺"被纳入国家非物质文化遗产保护名录。2022年，安化黑茶入选全国商标品牌建设优秀案例，在中国区域农业产业品牌影响力指数"TOP100"中排名第43位，中国茶叶区域公用品牌价值被评估为43.85亿元。目前，安化正在创建国家级安化黑茶国家地理标志产品保护示范区。

（四）紧密联结富产业

安化不断挖掘茶文化内涵，开展"黑茶+"跨界融合，激发产业发展新活力，延伸黑茶产业链，黑茶产业已逐步成长为富民主导产业，成为助力乡村振兴事业的主要支柱，演绎了"一片叶子成就一个产业、富裕一方百姓"的传奇。据统计，目前全县有近40万人从事与茶相关的生产经营活动，茶企业解决了4万人就业，人均年工资3万元以上。脱贫攻坚期间15万多贫困人口中有10万人因茶脱贫，打造了产业脱贫的"安化模式"。

四、经验与启示

（一）组织领导是前提基础

从历届黑茶文化节的筹备到举办，市县党委、政府高度重视、全程参与，坚持把黑茶文化节当作安化经济和政治生活中的大事、喜事来办好、办实，每次节会均成立了高规格、高标准的执委会，按照职责分工组建综合、宣传、现场、项目、策划、后勤等专门工作组，确保各司其职、各尽其责，有效推进。

（二）策划宣传是必要条件

坚持"以会兴业、办会兴城"的目标宗旨，每届节会举办前，积极向茶叶专家、知名人士、企业家征求意见，进行前期策划，拟定办节思路和方案。同时积极向国家有关部委、省政府及省直相关部门汇报，对接确定主办单位、节会名称、报批审查等前期工作。通过精心准备，策划实施了一批影响大、效果好的重大活动、重大项目。

（三）用心服务是坚实保障

坚持把节会当成自己的事来办、当成自家的事来办，戮力同心、群策群力，举全县之力办好安化黑茶文化节。根据嘉宾特性，进行面对面跟踪服务，做到专人、专车、专程，将热情、耐心、细致、周到服务贯穿于邀请、接站、报到、入住、就餐、提醒、引导、返程等全过程，确保无缝对接，每届节会接待嘉宾均达1500人以上。

第五届湖南·安化黑茶文化节名优产品评比颁奖现场

広东省潮州市潮安区

广东凤凰谷茶旅综合体：
文化产业赋能乡村振兴

一、基本情况

广东凤凰谷文旅项目依托国家实施乡村振兴的大战略，以推动潮州市潮安区凤凰镇东兴村一二三产业融合发展为目标，依靠凤凰镇凤凰单丛产区优势，在对凤凰镇东兴村连片旧村落进行盘活改造的基础上，以文化创意和科技赋能、以品牌建设为导向，打造有文化高度、有地域特色、有产业抓手的乡村文旅项目。目前已建成并投入运营的项目有：潮州凤凰单丛茶博物馆、凤凰谷恺德苑精品民宿、无外茶叶加工厂、无外茶叶品牌中心、600亩标准茶园合作基地、后河茶山栈道等；在建的项目有凤凰华侨文化博物馆、凤凰谷文旅酒店、凤凰谷茶叶体验中心、后河山居茶主题民宿、古法食街等，形成潮安区文旅板块的引流窗口之一，辐射带动周边2 000多户茶农增收。

二、发展历程

潮州凤凰单丛茶博物馆是在已被弃用的潮派古村落基础上加以修缮、改造而成的，占地面积7 500米²，建筑面积3 600米²，是一座以陈列、展示、交流潮州凤凰单丛茶文化和潮州工夫茶文化为主题的博物馆。茶博馆对外开放三年来，主办或协办了第四届广东潮州单丛茶争霸赛、"旅游+茶文化"活动启动仪式等活动。

恺德苑民宿紧挨着茶博物馆，占地面积5 500米²，建筑面积3 500米²，由凤凰镇东兴村已被弃用的恺德公祠及倒塌的旧村落改造而成，在规划设计和改造时尊重建筑与自然和乡村共生的理念，注重对潮派传统建筑格局的保留和潮派元素的应用，在改造后的民宿中植入中国传统文化、潮汕民俗文化、凤凰单丛茶文化，让旧村落焕发新活力。2022年，恺德苑民宿被评选为广东省首批技术工人疗休养基地。

无外茶叶加工厂及品牌中心坐落在凤凰镇东兴广场左侧，是凤凰谷文旅的另一重要茶文化输出项目，无外茶叶着重于凤凰单丛茶产品体系的梳理，目前已生产10个系列、近30个品类的凤凰单丛茶产品，外延了广州两个城市体验馆的建设运营，受到众多客群的认可和青睐。

三、典型做法与成效

（一）坚持政府"搭好台"

项目从前期地块谈判到基础设施建设等环节，乃至整个项目的发展，均离不开当地政府的大力支持。凤凰镇政府在资金、用地指标上予以倾斜，协助拓宽宣传渠道，最后共同包装推出市场。

（二）坚持企业"唱好戏"

凤凰谷提出"一个品牌，两个板块"运营模式，"一个品牌"指凤凰谷平台，"两个板块"指茶产业板块、乡村文旅板块。项目在海拔800～1 000米处打造了300亩的标准化茶园，秉持"标准化，专业化、创意化"的制作原则，采用"建基地、立标准、搭平台、拓渠道"的运营方式，持续打造以传统民俗和创意文化为核心的"个性化、高端化、系列化"的茶旅文化产品。住宿方面，在民宿项目中融入潮州工夫茶文化，策划制茶、民俗、茶艺、团建等茶主题活动。

（三）坚持文化"引好流"

博物馆开馆以来，接待游客5万多人次，研学团队超1 000多批次，党建活动接近1 000多批次，开办100多场专题文化培训课程。被广东省社会科学界联合会认定为省级人文社科普及标准基地，潮州市爱国主义教育基地，潮州市归国华侨联合会侨胞之家，华南农业大学、广东技术师范大学、汕头大学、广东工业大学等高校教学实践基地。

（四）坚持各方"尝好果"

凤凰谷项目的建设，提高了所在村的土地利用价值和当地的知名度，也为当地

潮州凤凰单丛茶博物馆

恺德苑民宿

村集体创造经济效益，实现村经济的可持续发展。2020年获评广东美丽乡村精品线路（潮州潮安区茶旅生态游精品线路）重要节点，获评第一批广东省乡村研学旅行特色村。

四、经验与启示

（一）瞄准方向，找准定位

文旅项目的建设符合国家和地方政策导向、符合当地发展规划，建设单位采取有效对策，确立合理的发展战略和目标，利用资源和区位条件，实现满足市场需求、构建有益于潮州市文化旅游业快速有序发展的现代旅游产业体系的目标。凤凰镇坚持"以茶带旅，以旅旺茶"的发展思路，用"茶"做文章，将项目开发定位为"生态旅居＋潮州文化＋单丛茶产业"，以全球首个凤凰单丛茶主题文化文旅项目、潮州市国家级乡村振兴示范样板为发展目标。以潮州深厚的历史文化、优美的生态环境、丰饶的自然资源、优质茶品特色美食为依托，不断丰富文旅项目的品牌内涵，形成当地休闲出行新地标，不断提升当地单丛茶的文化品牌价值，同时拉动就业，促进经济社会较好发展。

（二）敢于探索，创新机制

依靠文化赋能，项目以文旅为入口，把二产带动起来，再促进一产发展，形成一、二、三产联动。由三产带二产、促一产，实现立足品牌溢价的多维度产业共融、三产融合，带动凤凰单丛茶产业发展，从而做到真正的文化赋能。推动茶产业"种植—加工—销售—旅游"一体化融合发展，创新全市农民在农村一二三产业融合发展中的利益共享机制和长效保障机制，探索出一条可复制、可推广、竞争力明显提高的茶产业发展模式，真正实现三产融合，兴村强县。

广东省湛江市徐闻县

"菠萝的海"：
我们的星辰大海

"金黄的菠萝，跟着戴斗笠的巫师穿过雷州半岛，于是我知道，我可以在此地睡去。"这是著名诗人于坚来到"菠萝的海"，震撼之余在《徐闻行》中写下的赞美菠萝的诗句。2000年，著名经济学家厉以宁教授来到徐闻见到如此美景之后叹为观止，脱口而出了一个雅致的名字——"菠萝的海"。

一、基本情况

"菠萝的海"属热带季风气候，阳光充足，雨水充沛，土质肥沃，非常适宜种植菠萝。近13万亩连片种植的徐闻菠萝成为中国最为壮美的菠萝种植景观带，站在连绵起伏的菠萝地中，好似沐浴海风吹拂，看浪花朵朵。"菠萝的海"成为徐闻菠萝最浪漫的情话，被《国家地理》杂志赞誉为"徐闻以菠萝制造了中国罕有的壮美景观"。

二、发展历程

2005年，愚公楼菠萝被认定为国家地理标志保护产品。"菠萝的海"大地曲线优美、起伏舒缓、色彩斑斓，构成了一幅独具魅力的热带生态农业画卷，被誉为中国的"普罗旺斯""北海道花田"和"广东摄影旅游目的地"，被世界知名的旅游杂志《孤独星球》推荐为广东15个顶级旅游体验地之一，2018年被评为广东"十佳最美农田"。

从2016年开始，徐闻县每年在"菠萝的海"举办菠萝文化旅游节，通过自驾采摘体验游、"菠萝的海"最美骑行路线体验、万人竞走比赛、山地自行车全国巡回联赛广东徐闻"菠萝的海"挑战赛大型赛事、中国菠萝第一镇农民竞技赛、挑菠萝接力赛、"万人菠萝宴"等活动，把"菠萝经济"和"旅游经济"有机融合，发展出立体多元的"菠萝文化"。"万人菠萝宴"作为每一届菠萝文化旅游节的压轴戏，在"广东省最美村庄"龙门村举办，让前来徐闻的上万嘉宾游客，分享丰收的喜悦，感受徐闻的特色，品尝历史的味道，记住徐闻的乡愁。

2021年，徐闻举办了线上"菠萝的海"蜜浪音乐节，创作《菠萝的海》和《菠萝菠萝》《菠萝的海战歌》《当菠萝成熟的时候》《家乡徐闻》等广东菠萝主题曲，用鲜明突出的主题、欢快优美的旋律唱出"菠萝的海"丰收的喜悦，通过音乐传唱的方式唱出了菠萝甜蜜事业的发展过程。

2022年，徐闻县发布《徐闻菠萝的品牌战略计划》，成功举办"百千田头直播""喊全球吃广东菠萝""广东菠萝驶过长安街""舞动菠萝的海""组织国际友人到菠萝的海打卡""菠萝百味厨神争霸大赛"等系列"徐闻菠萝'12221'品牌推广营销行动"，设计发布徐闻菠萝吉祥物小志和小美，打出"世界菠"概念。喜鹿文创公司发布菠萝今生前世动漫《菠萝的海就是星辰大海》，提升徐闻菠萝和"菠萝的海"的品牌知名度。2023年3月18日，徐闻菠萝亮相CCTV-1黄金广告，"菠"动全国人民心弦。同时，在央视直播间"春天的中国"栏目中，向全国人民展示了徐闻"菠萝的海"的风光。目前，广东徐闻菠萝已远销日本、新加坡、俄罗斯、吉尔吉斯斯坦、阿联酋、加拿大等国家。这颗声名远扬的"世界菠"获得国际好评，吸引着他们踏上"菠萝的海"寻味之旅。

三、典型做法与成效

（一）党建引领助推人才引育强发展

创新探索"3151"菠萝产业链党建联盟，打造产业带党建示范区。将人才的引进和培育纳入"3151"党建工作模式，携手乡村振兴"帮帮团"，以28所高校大学生联盟为班底，招才引智，挖掘发展菠萝特色文化，成立全国首家以菠萝为主题的民宿创意体——"菠萝公社"乡村振兴人才驿站，并举办"全国高校大学生联盟乡村振兴人才沙龙""我为村庄换个妆""菠萝采购商交流沙龙"等活动。以军村、牛路塘村为示范点，打造"菠萝特色村庄"创意带，以人才振兴反哺乡村振兴。创新实施"1+2"党建品牌工程，组建"党员志愿服务队""团员志愿服务队"，围绕菠萝采购商暖心服务、治安巡逻、环境清洁、秩序维护、景点导游等多项便民利民服务打造服务载体，实现党员志愿服务全覆盖。在民宿、旅店门口挂上菠萝采购商党员志愿服务队岗位牌，为经营者和外来菠萝采购商、游客提供上门服务、解决难题。成立"菠萝党支部"18个，让"支部建在产业带上、党员聚在产业带上、群众富在产业带上"，促进一二三产业更加融合。

（二）文旅融合擦亮百年种植老品牌

徐闻菠萝的人文历史和文化底蕴，为菠萝文化艺术活动的开展奠定了坚实的基础。徐闻县每年在"菠萝的海"举办菠萝文化旅游节，通过广东十大最美旅游公路和农田骑行体验、千人徒步共赏"菠萝的海"蜜浪音乐节、"大培训 大擂台 大卖场——百名网红千名主播菠萝的海培训直播"等线上线下活动，把"菠萝经济"和"旅游经济"有机融合，发展出立体多元的"菠萝文化"。依托"短视频＋直播"电商营销方式，积极打造"中国直播第一县"，培养"双栖新农民"。依托"菠萝的海"的自然风光和品牌影响力，曲界镇因地制宜编制"菠萝的海"景区提升规划，打造徐闻菠萝农文旅目的地。在省、市、县的大力支持和指导下，曲界镇大力推行"12221"市场体系，积极组织参与菠萝营销推介系列活动，助推菠萝成功"出圈"，进一步提升百年品牌影响力，以品牌创新助推"菠萝的海"活力澎湃。

（三）多措并举促进乡村风貌再提升

以广东省第二届乡村振兴大擂台比赛、乡村振兴大比武活动、典型镇村创建等工作为契机，打造了"美丽宜居儒田村""菠萝的海彩虹路""菠萝驿站""田洋水杉路""龙门村樟树大道"等网红打卡点，整休提升乡村风貌带，进一步擦亮"菠萝的海"名片。积极谋划文旅融合项目，争取资金深入挖掘菠萝文化，打造菠萝文化博物馆和"菠萝的海"田园美学度假地，连片龙门、田洋、张畴等周边村庄，发展民宿产业，以"菠萝＋高校＋民宿"模式，打造菠萝研学旅行基地和菠萝特色小镇，做活乡村旅游，以"产业振兴"助推"乡村振兴"。

四、经验与启示

（一）加强规划引领，优化产业布局

结合"菠萝的海"的实际，谋划农文旅融合项目，明确景区发展目标、定位和重点任务。通过优化产业布局，合理配置旅游资源，推动菠萝旅游与其他产业融合发展，形成特色鲜明、优势互补的旅游产业链。

（二）完善基础设施，提升服务水平

持续完善"菠萝的海"景区的基础设施建设，提升旅游接待能力和服务质量。

（三）加强市场营销，扩大品牌影响力

充分利用各种媒体和渠道，加大旅游市场营销力度，提高品牌知名度和美誉度。深入挖掘菠萝的文化内涵，打造独具特色的旅游产品，吸引更多游客前来观光旅游。

广西壮族自治区柳州市柳南区

柳州螺蛳粉小镇：
打造村美民富的美食文化地标

一、基本情况

柳南区位于广西壮族自治区柳州市西北部，总面积541.38千米²，建设了全国唯一以螺蛳粉为主题的特色小镇。2021年4月，习近平总书记视察柳南螺蛳粉生产聚集区，称赞"小米粉、大产业"，自此柳州螺蛳粉文化圈粉四海。

2019年，以螺蛳粉小镇为核心区的国家级现代农业产业园通过验收，同年螺蛳粉小镇成为国家AAAA级旅游景区。近年来，柳南区通过连续举办螺蛳粉小镇文化节，丰富拓展活动形式，将螺蛳粉小镇作为展现乡土特色文化艺术的平台，推进螺蛳粉小镇一二三产业深度融合，不仅充分展现了螺蛳粉浓厚的文化底蕴，同时助力乡村振兴走上新台阶。

二、发展历程

螺蛳粉文化源远流长。据考证，两万多年前，柳州地区的古人类就已经开始烹食螺蛳了。两千多年前，南下的"秦人"开始制作初具雏形的米粉。20世纪80年代初，在螺蛳与米粉碰撞下，螺蛳粉应运而生。随着螺蛳粉的日益爆红，2017年，柳南区积极建设螺蛳粉小镇，深化螺蛳粉原材料供给侧结构性改革，促进螺蛳粉产业融合，推动螺蛳粉产业高质量发展。2018年4月，柳南区螺蛳粉小镇被列入第一批广西特色小镇培育名单，9月转入建设阶段，5个基地获得市级首批螺蛳粉原材料生产示范基地认定。2019年初，螺蛳粉小镇建设被列入自治区重大项目。2018—2022年，柳州共举办四届螺蛳粉小镇文化节，吸引游客25万人次，逐步成为以"螺蛳粉+"形式，全方位对外展示柳州的一个重要文化艺术窗口。

三、典型做法与成效

（一）螺蛳粉文化描绘动人故事

柳南区一方面积极探索创新工作方法，建设螺蛳粉小镇及配套生产集聚区和原材料生产基地。另一方面不断拓宽文化兴柳思路，依托柳州螺蛳粉发源地，推行文旅融合发展模式，塑造形式多样的复合型旅游产品，催生旅游产业新动能，取得显著成效。2023年，柳南区前三季度累计接待国内游客699.34万人次。

（二）螺蛳粉文化培育优秀产业

柳南区重点围绕"螺蛳粉＋农业"，以深化农业供给侧结构性改革为主线，统筹推进产业、生态、文化、旅游、基础设施和公共服务融合发展，打造了螺蛳文化展馆、螺蛳文化大舞台等一批具备现代农业特色的文旅项目。截至目前，螺蛳粉小镇累计接待游客30.36万人次。同时，在周边建成14个总面积约10万亩的螺蛳粉原材料种养殖基地，使得柳南区螺蛳粉重要原材料生产规模持续保持广西前列。围绕螺蛳粉全产业链形成了"一区一镇多基地"发展格局，持续向周边地区供应竹苗、螺种、木耳菌棒等种苗，提升研发能力，打造螺蛳粉原材料种植、养殖业标杆。

（三）螺蛳粉文化带动增收致富

通过建立"公司＋村集体经济＋农户""公司＋基地＋农户"等合作机制，带动2.4万农民就业，惠及近千户脱贫户。如今，螺蛳粉原材料产业已成为柳南区富民强农、防止返贫的一大支柱产业。成功试行螺蛳粉原材料双定向补贴机制，通过补贴龙头企业定向收购、补贴农民定向销售，大力提高螺蛳粉原材料种植规模。充分发挥村委会和村民合作社的主导作用，成片流转土地建立螺蛳粉原材料生产基地，有效盘活农户闲置土地资源，增加农民收入。

四、经验与启示

（一）坚持"政府搭台、企业主唱"模式

将"政府引导、政策扶持、企业运作"作为发展特色产业和保护当地乡土文化的有力保障。出台激励政策，设立螺蛳粉产业发展专项资金，推进螺蛳粉产业服务体系建设。整合辖区资源，争取政策资金支持，打造特色产业生产聚集区。

螺蛳粉小镇文化节现场

作为国内首个以柳州螺蛳粉为主题的小镇，柳南区强化农业、旅游、康养三大辅助产业发展，打造广西美食特色小镇样本。

麻竹子采收现场

作为柳州螺蛳粉重要的原材料供应地，柳南区不断扩大竹笋基地规模，让农户在螺蛳粉产业链里的各个环节都能享受到产业增值收益。

（二）坚持工业化思维谋划产业发展

强化顶层设计，用工业化理念谋划产业发展是螺蛳粉小镇不断发展的基础。2015年，柳州市首次提出柳州螺蛳粉"产业化、标准化、品牌化、规模化"发展理念，确定了柳州螺蛳粉产业走机械化生产道路。柳南区坚决贯彻这一理念，在资金支持、基地建设、品牌扶持、人才支撑、"双创"支持等方面制定系统的政策措施，全方位保障螺蛳粉特色产业发展，产业的良好发展为螺蛳粉小镇的建设奠定了基础。

（三）坚持三产融合促动产业提质升级

聚焦集约发展，依托基地实现一二三产融合是特色小镇自身提质增效、良性发展的必由路径。大力推进质量发展、绿色发展和高效益发展，构建成型、成熟的融合发展模式和全产业链条，严控各环节质量和标准。强化政府监管，依托政策扶持建设培育原材料的种植养殖示范基地和加工龙头企业，确保原材料绿色、优质、安全，延伸全产业链，形成联农带农良好机制。

（四）坚持产业集聚形成厚植文化底蕴

依托建设螺蛳粉产业聚集区，挖掘丰富的螺蛳粉历史内涵，把螺蛳粉工业与城郊文化相结合，推出工业旅游一日游，以参观螺蛳粉生产流程、螺蛳粉产品发展史、螺蛳粉文化发展史、电商产品直播间，以及现场品尝螺蛳粉等方式，形象地展示螺蛳粉文化，螺蛳粉文旅融合效应凸显。

（五）坚持文化促进互联网产销融合

借助互联网创新创业东风，研发电商产品和销售渠道，联合电商网络进行销售，实现工业化生产与"互联网＋"对接。预包装柳州螺蛳粉在阿里巴巴米粉特产类的销售量位居第一，产品远销美国、德国、意大利等国家，品牌在国内外的影响力显著。

广西壮族自治区梧州市苍梧县

六堡茶文旅融合：
书写一片叶子的新传奇

一、基本情况

梧州市苍梧县全面贯彻落实党的二十大精神和习近平总书记在参加党的二十大广西代表团讨论时作出的"把六堡茶做大做强"重要指示精神，紧紧围绕自治区"千亿元茶产业"工作战略部署，落实市六堡茶产业高质量发展三年行动计划，发挥六堡茶原产地及核心产区的优势，坚持规划先行，科学谋划、统筹推进，完成茶园种植大会战工作任务，夯实茶产业基础。从茶苗、茶园、茶企、茶师、茶市、茶城六大关键环节着手，将六堡茶产业打造成为乡村振兴的支柱产业。

开茶节采茶

二、发展历程

六堡茶因产于梧州市苍梧县六堡镇而得名。千百年来，六堡茶沿着"茶船古道"漂洋过海出口到马来西亚等东南亚国家和地区，具有"红、浓、陈、醇"四大特征，以其独有的槟榔香而深受世人喜爱。在党的二十大广西代表团讨论时习近平总书记对六堡茶产业作出了"一肯定三问一叮嘱"的政治嘱托；自治区党委书记刘宁同志在苍梧调研时强调，六堡茶是"小茶叶""大产业"，要努力把六堡茶发展成为助力乡村振兴的支柱产业和联农带农富农的重要载体。

三、典型做法和成效

（一）建茶园提规模，夯实产业发展"压舱石"

做好茶园建设要素保障工作。为激励种植积极性，将茶园奖补资金从2020年的1 000元每亩提高到2021年的2 500元每亩。统筹林木采伐指标8万多亩，优先保障茶园建设，开通茶园建设林木采伐、炼山用火等行政审批绿色通道，3天内予以办结。编印"红宝书"——《苍梧县六堡茶种植大会战工作指南》5 000多册，做到人手一册，解决了清表炼山、开垦种植等问题。一插到底，建立项目工作专班，采取项目审批代办制，推动黑石山、狮子山、顺冲、黎壁等几个万亩茶园基地建设。

（二）抓项目强龙头，提质产业发展"动力源"

围绕"1+2+3+N"工作思路，把六堡镇打造成六堡茶百里绿色廊道核心区。实施产业园建设大会战，大力实施招商引资，撬动社会资本参与发展六堡茶，集聚产业集群。与中化南方公司合作，投入8亿元建设六堡古镇；与广西铸垠集团合作，投资20亿元打造六堡茶全产业链标准化示范基地。整合各类资源，打造千亩六堡茶产业园，建成1万米²综合服务楼、2万米²六堡茶公共茶仓和6 000米²广西农垦茶叶加工基地等项目。电商和物流中心、标准厂房项目及县农投集团六堡茶加工厂等项目正在实施中。同时，通过农文旅康产业融合大会战，不断建设完善各项基础设施和公共服务设施，同步配套"茶旅＋民宿""茶旅＋研学""茶旅＋康养"等新业态，助推全产业链示范建设，持续夯实六堡茶产业发展的根基。

（三）抓效益稳增收，增强产业发展"带动力"

积极引导六堡茶产业发展，努力把六堡茶打造成为联农带农富农的特色产业。落实村企民合作举措，采用"龙头企业＋合作社＋农户"模式。通过每年给脱贫户分红，与农户签订产品收购协议，并承诺优先收购脱贫户的茶叶，确保了广大茶农的长远利益，直接带动2.1万农户（其中脱贫人口2 800多人）受益。鼓励条件成熟的村以土地供给、资金入股、茶旅融合等方式发展六堡茶产业，形成以茶企为龙头，村级集体经济为特色，种植大户和普通农户为补充的茶园建设格局，在带动茶农增收的同时壮大村集体经济。核心区茶农人均可支配收入1.69万元，比非产茶区高出41%。

六堡茶庄园

四、经验与启示

（一）打好茶园建设攻坚战，夯实一产发展根基

坚持高位推进，实施茶园建设大会战，组建六堡茶产业发展指挥部，与县茶业中心、县农投集团等相关部门合署办公，出台了《苍梧县六堡茶高质量发展三年行动计划》《苍梧县茶园奖补实施方案》等多个扶持政策；以茶园种植大会战为抓手，组织县、镇干部600多人参与茶园建设攻坚战，县处级领导牵头、县直部门挂点，县镇联动考核。两年来，苍梧县组织承办梧州市、苍梧县生态茶园建设现场会4次，参加人员2 200多人，吹响了生态茶园建设的号角。

（二）共享发展，打造联农带农富农新引擎

六堡茶是苍梧县以产业振兴引领乡村全面振兴的重要引擎，是带动就业、促进增收的重要抓手。一是推行"村党组织+茶企+集体经济+农户"模式，鼓励条件成熟的村以土地供给、资金入股、茶旅融合等方式集体发展六堡茶产业，逐步形成以茶企为龙头，村级集体经济为特色，种植大户和普通农户为补充的茶园建设格局，在带动茶农增收的同时壮大村集体经济，为乡村振兴注入活力。二是采取"政府引导、企业主体、茶农参与"的模式，引导茶企和茶农建立"命运共同体"，大大激发了广大农民的参与热情。六堡茶制作技艺自治区级代表性传承人谭爱云在六

堡镇四柳村创建了800多亩的有机茶园，年产茶4万多斤，产值达500多万元。同时，以六堡茶为主业，带动农副产业发展，大量收购农户种植的茶叶及竹编制品，为农户创收达300余万元，每年提供60余个就业岗位，解决一些脱贫户在家就可以就业的问题。三是以技能培训为抓手，提升群众自我造血能力。充分发挥"非遗大师"的"传帮带"作用，形成国家级、自治区级、市级、县级非遗传承体系，辐射带动当地200多户茶农增收致富。

（三）巩固优势，推动茶文旅融合发展

按照梧州市打造百里绿色廊道的工作要求，2023年，苍梧县以打造"一廊两核三组团N点"工作思路，努力把六堡镇打造成为百里绿色廊道核心区，推动茶文旅融合发展再上新台阶。一是聚焦"一廊"，建设百里绿色廊道主线观光旅游通道。二是聚焦"两核"，加快推进六堡古镇、六堡茶现代农业全产业链标准示范基地项目。三是聚焦"三组团"，打造大中、塘坪、山坪村三个乡村振兴示范组团。四是聚焦N个景观节点和重点茶企提升。重点聚焦非遗重点茶企提升，在核心区提档升级9个重点茶企，结合鱼鳞坝、鱼跳爽等知名景点，构建"2+2"（古道康养、六堡朝圣、飞龙环湖、山水度假）4条黄金旅游路线与打造百里生态绿色长廊有效衔接。

广西壮族自治区百色市凌云县

天圣茶酒文化融合：以茶促酒 以酒兴茶 打造茶酒融合发展新模式

一、基本情况

凌云县位于广西西北部，是百越古道上重要的支点，县域面积2 053千米^2，全县凌云白毫茶茶园面积11.2万亩，已创建凌云白毫茶有机茶园2.3万亩，正在推进5万亩有机茶园创建。凌云县紧紧围绕乡村振兴战略和富民产业发展思路，坚持"一片叶子富一方百姓"的发展理念，以凌云白毫茶产业为着力点，着力拓宽凌云白毫茶产业链条，对企业探索茶酒融合新路子给予支持。广西国晶庄园酒业有限公司（简称"国晶酒业"，原天圣茶酒）抓机遇，充分利用凌云县独特的资源和深厚的酒文化内涵，借助国家地理标志产品"凌云白毫茶"，积极探索品牌建设与跨界融合发展的新理念、新方向，把茶酒融合发展内涵转化为品牌价值和市场竞争力，努力构建全方位、高质量的一二三产业融合发展新业态。2022年，凌云白毫茶覆盖带动农户11 260户、50 428人（其中，脱贫人口3 020户、13 590人），户均收入38 381元。

二、发展历程

凌云县是凌云白毫茶的原产地，有着悠久的历史。早在公元1488年，凌云人就开辟了凌云历史上第一个茶园。1984年，凌云白毫茶被认定为第一批国家级优良茶树品种；1992年，载入《中国茶经》；2016年，国家地理标志产品"凌雲白毫"商标成功注册。茶与酒的结合，在古籍中有苏轼"茶酒采茗酿之，自然发酵蒸馏，其浆无色，茶香自溢"的记载。因为集茶与酒之大雅于一身，后世众多文人墨客都曾效仿其以茶酿酒。由于"茶本酒"的酿造需要大量的茶叶，国晶酒业把目光投向了凌云县的白毫茶，研发出品了"国晶茶本酒"。2023年3月，国晶茶本酒正式推介上市，全县已生产国晶茶本酒1 500吨，将茶本酒生产、茶文化、酒文化有机融合，围绕凌云白毫茶推进一二三产融合发展。

三、典型做法与成效

（一）发挥政府引领，强化政策保障

一直以来，凌云县把凌云白毫茶产业作为全县重点支柱产业培育打造，成立了

凌云白毫茶产业服务中心，负责凌云白毫茶产业发展服务工作，先后制定出台《凌云县茶叶产业发展扶持和奖励办法》《凌云县"四上企业"培育扶持奖励办法（试行）》《凌云县白毫茶产业提升三年行动方案（2019—2021年）》等系列文件，每年投入奖励扶持资金400余万元，多措并举，整合资源，推动凌云白毫茶产业稳步发展，积极培育壮大"凌雲白毫"公用品牌，培育扶持了国家级农业产业化重点龙头企业1家，区级农业产业化重点龙头企业5家，市级农业产业化重点龙头企业5家，茶叶专业合作社28家。2022年全县干茶产量7 836吨，产值68 252万元，分别比2020年增加1 984吨、12 073万元；干茶均价43.55元/斤。

（二）集成多元措施，促进茶农增收

结合地方茶园优势资源，以"企业＋基地＋茶农"的方式，大力推行统一种植品种、统一肥水管理、统一病虫防控、统一技术指导、统一加工方式等"五统一"。引进龙头企业到凌云县投资年产10 000吨国晶茶本酒项目建设，延伸凌云白毫茶产业链，实现凌云白毫茶良种、良法、良机、良制配套，提高生产组织化、标准化、信息化程度，推进凌云白毫茶产业高质量发展。已成功创建区级茶叶示范区1个、市级茶叶示范区1个、县级茶叶示范园区3个、乡级茶叶示范园5个、村级茶叶示范点16个，覆盖带动全县8个乡（镇）中的6个乡（镇）40个行政村，带动茶农11 260户、50 428人（其中，脱贫人口3 020户、13 590人），2022年茶农人均增收791元。

（三）强化产学研，推进现代化发展

凌云县建设了集科研、生产、游、购、娱、休闲于一体的广西凌云白毫茶产业园，加强与中国茶叶学会、广西茶叶学会、广西茶叶协会等合作，与贵州大学酿酒学院签订了长期产学研战略合作项目。举办"科技助力精准扶贫""凌云茶叶评鉴""凌云白毫茶高峰论坛"等系列活动。在2009年制定的《凌云白毫茶综合标准》

茶酒文化融合产品——国晶茶本酒（原天圣茶本酒）

的基础上，重新研究试验，研制凌云白毫茶绿茶、白茶、红茶的三套七个单项县级地方标准，进一步规范了凌云白毫茶鲜叶采摘标准和产品标准。培育凌云白毫茶制茶能手20名、茶艺师60名，为凌云白毫茶高质量发展和国晶茶本酒项目奠定了基础，推进凌云白毫茶产业三产融合发展。

四、经验与启示

（一）党委、政府引导是融合发展的保障

党委、政府强化引导、扶持和服务职能，整合资源，统筹支柱产业发展，制定有效扶持政策，从而更有效地调动市场主体的积极性，统一品牌宣传推广，增加产业附加值，延伸产业链条，在推进三产融合发展中，实现县域经济高质量发展。

（二）让利于民是高质量发展的根本

茶产业是凌云县"衣食万户"的支柱产业，引进培育龙头企业，打破传统饮用茶，另辟蹊径开创茶酒文化，统一规范茶园管理，不仅提升茶叶品质，更有效拓展茶产业市场竞争力，探索促农增收的新路径，进一步激发群众发展凌云白毫茶产业的积极性。

（三）提升品质是现代化发展的关键

质量是市场的保障，技术又是提升质量的关键。凌云县坚持"走出去"和"引进来"策略，全领域、全方位与国内外行业协会和高校合作对接，推动"产学研"融合，在产业基地源头、生产加工、市场推广等方面优化提升技术，强化示范引领，规范产品标准，稳定产品质量，实现茶产业现代化发展。

广西凌云县白毫茶园基地——茶山金字塔

广西壮族自治区河池市东兰县

铜鼓习俗：
铜鼓回响千年韵　乡村唱响振兴曲

一、基本情况

东兰县地处桂西北深处红水河中游，总面积 2 437 千米²，世居壮族、汉族、瑶族等 11 个民族共 31.38 万人，拥有全世界馆藏传世铜鼓 2 400 多面的四分之一，是全世界传世铜鼓数量最多、分布最为集中、至今使用仍为活跃的地区，被誉为"世界铜鼓之乡"。东兰县先后获评中国民间铜鼓文化艺术之乡、中国铜鼓民俗文化旅游示范区、国家级铜鼓文化（河池）生态保护区核心区、国家级铜鼓文化（河池）生态保护实验区。

二、发展历程

东兰的铜鼓，源于壮族先祖的炊具铜釜，历经千年的演变，成为壮族、瑶族人民最为重要的乐器、礼器，也孕育出了举世闻名的铜鼓文化。东兰民间藏鼓、

东兰县巴畴乡巴英村铜鼓会盛况

护鼓、养鼓、祭鼓、赛鼓、舞鼓等铜鼓习俗十分盛行。由铜鼓习俗演绎的"蚂拐舞""春椰舞""铜鼓舞""猴鼓舞"等民间艺术，以非物质文化遗产的形式存在、流传，享誉国内外。壮族铜鼓习俗、蚂拐节入选国家级非物质文化遗产名录。由铜鼓衍生出山歌8大类、传统舞蹈10余支、传统戏曲4项、民俗6项、传统音乐近百首、传统手工技艺10项、民间文学8项、传统体育游艺与杂技4项。近年来研发出了可以敲打出不同音阶的音乐铜鼓，使古老的铜鼓文化得到了很好的传承和发展。

三、典型做法与成效

（一）以鼓为魂，延续千年文脉

东兰县坚持保护优先的理念，把铜鼓文化生态保护区建设作为文化保护的重要内容来抓。成立专职管理机构，设立专项建设资金，持续加强政策支持、资金投入和人才培养，扎实做好铜鼓文化系统性保护工作。先后建成铜鼓习俗传承基地7个、传习所4个、传习示范户3个，校园铜鼓文化传承基地9个、铜鼓展示场馆5个。按照"一村一亭一舞台"的目标，在10多个村屯建设了铜鼓山歌亭、铜鼓舞台等铜鼓展演场所，为铜鼓文化及相关非物质文化遗产保护传承提供了坚实的阵地保障。打造巴畴乡巴英村、长乐镇板登村、三弄瑶族乡三合村等铜鼓文化生态保护村。

（二）以鼓为媒，打造文化品牌

东兰县以铜鼓文化为主线，全面打造独具特色的文商旅融合聚集地，实现铜鼓文化、红色文化、生态文化在乡村文化振兴中的"三轨并行"，走出了一条强产富民的乡村振兴新路子。举办蚂拐节、铜鼓会、山歌会、祝著节等文化活动，有效地吸引游客消费从景点观光向铜鼓沉浸式体验转变，培育消费新业态、新模式，促进铜鼓娱乐、旅游消费、民俗演艺等新业态的健康发展。2023年春节期间共组织举办文化活动23场，吸引世界各地游客，共同感受东兰民俗文化的独特魅力，活动现场参与者达58万人次，线上观看达300万人次，国内16家主流媒体和孟加拉国等国外多家媒体对活动进行了报道，点击量高达5 000万人次。

（三）以鼓助力，激活文旅市场

为保护和向世人展示神秘的铜鼓及其衍生的铜鼓文化，东兰县对境内的传世铜鼓进行了普查登记，加强对铜鼓习俗以及铜鼓文化的保护传承。引导民间工艺师加强铜鼓文化和铸造技艺研究，组建东兰传承民间铜鼓厂、东兰音乐铜鼓铸造厂等非遗生产性保护项目，恢复并创新了已失传上百年的铜鼓铸造技艺，年平均出厂铜鼓5 000多面，年销售总收入达2 000多万元。编撰《东兰铜鼓》《东兰蚂拐文化》《铜鼓传奇》等书籍，持续挖掘铜鼓文化。将非遗项目引入中小学校课堂，传授铜鼓敲打、音乐铜鼓演艺等非遗项目，让更多的青少年零距离体验铜鼓文化的魅力，推动非遗技艺薪火相传。

2022中国—东盟博览会旅游展上的东兰铜鼓

四、经验与启示

（一）上级支持是保障

中央、自治区持续安排补助资金，加强非遗保护平台建设和铜鼓文化理论研究，国家文化和旅游部、自治区文化和旅游厅派遣专家到东兰县考察活态的铜鼓文化，指导铜鼓文化开发研究和保护工作。在中国—东盟博览会、文化和自然遗产日等品牌活动中大力宣传展示铜鼓文化保护成果，有效提升了东兰铜鼓文化影响力。

（二）政府推动是关键

东兰县政府陆续颁布和出台了一系列配套文件，加强对铜鼓文化的保护。投入资金建立"馆、会、基地"，培养铜鼓文化传承人，加强铜鼓文化生态保护实验区建设，为铜鼓文化的传承与保护提供新平台。举办国际铜鼓文化旅游节、铜鼓文化论坛、铜鼓山歌艺术节以及实施"红色东兰 铜鼓之乡"文化旅游发展战略等，打造一系列宣传、研究、展示平台，不断提升铜鼓文化的知名度和影响力。

（三）文化自信是支撑

东兰铜鼓文化能够历经2 000多年的岁月依然广泛流传，依赖于群众对铜鼓的喜爱和崇拜，铜鼓文化已成为当地民众日常生活中不可割舍的习俗。正因为如此，东兰铜鼓才可以世代相传。

（四）创新传承是动力

东兰县立足资源禀赋，创新抓好产业发展与民族文化传承保护。推出"铜鼓+旅游""铜鼓+产业""铜鼓+商业"等融合发展新路子，铜鼓符号和图案被广泛应用于建筑装饰、服饰和文创产品，带动民族服饰、农家乐、美食、交通、旅游等产业发展，为东兰文旅融合注入了新活力。

广西壮族自治区崇左市宁明县

骆越王节：
传承花山特色民族文化　提升乡村文化旅游品牌

一、基本情况

　　骆越是秦汉时期活动于今越南红河三角洲地区及广西沿海地区的古代民族。骆越民族流传的龙母文化、稻作文化、青铜文化、铜鼓文化、崖画文化、棉纺文化、造船文化以及医药文化等，为中华文明和世界文明作出了重要贡献。宁明县历史悠久、山川秀丽，拥有中国第一处岩画类世界遗产、广西首个世界文化遗产——左江花山岩画文化景观。以花山岩画为核心的骆越文化是壮族文化、岭南民族文化和东南亚民族文化的同生共源。作为骆越文化重要组成部分的花山文化，借助左江花山岩画成功入选世界文化遗产之契机，将骆越文化从壮族共同的民间记忆上升为中华民族共同的国家记忆。

纪念骆越王

骆越文化是壮族的起源文化，对其进行深入挖掘整理，传承打造了一些骆越文化旅游项目。目前，辖区内有左江花山岩画文化景观、花山温泉小镇、骆越文化宫、骆越山庄、笙美度假村、花山岩画游客中心等优质旅游项目，通过举办"三月三"系列文化旅游活动促进文旅融合发展。

花山温泉小镇作为宁明花山文化旅游资源体系的重要组成部分，整合了花山温泉景区及其所属忻龙温泉村、花山美食村，现已成为宁明花山文化旅游的一张名片、典范。

"三月三"系列文化旅游活动主要通过举办骆越根祖祈福活动、山歌擂台赛等传承和展示骆越民族文化精神。通过传承人现场技艺展示、展品展示、展板宣传等方式，不断提升宁明县非物质文化遗产知名度、美誉度和影响力。活动以晚会的形式展示，让文化遗产展现出独特的魅力和风采，让更多人了解和感受非遗文化的魅力。

二、发展历程

2016年7月15日，左江花山岩画文化景观被列入世界文化遗产名录，实现中国岩画遗产"零"的突破。2023年1月29日，崇左市第五届人大常委会第十一次会议表决通过，将左江花山岩画文化景观申遗成功日——7月15日设立为"崇左花山日"。以"崇左花山日"为契机，深入开展"三月三骆越文化节""崇左花山日"等节庆文化旅游系列活动，通过骆越根祖祈福、优秀民俗文化表演、壮族山歌擂台赛等丰富多彩的民族民俗活动，展现花山文化魅力，打造花山文化品牌，推动花山文化传承发展。加大骆越文化的传承保护力度，把具有骆越文化特色的花山拳纳入宁明中小学校体育课程，让学生在强身健体的同时，传承骆越花山文化。目前，全县习练花山拳人数有3万多人，花山拳已成为自治区级非物质文化遗产。

左江花山岩画文化景观申遗成功后，宁明县不断挖掘骆越文化特色，培育打造"骆越根祖·岩画花山"品牌，建设并投入使用花山温泉小镇、骆越文化宫、笙美度假村、特色文旅消费街区等一批重点文旅项目，创作推出大型风情音舞剧《骆越·天传》、大型壮族神话实景剧《花山》等一系列优秀文艺精品，不断提升花山文化影响力。

三、典型做法和成效

（一）举办"三月三"系列文化旅游

主要通过骆越根祖祈福活动，还原古骆越祈福盛况，以提高民族认同感和增强文化自信。举办山歌擂台赛、木菠萝丰收节等活动，山歌采取对唱、合唱或其他方式进行比赛，展示民间壮族山歌风采，传唱民间小调。开展少数民族服饰展、天琴弹唱、花山拳等非遗文化展示活动，呈现丰富多彩的民族原生态文化。举行美食大赛，组织各乡（镇）、华侨农场、酒店、餐饮店现场展出具有当地民族特色、有代表性的美食产品，并结合农产品展会等活动，推出各类民族传统美食。同时，联合华侨群体推出东南亚特色美食，促进多元饮食文化交流。通过举办美食大赛，不断提升宁明特色美食的知名度和认可度，打造宁明特色美食品牌和旅游名片，助推旅游餐饮消费市场稳步发展。举办徒手捕鱼、歌坡节抢花炮等民俗活动，传承乡土农耕作业文化和勇敢向上的精神。

（二）加强对外交流，骆越文化主动"走出去"

宁明县组团参加中国—东盟博览会旅游展、文化展、文化论坛、文化艺术周等展览展会，融入中柬文化旅游年、中越友好年、中泰文化艺术节等大型文化交流活动。推动本土优秀文化艺术项目与非遗类演艺节目申报自治区、国家和国际层面的奖项，提升宁明优秀文化的知名度和品牌影响力。加强与东盟国际友城开展文艺团体交流演出和民族文化艺术展示，提升花山文化影响力。坚持"引进来"和"走出去"相结合，打造对外文化交流的网络平台、外事活动平台和节庆会展平台。应邀前往东南亚国家开展文化交流和演出活动，以独具浓郁的壮乡民族特色的歌舞表演为载体，让源远流长的骆越文化走出国门，在异国他乡绽放光彩。

四、经验与启示

（一）树立品牌意识，打造文旅精品

打造"骆越根祖·岩画花山""三月三骆越文化节"等文化品牌，并在品牌打造上注重差异，不仅能够助推品牌提质升级，还能给广大游客带来不同的体验和感受。

（二）深化产业融合

近年来，宁明县非常重视骆越文化资源的挖掘和展示，不断增加旅游项目的文化厚度，丰富体验形式。比如将举办多年的"三月三骆越文化节"活动，创新发展为"演艺＋旅游＋商业"的融合形态。借助"三月三骆越文化节"，营造宁明浓厚文化旅游氛围，提升宁明民族文化旅游品牌影响力，推动文化旅游产业高质量融合发展，同时融入丰富的夜间文旅经济业态，引领骆越文化走进大众，不断满足人民群众对骆越文化的消费需求。

（三）注重挖掘乡村特色旅游产业资源

积极探索"文旅＋农业"模式，对农耕民俗、田园休闲、果蔬采摘、亲子活动、农家乐等旅游资源进行差异化开发，将骆越文化融入休闲农业旅游，带动当地经济发展、农民就业增收和新农村建设。

海南省三亚市海棠湾区

水稻国家公园：
弘扬农耕文化　赋能乡村振兴

一、基本情况

水稻国家公园位于三亚市海棠湾，建设规划面积7 680亩。作为海南首个"农业＋观光＋研学＋科研"融合的国家AAAA级旅游景区，它在充分尊重传统农业模式的基础上，合理开发利用农业旅游资源和农村土地资源，依托南繁水稻科学实验基地、中国恐龙科普教育基地、共享农庄线上线下平台等，创新发展"研学游""学稻作"等旅游新模式，相继成为国家级农村创新创业园区、全国休闲农业五星级园区、国家级农耕文化实践营地、全国研学旅游基地、海南省粮食安全宣传教育基地、海南省中小学研学旅行实践教育基地、海南省科普教育基地。在2019年第三届中国（三亚）国际水稻论坛暨首届国际稻米博览会上，袁隆平院士亲自为三亚水稻国家公园授予"中国（三亚）水稻论坛永久会址"的称号。

二、发展历程

2014年1月3日，袁隆平院士专家组一行选址并确定三亚水稻国家公园为国家杂交水稻工程技术研究中心暨育种基地；2015年8月，三亚市人民政府同意《袁隆平水稻国家公园规划设计初步方案》，提出要紧紧围绕"国家、水稻、袁隆平"三大主旨，延伸串联海南本土文化、南繁文化等元素，深度挖掘项目文化科技价值和旅游商业价值，实现社会、经济和生态效益的多赢。明确袁隆平水稻国家公园项目为农业主题项目，突出农业模式创新，带动当地农民发展，形成具有带动性、示范性的项目；着力将其打造成为南繁硅谷展示窗口，充分彰显袁隆平院士的稻作、农耕文化科技价值。2019年，该项目被授为"中国（三亚）水稻论坛永久会址"。2022年落成袁隆平院士纪念园，并对外开放，结合袁隆平、南繁科研基地共同展示农业科研人员的奉献精神和国家粮食安全的重要性。

三、典型做法与成效

（一）政府主导夯基础

2018年4月12日，习近平总书记视察三亚南繁基地并作出重要指示。在乡村振兴战略指引下，海南省、三亚市各级政府大力支持园区建设，帮助景区完善管理体系、挖掘南繁科学、弘扬农耕文化，进一步全面提升景区的文化、景观、管理、服务品质水平。

（二）社会参与同发展

2016年，三亚市政府以海棠湾水稻国家公园开发建设有限公司为平台，引入第三方社会资本。在坚守永久基本农田保护红线的基础上，通过农村土地经营权合法有序流转，整合形成规模连片开发，走出了一条农旅结合、文旅融合的发展道路。景区从周边6个自然村流转农田4 300余亩，按照统一规划、集约经营的方式发展农旅项目，土地租金为1 500～2 600元亩，每五年支付一次租金，约3 500万元，同时每个支付年份后按照10%比例递增。

（三）景村共建促振兴

景区为当地农民群众提供60个固定工作岗位和50个临时岗位，人均工资2 863元，村民在家门口实现就业务工，促进农民持续增收。同时，景区联合农业银行开展金融帮扶专项工作，每年为签约农户提供500元/户的帮扶资金，用以改善其医疗及生活状况。景区主动参与乡村建设，帮助周边村庄完善基础设施，改善村容村貌。

四、经验与启示

（一）突出政策引导，注重规划设计

严格遵循生态保护红线、永久基本农田保护红线要求，不断加大顶层设计，科学调整发展规划，优化农耕文化产品布局，建设高标准稻田字画，规划农耕文化博物馆，设计具有海南文化特色的农耕演艺活动，开展农耕文化教育培训，提升服务

水稻国家公园稻田字画景观

水稻国家公园百龙步道稻田景观

意识。景区规划注重建设水稻博物馆、稻田温泉养生体验系统，推出更多农事体验活动、农耕文化旅游节庆活动，构成综合性旅游生态链。

（二）突出资源整合，注重文化创新

努力将水稻国家公园建设成为中国南繁硅谷的国际交流和展示窗口，完成"南繁水稻科普文化长廊"建设，向国内外宣传和推广南繁科研成就和科普教育。建设"二十四节气+十二生肖"浮雕长廊项目；创意策划开镰节、收获季等农耕文化节庆活动；举办首届中国农民丰收节（海南）大型庆典活动；推出稻田丰收大巡游等特色农耕文化艺术活动；创新开发"长寿宴"餐饮配套项目。2019年打造"不负花期——2019水稻国家公园花田音乐会"，邀请国内外一流艺术家共赴花期之约，得到国内外媒体、专家的高度赞赏。

（三）突出多方联动，注重品牌培育

景区陆续推出了"稻规""稻香"大米品牌，打造"金稻米"农户农产品展示和绿色果蔬采摘购买体验平台；与海南大学食品科学与工程学院合作，研发有保健功效的酵素果汁原液产品"金诺丽"；借助互联网、物联网平台，打造线上线下联动的农旅共享模式，让村民走出传统营销模式，实现直播带货走进田间地头，推进农业绿色发展，带动周边产业及就业新模式，实现造血帮扶。

（四）突出市场需求，注重差异发展

打造"旅游+农业+文化+科普+互联网"的文化旅游、智慧旅游。水稻国家公园的水稻科普基地、恐龙科普教育基地已成为"科普+旅游"的新载体，开展"中国传统二十四节气""农耕文化""儿童亲子剧场"等研学和亲子类项目，为开展游学旅游和研学旅游提供了创新模式。

海南省五指山市

毛纳村：
背靠五指山　书写"茶旅"融合好文章

一、基本情况

毛纳村位于五指山市水满乡西北部，毗邻海南热带雨林国家公园，地处热带季风气候，自然条件得天独厚。毛纳村是一个典型的黎族村落，下辖6个村小组，现有常住人口166户、644人，林地面积6 160.9亩，耕地面积650.6亩，群众主要收入来源是种养业和自主就业。

二、发展历程

2022年4月11日，习近平总书记亲临毛纳村考察，并留下"乡村振兴要在产业生态化、生态产业化上下功夫""把茶叶经营好，让日子过得更红火"等系列殷切嘱托。近年来，毛纳村牢记习近平总书记殷切嘱托，认真贯彻落实习近平总书记视察五指山时强调的生态环境保护、乡村全面振兴、民族文化传承"三件大事"，突出热带雨林、黎族文化、茶旅融合"三大特色"，大力发展特色茶产业和乡村旅游，走出一条具有自身特色的乡村振兴高质量发展之路，相继获评全国乡村旅游重点村镇、中国美丽休闲乡村、全国民主法治示范村、海南省和美乡村、海南省生态旅游示范区、海南省少数民族特色村寨、海南省五椰级乡村旅游点等称号，入选全国村级实践交流基地典型案例、全省乡村振兴典型案例。

三、典型做法与成效

（一）坚持党建引领，凝聚乡村振兴发展合力

毛纳村牢记总书记"把所有精力都用在让老百姓过好日子上"的殷切嘱托，坚持党的全面领导，把党建工作融入乡村振兴全环节、全链条，以高质量党建引领乡村振兴高质量发展。积极创建星级党组织，增强基层党组织"引领力"，努力把毛纳村打造成抓基层党建促乡村振兴的典范，毛纳村党组织连续三年获市"五星级农村党组织"荣誉，毛纳村驻村工作队获"2022年海南省乡村振兴工作队先进集体"称号。加强阵地建设，将"硕果亭"作为"乡村论坛"场地和"村民议事亭"，进一步打造党建阵地"红色标杆"。充分发挥党员先锋模范作用，引导党员干部在产

业发展、乡村建设和乡村治理等乡村振兴工作中做表率当先锋，着力解决一批群众反映强烈的民生问题，让群众实实在在看到变化、增强信心，提振乡村振兴发展的强大动能。毛纳村党员王柏和带领乡亲积极发展特色茶叶，帮助村民脱贫致富，荣获2022年度全国"最美退役军人"称号。

（二）坚持精准谋划，发展集体产业促农增收

毛纳村牢记总书记"乡村振兴要在产业生态化、生态产业化上下功夫"的殷切嘱托，坚持谋定后动，高标准编制完成《生态旅游产业发展规划》，全力推动茶旅融合发展。抓好茶叶"普查、纯种、扩种、增量"工作，推进茶园水肥一体化设施建设，因地制宜发展金钗石斛等林下经济，形成以茶产业为主导、多种种养产业相协同的农业产业体系。2023年，全村茶叶种植面积约2 300亩，茶青收入270万元。大力发展光伏产业，利用光伏收益带动14人务工。成立毛纳村村企，积极开发旅游项目，带动22人务工。2023年，全村农民人均可支配收入21 869元，同比增长23.7%。积极发展"吃住行游购娱"全链条乡村特色旅游，精心设计"跟随总书记足迹，发现五指山之美"旅游线路，建成宝山竹屋、空中岭茶园、毛纳夜游等文旅基础设施。成功举办"雨林与您"体验活动开幕式、雨林时装秀、早春茶开采节、星空露营节、烟花秀等系列重大文旅活动，吸引东方卫视《极限挑战》、浙江卫视《万里走单骑》等剧组实地录制节目。成功接待阿联酋、阿根廷驻华大使、发展中国家驻日内瓦使节团、阿拉伯国家青年代表团以及驻华媒体记者团等多位国外嘉宾友人，并向外推介了乡村振兴和生态环保工作的重要成果，毛纳村逐步成为对外展示窗口。2023年，毛纳村接待游客23.44万人次，同比增长233.7%，实现旅游收入1 172.2万元，同比增长233.5%。

毛纳村和茹手工茶坊

（三）坚持传承黎苗文化，助力民族团结互促共进

毛纳村牢记总书记"搞好非物质文化遗产的传承"，坚持民族特色文化保护与开发，认真做好民族文化的保护和传承工作。举办"黎锦技艺""民间故事"等非物质文化遗产培训班，传授黎族织锦、苗族招龙舞等非遗技艺，弘扬传统文化，做活非遗文章。结合美丽乡村建设，实施整村外立面改造，丰富民族符号元素，深入打造少数民族特色村寨。成功举办"三月三"祭祀袍隆扣大典、"奇遇五指山"大型实景演出、电音节等黎族苗族特色活动，利用传统节日开展黎苗本土文化表演、竹竿舞、长桌宴和篝火晚会等民俗活动，开发群众喜爱的黎苗特色文创产品，黎苗民族风情愈加浓郁多彩。组织群众踊跃参与五指山村秀表演，组建毛纳村"一八六七"歌舞队，展示独特的黎苗民族风情。凤凰花黎苗童声合唱团受邀在博鳌亚洲论坛2023年年会上亮相，大放异彩。2024年5月，凤凰花黎苗童声合唱团走出国门，登上世界舞台，前往法国巴黎参加庆祝中法建交60周年文化交流系列活动，受到了世界瞩目。

（四）坚持改善生态环境，全力推动和美乡村建设

毛纳村牢记总书记"把生态文明建设作为重中之重"的殷切嘱托，以争做生态环境"四好学生"为抓手，全力推动和美乡村建设。大力开展六水共治，解决农村污水问题，运用"智慧林业"平台，一体化监测森林资源，积极开展基本农田槟榔整治工作，杜绝耕地"非粮化"，做好生态保护的尖子生。举办"雨林与您"体验活动、早春茶开采节、雨林音乐节、雨林文化节等系列"雨林+"活动，传播雨林故事，做好雨林文章的特长生。推广建设"庭院花园""巴掌公园""合亩仓库"，提升村容村貌，做好生态转化的见习生。全面落实"河湖长制""林长制"，推行乡村治理"积分制"，抓好常态化保洁，做好制度建设的优等生。统筹山水林田湖草系统治理，营造人与自然和谐共生的良好氛围，确保生态环境只能更好、不能变差。

毛纳村风车

四、经验与启示

（一）推进乡村振兴，党的领导是根本

乡村振兴，关键在党。乡村要振兴，党建必先行。毛纳村牢牢坚持党的领导，发挥党建引领作用。从统一群众思想、解决各类问题，到以党组织领办村企引领推动村集体经济发展壮大，再到稳步顺利推进各项任务的贯彻落实、构建宜居宜业和美乡村，毛纳村将党的组织优势转化成发展优势，为村级各项工作的开展提供了坚强的组织保障。

（二）推动促农增收，发展产业是基础

毛纳村大力发展富民强村产业，利用得天独厚的自然资源和生态资源，围绕"小而美、美而精"发展定位，脚踏实地发展主导茶叶产业，在把握村情实际的基础上，因地制宜发展金钗石斛等林下经济。同时，积极探索"两山"转化路径，成立村企，大力发展乡村生态游、休闲游业态，实现群众就近就地就业，让群众既能吃上"茶叶饭"，也吃上"旅游饭"，拓宽了群众致富渠道。

（三）凝聚发展合力，农民主体是关键

坚持农民主体地位是全面实施乡村振兴战略的一项基本原则。毛纳村充分发挥农民群众的积极性、主动性和创造性，让农民"唱主角""当主演"，使"自己的事自己办"成为农民的思想自觉和行动自觉，从思想上转变固有思维，让广大农民群众愿意参与、愿意行动，愿意主动积极投身于乡村振兴工作之中，形成共建、共享、共富的良好共赢格局。

重庆市九龙坡区

铜罐驿镇：
百年橘香飘四方　文创地标美名扬

一、基本情况

重庆市九龙坡区铜罐驿素有"千年水驿·百年橘乡"之誉。作为重庆主城近郊都市乡村，铜罐驿镇坚持"生态立镇、文旅强镇"的发展理念，抓住成渝双城经济圈的发展契机，以乡村振兴为总抓手，充分利用独特的区位条件、厚重的历史人文资源和丰富的山水林田生态基底，促使全镇文旅发展呈现出优势互补的良好态势，正着力绘就一幅"城郊野、山水田、农文旅、产镇景、科教研"的美好画卷。

近年来，铜罐驿镇被评为国家卫生镇、中国绿色名镇、重庆市级历史文化名镇。镇内英雄湾村先后获评全国文明村、国家级乡村治理示范村、第六届全国文明示范村、第三批全国乡村旅游重点示范村；双骑龙村和黄金堡村被评为重庆市美丽宜居村庄等。

二、发展历程

铜罐驿镇种植柑橘已有2 000多年历史。《汉书·地理志》《华阳国志》《水经注》等均有记载。民国初年，铜罐驿就有大小橘园1 000余家，种植面积达5 000余亩，橘树15万株，产量达1 500万千克。

1999年，铜罐驿镇被九龙坡区命名为"果文化之乡"。2002年，铜罐驿镇被重庆市纳入"库区百万亩柑橘生产基地"之一。2008年，铜罐驿镇被中国果品流通协会命名为"优质柑橘生产基地"，"大红袍"柑橘种植技艺被列入区级非物质文化遗产项目。同年，铜罐驿镇制定"以果兴村、以果富农"战略决策，建设"百年橘园"保护基地100亩，对现存百年柑橘进行保护并引进20余个新品种。

2018年以来，铜罐驿镇以乡村旅游为抓手，依托万亩优质果品种植基地，成功创建市级休闲农业与乡村旅游示范点。同时，英雄湾村、大碑村成功获批市级历史文化名村，黄金堡村被创建为区级旅游特色村。

三、典型做法与成效

（一）擎旗奋进，把党建引领作为乡村振兴的根本保证

一是打造"第一支部"党建品牌。保护性修缮改造中共四川省临委会扩大会议

会址暨周贡植故居，并依托红色资源打造"英雄湾第一支部"党建品牌。二是选优配强农村"两委"班子。对标对表落实新时期乡村振兴对干部的新要求，在全区率先完成7个村党支部书记、主任"一肩挑"工作，新提拔3名年轻干部任村党组织书记，全市选派驻村党支部书记2名，村"两委"成员平均年龄下降到42岁。三是夯牢夯实基层战斗"堡垒"。深入开展"党员助推乡村振兴"主题实践活动，引导农村基层党员争创第一。建设新时代文明实践站、所，常态化开展志愿服务，激发党员干部参与乡村文化振兴的热情。英雄湾村被评为全国文明村、区委党校优秀现场教学基地。

（二）文化铸魂，把文化振兴作为乡村振兴的内涵要求

一是深挖文化底蕴。发挥中共四川省临委会扩大会议会址红色教育基地作用，加强革命传统教育；作响巴人文化，启动出土文物修复；做实英雄文化，传播周贡植英雄故事，发挥英雄机长刘传健名人效应；建成英雄湾村史馆，全面展陈英雄湾村农耕文化。二是建设文旅小镇。按照"生态立镇、文旅强镇"发展理念，用好山水田园、古镇驿站、故居教堂等资源，实施"文旅＋产业"模式，发展乡村研学游，培育"文化旅游轴""山水田园轴"两条特色鲜明的品牌旅游线路，使丰厚的历史文化底蕴成为铜罐驿镇文化经济产业发展的独特资源，年平均接待游客12万余人次。三是共创文明城镇。根据特色文化凝聚群众共识，收集整理宣传家风家训，认真推进移风易俗；结合英雄文化推出网络长篇小说《新英雄湾村》，红色故事剧本杀《星火燎原》，配合央视电影频道拍摄建党百年公益片，中文国际频道《记住乡愁》栏目推出纪录片《英雄湾：英雄精神代代传》，获得超900万次观看量；创新开展"政治引领、法治保障、德治教化、自治强基、智治支撑"五项治理，通过文化浸润和基层治理有效推动这座小镇文明程度迈上新的台阶。

（三）引育结合，把人才助力作为乡村振兴的支撑保障

铜罐驿镇依托镇域内的数字乡村线上教学平台、英雄湾村线下实践教学基地以及英雄湾村市级乡村振兴示范村的建设经验，在原明诚书院旧址上建成重庆英雄湾乡村振兴学院。学院配套做优各功能分区，坚持理论与实践相结合、线上与线下相结合、集中与分散相结合的培训模式，将其打造成为立足铜罐驿、面向全重庆、辐射大西南、走向全中国的现代乡村振兴学院。

四、经验与启示

（一）让红色文化成为文旅融合的暖色调

铜罐驿镇不断挖掘红色资源、历史文化资源，激发文化活力，挺起乡村振兴的精神脊梁。位于英雄湾村的中共四川省临委会扩大会议会址（周贡植故居）是中共四川省委的成立地，也是川渝地区早期共产主义运动的重要革命遗址。自2019年保护性修缮工作完成后，馆内巴渝地区早期共产主义运动文物史料展吸引了市内外广

大游客前来参观，截至目前累计接待24万余人次；内设同心展室、荷塘商铺、橘乡书屋、初心邮局等多个功能室，推出20余类精美文创，满足游客游、购、学一体的体验需求，达到心灵震撼、精神激励和思想启迪，为旅游和文化相伴相生注入暖色调。

（二）让乡土文化留住"诗"与"远方"

铜罐驿镇积极发挥英雄辈出的乡土文化优势，利用英雄湾村史馆挖掘历史文化，强化各个时期的成果展示。英雄湾村综合改造村民活动广场，通过文化长廊彰显铜罐百姓昂扬的精神面貌。此地处于"一心两轴四区"空间布局的核心位置，也是文化旅游深度融合的有利地带。以村民广场为核心，积极开展"游在铜罐、吃在铜罐、住在铜罐"的主题活动，带动配套产业和文化衍生产业，推动铜罐驿全域旅游建设。围绕红色美丽乡村主题文化，采用"村民＋集体＋村投公司"的模式，充分利用英雄湾村红色资源，整合闲置资产与人才，打造英雄湾乡村研学营地，创造"城市近郊一站式研学旅居"新生活，共建乡村振兴职业人才，共创乡村经济园区，共享研学旅行实践成果。

（三）让古巴人遗迹连接铜罐"古"与"今"

冬笋坝遗址是全国最早确认的巴文化遗址，位于重庆市九龙坡区铜罐驿镇，分布面积约10 000米^2。1954年、1955年、1957年，西南博物院、四川省文管会等单位对该遗址进行了四次考古发掘，共清理战国至汉代墓葬81座。2020年，重庆市文物考古研究院对该遗址进行了考古发掘，共发现战国至汉代墓葬37座，汉代砖窑1座，获评重庆市"十三五"期间重大考古发现。2023年，重庆市考古研究院申报的冬笋坝主动性考古发掘项目（500米^2）获国家文物局批准，被纳入"考古中国"巴蜀文明进程研究。下一步，铜罐驿镇将以考古遗址为核心，配合上级主管部门强化出土文物保护利用，整合周边多元文化遗产，抓住巴蜀文化旅游走廊规划建设机遇，着力打造九龙坡区的文化新地标。

静观花木蟠扎技艺及插花艺术：
以花为媒　推动乡村特色文化蝶变

一、基本情况

北碚区静观镇位于北碚东部，全镇辖区面积72.5千米²，辖15个行政村、2个社区，户籍人口54 320人，其中农业人口43 556人，占总人口的80.1%。静观是"中国花木之乡""中国蜡梅之乡"，尤其以蟠扎、蜡梅闻名，静观花木蟠扎技艺及插花艺术入选了重庆市、北碚区非物质文化遗产名录。静观蜡梅文化艺术节已举办二十届，"静观杯"传统插花大赛、蟠扎技艺大赛已连续举办三届，每年评出"静观十大蟠扎"作品、插花获奖选手30名，通过比赛既传承发扬了传统技艺，也打响了静观花木特色文化艺术品牌。目前静观镇共有花木从业人员2万余人，花木生产经营主体210余家，花木精品园60余家，其中市级农业龙头企业5家、区级农业龙头企业10家；花木经纪人近1 000人，盆景蟠扎（插花）从业人员近5 000人，生产单位101家（其中企业65家、合作社36家），年产值2亿元。

二、发展历程

静观镇花木种植已有500多年历史，是中国首批花木之乡、中国唯一蜡梅之乡，是川派盆景发源地。静观花木蟠扎技艺及插花艺术，于2009年、2020年分别入选了重庆市、北碚区非物质文化遗产名录。静观镇于2018年被农业农村部评为全国农业产业强镇（花木），于2020年被农业农村部评为全国"一村一品"（花木）示范村镇，静观镇素心村于2022年被农业农村部评为中国美丽休闲乡村。

目前北碚区政府已与京东集团签订战略合作协议，围绕蜡梅全产业链开发产品、品牌定位及宣传营销，预计到2025年以蜡梅为主的产品年产值将达到3亿元。

三、典型做法与成效

（一）抓品牌培育，擦亮金字招牌

品牌培育有方案。制定《静观镇品牌驱动行动实施方案》《静观镇非物质文化遗产保护工作制度》，通过每年举办"蜡梅文化艺术节"、花木蟠扎技艺大赛、插花大赛等特色区域文化活动，吸引游客来静观赏蜡梅、泡温泉、游乡村、观比赛、购特产、品美食，助推静观文化产业与农业和旅游产业的融合发展。**品牌培育有保障。**政府加大财政资金保障，每年安排专项资金60万元举办插花大赛和蟠扎大赛。比赛吸引了来自五湖四海的选手报名参加，同时市内各大媒体对该活动进行了宣传报道。2021年，农业农村部将静观作为全国乡村休闲旅游精品线路的点位进行推广宣传。

（二）抓人才建设，激发传承活力

成立专业协会。2010年，静观镇成立了盆景专业技术协会，形成了统一指导、统一销售、统一培训的发展格局。协会现有盆景会员612人，其中高级盆景技师14人，中级盆景技师26人，盆景技术人员37人，为推动传统蟠扎技艺的发扬起到了重要作用。**加强人才培养。**静观盆景协会联合西南大学、北碚区职业教育中心，开设蟠扎技艺培训班，每年参学者达200人次，为蟠扎技艺培养后备人才。引进丽庭农业公司成立了北碚匠心职业技能培训学校，每年培训插花艺术人才3万余人。

（三）抓联农带农，促进共同富裕

强化利益联结。近年来，北碚区持续加大对花木产业的投入，2018年静观镇成功申报全国农业产业强镇，获得1 000万元的中央财政资金支持。当地政府坚持财政资金产业化、补助资金股权化，将财政补助资金全部转化为村集体资金入股到产业项目中，通过深化农村"三变"改革，实现财政资金既支持产业发展，又转化为村民股金。目前，全镇消除了村集体经济"空壳村"。同时通过花木文化艺术带动花木产业发展，为当地每户农民增收500元，联结贫困户30户以上，确保贫困户全部脱贫。**延长产业链条。**静观蟠扎技艺及插花艺术带动全区花木种植面积近7万亩，年产值8亿元，约占全区农业总产值的1/3。其中盆景蟠扎种植面积500亩、年产值5 000万元；插花艺术带动当地蜡梅种植1.8万亩，全部达产后年产蜡梅鲜切花360万束，年产值近5 000万元；开发了蜡梅礼盒、蜡梅精油、香水等加工产品50余种，年产值达3.6亿元；每年12月的蜡梅文化节已举办20届，期间还举办蜡梅插花、盆景大赛，接待游客近50万人次，休闲旅游收入近1亿元。**积极招大引强。**引进斗南花卉集团运营中国·重庆（静观）花木产业谷项目，该项目占地面积600亩，拟投资30亿

市级非物质文化遗产传承人聂廷学作品

区级非物质文化遗产传承人邓纪会作品

元，目前一期已基本建成，年底对外开放，全部建成后将成为重庆最大的花木交易、展示、结算中心。

四、经验与启示

（一）高度重视，强化领导

北碚区党委、政府高度重视乡村特色产业发展，全面认真贯彻党中央决策部署，把乡村振兴、保护传承发展优秀传统文化技艺放在重要位置，不断强化工作引导、机制健全、政策扶持，为全区花木产业良好发展提供坚强的保障。

（二）规划引领，明确目标

编制《北碚区花木产业发展规划》，明确1个中心、5个板块产业体系，通过因地制宜的顶层设计，为北碚乡村特色文化产业的可持续发展、创新发展进一步指明方向，让优秀传统技艺焕发新的生机与活力。

（三）人才振兴，凝聚合力

人才振兴是实施乡村振兴战略的重要推力，在推进乡村振兴过程中，除了大力发展特色产业、传承优秀文化以外，还要特别注重发挥"返乡、在乡、入乡"人才的作用，通过致富能人的带动，凝聚农民群众参与乡村振兴的积极性、主动性，实现长足发展。

重庆市璧山区

将军村：
艺术活化乡村　赋能乡村振兴

璧山区七塘镇将军村以莲花穴院落艺术活化项目为突破口，以艺术和乡情为纽带，将现代艺术与大地田园、本土文化有机结合、相汇交融。通过与艺术院校合作，开展"艺术乡建"实践探索，建成了莲花穴艺术院落等一批艺术院落群，彰显了艺术活化乡村、赋能乡村振兴的独特魅力。

一、基本情况

莲花穴院落位于璧山区七塘镇将军村，距主城约45千米，车程约1小时，区位良好，周边资源丰富，有蔬果产业园和昆虫王国等乡村休闲旅游基础，有人气助力。莲花穴院落活化项目由四川美术学院、重庆市雕塑学会、七塘镇政府和UDG深造工作室四方协作，将村落闲置资源变成资产。经过硬件与软件的再造升级，用艺术活化乡村，唤醒七塘镇莲花穴院落的生机与活力。莲花穴艺术院落自建成以来，已在社会各界引起广泛关注。七塘镇将军村荣获第四批全国乡村旅游重点村和宜居宜业和美乡村示范村。重庆乡村艺术集在国庆期间成功举办，吸引大量游客前来欣赏村落更新成果与艺术展览等活动。2021年国庆节期间，中央电视台新闻联播以"多彩假日，享受欢乐时光"为题，报道莲花穴艺术村落更新。2022年1月25日（农历小年），重庆市乡村村晚大联欢活动在莲花穴举行了现场展演。9月23日，举办"云雾花涧·重庆第二届乡村艺术集"，"艺术赋能乡村振兴"走进央视《山水间的家》，"莲花穴艺术活化项目"获得了重庆乡村振兴十大案例称号。2023年，莲花穴艺术院落—七彩田园作为市级主会场，举办重庆市2023年中国农民丰收节暨云雾花涧·重庆第三届乡村艺术集活动。莲花穴艺术院落已成为远近闻名的"网红打卡地"。

二、发展历程

2020年，璧山区基本形成了以蔬菜、水果、苗木为核心的三大农业主导产业，而七塘镇也实现了由"皮鞋"重镇向"生态农业"大镇的转型，莲花穴院落便位于重庆市璧山区七塘镇将军村内。将军村在村规划中被定位为"现代农业示范区"与"休闲观光旅游区"。

改造前的莲花穴有房屋24栋，主要以住宅为主，没有公共用房，房前有坝，少量房屋围合成院，坝和院作为晒场。院落有较大比例房屋空置，建筑结构有砖屋、土屋与破屋三种形式，其中砖屋多为2~3层砖混结构小楼；土屋多为1层木结构土墙房屋；破屋多为屋顶和墙体破坏的1层木结构土墙房屋。整体环境缺乏养护，建筑曾有过涂刷立面的整治。整个院落建筑中，破败无法使用建筑约占1/3；可居住的2~3层砖房约占2/3。莲花穴院落作为典型的半空巢村具有活化样板价值：活化空巢，带动其他产业发展。

四川美术学院等艺术团体同村集体合作，回租村民危旧闲置住宅，凭借其自身资源优势对院落进行全面整体活化设计。以更新建筑和环境治理作为村落活化的骨架和发动机，联动整个村落，实现新旧交织、乡村生态和艺术生态互动，再植入艺术活动，形成莲花穴的新生态。最后，由四川美术学院与村集体联合运营团队进行全方位的运营活化，带活乡村经济、文化，使其进入良性循环发展。

四川美术学院在璧山开展的"艺术乡建"实践项目，通过保底分红实现与村民共赢，同时通过构建新乡村文化促使村民回流，主动参与管理经营，探索出艺术团体与村民、村集体、政府、社会机构按照"三变"方式共同构筑艺术乡建"新主体"的协商发展模式和共享机制。

三、典型做法与成效

（一）"艺术+产业"活化乡村经济

将军村以璧北"蔬菜基地"和周边丰富的生态农业资源为依托，在农产品生产、加工、销售各环节融入艺术创意，采取艺术加工包装和艺术销售推介的方式，赋予农产品鲜明的文化标识，打造具有艺术文化的农特产品或高端礼品，进而不断提升农产品的产业链和价值链。以莲花穴院落为核心，结合农村"三变"改革，通过土地流转、资金入股分红、农副产品代销等方式，盘活了周边200余户村民闲置宅基地（房屋）资源，建成乡村振兴驿站、江家坪七彩田园等网红打卡地等项目。乡村休闲旅游的人气带动村集体经济增收。2023年，将军村集体经济收入达到95万元，农民人均可支配收入达到3万元。

（二）"艺术+乡建"活化乡村外景

在改善人居环境过程中，将军村勠力同心把更多美术元素、艺术元素应用到乡村规划建设中，极力增强城乡审美韵味和文化品位。在"你中有我，我中有你"的村落空间环境设计理念下，尊重"修旧如旧"的"历史印迹"，顺应乡村现有布局，把需要改造与计划保留的交错与并置，形成乡建艺术美术馆、大师工作室、咖啡馆、图书馆等主题区域，为村落活化提供样板价值。按照"整体推进+重点突破"原则，以"艺术+人居环境整治"模式，对莲花穴、江家坪、幺滩院子、向家院子等院落进行艺术活化塑造，形成一个有机的"院落艺术群"，大地田园充满艺术气息，农房风貌倾注艺术家心血，根植乡土、艺术乡建的人居环境照进现实。

（三）"艺术＋民俗"活化乡村人心

艺术"搭台"、文化"唱戏"。"艺术＋"不但活化了乡村经济、乡村外景，同时也活化了乡村人心。以"古道热场""齐家喜观""乡愁幺滩""农耕文化"等为主题，深入拓展古道、爱国、孝善、齐家、农耕等文化品牌，对历史文化脉络进行梳理，将艺术注入乡村，用文化的力量助力乡村振兴。举办"重庆乡村艺术集""农民丰收节"沽动，定期开展艺术作品展览和肉莲花、璧山草龙、薅秧歌等民俗表演等，持续推进移风易俗，使乡风更加淳朴，人心更加凝聚。以"党建＋"为统领，通过"三级院坝会""积分制"激活乡村治理的一池"春水"。逐渐完善的乡村治理体系和丰富多样的参与体验式艺术文化活动，充分激发当地村民内生动力，村民精神面貌为之一新，成为人们体验乡村生活，寻找诗与远方的好去处。

四、经验与启示

莲花穴院落活化项目利用农村闲置宅基地打造集农业旅游、艺术酒店、研学基地、配套服务等于一体的艺术社区，即资源变股权；成立以村集体为主体，人民政府、艺术机构、社会力量等保证艺术村落运营的"莲花穴艺术合作社"，即资金变股金；通过保底分红、与村民共赢、村民回流主动经营，最终交还给原住民，即农民变股民，实现真正的"三变"改革；并以"艺术引领＋设计介入＋文化驱动""艺术引领＋全链条参与＋全领域进入"的模式来探索艺术赋能乡村振兴的新路径。即分别从艺术参与设计介入出发，从建设运营机制出发，从"新主体"的需求和具体现场出发，从持续生长的理念出发，共筑艺术乡建"新主体"的目标，提出"你中有我，我中有你"的规划原则，融入文化活动艺术作品和稻米良田村落乡居共处同聚，实现"产业景观化，景观产业化"，并以此营造艺术世界和原乡生活无缝衔接的艺术村落现场。

重庆市江津区

吴滩镇：
聂荣臻故里　红色文化体验基地

一、基本情况

吴滩镇距江津城区 32 千米、重庆城区 68 千米。辖区面积 81.77 千米^2，辖 8 村 1 社区、96 个村（居）民小组。人口 15 471 户、39 258 人。耕地面积 3.79 万亩，森林面积 2.52 万亩，经济林木 2.6 万亩。地处重庆市江津、永川、璧山三区结合部，是古代津永乃至川渝茶马古道上一个重要的城镇聚落，中国历史文化名镇，国家蔬菜种植综合标准化示范区项目基地，全国第二批农业产业强镇，现已形成蔬菜、花椒、蚕桑、畜禽、水果、水产六大绿色、生态、环保、富硒产业。聂帅故居位于江津吴滩镇郎家村，原名石院子，完整保留了聂荣臻童年及青少年时期在聂荣臻故居、冲口私塾、聂氏染房、插旗寺小学等学习生活的场所。故居现为全国文物保护单位、全国"爱国主义教育示范基地"、国家 AAAA 级旅游景区、重庆市青少年教育基地。近年来，镇党委、政府坚持"农文旅融合"，全面依托丰富的红色文化资源，紧扣"红色引领、绿色发展"理念，传承红色精神，做活"红色文章"，推动红色旅游和绿色生态融合发展。

二、发展历程

聂荣臻青少年时期在吴滩镇生活了 15 年。1914 年聂荣臻全家迁往邻近的狮山院子佃居。1919 年，聂荣臻赴法勤工俭学后，再没回过旧居。1923 年秋，石院子遭土匪焚烧，仅存西北角两间偏房。1985 年，江津市成立修复聂帅故居工作小组，开始走访收集聂帅生活、发展故事，形成修复方案并送北京聂帅审定。1987 年开始动工修建，于 1989 年对外开放。在此过程中分别于 1991 年和 1998 年对故居进行下架维修，并于 1998 年对外免费开放。

2021 年 1 月，郎家村入选全国红色美丽村庄建设试点村，规划打造集红色教育、农耕文化、古镇文化、农业科普、亲子研学、旅游观光等于一体的红色美丽村庄。同年 4 月，成功创建聂荣臻故里景区为国家 AAAA 级旅游景区。自郎家村确定为红色美丽村庄试点村以来，共接待游客开展红色教育 40 万人次。2023 年，郎家村被纳入江津区"1+2"乡村振兴示范规划，该规划提出到 2027 年建成"全国红色和美乡村"，到2030年建成"重庆第二国际机场乡村会客厅"。

三、典型做法与成效

（一）抓红色资源保护

红色文化资源是不可再生、不可替代的珍贵资源，保护是首要任务，加强红色文化资源数字化保护，充分利用大数据、AR、VR等数字技术，保存红色文化资源，建好红色家谱。投入资金1 500万元，保护性修复冲口私塾460米^2、聂氏染房667米^2，新建田间学校900米^2，完成冲口私塾、聂氏染房、田间学校内设的乡情陈列馆、郎家村村史馆、乡村图书馆、私塾场景馆、国学体验厅、染布体验厅、染布作坊、晒布场、书画展览厅等布展。

（二）抓红色基因传承

以红色资源为载体，打造红色文化教育课。先后编印《聂荣臻年谱》《聂荣臻军事思想研究》，还原"少年励志图报国""将军与孤女"等聂帅事迹150余个，以红色故事为载体打造党性教育课，以村史馆、乡情陈列馆等为载体，打造文化传承课，增强红色教育基地的沉浸式、交互式体验感受。以村史馆、乡情陈列馆、文化墙、文化亭、立体字、墙体彩绘等为载体，打造"一村一品"文化活动，推动乡村文化和传统文化的传承和弘扬。以富硒田园为载体，打造乡村研学课。以农业科技、农事体验、乡村振兴为主题，设计课程，增强红色文化教育的吸引力、感染力、影响力。

（三）抓红色旅游发展

2021年，聂荣臻故里景区成功创建为国家AAAA级旅游景区。同年，郎家村与地方商会联合成立聂帅故里旅游景区管理有限公司，同步成立村集体农业开发公司，撬动社会资金1 000万元，引进民宿示范点和儿童乐园项目，全力推动村级集体经济提质提速。此外，采取红色文化和党性教育相结合的方式，致力打造红色党性教育基地，带动村民就业创业。在持续实施民宿示范点建设、完成人居环境整治工程的同时，打造了一条红色徒步路线，购置军装100套等体验式设施设备，做强体验经济。

（四）抓乡村治理成效

探索构建"四五六"工作法，注重从排查调处、治安防控、服务管理和宣传教育"四个一线"源头防范，健全包村联户、联席会议、分析研判、居民自治和督办考核"五项机制"；有效整合党建指导员、基层党员、网格员、调解员、志愿者和乡土宣讲员等"六支队伍"，突出解决基层治理堵点难点，郎家村全力打造市级乡村治理示范村。推广运用"清单制""院落制"和"积分制"，树"院规院训"，设"讲理坝"，有效激励村民积极参与基层治理。

（五）抓文化阵地行动

选址新建聂帅故里景区能容纳500人的多功能演艺厅，统筹打造集党员活动、青少年活动、老年人活动、文明实践活动等功能于一体的文化驿站和田间学校，规范设置东升大舞台文化中心、花堰小区文化大院及3个文化广场文化活动阵地。

四、经验与启示

（一）立足史实，注重保护

一是对文化历史完整溯源。通过口耳相传等形式收集吴滩历史故事，编写《中国名镇——吴滩志》《吴滩民间故事》等书籍，厘清吴滩历史脉络。二是加大对文物古迹的保护力度。吴滩镇的插旗寺小学、龙升贤故居、江西会馆已列入江津区48个传统庄园保护利用项目库。三是对红色文化深入宣传。利用吴滩镇红色文化体验基地、郎家村法治文化广场、东升大舞台等活动阵地，开展文艺汇演等活动，深入宣传聂帅故事。

（二）立足特色，融合发展

一是整合红色文化资源。形成聂荣臻故居、冲口私塾、聂氏染房、插旗寺小学等景点相结合的整体性红色文化体验基地。二是联合周边旅游产业创收。串联吴滩镇聂荣臻故里景区、石门大佛寺、永兴镇江小白金色黄庄景点，以点扩面做靓"三条精品旅游线"，三镇去年累计接待游客140万人次，实现旅游收入1 700余万元。三是推动红色文旅品牌建设。开展聂氏染房"手工扎染"活动，并把成果作为游客特殊纪念品。

重庆市武隆区

油菜花乡村旅游节：
以花为"媒" 助力乡村提"颜"增"值"

一、基本情况

庙垭乡地处武隆区西部，辖区面积35.9千米^2，平均海拔700米，户籍人口13 000余人。该地地形以山地为主，是典型的传统农业大乡，也是武隆区主要的粮油大乡之一。庙垭乡践行习近平总书记"绿水青山就是金山银山"理念，依托山地梯田特色，将油菜作为全乡增收富民的主导产业，积极探索农文旅融合发展思路，主动融入武隆旅游"三次创业"总体规划，形成"乡村产业＋乡村文化＋乡村旅游"产业链条。先后成功举办12届油菜花乡村旅游节，年接待游客10万余人次，综合收入600余万元，助力群众实现增收脱贫，脱贫人口人均纯收入较脱贫前增长114%；成功打造"文蔚庙垭·梦里老家"乡村旅游品牌，入选武隆区乡村旅游示范乡村。

二、发展历程

庙垭乡油菜种植最早可追溯到明朝年间，油菜是当地主要的油料作物之一，其

"文蔚庙垭·梦里老家"乡村旅游节现场

发展主要经历了70年代以前的白菜型油菜、90年代后的芥菜型油菜和21世纪初的甘蓝型油菜和杂交油菜等阶段。全面打响脱贫攻坚战以来，庙垭乡紧紧围绕"土地增效、粮食增产、群众增收"的目标，探索"油稻轮作"模式，轮作面积达5 000余亩，大大提高了土地利用率，增加了农作物产量。同时，庙垭乡积极推进集种植、观光、节会为一体的三产融合发展模式，借助梯田油菜风光，大力发展乡村旅游，形成了集休闲观光、纳凉避暑、亲子娱乐、农耕文化等于一体的乡村旅游综合业态，构建了"吃、住、行、游、购、娱"乡村旅游要素闭环，成为武隆区乡村旅游特色活动的先行示范。

三、典型做法与成效

（一）确定"一个目标"，接续奋进"保底色"

历届庙垭乡党委、政府坚持把培育发展油菜花乡村旅游节作为农业增效、群众增收的主导产业，逐届丰富节庆内涵，实现了"从无到有、从小到大、从大到强"的巨大转变。成立乡党政领导班子服务油菜产业工作领导小组，坚持把支部建到油菜产业上，发挥党组织的战斗堡垒作用和党员的示范带动作用，落实"班子成员＋工作专班＋市场主体＋种植农户"的模式，制定出台油菜产业到户补助政策。9名班子成员实行分片包干、划片指导，67名村组干部、农村党员带头种，引进2个市场主体示范种，带动367户群众跟着种，形成了"政策引导、党员联动、企业主体、全民参与"的油菜产业发展大格局。

（二）深化"两项融合"，助农增收"提成色"

一方面深度挖掘乡村文化"瑰宝"，有"骨鲠英风海外知，况于青史万年垂"的明朝重臣刘秋佩，有抗日英雄"断头将军"王超奎，有白云书院、凤凰寨、黄九银墓等文物163处，有庙垭凤凰传说、庙垭山歌、庙垭耍锣鼓、传统榨油等非物质文化遗产4项。另一方面深度挖掘乡村旅游资源，金龙湾河、苏家沟河等5条河道贯穿全境，六角水库、新弯水库、红岩水库等小型湖泊点缀其间，为水产养殖、休闲垂钓提供了便利。积极探索"油菜＋"农文旅融合发展思路，举办以油菜花乡村旅游节为引领的农民丰收节、三月踏青节、凤凰寨庙会、大闸蟹开湖节等系列活动，形成了"文旅融合搭台、产业赋能唱戏"的良好局面，有效助农户年均增收3 000元以上。

（三）拓展"三个领域"，和美乡村"增亮色"

以培育壮大油菜花乡村旅游节为抓手，着力在乡村基础设施建设、乡村接待设施完善、乡村旅游宣传营销三个方面下功夫，合力打造宜居宜业和美乡村。整合农业、住建、文旅等发展资金，新建产业休闲步道55千米，建成"一村一品"农业休闲体验园4个，完成文化长廊、登山步道、运动场馆等文旅项目15个；建成凤凰新村居民点300余户，发展五星级接待示范户1家、乡村旅游接待户60余家；建成传

庙垭乡油菜花场景

统榨油坊4座，完善压榨程序、工艺等过程展示，适时开展榨油研学课程。联合武隆融媒体、"趣武隆""寻味武隆"等平台资源，创作《约你去庙垭》原创歌曲，上线抖音、快手短视频，深受游客的好评和青睐，油菜花乡村旅游的知名度、美誉度不断提升。

四、经验与启示

（一）因地制宜是前提

庙垭油菜产业符合当地发展实际，党委、政府把脉导向，确定长期发展目标，统筹整合土地、人才、技术、政策等资源，加强正向引导、制定激励措施，充分调动市场主体和农户参与积极性，并"靠山吃山"开展乡村旅游节庆，增加农业产业附加值，提升农业发展活力。

（二）差异发展是关键

乡村旅游是全国各地探索乡村振兴的新引擎、新趋势，在武隆强力推进以旅游国际化为引领的"三次创业"背景下，庙垭坚持生态优先、农业为本，立足产业实际走"油菜+"农文旅融合发展之路，率先举办油菜花乡村旅游节，在武隆区形成独此一家、独树一帜的乡村旅游节庆。

（三）助农增收是目的

切实把农民增收作为发展产业的最终落脚点，通过产业发展、乡村旅游接待等方式，完善与农民的利益联结机制，有效带动农村劳动力转型，实现种植、养殖、乡村服务、劳务用工、农产销售、年度分红等多重收益，让群众得到真正的实惠，产业才能持续发展。

重庆市秀山土家族苗族自治县

"边城韵"茶旅融合：
边城茶旅韵味深　乡村振兴添动能

一、基本情况

秀山县地处武陵山区腹地、北纬30°黄金产茶带，是重庆市最大的茶叶基地县。作为武陵茶区，秀山县洪安镇边城茶山具有低纬度、高海拔、寡日照、多云雾、无污染的特点。清末民初，洪安"猛洞茶"被列为"贡茶"，素有"斗米换斤茶"之说。近年来，秀山县洪安镇坚持茶旅融合发展，通过引进重庆边城韵茶叶有限公司，采取"公司＋农户＋基地＋销售"模式，实现茶叶产供销一体化，形成了一条完整的茶叶产业链。

二、发展历程

边城韵茶叶有限公司是一家集茶叶种植、加工和销售于一体的综合性茶企业，有固定员工24人、季节性务工人员221人。现有绿色生态茶叶种植基地800余亩，茶叶加工厂1个，有清洁化茶叶加工设备40余台套，日加工能力达到10 000千克。在茶叶基地、茶叶加工厂等方面投入1 000余万元，以土地租金、劳务工资等合作形式，帮助广大茶农增收1 300余万元。公司依托洪安镇溜沙村茶园，定期开展制茶大赛、茶艺比拼、摄影采风等参与式、体验式活动，形成集"登茶山、游茶园、采茶叶、购茶品、赏茶艺、问茶事"于一体的茶旅融合发展模式，吸引了大量游客前来旅游观光，成为当地茶旅融合的一道靓丽风景。

三、典型做法与成效

（一）注重联农带农

公司自主发展茶叶基地800余亩，辐射带动发展茶叶基地超过3 000亩，为农户脱贫增收搭建了平台。建立茶叶加工厂1个，年干茶加工能力350吨，辐射带动周边3个乡镇9个村社1 100余农户（其中脱贫户80余户）。基地流转27户脱贫户土地，吸纳19户脱贫户常年在公司务工，茶叶采摘收购惠及60余户脱贫户。2023年，通过土地租金、劳务工资、茶叶收购等形式，累计向农户发放资金1 300余万元，帮助群众人均增收4 000～5 000元。

（二）注重链条延伸

公司依托全县夏秋茶奖补政策，加大夏秋茶采收加工，通过精制加工改善夏秋茶口感，采取大宗批发、出口等方式提升夏秋茶市场价值。将茶叶采摘季节从5个月延长到10个月，改变了夏秋季"茶叶基地不采摘、茶企不加工、茶农无收益"的情况，既帮助茶农实现稳定增收，也推动夏秋茶产品走出国门、远销海外。同时，参与秀山茶叶深加工体系建设，在茶多酚提取、茶饮料、茶食品、保健品、化妆品等方面进行积极探索。

（三）注重品牌培育

公司秉承"诚心为茶人、精心做茶业"的理念，严格按照有机茶叶标准进行生产，已申请农产品商标3个。注重以茶叶品牌、茶园风光吸引游客旅游观光，实现以茶兴旅、以旅兴茶。积极开展茶叶品牌宣传推介，打响"边城韵绿茶"等茶叶品牌和"秀山毛尖"区域公共品牌。边城韵牌秀山毛尖、秀山红茶先后荣获"中茶杯"国际鼎承茶王赛绿茶组特别金奖、中国国际农产品交易会最受欢迎农产品、"巴味渝珍"杯斗茶大赛金奖绿茶和金奖红茶。

（四）注重改革创新

公司联合洪安镇积极探索产业带动乡村发展路径，以龙头企业拉动产业链、以特色产品提升价值链、以电商物流串起供应链，引导民营资本、产业资本、金融资本推动产业升级，建设万亩茶叶产业示范带，改善了农村生态环境，提高了山地综

秀山茶园远景

道道茶树林沟壑齐整壮观，百亩茶园在山岚的氤氲里更显得翠绿光亮，宛如仙境。

采茶

暖阳迟迟，风止雨霁，距离洪安镇溜沙村委会不远的茶山上朴实的采茶人在茶树间穿梭忙碌。

合利用价值，促进了农业产业结构转型升级。目前，洪安镇依托万亩茶叶基地，引进培育新型农业经营主体131家，微型企业120余家。通过"合作社＋大户＋农户"模式，带动1 320户农户种植茶叶，年产值达3 400万元。

四、经验与启示

（一）产业发展是基础

产业振兴是乡村振兴的重要基础。我们坚持久久为功、持续发展，聚焦"三茶统筹"，将茶产业打造成为帮助群众增收、推进乡村振兴的主导产业，为推动农旅融合发展提供了强大支撑，实现了生态颜值向经济价值的完美转变。

（二）市场主体是关键

做好茶旅融合文章，离不开市场主体的深度参与。我们坚持市场主体带动，将群众发展茶叶产业的积极性调动起来，促进乡村特色产业发展壮大，有效激发了农旅融合发展的活力。

（三）群众增收是核心

乡村振兴的落脚点是帮助群众增收。我们坚持健全完善利益联结机制，突出联农带农效果，做大做强茶产业，有效促进了群众增收，真正发挥了强村富民的积极作用。

重庆市巫溪县

老鹰茶：
茶香满园振兴梦　产业融合共发展

一、基本情况

巫溪县地处武汉、西安、重庆西三角的中心，史称"秦楚咽喉、巴夔户牖"，历史悠久、人文璀璨。老鹰茶，是中国西南地区的传统饮品，汤味浓郁、先涩后甘、回甘迅猛，茶水有隔夜不馊的独特之处。巫溪县存有大量的野生老鹰茶树，主要分布在蒲莲镇，峰灵镇、上磺镇、城厢镇、菱角镇等亦有零星分布。全县共有百年树龄的古茶树 2 500 余棵，千年以上树龄的野生老鹰茶树 10 棵，野生老鹰茶树资源居全国第一。全县老鹰茶在地面积 5 万余亩，年产老鹰茶达 200 吨，产值近亿元。

二、发展历程

相传老鹰茶生长于崇山峻岭之间，只有类似老鹰的飞禽才能啄食到其坚硬的种子，消化排泄在土中，生长出茶树苗，"老鹰茶"的名字便由此而来。巫溪老鹰茶与巫文化、盐文化同时期出现，因此民间叫作"盐背子茶"，唐朝至明清时期曾为贡茶，是大巴山地区老百姓的挚爱。巫溪老鹰茶先后入选全国名特优新农产品名单、首批全国"一县一品"特色文化艺术典型案例名单，传统手工制茶技艺被列入重庆市市级非物质文化遗产，2022 年获"巴味渝珍"公用品牌授权，2023 年荣获绿色食品称号、全国名特优新农产品产销对接"最受欢迎产品"称号。2023 年 6 月，巫溪县被授予中国老鹰茶之乡称号，巫溪县蒲莲镇被授予中国老鹰茶名镇。

三、典型做法与成效

（一）重源头、抓提质，做优一产

巫溪县按照设施化、数字化、有机化的要求，对全县现有 10 000 亩老鹰茶进行整体提质增效，新建 10 000 亩老鹰茶标准园区，提高生态茶园建设质量，大力加强茶园水利基础设施建设。加强对外合作，建设巫溪老鹰茶博物馆、专家研发中心，鼓励支持全产业链融合发展。积极保护野生老鹰茶古树资源，适当引进其他茶区的优特新品种，在全面鉴定和评价的基础上筛选出核心种质资源，建立茶树种质资源苗圃和良种繁育基地。积极鼓励开展群众性的自选、自育、自繁、自用茶树良种育

百年树龄的老鹰茶树

苗，开展地方优良原生老鹰茶树种质资源造册登记和古茶树调查收集，在蒲莲镇建成国家级老鹰茶树种质资源苗圃，重点开展毛豹皮樟品种的选育扩繁工作。

（二）抓加工、育龙头，做强二产

巫溪县积极培育龙头企业，深入实施企业一企一策、政企一对一超市服务保障机制，大力培育巫溪县金蒲莲茶叶有限公司、巫溪县同源茶业有限责任公司、重庆市巫溪县御峰老鹰茶农民专业合作社、巫溪县百年古树老鹰茶专业合作社等一批本土企业和专业合作社，扶持巫溪县金蒲莲茶叶有限公司、巫溪县同源茶业有限责任公司两家企业升规升限。优化营商环境，用活招商引资奖励政策措施，强化投资与产业精准对接，引进大企业、落地大项目、带动大发展。因地制宜、分类施策制定茶叶基地整合方案，通过茶园流转、股权合作、订单合作、承包经营等方式，大力推广"龙头企业＋农民合作社＋农户"经营模式，完善龙头企业与农户利益联结机制，优化配置项目、资金、技术、土地和劳动力等生产要素，调整优化茶产品结构。不断规范提升茶叶加工生产水平，结合茶叶加工自动化、数字化、清洁化生产技术的研发，对现有的3个老鹰茶加工厂房进行合理改造。

（三）抓品牌、促营销，带动三产

巫溪县通过网络平台营销、视频宣传营销、直播带货等方式，实施巫溪老鹰茶进单位、进企业、进学校、进社区、进饭店等营销方案，进一步加大电子商务建设步伐。实施巫溪老鹰茶产业直播专业人才培养行动，建立2个电商直播中心，通过网红直播策划、多元化且年轻化的包装、网络化语言的输出等方式，打造"网红茶"，提升其影响力。深入挖掘老鹰茶古树文化，推进巫文化、盐文化和老鹰茶文化的有机融合，利用广播、电视、报刊、网络等媒体，以及高速公路、机场、高

含苞欲放的老鹰茶花

铁、地铁、大中城市繁华街区广告牌，讲好巫溪老鹰茶品牌故事，传播品牌价值。推动茶旅融合发展，深入打造巫溪老鹰茶文化园，不断完善森林康养基地基础设施建设，打造具有老鹰茶特色的现代休闲体验观光生态茶园、有机茶庄园。

四、经验与启示

（一）产业做大需要久久为功

农村产业发展不能急于求成，要保持定力，一张蓝图干到底。党委、政府要切实加强产业发展整体长远规划，完善领导体系，健全部门联动机制，明确各项工作任务、落实各级各部门责任，建立与农户的利益联结机制，确保各项工作有序推进。

（二）产业做强需要创新护航

农村产业发展不能故步自封，只有坚持创新引领，以科技赋能产业高效发展。党委、政府应主动争取上级政策、资金、人才支持，积极谋划关于老鹰茶全产业链发展的国家科技特派团、市级科技特派员参与的项目，利用科技人才资源优势，促进一批科技成果落地转移转化。提升创新服务水平，加强用活用足市县科技创新财政金融政策、种子基金、科技信用贷款等政策，加大对企业的科技创新支持，帮助企业解决融资难、融资贵等问题，进一步壮大创新主体。

（三）产业做优需要精耕细作

农村产业发展不能粗犷开发，只有立足特色，才能站稳市场脚跟。党委、政府要充分利用现有独特资源，依托科研单位，组建专家团队，制定科研攻关方向，实行专家揭榜挂帅，开展成果的转化与应用，不断提升产品品质。加大品牌宣传，以人流量集中的重点公共场所为依托，以报刊、广播、电视、网络等媒体为平台，大力宣传产业绿色发展理念，引导企业和消费者积极参与绿色品牌建设。

四川省成都市金牛区

启雅尚民族文化交融：
非遗与文旅融合发展　增添乡村发展新动能

一、基本情况

　　"启雅尚民族文化交融"案例位于金牛区抚琴街道西北街的民族团结进步示范社区范围内，社区内汉族、藏族、羌族、回族等20个民族相互嵌入式发展，在深层次的融合聚居中凝聚民族团结进步共识。以启雅尚国际酒店为首的诸多民营企业在行业主管部门、街道、社区的引导支持下，紧紧围绕西北街社区多民族文化背景，创新打造以"藏文化""羌文化""非物质文化"等为主基调的特色文化氛围场景，构建了西北街社区多民族文化交融、和谐共居的生动局面。2023年2月，长期积累形成的典型经验成功入选第一批全国"一县一品"特色文化艺术典型案例名单。

二、发展历程

　　四川银元发展投资集团于2017年创立了"启雅尚"品牌，2018年启雅尚国际酒店正式营业。酒店通过持续不断地输出优秀的民族文化，展示当代艺术家们的创作佳品，为民族非遗精品、优秀非遗传承人、民族地区优质农副产品提供展示、交流、交易的渠道。经过多年努力，酒店得到了社会各界广泛认可，荣获最具民

启雅尚民族文化艺术团让宾客体验民族特色礼仪

族特色酒店奖、最佳民族艺术主题酒店奖、2022年度四川非遗与旅游融合优秀案例奖。

三、典型做法与成效

（一）党建引领握指成拳，聚心打响"一个品牌"

立足多民族街区实际，持续做精做亮"党建＋"品牌，坚持"党建＋民族团结"工作思路，以满足公共服务需求、提升街区文化底蕴为导向，建立"小区党组织＋驻区单位＋周边商家"区域联建共治模式，联动辖区内以启雅尚国际酒店为会长单位的企事业单位10余家、民主党派3个、少数民族商家30余户，对老旧小区改造、街区文化升级等进行意见建议收集，及时研判采纳30余条意见建议，形成强大的共治运行合力，街区特色文化脉络愈加清晰。

（二）示范点位串珠成链，聚势擦亮"一张名片"

建设成阿零千米界碑、锅庄广场、金石榴广场等民族文化空间点位5个，升级改造党群服务中心民族风格办公文化场所20个，打造民族特色内容的幸福回家路、街坊茶话、万家福巷等景观小品5处，将启雅尚国际酒店作为民族文化交融的核心据点和压台地标，推出"零千米界碑—西北街社区—力佧苑—启雅尚酒店"民族风情参观游览线，实现一环路（抚琴段）沿线"老城"展"新颜"。推动民族文化传承发展，藏元素、羌文化、回特色为传统街区注入文化新动能，西北街多民族文化名片持续擦亮。

启雅尚·大唐林卡游客服务中心
九寨黄龙景区环线上最大的游客服务中心，日均接待游客约 20 000 人次。

（三）非遗文化创新传承，匠心打造"一个典范"

持续深入挖掘辖区非物质文化遗产资源，主动对接作为四川省非物质文化遗产保护研习基地的启雅尚酒店，并借助酒店所特有的国家级非物质文化遗产项目——唐卡相关资源，支持并指导组建唐卡创作团队，创新设立"启雅尚艺术廊庭"，选取代表性唐卡艺术精品进行集中展示，并积极推动非遗文创产品、非遗农副产品的创新研发设计，实现街道、社区驻区单位和周边商家的文化资源共享，为推进非物质文化遗产与全域旅游产业、乡村振兴事业的融合发展闯出了新路子、打造了新典范。

（四）优质服务排忧解难，聚力扮好"一位帮手"

坚持整合资源助力民营企业做大做强，持续当好企业发展"服务员"，指导协助启雅尚国际酒店创新探索"藏文化主题酒店＋新零售＋旅游体验"的商业运营新模式，推动片区文商旅业态深度融合，增强文化品牌传播力和影响力。坚持用心用情做实企业服务，区级相关部门和街道坚持常态化走访启雅尚国际酒店等重点企业，定期组织召开文旅行业重点企业座谈会，及时宣传解读惠企政策、收集企业诉求建议，为企业发展纾忧解困、保驾护航，凝心聚力助推企业高质量发展。

四、经验与启示

（一）党委、政府引导是保障

只有党委、政府的引导、扶持、服务，有效调动企业主体积极性，促进资源要素向民族文化交融流动，增强民族文化发展活力，才能帮助农民树立发展信心、振奋干事精神、激发创业活力，进一步实现乡村振兴。

（二）文化创新发展是核心

文化创新需要跨领域深度交融，只有党委、政府大力营造促进文化创意深度交融发展的社会氛围，企业强化文化创意融合发展能力人才的发现、引进和培养，建设一支善于跨界融合发展的技能人才、管理人才、创新创业人才队伍，才能形成区域联动、产业联动的良好态势。

（三）市场需求驱动是根本

市场需求是企业生存和发展的根本，在企业的实际经营过程中，只有提高产品在市场的核心竞争力，才能充分发挥产品优势，从而站稳市场。

（四）品牌文化塑造是支撑

以品牌文化内涵引领区域乡村经济的合理发展。只有持续深挖区域生态文化、红色文化、特色民族文化等重点文化，并将文化内涵融入非遗创新中，才能以品牌之力引领乡村经济更好发展。

四川省成都市金堂县

五凤溪贺麟故居：
保育活化结硕果 文化薪传展新颜

一、基本情况

贺麟是我国著名的哲学家、哲学史家、黑格尔研究专家、翻译家、教育家，"新心学"的创建者，当代新儒家的代表人物之一。他创作或翻译了《文化与人生》《小逻辑》等哲学名著，被称为"东方的黑格尔"。贺麟故居位于金堂县五凤镇金箱村，始建于清乾隆八年，主体是二进三重四合院落群，总建筑面积3 400米²，大小房屋80余间，年接待海内外专家学者和游客20余万人次，每年举办哲学讲座、学术沙龙约10场，已成为金堂县重要的哲学文化名片。

二、发展历程

贺麟故居于2010年完成修复，2015年注册的贺麟故居纪念馆正式对外免费开放。近年来，五凤镇深度挖掘贺麟故居的文化底蕴，活化利用其蕴藏的文化精神资源，成立了四川省内首个家风文化学院，设立贺麟青年哲学奖项，成功举办中国青年哲学论坛、贺麟诞辰120周年等哲学交流活动，积极推动中国哲学村建设。社科院哲研所、清华、北大、台湾东海大学、四川大学等国内有影响的哲学科研教学机构在馆内设立了学术交流基地。

三、典型做法与成效

（一）凝共识、聚合力，打造新质文旅地标

一是政企协同，打造文旅地标。由贺麟教育基金会牵头投资2 500万元，在故居原址上遵照"修旧如旧"原则进行修缮修复，逐一还原院落1950年前的布局和功能。由政府主导治理水系环境、周边基础设施，探索故居遗产作为文化、休闲、酒店等业态的可持续发展路径，将"贬值遗产"转化为"增值资本"。二是校地共建，梳理文脉记忆。创新并拓宽校地共建模式，推动民盟中央盟员、北京大学、清华大学、四川省社会科学院等30余个院所单位的教学实践基地落成。规划临时展厅、基本陈列等设施群落19个，展出中国社科院等院校移交文物藏品2 000余件（套），形成包括手稿、信札、题字等较为完整的陈列展示体系。三是区域联动，推动扩容提

质。辨识提炼地域文化特色，以"古镇＋故居"两大核心，"沱江号子、白岩山歌、马尾道巾"三大非遗保护开发为主线，实施景观化景区化项目4个，持续推动贺麟哲学互动体验现场教育基地能级提升，助力与古镇景区"连片成势"释放乘数效应。

（二）兴文化、强产业，提升优质服务供给

一是深挖内涵，打造特色品牌。打造"哲学＋文博思悟""哲学＋古镇民俗""哲学＋自然生态"三大文旅品牌，策划家风文化讲坛、乡村旅游节、民俗活动周，助力金堂县成为世界哲学文化交流重要基地。依托龙泉山城市森林公园建设，集成生态康养、研学旅游等功能，打造贺麟民俗文化园。二是文旅融合，延长产业链条。以地域文化为品牌背书，建立五凤溪文创工作室，揭牌成立五凤蜀绣基地，出品刺绣、陶瓷、书画扇面等文创周边10余种，孵化出摄影写真、古装汉服、自媒体运营等衍生项目，拓宽居民增收渠道。推动文化元素实体运用，匠心推出"麟凤家宴"餐饮空间，不断丰富和拓展旅游消费新业态。三是优化服务，拓展互动空间。完善景区安防系统、智慧解说系统、文艺活动预告等服务，打造全方位"服务管家"。创办"大师贺麟""锄经种德"实景光影秀，将传统静态文化资源以动态场景全新呈现，吸引近万人次打卡。培养资深讲解员10余名、志愿者35名，其中讲解员李德富被评为2022年四川省"十大乡村文化能人"。

（三）聚民心、育新人，擘画基层治理图景

一是推动典型选育赋能。深入整理汲取以贺麟、贺美英为代表的贺氏文化精神养分，挑选人才李德富、刘述峦、王启友等组建乡风文明宣讲团，以贺麟故居文化讲坛为宣传主阵地，用群众语言讲好文化引领基层自治的故事，推动乡村文化建设与乡村治理有机融合。二是弘扬文化德治蓄能。打造"征集家风故事、申报家风典型、晒家风活动"三大品牌，收集整理"贺氏锄经""学术救国""倾囊助学"优秀文化故事，汇编《悠悠家风铸乡魂》读刊，弘扬培育"文化德治＋居民自治"基层治理新风。三是打造家风样板提能。打造省内首个家风教育主题学院，聘请贺克斌等家风讲师20余名，设置"现场教学、专题讲座、名师讲堂、访谈研讨、特色选修、互动体验"6个模块21门课程，配套"党风、村风、家风"三风展示馆，实现产学研用功能，倾力打造家风文化生态圈。

四、经验与启示

（一）文化旅游融合，集聚发展动能

依托地域文化资源培育差异化、品质化旅游产品，让各类文化遗产成为文化展示、公益惠民、社会教育的重要阵地，实现文物与非遗、旅游研学有机融合，形成强大的文化旅游产业经济。

（二）传承创新结合，赓续文化基因

名人故居是不可替代的珍贵文化遗产，要妥善处理好保护和发展的关系，把握

开发尺度，保持物质空间的"旧"，突出遗产保护形式的"新"，使地方特色可见可触、历史文化可感可知，让真实的有记忆的生活场景得以存续。

（三）共建共享聚合，夯实振兴基础

文化遗产保育活化利用需要政府、社会、市场联动，融入价值理念与专业知识，兼顾共建共享与多元利益机制，建立符合地域情况的"造血"机制，才能将"遗产价值"转化为综合发展效益。

俯瞰贺麟故居

贺麟故居凤仪书院国学班

四川省成都市大邑县

建川博物馆：
发展文旅产业　助推乡村振兴

一、基本情况

大邑县地处四川省成都市西部，辖区面积1 284千米²，户籍人口51.2万，辖8镇3街道，有"蜀之望县"的美称，距今有1350年建县史，是中国道教发源地、佛教南传第一站，拥有国家文化产业示范基地1个、国家级非物质文化遗产1个。先后获评国家生态文明建设示范县、中国西部百强县、全国县域旅游综合实力百强县、中国天然氧吧、国家气候标志"避暑旅游目的地"。大邑县坚决贯彻落实习近平总书记关于乡村振兴的重要指示精神，坚持"文旅兴县"，以建设"雪山下的公园城市示范区"为目标，坚持"农为根本、农旅共赢"，以文化旅游助推乡村振兴。先后获得四川省全域旅游示范区、天府旅游名县、四川省乡村旅游示范县、四川省休闲农业重点县等荣誉称号。2022年全县乡村旅游共接待游客470万人次，实现综合营业收入20亿元以上。

二、发展历程

大邑县依托自身丰富的自然资源、厚重的历史文化，坚持发展文旅产业助推乡村振兴，引进以建川博物馆为代表的一大批文旅产业，打造西岭雪山、花水湾、安仁古镇、新场古镇等文旅产业集群，成功创建国家AAAAA级旅游景区1个、国家AAAA级旅游景区4个。西岭雪山是世界自然遗产——大熊猫核心栖息地、国家级风景名胜区，也是南方地区唯一入选首批国家级滑雪旅游度假地的景区。2003年，建川博物馆在成都市大邑县安仁镇开始筹建，2004年开工建设，2005年8月首批5座展馆建成开放。它是目前国内民间资本投入最多、建设规模和展览面积最大、收藏内容最丰富的非国有博物馆，已拥有藏品1 000余万件，在川渝等地建成开放60余座主题陈列馆。

三、典型做法与成效

（一）坚持主题鲜明，打造自身特色

建川博物馆陈列和展示中国近现代史重大事件的众多文物，部分展馆主题在国内博物馆中绝无仅有，填补了我国同类主题博物馆的空白。目前，拥有藏品1 000

余万件，其中国家级珍贵文物4 790件，其数量之大、标准之高、种类之丰富，在全国同类博物馆中首屈一指，为保存珍贵的历史实物和史料起到了积极作用。

（二）坚持文旅互融，构建文化产业链

创新"博物馆＋"的开发运营模式，植入文创、文保、艺术、会展、教育、美食等众多"三文融合"新业态，形成了文博产业集聚区，带动区域经济的不断提升和可持续发展，被列为四川省文化旅游融合示范项目和成都市文创链主企业。

（三）坚持文化创新，推动区域经济发展

通过集群式规模组合，打造集藏品展示、教育研究、收藏交流、旅游休闲、影视拍摄、艺术博览等多项功能于一体的新形态博物馆和乡村休闲旅游度假目的地。为当地城乡融合、乡村振兴作出了积极贡献。2019年以来，吸纳就业5 000余人、带动辐射就业2万余人，其中外来就业创业6 000余人，居民工资性收入和经营性收入年均增长8.3%。

（四）坚持文化惠民，积极承担社会责任

践行社会责任，坚持公益优先，中国抗日壮士广场、抗战老兵手印广场、5·12抗震救灾纪念馆等均免费向游客和市民开放，年免费观众超过100万人次，每年受惠观众100万人以上。近年来，建川博物馆举办了庆祝改革开放40年的"辉煌巨变（1978—2018）主题展""新中国70年民间记忆展"等重要展览活动。

四、经验与启示

（一）党建引领是根本

始终坚持党建引领各项工作健康前行，认真贯彻落实习近平新时代中国特色社

建川博物馆"奋斗与辉煌——中国共产党100年礼赞"展馆

建川博物馆中国壮士（1931—1945）群雕广场

会主义思想，坚持文化创造性转化、创新性发展，以社会主义核心价值观为引领，传播当代中国价值观念，推动培根铸魂工程在文博领域的实践。

（二）文旅融合是关键

坚持以文促旅、以旅彰文，文旅产业赋能乡村振兴，不断探索发展文旅融合发展的新模式。博物馆、美术馆、音乐传习所、村史馆等作为文化赋能乡村振兴的载体，其中，尤其以公馆文化、庄园文化、馆藏文化为特色，让沉睡的资源成为教育后人的资本、富民兴村的资产。

（三）传承保护是源泉

坚持抓好文化遗产保护与利用，做好红色文化和天府文化的有机结合，打造特色文旅品牌。挖掘和梳理西岭山歌、成都牛儿灯等非物质文化遗产资源，积极申报各级非物质文化遗产代表性项目，让优秀文化成果惠及更多人，实现物质文明和精神文明相得益彰。

（四）特色发展是路径

大邑县构建"一廊贯通、三区示范、九镇协同、两百林盘新景"（打造一条世界级雪山旅游廊道，打造三大国际文旅片区，打造九个文旅名镇，打造200个精品林盘新消费场景）的"1392"发展新格局。根据自身区位、人文、生态、产业等实际情况，因地制宜发展红色旅游、生态旅游、乡村旅游、休闲农业等新产业新业态；充分挖掘"雪山资源""红色文化""馆藏文化""川西林盘"等优势特色，打造文旅产业特色亮点；以"品牌化、差异化、特色化"发展为路径，不断提升文旅产业高质量发展，助力实现乡村全面振兴。

四川省遂宁市安居区

沼气文化：
低碳赋能促振兴　沼气燃开幸福花

一、基本情况

遂宁市安居区常理镇海龙村（原属凯歌公社二大队）位于安居区北部，凯歌公社是全国沼气池技术发展及推广的源头之一，是四川省沼气发展的先进典型，至今保留着原沼气池旧址48口。近年来，该村在贯彻落实国家乡村振兴战略过程中，大力实施以沼气文化为内核的"海龙凯歌"农文旅融合发展项目。通过以沼气为媒、以文化为介，推动低碳产业链条延伸和农文旅深度融合，将海龙村打造成为具有历史文化传承的"中国沼气能源革命第一村"。沼气燃开幸福花，海龙村先后荣获全国乡村旅游重点村、天府旅游名村等称号，被命名为中国沼气能源革命文化传承示范基地、全国巩固拓展脱贫攻坚成果村级实践交流基地。

二、发展历程

据《遂宁县科学技术委员会志》记载，1970年，遂宁县横山区在凯歌公社二大队（现海龙村）成功试建了一口4米³的长方形条石结构沼气池。到1973年，海龙村率先实现全村、全乡沼气化，引领农村地区"能源革命"的示范效应使其声名远播。1974年1月18日，《人民日报》专栏刊载四川人民推广利用沼气的报道。

随着沼气技术的逐渐成熟和完善，至1974年，海龙村沼气技术工人已走出盆地，足迹遍布全国各地，他们建设的沼气池成功赢得了各级党委、政府和当地群众的称赞。海龙村村民敢闯敢干、敢为人先的精神，在新时代的乡村振兴战略中得到充分延续，海龙凯歌项目也因海龙村以"凯歌公社"扬名而得名。

三、典型做法与成效

（一）实行"沼气＋文化"，把准根脉树灵魂

挖掘沼气文化内涵。聘请专家开展"知青与遂宁沼气"课题专题研究，深度挖掘海龙村兴办沼气的人文故事、精神传承和历史内涵，理清海龙村"沼气文化"脉络。举办农业绿色低碳发展暨农村沼气高质量发展研讨会，增厚中国沼气文化之乡底蕴。**拓展沼气文化外延。**紧扣"海龙·乡愁"主题，还原20世纪兴办沼气年代的

海龙凯歌大地景观化航拍图

生活场景，集中建设一批知青旧居、供销社、邮电所、人民食堂等特色场景，既为村民找到归属感和幸福感，也为游客带来一波"回忆杀"。**盘活沼气文化资源**。突出沼气资源转化利用，区政府与农业农村部沼气科学研究所合作建立凯歌沼气学院，共同打造沼气高质量发展实训基地。新建沼气人家及沼气博览园等业态，以文塑旅还原时代场景，以旅彰文讲好凯歌故事。

（二）实行"沼气＋旅游"，深度融合聚活力

构建园区旅游线路。海龙凯歌园区围绕"沼气文化"这个内核，成功打造内外两条旅游环线，构建"稻香凯歌、荷香凯歌、果香凯歌"三大片区，壮大"研学、田作、农创、拾趣"四条精品凯歌旅游线路，串联共富、创艺、智慧、荷趣、山居、湖畔等农文旅融合体验景点，初步形成乡村旅游大格局。**丰富园区经营业态**。园区依托"沼气文化"品牌，围绕游客"吃住行游购娱学"，采取向外招引与村民自营相结合，多点布局太空蔬菜、湖畔民宿、稻田学校、乡村美术馆等经营业态97个，有效增强游客体验感和吸引力。**强化园区运营管理**。组建四川凯歌农旅公司，公司采取资产入股、资产租赁、合作联营等方式，确保建成项目实现效益最大化。自开园以来，公司始终坚持"每月有主题、周周有活动"，开展线上线下营销活动100余场次，累计接待游客157.28万余人次，旅游综合性收入1.63亿元。

（三）实行"沼气＋农业"，绿色低碳助发展

推动农业低碳发展。充分利用海龙村现代新型大型沼气池，积极推广农业废弃物低碳收储运、沼渣沼液还田减碳等支撑技术，带动园区成片成带成规模发展生态农业1.6万亩，海龙村成功获评"四川现代农业亿元村"。**做优做靓农旅产品**。依托园区优质产业，持续推出"一桶油、一壶酒、一罐桃、一袋米"等凯歌好礼系列产

品，有效提升农产品附加值。2022年以来，累计实现农业礼品销售收入171万元。**健全利益联接机制**。有效整合海龙凯歌园区和海龙村集体资源优势，成功搭建"社会资本＋国有资本＋集体经济＋群众"利益共同体，形成产业纯利润"保底＋55"分红机制、集体经济收益"622"再分配模式。2022年，海龙村实现集体经济收入281.9万元，人均可支配收入达到3.02万元，同比增长20.8%。

四、经验与启示

（一）注重地方特色元素的充分挖掘

"海龙凯歌"高度重视本地特色元素挖掘，在主题元素上，聚焦"沼气能源革命第一村"村庄品牌，塑造独特沼气IP，有力地推动了"沼气＋"农文旅产业融合发展。

（二）注重优势产业集群的整体培育

"海龙凯歌"在规划布局上注重大地景观、农村田园、特色产业相衔接，在业态培育上注重开发农业多种功能、挖掘乡村多元价值、延长农业产业链条相叠加，在运营管理上注重业态协同、差异定位相融合，实现了园区运营提质增效。

（三）注重多种外部要素的有效导入

在"海龙凯歌"建设中，由村集体整合耕地、建设用地等分散资源，构建"村集体＋国有企业＋社会资本""村集体＋新型经营主体"等多元主体合作机制，实现财政投资、社会资本和乡村内部资源的有效整合，形成多元主体、多元力量注入的"化学反应"。

游客端午节来安居区海龙村体验民俗活动

四川省遂宁市射洪市

诗酒文化：
传承诗酒文化　绘就和美"村景"

一、基本情况

射洪市地处成渝发展主轴北弧中心、世界黄金酿酒带——北纬30°，面积1 496千米², 人口92万，是初唐大诗人陈子昂的故乡、中国名酒沱牌舍得的产地，是"中国白酒之乡"。射洪专注"生态酿酒"，打造南部"醉美田园"农环线；致力"子昂文化"，打造北部"诗韵水乡"旅环线，形成南北两条乡村振兴示范走廊，这两条示范走廊成为射洪全域旅游的特色景观。全市有白酒企业69家，主要分布在19个镇。有因酒成名的国家AAAA级旅游景区2个（子昂故里文化旅游区、舍得酒文化旅游区），服务设施配套完善，形成生态酿酒、玻瓶制造、瓶盖制造、文化旅游等产业，吸纳就业人数近万人。

二、发展历程

射洪诗酒文化历史悠久，1 400年来，历经唐代"射洪春酒"、东山"谢酒"、清代"沱牌曲酒"，直至今天的"舍得酒""舍不得酒"。唐代诗圣杜甫、宋代著名学者王灼曾留下"射洪春酒寒仍绿""射洪春酒旧知名"等诗酒名篇。近年来，射

舍得文化旅游景区（国家AAAA级旅游景区）

洪坚持将县域旅游高质量发展与文化传承创新、生态文明建设、乡村振兴、新型城镇化建设相结合，依托得天独厚的诗酒文化和生态发展成果，探索"工业＋文旅"模式，形成"沱牌""舍得"古窖池展示、优美生产环境展示、原材料展示、非遗酿酒工艺展示、酒窖参观、现代生产线参观、品酒调酒体验、文艺展演、文创产品展示等特色酒文化展示和体验。依托金华山陈子昂读书台，以"一代文宗·大廉不谦"为主题打造陈子昂诗廉文化基地和文宗苑诗文化景区，成功承办陈子昂国际诗歌周颁奖系列等重大文旅活动。

三、典型做法与成效

（一）政府精心引导，筑牢"根基"

市政府与四川省农业科学院、舍得酒业共建"四川酒粮产业技术研究院"，基地与中国农业大学、四川美丰化工股份有限公司等校企共建"酒粮科技小院"，建立良种选育、技术集成试验基地200余亩，常年开展试验20余个；联合省农业科学院、舍得酒业公司等8部门共同起草《遂宁市酿酒专用粮生产技术规程》《酿酒专用粮收储》《产地环境质量》等地方标准，探索以政府引导、科研院所支撑、产业引领、企业运营、市场运作的"政产学研用"发展新模式。

（二）深掘文化底蕴，打响"品牌"

2020年以来，投资2.6亿元完成"两江画廊"建设，投资2.04亿元实施子昂文化旅游提升项目，投资0.8亿元建设白酒博物馆。打造了中国首部以酒为媒的传奇诗乐舞《大国芬芳》。陈子昂诗廉文化基地被评为四川省廉洁文化基地、四川研学实践全域研学试点基地。优化提升了唐诗寻宗、史前探秘、自然奇遇等研学旅游路线，获评"全省文化产业赋能乡村振兴试点县"，新增国家AAA级旅游景区2个。2022年以来，射洪市以诗酒为媒，接待游客101余万人次，旅游总收入达11.03亿元。

文宗苑（国家AAA级旅游景区）

（三）重视人才培育，催生"大匠"

通过传承人选徒、行拜师礼等传统仪式形成名师一对一的培养模式，实现非物质文化遗产技艺传承。全力实行"匠心计划"，培养各类高级酿酒师、品酒师200余人，中（初）级酿造人才1 800人。建成国家级技能大师工作室1个、全国劳模工作室1个，现有"四川省五一劳动奖章""全国五一劳动奖章"获得者1人，国家科技奖励办公室评审专家1人，"四川工匠""川中明珠计划"各1人，国家级白酒评委5人、省级白酒评委44人。

（四）精耕诗酒产业，充实"钱袋"

2022年，白酒产业集群实现产值121.23亿元，同比增长15.1%；实现营收101.86亿元，同比增长34.1%。把"诗酒文化"与乡村振兴深度融合，加快建设现代农业"10+3"产业体系，推进落实"川酒振兴""乡村振兴"等重大战略部署，立足于"舍得""舍不得"品牌酒业战略转型和射洪粮食结构调整需求，逐步建成中期20万亩、长期60万亩"舍得"酿酒专用粮基地，参与农户户均增收5 000余元。推进三产融合发展，就近解决群众就业2万余人。

（五）升华文化艺术，扮靓"村景"

以"中国白酒之乡"规划为核心，科学编制市域乡村振兴总体规划和空间布局、产业发展、宜居乡村、四古保护等专项规划，探索"大地景观化""庭院果蔬化"交融模式，打造双江村诗歌田园、中皇村1 000亩菊花景观带、龙泉村观光蔬菜基地等。持续推进"西部第一水村"、乡村振兴实训基地等项目建设，高质量完成精品村建设。以"诗酒文化"为魂，加快"城乡一体化"建设，突出集镇特色，投资约2.6亿元，完成沱牌镇、瞿河镇、金华镇场镇建设。

四、经验与启示

（一）党委、政府引领是事业的根本保障

射洪市委、市政府的高度重视和引领，对于诗酒文化的转型升级蝶变起着关键作用。与知名高校联盟合作，密切利益联结机制，实现各方主体效益、利益最大化，从而促进企业升级、群众增收、文化发展。

（二）发展特色产业是增收的重要手段

乡村振兴，产业为首。不断探索特色优势产业发展新路径是增收的重要手段。射洪市不断拓宽思路、深化改革、积极创新，做优做强诗酒文化特色产业链条，达到良性循环、稳步增收的效果。

（三）塑造自主品牌才能真正赢得市场

射洪市注重诗酒文化品牌效应，把自主自创品牌作为重点攻关，深度挖掘自身优势，严把产品质量关，提升品牌信誉，注重品牌效应，占有市场，最终赢得市场。

四川省眉山市洪雅县

止戈和平文旅康养小镇：
文化传承赋能添彩　文旅融合焕发生机

一、基本情况

地处四川盆地西南的洪雅县，辖区面积1 896千米²，辖12个镇，常住人口29.6万，是国家农产品质量安全县、天府旅游名县，属国家级生态示范区。止戈镇地处洪雅县中部，行政区域面积44.68千米²。近年来，止戈镇坚持以"文化引领、产业带动，农民主体、多方参与，政府引导、市场运作，科学规划、特色发展"为目标，依靠竹林、茶山等良好生态环境和五月台会、地名止戈等历史文化及非遗资源，打造以茶叶生产加工、民宿、生态食品为主的文创项目聚落，建成止戈和平文化康养小镇一期"寻梦花溪"止戈文化国际交流中心、止戈文化博物馆、青杠坪茶客空间、洪雅县瓦屋春雪茶业有限公司等项目，构建了文旅康养融合发展新道路，让当地生态资源和文化资源得到有效开发和利用，对资源价值转化方式进行了深入探索。

二、发展历程

《蜀王碑记》记载："因得城南二十里许，有胜地焉，旧名千秋坪。世传汉昭烈与武侯会军于此，雍闿宾服，干戈遂停，此隔岸止戈之名所自来矣。"也就是说，1 800年前，诸葛武侯与青衣羌帅雍闿在大、小关山下停止干戈，将和平种子埋在了青衣江畔、花溪河边，止戈因此得名。

2009年，出于对家乡的浓厚感情，止戈人白朝平回乡带领止戈百姓开始挖掘濒临灭失的止戈和平文化，初步规划打造中国和平文旅康养小镇。同时，启动首期"寻梦花溪"止戈文化国际交流中心。2015年起，奥地利驻华大使艾琳娜先后两次专门到访止戈文化国际交流中心，中共中央党校"超越之路"重大课题组先后14次到访止戈。2022年，止戈镇村史馆建成并对外开放，止戈探索出了一条文旅康养融合发展的新路子。

三、典型做法与成效

（一）文化传承赋能添彩

止戈镇深入挖掘本土历史文化魅力，依托省级非遗项目五月台会（城隍庙会），策划打造"武侯止戈、宾服雍闿"等台会参与巡游，宣传止戈文化，广泛吸引数万周边群众到止戈城隍庙朝拜、祈福平安。中央电视台《乡土》栏目组走进止戈，拍摄《做客止戈人家》专题片。定期在止戈文化国际交流中心举办活动传承止戈文化，举办倡导"家庭止戈和谐、家和万事兴"活动。组织文旅康养专家召开止戈文化研讨会、止戈特色小镇专家会、南方丝绸之路研讨会等，为合理规划建设奠定基础。

（二）配套服务提升价值

止戈和平文旅康养小镇基础设施配套完善，为文化资源发掘利用提供了良好的软硬件基础。县委、县政府实施大峨眉国际旅游西环线、小镇环线植物景观提升等工程，完成旅游园区导视牌、强电主管网、污水处理中心等基础设施项目建设。小镇成为当地文化地标，带动建设旅游绿道、游步道1千米，生态停车场2个，旅游厕所2个等配套设施，建成具有综合服务能力和展示作用的文化艺术中心，在"寻梦花溪"项目中设置"止戈书院""蜀王碑亭""止戈文化宣传中心""关山月"戏台等全民共享文化配套场所，长年开展各类文化活动，惠及广大群众。

（三）农文旅发展见成效

以文化为核心发展内涵，以止戈和平文旅康养小镇为龙头，探索出一条"文化传承+生态农业+康养旅游"乡村振兴可持续发展路径。现已建成五龙祠五月台会博物馆，以"山、水、云、茶、文化"为背景的青杠坪茶客空间，以康养旅游为主题的龙吟滩湿地公园，围绕当地文化的传承，实现对文化资源的创造性转化与创新性发展。

（四）企业带动促增收

以止戈和平文旅康养小镇、青杠坪茶客空间为龙头，创新发展茶叶生产加工、研学体验、止戈文化传承、康养民宿等特色产业，带动农户产业增收，也为当地提

洪雅五月台会（武侯止戈）现场

"寻梦花溪"止戈文化国际交流中心大门

供了1 000余个灵活就业岗位，帮助农村富余劳动力实现就近就业，实现就业人员人均年增收0.5万～1.5万元。

四、经验与启示

（一）政府引导领航定向

乡村文化振兴是一项系统性工程，为实现公共文化服务有效、文化活动蓬勃开展、村民精神面貌饱满的目标，需要政府引导、社会协同、上下联动、形成合力。洪雅止戈文化传播有限公司作为项目业主和政府的桥梁，在县政府规划指导下，设计推出文化旅游服务、文化产品，形成完善的工作机制，实现止戈和平文旅康养小镇项目可持续发展。

（二）项目建设打通经脉

乡村文化振兴离不开文化资源转化利用，文创项目是资源转化利用的途径，推进项目建设成为止戈和平文旅康养小镇的关键工作。项目整合村域文化资源，促进当地文化产业兴起，为企业提供生产内容和创新思路，助力传统文化的传承发展，让现代文明与传统文化交相辉映，促进乡村文化的繁荣发展。

（三）文化传承夯实基础

积极策划和包装优秀文化资源，把文创、农创等元素引入乡村发展，实现文农产融合发展。将文化与社会治理、产业发展和党建结合起来，以文化事业、文化产业提升发展潜移默化地影响群众，让广大群众在生产生活中被文化浸润，主动维护社会和谐稳定，积极弘扬社会主义核心价值观，通过文化引领，助力当地产业发展、文化繁荣。

四川省眉山市丹棱县

众筹文化院坝建设：抓住众筹文化院坝小切口提升公共文化服务大格局

一、基本情况

四川省眉山市丹棱县距成都市100千米，辖区面积449千米²，辖5个乡镇50个村社区，总人口16.3万人。丹棱县是全国农村生态文明家园建设试点县、国家级生态示范区、全国农村人居环境整治成效明显激励县、中国民间文化艺术之乡（唢呐）。近年来，丹棱县围绕乡村文化振兴，以第三批国家公共文化服务体系示范项目"眉山市丹棱县引导民间众筹文化院坝建设"为抓手，立足本土文化特色和文化资源优势，充分集聚社会力量参与公共文化服务体系建设，全面完成了100个民间众筹文化院坝建设任务，解决了人民群众多元文化需求"最后一千米"问题，走出了一条引导社会力量参与公共文化服务的新路径。

二、发展历程

2005年10月，龙滩社区的文旅能人王作平在家中创办了眉山市第一个民间众筹文化院坝，得到了村民的积极拥护。随后几年，热心公益的群众通过筹资、投劳等多种方式将民间众筹文化院坝建在群众身边。2015年成功申报创建第三批国家公共文化服务体系示范项目"眉山市丹棱县引导民间众筹文化院坝建设"，政府通过"三引导"方式，全力推动项目顺利建设。到2018年，丹棱县100个民间众筹文化院坝全面建成，全县公共文化服务体系建设和效能整体提升。

三、典型做法与成效

（一）政府引导，夯实乡村文化振兴之基

对接群众文化需求，加大扶持力度，为完善公共文化服务体系建设提供更多动能。一是制度引导"指路子"。先后出台《关于开展创建国家公共文化服务体系示范项目"眉山市丹棱县引导民间众筹文化院坝建设"的实施意见》《丹棱县民间众筹文化院坝建设标准》等文件，提供制度导航。二是资金引导"阔步子"。设立民间众筹文化院坝建设专项引导资金，对新建的文化院坝给予1万～3万元的奖励补助。投入财政资金300万元，撬动社会资本投入3 600万元。三是专业引导"架

梯子"。建立文艺队伍教育培训制度和文艺人才信息库，构建"县、乡、村、院坝"四级文化服务网络，通过送文化下乡、农民夜校等多种形式，培养草根文化队伍100支、文艺爱好者2 800人，发掘各类文化能人560人，从而"辐射一面、带动一片、照亮一方"。

（二）社会参与，汇聚乡村文化振兴之力

激发鼓励社会力量参与公共文化服务，促进文化院坝投入多元化。一是企业自愿参与，众筹设备和资金。落实《丹棱县民间众筹文化院坝建设"百企联百院"工作实施意见》，通过投资或捐助设备、赞助活动、提供产品和服务等方式，100家企业结对帮扶100个文化院坝。二是社团自觉参与，众筹文艺活动。鼓励和扶持文艺团体承办文化活动、参与文化院坝管理和服务。大雅艺术团、县音乐家协会、县老年人体育协会等文艺社团，长期免费或低价为文化院坝创作、编排文艺节目，把文化"种"在基层。三是群众自发参与，众筹活动场地。以作平文化大院和德祥文化大院为样本，引导群众通过筹资、投劳等多种形式，参与文化院坝建设和管理。建成综合性公共服务类文化院坝50个，专业性非遗和传统类文化院坝24个，特色性文旅结合类文化院坝26个，众筹活动场地面积达2万米^2。

（三）以文化人，铸就乡村文化振兴之魂

立足文化院坝，不断挖掘乡村文化的时代内涵，培育文明乡风、良好家风、淳朴民风。一是提炼弘扬大雅文化。围绕"大雅艺术节""非遗艺术节"等活动，组织文化院坝创作文艺作品，在文化院坝举办书画、摄影等"大雅风韵"主题文艺活动。二是保护利用农耕文化。坚持形神兼备，推动农文旅融合。推出"梅湾湖·幸福古村质朴原乡农耕文化体验游""大雅文化研学游"等特色文化旅游线路，成功打造"幸福公社""南山农家农耕"等一批农耕文化院坝，塑造出"望得见山、看

德祥文化大院第九届乡村春晚现场

作平文化院坝参加全国"村晚"四川展示点分会场节目录制现场

得见水、记得住乡愁"的乡村意境，把文化资源的"原生矿"变为文化产业的"金名片"。

四、经验与启示

（一）政府引导制度保障

从财政保障制度到人才培养制度，逐步完善公共文化服务制度保障体系。

（二）群众参与共建

广大群众积极参与众筹文化院坝建设，激发了群众的自主性和创造力，增强了社会凝聚力。

（三）积极探索多方合作模式

积极探索村（社区）与群众、企业、文化机构以及公益组织等多方合作模式，共同建设和管理文化院坝，实现资源共享和互助发展。

（四）注重公共利益和开放性

坚持文化院坝服务的公益属性，使所有人都能够平等享受文化资源和服务，促进群众之间的交流和互动。

（五）多元文化活动提升乡风文明

文化院坝除提供阅读、绘画等传统文化活动，还举办文艺演出、展览等多元化的活动，丰富居民精神文化生活，助力乡风文明建设。

贵州省遵义市正安县

正安吉他：
"以产兴县、以文化人"促进乡村振兴

一、基本情况

遵义市正安县地处贵州省北部，曾经是国家级扶贫开发重点县，贵州省16个深度贫困县之一、遵义市唯一的深度贫困县，现为国家乡村振兴重点帮扶县之一。全县面积2 595千米^2，辖20个乡镇（街道）154个村（社区、居委会），总人口66万。正安县委、县政府在没有制造产业基础和优势的条件下，依托返乡入乡创业人员，"无中生有"激情实干，演绎出年产吉他600万把、产值60亿元、带动近1.5万人就业、近7 000人稳定脱贫的吉他奇迹，从名不见经传的偏隅黔北小县城到登上纽约时代广场大荧幕。该县先后荣获中国吉他制造之乡、国家级文化产业示范园区等荣誉称号。

二、发展历程

2013年，正安县迎来首家吉他制造企业——遵义神曲乐器制造有限公司。10年时间，形成了集聚吉他生产及配套企业126家，吉他产业配套标准厂房拓展至80万米^2，开启了产业集聚发展之路，吉他从单一生产制造到原材料、销售、物流、培训、包装等延伸，形成了闭合产业链。目前，正安县紧抓东西部协作机遇期，定向招商，继续走好吉他产业高质量发展之路，助力乡村全面振兴。

三、典型做法与成效

（一）转型升级走向大繁荣

按照"吉他工业、吉他文化、吉他旅游"三位一体思路融合发展，积极探索引入产业发展基金，创新产业发展模式，整合资源，助推上市，使吉他工业做大规模、做大总量、做优品质、做响品牌。同时，以吉他工业为基础，夯实吉他文化基础设施，融入吉他文化元素，大力开展吉他文化"五进"活动，积淀吉他文化氛围，以响亮的吉他文化品牌助推吉他工业的发展。另外，还将吉他工业与大文化、大旅游、大健康深度融合，积极开发吉他旅游衍生品，打造吉他旅游精品线，不断提升吉他节会、展会举办水平，努力形成国际影响，使吉他工业、吉他文化、吉他

正安国际吉他产业园体验馆

旅游互为基础，相互促进，共同发展，最终将正安打造成为世界一流的吉他之乡、音乐之城。

（二）以工促农助推脱贫攻坚

吉他产业是劳动密集型产业，企业让本地农民在家门口打工，兼顾家庭和农业生产，不仅有效解决了农民就近就业，还解决了留守儿童、留守老人等社会老大难问题。在加快经济发展的同时，促进了社会和谐稳定，为取得脱贫攻坚战全面胜利打下了坚实基础。"正安·国际吉他园"吉他企业98%以上的技术工人和一线员工为本地返乡农民工、留守妇女。

（三）坚持社会效益优先赋能乡村振兴

在赋能乡村全面振兴上，吉他产业园区吸纳了大批返乡农民工、留守妇女，为解决农村空巢老人、留守儿童等社会问题探索了有效路径。为大力推进文化振兴，园区积极开展"万企兴万村"行动，向当地学校捐赠吉他1 400余把。在充分发挥管理技术、资金资源和销售渠道等优势下，吉他产业园区以吉他销售、会演展出带动农特产品"黔货出山"。2022年，正安农特产品对粤港澳大湾区的累计销售额突破1.25亿元。目前，吉他产业园区提供岗位8 912个，人均月收入超3 000元，直接间接带动1.5万人次就业。

四、经验与启示

（一）解放思想，敢想敢干，善于"无中生有"

正安的工业发展，一度被视为天方夜谭，面对困境、面对质疑，正安县委、县政府没有退缩、没有放弃，而是努力探索，以解放思想为先，坚定敢想敢干理念，打破传统思维定式，创造了正安吉他制造"无中生有"的奇迹。

正安县吉他生产企业车间

（二）搭建平台，优化环境，善于"软硬兼施"

加大硬件设施建设，不断完善吉他产业园区水、电、道路、通信、仓储物流等配套设施建设，大力实施绿化、美化、净化、亮化工程，推进标准化厂房建设和公租房、廉租房配套建设，切实为企业"轻装"发展创优条件。同时，制定出台以厂房免租、税费减免、融资服务为主要内容的优惠扶持政策，积极争取国家、省、市相关优惠政策，切实优化政策扶持。

（三）真情招商，以商招商，善于"引凤还巢"

积极走好工业寻求突破的招商之路，充分把握和利用"在劳务输出大军中从事吉他生产人员众多，拥有较强的技术实力、管理经验"这一优势，迎合广大乡友"落叶归根、回报桑梓"的游子情怀，用乡情感人、用真诚动人，闯出了一条"凤还巢""雁回归"的新路，这是"神曲"引来"金凤凰"，"孵"出一个特色大产业的真实写照。

（四）培育示范，典型引领，善于"辐射放大"

紧紧围绕最先入驻的神曲乐器制造公司，帮助企业解决实际困难，精心培育示范。2015年3月，神曲乐器制造公司总经理走进中央电视台"两会直播间"，有力提升了正安吉他对外影响力，促进了更多吉他企业、乐器配件企业到正安投资兴业，辐射效应全面迸发。

（五）高位谋划，融合发展，善于"接二连三"

始终坚持高位谋划吉他产业发展，坚持吉他工业与吉他文化、吉他旅游"三位一体"融合发展，放眼全球，与国际十大品牌合作，又立足国内品牌创建，创新销售路径，从线下到线上，走在国内吉他电商销售前列，不断延伸产业链条，推动吉他产业可持续健康发展，让吉他产业成为推动乡村振兴的重要引擎。

贵州省黔南布依族苗族自治州荔波县

洪江艺术村：
文化艺术赋能　实现乡村蝶变

一、基本情况

洪江村地处贵州省黔南州荔波县朝阳镇西面，距离荔波高铁站7千米，距离国家AAAAA级小七孔景区13千米，交通十分便利。洪江村平均海拔750米，森林覆盖率70%以上，全村面积27.4千米²，耕地面积1 955.61亩，辖9个自然寨、10个村民小组、363户、1 598人，是一个以布依族为主，水族、苗族混居的少数民族传统村落。

二、发展历程

曾经的洪江村是典型的交通闭塞的空心村、空巢村、深度贫困村。2016年开始，洪江以村民闲置房屋和传统村落遗存为媒介，向外对接有乡村情怀的国内外艺术到洪江认领修缮老房，创建艺术空间。2017年争取作为州级农村集体经营权建设用地入市改革试点村的机会，积极推进农村集体经营性建设用地入市改革。现已引入100多位国内外艺术家通过有偿使用方式入驻洪江。

近年来，洪江村紧紧围绕"乡村振兴"发展战略，高扬党建引领旗帜，以乡土文化为灵魂、乡村田园为图景、生态农业为基础、艺术兴村为抓手、文旅富民为目标，打破常规，创新思路，探索艺术扶贫助力乡村振兴发展新路径，逐步形成"艺术为魂、生态为本、教育为根、旅游为形"格局，推动艺术文化与研学旅行融合发展，走出一条"唤醒山水，激活老屋，打造艺术村落"的新路子，让村民端起艺术"饭碗"，实现"空心村"蜕变为"国际艺术村"，相继获得国家森林乡村、贵州省村规民约示范村、贵州省少数民族特色村寨、贵州省改革培训现场教学基地等称号。洪江村艺旅融合模式成功入选2021世界旅游联盟——旅游助力乡村振兴案例，洪江村案例成功入选中央党校《深入贯彻习近平新时代中国特色社会主义思想实践案例》丛书生态文明卷。2022年荣获全国中小学生校外研学实践教育基地称号，2023年2月17日获《人民日报》报道点赞。洪江村从籍籍无名的传统村落逐渐变成了寻找乡愁和诗意栖居的"网红村"，在艺术家口中赢得了"北有上苑宋庄，南有荔波洪江"的美誉。

三、典型做法与成效

洪江村紧扣"非遗洪江、艺术洪江、匠人洪江、生态洪江"发展定位，通过"133"工作法，增强村级组织战斗力，提升村级治理效能，促使"党建"与"艺术"深度融合助推乡村治理新面貌。

（一）"一核"强引领

坚持以"党建引领 艺术赋能"为抓手，探索党建与艺术的跨界合作，建立起党组织统一领导，村民委员会、村民监督委员会、妇联、共青团、艺术家协会等基层自治组织积极协同，党员模范带头、群众广泛参与的"一核多元"共商共建共治共享的新格局，把党建优势与艺术赋能转化为乡村治理效能。一是强堡垒。通过"纳才、引才、招才"等方式配强村"两委"班子，将全村划为10个网格，设置10个网格党小组，推动形成组织到网、执行有力的组织体系，确保民情在网格中收集、矛盾在网格中化解、服务在网格中办理。目前，打造了6个党员创业带富基地，培育了13名党员创业先锋，带动了100多名群众就业。二是聚合力。注重"两个聚合"，健全完善村级自治体系。在党组织领导下，把妇女、村民、艺术家、帮扶部门等有效组织起来，聘请部分艺术家为村级发展顾问，对艺术家颁发"荣誉村民"，将艺术家编入治理网格，积极调动艺术家的积极性，充分发挥力量聚合作用。全力整合财政扶贫、广州帮扶、社会帮扶等方面的资金5.6亿元用于洪江路网、水网、电网、通信等方面的设施改造，聚力将洪江导入发展快车道，充分发挥资源聚合作用。三是把方向。坚持将党组织把方向、管大局贯穿于乡村建设全过程，注重发挥村民主体作用，形成"四个民"（村事民议、民定、民办、民管）自治格局，立足洪江多姿多彩的民族文化资源和良好的生态资源，奋力打造非遗洪江、艺术洪江、匠人洪江、生态洪江"四个洪江"。

（二）"三融"促提升

一是艺术融入乡村建设。通过艺术家认养、流转、出让等方式，大力盘活低效陈旧资产，建成土语南居、雁西书院、拉岜公社等23个艺术工作室，实现"废旧房"变"文创房"、农耕田变打卡点。二是艺术融入产业提质。常态化办好中国东盟艺术交流周、洪江论坛、洪江诗歌会等节会，积极发展艺术研学、农耕体验、户外露营、乡村民宿等新业态，每年吸引学生及游客2万余人（次），带动11家农家乐近60人就近就业。艺术赋能推动优秀传统文化产品化，推动洪江蜡染走进北京参展，培育乡村文化匠人150余人。三是艺术融入乡风文明。突出艺术特色，打造传统文化记忆现场、村史馆、福马广场等乡村公共文化空间；推动艺术与本土文化互融互进，办好四季农耕节日、中华民族传统节日等活动，培育文明乡风、良好家风、淳朴民风。通过树好福马榜、红黑榜"三个榜"规范道德行为，建好讲解队、足球队、舞蹈队"三个队"赋予乡村文化新活力。

（三）"三变"显成效

通过近年来的发展，洪江从无名山村蜕变成了初具名气的明星村，实现了三个变化。一是战斗力由"弱"变"强"。由原来的软弱涣散村党组织变成政治功能强、支委班子强、党员队伍强、作用发挥强的"四强"村党组织。二是治理由"乱"变"靓"。形成共同治理良好局面。依托"一中心一张网十联户"基层治理机制，探索设立"艺术家联户长"，形成"艺术家+村民"的艺术治理模式，让艺术家积极参与基层治理，实现"德治、法治、自治"三治融合，让洪江基层治理从"独角戏"向"大合唱"转变，共同治理出"山村新风尚"。三是经济由"贫"变"富"。发展"艺术+研学"新业态，从传统农业转向艺术研学、乡村旅游发展，村集体经济收入从2016年的2万元增长到2023年的186万元，农民人均年收入从2016年的3 000元增长至2023年的10 115元。

四、经验与启示

洪江村实践证明，保护乡村农耕文化独特性、保住乡村文化根脉、增强群众文化自信、深化农业农村改革对振兴乡村至关重要。

（一）促进乡村振兴要彰显独特文化魅力

洪江村展现出贵州农耕文明独特的耕读文化、山地文化和乡土文化，让艺术家心灵和情怀找到了归属。该文明所承载少数民族文化符号的织、扎、染等传统非遗技艺及福马文化等民俗文化为艺术创作提供了丰富素材，原有乡村干栏式建筑为艺术家带来了创作灵感。

（二）促进乡村振兴要留住乡村文化根脉

一是在村庄规划上要更加注重保护村庄原有的历史风物遗存，让农村更具人文情怀，为保护、传承、弘扬村庄文化留下足够空间。二是在村庄建设过程中要坚决杜绝大拆大建，充分挖掘整理好村庄历史文化遗存和非遗技艺，加以合理改造，既保留历史痕迹，又融入现代便利和审美，实现活态化传承和发展。三是要立足自身历史文化及资源禀赋确定每个村庄的发展定位，提出合理的可预期的目标。

（三）促进乡村振兴要提高农民文化自信

一是通过深入挖掘整理、展示本村的村落遗存，让村民从文化艺术价值的角度去感知村庄的存在感。二是要发挥好群众主体作用，保护好村民对村庄发展的话语权，发动村民参与村庄文化传承与保护，从参与中获取文化自觉和文化自信。三是要讲好乡村发展故事，营造浓郁乡愁，让村民看到村庄的发展前景，让更多年轻人留下并参与美丽乡村建设。

（四）促进乡村振兴要深化农业农村改革

一是在盘活利用农民闲置宅基地和闲置农房上下功夫，在保障农民权益的前提下探索宅基地退出和集体建设用地入市，实现资源再利用，效益最大化。二是在农业产业革命上下功夫，积极探索农业产业结构调整，多样化发展助推农民增收。三是在研学实践教育上下功夫，依托非遗、艺术文化、劳动教育等资源，探索研学实践活动，壮大村集体经济，带动农民增收。四是在农文旅融合发展上下功夫，探索将农事活动体验、农耕文化体验与乡村旅游发展结合起来，带动农村发展。

艺术家为洪江村村民房屋绘制的艺术画

艺术家到洪江村认领老房创建的艺术空间（郭恩 摄）

贵州省黔东南苗族侗族自治州台江县

台江"村BA"：
打造乡村体育名片 促进农文旅融合发展

一、基本情况

台盘村位于台江县城西部，距台江县城23千米，距州府凯里市26千米，全村辖2个自然寨、3个村民小组，共272户1 187人。建有党支部1个，党员49名。台盘"村BA"篮球场坐落在台盘村，"村BA"篮球场占地1 375米²，可容纳2万余人，是台盘乡每年举办"六月六苗族吃新节"乡村篮球赛的指定场地。

二、发展历程

台盘村篮球运动历史可以追溯到1936年，这是超过80年、跨越三代人对篮球运动的热爱。每年的"六月六苗族吃新节"篮球赛，均由村里男女老少自发组织、自筹经费开展，具有浓厚的群众基础。2022年，"六月六苗族吃新节"篮球赛参赛球队达到176支，形成了从天亮打到天黑，从天黑打到天亮的"天亮文化"。现场座无虚席、气氛热烈，得到了中央、省、州各大媒体的相继关注，网络传播量超过15亿人次，媒体报道稿件368万余条，赛事期间共接待游客50余万人次。因比赛场地在农村、参赛者皆为农民、比赛由村民组织，赛事期间文艺表演"村"味十足，赛事奖品接地气，所以被网友们亲切地称为"村BA"，并被赋予中国"村BA"圣地的地位，被誉为"观察中国式现代化的一个窗口"。

三、典型做法与成效

（一）坚持办赛初心，始终保持乡村体育赛事原汁原味

在"村BA"活动中全面落实"有事好商量、众人的事众人商量"全过程民主协商制度，把球场管理、卫生整治、文明看球等纳入村规民约，实现"赛规进村规"。在赛场球场修缮方面，政府只做适度引导支持，建设内容、方式由村民做主，确保"村BA"保持乡土文化的纯粹性和群众参与的广泛性。

（二）秉持乡土特色，展现乡土活力和文体融合切身体验

在"村BA"赛事期间，台江县探索篮球比赛与民族文化、区域民俗、现代文化融合，让"村BA"富有文化传承、乡愁记忆的价值意义。一是推动"体育文化＋

2023年"六月六""村BA"开幕式现场

非遗文化"融合。在赛事中场休息时，邀请民间艺人、非遗传承人到现场表演，把苗族飞歌、多声部情歌、反排木鼓舞等国家级非遗艺术作品搬到篮球场上，通过"体育赛事＋非遗展示＋民族歌舞"等系列活动，让观众在体验体育竞技精神的同时享受到原汁原味的民族文化盛宴。二是推动"体育文化＋乡村文化"融合。在赛事中场休息时，随机抽取观众开展定点投篮等趣味活动，将猪脚、大米、西瓜等作为活动奖品；同时现场主持人采用本地话进行赛事直播讲解，增强比赛的区域特色。通过"体育赛事＋农特产品＋方言讲解"等系列活动，赛事在接地气的同时具有更强的趣味性和观赏性。三是推动"体育文化＋现代文化"融合。在赛事期间，以短视频和直播等线上传播手段为媒介，运用"嵌入、渐入、融入"模式打造网红打卡点，不断扩大"村BA"的影响力，通过"体育赛事＋民族歌舞＋线上直播"等系列活动，有效地把台江县的优秀传统文化推出大山、走向市场。

（三）强化产业赋能，加快推动农文体旅三产融合发展

围绕"村BA"IP流量，台江县推动文化体育与特色农业、乡村旅游等融合发展，努力把"村BA"品牌影响力转化为促进乡村振兴、经济发展的动力。提速建设"稻＋鱼"全产业链国家现代农业产业园，创新科技赋能"五优"（优种、优法、优机、优企、优品）模式、"六化"（立体化、设施化、机械化、数字化、绿色化、品牌化）标准，实施百斤鱼、千斤稻"万元田"工程，全面构建现代农业生产体系。实行"企业＋党组织＋合作社＋农户"经营模式，打造鲤吻香米、生态鲟鱼、姊妹茗茶等农特产品品牌，提升产品附加值，全面构建现代农业经营体系。借势"村BA"流量IP，搭线上线下供应链平台，打造直播带货基地，让手机成为新农具、数据成为新农资、直播成为新农活，全面构建现代农业销售体系。

四、经验与启示

（一）发展群众体育要突出人民主体，立足"人"的地位

"村BA"立足群众组织管理和参与观看，其成功之处在于符合乡村特点、契合农民需求。这启示我们，必须坚持从人民群众的需求出发，发展农村文化就要充分尊重群众的文化观念和风俗习惯，要始终站稳人民立场，坚持"村民事村民说了算"，让人民群众成为体育运动的创造者、参与者和受益者，才能为群众体育运动发展创造良好的社会环境和提供经久不衰的内生动力。

（二）推动乡村振兴要突出特色元素，体现"特"的效果

乡村产业发展的关键是用好一方水土，开发乡土资源。这启示我们，要在彰显特色上下足功夫，依托农业农村特色资源，开发农业多种功能、挖掘乡村多元价值，因地制宜选准产业发展的突破口，把乡村的资源优势、生态优势、文化优势转化为产品优势、产业优势，增强市场竞争力和可持续发展能力，不仅让"村BA"更接地气，还能提高本地特色农产品的知名度，带动农户增收。

（三）推动乡村振兴要重视综合带动，实现"产"的互促

推动乡村振兴，要高度重视产业融合的赋能作用，结合当地资源禀赋、风土人情。这启示我们，通过发展壮大产业集群、建设现代农业示范园区、培育多元化市场主体等方式，打造乡村产业高质量发展的重要引擎，让农民享受更多农业与二三产业融合的增值收益。以"村BA"为突破口丰富文旅业态、发展休闲旅游、打造体育产业，鼓励发展农村生活性服务业，拓展乡村产业增值增效新空间。

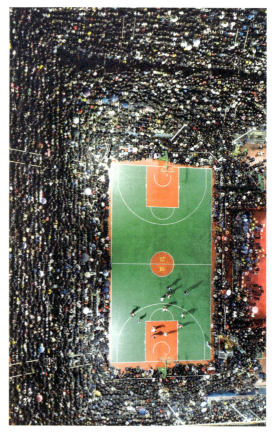

火热的"六月六""村BA"赛场

云南省丽江市玉龙县

纳西古都白沙：
文旅赋能　美了环境富了村

一、基本情况

白沙镇位于玉龙雪山和丽江古城的连接地带，是木氏土司、东巴文化、纳西古乐的发祥地。白沙民居建筑群是世界文化遗产丽江古城的重要组成部分，拥有12个国家和省市级非物质文化遗产、文物保护单位，还有玉龙雪山等9个国家A级旅游景区，占丽江市国家A级旅游景区的一半。这里古村落、田园风光、农耕文化保留完好。近年来，白沙镇高标准编制统筹总规、土规、林规等"多规合一"的规划，实现全域"一张蓝图"，努力实现保护与发展有机统一，文化与旅游、农业与旅游的有机融合，规范引导各个景区、企业及农户协调发展、互惠并进。

二、发展历程

白沙是纳西族的古都，曾经是丽江政治、经济、商贸和文化的中心。早在唐朝，南诏王封玉龙雪山为"北岳"的时候，木氏祖先就开始在这里修建了白沙街和北岳庙。一直以来，白沙古镇手工业非常发达，1949年前白沙就有150多家打铜作坊，纺织和手工刺绣也曾非常发达。

白沙镇依托深厚的人文底蕴和美丽的自然风光等独特优势，抓住丽江打造乡村振兴示范区、世界文化旅游名城等建设机遇，将玉龙雪山、玉湖村、新善村、白沙古街、文海村等优质旅游资源连片，重点培育生态旅游、康养旅游等新业态，推动文化旅游农业产业融合迈出坚实步伐，于2021年被评为全国乡村旅游重点示范镇、第十一批全国"一村一品"示范村镇；玉湖村荣获2020年全国乡村旅游重点村、2013年中国传统村落、2014年中国少数民族特色村寨、2019年中国美丽休闲乡村、第二批中国宜居村庄、云南省首批旅游特色村等荣誉称号；白沙村2018年被评为云南省民族民间工艺品示范村，2020年被评为省级美丽村庄。

三、典型做法与成效

（一）坚持规划引领

编制《白沙镇总体规划》，在坚决守住生态环保、土地利用、民族文化、田园风光底线的前提下，高标准编制了全镇所有村多规合一实用性村庄规划。

（二）坚持保护中开发

为留住浓郁"乡愁"，不断加强对古宅古建、古树名木、乡土文化的保护与传承。认真落实农村宅基地审批和建房规划许可流程，严把审批关、资格关，加强监管，以修旧如旧的方式修缮老宅，统一风貌建设新屋，做到一屋一墙与传统风貌一致，一砖一瓦与民族风格统一。

（三）坚持培养人才

玉水寨创建东巴文化学校，开展东巴学位评定，每年举办一次东巴法会。众多艺术院免费提供刺绣教学培训，培养了多位纳西族刺绣传承人，这些传承人在国内外获得了不少荣誉。丽江滇绣唐卡文化艺术有限公司（彭萍刺绣）培育专业绣娘350人，其中少数民族绣娘257人。

（四）坚持培育文化艺术品牌

对白沙文化资源进行整合，集中力量把最具发展潜力的品牌做大做强。以白沙为主场火热开展的"三多节"活动，已经从民间传统习俗发展成为丽江最隆重的大型民俗文化盛会；以东巴文化作为主题的国家AAAA级旅游景区玉水寨，通过营造优美的自然景观、注入多彩的民族文化，每年吸引数百万国内外游客。同时，通过扶持具有地方色彩的品牌，打造特色产业。刺绣产业有彭萍大师刺绣艺术院，其独创的"滇绣唐卡"填补了我国当代抽纱刺绣唐卡艺术的空白，奠定了"滇绣唐卡"在全国范围内的重要地位。

四、经验与启示

（一）政策支撑、创新发展

深入学习贯彻新发展理念，高标准编制白沙镇各村"多规合一"实用性规划。以建设国际化的小众休闲度假目的地为定位，充分发挥雪山、玉湖、草甸、古村、洛克文化、珍珠湖等资源优势，融入高端、时尚、国际等现代元素，制定发展乡村旅游产业和高山原生植物、中药材、花卉、粮食、高山雪鱼、三文鱼六大特色产业规划。

玉龙雪山下的白沙牌楼

（二）破除边界、协调发展

发挥好白沙独特的区位优势、功能优势，坚持以城带乡、协调发展，进一步增强丽江城市发展的整体性、系统性、平衡性。改善公共设施条件，提高旅游接待能力。规范、引导各个景区和企业协调发展、互惠并进，聚合点、线、面，打造有特点、高品位、世界级的全域景区。保持古村古镇特色风貌，确保民族特色不丢失、文化符号不流失。

（三）严守红线、绿色发展

通过委托著名高等院校或专家机构等方式，研究出台白沙生态保护规划、水资源保护规划、村庄发展规划等，让保护有规可循、永久持续。抓好生态修复，加大天然林保护、石漠化治理、封山育林力度，积极开展植树造林，实施水生态修复和生态植被保护工程。

（四）典型引领、开放发展

利用好自然景观、古村古迹、山水林地等资源，从战略全局出发，打破行政区划限制，设计好顶层制度，理顺合作开发体制，整体规划、分步实施、政府主导、企业发力、群众参与，实现国家、企业、群众利益最大化。招大商、引强资，通过大资金运作、大项目撬动、大品牌提升，引进高端产品、发展高端业态，变传统观光游为体验游、深度游，促进丽江旅游业提质增效。

（五）民族团结、共享发展

白沙从古至今就是民族聚居区，各民族共同团结奋斗、繁荣发展，是白沙长治久安的根本。大力推进民族团结示范村建设，依法加强管理，不断巩固社会和谐、民族和睦的良好发展大局。坚定不移地发展以乡村旅游为龙头的第三产业，突出民族文化和生态特色，打造特色旅游文化项目，让各族人民都能共享发展成果。

古镇街道——乡村旅游逐步发展

文山三七：
绘实"六线谱" 全力打造世界"三七之都"

一、基本情况

驰名中外的名贵中药材三七，是云南省文山州的特产、中国国家地理标志产品，享有"金不换""参中之王""南国神草""中药中的阿司匹林"等美誉，是云南乃至中国为数不多且能够完全实施规模化、标准化人工种植和最具产业化开发条件的中药材品种。近年来，文山州、文山市不断强化种植端、延伸产业链，推动三七从种植到制药、保健、康养全产业链发展，致力于把三七打造成为千亿级产业、把文山打造成为世界"三七之都"。

二、发展历程

文山地区进行三七人工栽培的历史距今至少有400年。明清时期，文山农民模拟三七野生生长环境进行人工培植。20世纪60年代至70年代中期，初步形成种植规模化、田间管理规范化格局。20世纪80年代初，探索发展三七无公害、规模化种植技术，并于90年代实现大范围推广。2000年以来，逐步建立田间种植管理档案，实现三七质量可控、可追溯体系，推动文山三七标准化种植与"文山三七"品牌化发展。2002年文山三七获得中国国家地理标志产品保护，2005年获得地理标志证明商标。

三、典型做法与成效

（一）围绕"品种选育"，把控三七产业链顶端

采取"政府+科研机构+种子种苗企业"合作模式，加快三七种子种苗培育标准化管理。目前，文山三七种质资源圃被认定为省级作物种质资源圃；通过企业与科研院校联合，成功选育出苗乡1号、苗乡2号等10个三七新品种，文山市被认定为国家级区域性（中药材）良种繁育基地。

（二）围绕"精深加工"，构建文山三七全产业链条

突出与"巨人"企业合作，引进云南白药集团等药企巨头落地文山，推进"中医药+"转型，形成以三七为主的生物医药产业集群。建立文山市高新技术开发区，

推动云南白药七花公司、七丹药业等三七制药企业进驻园区聚集发展，全市现有以三七为主的生物医药加工企业48户。主要加工和生产"血塞通""气血康""复方丹参滴丸"等三七产品50余种，2022年实现加工业产值35亿元。

（三）围绕"品牌建设"，升级文山三七市场品牌效应

加大三七品牌建设，规范品牌使用，提升三七产品价值和品牌形象。全市授权"三标"联用企业19家、认定三七"绿色食品牌"产业基地9个，7家企业和品牌获云南省"绿色食品牌"品牌目录和产品品牌称号、5家获云南省"定制药业"称号。"文山三七"商标于2010年、2011年先后被认定为云南省著名商标与中国驰名商标，成为全国中药材第一大品牌，地理标志证明商标在全球99个国家和地区成功注册。

（四）围绕"科技创新"，打造文山三七科研聚集地

成立院士（专家）工作站15个，推动文山三七综合开发关键技术与产业化应用、栽培及产地加工关键技术与应用等项目取得实质性突破。文山三七研究院与云南七丹药业等建成集科教、实验、研究等于一体的"文山三七创新科技示范园"。文山三七研究院建成省厅级科教平台11个、州级服务平台4个、校企联合共建科教平台2个。

（五）围绕"标准引领"，掌控文山三七话语权

推动《云南省文山壮族苗族自治州文山三七发展条例》制定出台，通过立法方式推动文山三七发展法治化进程。推动《文山三七》国家标准、三七GAP（中药材生产质量管理规范）制定实施，形成种植以标准化规程为主、加工以GMP为主、流通以GSP为主的三七产业标准体系。推动《中医药——三七种子种苗》《地理标志产品 文山三七》《文山州三七种植技术规程》等道地药材国际标准、国家标准、地方规范的制定实施，形成覆盖全产业链、符合国家产业政策的三七标准58项。

2023年5月16日，中国工程院院士、云南农业大学名誉校长朱有勇调研考察文山三七林下试验示范种植基地

三七红籽——个体浑圆、颗粒饱满、色泽鲜亮的"红宝石"

（六）围绕"文化塑造"，力创三七中医药康养游胜地

依托云南七丹药业公司，建成文山三七文化馆、三七产品展示馆、5G智慧三七馆和三七文化宣传培训中心，全面展示文山三七产业发展历史和文化。2021年"文山三七种植系统"成功申报中国重要农业文化遗产。探索三七元素融入城市设计建设模式，着力打造市区东出口以三七文化为主、南出口以三七产业园及中国三七之乡为主的七都文化城。

四、经验与启示

（一）产业规划指明发展方向

组织制定《文山市"十四五"以三七为重点的中医药产业发展规划（2021—2025年）》，实施"一二三四"发展战略，健全"十大发展体系"，致力于把以三七为重点中药材的产业培育成为群众致富的特色产业。

（二）政策支撑激发发展动力

以省委、省政府确定推进文山八大重点产业发展和打造"三张牌"战略部署为契机，积极争取"一县一业"资金扶持等。州、市结合三七产业投资、绿色基地认证、"三标"联用、产品开发研制等出台多项政策措施，有力激励中药材产业发展。

（三）龙头引领带动集群发展

充分发挥龙头企业技术、人才、智力、品牌等资源优势，在三七栽培、制剂加工、新药研发、新产品研制方面持续发力，持续拓宽做强三七产业链，树立标杆示范，引领带动文山三七生产中小企业快速成长。

（四）专班推动促进责任落实

实行"一县一业"工作专班化推动，细化工作任务、措施，推动三七产业发展各项工作落实见效。

西藏自治区拉萨市城关区

《文成公主》大型史诗剧及配套项目：
文旅融合促发展　成就未来助振兴

一、基本情况

《文成公主》大型史诗剧由域上和美集团有限公司与拉萨布达拉旅游文化集团有限公司共同出品。作为西藏"十二五"时期重点文化产业项目，该剧是以文成公主与松赞干布的和亲历史史实为主题、以铸牢中华民族共同体意识为主旨打造的传统文化精品剧目，融戏剧、音乐、舞蹈和现代舞美手段于一体，深入展现了西藏多民族文化、民族风俗、自然景观和数十种非物质文化遗产。

《文成公主》大型史诗剧以"活化"中华优秀传统文化为手段，达到使文化得以创造性转化和创新型发展的目的，加深了各族游客对本地传统文化的印记，成为展现新西藏面貌的一个重要文化窗口；助力建设西藏成为"重要的中华民族特色文化保护地和重要的世界旅游目的地"，谱写出美丽中国西藏新篇章。如今，"游布达拉宫、逛八廓街、观《文成公主》"已成为西藏拉萨旅游新"标配"。

二、发展历程

2013年8月1日，《文成公主》大型史诗剧正式首演。2015年5月，"慈觉林藏院风情街"开街。2017年12月，"文成公主文化旅游主题园"投入运营。2019年10月，项目入选《世界旅游联盟旅游减贫案例》，"文成公主藏文化风情园景区"获评全国第一批就业扶贫基地和国家AAAA级旅游景区。2021年，项目公司被中共中央、国务院表彰为"全国脱贫攻坚先进集体"。"慈觉林藏院风情街"2022年1月，入选首批国家级旅游休闲街区。2022年4月，项目公司演艺事业部被评为全国工人先锋号。2022年11月，项目入选第一批国家级夜间文化和旅游消费集聚区。2023年2月，项目入选第一批全国"一县一品"特色文化艺术典型案例名单。2023年9月，《文成公主》大型史诗剧入选全国旅游演艺精品名录。

截至目前，项目投资总额已达12.72亿元，整体建设用地约289.88亩，总建筑面积约13.4万米^2，《文成公主》累计演出1 800余场次，演出及旅游配套设施接待观众超400万人次。十年来，项目累计解决就业近万人次，为当地群众发放薪资4亿元，已成为西藏拉萨文化旅游带动乡村振兴的经典案例。

三、典型做法与成效

（一）秉持共享理念，推动就业增收

《文成公主》大型史诗剧及其配套项目作为西藏文化旅游创意园区的引擎项目，在游客聚集引流、产业集聚效益的作用下，发挥极点示范效应，并联动相关产业发展。以其为核心IP作为先行引导，已形成了"一剧、一街、一园"三位一体的共融发展模式。通过搭建共创、共享、共生的乡村振兴生态系统，带动慈觉林及其周边村民和部分市民从事交通接驳、特色餐饮、旅游商品、民宿客栈等经营活动，走出了一条"全业、全民"的特色旅游发展道路，让当地群众吃上旅游饭、搭上旅游车、走上致富路。该剧95%以上演员为当地藏族农牧民，仅此一项就解决了从18岁到70岁当地村民全、兼职就业近800人，累计为900余名大中专返乡学生提供就业岗位，并优先解决园区内易地搬迁群众到项目就业上岗，每月人均增收3 000元以上。此外，当地村民养殖的牛、羊、马等也成为该剧的"演员"，其中最多的一户牧民每年仅出租牛、羊就能获得30余万元的租金收入。让村民真正成为乡村发展的主角，共享产业振兴的红利。

（二）打造系统工程，持续拓展创新

《文成公主》大型史诗剧获得巨大成功，引发社会投资特色文化项目的巨大热情。随着西藏非物质文化遗产体验园暨《文成公主》姊妹篇——《金城公主》舞台剧等项目相继落地，有效弥补了拉萨冬季旅游的演艺产品空白。《文成公主》《金城公主》联袂演出，加上正在推动的《藏地密码》西藏版的落地，进一步促进了拉萨全季全时旅游发展，形成了文化业和旅游业互动共进的良性循环，成为拉萨市文旅产业融合发展高地。

西藏文化旅游创意园区

（三）坚持示范引领，助力文化振兴

通过"产业带村""智志双扶"等创新探索与实践，慈觉林村及其周边区域实现了从村庄到景区的转变，第三产业实现了从0到1的拓荒式发展。项目探索出的文旅产业富民经验有效推广至拉萨达东村、波玛村、卡如乡，相继开发出"乡村文化旅游景区"的达东模式、"易地搬迁安置＋民俗体验民宿"的德吉藏家模式和"三产融合发展"的尼木卡如模式等一批叫得响、可复制、能推广的文旅乡村振兴可持续发展模式，为西藏乡村振兴提供了典型示范。目前，达尔村已入选文化和旅游部发布的第二批全国乡村旅游重点村、国家乡村旅游发展典型案例；德吉藏家的精准扶贫模式入选文化和旅游部新时代旅游扶贫面对面经典案例；尼木卡如乡荣获"中国最美休闲乡村"荣誉称号，入选文化和旅游部发布的第一批全国乡村旅游重点村。

四、经验与启示

（一）五大振兴融合

实现产业振兴、人才振兴、文化振兴、生态振兴、组织振兴全面融合，让产业强起来、乡村美起来、农民富起来，周边村庄和村民就地完成生产生活方式的转型升级。

（二）扶志扶智融合

更加注重人的全面振兴，为村民提供就业岗位，同步搭建创业创新服务平台，通过职业技能与素养培训，引导群众思想观念转变与提升，鼓励村民自主创业、勤劳致富。

（三）塑形铸魂融合

在建设拉萨市文旅产业融合发展名片的同时，助推优秀传统文化的创新传承和大众传播，促进汉藏和美、民族团结和拉萨文旅产业深度融合发展，凝聚起实施乡村振兴战略的文化和精神力量。

《文成公主》演出剧照

蔡家坡村文化艺术：
文化赋能添活力　农旅融合促发展

一、基本情况

蔡家坡村位于陕西省西安市鄠邑区，地处秦岭北麓、终南山脚下，自然环境秀美，旅游资源丰富。近年来，全村人均纯收入由2018年的13 252元，提高到2022年的21 006元，增长58.5%；村集体经济收益由2018年的21.6万元增至2022年的80万元，增长2.7倍，村民的钱袋子鼓起来了，蔡家坡村正在成为"看得见山、望得见水、记得住乡愁"的美好家园。

二、发展历程

据北魏《水经注》载："秦岭北麓西安段共有峪口四十九，夺其盛名者四十一峪。"其中鄠邑区有15峪，蔡家坡位于曲峪口，清末时期，因蔡姓人家在此峪口坡地落户盖房渐成规模，故称为"蔡家坡"。每年夏忙过后农历六七月份，村民都会在固定一天招待亲戚来村里相聚，了解各自收成，这种集中待客叫作"忙罢会"。2018年，西安美术学院实验艺术系师生来到蔡家坡考察并挖掘该民俗节。至2023年，在西安美术学院和区政府的共同支持下，蔡家坡村共举办五届"关中忙罢艺术

关中忙罢艺术节砖雕建筑

关中忙罢艺术节活动现场

节"，将乡土变为艺术空间，将田野化为展演现场，用艺术激活忙罢传统，带动蔡家坡村成为关中山水最佳处、千年古都新热土。

三、典型做法与成效

（一）用艺术点亮乡村，唤醒乡村沉睡文化

探索艺术之美和自然之美相结合的路径，让坐在"秦岭山下喝一杯咖啡、在麦田里听一场音乐会"成为鄠邑乡村生活的新常态。**举办艺术活动**。联合西安美术学院、西安音乐学院等艺术院校，组建"关中艺术合作社"，举办"关中忙罢艺术节"，开展"终南戏剧节"等活动，邀请知名艺术团体前来演出，形成有广泛影响力的文旅活动。**开展文艺创作**。成立"乡创客"联盟，在乡村麦田中制作艺术作品20余件，在街巷墙壁、水塔上绘制6万米^{2}壁画，赋予乡村艺术气质。

（二）把艺术融入乡村，提升乡村建设内涵

坚持用艺术的思维和表现手法进行创造性转化和创新性表达，把艺术铸成凝固的美学，为乡村文化振兴注入新动能。**实施艺术乡建**。高品质打造"8号公路"，全面建设文艺石井国际艺术村落，全面改造秦岭环山旅游鄠邑段，使其成为西安最美、最文艺的区域。**引进"艺术村长"**。成立美好乡村建设研究院，邀请知名设计院所参与乡村建设，聘请中央美术学院、清华大学美术学院等的5位知名艺术家担任"艺术村长"，请他们定期驻村指导乡村建设。**构建乡创空间**。打造艺术村长之家、文化艺术中心、三联书屋等乡村新空间，建成麦田剧场、乡村美术馆等一批文化场所，营造环境优美、艺术气息浓厚的乡创空间。

（三）用艺术赋能乡村，振兴乡村经济产业

持续放大"文艺赋能＋农旅融合"促乡村振兴效应，不断创造新的消费场景，

持续推进农民增收。**推动产业转型升级**。加快"民宿＋餐饮＋有机农产品＋忙罢衍生品"全产业融合，形成艺术家创客主导的文艺类创业项目，"新知青"创业者主导的农文旅融合类创业项目，乡土创客主导的种植养殖示范园区，推动产业提质增效。**借力文旅板块**。与中国国家版本馆西安分馆、天桥湖国际景区等高品质文旅单位和项目串点成线、串珠成链，开拓沉浸式旅游新模式，让鄠邑的诗画山水、醉美田园成为西安城市生活的一部分。

（四）用艺术引领乡村，建设乡村文明风尚

蔡家坡村以文化振兴为突破口，多管齐下、多措并举，树立文明新风尚。**挖掘乡村文化**。深入挖掘传统民俗和乡土文化资源，创造条件鼓励文艺创作，采用村民喜闻乐见的形式和艺术手段，充分展示农民画、鼓舞、诗词、秦腔等地域文化品牌和人文魅力。**完善乡村治理**。充分发挥艺术村长引领作用，将艺术家对美的理念纳入村规民约，使艺术融入生活，沉淀为群众高度认同的行为准则。

四、经验与启示

（一）践行两山理论，赋能绿色发展

坚持"绿水青山就是金山银山"是实现高质量发展的内在要求。在秦岭北麓乡村建设中，鄠邑区坚持"做减法大刀阔斧，做加法慎之又慎"，持续整治秦岭"五乱"，以秦岭生态保护为底，以农业发展为本，以文艺赋能为魂，不断增强乡村承载能力，让绿色始终成为秦岭地区高质量发展的最亮底色。

（二）坚持人才引领，提振发展动能

人才振兴是乡村振兴的基础，鄠邑区通过强化人才引领，不断为农村地区引入新思维、新手段、新模式，更好地提升乡村振兴发展效能。每届"关中忙罢艺术节"举办的数月到半年时间里，西安美术学院等艺术院校100多名师生和20余位研究生团队都吃住在蔡家坡村，开展艺术创作和展演活动，用艺术赋能乡村文明。通过邀请知名院所参与乡村建设，聘请全国知名艺术家担任"艺术村长"定期驻村指导，蔡家坡村共计吸引200余名艺术家和青年人驻村创业、创作，扎实走出一条人才振兴乡村的新路径。

（三）丰富创新业态，带动经济发展

在农文旅融合发展方面，要推进民俗传统和旅游融合发展，促进产业与"村＋"类IP有机融合、共生共兴，创造更多新业态、新场景，以满足民众多层次、个性化、品质化的消费需求。鄠邑区创新"国有公司＋集体经济＋社会资本"模式，打造并招引"蔡家坡美好生活服务中心""栗峪口土锤咖啡""栗园坡知青楼"等56个品牌消费新场景，通过策划研学旅游、农业采摘等20余项集体经济增收项目，植入100余个群众共享销售摊位，直接带动就业1000余人，拉动8号公路片区实现旅游收入8000余万元。通过促进城乡要素平等交换双向流动，实现流量分发和价值转化，助推村集体壮大和农民就业增收。

陕西省咸阳市三原县

柏社地窑：
打造乡村旅游"天下地窑第一村"

一、基本情况

柏社村位于咸阳市三原县新兴镇西北部，距县城25千米，是渭北革命根据地"心字区"的核心区，是古代关中地区通往陕北、甘肃、宁夏、内蒙古的重要通道。作为国家下沉式地坑窑集中保护区，村内保留有传统窑洞民居780院，其中下沉式窑洞四合院225院，形成了"见树不见村、见村不见房、闻声不见人"的空间布局特色，素有"南有兵马俑、北有地坑窑"的美称，享有"天下地窑第一村""中国生土建筑博物馆"之美誉。柏社窑洞堪称典型的生土建筑群，以原生的土结构为主，砖木结构次之。窑洞局部结合地形，有部分靠崖式窑洞，形制有方坑式四合头、八合头、十合头、十二合头等多种。

二、发展历程

据相关文献记载，柏社村始建于晋代，距今已有1 600多年历史。晋代村民居于"老堡子沟"，前秦时期迁移至胡同古道，从北魏到明代陆续在此建堡添城，成为盛极一时的商贸集镇。1932年"两当兵变"后，习仲勋转赴渭北、三原等地开展革命工作，曾夜宿柏社村联络点地窑，同地窑主人及其儿孙等促膝夜谈，播撒革命火种。

在长期的发展中，柏社形成了独具特色、丰富多彩的民间艺术，目前保留有秦腔班社、唢呐、社火、手工刺绣工艺、面花、剪纸、纸扎、木雕等不可多得的文化遗产精品。2013年，柏社被列入第二批中国传统村落名录，2014年入选第六批中国历史文化名镇（村）名单，2019年入选第二批国家森林乡村名单。

三、典型做法与成效

（一）加强规划引领，下好科学发展"先手棋"

一是强化组织领导。县委、县政府高度重视柏社地窑传承与保护工作，成立三原县柏社中国传统村落保护与发展工作领导小组，全盘指导柏社村落保护和发展工作。二是加强规划设计。委托西安建筑科技大学规划院编制《三原柏社古村落保护与发展规划》，持续做好传统村落、历史文化名村的保护规划工作，恢复古村落

"人与自然和谐共存"的乡村肌理和景观体系。三是注重村落民俗文化发掘。联系史志专家对柏社历史沿革、历史遗迹、历史典故、民俗文化进行收集整理，形成了宝贵的文字材料——《柏社史话》。

（二）提升旅游服务，练好综合发展"软实力"

一是注重维护修缮。连续投入230余万元修缮加固和改造部分地窑，改造升级村内基础设施，扎实、有效地保护了关中地区唯一的大群体地窑式民居。二是政企协同联动。联合柏社印象文化旅游公司，按照"民俗＋旅游＋保护"的发展思路，在不改变原有结构的基础上，修旧如旧，投资200余万元修缮布置"柏社印象"地窑，主要面向游客提供餐饮、休闲服务，设立助农销售区域，以"零差价"为周边农户代售农产品，带动乡村经济发展，被评为咸阳市"最美巾帼农家乐"。三是充分发掘红色文化，依托柏社特有的红色资源建成"心字区"党史馆，展示红色渭北"心字区"革命历史。目前，柏社村正在规划打造集国家森林乡村、中国传统民居、特色地坑院、红色文化基地于一体的特色旅游乡村。

（三）强化旅游宣传，增强品牌发展"影响力"

一是持续提升旅游知名度，借助旅游方式促进与传统村落建筑等物质文化、民俗文化等的活态融合，促进传统村落文化保护与传承。以旅游发展保护村落、民俗文化，吸引新华网、人民网等主流媒体宣传报道，中央电视台多个栏目组也曾在柏社村录制节目，电影《白鹿原》《大秦直道》《向阳花》等曾在柏社村拍摄。二是依托微视频平台，对柏社地窑进行宣传，邀请专业团队以"大美新兴、最美柏社"为标题拍摄宣传片，并上传网络以扩大影响力。三是培育发展精品乡村旅游线路。立足县域乡村旅游资源，结合三原县乡村振兴示范镇村位置，科学规划设计城隍庙—

三原柏社村村内五万株楸树

三原柏社村下沉式"地坑窑"

李靖故居（周家大院）—金源山庄—张家窑—柏社地窑民俗村乡村旅游专线，为游客提供全方位旅游服务。

四、经验与启示

（一）村落保护与开发利用相结合

村落保护的最终目的是传承，而旅游开发是传承与发扬的最佳途径，村落保护与开发利用二者相结合才是推动文旅发展的原动力。柏社村在发展过程中注重文旅融合，在保护中开发、在开发中保护，强化村落保护，把村落保护放在至高的位置。

（二）政府主导与群众参与相结合

只有依靠政策支持、社会投入、群众参与，才能更好地加强传统村落文化保护。政府在其中占据主导地位，通过科学规划和支持，引导社会资金进入古村落旅游开发。同时，让村内群众积极参与到旅游发展中来，既能增强文化气氛、提高旅游吸引力，又能减少开发阻力，让当地村民真正从旅游发展中受益，改善他们的生活，提高他们自觉保护资源的积极性。

（三）整体规划与个性发展相结合

在进行古村落旅游资源的开发时，首先要在保护传承的基础上，编制好、落实好整体规划。其次围绕环境以及构成古村落环境的各个要素，征求群众意见建议，突出个性化，充分展现和发展古村落自身特色，将各项旅游资源有机地结合起来，形成一个突出的主题，打造独特的旅游品牌。

陕西省渭南市韩城市

党家村农文旅融合发展：
挖掘优势特色　联农富农促振兴

一、基本情况

党家村位于陕西省韩城市东北方向，距韩城市城区9千米，西距108国道1.5千米，交通方便。全村占地面积为3.5千米²，分为新村、寨子和老村，主要有党、贾两族，共计有5个村民小组、420户1 600人，现有耕地1 960亩。党家村始建于公元1331年，距今已有700年的历史，村中历史遗迹保存完好，村风文明，村民综合素质较高，是国家重点文物保护单位、中国历史文化名村，入选首批全国乡村旅游重点村名单。近年来，党家村依托景区独特的历史文化资源优势，在乡村振兴中推动景区和村级发展有机融合，结合乡村旅游布局发展特色项目，共同带动村民致富增收，2022年居民人均纯收入达到21 000元。

二、发展历程

党家村始建于元至顺二年（1331年），距今已有近700年的历史，村中有建于600多年前的123座四合院、11座祠堂、25个哨楼及庙宇、戏台、文星阁、看家楼、泌阳堡、节孝碑等古建筑以及祖谱、村史，被称为"东方人类传统民居的活化石""世界民居之瑰宝"，是国家重点文物保护单位、中国历史文化名村，其保护范围东至泌阳堡，西至西坊塬边，南起南塬崖畔，北到泌阳堡北城墙50米处，总面积1.2千米²。依托深厚的历史文化底蕴，不断探索乡风文明建设新路径，党家村先后荣获国家重点文物保护单位、中国历史文化名村、全国六大重点保护利用古村落（西北地区唯一一家）、国家AAAA级旅游景区、陕西省青少年教育基地等荣誉称号。2008年，被列入中国世界文化遗产预备名单。

三、典型做法与成效

（一）发挥文旅产业优势，壮大村级集体经济

在韩城市委、市政府坚持全域旅游引领、积极探索文旅融合、推动传统文化创新性发展的指引下，党家村初步发展出以乡村文化旅游为主导，以旅促农、以农促产、农文旅融合发展的格局。党家村景区为国家AAAA级旅游景区，全村从事农家

乐及民宿的农户有13户，拥有客房70多套，年实现经营收入150万元。村民依托乡村旅游实现农副产品销售收入60万元。全村依托景区资源优势，结合乡村旅游布局，利用1 900亩农业用地，种植花椒、水果、蔬菜、小麦、玉米等农作物，积极开发"勤耕苑"认养农业、粮油种植基地、时令水果采摘大棚等项目，有效带动脱贫户、农村闲置劳动力300余人在家门口就业，年人均增收3 000元。

（二）聚焦群众"急难愁盼"，建设美丽宜居村庄

以市委、市政府创建"五城联创"目标为契机，党家村全面推进村庄建设。全村拥有582套村民住宅，其中天然气覆盖率达到40%，市政供暖达到60%，自来水、有线电视入户率达100%。建成全村污水处理管网，实现全村生活垃圾统一分类收集，并利用专人专车拉运至指定地点处理；村庄道路环境卫生专人打扫，为游客创造了良好的旅游环境。全村5个小组道路硬化率及亮化率均达到100%，硬化道路总里程10千米。村级公务服务场地达到1 500米^2，停车场、公共厕所、图书室、文化活动室、卫生室、幸福院、村民广场等基础设施一应俱全。

（三）开展评优表彰，树立文明新风

党家村基层组织机构由三委会、村民小组长及村民代表组成，在党支部的引领下，制定了村规民约，成立村治保调解委员会、村级警务室等职能机构，加强普法宣传，保障景区发展和村庄和谐。同时，为了进一步推进全村的精神文明建设，村"两委"每逢重大节日都组织村民开展各类文化娱乐活动，成立村民自乐班、女子社火表演队、老年秧歌队等7个文体活动组织。每年重阳节举办"好婆婆"，妇女节举办"好媳妇"评选活动，截至目前，全村共评选表彰"好婆婆"43名、"好媳妇"52名。

（四）加强环境整治，建设美丽乡村

加快建设生态宜居美丽乡村，不断促进农村人居环境整治优化提升，为乡村

迎新年韩城市西庄镇党家村民俗文化展活动现场

特色民宿农家乐

振兴增添靓丽底色、注入新活力。以创建文明村为抓手，完善休闲文化广场娱乐设施、更新乡村文化墙，拆除残垣断壁，普及宣传文明创建知识，引导群众养成良好的卫生习惯。集中开展"三堆"整治活动，清理农户门前"三堆"，落实门前"三包"制度，引导群众积极参与人居环境整治，彻底清除门前屋后乱堆乱放、村民室内外环境卫生"脏、乱、差"现象。完成"改厕"、村道路硬化、路灯安装、安全饮水改造等基础设施项目。

四、经验与启示

（一）坚持党建引领，有力推动发展

村级发展必须有强有力的班子带动，只有一支好班子才能带动村级快速发展，必须始终坚持党组织引领，才能强规划、强部署、强推进、强落实，发展才有根本保障。

（二）立足地域实际，打造优势特色

新发展阶段要坚持与时俱进，要吸收好的经验做法，但是并不能全盘吸收，必须立足自身实际借鉴提升，正是有了地域特色才打造出了党家村的优势禀赋，使其成为一颗璀璨明珠。

（三）做好文化传承，凝聚更大力量

村级注重文化传承，培养了一批能讲得好党家村村史和家风故事的传承者，对村史馆进行重新规划建设，充分发挥家风文化在基层治理中的积极作用，促进全村文明素养不断提升，是做好游客接待和服务的有力保障。

（四）注重全面发展，永续进步提升

发展必须是全面的发展，不能有短板弱项，班子建设、基础设施提升、产业发展、经济发展、人文素养等，任何一项做不好都可能成为发展的硬伤，只有全面提升、综合进步，才能接续发展。

陕西省榆林市佳县

赤牛坬村民俗文化景区：
传承民俗文化　助力乡村振兴

一、基本情况

赤牛坬村位于陕西省榆林市佳县城南30千米的黄河西岸，全村353户1 008人，总面积6千米²。赤牛坬村充分挖掘黄河流域优秀的农耕文化底蕴，融合农文旅、贯通产加销，让全村老百姓捧起了"文化碗"，吃上了"旅游饭"，走上了"致富路"。先后获得中国乡村旅游模范村、中国美丽休闲乡村、全国文明村镇、全国乡村旅游重点村、中国美丽宜居村、国家AAA级旅游景区等"国字号"荣誉。

二、发展历程

2009年，赤牛坬村确立了以黄土高原农耕文化和传统民俗为主题的旅游产业发展思路，采取"文化引领、产业联动、全民参与、公司化运作"的模式，村集体成立了佳县大美乡村旅游公司，筹建了赤牛坬民俗博物馆。自2014年开始，赤牛坬村组织农民精心打造了国内首部农民自编自导自演的大型原生态实景演出《高高山上一头牛》。2015年9月，景区正式对外开放。2016年12月，赤牛坬景区被评为国家AAA级旅游景区。2020年电影《我和我的家乡》在赤牛坬村完成取景。2022年11月5日，中央电视台一套黄金档播出《山水间的家·走进赤牛坬村》。2023年8月，在赤牛坬拍摄的乡村振兴题材电影《高高山上一头牛》上映。

三、典型做法与成效

（一）"三老"变宝兴产业，全村吃上"旅游饭"

让"老物件"讲述文化。 搜集整理弃之不用的传统生产生活用品，经修复保护后通过特有的形式集中陈列，建成陕北首家成规模的民俗博物馆，设有工匠器械、度量衡、传统饮食、服装鞋帽等10个展馆，展室68间，展品15万件，全面呈现了陕北源远流长的黄土文化和农民原生态的生活方式。**让"老窑洞"留住乡愁。** 依托原有山形地貌，对核心区域的上千孔破旧老窑洞建筑群进行改造利用，建成具有陕北特色的"窑洞布达拉宫"，全方位展示窑洞这个黄土高原最具代表性建筑的发展史。**让"老农民"走上舞台。** 以重现农耕记忆为主题，以半山半水为舞台，以村内

赤牛㘭村《高高山上一头牛》实景剧演出现场

150余名老农民为演员，精心打造国内首部农民自编自导自演的大型原生态实景演出《高高山上一头牛》。自2016年8月开演以来，已成功演出700多场，年均旅游综合收入千万元。

（二）"三引"并举激活力，村民走上致富路

引智回归谋发展。确立以农耕文化旅游为统领的"红枣名村、旅游新村、美丽乡村"发展目标，形成以民俗文化及农耕文化"铸魂"、以黄土地貌及特色建筑"筑体"、以产业导入及融合发展"注形"发展理念，探索出一条文旅融合引领乡村振兴的新路径。**引才回归树典型**。随着旅游事业发展壮大，涌现出宣传达人高卫勤、退休老教师高思茂等先进典型，带动几十名返乡创业青年积极投身其中，逐渐形成"村内无闲人，人人有事做"和"一人一技、一家一业"新气象。**引资回归促振兴**。成立榆林市大美乡村旅游有限公司和红枣等10多个专业合作社，培育打造红枣种植、深加工及乡村旅游等地方特色鲜明、三产有机融合的文化业态，建成写生基地，入驻各类商户50余家，以旅游业快速发展带动传统产业转型升级。

（三）"三治"融合促治理，百姓过上好日子

群众自治充满活力。建立积分有奖机制，鼓励村民参与文明新风、志愿服务等活动，按照参与度获取积分，与年终分红挂钩，激发村民参与社会治理的积极性和主动性。**文明守法渐成常态**。发挥村民议事会等群众组织的作用，建成村级综合治理中心，利用大喇叭、村文艺工作队等开展"声形并茂"的法治宣传活动，不断提高村民的法治素养。**崇德向善润泽村民**。打造"德善字画长廊"，开设道德大讲堂、德馨书屋等，邀请全国道德模范路生梅、中国好人任凤祥等先进人物开展宣讲。

（四）"三活"传承兴文化，乡村真正火起来

让文物"活起来"。充分利用村民废旧的生活用品和历史感厚重的农耕用具，

组建博物馆予以展示，此外还有灯博馆、鞋博馆、酒瓶馆、三十六行馆等，让展览贴近生活。**让非遗"活起来"**。黄牛、纺车、石碾子就是赤牛坬村民劳作时的工具，红枣就是他们最熟悉的收获，打夯、推碾子、纺线、耕地播种就是他们日常生产生活的真实再现。**让人才"活起来"**。赤牛坬村能取得来之不易的成绩，还在于充分发挥了人的积极作用。在乡村能人回归的带领下，村民凭借不怕苦、能吃苦的牛劲牛力，赤牛坬村才真正"火了起来"。

四、经验与启示

（一）党建引领强保障

赤牛坬村牢固树立"党建＋旅游"的工作模式，全面助推乡村旅游业的发展，曾获得省委组织部授予的"优秀基层党组织"荣誉称号，连续三年被县委、县政府授予全县唯一的"五面红旗村"。

（二）引育人才促振兴

乡村振兴，人才是关键。在以退休干部高永东、退休教师高思茂、高国勤等为代表的回归乡村能人的共同努力下，在返乡创业的年轻人支持下，赤牛坬村为乡村旅游提供了新理念、新思路，不断充实了人才队伍。

（三）社会治理显活力

赤牛坬村通过开设道德讲堂、新建村级图书馆、建立学习积分机制等，不断提升群众素质，极大地调动了群众学习的积极性和主动性，也逐步转变了部分群众的小农意识、拜金主义等错误观念，实现了高效的社会治理，为文旅事业的发展奠定了基础。

赤牛坬村牛岭山寨

陕西省榆林市榆阳区

"博物馆里的古老计算机"——算盘：
算盘一响黄金万两　文化赋能乡村振兴

一、基本情况

算盘博物馆位于榆林市榆阳区夫子庙文化旅游步行街，展陈面积约2 100米^2，展馆通过算盘的发展历史、古今算盘、材质种类、民俗寓意、教育实践等展区，展陈各种算盘9 999件。时间从东汉到近现代，跨度达两千年。材质涵盖金银铜铁、玉骨木瓷，形状各异、手工精致。场馆以保护、弘扬、交流为初衷，讲述算盘的前世今生，展现算盘的千姿百态，是目前已知的全世界面积最大、数量最多、品种最全的以中国算盘为主题的博物馆。

二、发展历程

榆阳西安商会会长赵占明从20世纪90年代起，投入大量资金收集散落在全国各地的算盘，收藏数量达10万余件，从中挑选出有代表性的9 999件作为算盘博物馆的展品。

算盘博物馆于2021年2月开始筹建，于2021年6月26日开馆。同年，算盘博物馆被中国文化艺术发展促进会吸收为团体会员单位。2022年6月26日，算盘博物馆被世界纪录认证机构确认为收藏算盘数量最多的博物馆。而后算盘博物馆和西安财经大学、西北大学合作，成为大学生校外实践基地。

三、典型做法与成效

（一）发挥辐射效应，助力就业增收

算盘博物馆每年吸引游客、学者前来参观、调研达十万人次以上。以此为基础，其与榆阳区夫子庙旅游步行街等景区携手联动，为景区引入二次经济流量，带动乡村旅游在餐饮、住宿、交通、购物等方面的消费。利用当地农村丰富的枣木、桃木、榆木等材料，加大以算盘为主题的文创产品的开发和销售，带动当地农村加工业发展。算盘博物馆目前有工作人员20余人，按照发展规划，五年内将解决农村200人以上人口就业问题。

（二）打造精品品牌，加强宣传引导

在不断努力下，算盘博物馆多次受到省、市、区电视台宣传报道，并利用VR、微信公众号等手段，让游客可以在线上参观博物馆，为打造榆阳文化新名片奠定了坚实的基础。榆阳区文旅文广局将夫子庙文化旅游步行街打造为精品游路线重要的一个点位，为景区和算盘博物馆带来了较大的客流，带动了乡村旅游的发展。2022年6月26日，算盘博物馆被认证为"收藏算盘数量最多的博物馆"，此次认证极大地提升了算盘博物馆的影响力，让中国算盘文化迈出国门，走向世界。

（三）注重产学研融合，丰富文化内涵

在"5·18"国际博物馆日、文化和自然遗产日等重要节日期间，深入社区和乡村，举办各种形式的展演交流等活动。开展了算盘博物馆"小小志愿者讲解员"公益培训、珠算培训、"百米长卷绘算盘"等特色鲜明的主题社教活动，受众达数万人次。以算盘博物馆为载体，协助成立了"榆林市榆阳区算盘文化研究院"和"榆林市榆阳区珠算协会"。研究院现有专职、兼职研究人员48人。2021年成立以来，已编成《中国算盘博物馆算盘介绍》《算盘知识和算盘故事》两本书，并收集制作许多算盘资料及影视作品，将算盘文化厚重的历史底蕴和文化内涵保护、传承下去。珠算协会现有会员68人，2021年成立以来，开展了珠算进校园活动，培训小学生珠心算能力，还与海外开展各种珠算学术交流竞赛活动，现已成为中国珠算协会团体会员单位。下一步计划采购全息投影应用技术进行多媒体展示（在现有场景基础上应用3D投影技术，将投影画面与实景结合活态展示）、开发文创产品、编制书籍图册和数字化影像资料、建设算盘文化和算盘精品资料数据库、开展算盘文化活态展示展演等，进行科学规划，实现特色发展。

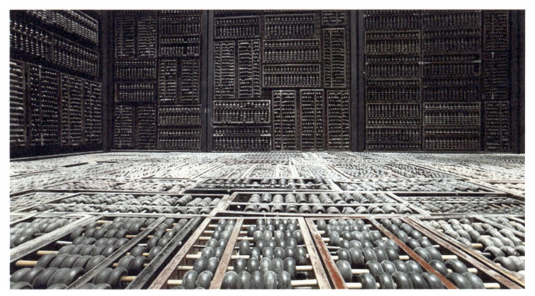

算盘博物馆的算盘墙

四、经验与启示

（一）区委、区政府保障是支撑

区委、区政府强化组织保障，成立榆阳区纪念馆博物馆管理服务中心管理运营，并给予了极大的支持，确保人员、维修、创新发展等方面的各项资金、政策扶持到位；在夫子庙文化旅游步行街集中打造了6个博物馆，建立"博物馆群"，放大了其影响力，为景区带入二次经济流量，带动乡村旅游在餐饮、住宿、交通、购物等方面的消费。

（二）优化营商环境是关键

榆阳区纪念馆、博物馆管理服务中心注重工作人员的服务水平，加强工作人员业务能力培训和服务态度；修建游客服务中心，成立志愿者站点，为游客提供轮椅、饮用水、储物、休息等免费服务，给游客一个好的体验，从而带动文创产品销售，以及周边景区的消费。

（三）创新创意赋能是核心

坚持守正创新，守正是基础，算盘博物馆是目前已知的全世界面积最大、藏品数量最多的专业博物馆；创新是重点，我们根据场馆特点，策划了珠算培训、"百米长卷绘算盘""小小志愿者讲解员"公益培训等特色鲜明的研学路线，并规划制作算盘之歌、算盘活态化展演等项目，确保场馆创新性发展。

算盘学堂——老师正在为孩子们讲授算盘操作技能

甘肃省陇南市康县

长坝特色文旅小镇：
文旅融合促发展　生态保护美乡村

一、基本情况

康县长坝镇立足优良的生态资源和丰富的地域文化，通过挖掘农耕文化、生态旅游观光、传统房屋风貌等优势资源，着力打造了山根、花桥、福坝、吴坝等一批具有示范性的新时代美丽乡村。目前，长坝镇已初步建成西起茶马古道游龙关，东接福坝村，串联花桥国家AAAA级旅游景区、"一带一路"美丽乡村论坛永久会址等重要景点的特色文旅小镇。其中，花桥村荣获中国美丽乡村百佳范例多项殊荣，福坝村"山根梦谷"民宿极大提高了当地群众收入。

二、发展历程

党的十八大以来，长坝镇深入践行"两山"理念，立足山大沟深耕地少、青山绿水生态好的现状，一张蓝图绘到底，一任接着一任干，将文旅乡村建设作为增加群众福祉和脱贫攻坚的有效举措，高起点谋划布局，多种要素有机整合，以人文素养提升为根本，通过挖掘历史文化、传承乡风文明、培育旅游景点，大力发展文旅产业，着力打造了山根、花桥、福坝、吴坝等具有代表性、示范性的文旅、文创、民俗文化、休闲农业等融合发展、特色鲜明的村庄，达到了文艺惠民、旅游惠民、和谐惠民目标，形成了"一村一品"的格局。2016年5月，甘肃省乡村旅游精准扶贫现场会在花桥村召开。自此之后，花桥村乃至康县的乡村旅游蓬勃发展，先后荣获中国乡村旅游模范村、2016中国最美村镇、第二届中国美丽乡村百佳范例、全国乡村治理示范村、全国民主法治示范村等多项荣誉。福坝村先后荣获2020年中国美丽休闲乡村、2021中国最美村镇产业兴旺奖，并且是"一带一路"美丽乡村论坛永久性会址所在地。

三、典型做法与成效

（一）文旅融合促产业发展

长坝镇立足优良的生态资源和丰富的地域文化，整合项目资金，全力打造集旅游观光、农耕体验、田园采摘、养生度假等功能于一体的乡村旅游综合服务小镇，初步构建起以长坝河滨河观光带为纽带，西起茶马古道游龙关，东接福坝多元富民产业示范型美丽乡村，串联花桥国家AAAA级旅游景区、房车营地、长坝特色旅游小镇、龙王山农耕体验区、花桥温泉度假村、蚕桑博物馆、茶马康城、吴坝民俗文化美丽乡村、"一带一路"美丽乡村论坛永久会址等重要景点的全域旅游大景区。

（二）联农带农促就业增收

长坝镇在文旅发展过程中，特别注重加强与电商平台的合作，开设网上店铺、代销点，拓展乡村物流布点，以便利游客乡村购物。同时，注重乡村旅游人才培训，于2020年7月成立了陇南市花桥旅游职业培训学校。该学校现有教职工20余名，开设有中式烹调师、乡村旅游服务员、餐厅服务员、客房服务员、导游解说员、园艺工、电子商务员等工种培训课程。开展旅游从业人员培训，不仅有利于拓宽劳动者的就业渠道，为社会创造更多的就业岗位，对乡村旅游、产业经济、区域经济发展起到非常大的推动作用，也为全社会经济的可持续健康发展打下了坚实的基础。

四、经验与启示

（一）党组建设是关键

要坚持把加强农村基层党组织建设作为乡村振兴的根本保证，建强乡村班子，稳定干部队伍，保证工作思路的稳定性和连续性，给乡村两级组织和党员干部提供广阔的用武之地，为组织振兴、人才振兴提供平台、夯实基础。

康县长坝镇花桥村

康县长坝镇山根村传统古村落

（二）生态宜居是基础

安居才能乐业。要把改善农村人居环境作为实施乡村振兴战略的重要抓手，建设完善城乡道路、水利、电力、通信等基础设施和公共服务设施，给农民一个干净整洁有序的生活环境，从而更好地推动农村高质量发展。

（三）产业兴旺是重点

只有产业振兴，才能增强乡村吸引力，促进各类生产要素向乡村聚集。在发展产业过程中，不能就产业抓产业，不能照抄照搬，要因村因户精准施策。

（四）乡风文明是灵魂

既要"富口袋"也要"富脑袋"，既要塑形也要铸魂。要加强农村思想道德建设，传承发展提升农村优秀传统文化，培育文明乡风、良好家风、淳朴民风，提升农民精神风貌，提高乡村社会文明程度，焕发乡村文明新气象。

（五）治理有效是保障

治理有效是实施乡村振兴的目标之一。要通过有效的乡村治理来引导群众自觉遵守公共事务管理，让群众当好决策者、建设者、受益者和管理者，进一步巩固发展农民安居乐业、农村文明有序的良好局面。

甘肃省定西市渭源县

元古堆乡村旅游：
党建引领聚合力　农旅融合促振兴

一、基本情况

元古堆村位于甘肃省定西市渭源县南部，共有13个村民小组，469户、1882人。2013年2月3日，习近平总书记视察甘肃时，专程到田家河乡元古堆村看望慰问困难群众，并作出"咱们一块儿努力，把日子越过越红火"的重要指示。元古堆村始终牢记总书记的殷殷嘱托，紧紧围绕县委、县政府"基础设施走在前、产业发展走在前、公共服务走在前、乡风文明走在前、生态保护走在前、人才开发走在前、文化繁荣走在前、收入增长走在前、基层治理走在前、党建引领走在前"的目标，以文旅产业引领发展，扎实推进乡村振兴战略，着力把元古堆村打造成全市乡村振兴的"渭源样板"、全省乡村振兴示范村。

二、发展历程

昔日的元古堆村交通不便，基础设施薄弱，致富产业单一，贫困面大、贫困程度深是当时元古堆村的真实写照。脱贫攻坚以来，元古堆村在习近平总书记的深切关怀下，各级党政组织、社会力量大力开展支持帮助，当地群众不懈奋斗，于2019年实现整体脱贫摘帽，并率先开展巩固拓展脱贫攻坚成果同乡村振兴有效衔接试点工作。2022年，全村农民人均纯收入达到14 216元，较2012年增长近10倍，村集体经济收入达到40多万元。元古堆村被评为国家AAA级旅游景区，先后荣获全国脱贫攻坚考察点、全国民主法治示范村、第三批全国乡村旅游重点村、全省党支部标准化规范化示范点、全省脱贫攻坚先进集体、甘肃省五四红旗团支部、全省文明村等荣誉称号，成功入选全球最佳减贫案例。

三、典型做法与成效

（一）突出红色引领，打造文旅融合新高地

始终牢记习近平总书记的殷切嘱托，充分发挥元古堆村的政治优势，主动融入"红火渭源"旅游品牌建设，结合"渭河源·源动力"党建品牌创建，将党性教育与红色旅游有机结合，面向县内外党员干部推出"五个一"红色体验游活动，每

月接待党员干部7 500人次。不断放大全省"艺术创作与研究基地"示范效应，吸引专家学者深入挖掘红色资源内涵，积极创作文艺精品，全力打造省市红色文创研学高地。通过"永远跟党走·元古堆乡村旅游文化节""松林听涛""花儿会"等乡风民俗文化活动和《高高的元古堆》等众多文学作品，进一步放大红色旅游品牌效应，延伸旅游文化内涵。

（二）聚力旅游富民，擦亮农旅融合新名片

坚持以乡村旅游串联带动特色种养、电子商务等新型产业融合发展，建立支部引领、党员带头、群众参与的"乡村旅游、种植、养殖、劳务经济、加工、光伏食用菌、电子商务"七大富民产业体系。一是大力发展农产品加工业。聚焦"旅游＋中药康养"，创新"龙头企业＋合作社＋基地＋农户"四位一体发展模式，2022年全村种植中药材、百合、万寿菊、马铃薯等农作物3 720亩。引进甘肃圣源中药材有限公司，年加工中药材1 500吨，企业年产值1 100万元，带动162户群众户均增收7 000元以上。二是持续做强光伏食用菌产业。建成2兆瓦农光互补产业基地1个，配套建设40个农光互补食用菌种植大棚，推出红火元古堆藜麦、羊肚菌、鲜百合等拳头产品，年产值400万元以上，带动群众户均增收8 000元以上。三是积极探索电商商标新模式。建成元古堆村电子商务公共服务中心及农特产品展销中心，申请注册"红火元古堆"商标，积极探索"电商＋商标＋合作社＋订单＋农户"模式，全年线上线下特色农产品交易收入达到18万余元。四是高质量推进养殖业发展。按照《渭源县畜牧业高质量追赶发展实施方案》"两个20%增速""四翻番""八提升"目标要求，大力发展养殖业。全村现有养殖大户36户，牛、羊、鸡、梅花鹿存栏量达9 890头（只）。

（三）坚持全时全景，构建全域旅游新格局

对标全县"南薯北药、薯药强县、旅游富民"发展定位和县"一核七星"乡

渭源县元古堆村全景

渭源县元古堆村广场

村旅游发展方向，推动景点观赏游向党性锤炼游、休闲观光游、生态康养游、农家体验游等全域旅游转变。打造"红火花海""松林鹿苑""萌宠乐园""浪漫时空钥"等旅游景点，有效补齐"游""娱"旅游要素短板；拓宽改造连通景区道路3.87千米，全面解决了"行"的旅游要素方面的问题；以村办企业为主体，盘活农户闲置房屋、废旧宅基地，打造精品农家乐、民宿，全面解决了"吃"和"住"的旅游要素方面的问题；开发"红火元古堆"系列产品，全面解决了"购"的旅游要素方面的问题。目前，元古堆村已成为兰州及周边游客的网红打卡地，年接待游客50余万人次，促进链上群众户均增收7 000元以上。

四、经验与启示

（一）党建保障强治理

探索构建"班子引领、党员示范、全民参与"的乡村治理机制，大力推进党员与群众在思想、组织、队伍上的融合，握指成拳，凝聚发展合力。

（二）群众参与激活力

依托新时代文明实践站、百姓夜校，通过"大喇叭""院落会"等方式，与群众互动，谈想法、听困难、解难题，确保乡村建设在群众的支持参与下高质量推进。采取"走出去"的方式，组织群众代表前往全国各地观摩学习，不断提升群众的参与能力和水平。

（三）规划引领促振兴

坚持规划先行，聘请专业团队，采取"EPC+O"模式，坚持运营前置，编制了《甘肃省渭源县元古堆乡村振兴规划方案》。在不断完善壮大传统种植业、养殖业等产业的基础上，制定了"一核，两轴，四区"的总体规划，实现了生产、生活、旅游等各功能区的科学布局、协调配套。

甘肃省平凉市泾川县

白家村：
"山水白家"文旅康养融合捧热乡村游

一、基本情况

泾川县泾明乡白家村地处陕甘两省三市交会处，辖3个村民小组164户、664人。村内牛角沟古人类遗址，因1974年出土了5万年前"泾川人"化石而闻名全国，2013年被国务院确定为全国重点文物保护单位。近年来，白家村以文旅融合发展为方向，按照"科学规划、因地制宜、文旅融合、彰显特色"的建设思路，充分发挥区位、生态、文化、产业等优势，突出文旅赋能、亲水休闲型发展定位，将美丽乡村建设与乡村旅游开发同步推进、基础设施配套和人居环境改善同步实施，着力打造生态与产业互促互进、文化与旅游深度融合、脱贫与小康一体推进的生态旅游型美丽乡村建设示范村。"山水白家"成为陇东地区具有影响力的乡村旅游名片，先后被评为国家AAA级旅游景区、国家森林乡村、全省"千村美丽"示范村、最美平凉旅游乡村。2022年，荣获全国最美村镇治理有效成就奖。2023年被评为省级"和美乡村"。

二、发展历程

近年来，白家村认真践行"绿水青山就是金山银山"的绿色发展理念，抢抓巩固拓展脱贫攻坚成果、全面推进乡村振兴历史机遇，深度挖掘牛角沟遗址历史文化资源和白家村山水资源，按照"一中心两场馆三区六园"规划布局，建成占地200多亩的民俗文化旅游景区，配套牛角沟遗址展馆、民宿农耕馆、白家水街、休闲垂钓、农趣体验等主题园6个，农家乐、农特产及手工艺品商铺30家、窑洞民宿3处，开发"白家黄酒"等乡村旅游纪念品11种，依托民俗农耕馆，收集传统农耕用品用具，拓展乡村旅游体验内容，蹚出了集"探秘远古文化、回归山水田园、体验民俗风情、记住浓浓乡愁"于一体的乡村旅游发展路子，先后被新华社、中国林业网、甘肃日报、甘肃农民报、甘肃经济日报、平凉日报等多家媒体多次报道。

三、典型做法与成效

（一）坚持因地制宜，明确目标定位

白家村"两委"班子抓住乡村旅游热潮，通过召开党员大会、村民代表会等方

式，广泛听取党员、致富能人、离任村干部、群众代表等各方面意见，因地制宜、科学规划，最终确定走文旅融合的发展路子，打山水牌，走绿色路，做山水文章，大力发展乡村旅游产业，让老旧农房变新型特色民宿，农特产品变新型旅游商品，贫困人口变新型个体老板，带动全村群众吃上"旅游饭"。

（二）突出项目支撑，强化支持保障

2013年开始，白家村积极响应党的富民政策，借助一事一议财政奖补、扶贫开发整村推进、易地扶贫搬迁等项目扶持，建成乡村舞台、文化广场、便民超市、卫生服务站等公共服务设施。探索推行"政府投资＋乡村自筹＋招商引资"多元化投入机制，累计投资1 100多万元，建成牛角沟遗址展馆、民俗农耕馆、演艺广场、白家水街及文化传承、生态采摘、休闲垂钓等6个主题园，建成仿古式门店45间，农家乐、农特产及手工艺品商铺30家，窑洞民宿3处。

（三）立足市场需求，放大品牌效应

坚持线上线下和"引进来""走出去"同向发力，构建多维度、全方位、立体化的宣传营销体系，制作《山水白家》《泾川人寻踪》等专题宣传片，先后举办"陇上花开·相约甘肃""走进王母故里·品味诗韵泾川""畅游山水白家·体验田园春光"等乡村旅游主题活动，推动农家小吃经营、手工艺品制作、土特产品销售及乡村旅游服务发展，开发白家黄酒、牛角沟梳子等乡村旅游纪念品，全方位提升"山水白家"品牌影响力。

（四）创新联结机制，带动群众增收

按照"政府引导、市场运作、公司发展、群众参与"的思路，投资480万元成立牛角沟文化旅游开发有限公司，结合集体产权制度改革，探索推行"公司＋合作社＋农户"的发展模式，动员群众入股经营，建成钢架大棚、日光温室37座，种植露地蔬菜300多亩，建成优质苹果种植基地300亩、生态采摘园一处，形成文旅、产旅融合的新模式。2023年共接待游客5万人次，实现旅游收入30多万元，带动群众户均增收4 000多元。

四、经验与启示

（一）转变发展观念是前提

白家村在发展过程中，一改过去"靠山吃山、靠水吃水"的传统守旧思想，因势利导，巧借脱贫攻坚和乡村振兴政策"东风"，在乡村旅游上做起了文章，借鉴省内外乡村旅游成功经验，因地制宜，充分利用山水资源和文化遗存就势生财，在提升乡村"颜值"的同时也增加了"产值"，让群众在家门口吃上了"旅游饭"，为各地乡村旅游提供了示范样板。

（二）加大项目投资是关键

基础设施是乡村旅游业发展的基石。白家村始终把项目建设作为实现乡村旅游高质量发展的关键，依托打造省市级"美丽乡村"，积极争项目引资金，补齐水电路网等设施短板，推动乡村实现由表及里、形神兼备的全面提升。深入推进"反哺归泾"行动，通过主动上门对接洽谈，动员泾川籍企业家返乡投资，为"望得见山、看得见水、记得住乡愁"的田园诗意提供现实支撑。

（三）提升旅游品位是基础

始终以游客需求为导向，在提升乡村旅游品位上下功夫，深度挖掘乡村特色资源，多角度展现"山水白家"的自然风光、生态环境、小吃特产、人文风情等，全方位提升游客的旅游体验。同时，在深化产业融合、借力网红元素等方面找路子、开方子，通过全方位宣传推介将"冷资源"变成"热经济"，让游客进得来、留得住、玩得好。

（四）建强村级班子是保障

村党组织书记是乡村振兴的"领头雁"，白家村注重从青年农民、致富带头人、返乡大学生、退伍军人等优秀群体中选优配强党组织书记，建强基层党组织。持续优化村班子整体结构，注重老中青结合，全面增强村"两委"班子朝气和活力。健全村后备干部培养储备机制，建立村级后备干部库，确保村班子建设不断档，乡村发展有头雁。

泾明乡白家村民俗活动威风锣鼓展演

热贡文化艺术小镇：传承热贡文化艺术 打造乡村振兴产业新引擎

一、基本情况

同仁位于四川、甘肃、青海三省交界地带，属青藏高原和黄土高原交错板块，总面积3 275千米²，是一个以农为主、农牧结合的小块农业区。总人口10万，藏族、汉族、土族、回族、撒拉族、保安族、蒙古族等多民族聚居，其中藏族占73%。同仁是继国家级闽南文化生态保护区、徽州文化生态保护区之后，国务院批准的第三个文化生态保护区（热贡文化生态保护区），其以唐卡、堆绣、雕塑为主的"热贡艺术"享誉国内外。2018年，同仁市依托独有的历史文化底蕴，以及作为全省唯一国家级历史文化名城的背景，凭借热贡文化生态保护核心区的巨大优势，从空间、交通、景观、建筑等方面着手，将吾屯上庄村、吾屯下庄村、加查么村选定为唐卡艺术小镇的建设点。唐卡艺术小镇规划总面积2.8千米²，规划区内包括隆务寺附属寺院吾屯上下寺、吾屯古屯堡以及热贡文化产业园区，区位交通优势明显，自然环境优越，自然和人文环境相得益彰。

二、发展历程

2006年5月，热贡文化艺术经国务院批准被列入第一批国家级非物质文化遗产名录；2006年12月，同仁县隆务镇吾屯上庄村、吾屯下庄村被文化部命名为"中国民族民间热贡唐卡艺术之乡"；2019年，创建完成省级同仁·唐卡艺术小镇；2020年6月，撤销同仁县，设立县级同仁市。自2018年以来，同仁市通过持续多年对艺术小镇的投入打造，将热贡文化艺术小镇打造成青海省特色小镇的典范，促进了当地文化旅游及经济的持续发展，使热贡文化艺术小镇的建设与整个城市的长远发展规划融为一体。

三、典型做法与成效

（一）强化规划引领，创建共富基础

结合小镇实际，精心谋划25个项目，总投资达4.82亿元。同时，将小镇规划与上位城镇总规划、城北新区规划等紧密对接。建设小镇区域内外各产业配套项目10

同仁市热贡文化艺术小镇鸟瞰图

余项，并启动热贡文化艺术小镇文创街区项目。区域内3个村庄、2.8千米²范围得到了全面的提升改造，惠及群众850户4 000余人。

（二）强化品牌打造，加强宣传推介

2018年以来，立足艺术小镇独特的人文资源，成功举办了热贡唐卡艺术博览会、热贡唐卡绘制大赛、公益巡回展、"热贡画师千人绘 精品唐卡万幅赏"挑战吉尼斯世界纪录等大型宣传活动，申报"热贡"商标44种，"热贡唐卡"被列入国家地理标志保护产品。同时，建设了国内最大规模的唐卡创研基地，获得了"唐卡之都"的美誉，使得唐卡产业在同仁得到了更好的发展。

（三）强化产业引导，搭建运作平台

根据小镇文化、旅游两部分主导产业，同仁市积极引进两家旅游产业运营单位，以市场化方式推进小镇文化旅游开发和建设。园区内有各类画院30余家，其中民间投资画院20家。有文化企业250余家，开发的文创产品种类达50余种。通过热贡文化产业园区的投入运营，以唐卡为代表的文化产业得到集约式、跨越式发展，市场化程度进一步加深，辐射带动引领作用日益显现。自2023年8月以来，热贡文化艺术小镇累计接待游客8.5万余人次。2023年上半年，实现收入4.3亿元，同比增长5.6%。

（四）强化人才培育，带动产业兴盛

打造以唐卡为核心，集热贡艺术品制作、生产、销售于一体的产业化发展之路，激发调动更多当地人积极学习绘制唐卡、传承唐卡文化，推动当地经济发展，增加农牧户的经济收入。同时，全面整合本地的自然景观和民族传统文化资源，构建集吃、住、行、游、购、娱于一体的文化旅游目的地。以文化旅游产业发展带动

小镇环境优化，提升产业品牌及小镇品牌价值。直接间接带动从业人员2.4万余人，年人均增收达到5万余元。

四、经验与启示

（一）转变传统观念是实现文旅转型的必由之路

改变"只有艺术，没有商业"的理念，将以往唐卡仅为寺院用品的观念，转化为唐卡是多元化的工艺美术产品的认知。群众和画师思想认识的转变，开拓了创收新渠道。改变"只有文化，没有旅游"的观念，将文化与旅游高度融合，注重非遗体验，挖掘旅游元素，吸引八方游客，让单一的非遗工艺，转化出多元的旅游创收模式。形成"画师＋学徒＋上下游企业＋营销经纪人＋旅游开发商"的新型循环性产业链。

（二）走出去战略是拥抱市场反哺乡村振兴的重要举措

唐卡、唐卡艺人从高原山谷和寺庙佛堂走出来，进入城市和文旅市场，使唐卡艺术逐渐被世人所知，而唐卡艺术之乡也开始成为人们向往的旅游目的地。游客涌入同仁，集聚吾屯乡村，将区域传统艺术推向了更为广阔的市场，焕发乡村振兴的勃勃生机。

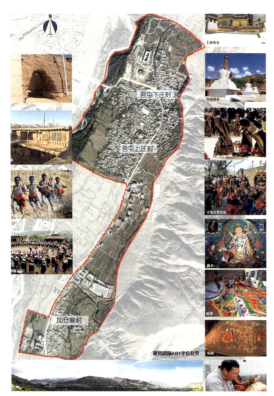

同仁市热贡文化艺术小镇特色资源分析图

（三）核心产业是撬动文旅融合的关键支点

同仁市将唐卡产业作为小镇的主导产业，将文化旅游产业作为小镇的辅助产业。唐卡产业作为小镇的核心产业是主轴、也是杠杆，同仁市通过不断思考和实践，充分利用这个杠杆撬动"国家级热贡文化生态保护区"的全面建设和文旅融合发展振兴。

（四）产学研结合是传承与保护的有效方式

同仁市将产业、政府、学术研究单位、艺术单位、民间组织等串联在一起，以产学研的培养模式培训各类热贡艺术人才，使其成为集热贡文化艺术品生产、培训、研究、销售等于一体的全产业链聚集地，让非遗资源在发展中得到传承和保护。

宁夏回族自治区石嘴山市大武口区

龙泉村文旅融合发展：
推动文旅融合　助力乡村全面振兴

一、基本情况

大武口区长胜街道龙泉村旧称"九泉子"，因村内有9个天然泉眼而得名。地处大武口区南部、西依贺兰山、东临110国道，村域面积8千米^2，是一个集历史遗迹、非遗文化、民俗文化、农耕文化与田园风光于一体的古村落，有"贺兰山下第一村"的美誉。近年来，通过充分挖掘文化资源潜质，龙泉村实现由传统村落向乡村文化旅游名村的转变，先后荣获全国乡村治理示范村、全国文明村、全国生态文化村、全国民主法治示范村、中国美丽休闲乡村、全国乡村旅游重点村、国家AAA级旅游景区、全国森林乡村等荣誉。

二、发展历程

龙泉村美丽家园项目于2018年3月开工，总投资2亿元。其中，整合政府各类项目资金5 000万元，完成改造民俗商业街、建设高端民宿、后山生态整治等8个项目。撬动各类社会资金1.5亿元，建设龙泉山庄提升改造、马来风情园、厚德酒坊、凤祥山庄等11个项目。2020年，重点建设了红色纪念馆、生态停车场、特色民宿聚集区等项目。2021年，建设了龙泉村乡镇综合运输服务站，进一步完善乡村旅游基础设施。2022年，推动樱桃产业园、高端菌菇产业园建设，改造老旧温棚14栋，种植羊肚菌、草莓、花卉等特色农产品，当年实现村集体增收16.4万元，带动120余户农户发展庭院经济，为群众铺就了一条就业增收路。

三、典型做法与成效

（一）发挥独特区位优势

龙泉村依托紧依贺兰山的优越地理位置，结合"传统古村落"项目建设，对村内保留的明代长城、烽火台、贺兰山岩画、汉代遗址等珍贵历史古迹进行开发保护与生态修复，在后山栽植山桃、山杏等乔木树种10 000株，栽植灌木100 000余株，保育核桃、桑葚等百年古树111棵，通过将历史与美景相互交融，绿化后的荒山现已成为网红"打卡"地。2023年开展的"桃花节"活动，以节庆搭台、文化唱戏，实现游客接待量5.5万人，营业收入103.5万元。

（二）着力培育研学品牌

一是深入挖掘本土文化资源，打造乡村研学旅游基地。根据龙泉村抗美援朝老战士的英雄事迹和龙泉村"红旗渠"的故事，打造党史学习教育"红色线路"，提升乡村旅游的红色文化内涵。与民间红色收藏爱好者共同创办红色记忆展览馆，共设"历史文献翻开百年光辉""影像报刊记录峥嵘岁月""光荣革命书写红色传承"三大区域，馆内共藏有党史照片、党史文献、红色档案、勋章、纪念章、抗战史料、革命时期实物等红色藏品2 000余件，自2022年8月1日开馆以来，免费向市民群众开放，累计吸引游学研学人员17万人。二是不断拓展文旅活动形式，先后成功促成中央电视台栏目《沿着高速看中国·走进龙泉村》播出，举办烧烤节暨儿童游乐嘉年华、中国农民丰收节、跟着抖音逛龙泉等活动，获得了良好的口碑和知名度。

（三）传承弘扬"非遗"文化

一是在村内特色民俗商业街建立了非遗传承人陶泽荣的"陶泽荣葫芦烙画工作室""非遗传承文化基地"以及"厚德酒坊"研学基地，邀请鲁卫东、韩广宪等多名区内著名非遗传承人不定时前来授课、展出作品，拓展出葫芦烫画、古法酿酒、民间绘画、手工剪纸等一批文化产品，实现以文促旅、以旅彰文。二是结合传统节日开展群众喜闻乐见的秦腔、京剧、豫剧、川剧变脸等优秀传统戏剧演出，设置非遗体验区，丰富乡村旅游体验。通过打造非遗文化传承基地，定期开展非遗文化宣传和技能培训，带动当地困难群众和残疾人通过参与非遗文创产品生产提高收入。

（四）产业赋能文旅融合

一是以现有文农旅品牌为基础，大力拓宽招商渠道、丰富业态布局，成立股份

龙泉村龙门

厚德酒坊端午节"封坛"仪式现场

经济合作社，集中村民的土地进行盘活种植，打造樱桃产业园、闽宁高端菌菇产业园，栽培露地优质高效大樱桃115亩，建设羊肚菌种植棚12栋，向游客提供了一个集生态示范、赏花品果、采摘游乐、休闲度假及科普宣传于一体的精品园区。二是以"珍硒石嘴山"区域标识为基础，结合农产品文化创意，着力培育龙泉村富硒草莓、核桃、普罗旺斯西红柿、石磨面粉、百年古树枣等一批农产品品牌，因地制宜做好农产品文章。三是打造凤祥山庄、龙泉山庄、乡间别墅等特色民宿、农家乐，主推生态柴火鸡、暖锅、龙泉锅巴等地道的农家美食，充分体现地域特色，打造出美食之乡。

四、经验与启示

（一）注入招商引资原动力

龙泉村发展农文旅融合的乡村旅游，除争取政府投资外，还面向社会大力招商引资，充分撬动社会资本进行建设投资，不断丰富业态、壮大产业，同时进一步优化营商环境，提升服务能力，丰富旅游项目。

（二）把牢因地制宜方向盘

龙泉村结合当地资源禀赋，因地制宜谋发展。着力加强文旅品牌的打造，着力探索庭院经济、夜间经济、网红经济等新业态，实现壮大村集体经济，带动农民持续增收。

（三）探索创新发展新路径

打造农文旅融合名片，龙泉村充分把握乡村旅游风口机遇，推出多元化精品旅游线路，积极拓展市场，延伸产业链，创新运营与宣传方式，促进人潮回流，释放消费势能。

新疆维吾尔自治区昌吉州木垒哈萨克自治县

英格堡乡：
发挥艺术家村落优势　赋能乡村振兴新动能

一、基本情况

木垒哈萨克自治县英格堡乡位于新疆东部天山北麓，距离县城38千米，南与鄯善县隔山相望，西与奇台县老奇台镇、七户乡为邻，地势南高北低，山区、丘陵、平原相间。全乡总面积370千米²，下辖5个行政村，常住人口877户、1 814人，村民大多为陕甘移民的后代，是新疆目前保存较为完整的具有浓厚陕甘民俗文化传统的汉民族聚居村落。现已建成木垒书院、刘亮程文学馆、国学讲堂、月亮地古戏台、农耕博物馆、伴山公路景观带、大地景观艺术等一批旅游项目。引进多个全国知名艺术家并建立艺术家工作室14个，打造精品民宿客栈66家。村落依山傍水，物种丰富，拥有良好的生态环境，是一个天然氧吧，更是人们养身、养心及进行艺术创作的天堂，特别是菜籽沟艺术家村落有深厚的文化积淀，从民居到人们的生活习惯，从行为到语言形态表现都与中华传统文化有着清晰的脉络联系。

二、发展历程

近年来，木垒县深入实施乡村振兴战略，围绕五大振兴凝心聚力谋发展，集智攻坚开创发展新格局。英格堡乡菜籽沟艺术家村落以挖掘民居文化、农耕文化、民俗文化为出发点，以"乡愁品牌"为内核，建成了集休闲养心、农事体验、文化交流、国学培训、民俗展演等于一体的休闲度假旅游综合体，形成了以艺术家为核心，优秀退伍军人、致富带头人、返乡大学生等新型实用人才为一体的人才聚集中心。国学讲堂、木垒书院、原点美术馆作为菜籽沟村文化艺术中心，全方位展现出了文化艺术工作发展与变化。2016年至今，菜籽沟艺术家村落成功承办了首届"丝绸之路木垒菜籽沟乡村文学艺术奖"、第二届"丝绸之路菜籽沟乡村文学艺术奖"、第三届"丝绸之路乡村文学奖"颁奖仪式和刘亮程文学馆开馆仪式。先后荣获特色文化村（新疆曲子）、新疆最受欢迎乡村旅游目的地等多项殊荣。英格堡乡于2021年入选第一批全国乡村旅游重点乡，月亮地村于2020年入选第二批全国乡村旅游重点村名录。

三、典型做法及成效

（一）高位推动，激活文旅发展动力之源

坚持高位推动，高标引领，木垒县在文旅融合过程中立足顶层设计，在丰富和创新旅游产品上下更大功夫，尤其是注重打造"人无我有、人有我优"的特色产品，创造独特体验项目，更好满足游客的需求，培育更多常态化、多元化、特色化文旅消费项目产品。全力把"规划图""路线图"变成"施工图""实景图"。2023年，菜籽沟村投资185万元建成集旅游、观光为一体的菜籽沟村千亩树莓采摘基地，为农户带来固定收益的同时，带动了周边群众就业。

（二）文旅布局，激活全域旅游发展动能

近年来，木垒县打破"点性"思维，将旅游景点"串点成线""串珠成链"，已形成一幅点上有特色、线上有示范、面上成规模的乡村风景画。坚持把民宿产业作为建链延链补链强链助推高质量发展、助推乡村全面振兴的重要抓手，紧紧围绕市场需求、游客需求，全域布局、多点发力，仅菜籽沟村就已创办观光采摘园6家、特色民宿10家，变"人流流量"为"人气流量"，有效带动"农文旅"融合发展。聚焦丰富文旅资源和生态资源基础，坚持"以文塑旅、以旅彰文"发展方向，在跳出传统景区体验和非遗传承上下功夫，发挥传统古村落、艺术家村落、美术馆、艺术工作室等文化产品的旅游体验和价值功能，开展多种形式的主题实践和研学活动，为游客提供更多互动性强的文化场景和旅游体验，让非遗"活"起来，不断擦亮厚重文化名片。

（三）文旅联姻，展现特色文化艺术根脉

丰富文化旅游载体，促进特色文化艺术发展，建成国学讲堂、乡村原点美术馆、新疆首家文学主题展馆——刘亮程文学馆等设施，成为新疆文学旅游的新地标，前来写生创作的人越来越多。天山1号风景道、交通驿站构筑了快捷畅达的全域旅游交通网络。刘亮程文学馆的落成，与"菜籽沟艺术家村落""木垒书院"共同形成文化地标和吸引核效应，将为文化振兴乡村走出新路。用好用活艺术家村落文化资源，推进"一个人的村庄"文旅项目实施，举办刘亮程新书《大地故乡》《木垒的眼神》发布会、丝绸之路乡村文学奖等文化旅游节活动，让传统文化"活"起来、火起来；让艺术家村落留住"形"、守住"魂"；让文化"软实力"成为文旅高质量发展"硬支撑"，以艺术点亮乡村文化旅游，以文学艺术振兴乡村，为木垒文化艺术发展注入新的活力，为木垒乡村特色文化艺术实现文旅交流、碰撞和资源转换。

（四）文明实践，文旅融入美丽乡村建设

文化旅游与基层党建有机结合，依托石榴籽服务站、文化大院等基层文明实践

阵地，乡村两级组建16支文化旅游讲解和志愿服务队，使各级党组织成为新时代文明实践的"主心骨"，党员干部志愿者成为新时代文明实践的"主力军"。通过"宣讲+N"的形式，逐渐形成"干部讲政策、专家讲理论、百姓讲故事"的立体化宣讲格局，将"大道理"变成"小故事"，采用"普通话"结合"地方话"的"乡土味"宣讲方式，让宣讲工作更接地气、更贴民心。进一步完善村规民约，将精神文明建设、平安建设、美丽庭院等纳入村级管理的重要范畴。积极推出乡村治理"积分制""清单制"，让村里的乡风文明有"镜子"可照、有"尺子"可量、有"标杆"可比，用"小积分"激发乡村治理新活力。

四、经验与启示

文旅深度融合，使乡村居民思想观念得到同步更新，更促使乡村经济有了全新的发展思路和模式。木垒县英格堡乡文化艺术在"以文塑旅、以旅彰文"的理念中稳步推进，探索出了融合"文化+旅游"赋能乡村振兴的新视角和新思路，通过深入挖掘乡村文化艺术资源和优秀传统文化，在艺术与乡村文化高度融合基础上创作出各类文艺作品，借助和运用艺术的思维、理念，来唤醒、激活、赋能乡村，增强乡村文化的内生动力和自身造血功能。通过文旅深度融合，带动文化润疆工程提档升级、提质增效、提标扩面，实现了乡村特色艺术从外在美到内在美、从风景美到艺术美、从生态美到人文美的创造性转化与创新性发展。

2023年6月17日，刘亮程文学馆开馆座谈会

新疆维吾尔自治区巴音郭楞蒙古自治州尉犁县

达西村红色文化：
赓续红色基因　文旅融合发展

一、基本情况

达西村位于新疆巴音郭楞蒙古自治州尉犁县城以西2千米处，辖区面积68千米^2，下辖7个村民小组501户、1 866人，现有党员114人。达西村是自治区爱国主义教育基地，先后荣获全国文明村镇、全国文化生态村、全国乡村治理示范村、全国特色景观旅游名村、中国美丽休闲乡村、新疆10条红色旅游精品路线、新疆乡村旅游目的地年度大奖等殊荣。

二、发展历程

"达西"维吾尔语意为"盐碱地"。因自然条件恶劣，从前的达西村盐碱严重、贫穷落后，是吃粮靠返销、生产靠贷款、生活靠救济的"三靠村"。党的十一届三中全会后，达西村从仅有的11名党员中选出党支部班子，在全县率先进行农村改革

达西村红色旅游现场

试点，分田到户、改良土壤，解决了村民吃不饱的问题。20世纪90年代，依托传统农业资源优势和地缘优势，兴建砖厂、面粉厂、农贸市场、养殖场等集体企业，村集体经济不断发展壮大。聚力提高民生福祉，陆续制定涉及教育、医疗、养老等方面的18项惠民政策，为全面建成小康社会奠定了坚实基础。2014年9月9日，习近平总书记给达西村复信，勉励达西村党支部要充分发挥战斗堡垒作用，像吸铁石一样把乡亲们紧紧凝聚在一起，把党的好政策落实到每家每户，把生产搞好，把民族团结搞得更好，让乡亲们的日子一天比一天好。

三、典型做法与成效

（一）明确乡村发展定位，一张蓝图绘到底

以总书记的复信精神为"纲"和"魂"，立足县情乡情村情实际，坚持党组织主导，广泛集中民智，按照"四议两公开"程序，反复研究讨论，从全局和整体层面编制完成《达西村村庄规划（2021—2035年）》《达西村三年发展规划（2023—2025年）》，构建乡村发展"总规划"和"施工图"，明确了"文化兴村、旅游富村、产业强村"的发展战略。

（二）引入强村富民活水，大河有水小河满

将党组织的政治优势、组织优势与合作社的经济优势有机结合，由村党委领办成立"壹达农产品初加工农民专业合作社"，把发展红色旅游、乡村旅游作为富民强村的"主抓手"，打造达西红色旅游展览馆、"民俗风情一条街"特色饮食、"达西夜市"啤酒美食烧烤、深秋胡杨观光客"民宿"接待四大功能区块，乡村旅游成为新的经济增长点。2022年村集体经济收入185.2万元，农民人均可支配收入3.72

达西村民族团结一家亲活动现场

万元，实现集体经济、村民收入"双增长"。

（三）文化引领创新发展，富了口袋富脑袋

以现代文化为引领，狠抓精神文明建设，在达西展馆、党员活动室等文化设施的基础上，后续建成党史馆、科普馆、航天馆、"373"战略发展规划馆，赓续红色基因、传承红色文化。始终牢记"口袋里鼓囊囊，精神上亮堂堂"的村训，把文明实践工作与精神文明创建、乡村振兴、基层党建等结合起来，持续开展梨花节、星光夜市、丰收节、烧烤节、红色观影等群众性活动，创作歌舞剧《达西村的好日子》、歌曲《达西村的阿达西》等爱党爱国爱家乡的文艺作品，进一步筑牢了各族群众中华民族共同体意识。

四、经验与启示

（一）坚强有力的基层党组织，发挥统筹各方、引领推动、落地落实作用

火车跑得快，全靠车头带。达西村强化党组织领导作用，以党组织"评星定级"和党员"评星定格"为抓手，强化"星级化"创建正向激励、反向监督结果运用，不断夯实基层基础，提升战斗力。常态化推行村党委领导下的党群服务中心、维稳综治中心、农村发展中心"一委三中心"运行模式，科学统筹村级力量，形成精干协同高效的组织运行架构。

（二）符合村情实际的发展规划，避免了打乱仗、无序开发

乡村发展，规划先行。达西村在综合分析乡村发展条件和潜力的基础上，科学布局乡村空间形态，并明确分类标准，把村庄精准确定为城郊融合类，完成多规合一的村庄规划编制工作，合理安排村庄产业发展空间，有效保障新产业新业态发展用地，以培育壮大乡村产业。

（三）强村富民的产业支撑，解决乡村发展中许多难题

乡村振兴，产业振兴是根本。达西村推行"企业+村党组织领办合作社+农户"生产经营模式，由村"两委"领办"壹达农产品初加工农民专业合作社"，下设"养殖、种植、农机服务、红色旅游"4个分社，完善利益联结机制、效益奖励机制，实现村集体经济与村民收入同步增长，在旅游季每户村民月均增收超1万元。

（四）坚持系统观念，促进物质文明和精神文明相得益彰"双丰收"

达西村把抓好文化传承、精神文明等软件建设摆在重要位置，将村民最关心的身边事纳入村规民约和积分管理。依托周一升国旗仪式、农牧民夜校、"道德讲堂"、达西展览馆等载体，常态化开展宪法法律以及民族理论、民族政策等知识的学习，充分调动了村民参与乡村发展的积极性。

新疆生产建设兵团第二师铁门关市

胡杨艺术摄影节：
弘扬胡杨精神　筑梦丝路胡杨城

一、基本情况

胡杨艺术摄影节举办地主要在新疆生产建设兵团第二师三十三团，其位于巴音郭楞蒙古自治州尉犁县境内，地处塔克拉玛干沙漠和库木塔格沙漠之间的"绿色走廊"，北倚孔雀河，南濒塔里木河，距库尔勒市160千米，占地面积543.35千米^2。三十三团始终坚持中国特色社会主义文化发展道路，大力推进实施文化润疆工程，依托区域独特的自然景观和历史文化遗迹，以胡杨艺术摄影节这张"亮丽名片"为抓手，大力弘扬兵团精神和胡杨精神、老兵精神，全力将兵团优秀传统文化、红色文化、屯垦文化融为一体。胡杨艺术摄影节已成为推动文化旅游和乡村振兴深度融合的"加速器"，也为团场经济社会高质量发展开辟了一条崭新的道路。

二、发展历程

三十三团辖区内有着雄浑广阔的两大沙漠、悠长的塔里木河以及30多万亩野生胡杨林、10多万亩次生胡杨林。绵延的大漠、婀娜的塔河、广袤的胡杨林和几十万亩良田共同组成了一道道美丽的景观。辖区内乌鲁克国家沙漠公园、葫芦岛、清水湾、阿拉峡海子、乌鲁克千年胡杨等丰富的自然景观，以独特魅力吸引着疆内外游客、摄影爱好者。自2015年开始，三十三团已举办五届胡杨艺术摄影节。首届胡杨艺术摄影节与自治区摄影家协会合作，而第二届、三届、四届、五届胡杨摄影节与兵团摄影家协会合作，共邀请知名摄影师及摄影爱好者700余人参加。三十三团葫芦岛被摄影爱好者称为"摄影天堂"，连续五届摄影大赛共收到1 400余幅高质量的摄影作品。

三、典型做法与成效

（一）打响名片效应，助力文旅产业

三十三团五届胡杨艺术摄影节的举办，使葫芦岛在疆内外声名远扬，形成了品牌效应。团场依托红色军垦文化资源，利用沙漠、胡杨、湖泊等自然景观，以"胡

三十三团第四届胡杨艺术摄影节开幕式现场

杨文化"为名片，开创"文化＋旅游""旅游＋研学"和"旅游＋产业振兴"发展模式，努力打造军垦沙漠文旅名镇。2022年，三十三团与尉犁县签订兵地旅游融合发展示范区协议，架起兵地融合发展的"高架桥"，为团场文旅产业注入了强大动力，也为胡杨艺术摄影节搭建了良好的平台。

（二）文旅融合发展，助力乡村振兴

近年来，三十三团乡村旅游蓬勃发展。随着格尔木到库尔勒铁路客货站的投入运营，库尔勒到若羌高速的贯通，通用航空机场的建设，乌鲁克商贸城、胡杨金街等一批招商引资工程的落户，三十三团将成为环塔里木经济带融商贸、餐饮、交通物流为一体的集散中心。19连、7连、15连、16连等利用葫芦岛、清水湾、阿拉峡海子、乌鲁克千年胡杨等资源优势，积极发展乡村旅游。由瑞晟旅游合作社牵头，建立胡桐居等民宿45间、摄影之家小木屋10间，创建塔阳驿站、枣花香农家乐等，提高了团场住宿接待能力和服务质量，为团场职工群众提供就业岗位50余个，推动实现就近就便就业，拉动连队经济发展。

（三）文旅融合发展，打造特色品牌

三十三团将胡杨艺术摄影节融入团场旅游环线建设，积极培育文旅新业态，积极打造以红色旅游、乡村旅游、农业观光、沙漠探险、养生度假等为主的特色旅游，依托自然资源，投资1 500万元建设乌鲁克国家沙漠公园露营基地，打造"沙海嘉年华""沙海探幽行"等精品旅游线路。同时对团场自然景观进行精准定位，将葫芦岛定位为全国摄影基地，将清水湾定位为沙漠户外运动和游乐基地，将阿拉峡海子定位为沙海水上项目、垂钓等项目基地。

（四）文旅融合发展，凸显经营成效

文旅融合发展带动了团场香梨、红枣、塔河马鹿产品、罗布麻茶等特色产品经

济的发展。据不完全统计，胡杨艺术摄影节举办期间吸引游客60余万人次，经济收入增加1 800余万元。

四、经验与启示

（一）组织保障

三十三团党委高度重视文旅事业发展，制定切实可行的政策与措施，引领乡村旅游产业发展方向，注重统筹合力，推动文化旅游和乡村振兴工作融合发展。

（二）突出创新驱动，激发乡村振兴动力

三十三团面积广阔，资源特色突出，是塔河马鹿养殖、库尔勒香梨和新疆棉花种植的重点区域，将产业特色与文旅发展有效融合，以乡村振兴为主攻方向，以乡村旅游为重要抓手，以农促旅、以旅兴农，不断培育乡村振兴工作新亮点。

（三）制定发展规划，促进文旅可持续发展

着眼于推动三十三团旅游业跨越式发展，深入分析三十三团旅游业面临的发展环境、资源和市场条件，在全面诊断的基础上，明确提出发展的战略思想、目标方向、形象定位，合理布局全域旅游生产力空间，策划撬动旅游业发展重点项目，制定营销推广方案、公共服务设施建设方案，完善保障体系，有效指导文化旅游业可持续发展。

（四）品牌引领，打造旅游重镇

持续开发以胡杨艺术摄影节为品牌的文化旅游项目，注重品牌效应引领，带动自然景观和军垦历史文化的挖掘开发，增强服务品质，打造特色突出、具有观赏性的精品文化旅游线路。

（五）兵地融合，共享文旅发展

三十三团与尉犁县有着区位相邻优势，持续推进兵地文化、旅游等方面的融合，形成设施共建、资源共享、优势互补的良好局面。

三十三团首届胡杨摄影艺术节上团领导与摄影家们合影留念

新疆生产建设兵团第十四师昆玉市

昆仑山大峡谷旅游文化艺术节：
巍巍昆仑振兴梦　文旅融合促发展

一、基本情况

　　昆仑山大峡谷旅游文化艺术节举办地在新疆生产建设兵团第十四师一牧场。一牧场创建于1951年，原属中国人民解放军二军后勤部驻和田办事处肉食品供应基地，位于和田地区策勒县境内，三面环山，上至雪线、下连戈壁，海拔高程为2 300～4 500米，属暖温带极端干旱荒漠气候区中的山区气候。这里景色宜人，民风淳朴。1958年，周总理为一牧场亲笔签发农业社会主义建设先进集体荣誉称号。2009年9月，一牧场被国务院授予全国民族团结进步模范单位称号，昆仑山大峡谷荣获国家AAAA级旅游景区称号。2020年，一牧场荣获兵团级文明团场、第六届全国文明村镇荣誉称号。同年，一牧场天牧草原生态公园入选全国首批国家草原自然公园试点项目。2022年，一牧场一连被评为全国乡村旅游重点村，1人被国家文化和旅游部评为2022年度乡村文化和旅游带头人。

　　为繁荣师市"一红一绿"文化旅游经济，提升昆仑山大峡谷景区品牌影响力，聚焦景区客流引入和宣传推介等重点工作，一牧场通过举办昆仑山大峡谷旅游文化艺术节等大型节点活动，丰富文化旅游产品供给，进一步向疆内外展示一牧场的雪

十四师举办第九届昆仑山大峡谷旅游文化节现场

域草原、特色团镇、独特美食、民族风情等丰富旅游资源。

二、发展历程

昆仑山大峡谷旅游文化艺术节自2013年举办以来，现已成功举办九届，其活动内容和形式逐年丰富并完善。如今，昆仑山大峡谷旅游文化艺术节不只是一场文艺演出活动，更是一个以全域旅游现场招商推介、旅行社交流座谈会、全域旅游旅行社签约仪式、招商引资集中签约仪式、昆仑山大峡谷越野自驾发车仪式、昆仑山大峡谷自驾露营音乐节等活动仪式为载体，能够丰富基层群众的娱乐生活、加深各民族群众交流、展现新时代牧场新风貌的全方位文化艺术典型。

三、典型做法与成效

（一）规划先行，构建"旅游+"发展新格局

完成全域旅游总体规划和昆仑山大峡谷国家AAAAA级旅游景区专项规划编制工作。与兵团文旅投资集团达成战略合作，按照"三权分置"的要求接手运营景区。启动昆仑山大峡谷国家AAAAA级旅游景区和6个民宿农家乐星级创建工作。2022年，投资6 000万元修建的昆仑山大峡谷旅游环线正式建成并通车。同年，文旅在建项目达11个，总投资约1.1亿元，已完成投资7 122万元。其中，投资1 700万元的军牧（一期）建设项目即将竣工，投资5 800万元的军牧（二期）建设项目主体已基本完成，通过招商引资5 500万元，已开工建设金叶大酒店、迎宾馆等项目。

（二）文体旅融合，找准乡村旅游新路子

在兵团党委的关心支持下，一牧场按照师市党委确立的"一红一绿"发展全域旅游的要求，着力升级发展第三产业，实施"旅游+"发展战略。自2013年开始成功举办的昆仑山大峡谷旅游文化艺术节系列旅游文化节庆活动，有效地将绿水青山同乡

十四师举办昆仑之门越野挑战赛——天牧草原迷你马拉松现场

村旅游、军牧文化、文体活动深度融合。昆仑山大峡谷旅游文化艺术节每年在《我的兵团我的家》栏目播出，全年在中央电视台及兵团媒体开办大型直播活动4场次。与兵团文广传媒集团达成战略合作，通过拍摄制作专题宣传短片，开展网络直播、抖音发布等方式推广旅游资源，提高周边地区群众知晓度，逐渐走出"引得来、留得住、能消费、可回头"的乡村旅游"新路子"。

（三）文旅惠民，打造经济发展"新引擎"

乡村旅游的蓬勃发展，对刺激经济复苏、缓解疫情对经济的影响及旅游从业人员的经济压力，具有至关重要的意义。一牧场借助昆仑山大峡谷旅游文化艺术节专门设立特色美食品鉴、农特商品展销点。围绕全域旅游产业发展，连队以草莓、蟠桃、火龙果等特色采摘游为代表的农旅融合发展呈现良好势头，特别是获得国家地理标志产品认证的一牧场高山有机羊肉、昆仑雪菊、五连羊肚菌等商品，深受游客青睐。让游客在欣赏美景的同时，积极成为旅游助推乡村振兴的践行者。这有效缓解了疫情影响，成为全场推进乡村振兴、助力经济发展的"新引擎"。

昆仑山大峡谷旅游文化艺术节的成功举办，进一步搭建了一牧场经济文化旅游广泛交流的平台。以昆仑山大峡谷景区为媒介，展示了一牧场深厚的历史文化底蕴和独特的旅游资源，宣传了一牧场经济社会发展的新形象、新成就和新风貌，为全场的物质文明、精神文明和政治文明建设作出了积极的贡献。

四、经验与启示

（一）党委引导是保障

党委、政府强化引导扶持和服务职能，统筹优秀文化艺术典型创新发展，制定有效的政策措施，从而更有效地调动市场主体的积极性，增强大众对文化艺术典型的认同感。

（二）能人带动是关键

发展文旅产业，人才是关键。充分发挥旅游带头人等示范作用，加强对文化艺术人才的培育，不断调动职工群众的积极性、主动性和创造性，增强发展的活力。

（三）创新意识赋能是核心

坚持守正创新，守正是基础，创新是重点。没有创新的文化就没有发展，勇于迈出创新实践的步伐，是让文化艺术典型焕发更加夺目光彩和更为强大生命力的关键。

（四）市场需求驱动是根本

通过策划引导职工群众参与文化艺术节活动，挖掘出更多的文化价值和实用价值。吸引更多的市场主体参与，大力推动典型文化艺术走进大众。

（五）品牌价值强化是支撑

注重旅游品牌的打造，将文化和旅游深度嵌入、深度融合，充分发挥全域旅游发展的优势，不断提升文化旅游节庆的内涵和品质。

图书在版编目（CIP）数据

全国乡村特色文化艺术典型案例汇编 ／ 农业农村部农村社会事业促进司编． —— 北京 ：中国农业出版社，2024．11． —— ISBN 978-7-109-32345-2

Ⅰ．G12

中国国家版本馆CIP数据核字第20244JU464号

中国农业出版社出版

地址：北京市朝阳区麦子店街18号楼

邮编：100125

责任编辑：张　丽　孙鸣凤

版式设计：小荷博睿　　责任校对：吴丽婷

印刷：鸿博昊天科技有限公司

版次：2024年11月第1版

印次：2024年11月北京第1次印刷

发行：新华书店北京发行所

开本：787mm×1092mm　1/16

印张：51.75

字数：1045千字

定价：598.00元